U0915662

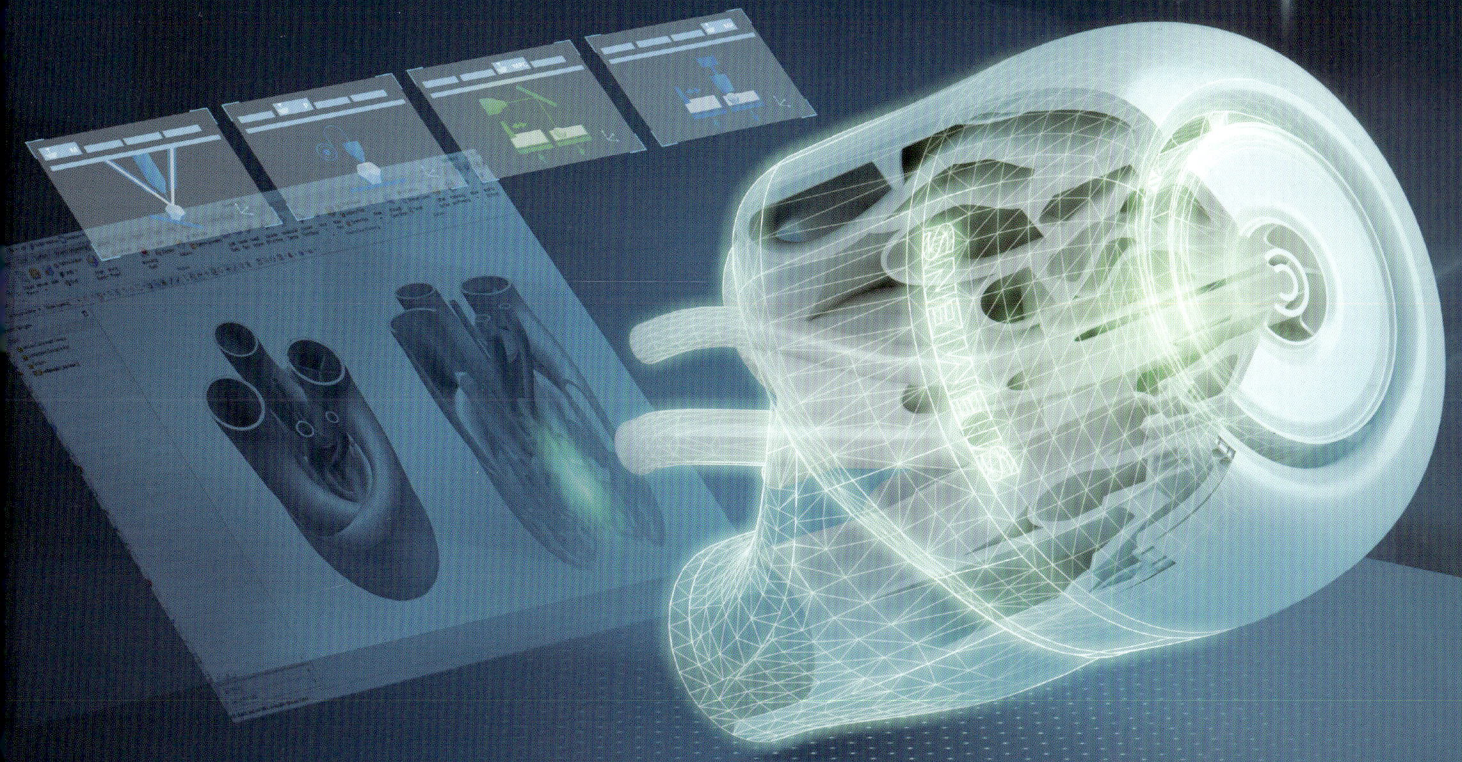

FS621M

大尺寸成型体积金属增材制造系统

620mm×620mm×1100mm **大尺寸成型缸**

单激光或多激光灵活配置，满足航空航天工艺需求

FS621M 成型缸体积达到 423L，可以选配 1000W 单激光或 4×500W 激光器，成型材料包括钛合金、镍基高温合金、铝合金、不锈钢等，是基于航空航天应用的独特需求，为航空航天产业化用户量身定制的旗舰机型。

工业级 3D 打印创新企业

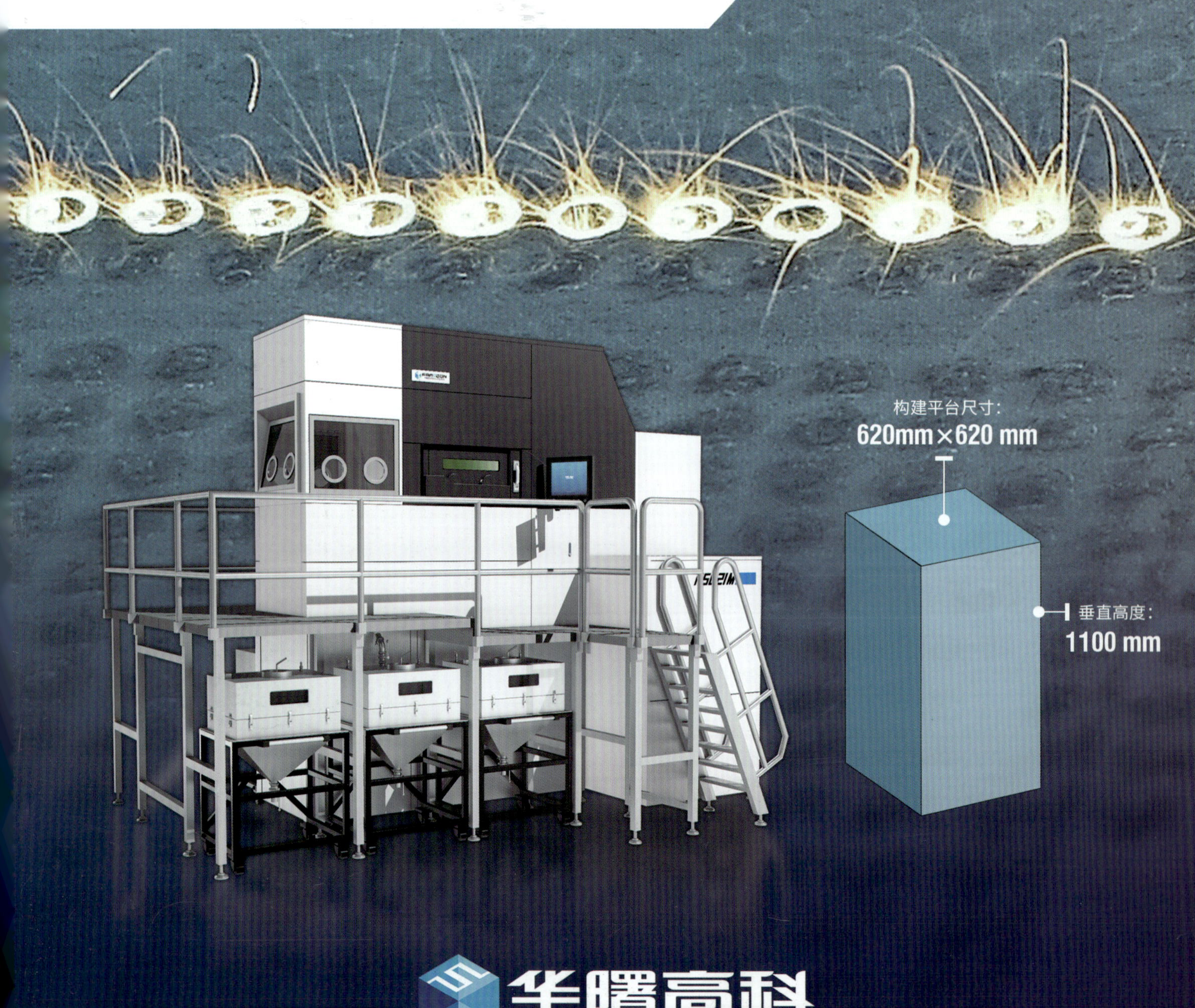

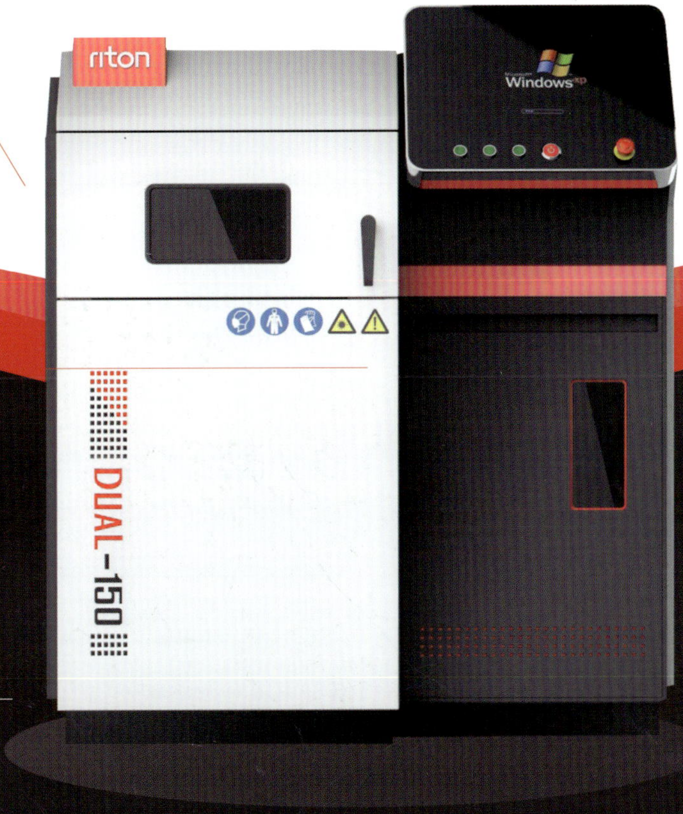

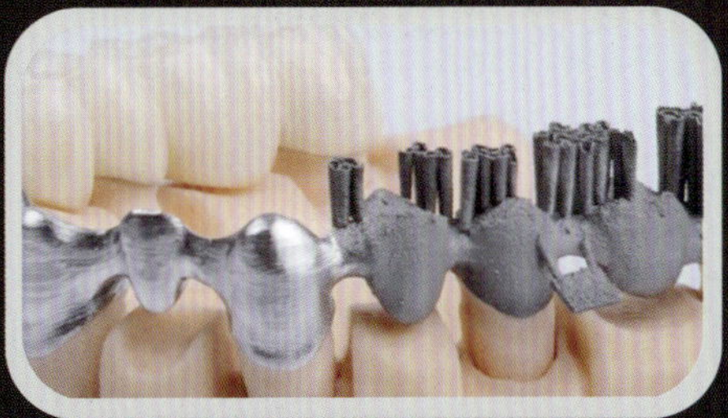

金属3D打印解决方案

熔覆与再制造

智能制造解决方案

印服务与装备

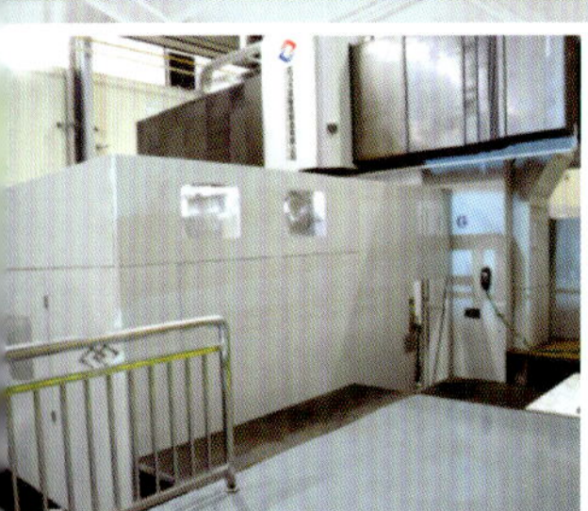

TY2000AL-ZDX-02
大型微铸锻铣复合增材制造设备
（双侧龙门机床）
X/Y/Z:4200×5820×1500

TY2H800
电弧+激光重熔复合增材制造设备
X/Y/Z:800×600×400

TY2000AL-ZDX-01
大型微铸锻铣复合增材制造设备
（单侧龙门机床）
X/Y/Z:4200×5820×1500

TY3Z-201703
激光熔覆与再制造设备
X/Y/Z:6000×600×500

TY2000AL-ZDX-03
高性能金属构件高纯净度保护气氛微铸锻铣复合增材制造设备
X/Y/Z:2800×1500×900

TYZBSL011
大压力微轧制增材制造设备
X/Y/Z:2000×280×350

（注：规格单位为 mm）

地址：湖北省武汉市东湖新技术开发区光谷一路 225 号
电话：027-59611590
传真：027-59611633
邮编：430073
邮箱：tianny@ty-im.com

可定制化激光近净成形金属3D打印机

- 多年设备实践验证，质量优异，可靠性高；
- 高集成度操作系统，可定制新功能；
- 送粉器等核心结构均为自主研发，可实现多种材料的均匀配送；
- 监控互锁、密封安全、激光防护，安全性能优异。

LiM-S4510 成型尺寸：4500mm×4500mm×1500mm

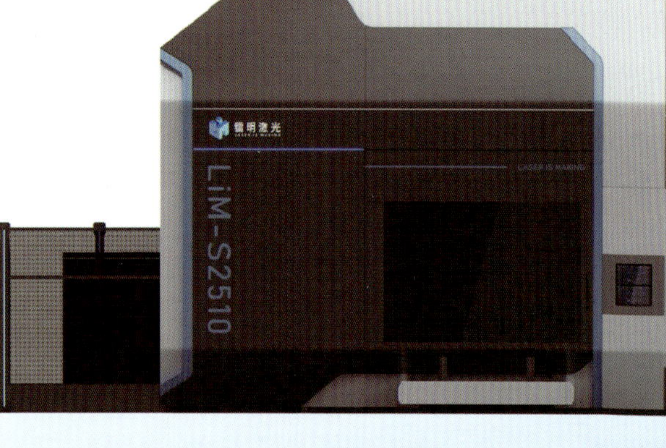

LiM-S2510 成型尺寸：2500mm×2500mm×1500mm

可定制化激光送粉、送丝金属3D打印机

中型同轴送粉/送丝设备

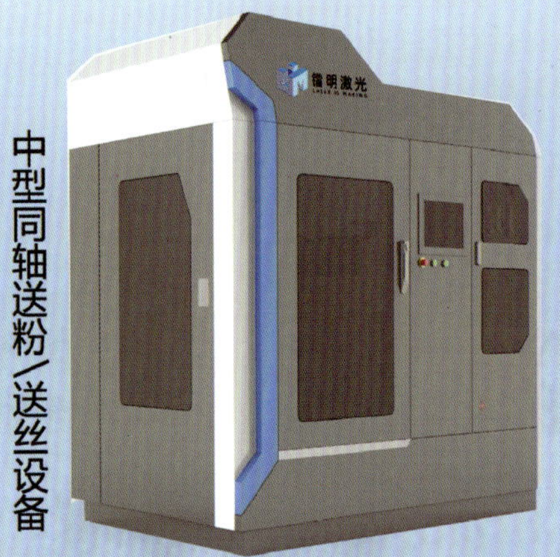

小型同轴送粉/送丝设备

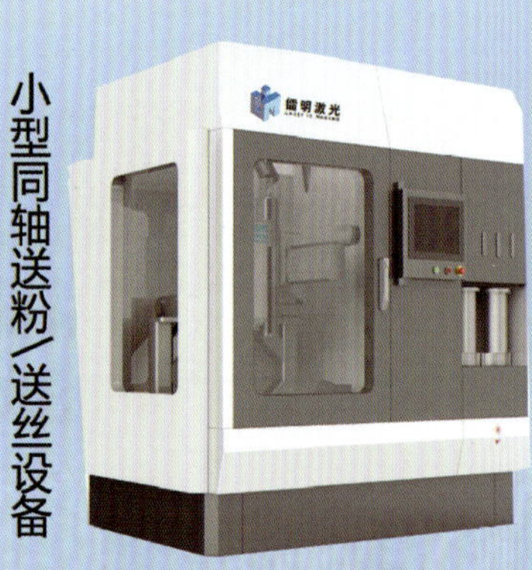

- 设备集成合理、细化软件逻辑、运行安全高效；
- 定制化服务、多系统监控，交互界面友好；
- 自主研发控制系统，能适应更多应用场景。

可定制化电弧增材制造金属3D打印机

- 自主研发适用于机床系统以及ABB等机械手的路径软件，可实现全程自动化运行；
- 一台设备同时具备成形、修复、焊接、加工等多种功能；
- 自动找平功能（自动识别高低点并反馈给运行系统执行），实现智能打印；
- 强制找平功能（自带铣刀强制找平），高质量完成打印；
- 设计自由，一机多用。

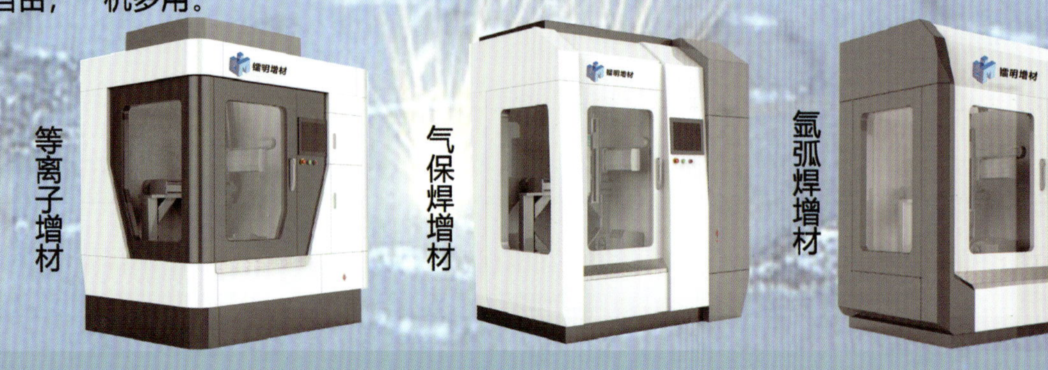

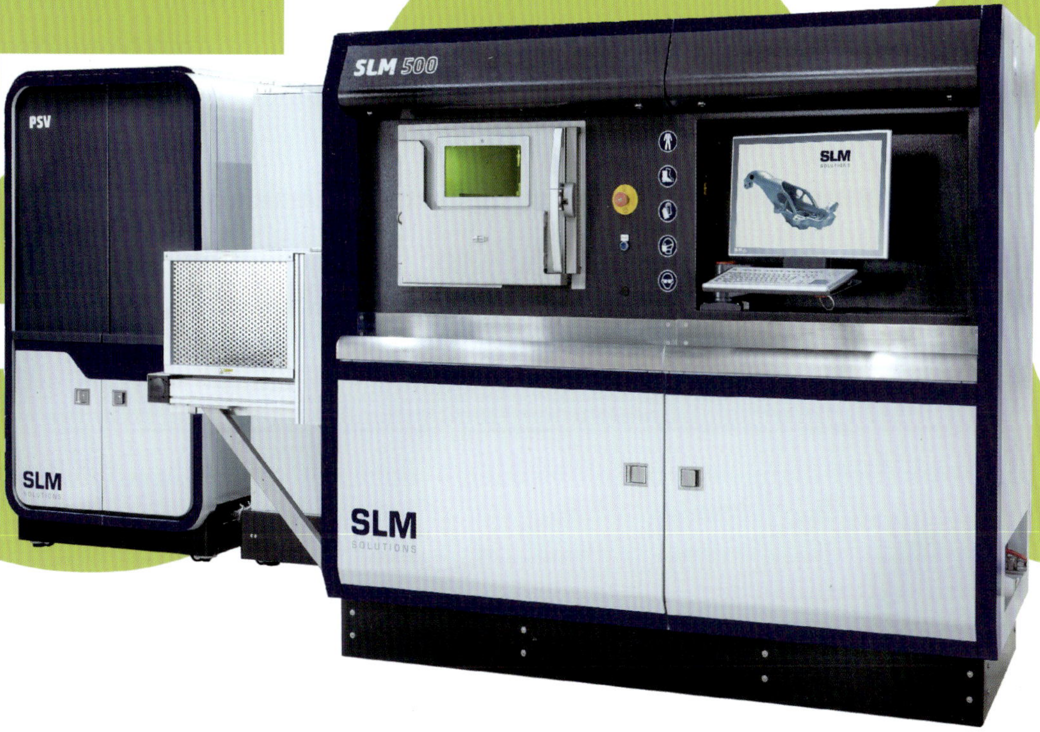

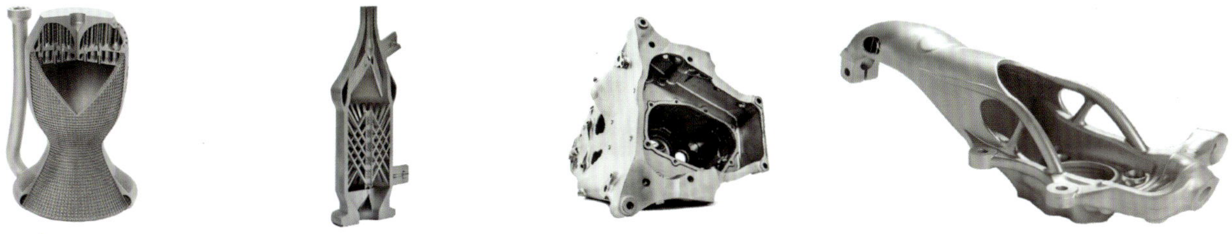

增减结合
创新发展

林宗棠书

原航空航天工业部部长，中国增材制造产业联盟荣誉顾问 林宗棠

中国增材制造产业年鉴

（2020）

左世全◎主编

李方正　林　峰　邢　飞　于　灵◎副主编

人民邮电出版社

北　京

图书在版编目（CIP）数据

中国增材制造产业年鉴. 2020 / 左世全主编. -- 北京 : 人民邮电出版社, 2021.5
ISBN 978-7-115-56360-6

Ⅰ. ①中… Ⅱ. ①左… Ⅲ. ①立体印刷－制造工业－中国－2020－年鉴 Ⅳ. ①F426.4-54

中国版本图书馆CIP数据核字(2021)第063847号

内容提要

本书为推动增材制造产业快速健康可持续发展，全面、客观地反映了我国增材制造领域近年的发展情况。本书内容涵盖增材制造产业的市场、政策、技术、产品、企业、标准、科研以及地方增材制造产业的发展信息和重大事件，是我国增材制造行业首本高质量、高信息密度、高实用价值的专著，对政府主管部门、行业协会、企事业单位及社会各界全面深入了解增材制造产业发展状况，进行科学决策和咨询研究具有重要意义。

本书适合增材制造行业的相关从业者以及对增材制造感兴趣的读者阅读。

◆ 主　　编　左世全
副 主 编　李方正　林　峰　邢　飞　于　灵
责任编辑　赵　娟
责任印制　陈　犇

◆ 人民邮电出版社出版发行　　北京市丰台区成寿寺路 11 号
邮编　100164　　电子邮件　315@ptpress.com.cn
网址　https://www.ptpress.com.cn
三河市中晟雅豪印务有限公司印刷

◆ 开本：880×1230　1/16
印张：25　　2021 年 5 月第 1 版
字数：716 千字　　2021 年 5 月河北第 1 次印刷

定价：298.00 元

读者服务热线：(010)81055493　印装质量热线：(010)81055316
反盗版热线：(010)81055315
广告经营许可证：京东市监广登字 20170147 号

编 委 会

高正江　中航迈特粉冶（北京）有限公司　总经理
龚　明　上海市机械施工集团有限公司　智能建造中心主任
郭　超　天津清研智束科技有限公司　总经理
黄玉林　上海建工集团股份有限公司　副院长
黄至明　深圳市普立得科技有限公司　总经理
黄贤清　杭州先临三维科技股份有限公司　执行总裁
姜闻博　上海市增材制造研究院　常务副院长
姜　勇　南通金源智能技术有限公司　副总经理
金　良　浙江迅实科技有限公司　总经理
李海斌　中机生产力促进中心标准化战略与政策研究所　所长
雷力明　中国航发商用航空发动机有限责任公司　设计研发中心副主任
李志勇　航天科工增材制造中心　副主任
李培学　山东三迪时空集团有限公司　董事长
李思文　安徽省增材制造协会　秘书处主任
刘建业　广东汉邦激光科技有限公司　总经理
李　恒　上海那恒新材料有限公司　总经理
李耀龙　天津大格科技有限公司　总经理
刘　斌　鑫精合激光科技发展（北京）有限公司　总工程师
刘　平　浙江亚通焊材有限公司　副总经理
马劲松　上海联泰科技股份有限公司　总经理
马建立　SLM Solutions公司　亚太区总经理
潘学松　北京南极熊科技有限公司　运营总监
尚　鹏　北京汇天威科技有限公司　经理
沈宝祥　安徽中体新材料科技有限公司　总经理
孙晓燕　浙江大学　副教授

田宗军　江苏三维智能制造研究院　院长

王利军　上海毅速激光科技有限公司　副总经理

王长春　四川省增材制造技术协会　秘书长

韦　仁　广西慧思通科技有限公司　总经理

吴文恒　上海材料所3D中心　常务副主任

王　磊　国家增材制造创新中心　总师办主任

熊　英　重庆市增材制造协会　会长

许建辉　三的部落（上海）科技股份有限公司　总经理

邢　军　安世亚太科技股份有限公司　战略合作部总经理

许荣玉　江苏威拉里新材料科技有限公司　常务副总经理

杨　熙　苏州诺普再生医学有限公司　首席执行官

杨义浒　深圳光华伟业股份有限公司　董事长

袁　烽　同济大学　教授

袁玉宇　广州迈普再生医学科技有限公司　董事长

张　辉　北京锐海三维科技有限公司　总经理

张冬云　北京工业大学　教授

张海鸥　华中科技大学　教授

赵　凯　上海航天设备制造总厂有限公司　研究室主任

张　莹　西安铂力特增材技术股份有限公司　项目部部长

曾绍连　上海市增材制造协会　秘书长

赵建光　中广核工程有限公司　科技管理部经理

宗贵升　北京三帝科技股份有限公司　董事长

赵庆洋　杭州喜马拉雅信息科技有限公司　董事长

赵新明　北京康普锡威科技有限公司　总经理助理

赵宇辉　辽宁省机械工程学会增材制造分会　常务副秘书长

左自波 上海建工集团工程研究总院 数字化建造研究室主任

翟莲子 上海盈普三维打印科技有限公司 首席执行官（CEO）

曾庆丰 西安点云生物科技有限公司 董事长

张学军 中国航发北京航空材料研究院 副总工程师

杨 光 河北科技大学机械工程学院 院长

张震奇 福建省增材制造创新中心 副主任

周 钢 湖北省3D打印产业技术创新战略联盟 秘书长

赵文天 中国兵器科学研究院宁波分院 副研究员

张 昱 上海酷鹰机器人科技有限公司 总经理

前言 Preface

世界主要的先进国家较早开始布局增材制造，并持续将其作为制造业发展的重点领域，加强发展战略谋划。我国高度重视增材制造产业，将其列为制造强国建设的发展重点。2017 年，工业和信息化部联合 11 个部门发布《增材制造产业发展行动计划（2017—2020 年）》，吹响了推动增材制造产业发展的新号角。

《中国增材制造产业年鉴（2020）》（以下简称“《年鉴》”）是国内第一本专注于增材制造领域的资料性工具书。《年鉴》的内容编写集权威性、专业性、指导性、学术性和综合性于一体，真实地记录了我国增材制造行业的发展过程。其翔实的数据信息和权威的专家视点，科学、系统、真实、全面地梳理和汇总了我国增材制造行业的发展情况，客观地反映了我国增材制造行业发展面临的问题，致力于打造增材制造行业不可或缺的信息资料支撑、技术交流合作和品牌推广的重要平台。《年鉴》深入地挖掘产业链、价值链的优质资源，为我国政府部门出台增材制造产业相关政策法规和企业制订相关战略规划提供了重要参考和有效借鉴。

《年鉴》共收集了 106 家增材制造领域的重点企事业单位的生产经营及技术研发能力进展等发展情况，经严格审核收录了 70 余家单位的素材。《年鉴》邀请了行业权威专家围绕增材制造领域焦点问题及技术进展等全面、深入、系统地汇总和梳理，勾勒出增材制造行业未来的走向与趋势，帮助我国增材制造产业持续、健康、高质量发展。

本书在征集资料及编制过程中，得到了工业和信息化部装备工业发展中心及各个地方行业组织主管部门的关怀和指导，以及全国增材制造标准化技术委员会（SAC/TC 562）、国家增材制造产品质量监督检验中心等单位的大力协助，在此表示诚挚的谢意。

本书共 11 章：第 1 章着重阐明增材制造的内涵及意义、发展历程、国内外产业发展现状、趋势及展望；第 2 章重点分析了欧美等先进国家和地区增材制造产业发展战略，分析了我国增材制造发展的政策体系；第 3 章从专用材料、核心零部件、软件系统、工艺技术、装备等维度系统梳理了增材制造的产业链；第 4 章重点展示了前沿技术的研究与发展现状；第 5 章展示了增材制造技术在重点制造、生物医疗、文化创意等领域的典型应用；第 6 章从区域分布及发展概况角度系统分析了国内外增材制造产业发展；第 7 章着重从成形工艺、装备角度讲述了增材制造工艺分类及代表性公司的代表性装备；第 8 章列举了国家及地方的增材制造领域的行业组织；第 9 章分析了中外增材制造企业合作发展情况及国内外重点投资案例；第 10 章列举了行业内获奖情况、主要科研团队及重点实验室情况；第 11 章梳理了当下行业热点事件、增材制造标准体系、专利分析及人才发展。

《年鉴》历时一年编写完成，由于增材制造涉及面广，编者学识水平有限，再加上时间仓促，书中难免有疏漏、不当之处，敬请读者谅解。希望今后各个相关单位能继续参与其中，大力支持《年鉴》的编写工作，进一步为行业发展献计献策，拓展技术交流与市场合作，也欢迎各位对《年鉴》的充实和完善提出宝贵的意见和建议，一并致以谢意！

《中国增材制造产业年鉴（2020）》编者

2021 年 2 月 8 日

目录 Contents

第5章

典型应用

第6章
地区概况

第7章
重点企业

附录3

增材制造人才发展报告

第1章 发展综述

1
2
3
S_n
S_2
S_1
计算机三维造型
3D模型
数据切片
4
5
6
激光束
S_1
基座
S_2
S_1
S_n
S_2
S_1
第一层S_1的硬化
第二层S_2的硬化
叠加成型

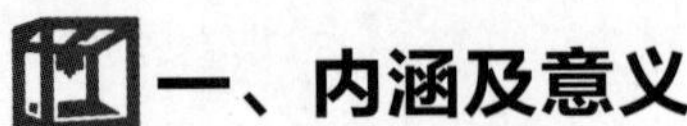

一、内涵及意义

1. 内涵

增材制造的概念较为丰富，曾被称为“材料累加制造”（Material Increase Manufacturing）、“快速原型”（Rapid Prototyping）、“分层制造”（Layered Manufacturing）、“实体自由制造”（Solid Free-form Fabrication）、“3D 打印技术”（3D Printing）等。从广义的原理来看，以三维计算机辅助设计（Computer Aided Design，CAD）数据为基础，将材料（包括液体、粉材、线材或块材等）自动化地累加起来成为实体结构的制造方法，都可视为增材制造。

2009 年，在美国材料与试验协会（American Society for Testing and Materials，ASTM）框架内成立的增材制造技术委员会 F42，决定采用“增材制造”这一新术语取代原始的“快速原型”说法，以更加全面地涵盖这类制造方法。按照 ASTM 定义，增材制造是基于三维模型数据，采用与传统减材制造技术完全相反的逐层叠加材料的方式，直接制造与相应数字模型完全一致的三维物理实体模型的制造方法。目前，“增材制造”这一术语已被国际学者普遍接受。另外，麻省理工学院于 1995 年提出的“3D 打印”这一通俗形象的表述，也获得了比较广泛的传播。

我国早在 20 世纪 80 年代末便开始关注增材制造技术，1988 年清华大学成立的激光快速成形中心拉开了国内增材制造研究的序幕。随后，国内一批高校、研究机构进入该领域。2015 年，工业和信息化部、国家发展和改革委员会、财政部联合发布《国家增材制造产业发展推进计划（2015—2016 年）》，其中将增材制造描述为“增材制造是以数字模型为基础，将材料逐层堆积制造出实体物品的新兴制造技术，体现了信息网络技术与先进材料技术、数字制造技术的密切结合，是先进制造业的重要组成部分”。

2. 意义

麦肯锡全球研究院的研究表明，到 2025 年，3D 打印的经济影响每年可能高达 5500 亿美元。3D 打印相对于其他制造技术的独特优势可能会为许多行业带来设计、开发、生产和技术支持方面的深远变化。根据麦肯锡的分析，3D 打印市场面向的对象将分成工具模型、普通消费者、特殊消费方（医疗、工业等）和产品生产方四大部分。其中，工具模型将占 3600 亿美元的市场份额，30% ～ 50% 的塑料模具可以用 3D 打印机制成；普通消费者将占 40000 亿美元的市场份额，5% ～ 10% 的大众消费品可以用 3D 打印机制成。

随着新一代信息技术和制造业的深度融合，新工业革命正在开启经济发展新空间，引领传统产业和新兴产业加速融合。增材制造作为制造业有代表性的技术，体现了信息网络技术与先进材料技术、数字制造技术的深度结合，正对传统的工艺流程、生产线、工厂模式、产业链组合产生深远的影响，催生大量的新产业、新业态、新模式，是推动新一轮工业革命的关键性技术。

增材制造理念能够颠覆传统的设计制造模式。增材制造技术可以将虚拟的数字三维模型直接转化为物理实体，对产品在设计阶段进行“微分”，在制造阶段进行“积分”，从而摆脱传统制造技术、工艺的限制，无限放大新产品的设计和创意空间，推动实现“设计即生产”“设计即产品”的“创成式”设计，推动我国制造业从制造导向转为设计导向，实现中国创造的“功能性优先”。

增材制造装备能够打通数字世界和实体世界的界限。随着新一代信息通信、物联网、人工智能与增材制造技术的深度融合，增材制造装备将成为通信、数字、制造技术的关键发展节点和集中载体。增材制造装备具备收集、分析处理及存储数据的能力，结合工业互联网、云平台等新型工业基础设施，可集成利用互联网技术（Internet Technology，IT）以数字化的形式在信息物理系统（Cyber-Physical Systems，CPS）与真实物理空间映射，在制造的全生命周期中进行规划与控制，可以实现智能制造、绿色制造、分布式制造等新业态、新模式，逐步成为新一轮工业革命中的先进生产力。

大力发展增材制造产业是中国制造业实现“换道超车”的重要途径。当前，中国制造业大而不强、竞争力相对较低，在目前复杂的国际环境中处于不利地位。中国应该依托完备的工业体系，基于增材制造思维，推动“增材制造 + 制造业”融合升级，培育新业态、新模式、新产业，引领新一代工业革命。

二、发展历程

1. 国外发展历程

1983 年，美国科学家查尔斯 • 胡尔（Charles Hull）发明光固化成形（Stereo Lithography Appearance，SLA）技术并制造出全球首个增材制造部件。全球首个增材制造部件如图 1.1 所示。

图片来源：3D Systems公司官网

图1.1　全球首个增材制造部件

1986 年，查尔斯 • 胡尔获得全球第一项增材制造专利“Apparatus for Production of Three-Dimensional Objects by Stereolithography”（专利号 US4575330A）。查尔斯 • 胡尔与他人共同创建 3D Systems 公司，研发了 STL 文件格式，将 CAD 模型进行三角化处理，成为 CAD/CAM 系统接口文件格式的工业标准之一。

1987 年，3D Systems 公司推出首款光固化增材制造设备 SLA-1。首款光固化增材制造设备如图 1.2 所示，全球进入增材制造时代。此后，市场上涌现出多种制造工艺，诞生了 Helisys、Stratasys、DTM 等著名的增材制造企业。

1991 年，美国 Helisys 公司的迈克尔 • 费金（Michael Feygin）研发的分层实体制造（Laminated Object Manufacturing，LOM）技术获得发明专利。1991 年，Helisys 公司售出第一台分层实体制造系统。

图1.2　首款光固化增材制造设备

1992 年，美国 DTM 公司基于选择激光烧结（Selective Laser Sintering，SLS）的工业级装备——Sinterstation 研发成功，实现了粉末床熔融工艺的产业化；Stratasys 公司的斯科特 • 克伦普申请的 FDM 专利——“Apparatus and Method for Creating Three-Dimensional Objects”（专利号 US5121329A）获得授权，并推出第一台基于熔融沉积成型（Fused Deposition Modeling，FDM）技术的增材制造设备——3D Modeler，这标志着 FDM 技术步入了商用阶段。

1993 年，美国麻省理工学院伊曼纽尔•萨克斯（Emanual Sachs）教授提出的三维立体打印（Three-Dimension Printing，3DP）技术获得专利；Emanual Sachs 团队开发出基于 3DP 技术的增材制造设备。

1994 年，德国 EOS 公司推出了 EOSINT P350 系统，成为世界上第一个能够提供 SLA 和 SLS 装备系统的公司。

1995 年，德国弗朗霍夫激光技术研究所（Fraunhofer Institute for Laser Technology ILT，Aachen，Germany）提出选区激光熔化（Selective Laser Melting，SLM）技术构想，随后获得专利授权。

1996 年，3D Systems 公司使用喷墨打印技术制造出第一台 3DP 装备 Actua2100；美国 Z Corporation 公司发布 Z402 型 3DP 装备。

2000 年前后，美国克莱姆森大学（Clemson University）、密苏里大学（University of Missouri）、德雷塞尔大学（Drexel University）等提出“生物 3D 打印”的概念。2003 年，米龙威（Mironv）和伯兰德（Boland）在《生物技术趋势》（*Trends in Biotechnology*）系统地提出了“器官 3D 打印”的概念。

2001 年，3D Systems 公司收购 DTM 公司。

2002 年，德国成功研制出 SLM 增材制造装备，可成形接近全致密的精细金属零件和模具，性能可达到同质锻件水平。同时，电子束熔化（Electron Beam Melting，EBM）、激光近净成形（Laser Engineered Net Sharping，LENS）等一系列新技术与装备涌现出来。

2003 年，英国 MCP 集团公司下属的德国 MCP-HEK 分公司推出第一台 SLM 设备。SLM 技术和激光直接烧结（Direct Metal Laser Sintering，DMLS）技术实际为 SLS 技术的延伸，区别在于 SLM 技术使用的材料为单一金属粉末，而 DMLS 技术使用的材料为两种或两种以上混合金属粉末。

2005 年，Z Corporation 公司推出全球第一台彩色增材制造设备 Spectrum Z510，标志着增材制造从单色开始迈向多色时代。

2009 年，ASTM 成立增材制造标准委员会 F42，下设试验方法、设计、材料和工艺、人员、术语等分委员会，开始进行增材制造技术标准的研究工作。

2010 年，美国 Organovo 公司研制出全球首台生物 3D 打印设备，使 3D 打印人体器官成为可能；美国通用电气（General Electric，GE）公司开始布局增材制造技术。

2011 年，Stratasys 公司收购 Solidscape 公司，其桌面级增材制造设备收入增速首次超过工业级设备；全球首例 3D 打印金属下颌骨植入手术成功实施。

2012 年，英国《经济学人》（*The Economist*）杂志刊文评价增材制造技术将推动第三次工业革命；美国提出“重振制造业”战略，将“增材制造”列为第一个启动项目，成立了国家增材制造研究院（National Additive Manufacturing Innovation Institute，NAMII）。2012 年，3D 打印市场两大知名企业 Stratasys 和 Objet 公司完成行业最大规模合并；GE 公司收购增材制造技术公司 Morris Technologies；Z Corporation 公司被 3D Systems 公司收购。

2013 年，美国时任总统奥巴马发表的国情咨文演讲强调了增材制造的重要性，推动了增材制造的发展。美国各大企业纷纷加速布局增材制造产业：3D Systems 公司收购法国增材制造企业 Phenix Systems；Stratasys 公司收购 Makerbot 公司；Solid Concepts 公司设计制造全球首支 3D 打印金属枪；耐克公司推出全球首款 3D 打印运动鞋。

2014 年，惠普公司发布多射流熔融（Multijet Fusion，MJF）技术。

2015 年，欧盟发布《增材制造标准化路线图》，规范增材制造技术在发展战略中的位置及方向；Materialise 公司开始为空客 A340 XWB 飞机供应增材制造部件；Stratasys 公司合并 RedEye、Harvest Technologies、Solid Concepts 公司，布局按需制造服务；3D Systems 公司收购无锡易维，创建 3D Systems 中国公司；佳能、理光、东芝、欧特克、微软等知名企业纷纷涉足增材制造领域；Regenovo 公司推出第三代生物 3D 打印工作站，成功实现肝单元生物 3D 批量打印，将其用于药物筛选。

2016 年，GE 公司收购增材制造知名企业 Concept Laser 公司 75% 的股份和 Arcam 公司 76.15% 的股份；以色列 XJet 公司发布纳米颗粒喷射成形金属打印设备；哈佛大学研发出 3D 打印肾小管；Carbon 公司推出首款基于连续液面生产（Continuous Liquid Interface Production，CLIP）技术的增材制造设备；医疗行业知名企业强生与 Carbon 公司合作进军增材制造手术器械市场。

2017 年，美国食品药品监督管理局（Food and Drug Administration，FDA）发布《3D 打印医疗产品技术指导意见》；美国海军部（Department of the Navy，DoN）公布使用区块链来控制增材制造设备的计划；惠普宣布将“HP Partner First 增材制造专业化”计划扩展至大中华地区，加快增材制造全球布局的步伐，抢占增材制造市场。

2018 年，GE 公司发布的增材制造装备成形尺寸达到 1.1m×1.1m×0.3m（z 轴可扩展至 1m，甚至更大），推动铺粉式金属激光增材制造成形进入“米”级时代；德国 EOS 公司、SLM Solutions 公司等推出四激光系统的新型装备，大幅提升打印的效率；美国 America Makes 公司与美国国家标准协会（American National Standard Institute，ANSI）合作发布《增材制造 2.0 新标准化路线》。

2019 年，生物 3D 打印领域取得全球瞩目的技术进展：以色列特拉维夫大学 3D 打印出全球首个含人体组织和血管的 3D 心脏；美国莱斯大学与华盛顿大学制造了一个水凝胶 3D 打印肺模型，具有与人体血管、气管结构相同的网络结构，该模型能够像肺部一样朝周围的血管输送氧气，完成“呼吸”过程。

2020 年，通用汽车（General Motors，GM）公司新增加 17 台 Stratasys FDM 增材制造设备，称“速度、重量减轻和成本效益”是该技术的主要优势。GM 公司将设备群投入呼吸机所需的工装夹具生产中，保障在 2020 年 9 月前向美国卫生部生产并交付 3 万台重症监护呼吸机。

2. 国内发展历程

1989 年年初，清华大学机械系批准颜永年教授“关于开展快速原型制造技术研究的建议和申请”，并开始了分层（切片）算法的研究。

1990 年，清华大学成立激光快速成形中心，颜永年教授连续两年邀请美国德雷塞尔大学教授杰克·凯文（Jack Kevin）来中国访问讲学，介绍快速原型制造（Rapid Prototyping Manufacturing，RPM）技术，拉开了我国增材制造技术发展的序幕。

1991 年，华中科技大学成立快速制造中心。

1992 年，西安交通大学卢秉恒教授在美国密歇根大学访问期间发现增材制造技术在汽车制造业中的应用，随后卢秉恒团队在国内开拓了光固化快速成形制造系统的研究，开发出国际首创的紫外光快速成形设备。

1993 年，国内首台工业级激光选区烧结设备样机研发成功，并于 1994 年获得专利；国内第一家增材制造公司——北京殷华快速成形模具技术有限公司成立。

1994 年，华中科技大学成功研制出国内第一台基于薄材纸的叠层实体制造（Laminated Object

Manafacturing，LOM）样机；清华大学研制出我国第一台快速成形实验机，实现 LOM技术；西安交通大学成立先进制造技术研究所。

1995 年，清华大学主办了第一届全国快速成形制造学术会议；西北工业大学提出了基于激光熔覆工艺的增材制造技术构想，并开展相关基础研究。

1996 年，依托华中科技大学的武汉滨湖机电技术产业有限公司成立；北京隆源自动成型系统有限公司的第一台商品化 SLS 增材制造设备 AFS-300 销往北京航空材料研究院，并成功应用于新产品的开发。

1997 年，清华大学研制出我国第一台熔融沉积成形（Fused Deposition Modeling，FDM）设备，研发的叠层实体制造设备和多功能快速成形设备分别销往泰国某公司和香港科技大学；中国机械工程学会特种加工分会成立快速成形技术委员会，颜永年担任主任委员；西安交通大学成立陕西恒通智能机器有限公司，并售出了国内第一台 SLA 增材制造设备。

1998 年，华中科技大学开始开展 SLS 技术和 SLM 技术的研究工作；清华大学主办了第一届快速成形国际会议，将增材制造技术引入生命科学领域，提出“生物制造工程”学科概念和框架体系，并于 3 年后研制出基于热致相分离的低温沉积成形工艺，实现了具有分级孔隙结构的可降解大段骨修复组织工程支架的增材制造。

2000 年，北京航空航天大学瞄准大型飞机、航空发动机等国家重大战略需求，开始攻关激光增材制造技术，随后在国际上首次全面突破相关关键构件激光成形工艺、成套设备和应用关键技术。

2001 年，清华大学完成我国第一台双激光大型 LOM 设备和工艺的研究，实现了1400mm 的汽车保险杆的 LOM 原型制造，开创了我国多激光协同扫描的增材制造技术先河，清华大学开发的无模铸型制造（Patternless Casting Manufacturing，PCM）技术后来也实现了第一个铸造砂型的增材制造。

2002 年，清华大学的多功能快速成形制造系统 M-RPMS 获国家科学技术进步二等奖。

2003 年，清华大学通过与佛山水泵厂合作，浇铸了水泵铸铁叶轮，实现了 3D 打印铸造砂型的第一次成功浇铸，以及激光直写驱动细胞打印和细胞连续挤出打印。2003 年，清华大学开始探索细胞三维结构体的打印技术和自主研发电子束选区熔化（Electron Beam Selective Melting，EBSM）技术及装备。

2004 年，清华大学开发了基于明胶基预凝胶化的分步复合交联工艺和细胞受控组装系统，实现了三维细胞结构体的 3D 打印构建，开创了我国三维细胞打印的先河。

2005 年，清华大学在美国国家科学基金会（National Science Foundation，NSF）、中国国家自然科学基金委员会（Natural Science Foundation of China，NSFC）和中国机械工程学会（Chinese Mechanical Engineering Society，CMES）的联合资助下，举办了第一届生物制造国际研讨会，邀请了中美双方各 15 名学者研讨生物制造这一新兴交叉领域的最新进展及未来发展趋势；北京航空航天大学王华明教授团队成功实现三种激光快速成形钛合金结构件在两种飞机上的装机应用，使我国成为世界上第二个掌握飞机钛合金结构件激光快速成形装机应用技术的国家。

2010 年，北京太尔时代自主开发的桌面型个人三维打印机——UP 系列在国内外销售，它在 2012 年 12 月被美国《爱上制作》（*Make*）杂志评选为年度最佳三维打印设备。

2012 年，王华明教授凭借“飞机钛合金大型复杂整体构件激光成形技术”项目获得国家技术发明一等奖。

2013 年，工业和信息化部开始酝酿增材制造顶层设计和统筹规划；科学技术部首次将增材制造纳入《国家高技术研究发展计划（863 计划）和国家科技支撑计划制造领域 2014 年度备选项目征集指南》。

2014 年，先临三维在新三板挂牌（830978），成为中国第一个在新三板上市的增材制造企业。

2015 年，国家加快增材制造技术和装备的研发、应用，建设增材制造创新中心；工业和信息化部、国家发展和改革委员会、财政部联合发布《国家增材制造产业发展推进计划（2015—2016 年）》。

2016 年，中国增材制造产业联盟成立；全国增材制造标准化技术委员会获批成立；国家增材制造创新中心批复筹建；科学技术部“十三五”国家重点研发计划“增材制造与激光制造专项”启动，第一批项目立项。

2017 年，中国增材制造大会暨展览会在浙江杭州成功举办；工业和信息化部、国家发展和改革委员会等 12 个部门联合印发《增材制造产业发展行动计划（2017—2020 年）》，推动增材制造产业发展。

2018 年，国家食品药品监督管理总局医疗器械技术审评中心发布《定制式增材制造医疗器械注册技术审查指导原则》（征求意见稿），增材制造医疗器械临床应用和上市审查提上日程；赛隆电子束金属增材制造装备与等离子旋转电极制粉装备获得欧盟 CE 认证（一种安全认证标志，被视为制造商打开并进入欧洲市场的通行证）；eSUN 易生的 eTPU98A 线材通过美国食品和药物管理局（Food and Drug Administration，FDA）认证；飞而康齿科用钛合金粉末首获国家食品药品监督管理局产品注册认证及生产许可证等。

2019 年，国家药品监督管理局、国家卫生健康委员会发布《定制式医疗器械监督管理规定（试行）》，进一步鼓励定制式医疗器械的创新研发，规范和促进行业的健康发展，满足临床罕见特殊个性化需求，有力保障公众用械安全；科创板开板首日，西安铂力特增材技术股份有限公司成为第一家科创板上市的增材制造企业，也是首批科创板上市企业中唯一一家增材制造企业。

2020 年，江苏永年激光成形有限公司研发完成 4 激光 3 工位、实体扫描直径达 1000mm 的 SLM 设备。

三、国内外产业发展现状、趋势及展望

1. 全球增材制造产业发展状况

下面从产业、区域、企业 3 个方面分析全球增材制造产业的发展状况。

（1）产业篇

① 产业规模持续扩大，保持高速增长态势

经过近 40 年发展，全球增材制造产业已从起步期迈入成长期，产业规模持续扩大，保持高速增长的态势。沃勒斯协会（Wohlers Associates）对全球 114 家工业级增材制造装备制造商（所售设备单价超过 5000 美元）、40 家专用材料生产商及消费级增材制造设备制造商、129 家服务提供商的 1995—2019 年全球增材制造产业产值及增速数据进行了统计。1995—2019 年全球增材制造产业值及增速如图 1.3 所示。

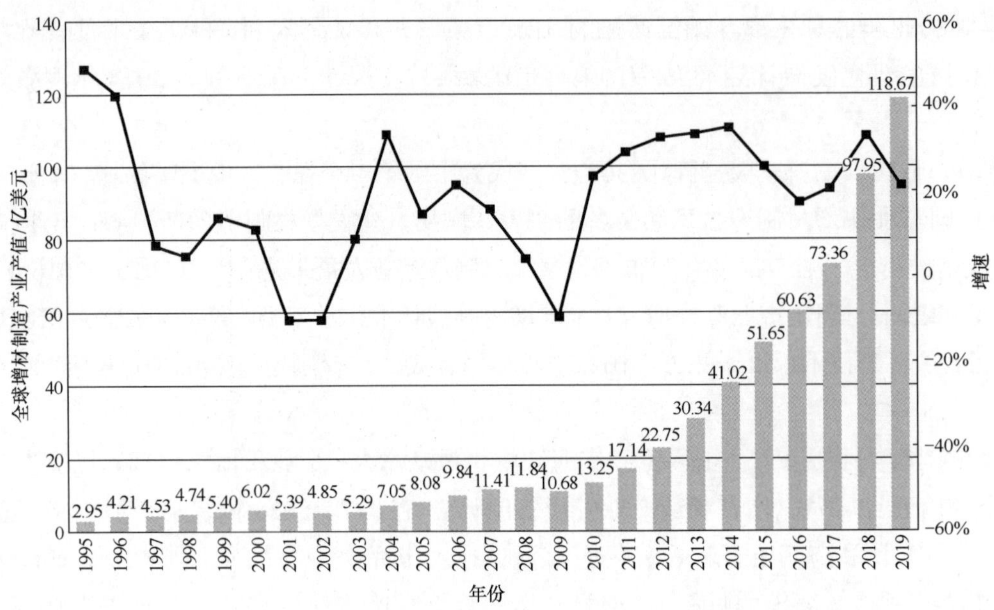

数据来源：Wohlers Associates

图1.3　1995—2019年全球增材制造产业产值及增速

统计结果显示，2019 年全球增材制造产业产值达到 118.67 亿美元，同比增长 21.2%，全球产值依然可观，但相比 2018 年的增速 33.5%，2019 年增速有所放缓。不考虑 Stratasys 和 3D Systems 两家知名企业近两年业绩相对疲软的影响，全球增材制造产业产值增速将会更快。

此外，1988—2018 年，全球增材制造产业产值年均复合增长率（Compound Annual Growth Rate，CAGR）为 26.7%，经历 2009 年的下滑后，产业规模连续 10 年增长。其中，2012—2014 年，全球增材制造产业产值的 CAGR 高达 33.8%，2016—2019 年，，全球增材制造产业产值的 CAGR 为 23.3%，略有下降。预计未来 10 年，全球增材制造产业仍将处于高速增长期，发展潜力巨大。互联网数据中心（Internet Data Center，IDC）数据显示，2020 年全球增材制造产值达 289 亿美元。麦肯锡预测，到 2025 年，全球增材制造产业可能产生高达 2000 亿～ 5000 亿美元的经济效益。

② 欧美国家率先发展，亚洲市场潜力渐显

经过近 40 年发展，全球增材制造产业已经基本形成了以欧美等发达国家和地区为主导，亚洲国家和地区后起追赶的发展态势。其中，美国作为全球增材制造技术的起源地，引领技术创新和产业发展。近年来，亚洲增材制造市场潜力逐渐显现，全球产业重心逐步向亚太地区转移，产业格局更趋平衡。2019 年全球工业级增材制造设备保有量分布格局如图 1.4 所示。

统计数据表明，美、中、日、德 4 国的增材制造设备保有量位居世界前四，其占有率之和为 64.1%，与 2018 年的 63.4% 基本持平。其中，美国设备保有量占有率居于首位，高达 34.4%，相比 2018 年下降 0.9 个百分点；中国位居第二；日本和德国的设备保有量占有率分别为 9.3% 和 8.2%；韩国设备保有量占有率由 2015 年的 2.9% 升至 2019 年的 4.0%，增加了 1.1 个百分点。

从工业级设备销售量来看，2019 年，欧美国家设备销售量占比为 62.1%，比 2018 年增长 3.4 个百分点。其中，2019 年美国占比为 35.0%，比 2018 年下降了 0.8 个百分点；2019 年欧洲国家占比为 27.1%，比 2018 年增长了 4.6 个百分点。2019 年亚洲国家销售量占比为 19.1%，比 2018 年上升了 6 个百分点。可以看出，美国虽然装备销售量占比有所下降，但仍然位居首位，同时，亚太地区销售量占比提升明显。此外，从 1998 年年底到 2019 年年底，美国制造商的工业级设备销售量占全球销售量的

42.5%；同时与 2018 年相比，以色列的销售量从 25.2% 下降到 24.5%，欧洲从 19.9% 上升到 21.3%，亚太地区从 10.0% 上升到 11.5%。工业级设备销售量区域分布如图 1.5 所示。

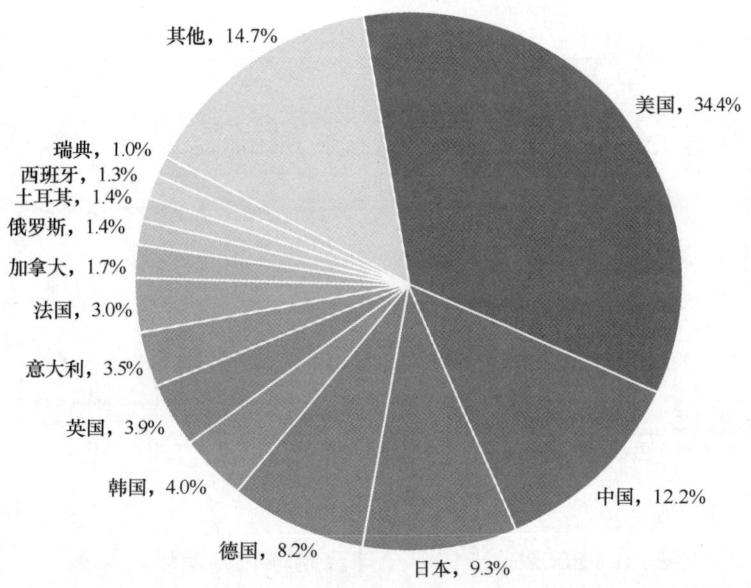

数据来源：Wohlers Assciates

图1.4　2019年全球工业级增材制造设备保有量分布格局

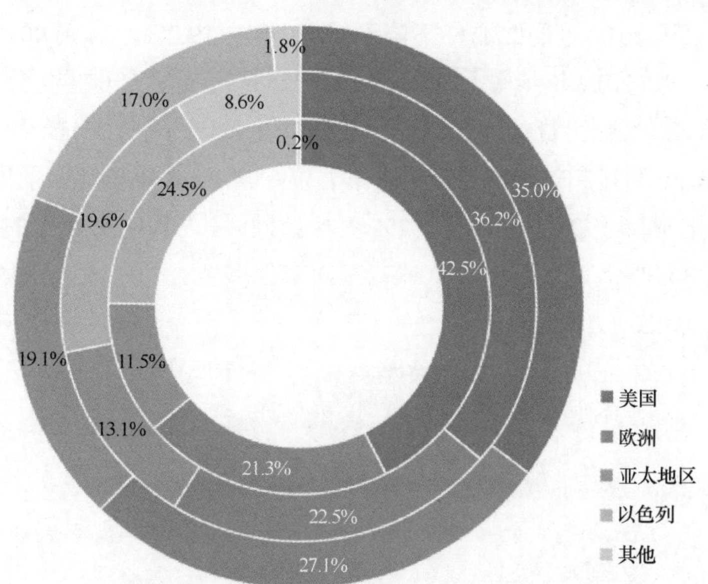

说明：外环数据是2019年的；中环数据是2018年的；内环数据是1998—2019年的

图1.5　工业级设备销售量区域分布

③ 专用材料备受关注，工业设备竞争激烈

2019 年，全球增材制造系统制造商增长至 213 家，比 2018 年的 177 家增长了 20.3%，过百套系统销售厂家达到 34 家，比 2018 年的 27 家增长了 25.9%。全球工业级增材制造装备销量稳步增长，2019 年销量约为 22115 台，比 2018 年增长了 14.7%，而 2018 年和 2017 年的设备销售增长率分别为 17.8% 和 25.1%。由此可见，2019 年的增速比 2018 年的增速下降了 3.1 个百分点。未来，市场设备销售增长将趋于缓慢，而对应的加工服务将会是增材制造市场的持续增长点。

2019 年，金属增材制造装备销量达到 2327 台，同比仅增长 1.3%，销售额达 10.88 亿美元，均价为

46.76 万美元，同比增长 13.2%。2002—2019 年全球金属增材制造装备销量如图 1.6 所示。

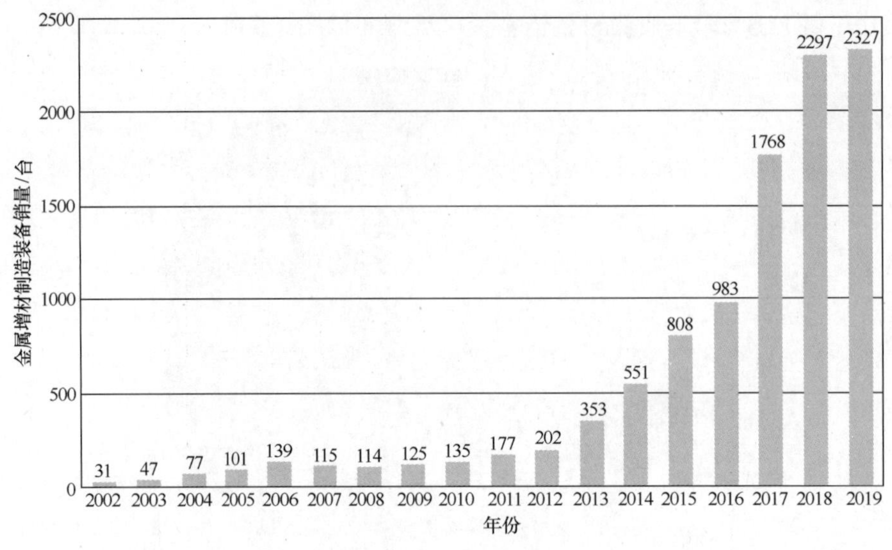

数据来源：Wohlers Associates

图1.6　2002—2019年全球金属增材制造装备销量

从企业的市场份额来看，Stratasys、Markforged、3D Systems、Envision Tec、Rapidshape 这 5 家公司的工业级增材制造装备的市场份额占据世界前五，分别为 16.6%、12.8%、10.3%、4.9% 和 3.2%。其中，Stratasys 公司的市场份额从 2017 年的 27.2% 下降到 2018 年的 19.2%，再到 2019 年的 16.6%，但市场份额连续 18 年保持第一，到 2019 年年底，Stratasys 公司累计出货量为 62849 台；Markforged 公司的市场份额为 12.8%，位居第二，累计出货量为 28005 台；3D Systems 公司、Envision Tec 公司依旧占据第三、第四的位置，而 Rapidshape 公司超过 HP 公司跃居第五位。与 2018 年相比，前四名公司的市场份额均有不同程度的下降，分别下降了 2.6%、1.9%、2%、3%。同时，“其他企业”的市场份额从 2018 年的 30.3% 上升到 2019 年的 34.3%，可以看出，全球范围内有很多新公司进入该市场。2019 年企业的工业级增长制造装备市场份额如图 1.7 所示。

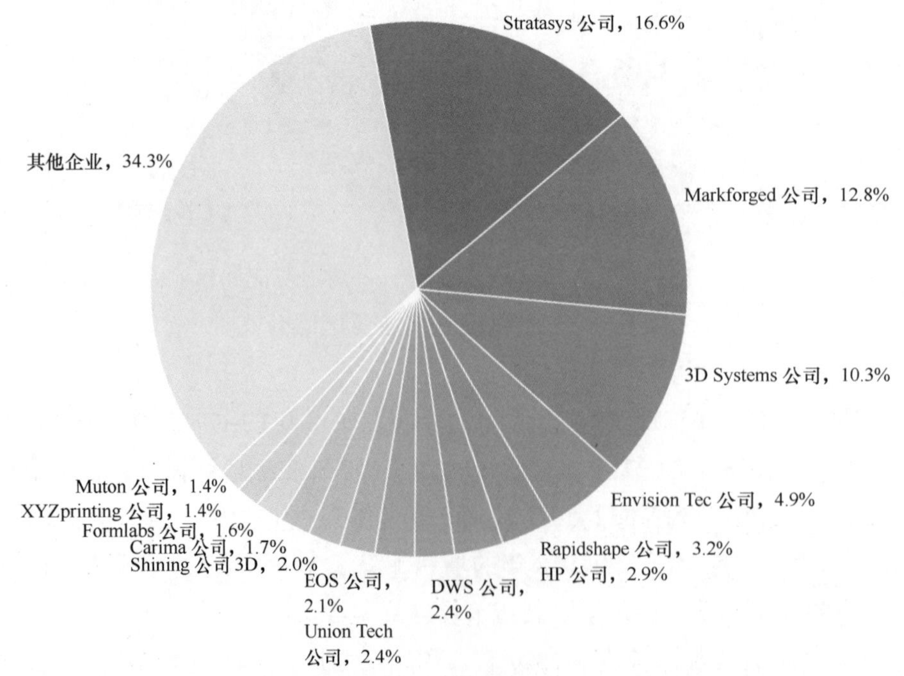

图1.7　2019年企业的工业级增材制造装备市场份额

此外，2019 年，低成本消费级增材制造设备（设备单价低于 5000 美元）销售量为 705694 台，增长率为 19.4%，比 2018 年上升了 7.7 个百分点，平均每台售价为 1196 美元，比 2018 年有所下降。同时，该类装备的销售量自 2012 年以来增长较快，从 35706 台激增到 705694 台，增加了近 20 倍。

④ 专用材料

增材制造专用材料的品类和品质决定增材制造产品及服务的质量。目前，传统材料行业知名企业及增材制造行业相关企业纷纷布局专用材料领域，材料研发投入和消费支出创纪录增长。2018 年 1 月至今，专用材料厂商研发投入与收购案例统计如图 1.8 所示。德国化学公司赢创（Evonik）、法国化学和材料公司阿科玛（Arkema）、金属粉末生产商 Carpenter Technology、加拿大泰克纳（Tekna）公司、强生子公司 DePuy Synthes、英国吉凯恩集团（GKN）等已通过加大材料研发与生产力度或收购并购等方式，加强自身在材料领域的竞争力。

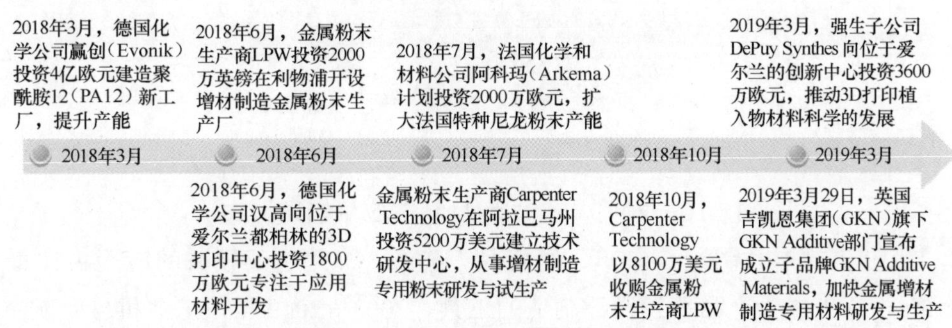

图1.8　2018年1月至今，专用材料厂商研发投入与收购案例统计

2001—2019 年全球增材制造行业系统专用材料消费支出情况如图 1.9 所示。2019 年全球增材制造行业系统专用材料消费支出约为 19.16 亿美元，比 2018 年增加 4.21 亿美元，同比增长达到 28.2%，而 2018 年和 2017 年各自比前一年增长 31.9% 和 25.5%。

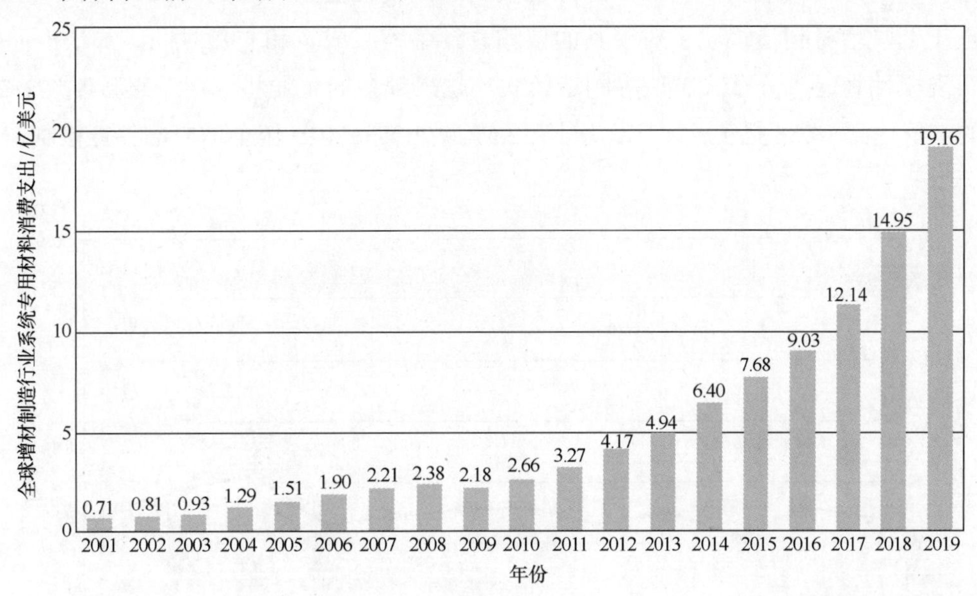

数据来源：Wohlers Associates

图1.9　2001—2019年全球增材制造行业系统专用材料消费支出情况

⑤ 行业应用显著深化，直接制造成为主流

增材制造技术在工业机械、航空航天、汽车等领域应用逐步深入，越来越多的企业将其作为技术转型方向，用于突破研发瓶颈或解决设计难题，助力智能制造、绿色制造等新型制造模式。2019 年全球增材制造应用领域分布如图 1.10 所示。

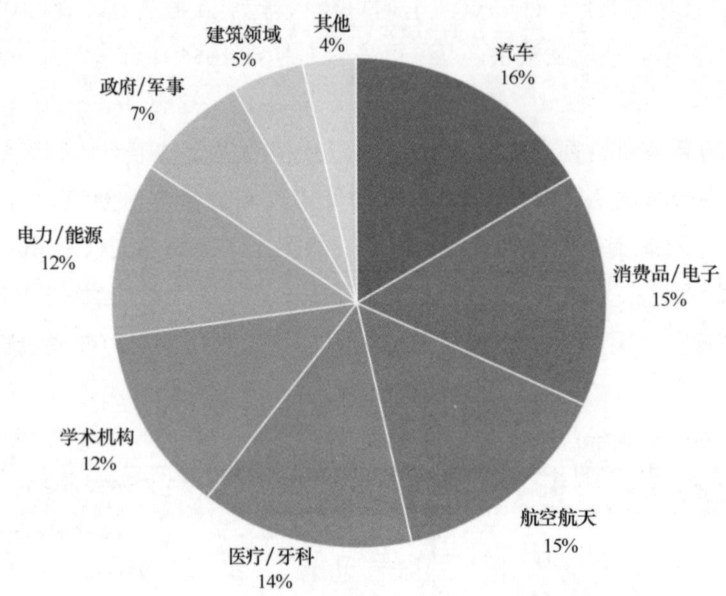

图1.10 2019年全球增材制造应用领域分布

数据显示，2019 年，增材制造在汽车、消费品 / 电子、航空航天领域的应用占比最高，分别为 16%、15% 和 15%，逐步成为产品研发设计制造的工具。2008—2019 年，工业机械、航空航天、汽车和消费品 / 电子领域应用一直处于行业较高水平。2019 年，增材制造在消费品 / 电子领域的应用占比同比增长了 2.4%，该行业通常需要大批量生产零件，产品生命周期相对较短，增材制造为这些行业的公司实现快速设计迭代和优化，加速了产品开发。

增材制造的应用方式逐渐从原型设计走向直接制造，使批量生产成为可能。相较于注塑成型和铸造等传统制造工艺，增材制造摆脱了对模具的依赖，具备缩减成本和交货时间、加快产品的上市周期等优势，可实现柔性制造、分布式制造等制造模式，越来越多的企业将其用于直接制造。2019 年零部件直接制造的产值达到 14.54 亿美元，同比增长 22.5%。2008—2019 年全球零部件直接制造产值及增速如图 1.11 所示。

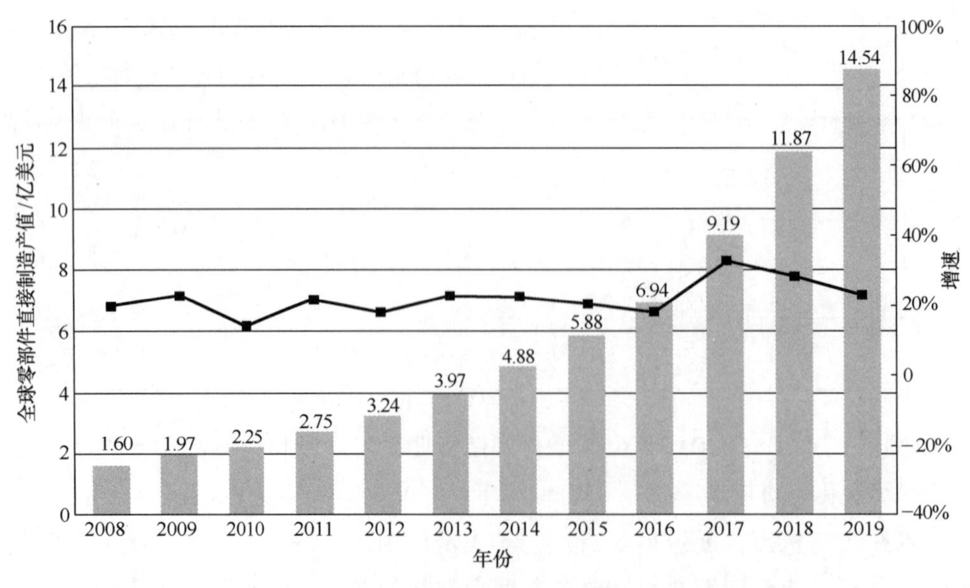

图1.11 2008—2019年全球零部件直接制造产值及增速

⑥ 国际知名企业加速布局，持续拓展业务领域

目前，加强伙伴关系和协同合作正在成为国际知名企业持续布局的重要手段。各大公司通过联合高校、科研机构、其他公司，集中各自核心能力和优势进行联合攻关，推动增材制造应用再深入。

2019 年年初，空中客车公司与荷兰增材制造设备制造商 Ultimaker 达成战略合作协议，利用增材制造技术在欧洲区域内实现了本地化生产工具、夹具，以及轻量化设计零部件的直接制造。

2019 年 2 月，Carbon 公司宣布推进汽车零部件智能和高效生产，兰博基尼于 2019 年 12 月使用 Carbon 数字化制造平台为首款混合动力汽车 Sián FKP 37 生产中央和侧面仪表板通风口。

2019 年 3 月，韩国哈尼德技术公司与德国增材制造知名企业 EOS 公司合作建立的增材制造技术中心在仁川哈尼德技术公司总部举行了开幕仪式。该中心致力于为韩国航空航天和国防工业研究开发尖端增材制造技术；IDAM 联合项目在德国慕尼黑举行启动仪式，该项目由德国联邦教育和研究部［Bundesministerium für Bildung und Forschung，BMBF（德语）］赞助，项目组包括宝马集团、弗劳恩霍夫激光技术研究所、亚琛工业大学等 12 个合作伙伴，旨在推动金属增材制造技术在汽车领域应用的工业化和数字化进程。

2019 年 4 月，西门子与德国独立汽车设计公司 EDAG 集团围绕“下一代空间架构 2.0”（Next Generation Spaceframe 2.0）展开创新合作，其合作伙伴还包括 Constellium 公司、北方激光中心、BLM 集团公司、3M 公司等；美国奥本大学塞缪尔·金恩（Samuel Ginn）工程学院国家增材制造卓越中心获得美国宇航局 520 万美元合同，开始开发增材制造工艺和技术，以提高液体火箭发动机的性能，这份为期 3 年的合同是奥本大学与美国宇航局马歇尔太空飞行中心之间长期合作关系的最新进展。

2019 年 5 月，阿迪达斯（Adidas）公司基于 Carbon 公司数字光处理技术，发布 Y-3 RUNNER 4D II 新品。

2019 年 6 月，Stratasys 公司携手陕西非凡士公司在西安举办准工业级 3D 打印机 F120 新品发布会，Stratasys 公司与陕西非凡士强强联合，共同开拓中国增材制造市场。

2019 年 8 月，Carbon 公司与自行车制造商 Specialized 合作推出 3D 打印自行车鞍座“S-Works Power Saddle”，以提升其动态舒适性和压力分布方面的性能；3D Systems 公司和乔治费歇尔集团旗下 GF 加工方案公司宣布，在中国扩大合作伙伴关系，帮助全球客户提高制造金属零件的能力并优化制造环境。

2019 年 9 月，丰田汽车德国总部（TOTYOTA Motorsport GmnH，TMG）与 3D Systems 公司宣布合作开发“first-to-market”增材制造解决方案。在消费品领域，阿迪达斯等品牌开始提供各类鞋定制产品，实现近似传统缓震材料的球鞋配件制造。

⑦ 新一代信息技术赋能，新模式不断出现

云计算、大数据、物联网、人工智能等新一代信息技术赋能增材制造产业，促成了高效并具有独特竞争力的新发展模式，助推制造业转型升级。万物互联时代将促使生产管理模式逐步向区域性增材制造服务中心发展，在绿色化、智能化、网络化的基础上发展超级智能增材制造工厂。

2017 年 6 月，GE 公司中国智能制造技术中心落户天津空港经济区，进行各种智能制造技术的整合开发，包括增材制造技术、增强现实（Augmented Reality，AR）技术在传统工业领域中的应用以及对于工厂数字化和自动化的改造。

2018 年 5 月，西门子公司宣布推出增材制造在线协作平台，旨在为全球制造业提供工业级增材制

造的按需设计能力和工程专业知识、数字工具与生产能力。

2019 年 3 月，Markforged 公司在爱尔兰都柏林建立首个欧洲总部，然后在位于马萨诸塞州剑桥的创新研发中心搭建人工智能（Artificial Intelligence，AI）技术平台。

2019 年 6 月，惠普在巴塞罗那建立增材制造和数字制造卓越中心，面向全球大规模工厂制造市场，集成灵活的交互式布局，打造改变世界设计和制造的方式，赋能第四次工业革命。

2019 年 11 月，EOS 公司与英国软件公司 AMFG 宣传建立合作伙伴关系，以通过 AMFG 的制造执行系统（MES）软件为 EOS 增材制造装备实现数据传输和连接，解决增材制造技术用户面临的增材制造工作流之间缺乏连通性的问题。企业“上云用云”将打通虚拟世界和现实世界的界限，实现生产系统智能优化和动态分布装备集群的服务调度，提供增材制造可持续、资源有效利用的新途径，重塑增材制造技术及应用模式。

⑧ 资本投入趋于理性，应用服务更受青睐

近年来，随着市场监管趋严、行业去伪存真加速，以及一系列风险事件的发生，资本市场对增材制造企业的估值趋于理性。长期投资者将更加青睐技术水平高、产业化程度深、应用前景广阔的优质项目进入企业，助推产业理性平稳发展。

2018 年以来，全球增材制造行业投资总额超过 200 亿美元，在投资方向上，增材制造技术应用服务提供商更受青睐。

2019 年 2 月，混合增强沉积增材制造装备制造商美国 Rize 公司获得 1500 万美元 B 轮融资，外墙立面生产商 NHF 已将其技术集成到生产运营中，每年可节省 20 万美元，生产速度提高 15%，装配检查次数减少 50%。

2019 年 3 月，Markforged 公司在 D 轮融资中筹集 8200 万美元以“加快产品布局”，Summit Partners 公司提前投资，微软、保时捷、西门子等公司跟投。2019 年 6 月，增材制造 Carbon 公司获 E 轮 2.6 亿美元融资，这使 Carbon 公司总筹款额超过 6.8 亿美元。Carbon 公司凭借其开创性的连续液面生长（CLIP）技术，正促使增材制造在汽车、医疗和消费品等不同领域大规模生产成为现实。

（2）区域篇

世界主要先进国家较早重视并布局增材制造技术，并持续将其作为制造业发展的重点领域，加强发展战略谋划：美国作为全球增材制造技术的起源地，始终引领技术创新和产业发展；德国依托其在传统制造业中的技术优势和经验，在金属增材制造技术创新和应用方面一直走在世界前列；英国高度重视增材制造技术发展与应用，重点布局航空航天领域；以色列已成为增材制造领域具有重要影响力的全球科技创新中心；日本在增减材复合制造领域具有优势；韩国则重点发展生物医疗领域的增材制造技术。

① 美国：全球增材制造产业发展较快

美国是全球增材制造技术的起源地，诞生过多项增材制造技术，拥有完整、前沿的增材制造技术及产业发展体系，带领全球增材制造产业发展。1983 年，美国科学家发明了光固化成形技术并制造出全球首个增材制造部件，开启了全球增材制造产业发展的篇章。2009 年，美国率先将发展增材制造产业上升到国家战略高度，提出重振制造业战略计划，将增材制造作为重振美国制造业的三大支柱之一。2012 年 8 月，美国国家制造创新网络的第一个创新机构——国家增材制造创新机构成立，2013 年更名为“美国制造”（America Makes）。美国拥有 GE Additive、Stratasys、3D Systems、HP、Markforged 等众多增材制造知名企业，充分确保了其在该领域的全球稳固地位。

② 德国：金属增材制造技术走在世界前列

德国在金属增材制造技术创新和应用方面一直走在世界前列。1995 年，德国 Fraunhofer 激光技术研究所首次提出 SLM 技术构想并获得专利授权。2002 年，德国成功研制出选择性激光熔化增材制造装备，成形零件综合性能达到同质锻件水平。2008 年，德国成立增材制造研究中心。30 多年来，德国涌现出一批以 EOS、SLM Solutions、Voxeljet、Concept Laser 等为代表的增材制造设备制造商。其中，EOS 公司全球装机量达到 3500 台，金属增材制造设备全球市场占有率达到 30% 左右。此外，通快、西门子、德马吉、卡尔・蔡司等工业知名企业都在加速布局，以求抢占增材制造技术的制高点。

③ 英国：重点布局航空航天领域

英国高度重视增材制造技术的发展与应用，基于军事航空工业方面的基础和能力，英国重点推进增材制造技术在航空航天领域应用持续深化。2014 年，英国政府宣布将向航空工业研究计划投入 1.54 亿英镑，这其中包括轻量化飞机金属部件增材制造研究，以确保英国在航空创新方面的稳定地位。2017 年，英国制造技术中心（Manufacturing Technology Centre，MTC）与欧洲航天局（European Space Agency，ESA）共建 ESA 增材制造基准中心（Additive Manufacturing Benchmark Center，AMBC），联合开展空间增材制造问题研究。2018 年 6 月，英国制造技术中心启动航空航天数字化可重构增材制造计划，到 2019 年 11 月，完整的试用设施在国家增材制造中心（National Center for Additive Manufacturing，NCAM）投入运营，以确保增材制造零部件的生产，到 2020 年可满足英国整个航空航天供应链的产品需求。

根据统计，2012 年 9 月至 2022 年 9 月，英国将在增材制造研发上投入 1.15 亿英镑，其中，半数左右来自英国工程与自然科学研究理事会（Engineering and Physical Sciences Research Council，EPSRC）和产业界。欧盟第七框架计划（7th Framework Programme，FP7）、Innovate UK、高校、国防科学与技术实验室（Defence Science Technology Laboratory，DSTL）等也是研发资助的重要来源。

④ 以色列：技术创新能力走在世界前列

以色列已成为增材制造领域具有重要影响力的全球技术创新中心，成功打造了一批具有世界较高水平的研究机构和科技创新公司，正推动构建强大开放的增材制造技术和应用生态系统。以色列 XJet 公司推出纳米颗粒喷射（Nano Particle Jetting，NPJ）金属增材制造技术，颠覆了行业对技术的认知。2018 年 10 月，新建立的全球最大的金属和陶瓷增材制造中心进一步推进了新型增材制造材料及其技术的开发与应用。2019 年 3 月，以色列精密增材制造技术开发商 Nanofabrica 基于数字光处理（Digital Light Processing，DLP）工艺，结合自适应光学，推出微米级增材制造技术，实现近 1mm 的分辨率。2019 年 4 月 15 日，以色列特拉维夫大学研究人员宣布成功以病人自身组织为原材料 3D 打印出全球首颗拥有细胞、血管、心室和心房的“完整”心脏，推动生物医疗增材制造技术的突破性发展。

⑤ 日本：增减材复合制造领域具有优势

日本将增材制造视为重塑制造业国际竞争力的关键驱动因素。日本组建了包括经济部、贸易部、日本经济产业省在内的委员会，致力于发展增材制造产业，设立专项资金支持产业发展。经过多年发展，日本在增减材复合制造领域已具备优势。20 世纪 90 年代末，日本一项大学 / 工业联合研究项目开发出第一台融合激光粉末熔融与计算机数字控制机床（Computerized Numerical Control Machine，CNC）

加工技术的商用混合机床。日本松浦机械 LUMEX Avance-25 金属增材制造设备是世界上首个将金属激光烧结技术与高速铣削工艺结合的复合制造设备。2007 年，日本学院和工业界联手开展在金属增材和减材之间更容易转换刀具的研究。该研究成果是一台 CNC 机床，增加了激光镀镉（直接能量沉积技术）功能。2015 年，日本 Enomoto 工业株式会社推出增材制造五轴加工设备，融合熔融沉积成形和切削加工技术，进行低成本、高精度的复杂工业部件制造。

另外，在增材制造专用材料制备方面，日本具有一定的技术优势。全球成熟的钛金属制造商——日本大阪钛技术（Osaka Titanium）拥有 TILOP 级气体雾化球形钛粉制备技术，面向航空、医疗行业，应用于增材制造、金属粉末注射成形（Metal Injection Molding，MIM）、喷涂等领域。世界著名的以有机合成、高分子化学、生物化学为核心技术的高科技跨国企业——日本东丽株式会社，基于粉末床熔融技术开发出了 3D 打印材料——聚苯硫醚（Polyphenylene Sulfide，PPS）粉末，面向汽车、航空航天、工业设备、医疗器械等领域销售。2016 年，日本东北大学金属研究所与中国台湾金属工业研究发展中心签署合作备忘录，针对增材制造与金属材料进行关键技术研究。在金属材料研究领域，日本东北大学金属研究所排名世界第一，该研究所在增材制造、生物兼容性材料等领域具有尖端设备与技术能量，国际上享有盛名。

日本着力推动增材制造产业链后端发展，不断尝试将本国已取得的技术在工业中推广和应用。其中，医疗保健和汽车制造业是日本增材制造技术应用最广泛的两个领域。

日本依托其在制造业的技术积累和丰富经验，涌现出理光（Ricoh）株式会社、东丽（TORAY）株式会社、Mimaki Engineering 株式会社、Aspex 株式会社、CMET 株式会社、Aspect 株式会社等众多增材制造企业。此外，日本传统产业知名企业纷纷进入增材制造领域。松下借助增材制造技术，研发其数码家电产品，此举意在削减研发成本，并对产品开发效率进行有效提升。半导体产业知名企业东芝进入增材制造领域，借助增材制造技术强大的设计制造功能，试图将其用于产品设计与制造。更有 CLIMB NCD 公司这种专门从事金属模具智能制造的企业及汽车制造业跨国集团，对增材制造技术进行了广泛的应用。日本三菱重工集团（MHI）在火箭金属零部件制造方面也应用了增材制造技术。

⑥ 韩国：特色发展生物医疗增材制造

近年来，韩国先后出台了一系列政策措施，有力支持生物医疗增材制造创新发展。2015 年，韩国增材制造市场头部企业 Rokit 获 300 万美元政府补助进军生物增材制造领域，与韩国科学技术院、首尔大学医院、汉阳大学及韩国机械与材料研究所等机构联合开展人体皮肤组织生物打印技术研究及设备开发。2016 年 7 月，韩国政府宣布降低对增材制造等高新技术产业的研发税，为中小企业减免税额高达 30%，打造“新的经济增长引擎”。2017 年 5 月，韩国政府宣布将开展增材制造医疗器械的快速认证，以尽快为患者提供创新设备。2018 年 2 月，韩国科学、信息和通信技术与未来规划部宣布投入 3700 万美元开发和扩大增材制造技术，发展增材制造在企业、军队和医疗领域的应用。在系列政策措施的引导和支持下，增材制造技术在生物医疗领域的应用不断升温，已为临床诊疗、医疗操作等提供了新的解决方案。目前，韩国市场规模以年均 24%的速度增长，预计 2025 年将达到 1 万亿韩元。

⑦ 捷克：将增材制造与工业生产相结合

捷克的增材制造行业主要分布在 3 个区域：北部是以研究机构和企业为主，专注于增材制造研发、市场开发；中部是以捷克国内大学牵头的技术研发为主，侧重金属增材制造和建造业等领域以及核心材料方面的研究，拥有数百年历史的捷克大学也在从事相关研究；东南部也分布了一些公司，在此地区的工程大学和科技大学侧重航空航天和医疗领域的研发。

捷克制造业占本国 GDP 比重达 27.1%，它拥有悠久的工业机械制造产业和强大的航空航天产业，在汽车行业也有举足轻重的地位。未来，捷克将把增材制造与工业生产相结合，并有可能与机器人技术相结合。捷克超过 40% 的工业生产已经实现自动化，是欧洲最具潜力发展机器人的国家之一。

⑧ 中东地区：潜力巨大的新兴市场并注重建筑 3D 打印市场

中东的新兴市场为 3D 打印行业提供了明显的增长机会。3D 打印在中东地区正经历着显著的增长，从航空航天到建筑等许多行业都愿意抓住这项技术带来的机遇。在国家层面，阿拉伯联合酋长国（以下简称“阿联酋”）已开始将重点放在 3D 打印上。2016 年，阿联酋启动了“迪拜 3D 打印战略”，旨在到 2030 年提升迪拜作为 3D 打印技术稳固的地位。阿联酋正积极致力于成为世界 3D 技术中心，特别关注的领域包括建筑业、航空航天、医疗和消费品。通过与 EOS 公司的合作，阿提哈德工程公司成为首家获得欧洲航空安全局（European Aviation Safety Agency）批准，利用粉末床熔化技术设计、生产和认证 3D 打印机舱部件，为航空公司提供维护、维修和大修（Maintenance、Repair and Overhaul，MRO）服务的公司。

⑨ 印度：重视发展生物医疗 3D 打印

印度第一台 3D 打印机安装于 1995 年，第一台金属 3D 打印机安装于 1998 年。印度在珠宝领域率先快速采用了增材制造技术，85% ～ 90% 的珠宝都会使用 3D 打印技术。在印度 3D 打印发展和创新的时代，许多本地的设备供应商或者初创公司开始生产一些台式计算机或者工业的生产制造系统。受到航空、国防的驱使以及政府的介入，印度的金属增材制造在 2010 年开始迅速发展。

据印度相关部门估计，印度的增材制造市场份额达到 6 亿美元，增材制造主要应用在汽车、珠宝、医学或者航空航天国防等领域。很多印度本地化品牌在做生物和医疗打印方面的研究。医疗是印度 3D 打印发展的重点，因为印度人口众多，医疗的缺口很大，所以医疗的 3D 打印在印度的发展前景非常广阔。

目前，印度金属 3D 打印的市场非常小，截至 2019 年 3 月，印度有 82 台金属打印机器，主要用在航空零部件、汽车工具和牙科等领域，一些比较大的设计公司会提供工程服务，这也将是一个非常大的市场。印度政府出台了相关政策来推动应用化的研究，除了资助基础研究之外，也会资助行业化研究，致力于把技术推向市场。印度在 3D 打印后处理方面，质量控制和认证认可方面比较薄弱，没有战略性文件或发展规范。

⑩ 非洲地区：有丰富的自然资源，发展 3D 打印材料有优势

在非洲，早期 3D 打印服务已经成为主流，占当地目标受众市场的 20% ～ 50%。南非目前在非洲大陆 3D 打印应用方面处于较高地位。据统计，2018 年，南非大约安装了 5700 台 3D 打印机，其中，大多数是低成本的桌面级设备。许多非洲国家拥有丰富的自然资源，在为金属 3D 打印系统供应和生产金属方面创造了许多机会。常用金属包括不锈钢、铝、镍、钴铬和钛，通常以粉末的形式应用，尽管 3D 打印市场在中东和非洲都有巨大的增长机会，但由于中东和非洲市场缺乏 3D 打印的专业知识，快速采用 3D 打印还有一些障碍。

（3）企业篇

① 通用电气公司

通用电气公司（GE）成立于1892年，总部位于美国康涅狄格州。近年来，GE通过自主研发和收购兼并，在航空航天、汽车、石油装备、医疗等领域提前布局3D打印技术和产业，力图将3D打印应用延伸到GE所有的业务领域。GE于2010年成立增材制造部门，2012年收购Morris Technologies公司，2015年成立增材制造技术中心，2016年收购瑞典Arcam公司和德国Concept Laser公司，其后专门成立GE Additive公司，正式将增材制造纳入公司的主营业务，实现从增材制造应用企业向生产兼应用企业的跨越。未来，GE在中国的战略布局中，将会把天津作为最重要的区域中心之一。

2017年6月，GE（中国）智能制造技术中心落户天津空港经济区。GE（中国）智能制造技术中心进行各种智能制造技术的整合研发，包括增材制造技术、AR技术在传统工业领域中的应用以及对于工厂数字化和自动化的改造。GE 2018年以来重点发展情况见表1.1。

表1.1　GE 2018年以来重点发展情况

时间	发展情况
2018年	GE发布的增材制造装备成形尺寸达到1.1m×1.1m×0.3m（z轴可扩展至1m，甚至更大），推动铺粉式金属激光增材制造成形进入“米”级时代
2019年5月	GE Forge实验室开发出用于增材制造的量子安全区块链网络，该网络可以管理从原材料到成品零部件的数字传输，系统通过加密数据的方式保证能够抵御量子计算机的攻击
2019年6月	GE Additive在2019巴黎国际航空展上宣布购买27台Arcam电子束熔融金属增材制造装备，分别为美国GE Aviation和欧洲Avio Aero工厂增加17台Arcam EBM A2X设备和10台Arcam Spectra H金属增材制造系统
2019年9月	GE Additive在德国建设了占地40000m²的新设施，该设施将成为GE Additive Concept Laser的新址
2019年11月	在Formnext 2019展会上，GE Additive推出两款金属增材制造装备Arcam EBM Spectra L和Concept Laser M2-5，以及新的自动粉末回收模块站Arcam PRS 30。此外，首次推出用来打印纯铜和高合金工具钢的支撑材料D-material，以及EBM增材制造性能分析套件

② Stratasys公司

Stratasys公司成立于1989年，总部位于美国明尼苏达州明尼阿波利斯和以色列雷霍沃特，亚太区总部位于中国上海，并在北京、深圳和香港设有办事处，是航空航天、汽车、医疗、消费品和教育等行业的应用型增材制造技术解决方案的全球较成熟的厂商，全球客户超过18000家，中国客户超过3000家，多年来始终位居全球工业级增材制造设备市场份额第一。2001年，Stratasys公司推出第一台基于FDM技术的增材制造设备——3D Modeler，标志着FDM技术步入商用阶段。Stratasys公司已获得批准和待批准的增材技术专利约有1200项，主营业务包括FDM和PolyJet技术系列设备产品，全线产品还包括多种增材制造专用材料，例如，透明类橡胶、生物兼容的光敏树脂及高性能FDM热塑性塑料，工程师、制造商和设计师由此可及时创建概念模型、功能性原型、工业工具和模具以及最终使用的零件，更具经济效益。该公司2018年的营业收入为6.632亿美元，同比减少了0.78%；2019年的营业收入为6.361亿美元，同比减少了4.1%。

当前，中国市场已经成为Stratasys公司全球市场的重中之重。2017年12月，Stratasys公司在上海新建3D打印服务中心，充分利用全球较成熟的技术、解决方案、资源和经验，为中国客户带来良好的体验，为客户带来创新、高效的生产和服务模式。在材料领域，Stratasys公司还推出针对中国市场的

PolyJet 特惠装，涉及 Vero® 与 FullCure720® 系列基本树脂材料。

Stratasys 公司在 2019 年全年发布了许多新产品。2019 年 6 月 21 日，陕西非凡士三维科技有限公司携手 Stratasys 公司在西安举办了 F120 新品发布会。F120 作为准工业级 3D 打印机，能在 GrabCADPrint 软件的支持下，制作高精度、专业的部件，其制造速度是传统方法的 5 ～ 10 倍。此外，Stratasys 公司还推出了 V650 3D 打印机，从而进入 SLA 技术领域。2019 年年底，Stratasys 公司又发布了两台 3D 打印机，分别为专门用于医疗行业的 J750 3D 打印机以及 J750 的升级产品——J850 PolyJet 3D 打印机（对先前系统进行升级，具有全彩色 3D 打印功能）。

③ 3D Systems 公司

3D Systems 公司由 SLA 技术发明者查尔斯 • 胡尔于 1986 年建立，总部位于美国南卡罗来纳州。1986 年，该公司研发了 STL 文件格式，该格式将 CAD 模型进行三角化处理，成为 CAD/CAM 系统接口文件格式的工业标准之一。1987 年，该公司推出了首款光固化增材制造设备 SLA-1，全球进入增材制造时代。1996 年，该公司使用喷墨打印技术制造出了第一台 3DP 装备——Actua2100。

3D Systems 公司提供“从设计到制造”的全套解决方案，包括增材制造装备、专用材料和云计算按需定制部件。增材制造装备涉及 SLA、SLS、DMP、MJP、CJP、PJP、FTI 等诸多主流增材制造工艺，应用范围覆盖教育、医疗、能源、珠宝、动漫、汽车、消费品、国防 / 航空、建筑、文化创意等行业。该公司生态系统覆盖了从产品设计到工厂车间的先进应用。作为 3D 打印的创始者和未来 3D 解决方案的开发者，3D Systems 公司花费了 30 年时间帮助专业人士和企业优化设计、改造工作流程，将创新产品推向了市场，驱动了新的商业模式。2015 年 4 月 6 日，3D Systems 公司发布公告收购中国无锡易维模型设计制造有限公司以及该公司在上海、无锡、北京、广东和重庆的业务，改组成立 3D Systems 中国，从增材制造设备的制造及分销两个途径全面进入中国市场，2018 年实现营业收入达 6.877 亿美元，同比增长了 6.4%；2019 年实现营业收入达 6.29 亿美元，同比减少了 8.53%。3D Systems 公司 2019 年重点发展情况见表 1.2。

表1.2　3D Systems公司2019年重点发展情况

时间	发展情况
2019 年 4 月	3D Systems 公司宣布在意大利皮内罗洛（Pinerolo）开设新的高级增材制造中心。该中心的建立是为了扩大其在欧洲的按需制造服务，此前该公司已经在法国、英国和德国等地建立服务中心
2019 年 8 月	3D Systems 公司和乔治费歇尔集团旗下的 GF 加工方案公司宣布在大中华区扩大合作伙伴关系，帮助全球客户提高制造金属零件的能力并优化制造环境。通过将 3D Systems 公司在增材制造方面的创新经验、专业技术与 GF 加工方案在精密加工和工业自动化领域具有的优势地位相结合，制造商能够更高效地在精密公差范围内生产复杂的金属零件并降低运营总成本
2019 年 9 月	3D Systems 公司与丰田汽车德国总部（TOYOTA Motorsport GmbH，TMG）宣布合作开发“first-to-market”增材制造解决方案。3D Systems 公司和 TMG 整合各自的专业知识，为汽车行业创造先进的增材制造技术和材料，以适应汽车工业中的高性能应用。其合作目标是利用增材制造技术在汽车运动领域取得新进展

④ 惠普公司

惠普（HP）公司成立于 1939 年，总部位于美国加利福尼亚州帕洛阿尔托市，是世界上最大的信息科技公司之一。2013 年 10 月，惠普宣布于 2014 年正式进军 3D 打印领域，专注于 3D 打印速度和成本的研究。2017 年，惠普的 3D 打印业务正式进入中国市场，在汽车、消费电子、医疗保健、航空航天等领域率先拓展。2017 年 6 月 13 日，惠普正式在大中华地区推出 HP Jet Fusion 3D 打印解决方案，加快增材制造全球布局的步伐，抢占增材制造市场。

⑤ EOS 公司

EOS 公司成立于 1989 年，总部位于德国，专注于金属和高分子材料工业增材制造技术的研发。1994 年，EOS 公司推出了 EOSINT P350 系统，成为世界上第一个能够提供 SLA 和 SLS 装备系统的公司。

EOS 作为一家独立运营的公司，专注于持续不断地优化 SLS/SLM 技术，并开发适用于工业化生产的高效率设备，提供全面的增材制造解决方案，目前已在全球安装大约 3500 台金属增材制造设备。早在 2013 年，EOS 公司就已经进入中国市场并在上海设立中国总部和技术中心。目前，EOS 公司在中国的总装机量已超过 300 台，主要用户包括铂力特、鑫精合、先临三维、飞而康等企业。2018 年，EOS 公司推出矩阵激光烧结技术（Laser ProFusion），使烧结速度比原来提高 10 倍，被称为唯一能够取代注塑成型的“革命性的聚合物增材制造技术”。2019 年 11 月，EOS 公司与英国软件公司 AMFG 宣布建立合作伙伴关系，以通过 AMFG 制造执行系统 MES 软件为 EOS 公司增材制造装备实现数据传输和互联互通，解决增材制造技术用户面临的增材制造工作流之间缺乏连通性的问题。

⑥ Renishaw 公司

Renishaw 公司成立于 1973 年，总部位于英国伦敦，是世界技术成熟的工程科技公司之一，在精密测量和医疗保健领域拥有专业技术。该公司向众多行业和领域提供产品和服务——从飞机引擎、风力涡轮发电机，到口腔和脑外科医疗设备等。

Renishaw 公司在中国各大区域都有技术服务公司，Renishaw（中国）总部设在北京，Renishaw 公司的产品配有充足的技术人员，保障了快速响应。为工厂客户提供产品培训和技术支持，不仅能够让客户对产品理解更透彻，同时也节约了时间成本，增强了竞争力。2006 年，该公司开始活跃于增材制造领域。2011 年，Renishaw 公司收购 MTT 投资有限公司，开始生产金属设备，成为英国唯一一家设计和制造工业用金属增材制造设备的公司。Renishaw 公司的愿景是使增材制造成为一种主流制造技术，并可用于航空航天、医疗、汽车、石油及天然气、模具和消费产品的高性能零件的批量制造，从而使该公司在设计、制造创新产品时，能够在产品性能和效率方面获益。

2019 年 8 月 1 日，Renishaw 公司发布 2019 年财报（2018 年 7 月 1 日—2019 年 6 月 30 日），其年总收入为 5.74 亿英镑，比 2018 年减少 6%。财报显示，亚太地区仍是其最大的收入来源，增材制造产品线呈强劲增长态势，医疗保健业务也实现良好增长，增材制造和医疗保健细分市场成为该公司未来的关键发展领域。

⑦ SLM Solutions Group AG 公司

SLM Solutions Group AG 公司（以下简称“SLM Solutions”）成立于 2006 年，总部位于德国大汉堡地区吕贝克，在中国、法国、意大利、美国、新加坡、俄罗斯和印度设有分支机构。SLM Solutions 是集成解决方案提供商和金属增材制造合作伙伴，其拥有的多激光、双向铺粉和闭环粉末处理技术使其选区激光熔化系统在保证一流安全性的同时进一步提高了形状复杂且完全致密的金属零部件的生产效率。2016 年 3 月 21 日，该公司股票被列入 TecDAX（德国科技股）指数并在法兰克福证券交易所挂牌交易。2019 年其订单总额为 6770 万欧元，比 2018 年增长了 21%。

SLM Solutions 公司积极布局中国市场，2015 年，其在上海设立第一家全资子公司，以扩展中国业务。2019 年 5 月，该公司成立 SLM Solutions上海应用中心，配备 SLM®125、SLM®280、SLM®500 等系统及其他配套设备，包括后处理功能、金相实验室以及粉末存储和操作的示范规划。

⑧ Markforged 公司

Markforged 公司成立于 2012 年，总部位于美国马萨诸塞州剑桥市，主营产品为连续碳纤维增材制造设备 Onyx 系列和桌面金属增材制造设备。Wohlers Associates 统计的数据显示，2018 年 Markforged 公司的设备销量大幅提高，市场份额达到 14.7%，仅次于 Stratasys 公司。

⑨ Carbon 公司

Carbon公司成立于2013年，是一家位于美国硅谷的初创型3D打印数字化解决方案供应商。2016年，Carbon 公司推出首款基于 CLIP 技术的增材制造设备，并与医疗行业知名企业强生合作进军增材制造手术器械市场。Carbon 公司凭借开创性的 CLIP 技术实现了企业的持续增长。Carbon 公司联合创始人约瑟夫•德西蒙博士表示，数字 3D 打印制造的时代已经来临，Carbon 公司将加大产品研发力度，在设计、工程制造和产品研发领域不断创新，并且通过最新研发的基于云计算的应用平台，推进整个增材制造技术的不断发展。

2. 中国增材制造产业发展状况

（1）产业规模稳步增长，发展活力持续增强

我国增材制造产业已从起步培育进入加速推广的新阶段。中国增材制造相关产业的 40 家重点企业 2015—2018 年经营数据统计如图 1.12 所示。

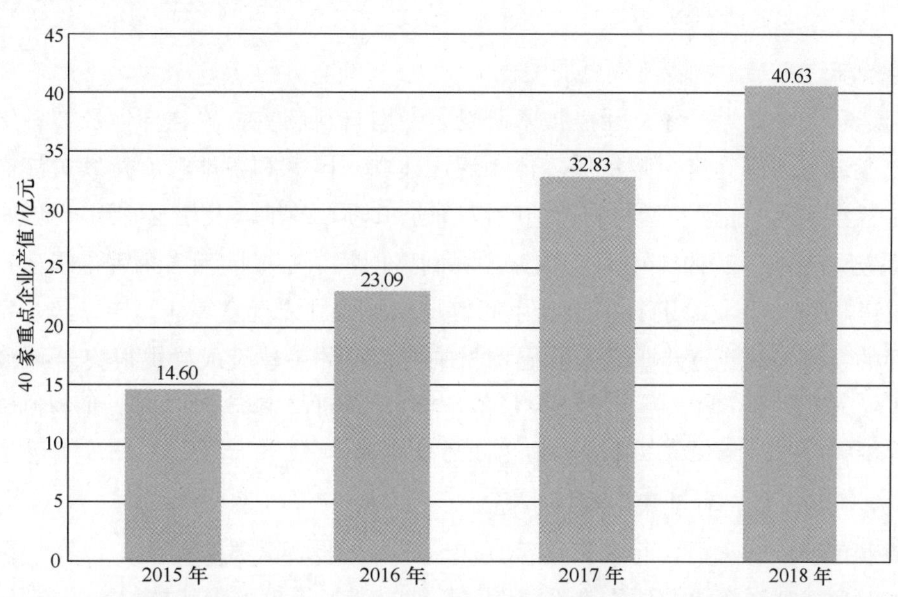

图1.12　中国增材制造相关产业的40家重点企业2015—2018年经营数据统计

数据显示，2018 年，40 家重点企业总产值达到 40.63 亿元，同比增长了 23.8%。其中，先临三维总收入达到 4.12 亿元，同比增长了 13.5%；铂力特总收入为 2.91 亿元，同比增长了 32.3%。Wohlers Associates（2019）统计的数据显示，2018 年，我国增材制造装备保有量占全球装备保有量的 10.6%，仅次于美国，位居全球第二。另据国家统计局工业生产数据，2019 年上半年，我国增材制造装备产量

同比增长了 271.4%，发展活力持续增强。

（2）创新发展形势向好，供给能力不断提升

我国增材制造产业创新发展环境逐步向好，创新技术不断涌现，部分装备技术指标比肩国际先进水平，国产化进程被再度提速。2019 年 2 月，华曙高科发布 Flight® 高分子光纤激光烧结技术，实现超高烧结速度，助力增材制造批量化生产。2019 年 3 月，长沙新材料产业研究院成功研制出高强铝合金粉末材料，其粉末性能达到国际先进水平。2019 年 8 月，中国航天科技集团五院总体部设计研制的国际尺寸最大增材制造整星结构“千乘一号 01 星”发射成功并进入预定轨道，达到国际较高的水平。2019 年 10 月，铂力特获得 Nadcpa 材料测试、无损检测、热处理、测量检验 4 项认证，其增材制造产品制造能力，产品后处理、检验检测能力达到国际先进水平。

（3）深度应用逐步加速，新兴应用持续涌现

增材制造技术应用已从简单的概念模型、功能型原型制作向功能部件直接制造方向发展，在航空航天、医疗等领域持续深入。中国航空发动机集团成立增材制造技术创新中心，推动增材制造燃油喷嘴等零部件逐步走向规模化应用。2018 年 5 月，作为对月测控、数传中继的嫦娥四号中继星发射升空，其上搭载多个增材制造形状复杂的铝合金结构件。在医疗领域，共有 4 个增材制造医疗器械获得国家食品药品监督管理总局（China Food and Drug Administration，CFDA）批准上市，2019 年 1 月，第二类医疗器械定制式增材制造膝关节矫形器获批上市，标志着 CFDA 认证的增材制造医疗器械正从标准化走向个性化。另外，建筑、鞋业等领域新兴应用持续涌现。2019 年 1 月 12 日，采用清华大学徐卫国教授团队自主研发的“机器臂 3D 打印混凝土系统”制造的“大规模混凝土 3D 打印步行桥”落成上海。2019 年 7 月，匹克发布黑衣人联名款全 3D 打印运动生活鞋，成为增材制造技术制造出的最轻的运动鞋产品。

（4）产业链条渐趋完善，发展环境更加优化

我国增材制造相关企业近千家，涵盖技术研发、专用材料制备、关键部件及装备生产、行业应用等诸多环节，产业链条渐趋完善，政策保障体系逐步建立。国家和各地政府持续关注产业发展，2017 年以来，国家及部委层面发布涉及增材制造的政策超过 20 项，各地涉及增材制造产业政策也有近百项。“1+*N*”创新体系初步形成。2019 年 9 月，国家增材制造创新中心在陕西省揭牌，福建省增材制造创新中心、山东省快速制造产业（3D 打印）创新中心等也相继成立或批复筹建，国家级、省级增材制造创新中心协同布局的发展格局正逐步形成。我国增材制造标准体系建设成果也很突出。2019 年，增材制造领域新发布 4 项国家标准，累计已发布国家标准 17 项，在研国家标准 17 项，增材制造企业标准“领跑者”评估工作正式启动，国际标准化工作取得实质性进展。

（5）行业发展更趋理性，行业集中度逐步提升

近年来，随着市场监管趋严、行业去伪存真加速、合格投资人教育推进，以及一系列风险事件的发生，资本市场对增材制造企业的估值趋于理性。长期投资者将更加青睐技术水平高、产业化程度深、应用前景广阔的优质项目型企业，助推产业理性平稳发展。

我国增材制造行业相关企业逐步扩大其业务规模，行业集中度逐步提升，行业竞争进一步加剧。2019 年 3 月，光韵达收购成都通宇航空设备制造有限公司 51% 的股权，布局航空航天应用领域，推进增材制造业务发展。2019 年 3 月，潍坊鑫精合生产基地开工建设。2019 年 5 月，上海联泰科技针对过去 7 年发展过程中出现的各种情况和问题进行梳理总结，在战略、管理和资源等方面进行调整，聚焦

于产业应用在深度和广度上的挖掘和扩展。2019 年 7 月 22 日，西安铂力特正式在科创板上市交易。科创板全规则落地有利于扩大直接融资，刺激科技创新，这将使具有新技术、新模式、新业态的增材制造领域优质企业脱颖而出，助力增材制造行业高质量发展。

（6）国际合作稳步推进，合作领域深度拓展

我国增材制造行业相关企业正在加速布局海外市场，多层次地开展技术、软件、标准等方面的国际交流与合作，不断拓展合作领域，共同推进增材制造产业化的进程。2018 年 4 月，中科煜宸与中俄新能源签署战略合作协议，建立联合研发中心。2019 年 3 月，河钢集团与德国西门子达成战略合作协议，在增材制造研发和产业化方面展开合作，探索和实践西门子智能制造解决方案。2019 年 4 月，华曙高科宣布与印度增材制造企业 Sahas Softech 开展合作，深度布局印度市场。2019 年 5 月，汉邦科技与 ANSYS 公司签署增材制造仿真软硬件合作协议，推动金属增材制造仿真应用与发展；中科煜宸与安世亚太签署战略合作协议，在同轴送粉增材软件方面开展合作，共同完成软件研发。2019 年 8 月，铂力特与美国普莱克斯公司签署战略合作协议，为市场提供更完善的金属增材制造专用材料解决方案，共同促进金属增材制造产业发展。

3. 发展趋势及展望

（1）发展趋势

① 工艺技术趋势

根据英国 AMFG 公司最新报告，增材制造在 2020 年呈现新的发展趋势。

第一是金属增材制造装备及服务更受青睐。其中，22.5% 的市场份额属于金属打印机，14.7% 是聚合物打印机，10.8% 是金属材料，9.5% 是聚合物材料，8.7% 是桌面级打印机，7.4% 是设计与仿真，5.2% 是研究机构服务，4.8% 是后处理，4.3% 是复合材料打印机，3.9% 是陶瓷打印机，2.6% 是切片机和数据，2.2% 是消费电子类，2.2% 是 MES 系统和工作流程，其他部分占 1.2%。

第二是复合材料增材制造成为发展趋势，复合材料 3D 打印带来更大的市场前景。增材制造材料市场发展的关键趋势有以下 3 个方面。

向开放材料模式转变。增材制造企业在整个价值链上将会有更多的合作，甚至与竞争对手之间进行合作。尽管 3D 打印技术在不断进步，但材料的发展速度仍低于人们的预期，提高材料多样性的一个障碍是许多 3D 打印材料的专利性质。一些 3D 打印机制造商已经开发了机器，并专门使用他们自己开发的材料，这限制了他们的客户使用第三方材料的机会。克服这一障碍的一个解决方案是开放材料模型，这种模式鼓励材料生产商与 3D 打印机制造商合作，为他们的系统开发新材料。

对高性能聚合物的需求越来越大。虽然像聚乳酸和 ABS［丙烯腈（A）、丁二烯（B）、苯乙烯（S）］这样的通用聚合物目前主导着聚合物市场，但市场对能够承受恶劣环境和高温的强功能材料的需求也在不断增长。事实上，35% 的公司希望在增材制造中应用高性能聚合物，为了应对这一趋势，材料供应商正在开发高性能热塑性塑料，例如，复合材料、ULTEM、PEEK 和 PEKK，特别是用于 3D 打印。

更注重后处理工序。2020 年是增材制造发展的又一个里程碑，许多行业继续增长和演变。随着产量的增加，越来越多的公司将扩大其 3D 打印份额，并向真正的制造应用过渡。推动这一趋势的是对可持续后处理技术的投资，这种技术能使零件从 3D 打印机中直接生产出来，并消除劳动密集型人工工作流程的高昂成本，使工作流程完全自动化。随着 3D 打印进入生产阶段，人们开始大力克服关键后期处

理的挑战。为了应对这种挑战，市场上出现了许多公司，它们开发出了零件清洗、去粉、表面处理和染色的自动化解决方案。

② 装备发展趋势

金属设备厂商稳定增长，2020 年的统计数据发现，硬件生产商数量占行业企业一半以上，达到 56.3%。许多企业在过去十年已经进入此行业，许多初创公司也在研发和更新已有的技术。硬件领域的发展促使速度更快、更可靠的 3D 打印机面向生产应用。

金属 3D 打印技术目前已经成为增材制造行业中增长最快的部分。根据研究公司 CONTEXT 的调研，在过去两年中，金属 3D 打印机的发货量一直以平均超过 30% 的速度增长。

另外，复合材料打印可能是最新亮点。随之而来有很多挑战，但同时也有很多机遇。一方面，如今复合材料 3D 打印市场估值达 27 亿美元，将近一半的收入来自硬件。这一领域增长背后的关键驱动力之一是简化和降低传统复合材料制造成本。传统的复合制造仍然是一个劳动、资源和资本密集的过程，具有很长的设计周期。但复合材料 3D 打印可以通过自动化复合零件的生产来简化过程。另一方面，在复合材料 3D 打印方面的投资与合作不断增加。复合材料 3D 打印机在工业领域才刚刚起步，复合 3D 打印机的采用率随着时间的推移而增长，这是由克服传统复合制造挑战的能力所驱动的。

聚合物 3D 打印机的使用多于其他技术。2019 年，72% 的公司使用聚合物增材制造系统，相较而言，49% 的企业使用金属增材制造系统。

桌面级 3D 打印机使增材制造以低成本生产，已经成为其中重要的一部分。满足小型工业系统的需求，以及相对于大型工业系统的低成本，是桌面 3D 打印在工业应用中兴起的关键因素。

陶瓷 3D 打印仍然处于早期发展阶段，还没有形成像聚合物和金属 3D 打印这样的技术。尽管如此，这项技术预计在未来 5 年内成熟。

③ 增材制造硬件市场发展趋势

增材制造硬件市场的发展趋势有以下两个方面。

金属黏结剂喷射技术兴起。硬件市场发展的一个主要趋势是重新关注金属黏结剂喷射技术。虽然这项技术已经存在了一段时间，但直到最近才被认为是一种可行的大规模应用方法。德国 Exone 是早期的金属黏结剂喷射技术的供应商，现在又有 GE、HP 等新公司加入。金属黏结剂喷射技术具有在汽车等行业大批量应用的潜力。

专注于保证质量和提高生产力。随着质量监测和质量保证方面的进展，质量将继续成为关注的重点。它将与生产需求与原型设计的强劲增长相结合。

④ 行业应用趋势

第一，工业应用领域注重增材制造解决方案。工业领域一直是增材制造行业的重要应用领域，2020 年增材制造与工业领域的结合更加紧密。

第二，在定制鞋类、眼镜和牙科等领域将有新增长。3D 打印技术在鞋类、眼镜和牙科正畸领域的应用迅速增长，对于推动 3D 打印行业具有重大意义。SmartTech 称，鞋类 3D 打印将在未来 10 年内产值增加到 63 亿美元。3D 打印带来的定制功能具有很多价值，因此牙科正畸和眼镜行业也出现增长态势。

第三，3D 打印有助于车辆的电动化转型。当前汽车行业正经历巨大的转型，从内燃机转向电动汽车，汽车制造商越来越多地转向 3D 打印和数字制造以争取更多的竞争优势。随着电动汽车的推广和应用，汽车制造商将继续释放金属和塑料 3D 打印技术赋能动态供应链的价值，以加快其设计和开发的速度，实现宏伟的目标。例如，大众汽车承诺到 2028 年在全球生产超过 2200 万辆电动汽车。3D 打印技术帮助汽车制造商能够生产传统工艺无法加工的汽车零件，从而将电动汽车设计与制造能力推向新的高度。

（2）发展前景

之前，Wohlers Associates（2020）预测，2020 年全国增材制造产业的产值将达到 180 亿美元，但这是在全球不发生经济衰退的前提下提出的。就目前来看，受全球范围内新冠肺炎疫情的影响，该产值并未达到这一预测。同时，Wohlers Associates（2020）预测到 2025 年，全球增材制造产业的产值达到 477 亿美元。

据了解，全球经济产值已达到 80 万亿美元，其中，制造业占比 16%，达到 12.8 万亿美元，而 2019 年增材制造产业总产值为 118.67 亿美元，仅占制造业总产值的 0.0927%，占比仍不到 1%。Wohlers Associates 认为增材制造产业的产值会超过制造业总产值的 5%。

英国市场研究公司 IDTechEx 预计，到 2025 年，全球 3D 打印粉末市场规模将逾 50 亿美元。根据估算，2019 年金属粉末全国总消费市场约有 2 亿元，连续 5 年保持 30% 以上的增长，在可预见的未来，还将保持快速增长的势头。在供应商方面，全球有山特维克、LPW、TLS、普莱克斯、欧瑞康、AP&C、泰科纳等材料生产商供应增材制造金属粉末材料，主要集中在欧洲和北美。GE 旗下的加拿大金属粉末制造商 AP&C，在蒙特利尔新建第二条粉末材料生产线，投资逾 3000 万美元建造自动化工厂，为增材制造行业供应金属粉末。德国的 H.C.Starck、加拿大的 PyroGenesis 都在锐意拓展增材制造金属粉末业务。国内也涌现出一批优秀的生产金属粉末的企业，例如，无锡的飞而康快速制造科技有限责任公司，其钛合金粉末产品获得了省药监局的医疗许可；北京德普润的钴铬合金粉末取得了三类医疗许可证；江苏威拉里新材料的模具钢、铝合金和高温合金粉末产品得到国内市场的广泛认可和使用，推动了粉末的国产化进程，其中，模具钢粉末市场占有超过 70%，铝合金产品在各项指标上都达到国际先进水平。

第2章

国家战略

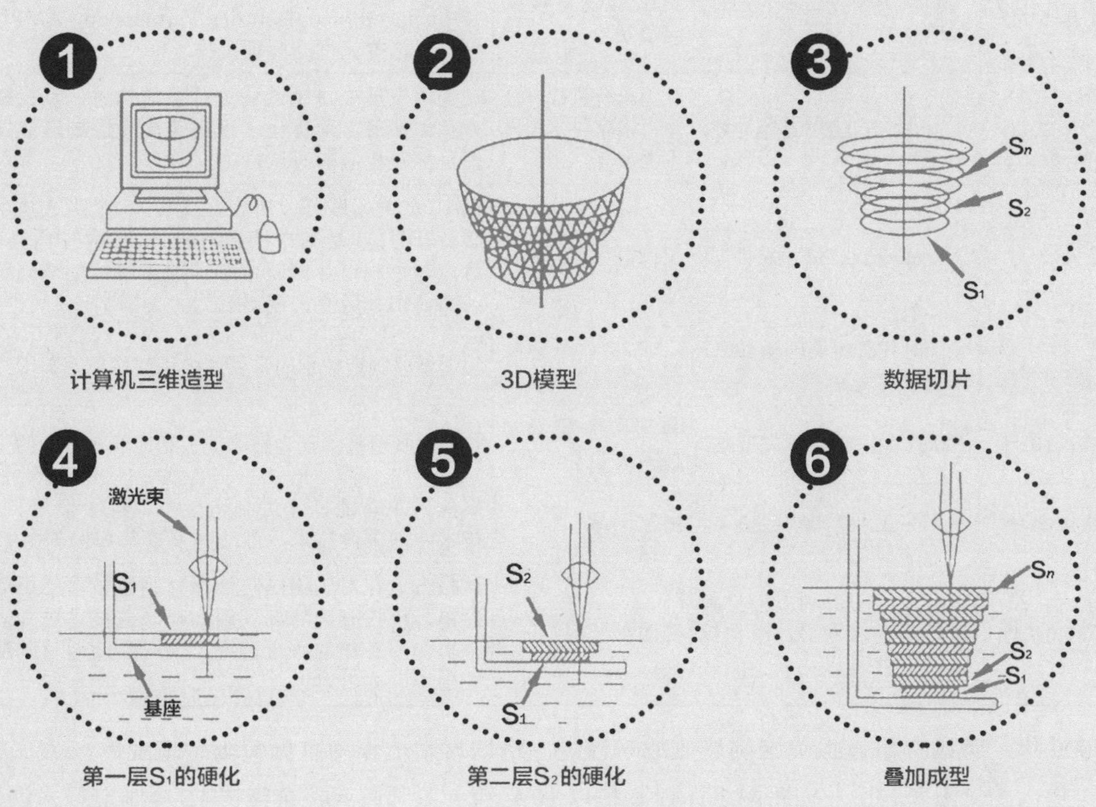

1
计算机三维造型
2
3D模型
3
S_n
S_2
S_1
数据切片
4
激光束
S_1
基座
第一层S_1的硬化
5
S_2
S_1
第二层S_2的硬化
6
S_n
S_2
S_1
叠加成型

一、国外相关政策综述

发展增材制造技术及产业已经成为世界上较先进的国家抢抓新一轮科技革命与产业变革的机遇，抢占先进制造业发展制高点的竞争焦点之一。世界上较先进的国家和地区较早布局增材制造，并持续将其作为制造业发展的重点领域。

1. 美国

美国率先将发展增材制造产业上升到国家战略高度，通过制订发展增材制造的国家战略和具体推动措施，将增材制造作为未来产业发展新的增长点加以培育，加速全球技术创新和产业化。美国相关政策发布情况见表 2.1。

表2.1　美国相关政策发布情况

时间	政策 / 报告	发布机构	相关内容
2009 年 9 月	《美国创新战略：促进可持续增长和提供优良工作机会》	美国总统执行办公室	优先发展清洁能源、生物技术、纳米技术、先进制造业技术和空间技术
2009 年 12 月	《重振美国制造业框架》	美国总统执行办公室	重振美国制造业发展战略，将人工智能、增材制造、机器人作为重振美国制造业的三大支柱
2010 年 8 月	《制造业促进法案》	美国国会	属于美国重振制造业体系重要内容，目的是通过关税及国内税收减免，降低制造业成本和保持就业稳定
2011 年 6 月	《确保美国先进制造业领导地位》	美国总统科技顾问委员会	根据此议案，奥巴马提出并启动“先进制造伙伴”（Advanced Manufacturing Partnership，AMP）计划，投入 5 亿美元推动此项工作
2012 年 2 月	《先进制造业国家战略计划》	美国总统执行办公室、国家科学与技术委员会	对美国发展先进制造业进行系统构思，从投资、劳动力和创新等方面提出了促进美国先进制造业发展的五大目标及相应的对策措施
2012 年 3 月	《国家制造业创新网络计划》	美国联邦政府	以 10 亿美元联邦政府资金支持 15 个制造技术创新中心，3D 打印是其中的核心技术支撑之一。2012 年 8 月，首个制造业创新中心“国家增材制造创新中心”（NAMII）成立，现更名为“美国制造”
2013 年 2 月	美国时任总统奥巴马《2013 年国情咨文》	—	强调增材制造技术的重要性，称其将加速美国经济增长
2018 年 10 月	《美国先进制造领先战略》	美国国家科学与技术委员会	将增材制造技术列为影响美国制造业竞争力的关键因素
2019 年 2 月	《未来工业发展规划》	白宫网站	聚焦人工智能、先进制造技术、量子信息科学和 5G 技术 4 项关键技术，推动国家繁荣和保护国家安全
2019 年 10 月	《有关国防部利用增材制造技术进行零部件维护保障的审查》	国防部	该报告旨在对美国国防部增材制造技术应用成效进行评审，以核查国防部利用增材制造技术进行武器装备维护保障工作的执行情况，并对后续增材制造技术的应用推广提出建议

2009 年，美国提出重振美国制造业战略计划，将增材制造作为重振美国制造业的三大支柱之一。2012 年提出的《国家制造业创新网络计划》，拟以 10 亿美元联邦政府资金支持 15 个制造技术创新中心，增材制造作为其核心支撑技术之一。2018 年 10 月，美国国家科学与技术委员会发布《美国先进制造领先战略》，将增材制造技术列为影响美国制造业竞争力的关键因素。2019 年 2 月，美国发布《未来工业

发展规划》，关注人工智能、先进制造技术、量子信息科学和 5G 技术。

在路线图层面，美国将航空航天、国防军工需求作为工业应用的首位目标，波音、GE、霍尼韦尔、洛克希德·马丁公司等知名企业均参与其中。早在 1998 年，美国就发布过增材制造技术路线图。2009 年，美国学界召开增材制造技术路线图研讨会，为增材制造技术制订未来 10 ～ 12 年的研究指南。2015 年，美国国家增材制造创新机构发布公开版增材制造技术路线图，规划美国增材制造工业技术的发展路径。随后，国防部增材制造路线图、增材制造标准化路线图相继发布。美国增材制造路线发展见表 2.2。

表2.2 美国增材制造路线发展

时间	路线图	发布机构	相关内容
1998 年	增材制造技术路线图	非政府机构	面向产业界的发展路线图
2009 年	增材制造技术路线图	相关大学牵头	美国学界召开技术路线图研讨会，为增材制造技术制订未来 10 ～ 12 年研究指南。该研讨会关注增材制造技术在设计、工艺建模与控制、材料、生物医药应用、能源与可持续发展、教育和研发等各个领域发展前景
2011 年	增材制造技术路线图	美国国防部美国空军研究实验室牵头	美国国防部依据相关部门的分析研究所研究成果，将增材制造技术作为军方重点关注的技术，并依据技术成熟度，由美国空军研究实验室牵头发布美国国防部增材制造技术路线图。该路线图显示，增材制造技术近期在美军装备上的应用是以装备保障为中心，再制造相关零件及工装，并进行装备维修
—	增材制造应用路线图	美国陆军研发与工程司令部（RDECOM）	RDECOM 针对增材制造技术的发展与应用，开展装备应用分析与研究，制订了增材制造应用路线图。该路线图中指出，增材制造在装备领域的应用有三大阶段，即快速加工与处理、替代 / 替换（代替传统制造工艺）、创新设计（基于增材制造的设计），最终实现零件替代、工艺替代、产品替代
2015 年 9 月	美国增材制造技术路线图	美国国家增材制造创新机构（AM）	该路线图包括设计、材料、工艺、价值链和增材制造基因组 5 个技术焦点领域，同时在每个技术焦点领域下分别划分子焦点领域，并按其技术成熟度分别对每个领域 2013—2020 年的发展重点进行规划
2016 年 11 月	美国国防部增材制造路线图	美国国防部（AM 和德勤公司负责制订，美国陆海空三军和国防后勤局全程参与）	该路线图阐述了增材制造在国防系统应用领域，包括维修与保障、部署与远征、新部件 / 系统采办，重点分析了国防部对增材制造使能技术的需求，主要包括设计、材料、工艺和价值链 4 个细分领域具体路线图，各个路线图分别详细阐述了具体目标、影响和技术要素排序。2018 年又详尽梳理了陆、海、空的实际需求，提出了有针对性的发展路径
2017 年 2 月	美国增材制造标准化路线图 1.0	美国国家增材制造创新机构（AM）和 ANSI 增材制造标准化协作组织（AMSC）	该路线图确定了增材制造标准领域中的 89 个缺口。该路线图列出相关标准或在研标准，并针对需要额外标准化活动的地方提出优先领域的建议。标准的专题领域包括设计、工艺和材料（分为先驱材料、工艺控制、后处理和成品材料性能）、合格鉴定和认证、无损评价和维修
2018 年 6 月	美国增材制造标准化路线图 2.0	美国国家增材制造创新机构（AM）和 ANSI 增材制造标准化协作组织（AMSC）	该重点在于工业增材制造市场，尤其是航空航天、国防和医疗应用领域。该版本对美国增材制造标准化路线图 1.0 版本进行了修订，概述了增材制造标准化的当前状况，并强调目前还未标准化行业中的 93 个缺口。

2. 德国

德国在金属增材制造技术创新和应用方面一直走在世界前列，占市场总份额的 50% 以上（2016 年）。作为传统制造业强国，2008 年，德国成立增材制造研究中心（Direct Manufacturing Research Center，DMRC），该中心旨在联合工业界和学术界共同促进德国增材制造技术的发展，同时，DMRC 还进行了领域研究，发布了一系列重量级研究报告，包括 2013 年发布的《超前思维 3D 打印的未来——需求创新路线》，以及 2011 年和 2012 年发布的《超前思维 3D 打印的未来——工业前景及未来》《超前思维 3D 打印的未来——未来应用报告》。这些研究报告进一步明确了增材制造应用领域的前景，包括航空航天、汽车和电子等。DMRC 还相继制订了德国国家激光发展计划“光技术促进计划”与“激光 2000”，确保在激光器、激光增材制造及应用方面的优势。

为了捍卫德国制造业的全球竞争力，2010 年，德国联邦政府制订了《高技术战略 2020》，以打造基于信息物理系统的制造智能化新模式，巩固全球制造业龙头地位和抢占第四次工业革命国际竞争先机的战略导向。2013 年 4 月，德国机械及制造商协会等机构设立“工业 4.0 平台”，并向德国联邦政府提交了平台工作组的最终报告——《保障德国制造业的未来——关于实施工业 4.0 战略的建议》。该报告中明确支持包括激光增材制造在内的新一代革命性技术的研发与创新。

2019 年 2 月，德国经济和能源部发布《国家工业战略 2030》草案，将增材制造列为十大工业领域的“关键工业部门”。2019 年 3 月，德国联邦教育与研究部启动了一项名为《数字工程与增材制造工业化（IDEA）》项目，利用数字孪生技术将增材制造过程中的各个工艺环节连接集成，推进增材制造技术的工业化应用。德国相关政策发布情况见表 2.3。

表2.3　德国相关政策发布情况

时间	政策 / 报告	发布机构	相关内容
2010 年	《高技术战略 2020》	德国联邦政府	打造基于信息物理系统的制造智能化新模式，巩固全球制造业龙头地位和抢占第四次工业革命国际竞争先机的战略导向
2013 年	《超前思维 3D 打印的未来——需求创新路线》	德国增材制造研究中心	进一步明确了 3D 打印的前景应用领域，包括航空航天、汽车和电子等
2013 年	《保障德国制造业的未来——关于实施工业 4.0 战略的建议》	德国机械及制造商协会	明确支持包括激光增材制造在内的新一代革命性技术的研发与创新
2019 年	《国家工业战略 2030》草案	德国经济和能源部	将包括增材制造在内的处于全球稳定地位的十大工业领域列为“关键工业部门”
2019 年	《数字工程与增材制造工业化（IDEA）》	德国联邦教育与研究部	利用数字孪生技术将增材制造过程中的各个工艺环节连接集成，推进增材制造技术工业化应用

3. 日本

日本作为全球经济发达、制造业发展水平较高的工业强国之一，面临着国际竞争激烈、技术变化迅猛、劳动人口减少的严峻挑战。为了巩固和提升制造业这一国民经济的基础，日本将促进制造业发展作为国家战略的重要内容，推出了一系列支持增材制造产业的计划，全力振兴增材制造（3D 打印）产业，借助增材制造技术重塑制造业的国际竞争力。

日本早在 2013 年颁布的《日本复兴战略》中就规划了增材制造技术研究开发国家项目，出台了对增材制造等先进技术的投资减税政策。2013 年 5 月，日本经济产业省启动了“超精密 3D 成形系统技术开发项目”，总预算为 30 亿日元，计划到 2017 年开发出速度快 10 倍、精度高 5 倍、价格只有目前市场所售设备的十分之一（1 台 2000 万日元以下）的设备，以此促进增材制造技术在高难度铸造行业的普及。参加该项目的有增材制造装备研发企业、增材制造专用材料生产企业、砂模制造与铸造企业、铸件使用企业，还有产业技术综合研究所、早稻田大学等研究机构。2013 年 8 月，日本近畿地区 2 府 4 县与福井县的商工会议所成立了探讨运用“3D 打印机”的研究会，思考日本中小企业如何发挥“3D 打印机”制造技术的作用，以此来加强国际竞争力。

2014 年 6 月，日本政府内阁会议通过“制造业白皮书”，大力调整制造业结构，将增材制造技术作为今后制造业发展的重点领域之一。2014 年，日本经济产业省继续将增材制造技术列为优先政策扶持对象，投资 40 亿日元实施以增材制造技术为核心的“制造革命计划”，构建其完备的增材制造材料与装备体系，提高增材制造技术的国际竞争力。

除大规模投资之外，日本还研究制定了增材制造技术相关的法律、标准。2014 年，日本政府在预算中增加 30 亿日元，用于在各地公共实验基地、技术中心以及高等专科学校添置或更新 3D 数字制造设备。同时，对一部分大学购买增材制造设备提供补助金，补助金额为购买费用的三分之二，并于 2015 年将补助对象扩展到初高中。

2016 年 1 月，日本厚生劳动省下属的中央社会保障医疗理事会将用于辅助医疗和手术的 3D 打印器官模型的费用纳入标准医疗保险支付范围，这使 3D 打印医疗模型成为日本医院中一个常用的辅助医疗工具。日本相关政策发布情况见表 2.4。

表2.4 日本相关政策发布情况

时间	政策 / 报告	发布机构	相关内容
2013 年 6 月	《日本复兴战略》	日本政府	规划增材制造技术研究开发国家项目，出台对增材制造等先进技术的投资减税政策
2014 年 6 月	“制造业白皮书”	日本政府	大力调整制造业结构，将增材制造技术作为今后制造业发展的重点领域之一
2014 年 8 月	“制造革命计划”	日本经济产业省	该计划以增材制造技术为核心，以构建其完备的增材制造材料与装备体系，提高其增材制造技术的国际竞争力

4. 欧盟

20 世纪 80 年代，欧盟在增材制造技术出现之初就开始在“第一框架计划”（Framework Programme，FP）中布局了相关工作。多年以来，欧盟通过各种计划对增材制造进行持续支持，推动其在各个领域的应用发展。

欧盟增材制造方面的布局和美国类似，欧盟于 2004 年开始搭建增材制造创新中心——欧洲增材制造技术平台（AM Platform，AM 为增材制造 Additive Manufacturing 的英文简称）。目前，该平台联盟成员超过 350 名，横跨欧盟 20 多个国家。其中，72% 的成员来自工业界，其余的成员来自研究机构。AM Platform 的主要功能是提供增材制造发展的策略与需求分析研究，为欧盟执行委员会政策及研发计划的制订提供参考依据。该平台和欧盟以外的增材制造相关组织，例如，“快速成形协会国际联盟”均保持良好合作关系。AM Platform 于 2012—2014 年发布了多版增材制造战略研究议程报告，为整个欧盟增材制造的技术进步和产业发展提供了指导框架，并着力推动增材制造成为一个可以长期推动欧洲经济发展的关键技术。2014 年 1 月，欧盟启动规模最大的研发创新计划——“地平线 2020”，计划在 7 年内（2014—2020）投资 800 亿欧元，其中选择了 10 个增材制造项目，总投资额达 2300 万欧元。欧盟在进行资金投入的同时，也开展了路线图的研究工作。AM Platform 先后制订了欧盟增材制造的技术路线图、产业路线图和标准路线图。虽然欧盟在增材制造领域已经投入了很多资金，但依据 AM Platform 制订的技术路线图，欧盟还需要加大投入以增强其在全球增材制造领域的竞争力。

欧洲航天局（European Space Agency，ESA）也正在积极探索增材制造在太空的应用。2012 年，ESA 进行了一项“针对太空应用的通用零部件加工—复制工厂”的研究，着重使用高分子和金属材料开发国际空间站所需的可替换部件；同时，ESA 还支持了“月球表面栖息地原位增材制造”项目。此外，意大利航天局（Agenzia Spaziale Italiana，ASI）还支持了一个太空增材制造项目，并于 2015 年向国际空间站运送了一台 FDM 太空 3D 打印机。

从欧盟的成员来看，除了上述单独介绍的德国之外，欧盟其他成员国家政府也推出了一系列推动增材制造发展的政策和战略方针。西班牙快速制造协会已经组建了一个创新工作组（AEI-DIRECTMAN），将该国大部分增材制造相关机构和单位纳入其中。在工业领域，增材制造的研发活动主要由社会资本主导，西班牙加泰罗尼亚模具协会（Ascamm）技术中心、AIMME 金属加工技术研究所等机构加速了西班牙增材制造的发展。同时，一些地方政府也非常积极，包括加泰罗尼亚、阿拉贡、阿斯图里亚等多个地区参与了欧盟“面向精明专业化的研究和创新战略（Research and Innovation Strategy for Smart Specialization，RIS3）”计划，推动当地增材制造的发展。

葡萄牙增材制造的研究得到了葡萄牙科学技术基金、葡萄牙创新促进中心以及工业界的大力支持。同时，“葡萄牙增材制造创新中心（Portuguese Additive Manufacturing Initiative，PAMI）”也宣布成立，将参与制订葡萄牙国家基础研究路线。

在荷兰，增材制造技术已经成为产品开发过程中的重要部分。荷兰研究中心已经与其工业合作伙伴共同启动了“彭罗斯共享研究计划”，开发下一代增材制造设备以及工业产品。

在比利时，佛兰德斯地区的“3D 打印结构工程材料”发展计划已经实施，并于 2014 年启动了 3 个项目，用以发展高分子激光烧结和金属选择性激光熔化工艺。该计划包含了比利时多所研究机构、大学和企业。同时，增材制造领域的教育培训活动也正在开展，辅助传播推广这项先进的制造技术。

5. 其他

（1）英国

英国很早就推出了促进增材制造发展的政策。2007 年，在英国技术战略委员会的推动下，英国政府计划在 2007—2016 年投入 9500 万英镑的公共和私人基金用于增材制造的合作研发项目，其中，绝大多数项目为纯研发项目（仅 2500 万英镑用于成果转化）。英国高度重视增材制造技术的发展与应用，在《未来高附加值制造技术展望》报告中将增材制造技术作为提升国家竞争力、应对未来挑战亟须发展的 22 项先进技术之一。2012 年 9 月，英国国家技术战略委员会（现更名为创新英国）特别专家组在一份题为《塑造了我们在增材制造领域的国家竞争力》（*Shaping our National Competency in Additive Manufacturing*）的专题报告中，将航空航天作为增材制造技术的首要应用领域。2016 年 2 月，创新英国发布《英国增材制造研究和创新概况》，该报告提出，2012 年 9 月至 2022 年 9 月，英国在增材制造研发上的投入约为 1.15 亿英镑，主要集中在使能技术（占 40%）、航空航天、医疗、材料、教育、汽车、能源、电子和国防等行业，金属是研发的主要对象。该报告是在英国工程与自然科学研究理事会的协助下，由 Stratasys 战略咨询公司撰写的，旨在通过调研英国增材制造研究和创新概况，分析英国增材制造研究与创新上的优势和不足，并据此提出政策建议。2018 年 6 月，英国增材制造技术中心启动“航空航天数字化可重构增材制造计划”。英国相关政策发布情况见表 2.5。

表2.5　英国相关政策发布情况

时间	政策 / 报告	发布机构	相关内容
2012 年 9 月	《未来高附加值制造技术展望》	英国国家技术战略委员会	将 3D 打印与激光制造作为提升国家竞争力的核心技术
2013 年 10 月	《制造业的未来：英国机遇与挑战的新时代》	英国政府科技办公室	面向 2050 年制造业的长期发展，提出了英国制造发展与复苏的政策措施
2016 年 2 月	《英国增材制造研究和创新概况》	创新英国	旨在通过调研英国增材制造研究和创新概况，分析英国增材制造研究与创新上的优势和不足，并据此提出政策建议
2018 年 6 月	“航空航天数字化可重构增材制造计划”	英国增材制造技术中心	旨在建设世界一流的增材制造测试平台和相应的“数字孪生体”环境

（2）韩国

2014 年 11 月，韩国发布了一个长达 10 年的增材制造战略规划，以推动和发展增材制造技术，使之成为新兴增长市场，并帮助制造业部门实现转型。韩国时任总统朴槿惠于 2015 年新年伊始提出，贯彻执行经济改革 3 年计划、深入打造“创造经济”的构想，通过推广制造业革新 3.0 战略与智能工厂等流程创新，开发物联网、增材制造与大数据等核心技术，创造未来的增长动力。韩国未来创造科学部与产业通商资源部在 2015 年 4 月联合成立了智能制造研发路线图促进委员会，计划用半年时间制订上一年度《制造业创新 3.0 战略》中提出的包括增材制造在内的八大智能制造技术研发路线图，并向政府提出具体的投资扶持方案。2016 年，韩国贸易工业和能源部计划在未来 6 年（2017—2022）投资 2000 万美元用于船舶与海工装备的增材制造技术研发。2016 年 7 月，韩国政府宣布降低对增材制造等高新技术产业的研发税，为中小企业减免税额高达 30%，打造“新的经济增长引擎”。2018 年 2 月，韩国科学、信息技术通信与未来规划部宣布投入 3700 万美元开发和扩大增材制造技术，发展增材制造在企业、军队和医疗领域的应用。

（3）新加坡

新加坡贸易与工业部在 2013 年出台了《国家制造发展计划》，增材制造被列为未来技术发展关键领域之一。2013 年年底，A*STAR（Agency for Science，Technology and Reseach，新加坡最大的研究所）发布增材制造特别计划，由制造技术研究所牵头，南洋理工大学、材料工程研究所、高性能计算研究所等作为参与机构，遴选出了 6 项关键技术方向。2015 年 9 月，南洋理工大学、新加坡国立大学和新加坡科技设计大学一起组建了国家增材制造创新集群。

（4）澳大利亚

澳大利亚政府在 2012 年发布题为《面向更智能的澳大利亚：更智能的制造》的研究报告中，将增材制造列为澳大利亚未来制造发展的重要方向之一。2014 年 11 月，澳大利亚研究理事会与产业合作伙伴共同出资 900 万澳元在莫纳什大学成立“增材制造协同研究中心”，旨在助力以终端客户为导向的协作研究。

（5）俄罗斯

俄罗斯是激光技术产业的大国，激光技术与增材制造技术的切合性很强，增材制造在激光技术的辅助下快速发展，俄罗斯也因此与其他国家开展了广泛的技术交流与合作。2014 年 9 月，俄罗斯修订了《科技装备优先发展方向》和《关键技术清单同步更新计划》，增加了新型制造技术、增材制造技术等内容。

二、地方主要政策

中国各省市的增材制造政策见表 2.6。

表2.6　中国各省市的增材制造政策

发布单位	政策名称	发布时间
江苏省科技厅	《江苏省三维打印技术发展及产业化推进方案（2013—2015 年）》	2013 年 3 月
浙江省科技厅	《关于加强三维打印技术攻关加快产业化的实施意见》	2013 年 7 月
福建省经济贸易委员会、福建省发展和改革委员会、福建省科技厅	《福建省关于促进 3D 打印产业发展的若干意见》	2013 年 7 月
杭州市经济和信息化委员会	《杭州市关于加快推进 3D 打印产业发展的实施意见》	2014 年 1 月
广东省促进战略性新兴产业发展领导小组	《加快广东省 3D 打印技术和应用产业发展实施方案》	2014 年 1 月
北京市科学技术委员会、北京市发展和改革委员会、北京市经济和信息化委员会	《促进北京市增材制造（3D 打印）科技创新与产业培育的工作意见》	2014 年 3 月
四川省经济和信息化委员会	《战略性新兴产业（产品）发展指导目录（2014 年）》	2014 年 4 月
四川省经济和信息化委员会	《四川省增材制造（3D 打印）产业发展路线图（2014—2023）》	2014 年 7 月
天府新区成都管委会	《天府新区成都管委会产业发展促进办法（2014 年版）》	2014 年 9 月
湖南省经济和信息化委员会	《湖南省经济和信息化委员会关于加快推进智能制造装备产业发展的意见》	2014 年 10 月
芜湖市繁昌县人民政府	《繁昌县人民政府关于促进3D打印与智能制造产业发展的若干意见》	2014 年 11 月
武汉市科学技术局、武汉市财政局	《关于加快武汉市 3D 打印产业发展的实施意见》	2014 年 12 月
荔湾区人民政府办公室	《广州市荔湾区印发关于加快 3D 打印产业发展的实施意见》	2015 年 1 月
福建省人民政府	《福建省人民政府关于加快发展智能制造九条措施的通知》	2015 年 8 月
芜湖市繁昌县人民政府	《关于促进 3D 打印智能装备产业发展的若干政策规定（暂行）》	2015 年 8 月
湖南省发展和改革委员会、湖南省经济和信息化委员会	《湖南省人民政府关于加快新材料产业发展的意见》	2015 年 12 月
河北省制造强省建设领导小组	《河北省信息化与工业化深度融合发展“十三五”规划》	2016 年 6 月
河北省发展和改革委员会	《河北省装备制造业发展“十三五”规划》	2016 年 8 月
江苏省经济和信息化委员会	《关于征集我省增材制造产业发展推进方案重点跟踪项目的通知》	2016 年 8 月
安徽省人民政府	《安徽省战略性新兴产业“十三五”发展规划》	2016 年 9 月
浙江省发展和改革委员会、浙江省经济和信息化委员会	《浙江省节能“十三五”规划》	2016 年 9 月
陕西省发展和改革委员会	《陕西省增材制造产业发展规划（2016—2020 年）》	2016 年 10 月
辽宁省人民政府	《关于辽宁省 3D 打印（增材制造）》产业发展情况的调研报告	2016 年 10 月
湖南省经济和信息化委员会	《湖南工业新兴优势产业链行动计划》	2016 年 11 月
云南省人民政府	《云南省先进装备制造业发展规划（2016—2020 年）》	2016 年 11 月

（续表）

发布单位	政策名称	发布时间
北京市人民政府	《北京市“十三五”时期现代产业发展和重点功能区建设规划》	2017年1月
湖北省经济和信息化委员会	《湖北省智能制造装备“十三五”发展规划》	2017年1月
湖南省发展和改革委员会	《湖南省“十三五”战略性新兴产业发展规划》	2017年1月
山东省人民政府	《山东省“十三五”战略性新兴产业发展规划》	2017年3月
江苏省人民政府	《关于加快发展先进制造业振兴实体经济若干政策措施的意见》	2017年3月
安徽省经济和信息化委员会	《安徽省智能制造工程实施方案（2017—2020年）》	2017年3月
天津市人民政府	《关于贯彻落实“十三五”国家战略性新兴产业发展规划的实施意见》	2017年4月
浙江省经济和信息化委员会	《2017年浙江省推进智能制造工作要点》	2017年5月
江苏省人民政府	《江苏省“十三五”智能制造发展规划》	2017年5月
湖北省教育厅、湖北省经济和信息化委员会、湖北省人民政府国有资产监督管理委员会	《省人民政府关于深化制造业与互联网融合发展的实施意见》	2017年5月
黑龙江省科技厅、黑龙江省工业和信息化厅	《黑龙江省增材制造（3D打印）产业三年专项行动计划（2017—2019年）》	2017年5月
浙江省人民政府	《浙江省人民政府办公厅关于加快推进医药产业创新发展的实施意见》	2017年6月
吉林省人民政府	《吉林省工业转型升级行动计划（2017—2020年）》	2017年7月
芜湖市繁昌县	《关于3D打印智能装备产业集聚基地发展若干政策规定》征求意见	2017年7月
山东省经济和信息化委员会、山东省财政厅	《山东省智能制造发展规划（2017—2022）》	2017年8月
广东省人民政府	《广东省战略性新兴产业发展“十三五”规划》	2017年8月
黑龙江省人民政府	《黑龙江省制造业转型升级“十三五”规划》	2017年9月
河南省人民政府	《河南省装备制造业转型升级行动计划（2017—2020年）》	2017年9月
广东省经济和信息化委员会	《广东省经济和信息化委关于“强力推进以制造业为重点的实体经济发展”系列提案答复的函》	2017年10月
青岛市科学技术局、青岛市发展和改革委员会、青岛市经济和信息化委员会、青岛市环保局、青岛市统计局、青岛市食品药品监督管理局、青岛市大数据局	《青岛市高技术产业“一业一策”行动计划（2017—2021年）》	2017年10月
山西省经济和信息化委员会	《关于开展山西省省级制造业创新中心创建工作的实施方案》	2017年11月
广州市人民政府	广州市落实《工业和信息化部 广东省人民政府合作框架协议》实施方案	2017年12月
黑龙江省人民政府	《黑龙江省技术转移体系建设实施方案》	2017年12月
陕西省人民政府	《支持实体经济发展若干财税措施的意见》	2017年12月
河北省人民政府	《河北省战略性新兴产业发展三年行动计划》	2018年2月
河北省人民政府	《河北省加快智能制造发展行动方案》	2018年2月
山西省经济和信息化委员会	《山西省打造优势产业集群2018年行动计划》	2018年3月
河南省人民政府	《河南省支持智能制造和工业互联网发展若干政策》	2018年4月
江苏省经济和信息化委员会	《关于印发江苏省增材制造产业发展三年行动计划（2018—2020年）的通知》	2018年8月
山东省人民政府办公厅	《山东省装备制造业转型升级实施方案》	2018年12月

三、2017 年以来相关政策一览表

2017 年以来，中国出台的部分产业政策（2017 年 1 月—2018 年 6 月）见表 2.7。

表2.7 中国出台的部分产业政策（2017年1月—2018年6月）

发布单位	政策名称	发布时间
科学技术部	《国家重点研发计划“增材制造与激光制造”重点专项实施方案》	2016—2018 年
国家发展和改革委员会	《国家发展改革委关于加强分类引导培育资源型城市转型发展新动能的指导意见》	2017 年 1 月
工业和信息化部、发展和改革委员会	《信息产业发展指南》	2017 年 1 月
工业和信息化部、发展和改革委员会、科学技术部、财政部	《新材料产业发展指南》	2017 年 1 月
科学技术部	《“十三五”先进制造技术领域科技创新专项规划》	2017 年 4 月
教育部	《中小学综合实践活动课程指导纲要》	2017 年 9 月
科学技术部	《“增材制造与激光制造”重点专项 2018 年度项目申报指南》	2017 年 10 月
工业和信息化部	《产业关键共性技术发展指南（2017 年）》	2017 年 10 月
工业和信息化部等十六个部门	《关于发挥民间投资作用 推进实施制造强国战略的指导意见》	2017 年 10 月
工业和信息化部	《高端智能再制造行动计划（2018—2020 年）》	2017 年 11 月
国家发展和改革委员会	《增强制造业核心竞争力三年行动计划（2018—2020 年）》	2017 年 11 月
工业和信息化部等十二个部门	《增材制造产业发展行动计划（2017—2020 年）》	2017 年 11 月
工业和信息化部	《首台（套）重大技术装备推广应用指导目录（2017 年版）》	2017 年 12 月
财政部	《国家支持发展的重大技术装备和产品目录（2017 年修订）》	2017 年 12 月
财政部	《重大技术装备和产品进口关键零部件、原材料商品目录（2017 年修订）》	2017 年 12 月
教育部	《普通高中课程方案和语文等学科课程标准（2017 年版）》	2017 年 12 月
国家知识产权局	《知识产权重点支持产业目录（2018 年本）》	2018 年 1 月
国家药品监督管理局	《定制式增材制造医疗器械注册技术审查指导原则》（征求意见稿）	2018 年 2 月

四、国家主要政策全文及解读

1. 国家主要政策全文

为推进我国增材制造产业快速可持续发展，加快培育制造业发展新动能，工业和信息化部、国家发展和改革委员会、教育部、公安部、财政部、商务部、文化部、国家卫生和计划生育委员会、国务院国有资产监督管理委员会、海关总署、质检总局、知识产权局联合制订了《增材制造产业发展行动计划（2017—2020 年）》。

《增材制造产业发展行动计划（2017—2020年）》

增材制造（又称"3D打印"）是以数字模型为基础，将材料逐层堆积制造出实体物品的新兴制造技术，将对传统的工艺流程、生产线、工厂模式、产业链组合产生深刻影响，是制造业有代表性的颠覆性技术。我国高度重视增材制造产业，2015年，工业和信息化部、国家发展和改革委员会、财政部联合印发了《国家增材制造产业发展推进计划（2015—2016年）》，通过政策引导，在社会各界的共同努力下，我国增材制造关键技术不断突破，装备性能显著提升，应用领域日益拓展，生态体系初步形成，涌现出一批具有一定竞争力的骨干企业，形成了若干产业集聚区，增材制造产业实现快速发展。

当前，全球范围内新一轮科技革命与产业革命正在萌发，世界各国纷纷将增材制造作为未来产业发展的新增长点，推动增材制造技术与信息网络技术、新材料技术、新设计理念的加速融合。全球制造、消费模式开始重塑，增材制造产业将迎来巨大的发展机遇。与发达国家相比，我国增材制造产业尚存在关键技术滞后、创新能力不足、高端装备及零部件质量可靠性有待提升、应用广度深度有待提高等问题。为有效衔接《国家增材制造产业发展推进计划（2015—2016年）》，应对增材制造产业发展新形势、新机遇、新需求，推进我国增材制造产业快速健康持续发展，特制订本计划。

一、指导思想和基本原则

（1）指导思想

全面贯彻落实党的十九大精神，以习近平新时代中国特色社会主义思想为指引，牢固树立新发展理念，按照党中央关于加快建设制造强国、加快发展先进制造业的战略部署，紧密围绕新兴产业培育和重点领域制造业智能转型，着力提高创新能力，提升供给质量，培育龙头企业，推进示范应用，完善支撑体系，探索产业发展新业态、新模式，营造良好发展环境，促进增材制造产业做强做大，为制造强国建设提供有力支撑，为经济发展注入新动能。

（2）基本原则

创新驱动，夯实基础。强化技术、制度、模式、理念等创新，突破关键共性技术，健全设计、材料、装备、工艺、应用等环节核心技术体系，推动技术成果转化和推广应用。

需求牵引，统筹推进。面向传统产业升级改造和新兴消费等应用需求，深入推进在航空航天、船舶、汽车等领域中创新应用，积极促进在生物医疗、教育培训和创意消费等领域推广应用，打通增材制造在社会、企业、家庭的应用路径。

市场主导，政府引导。充分发挥市场在资源配置中的决定性作用，强化企业主体地位，激发企业活力和创造力。积极转变政府职能，加强战略研究和规划引导，完善相关支持政策，推进示范应用，促进产业集聚化发展。

二、行动目标

到2020年，增材制造产业年销售收入超过200亿元，年均增速在30%以上。关键核心技术达到国际同步发展水平，工艺装备基本满足行业应用需求，生态体系建设显著完善，在部分领域实现规模化应用，国际发展能力明显提升。

技术水平明显提高。突破100种以上重点行业应用急需的工艺装备、核心器件及专用材料，大幅提升增材制造产品质量及供给能力。专用材料、工艺装备等产业链重要环节关键核心技术与国际同步发展，部分领域达到国际先进水平。

行业应用显著深化。开展100个以上应用范围较广、实施效果显著的试点示范项目，培育一批创新能力突出、特色鲜明的示范企业和园区，推动增材制造在航空、航天、船舶、汽车、医疗、文化、教育等领域实现规模化应用。

生态体系基本完善。培育形成从材料、工艺、软件、核心器件到装备的完整增材制造产业链，涵盖计量、标准、检测、认证等在内的增材制造生态体系。建成一批公共服务平台，形成若干产业集聚区。

全球布局初步实现。统筹利用国际国内两种资源，形成从技术研发、生产制造、资本运作、市场营销到品牌塑造等多元化、深层次的合作模式，培育两三家具有较强国际竞争力的龙头企业，打造两三个具有国际影响力的知名品牌，推动一批技术、装备、产品、标准成功走向国际市场。

三、重点任务

（1）提高创新能力

一是加强增材制造创新体系建设。完善国家增材制造创新中心运行机制，鼓励有产业基础、技术条件的地区建设省级增材制造创新中心。建立以企业为主体、市场为导向、知识产权利益分享机制为纽带、政产学研用协同的增材制造创新体系，推进增材制造领域前瞻性、共性技术研究和先进科技成果转化，打造一批产业技术创新平台。

二是强化关键共性技术研发。围绕提高增材制造基础研究能力，提升增材制造上下游技术水平，重点突破高性能材料研发与制备、产品设计优化、高质量高稳定性增材制造装备、高效复合增材制造工艺、微纳结构增材制造等关键共性技术。积极跟踪增材制造技术的发展趋势，编制增材制造技术发展路线图，提早布局新一代增材制造技术研究。

（2）提升供给质量

一是提升增材制造专用材料质量。开展增材制造专用材料特性研究，推动增材制造关键材料制备技术及装备研发，鼓励优势材料生产企业从事增材制造专用材料及研究成果转化，提升增材制造专用材料品质和性能稳定性，形成一批基本满足增材制造产业需要的专用材料牌号。

专栏 1　提升增材制造专用材料质量
金属增材制造材料。研究金属球形粉末成形与制备技术，突破高转速旋转电极制粉、气雾化制粉等装备，开发空心粉率低、颗粒形状规则、粒度均匀、杂质元素含量低的高品质钛合金、高温合金、铝合金等金属粉末。研究增材制造专用液态金属材料。 **无机非金属增材制造材料。**研究氧化铝、氧化锆、碳化硅、氮化铝、氮化硅等陶瓷粉末、片材制备方法，提高材料收得率与性能一致性。 **有机高分子增材制造材料。**突破增材制造专用树脂、超高分子量聚合物等材料体系中热传导、界面链缠及性能调控技术，开发高性能稳定性的增材制造专用光敏树脂、黏结剂、催化剂、蜡材，开发高性能抗老化工程塑料与弹性体。 **生物增材制造材料。**建立生物增材制造材料体系，不断提高可植入材料生物学性能和增材制造工艺性能，完善个性化医疗器械的材料设计和微结构设计技术，开发不同软硬程度的器官/组织模拟材料，开发满足不同需求的生物“墨水”。

二是提升增材制造装备、核心器件及软件质量。加强先进主流增材制造技术的攻关，提高集成创新水平，重点突破增材制造装备、核心器件及专用软件的质量、性能和稳定性问题，加快推进增材制造装备用光电子器件和集成电路等核心电子器件的开发和应用，提高供给水平和能力。

专栏2　提升增材制造装备、核心器件及软件质量

金属材料增材制造装备。提升激光/电子束高效选区熔化、大型整体构件激光及电子束送粉/送丝熔化沉积、液态金属喷墨打印等增材制造装备质量性能及可靠性。

非金属材料增材制造装备。提升光固化成形、熔融沉积成形、激光选区烧结成形、无模铸型以及材料喷射成形等增材制造装备质量性能及可靠性。

生物材料增材制造装备。提升仿生组织修复支架、医疗个性化、细胞活性材料、器官微结构和功能模拟芯片等增材制造装备质量性能及可靠性。

核心器件及软件。提升高光束质量激光器及光束整形系统、高品质电子枪及高速扫描系统、大功率激光扫描振镜、动态聚焦镜等精密光学器件、高精度阵列式喷嘴打印头/喷头、处理器、存储器、工业控制器、高精度传感器、数模模拟转换器等器件质量性能。突破数据设计软件、数据处理软件、工艺库、工艺分析及工艺智能规划软件、在线检测与监测系统及成形过程智能控制软件等增材制造核心支撑软件。

三是提升增材制造服务质量。推进服务质量保障能力建设，通过加强企业与用户的产需对接，鼓励企业在重点应用领域提供契合用户需求的前期设计、产品供应、运营维护、检测认证等综合解决方案，提升行业整体服务质量和用户对增材制造技术的认可程度。

（3）推进示范应用

以直接制造为主要战略取向，兼顾原型设计和模具开发应用，推动增材制造在重点制造、医疗、文化创意、创新教育等领域规模化应用。利用增材制造云平台等新模式，线上线下打通增材制造在社会、企业、家庭中的应用路径。

专栏3　重点制造领域示范应用

推进增材制造在航空、航天、船舶、核工业、汽车、电力装备、轨道交通装备、家电、模具、铸造等重点制造领域的示范应用。

航空：针对各类飞行器平台和发动机大型、复杂结构件，推进激光直接沉积、电子束熔丝成形技术在钛合金框、梁、肋、唇口、整体叶盘、机匣以及超高强度钢起落架构件等承力结构件上的应用，推进激光、电子束选区熔化技术在防护格栅、燃油喷嘴、涡轮叶片上的示范应用，加强增材制造技术用于钛合金框、整体叶盘关键结构修理的验证研究。

航天：利用增材制造技术实现运载火箭、卫星、深空探测器等动力系统、复杂零部件的快速设计、原型制造；实现易损部件、备品备件等的直接制造和修复。

船舶：推进增材制造在船舶与配套设备领域的产品研发、结构优化、工艺研制、在线修复等方面的应用研究，实现船舶及复杂零件的快速设计与优化，推进动力系统、甲板与舱室机械等关键零部件及备品备件的直接制造。

核工业：推进增材制造在核级设备复杂、关键零部件产品研发、工艺试验、检测认证，利用增材制造技术推进在役核设施在线修复。

专栏 4 重点制造领域示范应用

汽车：在汽车新品设计、试制阶段，利用增材制造技术实现无模设计制造，缩短开发周期。采用增材制造技术一体化成形，实现复杂、关键零部件轻量化。

电力装备：在核电、水电、风电、火电装备等设计、制造环节使用增材制造技术，实现大型、复杂零部件的快速原型制造、直接制造和修复。

轨道交通装备：推进增材制造技术实现新产品研发、工艺试验、关键零部件试制过程中的快速原型制造，实现关键部件的多品种、小批量、柔性化制造，促进轨道交通装备绿色化、轻量化发展。

家电：将增材制造技术纳入家电的设计研发、工艺试验环节，缩短新产品研制周期，推进增材制造技术融入家电智能柔性制造体系，实现个性化定制。

模具：利用增材制造技术实现模具优化设计、原型制造等；推进复杂精密结构模具的一体化成型，缩短研发周期；应用金属增材制造技术直接制造复杂型腔模具。

铸造：推进增材制造在模型开发、复杂铸件制造、铸件修复等关键环节的应用，发展铸造专用大幅面砂型（芯）增材制造装备及相关材料，促进增材制造与传统铸造工艺的融合发展。

专栏 5 "3D 打印 +"示范应用

"3D 打印 + 医疗"。针对医疗领域个性化医疗器械（含医用非医疗器械）、康复器械、植入物、软组织修复、新药开发等需求，推动完善个性化医用增材制造产品在分类、临床检验、注册、市场准入等方面的政策法规，研究确定医用增材制造产品及服务的医疗服务项目收费标准和医保支持标准。

"3D 打印 + 文化创意"。针对创新创意设计、文化创意产品开发以及个性化产品消费的需求，推动增材制造技术在相关领域的应用，培养新的消费热点，构建新型消费生产模式，助力消费升级。

"3D 打印 + 创新教育"。实施学校增材制造技术普及工程，鼓励增材制造技术在教育领域的推广，配置增材制造设备及教学软件，开设增材制造知识培训课程，建立增材制造实验室，培养学生创新设计的兴趣、爱好、意识。在中小学、职业院校等开展增材制造科普教育，开展增材制造设计、技能大赛等活动。

"3D 打印 + 互联网"。针对社会大众创新创意需求，支持增材制造企业与互联网企业合作，推动成立一批在线协同设计、数据互联共享、分布式制造的增材制造云平台，降低应用门槛，推动增材制造技术的普及。推动建设线下增材制造创新设计、应用、服务中心，为用户提供创新设计、产品优化、快速原型制造、模具开发等应用服务。

（4）培育龙头企业

一是支持骨干企业发展。鼓励创新能力强、效率高、效益好、管理水平先进的骨干企业开展兼并重组、合资合作、跨界融合，积极整合国内外技术、人才和市场等资源，加强品牌培育，不断提升市场竞争能力。

二是推进全产业链协同发展。引导中小企业围绕细分市场向"专、精、特、新"方向发展，加快服务模式和商业模式创新，促进全产业链协同发展，助推增材制造龙头企业的发展壮大。

三是加快产业集聚区建设。鼓励具有一定增材制造产业特色优势的地区，进一步完善资本、土地等综合配套体系，汇集产业链上下游优势企业，加快培育世界级先进增材制造产业集群。

（5）完善支撑体系

一是建立健全增材制造计量体系。针对增材制造领域的专用材料、制造装备和核心器件等测量需求，加强具有产业特点的计量测试技术和测试方法研究，开发增材制造专用计量、测试装备，为增材制造提供“全溯源链、全寿命周期、全产业链”及具有前瞻性的计量测试技术服务，不断完善增材制造产业计量测试服务体系。

二是健全增材制造标准体系。强化企业在标准化活动中的主体地位，加大力度开展增材制造标准制修订工作，不断提升标准水平，增强标准有效供给，以标准支撑和引领增材制造产业发展。

专栏6　健全增材制造标准体系

新型标准制定体系。开展创新设计、专用材料、工艺技术、装备、检验检测、数据和服务等方面国家标准、行业标准制定工作，研制一批团体标准，加快构建政府主导制定标准与市场自主制定标准相互协调、相互促进的增材制造新型标准制定体系。

企业标准体系。鼓励企业加快制定一批企业标准，建立相关指标协调优化、相互配合的成套技术标准体系，以标准助推企业提升研发测试能力和管理水平等。

标准创新基地。开展增材制造领域的技术标准创新基地建设试点，搭建标准与科技、产业紧密衔接的服务平台，为企业提供“一站式”的标准化服务，助推企业标准能力水平提升。

成果转化标准。开展增材制造科技成果转化为技术标准试点工作，建设增材制造科技成果库，建立增材制造科技成果快速转化为技术标准机制，推动一批增材制造新技术、新方法、新材料、新工艺快速转化为标准。

标准国际化。在增材制造云服务平台、精度检测等具有一定优势的服务和技术领域，积极牵头制定国际标准，提升国际话语权，以标准带动增材制造技术、产品等“走出去”。

三是建立增材制造检测和认证体系。围绕增材制造工艺装备、核心器件、专用材料和产品等，开展技术和产品特性的检测基础理论和方法研究，逐步建立增材制造检测体系。结合增材制造技术的应用要求，开展增材制造认证认可评价分析和质量保证等核心技术研究，提出适用于增材制造的认证认可技术解决方案。加强与国外增材制造检测和认证机构的合作，加快培育形成一批专业化的增材制造检测和认证机构，推动增材制造标准、检测、认证协同发展。

四是健全人才培养体系。推进产学合作协同育才，扩大增材制造相关专业人才培养的规模，加强配套支撑的课程设计、教材开发、师资队伍、专门实验室等方面的建设，建成一批人才培养示范基地。加强海外高层次科技、经营人才的引入和国际化人才的培养，建立和完善人才激励机制，落实科研人员科技成果转化的股权、期权激励和奖励等收益分配政策，形成与增材制造产业发展需求相适应的人力资源管理体系。

四、保障措施

（1）加强统筹组织协调

加强顶层设计，工业和信息化、发展改革、教育、公安、财政、商务、文化、卫生计生、国资、海关、质检、知识产权等各部门要统筹协调政策，形成资源共享、协同推进的工作格局。加强对区域政策的指导，有效利用中央、地方和其他社会资源，协调解决增材制造产业发展中的重大问题，不断完善中央和地方协同推进的产业政策体系。

（2）加大财政支持力度

充分利用现有渠道支持增材制造装备及其关键零部件产业化和推广应用。通过“增材制造与激光制造”国家重点研发计划等支持符合条件的增材制造工艺技术、装备及其关键零部件研发，研究将符合条件的增材制造纳入“科技创新2030—重大项目”支持范围。将符合条件的增材制造装备纳入首台套重大技术装备保险补偿等政策，加大扶持力度。

（3）着力拓宽融资渠道

采取政策引导和市场化运作相结合的方式，吸引企业、金融机构以及社会资金投向增材制造产业。推进设备融资租赁，加快推动下游产业的技术和应用的推广。鼓励符合条件的增材制造企业通过境内外上市、发行非金融企业债务融资工具等方式进行直接融资。

（4）深化国际交流合作

坚持引进来和走出去并重，充分利用政府、行业组织、企业、研究院所等渠道，多层次地开展技术、标准、知识产权、检测认证等方面的国际交流与合作，不断拓展合作领域。支持国内企业积极开展并购、股权投资、创业投资及建立海外研发中心，鼓励国外企业在华设立研发基地、研发中心，共同推进提升增材制造研发产业化的水平。依托“一带一路”倡议，推进增材制造技术在沿线国家的推广应用。

（5）强化行业安全监管

加强对增材制造装备生产、销售、应用等环节以及增材制造从业人员的监管，研究建立购买增材制造装备实名登记制度。建设增材制造信息数据平台，加强对工业级增材制造装备生产数据管理的监管，研究建立装备基本信息报备制度和从业认证登记备案制度，依法查处利用增材制造装备非法生产、制造管制器具等违法犯罪活动。

（6）发挥行业组织作用

发挥中国增材制造产业联盟等行业组织桥梁和纽带作用，组织装备企业与零部件、材料制备和用户开展需求对接，协调和推进装备研制、试验鉴定和试点示范，加快产品的应用推广。密切跟踪国内外产业技术发展趋势，加强对产业发展重大问题和政策的研究，编制并发布年度产业发展报告。积极宣传相关法规要求和技术标准，加强行业自律，提高行业素质，维护行业安全。

五、组织实施

各地工业和信息化主管部门要与地方发展改革、教育、公安、财政、商务、文化、卫生计生、国资、海关、质检、知识产权等部门加强沟通、密切配合，切实做好有关指导和服务工作，按照本行动计划确定的目标、任务和政策，制定支持增材制造发展的具体政策措施，抓好工作落实，加强对增材制造成果的宣传推广，引导和推动增材制造产业健康有序发展。

2. 政策解读

为有效衔接《国家增材制造产业发展推进计划（2015—2016年）》（以下简称“《推进计划》”），应对增材制造产业发展新形势、新机遇、新需求，推进我国增材制造产业快速健康持续发展，2017年11月，工业和信息化部联合国家发展和改革委员会、教育部、公安部、财政部、商务部、文化部、国家卫生和计划生育委员会、国务院国有资产监督管理委员会、海关总署、质检总局、知识产权局11个部门印发了《增材制造产业发展行动计划（2017—2020年）》（以下简称“《行动计划》”）。

《行动计划》紧密围绕新兴产业培育和重点领域制造业智能转型，着力提高创新能力，提升供给质量，培育龙头企业，推进示范应用，完善支撑体系，探索产业发展新业态、新模式，营造良好的发展环境，促进增材制造产业做强、做大，为制造强国建设提供有力支撑，为经济发展注入新动能。具体可用“四五六五”4 个数字概括：聚焦四大重点领域、实施五大重点任务、采取六项保障措施、实现五大发展目标。《增材制造产业发展行动计划（2017—2020 年）》五大目标如图 2.1 所示。

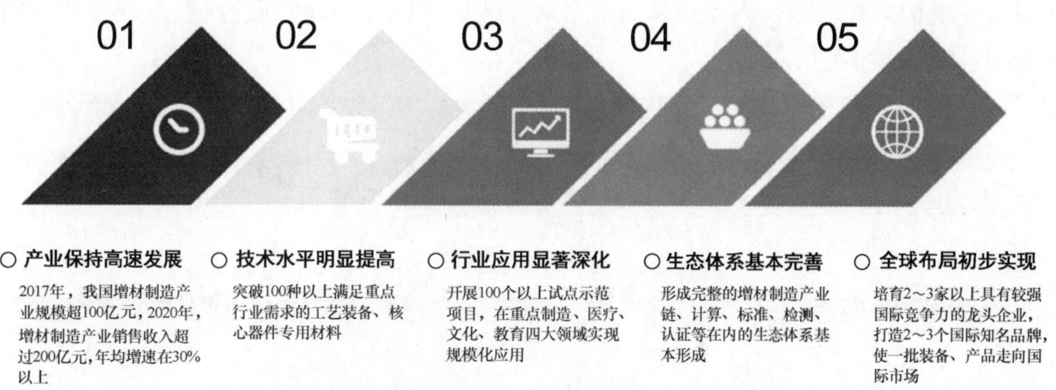

图2.1　《增材制造产业发展行动计划（2017—2020年）》五大目标

一是产业保持高速发展，年均增速在 30% 以上，2020 年增材制造产业销售收入超过 200 亿元；二是技术水平明显提高，突破 100 种以上满足重点行业需求的工艺装备、核心器件及专用材料；三是行业应用显著深化，开展 100 个以上试点示范项目，在重点制造（航空、航天、船舶、核工业、汽车、电力装备、轨道交通装备、家电、模具、铸造等）、医疗、文化、教育四大领域实现规模化应用；四是生态体系基本完善，形成完整的增材制造产业链，计量、标准、检测、认证等生态体系基本形成；五是全球布局初步实现，培育 2 ～ 3 家具有较强国际竞争力的龙头企业，打造 2 ～ 3 个国际知名品牌，使一批装备、产品走向国际市场。《增材制造产业发展行动计划（2017—2020 年）》五大任务如图 2.2 所示。

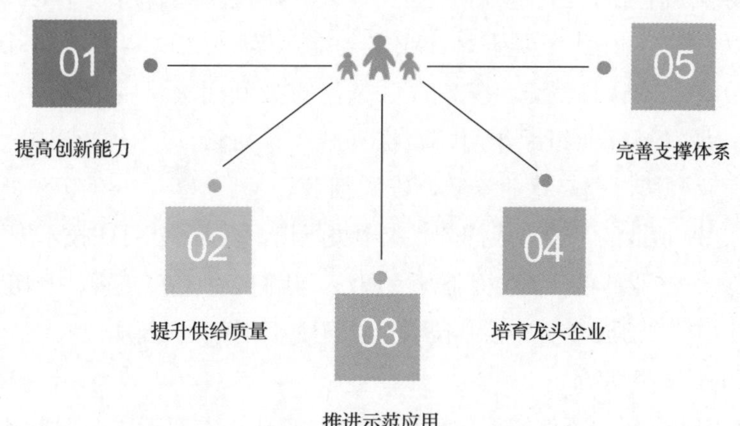

图2.2　《增材制造产业发展行动计划（2017—2020年）》五大任务

一是提高创新能力，完善增材制造创新中心运行机制，推进前瞻性、共性技术研究和先进科技成果转化；突破一批关键共性技术，提早布局新一代增材制造技术研究。二是提升供给质量，开展增材制造专用材料、关键材料制备技术及装备的研发，提升材料的品质和性能的稳定性；大力突破增材制造装备、核心器件及专用软件的质量、性能和稳定性；提升行业整体服务质量和用户对增材制造技术的认可程度。三是推进示范应用，以直接制造为主要战略取向，兼顾原型设计和模具开发应用，推动增材制造在重点制造、医疗、文化、教育等领域规模化应用，线上线下打通增材制造在社会、企业、家庭中的应用路径。四是培育龙头企业，支持骨干企业积极整合国内外技术、人才和市场等资源，加强品牌培育；促进全产业链协同发展，鼓励特色优势地区加快培育世界级先进增材制造产业集群，助推龙头企业的发展壮大。五是完善支撑体系，完善增材制造产业计量测试服务体系，健全增材制造标准体系，加快检测与认证机构培育，加快人才培养，健全人才激励机制。《增材制造产业发展行动计划（2017—2020 年）》六大措施如图 2.3 所示。

图2.3　《增材制造产业发展行动计划（2017—2020年）》六大措施

一是加强统筹组织协调，各有关部门政策要加强协调，形成资源共享、协同推进的工作格局，同时要加强对区域政策的指导，完善中央和地方协同推进的产业政策体系。二是加大财政支持力度，充分利用现有渠道支持增材制造装备及关键零部件的研发及产业化，开展增材制造试点示范。三是着力拓宽融资渠道，采取政策引导和市场化运作结合的方式，吸引相关资金投向增材制造产业，推进设备融资租赁，鼓励符合条件的企业进行直接融资。四是深化国际交流合作，坚持“引进来”和“走出去”并重，多层次开展国际交流合作，鼓励国外企业在华设立研发基地、研发中心，依托“一带一路”倡议，推进增材制造技术的推广应用。五是强化行业安全监管，研究建立购买增材制造装备实名登记制度、装备基本信息报备制度和从业认证登记备案制度，依法查处利用增材制造装备非法生产、制造管制器具等违法犯罪活动。六是发挥行业组织作用，积极开展需求对接活动，加强重大问题研究，编制年度产业发展报告，加强行业自律，提高行业素质，维护行业安全。

增材制造产业是先进制造业的重要组成部分。党中央指出，随着 3D 打印技术规模产业化，传统的工艺流程、生产线、工厂模式、产业链组合都将面临深度调整。我们必须高度重视、密切跟踪、迎头赶上，既要瞄准世界产业技术发展前沿，加强 3D 打印核心技术和原创技术研发，又要加快成果推广运用和产业化进程。

（1）《行动计划》的核心思路

《行动计划》的核心思路是全面贯彻落实党的十九大精神，以习近平新时代中国特色社会主义思想为指引，牢固树立新发展理念，按照党中央关于加快建设制造强国、加快发展先进制造业的战略部署，紧密围绕新兴产业培育和重点领域制造业智能转型，着力提高创新能力，提升供给质量，培育龙头企业，推进示范应用，完善支撑体系，探索产业发展新业态、新模式，营造良好发展环境，促进增材制造产业做强、做大，为制造强国建设提供有力支撑，为经济发展注入新动能。

（2）《行动计划》与《推进计划》的关系

2015 年《推进计划》发布以来，行业企业发展增材制造产业的积极性得到极大提高，研发生产投入大幅增长，一批关键技术得到突破，装备性能显著提升，应用领域日益拓展，生态体系初步形成，涌现出一批具有一定竞争力的骨干企业，形成了若干产业集聚区，推动我国增材制造产业发展进入新阶段。在编制《行动计划》的过程中，在有效衔接《推进计划》的基础上，结合新的发展阶段面临的新形势、新机遇、新需求，提出了新目标、新任务、新举措。《行动计划》主要有以下 4 个方面的着力点。

一是着力行业推广应用。《行动计划》明确到 2020 年要开展 100 个以上试点示范项目，推动增材制造在 10 个重点制造业领域的示范应用，推动“3D 打印 + 医疗”“3D 打印 + 文化创意”“3D 打印 + 创新教育”“3D 打印 + 互联网”的示范应用，加快培育一批创新能力突出、特色鲜明的示范企业和产业集聚区。

二是大力推动增材制造技术在航空、航天、船舶等领域的创新应用。

三是着力生态体系建设。要形成从材料、工艺、软件、核心器件到装备的完整的增材制造产业链，涵盖计量、标准、检测、认证、人才等在内的增材制造生态体系。

四是着力部际协同。《行动计划》由 12 个部门联发，充分体现了国家对增材制造产业发展的重视和支持，对产业发展将发挥积极的推动作用。

《行动计划》中关于强化行业安全监管的考虑：增材制造技术的发展，对现行的社会秩序、公共安全管理等将带来越来越多的冲击和挑战，因增材制造技术而可能引发的知识产权、刑事犯罪、人类伦理等方面的问题，已得到国际社会的高度关注。在编制《行动计划》的过程中，许多行业专家、政府部门建议应提高警觉，未雨绸缪，加强对增材制造行业的安全监管。《行动计划》明确提出要研究建立购买增材制造装备实名登记制度、装备基本信息报备制度和从业认证登记备案制度，依法查处利用增材制造装备非法生产、制造管制器具等违法犯罪活动。

第3章 行业细分

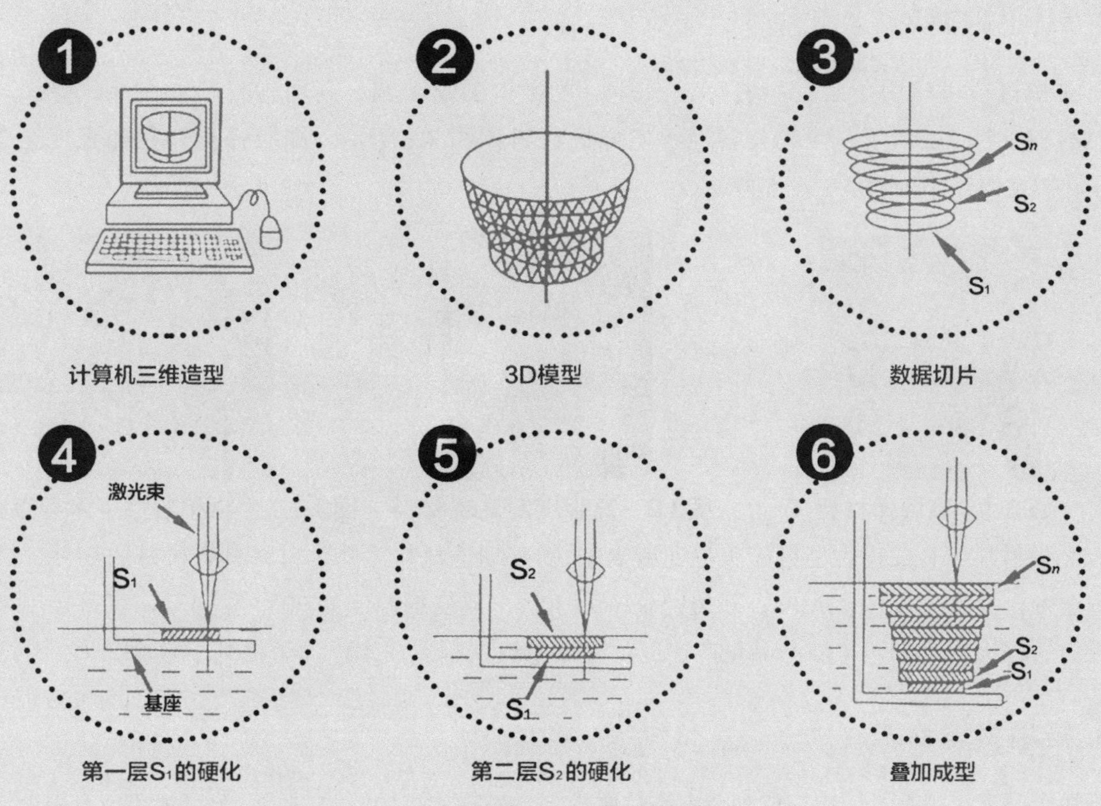

1
2
3
Sn
S2
S1
计算机三维造型
3D模型
数据切片
4
激光束
S1
基座
5
S2
S1
6
Sn
S2
S1
第一层S1的硬化
第二层S2的硬化
叠加成型

一、专用材料

1. 铝合金粉末

汽车领域 3D 打印使用的铝合金粉末，需要高强度、较高的延伸率，以及相对较低的成本。安徽中体新材料科技有限公司自主研发的新型雾化生产线生产的铝合金粉具有流动性好、球形度高、氧含量低、卫星粉少、产量大、价格低等特点，可以满足汽车和航空航天应用的高品质、低成本的要求；有效解决金属增材制造一直存在的生产效率低、成本高和原材料质量不佳等问题。

随着轻量化市场需求不断增长，铝合金粉末材料目前成为全球 3D 打印金属材料厂商的研究热点，各地厂家纷纷研发各种新型合金材料，提高产品性能。然而，目前市场上供应的大部分铝合金粉颗粒形状不规则、卫星粉多、粉末流动性差，导致最终制件出现各种缺陷，打印效果不理想，而且传统工艺产能有限会导致粉末产量低、成本过高，这些让 3D 打印技术在航空、汽车批量生产中轻量化应用的阻力较大。

安徽中体新材料科技有限公司发明的独特的雾化生产线能够生产出高球形度（>90%）、卫星粉极少、高流动性（霍尔流速约为 50s/50g）和低氧低氮含量（均小于 200ppm[1]）的高品质铝合金金属粉末，显著提高松装密度（>1.45g/cm^3），适用于 3D 打印金属粉末床熔融（Powder Bed Fusion，PBF）工艺，能够在大幅提高成形速度的同时确保零件具有可靠且一致的机械性能。此外，该生产工艺可实现连续化生产，产量大且成分率高，成本可达到目前主流雾化工艺生产的一半左右。例如，市场上最常见的 $AlSi_{10}Mg$，市场价格在每千克 400 元～ 500 元，中体新材批量价可以降至一半及以下，尤其适合汽车等行业轻量化大规模应用。

2. 高回弹材料

高回弹材料可应用于运动鞋打印、医疗、教育和工业领域。高回弹材料如图 3.1 所示，高强度耐高温材料如图 3.2 所示，生物相容性手术导板材料如图 3.3 所示。高回弹材料拉伸强度达 3MPa ～ 25MPa，断裂伸长率为 200% ～ 500%。

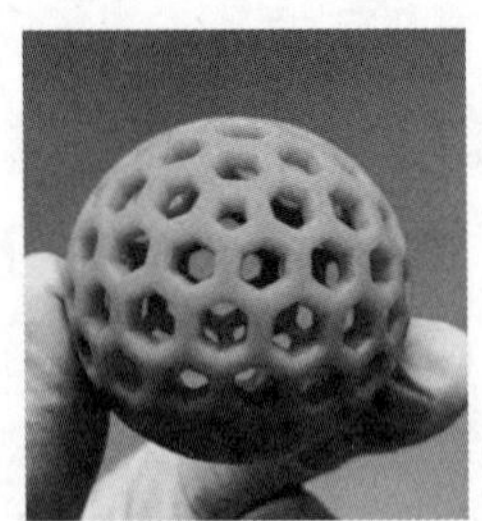

图3.1　高回弹材料

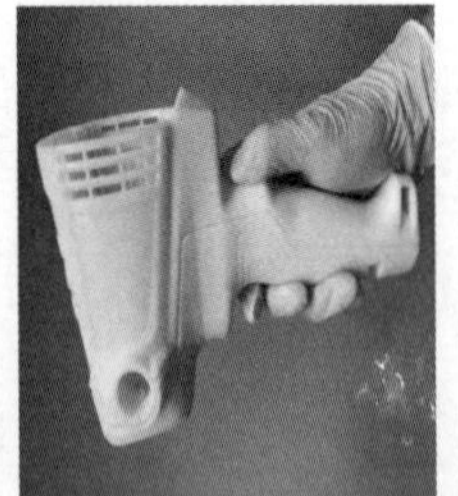

图3.2　高强度耐高温材料

图3.3　生物相容性手术导板材料

高回弹材料可合成出性能可媲美尼龙或 ABS 的高韧性材料，此类材料具有极好的韧性、抗冲击强度、耐温性，拉伸强度达 45MPa，断裂伸长率为 50%，热变形温度为 70℃～ 90℃，可直接用来生产终端零件。这样大幅度加快了新产品量产速度，降低了设计制造成本，显著提升了效率。

3. 难熔金属粉末

难熔金属粉末填补了国内增材制造中高品质难熔金属粉末市场的空白。广东银纳科技有限公司是一家

注 1　ppm 意为百万分比浓度，是英文 parts per million 的缩写。

致力于增材制造技术研发、应用、教育的科技型企业。为了满足市场发展需求，该公司研发制备出高品质高球形度的难熔金属及其合金粉末（钨、钼、钽、铌等）。金属 3D 打印——球形钨粉如图 3.4 所示。

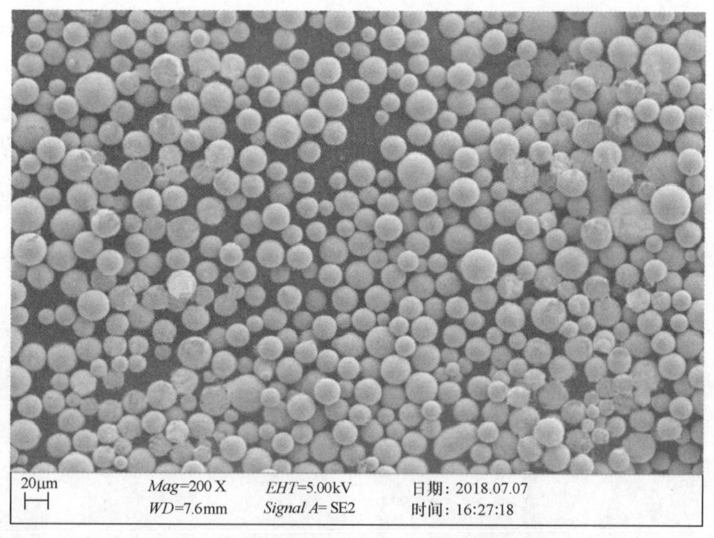

图3.4 金属3D打印——球形钨粉

凭借自主研发的丝材气雾化核心制粉技术，广东银纳科技有限公司于 2018 年年初针对难熔金属增材制造专用耗材进行了技术攻关，解决了难熔金属钨、钼、钽的球形粉末制备难题，开发了难熔金属球形粉末专用制备机，填补了国内难熔金属粉末的市场空白。其生产的粉末无卫星球，具有优异的流动性及松装密度，氧含量可按要求控制在 100ppm 以下。

4. 高温合金粉末材料

中航迈特粉冶科技（北京）有限公司聚焦航空航天增材制造用高温合金领域，针对军品材料纯净度高、非金属夹杂物少、综合性能优异等各种严格要求，自主研发设计超高纯净高温合金粉末材料气雾化制粉装备，并突破技术封锁，率先实现合金超高纯净熔炼，解决了卫星粉、空心粉、氧增量等制粉工艺技术难题，为航空航天领域广大用户提供高质量、稳定可靠的 GH4169、GH3536、GH5188、GH4099、GH3230 等优质高温合金粉末材料。

技术团队针对特殊用途高温合金粉末材料的气雾化工艺，建立 Laval（熔岩的）理想扩散雾化气体流场模型，开发满足增材制造高品质球形粉末需求的紧耦合式雾化器喷嘴系统。气雾化生产金属粉末如图 3.5 所示。

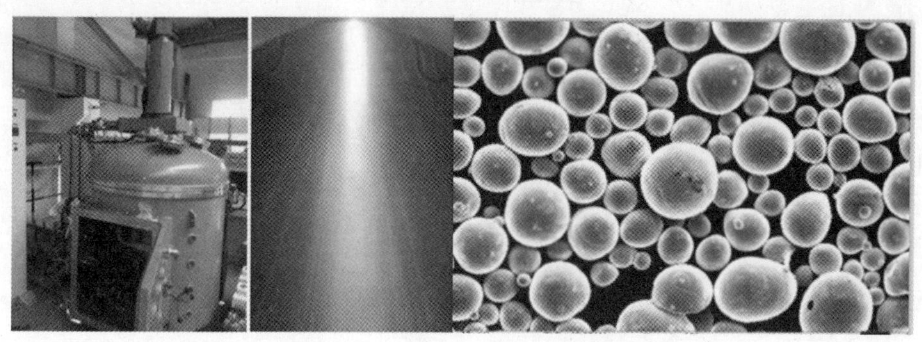

图3.5 气雾化生产金属粉末

该技术可为航空航天增材制造领域提供高品质高温合金粉末材料，满足航空航天领域使用需求，助力我国航空航天产业发展。

5. 齿科用 CoCr 合金粉末

江苏威拉里新材料科技有限公司使用 CoCr 合金粉末打印的齿科产品硬度、强度及延展性能好，打印的牙冠产品不需要热处理即可达到应用要求。增材制造工艺与齿科个性化定制需求契合度高；高效率、批产化发展速度快；材料安全性、适用性强。该技术改革生产出国内唯一在大气环境中具有良好流动性的 3D 打印 SLM 铝合金粉末，解决了国产铝合金粉末流动性差的技术难题。医用 CoCr 合金粉末如图 3.6 所示。

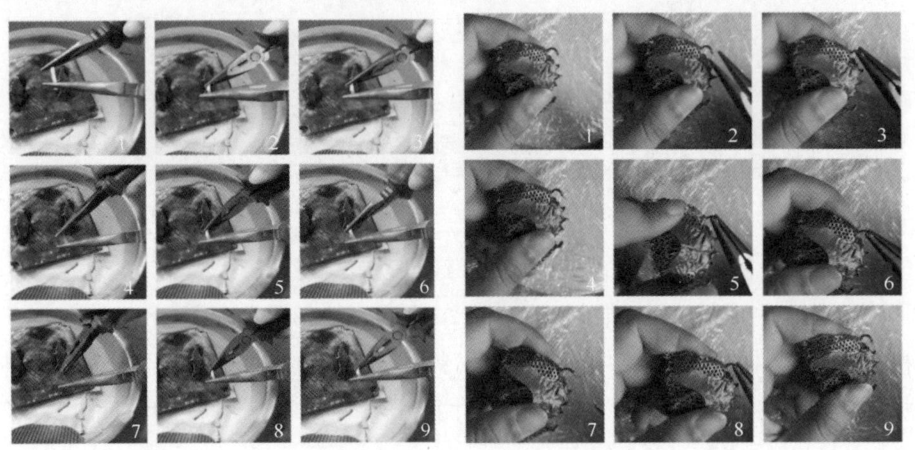

图3.6　医用CoCr合金粉末

6. 复合材料粉末

上海材料研究所针对 Inconel 625、GH3536、316L 等基础材料，添加各种微量元素对材料进行改性处理，提高粉末球形度，增强粉末融合性，提升 3D 打印材料性能质量。结合材料基因组计划，通过添加颗粒增强相研发增材制造新材料。上海材料研究所现已开发出 10 余种钛合金、镍基高温合金、模具钢、不锈钢等 3D 打印金属粉末耗材产品。上海材料研究所粉末产品汇总情况见表 3.1。

表3.1　上海材料研究所粉末产品汇总情况

序号	产品名称	产品简介
1	3D 打印用 316L 不锈钢粉末	所研制的不锈钢粉末流动性好，球形度高，氧含量低于 300ppm，粒度范围完全按照客户需求定制
2	3D 打印用 TC4 钛合金粉末	TC4 钛合金粉末具有球形度高、流动性高、氧含量低等优点，可用于 SLM 方式成形的 3D 打印机，在医疗（齿科、骨科）、航空航天等领域具有广阔的应用前景
3	3D 打印用 TA19 钛合金粉末	钛合金粉末具有球形度高、流动性高、氧含量低等优点，已应用于某航空发动机制造单位，其性能完全满足客户需求
4	3D 打印用 GH3536 高温合金粉末	所研制的 GH3536 高温合金粉末球形度高、夹杂含量低，氧含量低于 500ppm，粒度范围可调
5	3D 打印用 18Ni-300 模具钢粉末	所研制的不锈钢粉末流动性好、球形度高，氧含量低于300ppm
6	3D 打印用 Inconel718 高温合金粉末	所研制的不锈钢粉末流动性好、球形度高，氧含量低于500ppm

（续表）

序号	产品名称	产品简介
7	3D 打印用 Inconel 625 高温合金粉末	所研制的 Inconel 625 高温合金粉末 SLM 打印的制件力学性能优于进口粉末
8	3D 打印用钛铌合金粉末	钛合金粉末具有球形度高、流动性高、氧含量低等优点
9	3D 打印用钴铬合金粉末	所研制的钴铬合金粉末流动性好、球形度高，氧含量低于300ppm
10	3D 打印用锡青铜合金粉末	所研制的锡青铜合金粉末流动性好、球形度高，氧含量低于300ppm，粒度范围完全按照客户需求定制
11	3D 打印用 PLA 丝材	一种适用于 FDM 成形技术的 3D 打印高分子耗材，具有如下特点：绿色环保、可降解；不易发生翘曲和收缩；符合 ROHS 标准；高打印质量及稳定性
12	3D 打印用 ABS 丝材	一种适用于 FDM 成形技术的 3D 打印高分子耗材，具有如下特点：拉伸强度高；不易发生翘曲和收缩；符合 ROHS 标准；高打印质量及稳定性
13	3D 打印用 PETG 丝材	一种适用于 FDM 成形技术的 3D 打印高分子耗材，具有如下特点：高韧性、高强度；不易发生翘曲和收缩；符合 ROHS 标准；高打印质量及稳定性；光泽度好
14	“粉末制备—粉末后处理—3D 打印—制件测试”一体化的服务	耗材方面主要产品有钛合金、镍基高温合金、不锈钢、模具钢等粉末。在 3D 打印方面，主要服务于悦瑞三维等大型企业

7. PETG 线材

深圳光华伟业股份有限公司研究了 PETG（一种透明、非结晶、共聚酯）线材，该种线材强度高、韧性好、抗冲击，可以大力弯曲而不发生断裂，非常耐摔，而且疏水性强、方便清洗、透明度高、不妨碍视力观察。另外，该线材抗化学品性也很好，不容易被酒精等氧化，可用于 3D 打印防护面罩、护目镜、口罩固定座、口罩松紧调节器等，3D 打印 PETG 线材在全球新冠肺炎疫情防护中发挥了重要的作用。

8. 高强高导铜合金粉末

铜及铜合金是一类有广泛应用的重要材料。铜由于具有优良的导热、导电、延展等特性，在航空航天、武器装备等应用场合是必选材料。在增材制造领域，铜材料应用较晚，但近年来呈现快速发展趋势，尤其是国防军工领域对高强高导铜合金增材制造的研究不断取得重要进展，促进了铜材料增材制造的发展。有研究报告称，2019—2027 年全球铜增材制造市场将以 51% 的年均复合增长率增长。

火箭发动机是高强高导铜合金材料的典型应用场景。发动机对内衬及相关零部件材料要求极高，一方面燃烧室燃烧温度极高（超过 3000℃）；另一方面高温高压及高速燃气对材料有很强的侵蚀，因此要求材料具有很高的高温强度、塑性、导热性及抗高温氧化和冲蚀特性。国内外围绕火箭发动机用铜合金材料开展了大量研究工作，CuZr、CuAgZr、CuCrZr、CuCrNb 等材料陆续取得应用，并且仍在进行性能改进和更新迭代。通过在铜基体中添加不同合金元素可以改善铜的力学性能。例如，CuAgZr 中 Ag 的加入能够显著提高铜的再结晶温度、蠕变强度和高温低周期疲劳性能，而 Zr 的加入可以提高合金高温下的塑性。CuAgZr 以其优良的综合性能成为当前液体火箭发动机最主要的内衬材料。再比如，CuCrZr 中 CuCr 合金是一种典型的沉淀强化型铜合金，而 Zr 元素可以促进 Cr 相析出，改善析出相分布，同时 Zr 与 Cu 形成的铜锆化合物可起到沉淀强化的作用，因此 CuCrZr 合金力学性能优异，在电气领域和发动机零件中均有重要应用。高强高导铜合金材料的应用也催生了对此类铜合金粉末材料的需求。实际上，在增材制造技术兴起之前，火箭发动机中一些结构件已经开始采用粉末冶金工艺进行制备，而随着金属增材制造技术的应用，粉末材料的需求变得更为迫切。由于使用条件极为严格，所以这对粉末材料要求极高。北京康普锡威科技有限公司近年来利用先进的气体雾化技术开发了火箭发动机用CuAgZr、CuCrZr等合金粉末，粉末成分均匀、杂质含量低、成形性能优良，已在航空航天领域取得重要应用，同时该公司也正与应用单位合作开展增材制造用高强高导铜合金性能改进和新材料开发工作。

9. 高流动性铝合金粉末

近年来，随着增材制造在航空航天、汽车等领域的不断推广和应用，轻质合金材料需求快速增加，其中铝合金有资源丰富、轻质、比强度高等优点，成为需求增长最快的增材制造材料之一。2019年SmarTech发布关于铝合金增材制造市场机会的跟踪和预测报告，报告称铝合金增材制造市场正在快速扩张，2018年占增材制造金属总体市场近10%，从而使得增材制造领域铝粉出货量增长43%，且未来10年将以每年近50%的速度增长。铝合金轻量化特性明显，是航空航天、国防军工领域的关键材料，在增材制造应用中将扮演重要角色。气雾化是增材制造铝合金粉末的主流制备方法，相比于其他球形粉末制备方法，气雾化制备效率较高，但所制备铝合金粉末还存在卫星球、空心粉、粉末流动性较差等问题，这些都是增材制造过程的不利因素。北京康普锡威科技有限公司常年进行球形金属粉末的制备技术研究和生产应用工作，近年来针对增材制造用铝合金粉末制备开展了研究工作，研发了高流动性、无卫星球增材制造铝合金粉末材料制备技术。所制备铝合金粉末具有高球形度、无卫星球、高松装密度、无空心粉、低氧含量等特点。以选区激光熔化用$AlSi_{10}Mg$为例，其霍尔流速计流动性小于50s/50g，松装密度大于$1.5g/cm^3$，氧含量为100ppm～200ppm。目前，该公司正在利用该技术开发各类先进航空航天用铝合金粉末产品。

二、核心零部件

1. CT机准直器

在CT机的检测器系统中，一般都需要为检测器设置具有光栅结构的光栅准直器，用于对X光的散射线进行吸收。这种光栅准直器结构非常精细，每个光栅单元厚度只有0.08mm，宽度不到2mm，传统上采用人工拼装焊接的方式生产，速度很慢、良品率低、成本很高。广东银纳科技有限公司使用自主研发的高纯球形钨粉，采用SLM工艺，成功打印光栅准直器，这种工艺在保证精度的同时，生产效率比人工拼装大幅提升。主要性能指标如下：材质为纯钨；最小壁厚为80μm；尺寸精度为±15μm；表面粗糙度$Ra \leqslant 0.8$；密度分辨率≥93%。

3D打印对于生成薄壁零件十分有效，给准直孔径角和形状带来极大的制造自由度，纯钨打印技术可以用来制造针孔准直器，并且钨材料可以更好地用于X射线扫描设备环境。另外，3D打印还可以提供波束成形的解决方案，这将钨产品的应用推向更广的范围；3D打印生产的光栅准直器产品一致性高于人工拼装产品；生产效率高于人工拼装。3D打印可以按设计要求生产定制的产品，不受拼装工艺限制；成本比人工拼装低。

2. 涡轮增压器壳体

广西玉柴机器股份有限公司（简称“玉柴集团”）采用复杂铸件无模复合成形制造方法与装备开发

了涡轮增压器壳体。

（1）铸件特征

铸件体积为418mm×412mm×176mm，材质为铝合金，质量为12kg，基本壁厚为5mm～6mm，工艺出品率为86%。涡轮增压器壳体结构特征如图3.7所示。

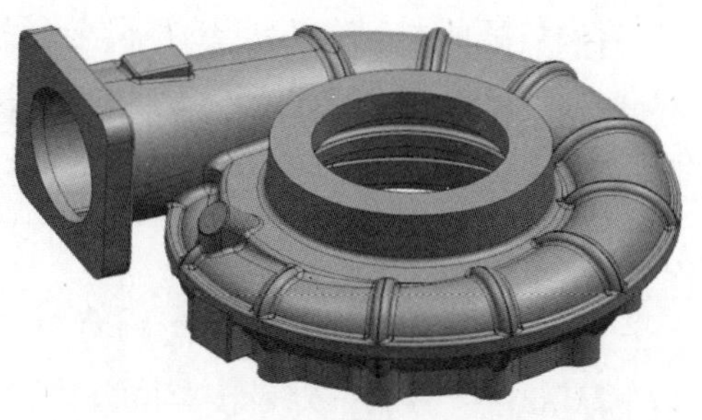

图3.7 涡轮增压器壳体结构特征

（2）浇注系统设计

浇注系统采用底注式，有一处直浇道，6处内浇道均匀分布在底部；顶部开设冒口，可容纳足够量的金属液供补缩，同时充当排气通道。该浇注系统能保证浇铸过程中平稳充型。

（3）铸造砂型分型方案设计

根据铸造工艺的浇注系统方案，利用UG软件对铸造工艺进行分型方案设计，外模方案包括上、中、下3层，砂芯分为主体砂芯、底部砂芯及一个活块，总体一共6块。

（4）复杂铸件无模复合成形方法与装备

砂型外模采用机械科学研究总院自主研发的CAMTC-SMM2000等系列化数字化无模铸造精密成形机，将铸造砂型的NC加工程序导入成形机中，即可快速加工出铸型砂型、砂芯，整套砂型、砂芯加工时间仅需48小时。砂芯采用数字化砂型打印精密成形机进行打印成形。

（5）砂芯装配

整套砂芯加工完成后进行砂型数据检测、预装配，将外模与砂芯装配到一起，为后续浇注工序做准备工作。

（6）砂型合模浇注

将所有砂型按照铸造工艺要求进行组装，然后浇注。复杂铸件无模复合成形方法与装备，适用于新产品的开发、新工艺的试验阶段，主要解决复杂金属件单件、小批量快速生产制造问题。通过该技术，玉柴集团解决了涡轮增压器壳体开发周期长、成本高、精度差的问题。该技术是一种新兴的快速样件制造技术，是利用无模铸造装备对砂型直接成形的一种新工艺。之所以称为无模铸造技术，是因为与传统铸造技术相比，该技术不需要模具（金属模具或木模），可以采用减材/增材的工艺直接加工出复杂砂型，合箱、浇铸后获得高精度的铸件。该技术数字化程度高，砂型表面质量好，工艺准备周期短，效率高，在新产品开发和单件小批量产品试制阶段具有极大的成本和效率优势，而且由于无模铸造技术不需要制造传统的金属模具或者木模，降低了整个制造环节的能源与材料的消耗。因此，该技术具有明显的节能环保和绿色制造的特性。

采用传统工艺开发出一套涡轮增压器壳体需要45天，模具费用为2万元；采用复杂铸件无模复合成形方法与装备，从三维模型到砂型模具仅需要5天，模具费用为4000元，经检测铸件精度达CT7级，满足使用要求。

复杂铸件无模复合成形技术与装备的应用，可进一步提升企业新产品开发及优化升级能力。在早期产品研发、试制阶段，该技术不仅提高了工艺人员的设计自由度，更减少了费时费材的模具制造过程，将传统的“傻大笨粗”的铸造转变成以智能化、数字化、绿色化装备为主体的快速开发模式，大大提升了企业的创新能力。

同时，该技术实现了复杂铸件无模化、高精度、高效率制造，缩短制造周期达50%以上，降低成本达 30% 以上；铸件废品率从 5% ～ 10% 降低到 2% ～ 4%，铸件减重 10% ～ 20%；铸件精度提高了 2 ～ 3 个等级，可达 CT7 级。

该技术主要应用于铸造行业，应用领域包括航空航天、国防军工、汽车、船舶、工程机械等，在机械制造相关领域也具有广泛的应用前景。

3. 赛车冷凝器

赛车的电机冷却系统是影响赛车性能的重要因素，改造赛车冷凝器是非常具有挑战性的部分，赛车车队和北京易加三维科技有限公司工程师花费了大量时间进行原型的优化和改造。

原有的冷凝器使用传统工艺制造，需要将多个部件焊接在一起，不仅工艺烦琐，而且容易产生冷却液泄漏。北京易加三维科技有限公司建议使用金属 3D 打印技术制造一体化设计的冷凝器，确保冷却液不会泄漏。

在结构设计时，两个冷凝器需要满足的总散热功率是 12kW，根据测试所得数据，水温最高不能超过 48℃，超过以后电机控制器会有高温（60℃）断电保护。计算散热器散发的热量、散热储备系数、水垢及油污等影响、冷却介质对数平均温差及散热器热传系数，并考虑到散热余量，得出散热器的实际散热面积为 $2.5m^2$。根据所得数据，车队对现有的冷凝器进行重新设计。

完成设计后，北京易加三维科技有限公司使用金属 3D 打印机 EP-M250（成形尺寸可达 250mm×250mm×300mm），采用铝合金材料打印，再经过热处理、喷砂等后处理，交付给车队。

将 3D 打印完成的一体化冷凝器进行若干优化改进后，安装于电动赛车上进行测试。数据显示相较于先前使用的冷凝器，新设计的冷凝器温度降低了约 10℃，散热性能有了显著的提升。

4. 相变储能装置

相变储能装置被广泛应用于航空航天等领域，传统的制备方法是采用蜂窝或翅片结构件六面体外壁焊接封装蒙皮，加工周期长、成本高，且材料利用率低。

采用高强度铝合金 $AlSi_{10}Mg$ 激光选区熔化增材制造方式，制备薄壁点阵夹层结构相变储能装置，可以解决新一代航天储能装备对相变储能装置结构提出的更高的设计及制造需求，主要体现在轻量化、高效、高精度、长寿命等方面：在保证结构高稳定性及高可靠性的基础上，进一步进行轻量化设计，提高其比强度和比刚度；结构件进行整体化结构设计及整体制造，提高相变材料的导热性能，以满足高效和长寿命使用需求。鑫精合公司已完成多批次的点阵夹层结构装置产品的增材制造和交付任务，相关产品通过了工艺鉴定并已应用于航天设备。

5. 薄壁点阵夹层结构

大尺寸点阵夹层结构板是由蒙皮包络、点阵填充的薄壁件，尺寸规格为 800mm×440mm×10mm，材质为 $AlSi_{10}Mg$。零件外形相对简单，但是内部结构精细、复杂，点阵杆件直径较小，蒙皮厚度较薄，内部胞元尺寸为 5mm×5mm，点阵杆径为 0.5mm，蒙皮尺寸为 0.5mm，尺寸公差要求严格。

鑫精合公司采用国内唯一、亚洲首台、世界最大的 Concept Laser 2000R 型激光选区熔化金属 3D 打印设备，对大尺寸点阵夹层结构进行了一体式增材制造即整体成形，实现最大成形尺寸 800mm×400mm×500mm 的金属粉末床增材成形，突破了大尺寸薄壁点阵夹层构件的增材制造技术。

6. 国产 CMT 电弧 3D 打印高强度铝合金

目前，能实现铝合金零件制造的增材制造技术主要有选择性激光熔化技术、电子束熔丝沉积技术和电弧增材制造技术。其中，选择性激光熔化技术最为主流，但是该技术存在设备昂贵、制造效率低和成形零件体积有限等不足，并且铝合金固体受到激光的反射作用会发生球化结晶现象，进而造成铝合金表面成形质量和冶金结合较差。电子束熔丝沉积技术能显著提高制造功率，并解决铝合金的反射问题，但电子束加工必须在真空环境下进行，因此该技术仍然无法解决设备成本高和制造体积的问题。而电弧增材制造技术采用成本更低的电弧作为热源，避免了高反射率问题，并采用随焊（增材制造）过程氩气保护，使零件体积不受限制。因此，电弧增材制造技术在铝合金制造领域更具发展前景和应用价值。冷金属过渡技术（Cold Metal Transfer，CMT）电弧增材制造凭借电弧的自身优势可实现航天领域 2319 铝合金增材制造，室温拉伸强度平均可达 430MPa，屈服强度平均可达 310MPa，断后伸长率可达 10%。该技术被中科煜宸成功应用于中国航天科工南京晨光集团某航天部件中。

三、软件系统

1. 设计及处理软件

中国科学院沈阳自动化研究所在模型数据处理和软件开发方面自行开发了激光 3D 打印三维曲面重构与设计软件、功能梯度材料设计软件、激光 3D 打印数据处理软件、加工控制集成软件。相关软件、装备已经在沈阳飞机工业（集团）有限公司、南京中科煜宸激光技术有限公司、新松机器人自动化股份有限公司、北京理工大学、中国科学院金属所等单位得到了应用。中国科学院沈阳自动化研究所系统研究了面向快速制造的异质材料零件三维 CAD 表达方法，建立了完整的异质材料零件三维 CAD 表达的理论体系和技术框架；提出一种基于 Loop 模式的自适应曲面细分算法，针对激光快速成形数据处理过程中模型分层、扫描路径规划、支撑自动生成等核心技术开展了研究，提出了自适应路径规划方法和智能分区方式。数据处理软件如图 3.8 所示。

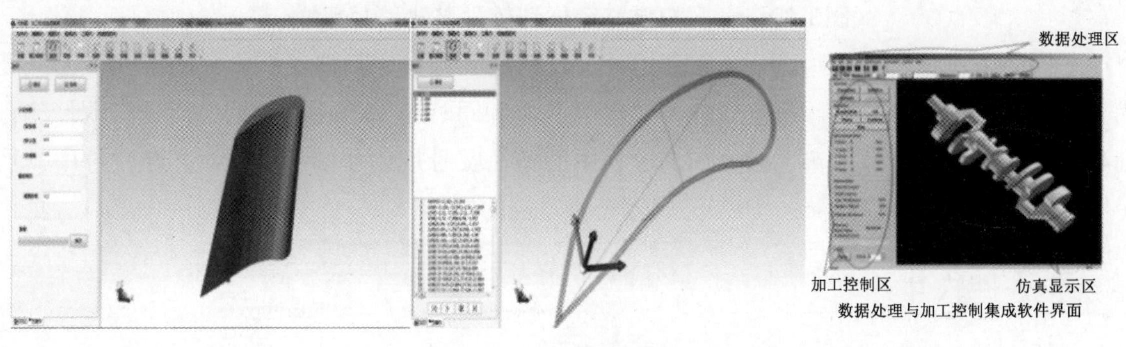

图3.8 数据处理软件

2. 扫描及仿真软件

广州雷佳增材科技有限公司团队自主研发了两套扫描路径规划软件和一套悬垂结构成形计算机辅

助工艺优化软件。两套扫描路径规划软件具有不同的功能优点，一套是带有 S 形正交层错扫描和前勾边后勾边功能的路径规划软件，另一套为减少激光扫描金属粉末产生残余应力开发的分区扫描路径规划软件，分区扫描路径规划软件带有 3 种分区方式和复合扫描功能。扫描及仿真优化软件如图 3.9 所示，分区扫描路径规划软件多种路径策略如图 3.10 所示。

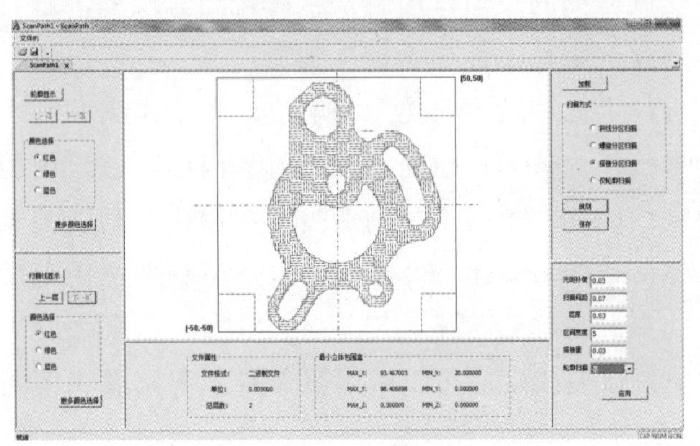

（a）不同应用扫描路径规划软件

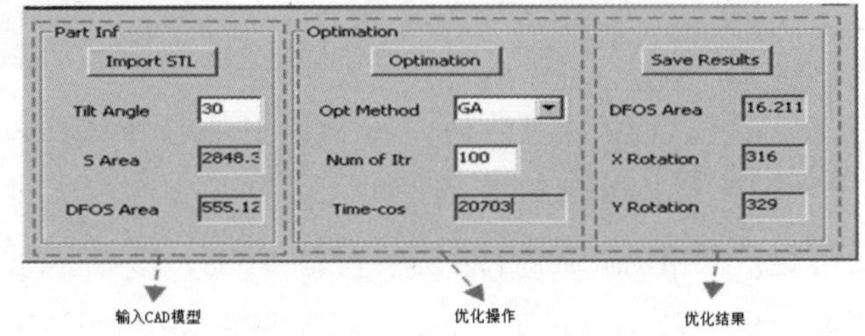

（b）针对悬垂结构成形计算机辅助工艺优化软件

图3.9　扫描及仿真优化软件

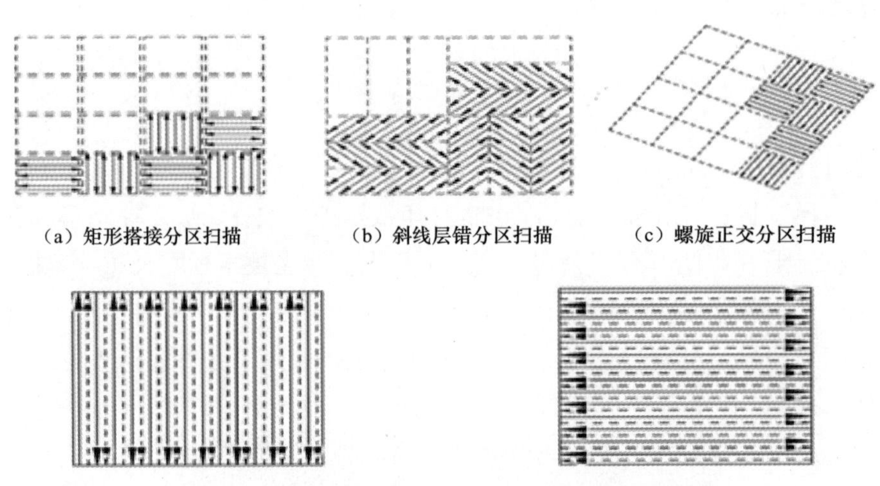

（a）矩形搭接分区扫描　（b）斜线层错分区扫描　（c）螺旋正交分区扫描

（d）S 形正交扫描（$4n$ 层和 $4n+1$ 层扫描）　（e）S 形正交扫描（$4n+2$ 层和 $4n+3$ 层扫描）

图3.10　分区扫描路径规划软件多种路径策略

公司主创团队对金属增材制造全流程数据处理及解决关键技术问题具有丰富的经验，团队还开发了两代金属增材制造控制软件，第一代软件实现了多任务同时加工的功能，第二代控制软件将扫描路径规划与设备控制集成一体，实现激光扫描过程中的路径实时规划和铺粉动作，并在软件中预留电荷耦合元件（Charge Coupled Device，CCD）同轴光路监控的接口。

3. 综合处理软件

西门子公司致力于提供有工业实力的 AM 解决方案，并为客户提供完整的端到端流程，消除流程中每个步骤之间的数据转换，以便重新构思产品设计、打印产品并重新定义业务。西门子数字化工业集团提供一套功能强大的附加工具，完全集成到 NX 中，NX 是用于产品开发（包括产品设计、工程和制造）的集成软件解决方案。AM 设计、工程和制造过程由 Teamcenter 和 MOM 应用程序管理。西门子咨询服务示意如图 3.11 所示。

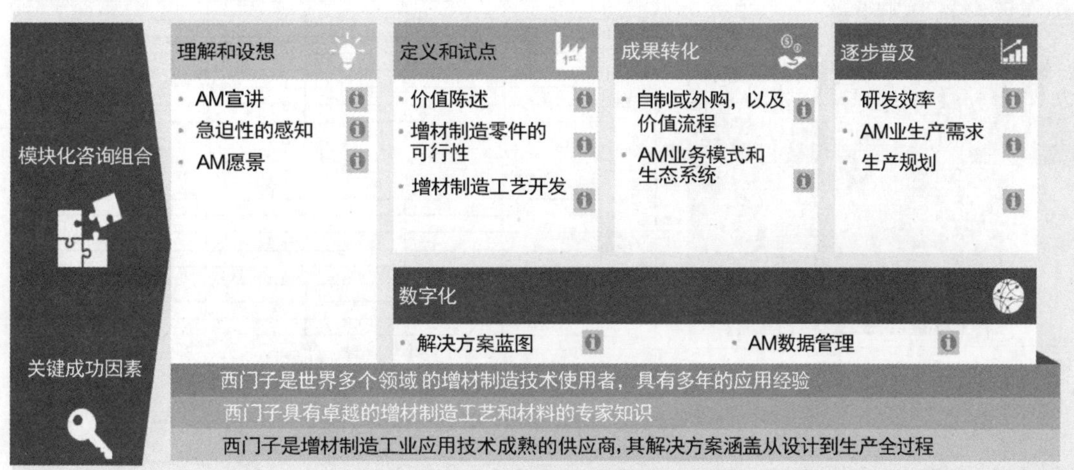

图3.11　西门子咨询服务示意

4. 智能控制软件

南京中科煜宸激光技术有限公司（以下简称“中科煜宸”）在智能控制软件方面成果显著。

（1）基于零件几何特征的增材制造自适应策略与路径规划

根据复杂三维模型的剖切轮廓数据，中科煜宸研究了精确的数值求解方法，将自适应分层算法转化为带约束的稀疏优化问题，实现对每个区域分别执行自适应分层处理和路径规划的算法；根据部件区域划分位置快速定位方法，建立了高效的智能区域划分方案；通过基于部件几何特征的自适应分层算法，实现了基于特征的不同区域层结构厚度优化设计。在此基础上，中科煜宸还开发了面向增材制造的复杂模型曲面剖切方法及软件，实现了复杂模型的曲面叠加方式剖切及扫描路径轨迹规划。自适应加工策略及动态路径规划技术及其软件界面如图 3.12 所示。

图3.12　自适应加工策略及动态路径规划技术及其软件界面

（2）基于智能机器视觉识别及闭环控制检测反馈系统

中科煜宸基于机器视觉智能识别技术，通过构建研究熔池温度场及形貌分布实时监测系统，解决了熔池尺寸测量、红外参数标定、热辐射温度测试补偿等工艺过程中的关键问题；同时将数值模拟分析与实验测试相结合，建立了“成形质量—工艺参数—熔池状态”影响模型，实现了激光功率闭环控制下的稳定熔池宽度。闭环控制检测反馈系统运行界面如图 3.13 所示。

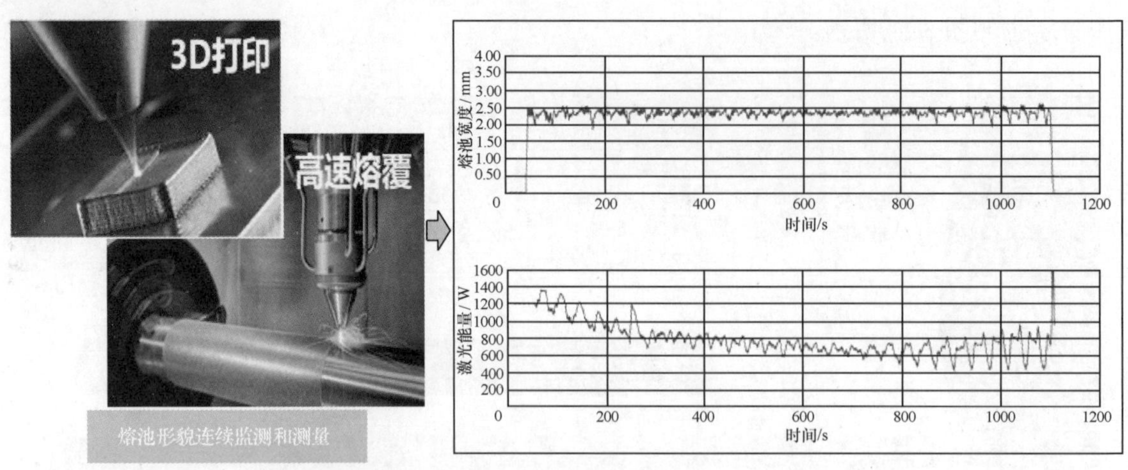

图3.13　闭环控制检测反馈系统运行界面

（3）增材制造装备系统全信息检测

中科煜宸开发了面向典型增材制造装备的检测与诊断系统，显著提升了设备的关键性能参数和综合性能指标，包括构建了基于图像、音频和红外辐射的视觉检测、光声探测、形貌探测、光束质量探测和气体组分探测智能模组，用于支持零件成形过程中设备状态数据采集；研究了装备系统实时状态感知技术、故障产生机理及多源异构信息融合诊断方法。增材制造装备系统全信息检测现场如图 3.14 所示，装备检测与诊断技术用户界面如图 3.15 所示。

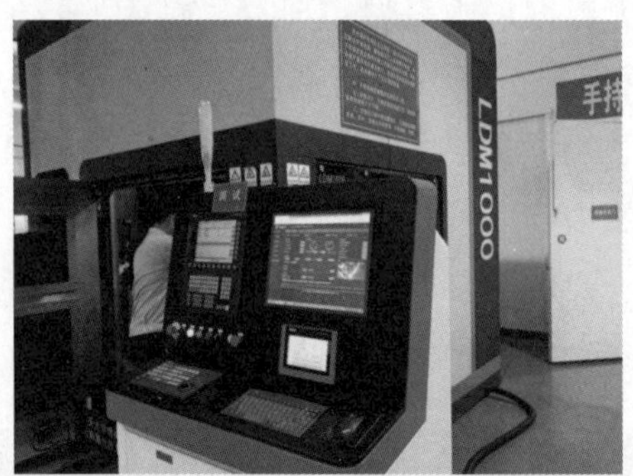

图3.14　增材制造装备系统全信息检测现场

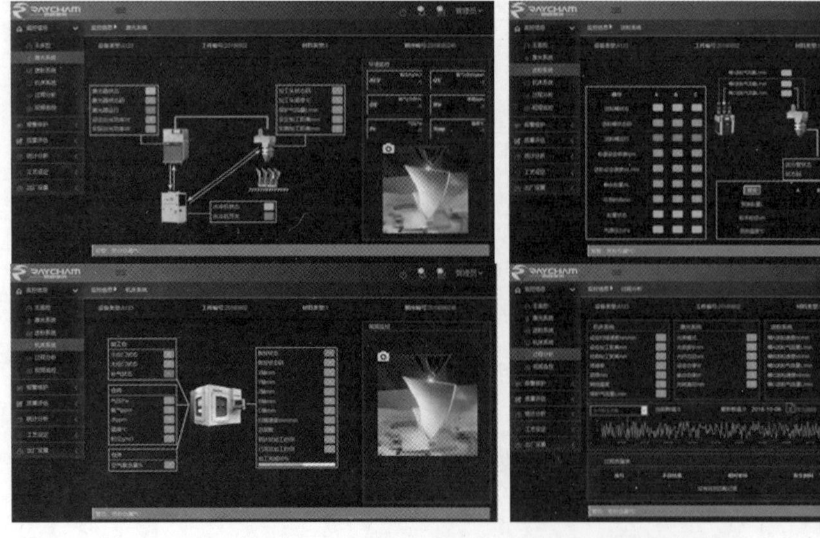

图3.15　装备检测与诊断技术用户界面

5. 金属粉末激光成形系统

中国科学院沈阳自动化研究所自主开发研制出以 CO_2 激光器、同轴送粉器为核心的 MPLS-200 型金属粉末激光成形系统。该系统集成了激光技术、同轴精确送粉技术、温度采集与控制技术、三维运动控制技术等高新技术；提出了一种基于模糊数学理论的激光再制造系统优化设计方法，并自主设计开发了三维多功能的激光再制造系统；开展了“飞机钛合金承力结构件激光修复装备”的研制，开发飞机钛合金承力结构件激光修复装备，并在沈阳飞机（集团）有限公司的典型钛合金结构件生产中进行了应用验证，可实现损伤钛合金承力结构件的高效高质修复。飞机钛合金承力结构件激光修复装备如图 3.16 所示。

图3.16　飞机钛合金承力结构件激光修复装备

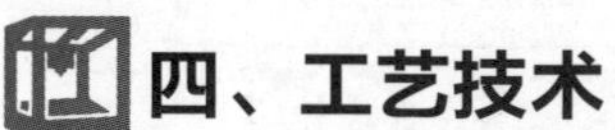

四、工艺技术

1. 航天增材制造工艺

在先进增材制造工艺技术方面，中国航天科工集团有限公司掌握了选区激光熔化（SLM）、激光熔融沉积（LMD）、光固化成形（SLA）、选择激光烧结（SLS）等多种增材制造技术，掌握了钛合金、高温合金、不锈钢、铝合金、光敏树脂等材料的增材制造工艺，针对新一代航天产品耐高温服役要求和减重需求，建立航天增材制造材料和技术体系。

中国航天科工集团有限公司增材制造技术创新中心在产品“功能—结构”一体化设计与制造、SLM+LMD 激光复合增材制造成形、大尺寸复杂构件激光送粉成形、中空夹层翼舵类一体化成形等方面开展了深入的工艺技术验证，积极推动了增材制造技术在支架类、舱段类、翼舵类等产品中的应用。生产多型产品已经通过地面试验及飞行试验考核，其中某型舱段及舵面已经实现小批量应用，多项技术达到航天领域较高水平。

2. 薄壁轻质结构件修复技术

薄壁轻质结构件修复技术重点实现了铝合金薄壁构件大尺寸增材修复过程缺陷的精确调控、钛合金复杂薄壁构件的内孔 / 内腔等修复。

该技术系统研究并建立了狭窄区域下离散化增材轨迹的适应性排布方法、薄壁（壁厚 <1mm）复杂物理约束下应力诱导裂纹的优化调控方法、铺粉式增材修复 TA15 合金薄壁合金的组织转变及性能优化机理、钛合金防护格栅的系统化修复工艺方法及性能验证评价体系，系统形成了贯穿型缺陷、非贯穿型缺陷零件增材工艺流程。修复工艺规程如图 3.17 所示。

该技术系统研究激光入射方向 / 角度、工艺参数（例如，送粉、能量）等对铝合金大尺寸送粉增材成形过程中缺陷的影响机制，并系统解释了铝合金缺陷形成机理，提出了基于工艺参数优化调控及基于外场调控的缺陷系统调控方法，系统研究修复宏观形貌控制，并研究了 ZL104 材料送粉增材后的系统热处理工艺调控方法，建立了典型薄壁结构（厚度小于 1mm）铝合金薄壁构件的大尺寸修复工艺方法及修复后系统性能评价方式。基于参数及外场的缺陷行为调控如图 3.18 所示。

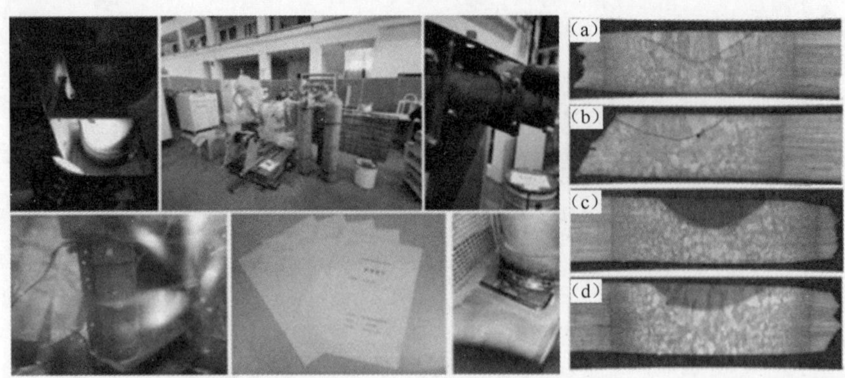

图3.17　修复工艺规程

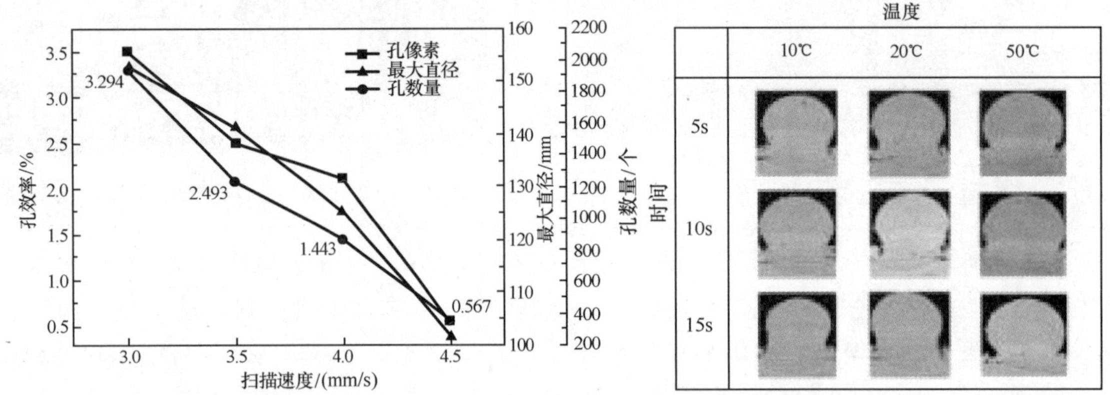

图3.18　基于参数及外场的缺陷行为调控

该修复技术修复成功率达 100%，为航空工艺节省成本亿元以上。航空某铝合金异性件的吊耳修复如图 3.19 所示。

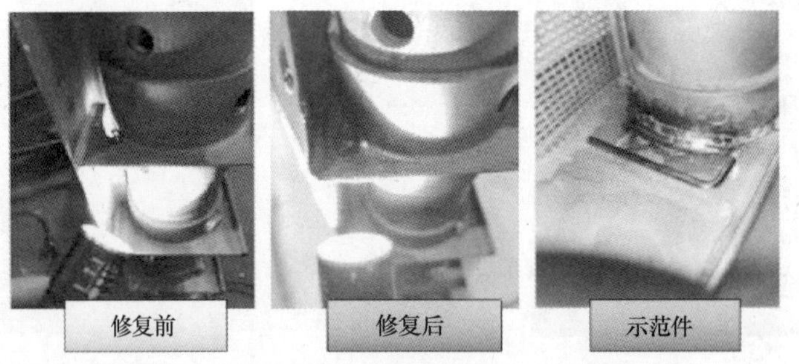

图3.19　航空某铝合金异性件的吊耳修复

航空飞行器上大量采用铝合金材料、钛合金材料来制造结构件，但航空用铝合金结构件在服役过程中容易产生疲劳裂纹、腐蚀缺陷甚至局部区域残缺等情况。钛合金构件除在工作状态下承受载荷之外，还会承受交变应力和热疲劳双重载荷，部分零件经常会产生不同程度的裂纹，严重影响了飞机和发动机的寿命，甚至危及飞行安全。发展激光增材修复技术，实现钛合金损坏零件高性能快速成形维修，对于提高战机备件维修水平、实现飞机延寿具有重要意义。

3. 核电用不锈钢结构材料表面硬化处理技术

传统手工非熔化极惰性气体保护电弧焊（Tungsten Inert Gas Welding，TIG 焊）存在制造核电堆内构件堆焊制造过程中及制造后的制件质量差（气孔、夹渣、裂纹）等问题，现阶段航电用的部分表面硬化技术及镀铬技术存在污染率高等问题，因此提出了基于增材制造技术（包含激光超高速熔覆、激光同步送粉熔覆、超音速热喷涂技术等）形成 304LN、304NG 等结构件表面高硬度硬化层制备方法。目前有公司已经掌握了 Co 基、Fe 基合金的激光熔覆 / 超高速熔覆工艺，重点掌握了核电用不锈钢表面激光熔覆工艺过程中异种材料界面稀释行为调控、大尺寸航电用复杂构件的低变形的增材工艺过程规划方法、建立航电用不锈钢表面熔覆硬化材料的系统考核及评价体系等。力学性能评价及表征应用如图 3.20 所示，凝固组织如图 3.21 所示，导向柱表面处理工艺试验如图 3.22 所示，堆内构件表面熔覆 Co 基合金如图 3.23 所示。

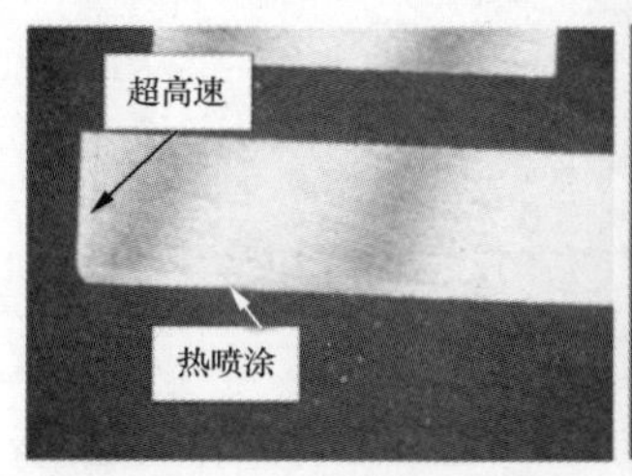

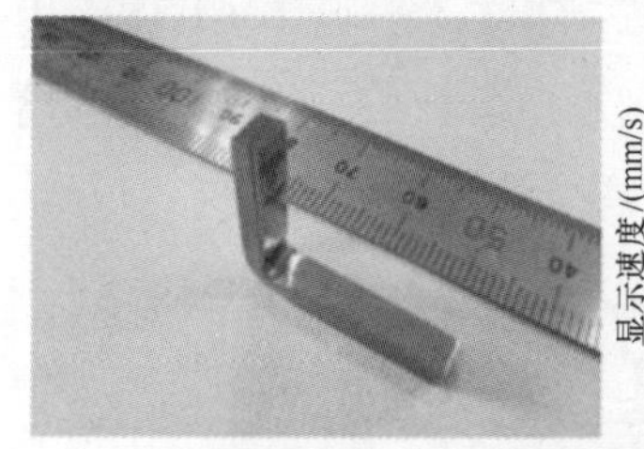

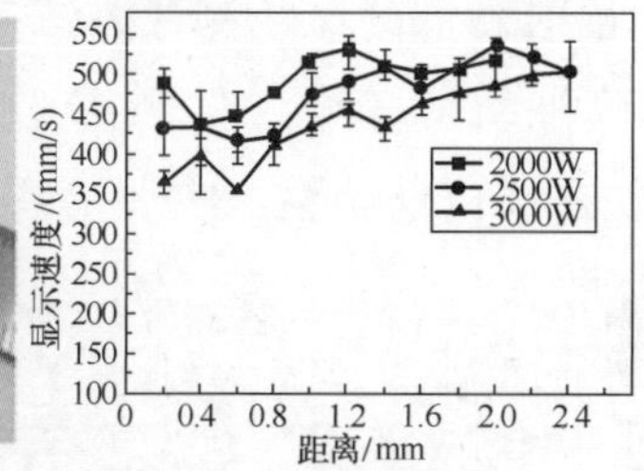

图3.20　力学性能评价及表征应用

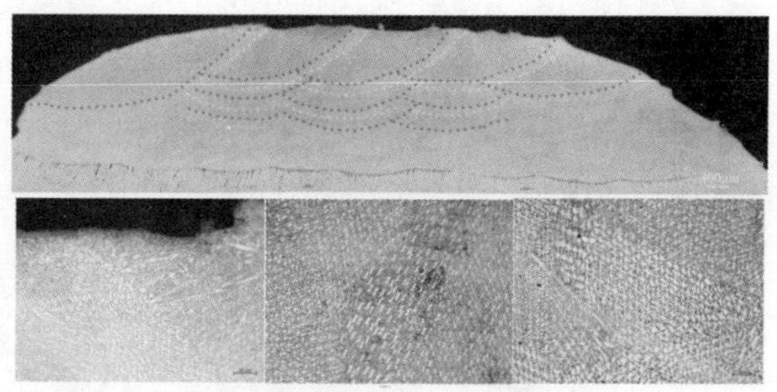

图3.21　凝固组织

图3.22　导向柱表面处理工艺试验

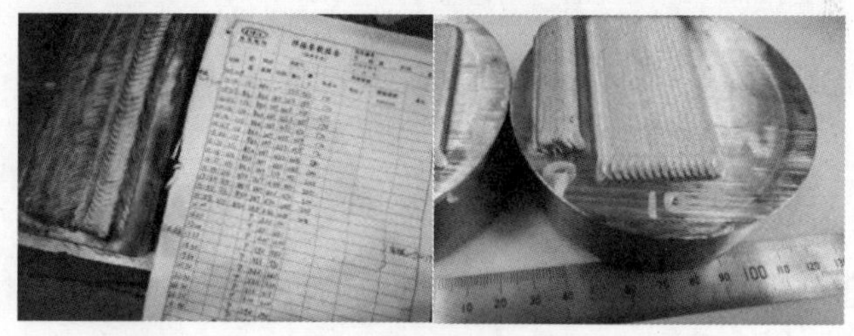

图3.23　堆内构件表面熔覆Co基合金

核能行业中核岛设备制造是一个重要领域，部分零部件结构复杂，研究核岛设备零部件增材制造技术及其性能评价方法对于提高核电机组制造水平具有重要意义。激光熔覆 / 超高速熔覆技术有望替代核电所利用的一些传统的构件表面硬化技术，例如，电镀、手工 TIG 堆焊等技术，此技术能带来亿元以上的核电市场。

4. 模拟仿真及复合制造工艺

在工艺研究及典型应用方面，基于对多种材料成形过程中温度场、应力场演化规律的数值模拟、凝固组织及力学性能分析，以及零件的后续铣削抛磨工艺等，不锈钢、高温合金、TC4、ZL104 等合金的同轴送粉增材工艺及再制造工艺得到开发，相关成果已经在航天一院、航天三院、黎明公司、中国科学院等企业中获得应用。在随形冷却流道三维空腔结构的传统工艺增材制造复合及后续的工艺研究基础上，面向超镜面模具的复合制造工艺也被提出。典型结构件如图 3.24 所示。

图3.24　典型结构件

在过程检测方面，国内还开展了金属粉末激光成形过程检测与控制研究。熔池温度和图像测量系统如图 3.25 所示，它实现了基于不同波长熔池红外辐射图像的比色测温方法；建立了一套单 CCD 应用线结构光测量熔覆层厚度系统，建立了激光熔覆高度神经网络预测模型；实现了基于 Kalman 滤波的熔覆宽度检测方法；结合模糊逻辑规则对 PID 参数实现在线自动调整，实现了系统智能控制。

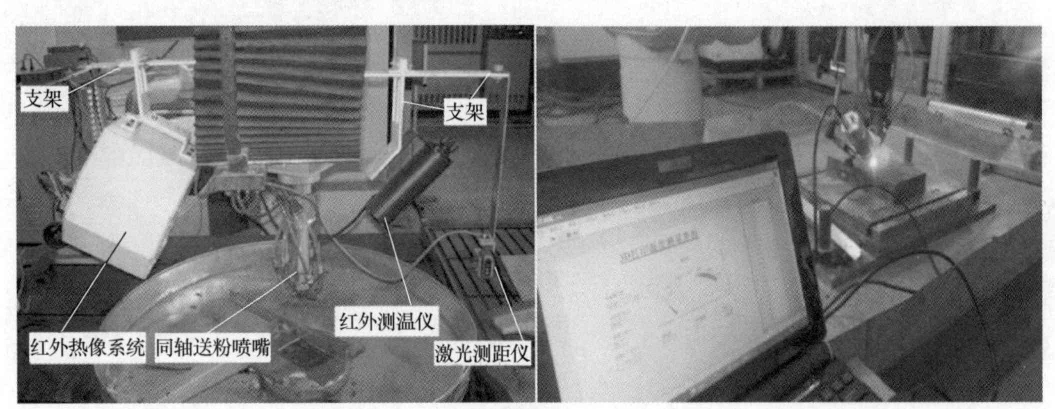

图3.25　熔池温度和图像测量系统

5. 连续纤维增强热塑性复合材料 3D 打印技术

连续纤维增强热塑性复合材料 3D 打印技术是一种创新型复合材料制造技术，将高性能复合材料引入 3D 打印技术中，实现复合材料低成本、一体化快速制造，解决传统复合材料制造技术面临的成本高、周期长、零件简单的缺点，能够促进复合材料的进一步发展与大规模应用，也能够促进 3D 打印塑料的工业化应用，目前已形成工业级的增材制造装备与材料体系，可以为航空航天、汽车交通等领域提供完整的解决方案。以此技术为原型，在国内成功实现了太空 3D 打印。

陕西恒通公司利用连续纤维增强热塑性复合材料 3D 打印工艺，实现了复合材料制备与复杂结构复合材料零件成形的一体化制造，与现有主要的复合材料制造技术，例如，热压罐成形技术、缠绕成形技术、自动铺放技术相比，连续纤维复合材料 3D 打印的主要优势在于成本低、周期短，能实现复杂结构件的快速制造，可以解决目前工业领域对于复合材料零件的需求呈现爆发式的增长，却因制造成本高限制复合材料大规模应用的问题。典型的桌面级连续纤维增强热塑性复合材料 3D 打印设备和工业级连续纤维增强热塑性复合材料 3D 打印设备分别如图 3.26 和图 3.27 所示，连续纤维增强热塑性复合材料 3D 打印构件如图 3.28 所示。

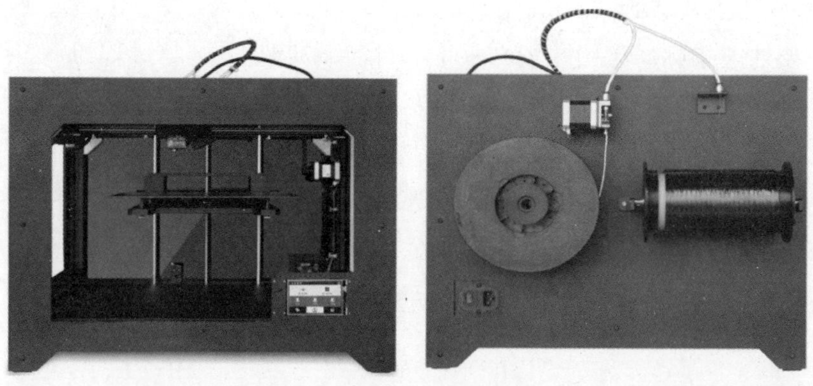

图3.26　典型的桌面级连续纤维增强热塑性复合材料3D打印设备

图3.27　工业级连续纤维增强热塑性复合材料3D打印设备

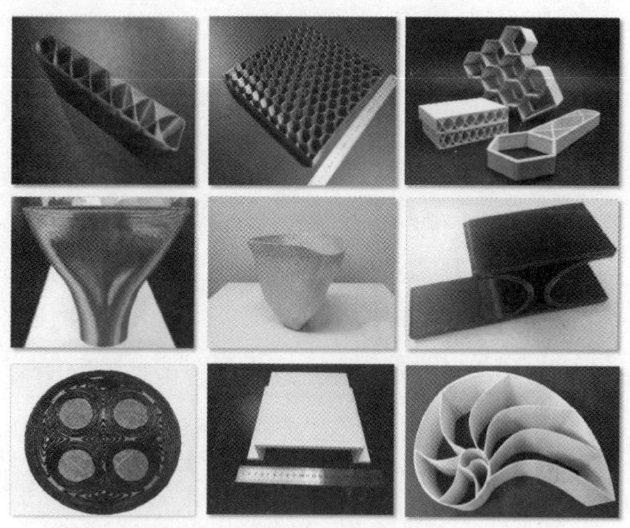

图3.28　连续纤维增强热塑性复合材料3D打印构件

6. 镁基合金选区激光熔化增材制造技术

河北省增材制造产业技术研究院针对传统镁基合金构件制造工艺复杂、周期长、成功率低的问题，以镁基合金的工业和医疗应用为背景，选择具有代表性的 Mg-Al 和 Mg-Zn 合金为研究对象，以镁基合金导弹结构件和填充物的高性能增材制造为研究目标，围绕困扰镁基合金选区激光熔融增材制造的烟尘问题，开展了球形镁基合金粉末三元材料配方及粒度分布技术研究、镁基合金选区激光熔融烧损机理研究、镁基合金选区激光熔融工艺优化技术研究和镁基合金选区激光熔化装备除尘机构创新设计，形成了以减少飞溅、降低烧损和实时除尘为核心的镁基合金选区激光熔融过程中的烟尘熔化抑制技术，实现了高性能镁基合金构件的增材制造；研究实现了多元融合的选区激光熔融烟尘抑制、选区激光熔融工艺参数与镁元素烧损规律之间的数学模型构建、镁基合金选区激光熔融装备实时除尘机构创新设计 3 项创新技术。

以某型军用构件的比例样件和多孔骨填充物作为应用验证，它们在力学性能、结构精度等方面均超过现有铸造零件要求：试件平均抗拉强度和延伸率可达317.6MPa和7.16%，分别超过同成分铸造镁基合金的38.09%和138.67%，平均致密度达到99.58%，经固熔处理后，延伸率可提升至13.19%，主要性能指标居于国际较高水平。目前，河北省增材制造产业技术研究院正在与唐山威豪镁粉有限公司、贵州航天风华精密设备有限公司及中国人民解放军总医院（301医院）开展应用合作，为提高我国镁基合金装备和医用植入物的制造工艺水平提供理论和技术上的支撑。镁基合金比例样件如图3.29所示。

图3.29　镁基合金比例样件

五、装备

1. 金属选取激光熔化装备

中国航天科工集团有限公司增材制造技术创新中心（以下简称“航天科工增材制造创新中心”）在增材制造装备研发方面，具备金属、非金属增材制造装备自主化研发制造能力，尤其是在金属增材制造装备研发方面，在光路系统设计、高精度运动控制、装备电气控制等方面实现了一系列技术突破，开发出ASA-120M、ASA-260M、ASA-262M、ASA-400M、ASA-500M、ASA-600M等多种型号激光选区熔化成形装备，可满足大、中、小尺度零件的研制需求。其中，工业级金属增材制造装备ASA-400M和ASA-262M性能参数及应用分别见表3.2和表3.3。

表3.2　工业级金属增材制造装备ASA-400M性能参数及应用

项目	参数或应用	
成形尺寸	420mm×420mm×420mm	
成形精度	±0.1mm	
技术特点	①双光束系统，高效率快速成形 ②开源参数调节，可实时修改在线建造参数 ③搭配在线监测系统，实施监控成形质量	
成形材料	高温合金、钛合金等材料	
应用领域	航空、航天、船舶、汽车等	

表3.3　工业级金属增材制造装备ASA-262M性能参数及应用

项目	参数或应用	
成形尺寸	250mm×250mm×360mm	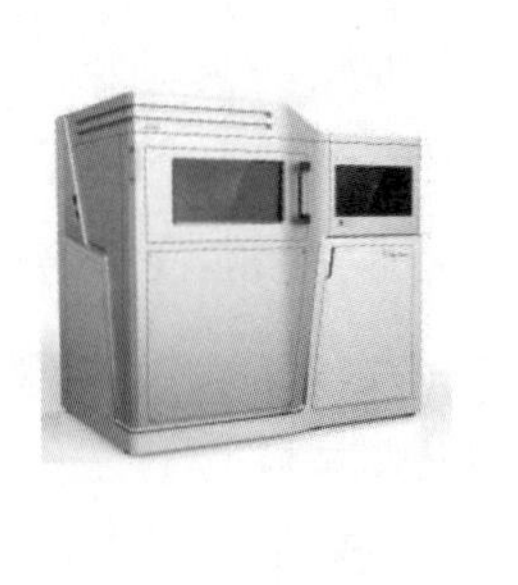
成形精度	±0.1mm	
技术特点	①智能供料系统，实现设备上送粉 ②粉末处理、循环、加粉等分系统集成，安全系数高	
成形材料	高温合金、钛合金、不锈钢、模具钢等材料	
应用领域	航空、航天、模具等	

航天科工增材制造创新中心掌握智能循环供料、可移动缸体、自动清粉等适用于智能产线的装备核心技术，致力于建设以激光选区熔化成形装备生产单元为核心的智能生产线，可为航空航天、船舶、核工业、汽车等领域提供增材制造智能工厂整体解决方案。

2. 碳纤维复合材料构件自动成型装备

复合材料具有高比强度、高比模量、结构功能一体化和设计制造一体化等优点，尤其是碳纤维增强复合材料的应用，可有效减轻飞机结构重量，提高飞机综合性能。随着材料技术和自动化制造技术的日趋成熟，复合材料在飞机上的应用范围越来越广，用量越来越大，以波音 787 和空客 A350 为代表的大型客机复合材料用量已经占到飞机结构重量的 50%，整个机身、机翼结构几乎全部采用了碳纤维复合材料，航空复合材料时代已经来临。

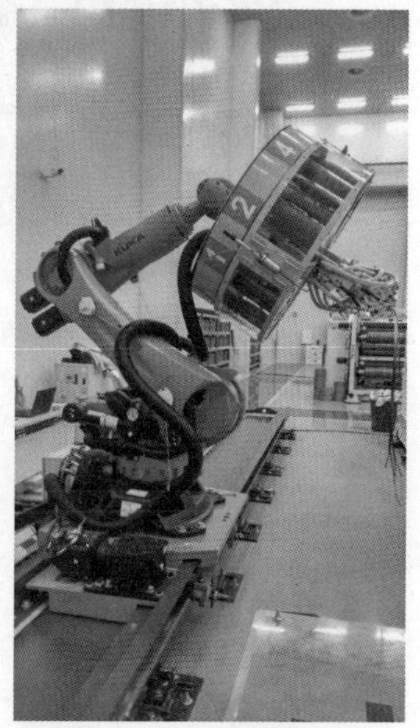

图3.30 典型机械手臂

早期复合材料采用人工铺设，劳动效率低、废品率高，生产速度受到限制，此后出现了复合材料自动铺带机，从而实现自动成形。它利用自动化系统替代人工来铺设复合材料，解决了飞机小曲率机翼、尾翼等翼面类结构的制造问题，将飞机的复合材料用量提升到结构重量的 25% 左右。不过复合材料自动铺带机最大的问题就是只能制造形状较为简单的部件，不能加工曲率较高的部件，这个缺点就限制了它在四代及五代战机上的运用。新型隐身战斗机大量采用曲面部件，而自动铺带机难以生产这种部件，在这种情况下，复合材料自动铺丝机出现了。

正是看到此类专用装备的重要性和战略意义，结合前期的技术储备，陕西渭南高新区技术团队与西安交通大学、中航复合材料有限公司等单位协同合作、集智攻关，共同开发、优化并应用了机器人式自动铺丝设备，该设备最大可铺放回转直径为 1.9m、长度为 5m 的回转体复合材料构件，能实现最多 8 束预浸丝束的高效铺叠，而且可以对铺放工艺参数进行精确控制。该设备实现了计算机控制铺放轨迹，对丝束单独控制和铺放，可以转弯铺设，并且铺放程序一旦固化，便可重复操作，保证了复合材料构件质量的可靠性和稳定性。典型的机械手臂如图 3.30 所示。

3. 最大激光扫描面积选区熔化成形设备

江苏永年激光成形技术有限公司研发了 YLM-1000 选区熔化成形设备（目前，全世界最大激光扫描面积），现已完成全部技术设计，并获得大量原创性国家专利保护。

目前，该公司已经完成一项非常困难的装配任务——高精度的重载活塞垂直驱动系统的机械部分。该系统的难度在于如何保证活塞杆驱动系统承载重载达 10 吨，每次垂直向下位移的距离为 20 ～ 80μm，精度为 5μm，重复 2 万次不得有积累误差。该系统精度是成形垂直精度的保证，国内大部分公司都不敢承担，最后该公司采用瑞士进口的高精度斜齿运动副，在没有称手的起吊设备的条件下，经过一次次失败、一次次群策群力，想尽办法解决了此问题。活塞精密驱动系统核心部件安装示例 1 和示例 2 如图 3.31 和图 3.32 所示。可以说，该公司在完成高精重载的传动系统方面技术精湛。

图3.31　活塞精密驱动系统核心部件安装示例1

图3.32　活塞精密驱动系统核心部件安装示例2

4. 砂型 3D 打印设备

铸造 3D 打印工艺技术替代了传统砂型铸造手工造型的生产方式。铸造 3D 打印“逐层叠加、增材制造”把铸造所用的砂型直接打印成形，传统铸造的模具制造、造型、制芯、合箱 4 个工序全部由 3D 打印一个工序代替。传统“翻砂”车间变为空调工厂，使铸件生产由复杂变简单，生产周期缩短 50%，尺寸误差从原来的 1mm 降到了 0.5mm，生产效率提高 3 ～ 5 倍，成品率提高 20% ～ 30%，颠覆传统砂型铸造生产方式，铸造实现“五无”，即无吊车、无模型、无重体力、无废砂及粉尘排放、无温差（空调）。砂型 3D 打印设备在铸造行业的产业化应用如图 3.33 所示，彻底改变了铸造的传统生产方式。

图3.33　砂型3D打印设备在铸造产业中的应用

3D 打印技术具备了助力铸造业转型升级的优势，其打印效率高的特点适用于工业领域的应用，更适用于实现产业化应用。全行业覆盖——基于 3D 打印快速制造解决方案如图 3.34 所示。

3D 打印技术的产业化应用给传统铸造业带来颠覆性的变革，铸件制造弃繁从简、提质增效，制造过程以人为本、绿色环保，为铸造行业的转型升级带来了示范作用。

（1）缩短铸造生产流程。铸件工艺可直接从三维图形数据制造出复杂的砂型，变革了传统使用模具、制型、造型、合箱的铸造方法，生产周期缩短 50%。

（2）提高铸件质量，提升生产效率。采用 3D 打印工艺生产的产品精度高，砂型快速一体成形，大幅缩短了产品的研发和生产周期。生产效率较传统铸造提高 3 ～ 5 倍，成品率提高 20% ～ 30%。

（3）设计灵活，节约成本，降低制造难度。3D 打印工艺具有灵活修改模型设计等优势，在产品设计方案调整、更新迭代及降低砂铁比方面效果突出，特别适用于内部结构复杂铸件的生产。

（4）以人为本，绿色铸造，智能铸造。大幅改善铸造现场环境，降低工人劳动强度；机器换人，人力成本大幅下降；典型智能制造，大幅提高铸造生产的智能化水平。

（5）铸造 3D 打印设备可与各类智能铸造装备柔性化组合，形成智能生产线。

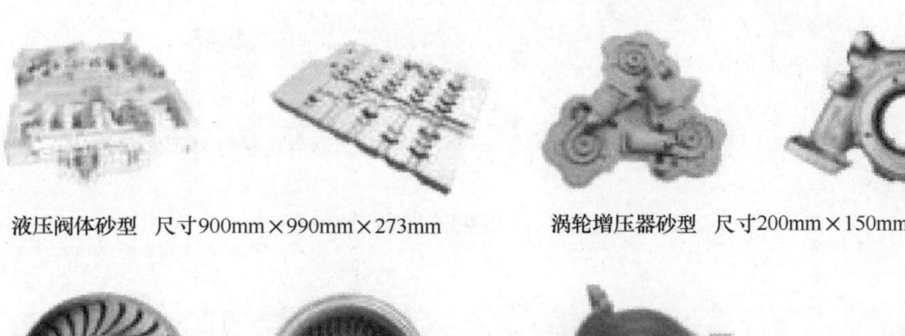

液压阀体砂型　尺寸900mm×990mm×273mm　　涡轮增压器砂型　尺寸200mm×150mm×100mm

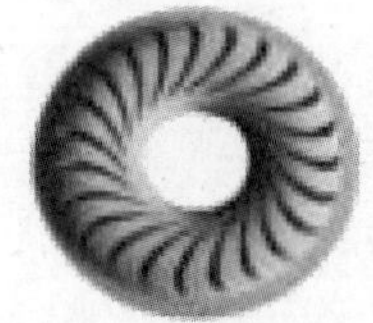
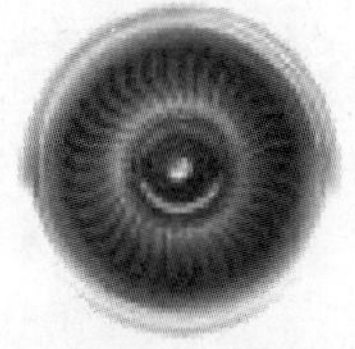

叶轮砂型　尺寸 ϕ390mm×60mm　　新能源汽车电机壳砂型　尺寸350mm×350mm×260mm

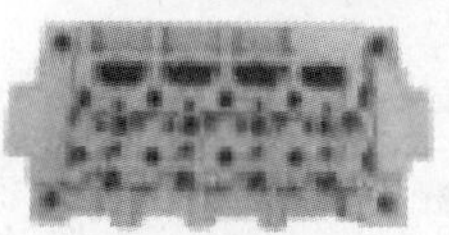
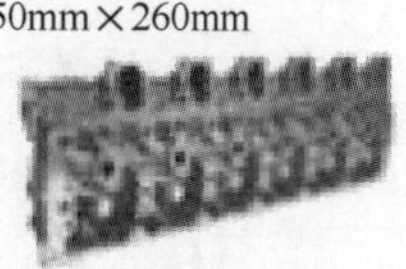
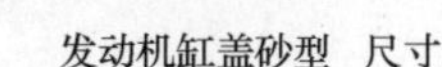

防爆电机壳　尺寸1217mm×1190mm×1920mm　　发动机缸盖砂型　尺寸531mm×228mm×110mm

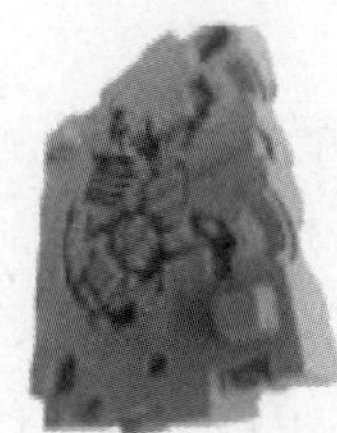

转轮体砂型　尺寸 ϕ1600mm×600mm　　发动机砂型　尺寸1910mm×675mm×710mm

原砂：硅砂&陶粒砂　　工序：铸造+加工　材料：黑色&有色　周期：7～25天

发气量：最低8mL/mg　　抗压强度：4～8MPa　　表面粗糙度：*Ra* 可达 12.5

图3.34　全行业覆盖——基于3D打印快速制造解决方案

5. 大尺寸增材制造设备

铂力特公司自主研发了国产大尺寸激光选区熔化增材制造 S600 设备，该设备采用 4 个激光器，最大成形尺寸可达 600mm×600mm×600mm，设备经过近 40000h 的产品打印实测、5 轮方案设计迭代、近 50 次细节修正，设备单次不停机运行时间超过 1200h。该设备已累计生产 20 台，交付各类高品质航空航天零件超 700 件，出品零件在“弹、箭、星、船、机”上广泛应用，服务国家多项重大工程，支持国家多项重点型号的建设。铂利特金属增材制造装备和成形试样分别如图 3.35 和图 3.36 所示。

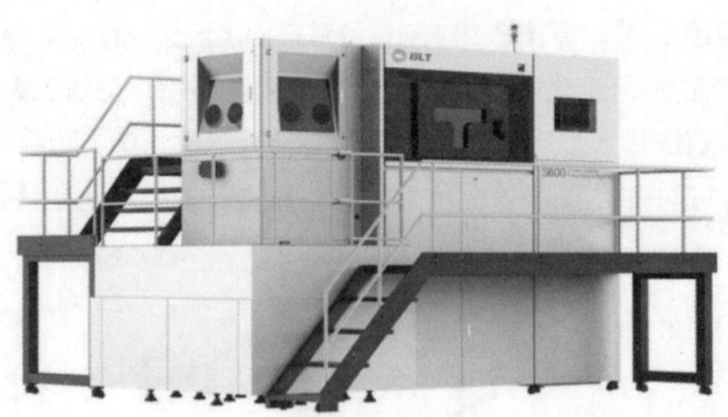

图3.35　铂利特金属增材制造装备

高混合金大叶环
ϕ577mm×80mm

镍基高温合金航空发动机机匣
ϕ576mm×200mm

铝合金内部结构组件支架
380mm×380mm×220mm

铝合金轮毂
ϕ485mm×210mm

铝合金肼瓶支架
481mm×325mm×123mm

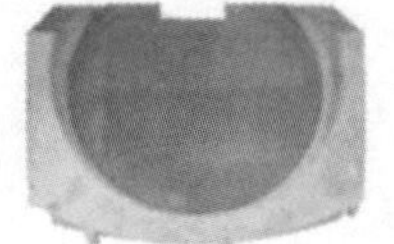

铝合金肼瓶支架
631mm×592mm×151mm

图3.36　成形试样

“千乘一号”整星结构采用面向增材制造的轻量化三维点阵结构设计方法进行设计，采用铂力特S600设备打印，通过铝合金增材制造技术一体化制备。整星结构示意如图3.37所示。

传统微小卫星整星结构重量占比为20%左右，整星频率一般为70Hz左右。“千乘一号”微小卫星的整星结构重量占比降低至15%以内，整星频率提高至110Hz，整星结构零部件数量缩减为5件，设计及制备周期缩短至1个月。整星结构尺寸超过500mm×500mm×500mm包络尺寸，也是目前最大的增材制造一体成形卫星结构。

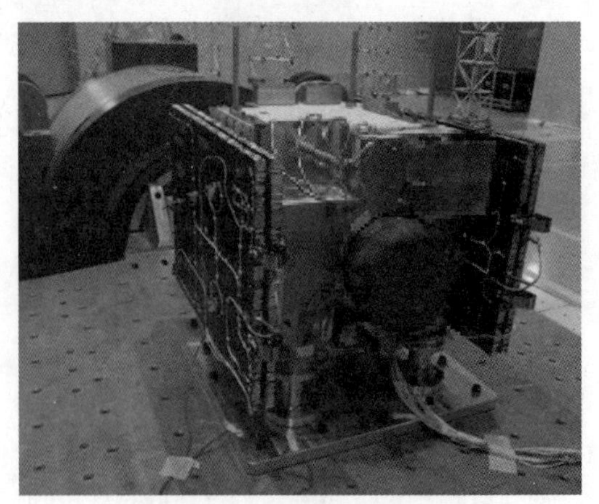

图3.37　整星结构示意

整星增材制造工作由铂力特公司完成，该卫星所有结构由铂力特四光束3D打印设备BLT-S600在一炉内完成打印制造。卫星零件最小特征仅为0.5mm。零件整体轮廓尺寸大，内部轻量化点阵胞元结构尺度小，整星超过100万个点阵特征，增材成形难度大，从稳定性、精度、周期等指标上对打印设备及工艺能力要求极高。

铂力特公司对其多光束拼接技术进行了长期应用验证，对多种、多批次材料在不同成形区域内进行金相、尺寸精度、力学性能等全方位对比验证，海量的测试数据表明，BLT-S600设备多光束搭接区域与非搭接区域产品质量及性能一致。多批次零件测试结果显示，所生产的零件精度、粗糙度、力学性能等均符合航空航天质量标准。其中，零件成形精度可控制在 0.2mm 以内，振镜拼接精度可控制在±0.05mm 以内，零件表面粗糙度最低可达到 *Ra*5（*Ra* 是表面粗糙度的表征，是轮廓算术平均偏差）。成品流程示意如图 3.38 所示。

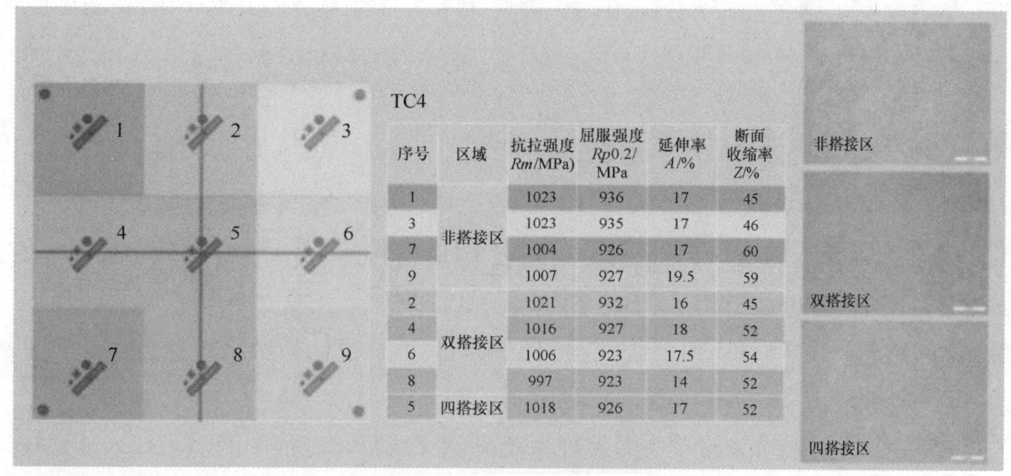

TC4

序号	区域	抗拉强度 *Rm*/MPa)	屈服强度 *Rp*0.2/ MPa	延伸率 *A*/%	断面收缩率 *Z*/%
1	非搭接区	1023	936	17	45
3		1023	935	17	46
7		1004	926	17	60
9		1007	927	19.5	59
2	双搭接区	1021	932	16	45
4		1016	927	18	52
6		1006	923	17.5	54
8		997	923	14	52
5	四搭接区	1018	926	17	52

图3.38 成品流程示意

稳定的流场设计是影响零件成形质量和设备稳定运行的关键要素之一，BLT-S600 设备成形舱采用防扬粉设计及防落粉不均设计，并经过多次模拟仿真后对吹风方案不断优化，最终获得理想的流场结构，不仅可以实现满幅面打印，还可以保证更高的产品质量和成形稳定性。打印过程如图 3.39 所示。

图3.39 打印过程

BLT-S600 设备采用多光束拼接技术，由 4 个 500W 光纤激光器协同打印，较单激光设备打印效率可提升 60% 以上。设备采用双向铺粉技术，消除单向铺粉的无效时间，有效提升零件打印效率。设备的 294 项工艺参数面向用户完全开放，可针对同一材料提供高效率、高表面质量及高力学性能等不同需求的打印策略，也可针对不同材料开发大层厚工艺参数，直接减少烧结和铺粉次数，在保证零件质量的前提下，提高打印效率，设备最高打印效率可达 $100cm^3/h$。

BLT-S600 设备搭载 BLT-MCS 系统，可实现打印过程工作预览、打印配置、多激光扫描排序、过程实时检测、日志记录、图像识别等功能，实时监控关键质量参数，满足航空航天产品可追溯性的要求，实现设备预测性维护。

设备标配刚性刮刀，能够“定住层厚”，确保成形过程中零件层厚一致，保证零件获得稳定良好的冶金质量，同时针对细小点阵胞元特征，设备配备柔性刮刀方案。设备标配自适应刮刀卡停修正功能，可实时监测刮刀扭矩并进行故障判断，避免零件刮裂 / 刮烂。设备自带自适应铺粉修正功能，保障铺粉质量，提高生产过程品质管控；同时设备自带的机器视觉技术还可在打印过程中识别孔隙缺陷、裂纹缺陷、吹风缺陷、打印缺陷等。

BLT-S600 设备采用整机防爆设计，考虑工作环境氧含量检测、激光漫反射防护、激光安全联锁、电器安全联锁、安全回路设置、安全逻辑互锁、人粉隔离等，最大限度保障人员安全与设备安全；设备标配 1500h 寿命反吹过滤器，用户可选配 10 年寿命永久过滤器，帮助用户消除滤芯更换带来的不稳定风险。

6. 高速柔性材料 3D 打印设备

聚焦体育用品、医疗康复器具、工装夹具等行业生产应用，INTAMSYS 公司发布新一代高速柔性材料 3D 打印设备——FLEX 510。设备采用特制高速柔性材料打印喷头，打印效率提升 5 倍以上；采用独有的智能喷头库技术（Smart eXtruder Bay System，SXBS^{TM}），支持在线切换喷头，最多可打印 4 种不同类型或颜色的材料。INTAMSYS 公司独有的技术创新将给设计师带来设计自由度和灵活性，让设计与制造无缝衔接，加速推动 3D 打印走向批量定制化制造。

独创的 SXBS^{TM} 多达 4 个喷头的喷头库管理系统可以实现打印过程中的喷头在线任意切换，可同时打印 4 种不同的 TPU 材料或者 4 种不同的颜色，在满足打印效率的同时呈现远超双喷头配置的效果。主动自动调平技术（Active Automatic Leveling，AAL^{TM}）让客户在调整平台参数上不需要花费过多时间，同时也保证了打印产品的品质和速度，降低了使用者的技术门槛，尤其适合工厂技术工人操作。

远铸智能公司研发的高速柔性材料挤出技术（High Speed Flexible Material Extrusion，HSFME^{TM}）解决了因柔性材料过于柔软引起的进给速度慢的行业难题，可使打印效率提升 5 倍以上。

7. 超大尺寸激光同轴送粉增材制造装备

中科煜宸自主研发的型号为 RC-LMD4000DL 的同轴送粉装备如图 3.40 所示，在装备构建上，该装备首次采用激光同步送粉增材制造双光束对称创新结构，有效提高了增材制造的成形效率，成形效率高达 700cm^3/h 以上，总输出激光功率高达 20kW。该设备已成形的零件包括机匣、叶盘、框梁、支架等。成形样件如图 3.41 所示，所服务的行业涵盖航空、航天、军工、工程机械等，同时支持国家多项重大项目及重点研发计划的实施。

图3.40 中科煜宸自主研发的型号为RC-LMD4000DL的同轴送粉装备

图3.41　成形样件

该设备在兼顾激光成形效率、成形尺寸、机床精度的前提下，基于拓扑优化理论、机床静态和动态分析理论，系统研究双光束对称结构形式，获得最高空间利用率、大尺寸、高精度的机械本体结构。针对大功率增材制造过程中的高污染、高反射光的工况环境，在光路系统中设置反射光闸隔断、多点温度监测及器件密封等技术保障措施，使装备具有大尺寸、高效率、高精度、高可靠性的特点，有效工作时间大于 360h。

动梁动柱式双龙门方案如图 3.42 所示。该设备创新性地采用模块化、可重构增材制造装备结构形式，将刚性舱体密封的高稳定性、高可靠性与柔性罩式密封的简易性、经济性、尺寸可扩展性有机结合，有效提升了箱体可制造工件的尺寸范围，最大成形尺寸高达 13.4m，在设计思想上，充分考虑了设备的成本、实用性以及可实现性。通过详细分析大型金属构件尺寸范围，确定刚性舱体的尺寸范围为 4m×3.5m×3m，覆盖 90% 以上的工件尺寸。同时，为实现长度为 13m 的大型结构件生产能力，中科煜宸提出柔性舱体技术，使舱体的成型尺寸范围大大提升。柔性工作舱方案如图 3.43 所示。

图3.42　动梁动柱式双龙门方案

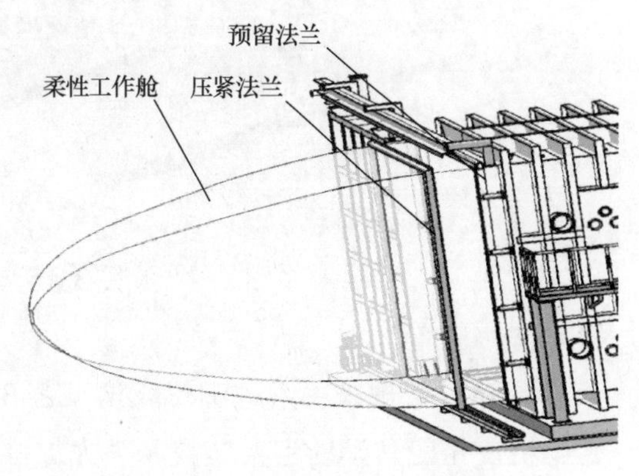

图3.43　柔性工作舱方案

中科煜宸开发了面向增材制造装备全系统、全信息的智能在线状态监测和故障自诊断软件——RC-Argus 软件，可实现实时状态监测、智能在线预警并为设备自保护提供数据支持，为产品的数字化、制造智能化和网络协同化提供基础。RC-Argus 软件运行界面如图 3.44 所示。

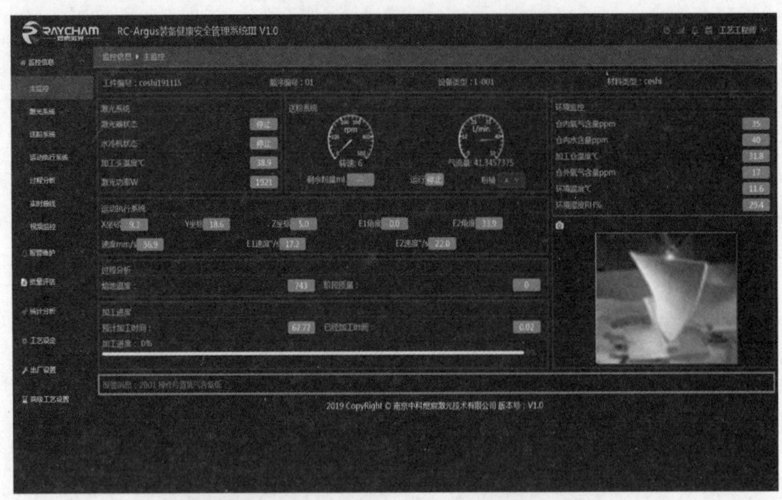

图3.44　RC-Argus软件运行界面

8. 超大尺度 3D 打印装备

上海市机械施工集团有限公司超大尺度 3D 打印装备基于龙门结构需要，为了保证较好的静态、动态刚度，保证设备变形在可控范围，设备自重较大，在动力设计时，采用大转矩、高功率伺服电机，并以串联变频伺服电机的方式结合齿轮齿条传动结构满足运动平台高刚度、高精度的需求。超大型 3D 打印装备如图 3.45 所示。

针对齿轮齿条传动结构中的机械误差齿隙的存在，此装备通过引入转速差速负反馈补偿计算以及位置误差偏置电流信号，保证了整套串联伺服电机控制系统在电流环、速度环、位置环形成控制系统的外部、中部、内部 3 环闭环，从而实现系统的消隙控制功能，有效保证了大空间运动定位精度。

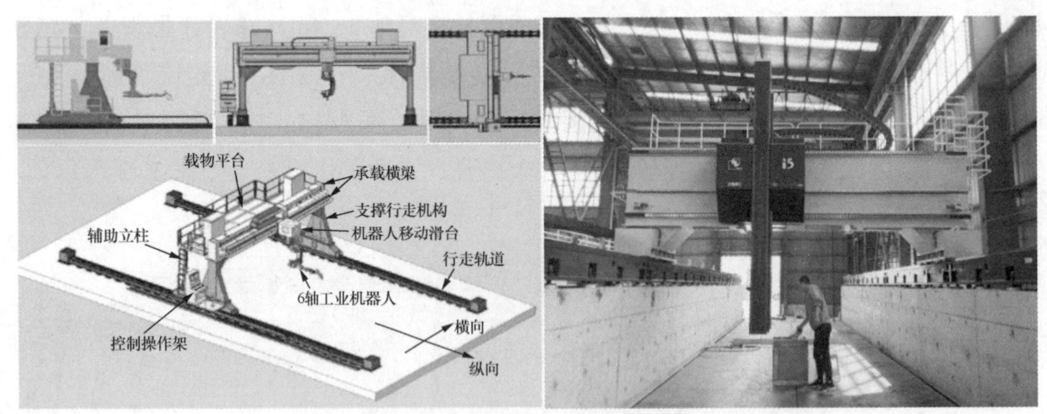

图3.45　超大型3D打印装备

（1）密实装置

该装备针对常规采用熔融沉积成型工艺 3D 打印的弱项 *Z* 方向问题（竖直方向粘合力差），通过采用一套电机皮带轮传动的密实装置，大大加强 3D 打印构件竖直方向层与层之间的粘合力，同时保证外观层纹美观、统一的效果。

（2）防流涎口模

该装备针对常规熔融沉积成形工艺的口模容易积料停机时溢出的薄弱项，通过改进口模内部机加工角度与添加特殊处理涂层，大大减少了口模处溢料的情形，为之后回抽工艺的实现提供了硬件基础。

（3）数控系统

该装备采用了德国进口BWO数控系统，通过接口配置将龙门式运动平台装置、高流量挤出3D打印头、自动供料系统及其他3D打印辅助设备集成，使其进入系统，真正实现一机多轴自由控制，实现了高精度、高速度、高质量的超大尺度3D打印装备的需求，并针对3D打印的特殊需求，后台编写C语言脚本程序，定制化开发了诸如多轴联动、温度PID动态显示、自动手动供料等功能。立式打印头如图3.46所示。

图3.46　立式打印头

（4）数控系统的二次开发

全自动高分子复合材料3D打印供料系统内含有空压机、干燥机、3个50kg储量烘料桶、线管阀门以及一整套PLC控制逻辑。

9. 超高转速桌面级等离子旋转电极雾化制粉装备

2019年，西安赛隆金属材料有限责任公司在成熟的SLPA-H型工业级制粉设备研制的基础上，推出了SLPA-D型桌面级等离子旋转电极雾化（Plasma Rotating Electrode Process，PREP）制粉设备。SLPA-D型桌面级PREP制粉设备如图3.47所示。

图3.47　SLPA-D型桌面级PREP制粉设备

通过创新高转速电极棒料旋转驱动和供电系统、长悬臂电极棒料柔性动平衡技术，将制粉设备工作转速由20000rad/min大幅度提升至50000rad/min，制备的TC4粉末的105μm细粉收率由30%提升至80%，成功突破了等离子旋转电极雾化制粉技术细粒径粉末占比低的技术难题，填补了市场空白，并成功获得了 CE 认证。

截至目前，国内 3 家单位已签订生产合同并通过安装验收，独立生产了钛合金 TC4、镍基合金 IN718 等粉末，用于 SLM 金属 3D 打印。此外，该装备设计紧凑，占地面积仅需 $12m^2$，简洁专业的操作界面让用户操作更为便捷，特别适合高校、科研机构等单位进行新材料体系粉末试制及小批量、多品种的高品质球形金属 / 合金粉末的开发与生产，生产的粉末可广泛用于激光 / 电子束铺粉、激光熔覆、粉末冶金以及表面喷涂等行业。

等离子旋转电极雾化（PREP）技术制备的金属粉末具有球形度好、卫星粉少、纯净度高、几乎无空心粉等优点，在高性能复杂金属构件的近净成形和涂层制备中具有广泛的应用。西安赛隆金属材料有限责任公司研发出大电流、长寿命转移弧型等离子发生器，该等离子发生器最高可用电流达到 4000A，是现有 PREP 等离子发生器的 2 倍，实现了难熔金属自耗电极大端面（直径为 50 ～ 75mm）快速熔化（熔化速度为 $270cm^3/min$）；发明了向高速旋转轴供电的液态金属电刷，解决了大电流条件下传统碳刷因热损伤导致无法连续生产的难题；采用等离子旋转电极雾化法制备出了钨、钼、钽、铌等球形金属粉末，粉末的间隙元素氧含量低于 0.01%，球化率均达到了 95% 以上，因球形率较高、粉末流动性能优异，各种粉末松装与振实密度值显著高于非球形的难熔金属粉末。球形难熔金属粉末外形如图 3.48 所示。

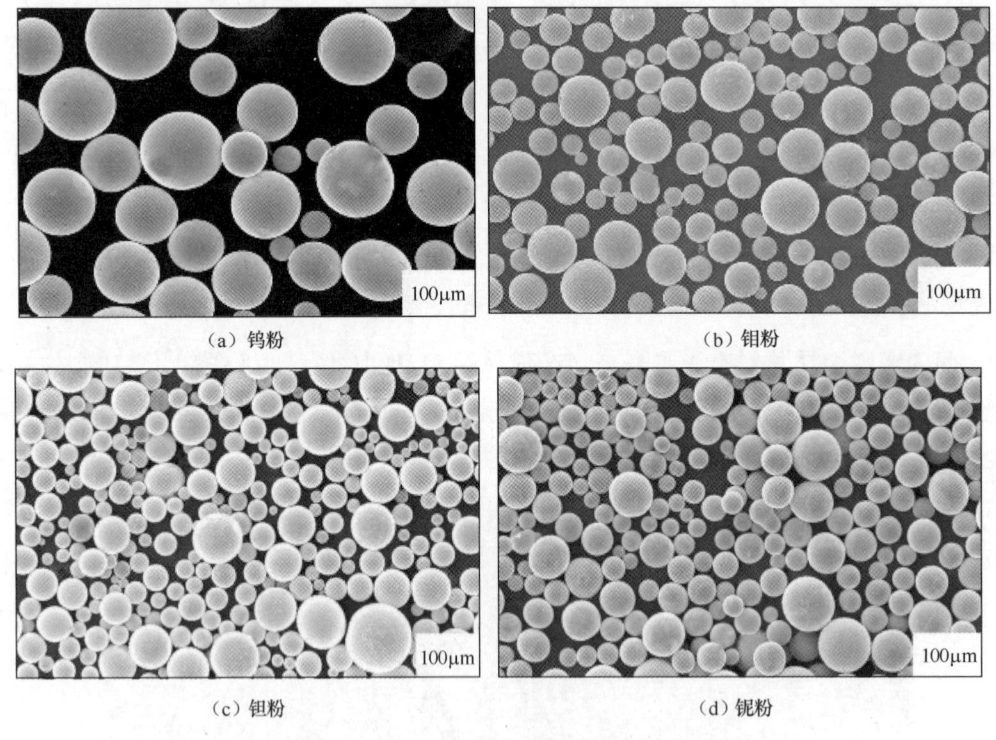

（a）钨粉　（b）钼粉

（c）钽粉　（d）铌粉

图 3.48　球形难熔金属粉末外形

10. 大型五轴增减材一体设备

上海酷鹰机器人科技有限公司自主研发的大型五轴增减材一体机（BGAM）是集成增材制造与减材加工为一体的工业级大型龙门打印机，具有双龙门结构，可以同时进行 3D 打印和五轴加工，适用于生产使用增强热塑性材料制造的大型至超大型零部件、模具、模型和工业工具等。

（1）“增材—减材”一体化

BGAM 具有双龙门结构，可在同一台设备进行 3D 打印和 CNC 五轴加工，它先通过增材制造打印出接近最终尺寸和轮廓的工件，然后进行铣削加工使工件达到最终尺寸，与传统成形方式相比，它去除的材料更少，加工速度更快，成本更低，材料使用效率更高，是真正实现“增材—减材”一体化的工业模具解决方案。

（2）高流量挤出 3D 打印头

BGAM 配备酷鹰机器人科技有限公司自主研发的专为粒料设计的具有革命性高流量挤出技术的 3D 打印头，拥有多项自主知识产权和专利技术，多段温控工艺确保复合材料加工效果更好，使之达到极高的熔体质量。另外，此 3D 打印头最高可以支持 400℃加工温度，支持多种纤维复合热塑性高分子材料；同时配有高频整形拍板，高达每秒数十次的拍打频率，使打印层间黏接更牢靠，拍板自冷却防黏技术，保证其成形效果。

（3）自动送料系统

BGAM 具有全自动化供料系统，配置大容量双干燥筒，自动烘干，不间断为 3D 打印头提供干燥粒料。单次配料容量为 200kg，可满足 7 ～ 24h 不间断打印需求，可随时根据实际打印需求规划单次供料体量。

（4）控制系统

BGAM 采用一体化控制系统，自主整合运动控制、3D 打印控制、五轴加工控制、打印环境控制和工艺监控等多种控制系统，并可基于 BWO CORE 自主开发的 3D 打印 App、五轴加工 App、工艺监控 App，根据客户应用场景定制工业 App。其执行端配备高性能伺服驱动和电机，确保最大的响应能力及稳定性。

六、工业云平台

1. 禅月 3D 打印云制造网

禅月 3D 打印分布式制造工业云平台（云制造网）是禅月工业智能科技（上海）有限公司（以下简称“禅月工业”）建设运营的增材制造（3D 打印）战略新兴行业的公共服务平台，基于信息物理系统（Cyber Physical Systems，CPS）架构，具备协同设计、分布式制造、工业级 3D 打印设备接入能力。平台开放连接数万个制造服务终端，通过云制造服务，为模具制造、汽车工业、航空航天、文化创意、创新教育、定制医疗、消费电子领域专业用户提供工业级 3D 打印“一站式”解决方案。云制造网是实现大规模小批量个性化定制的网络服务体系，是承载数字化制造公共资源的一项先进制造基础设施。

（1）项目建设背景

禅月工业从事 3D 打印垂直领域工业互联网平台建设，是工业互联网产业联盟、中国增材制造产业联盟等行业组织的成员单位，致力于通过搭建信息化、数字化、网络化、智能化的 3D 打印垂直领域服务型制造工业互联网平台，促进工业互联网与 3D 打印先进制造技术深度融合，服务于中国制造业的创新改革。

3D 打印贯穿国家制造业创新能力提升、信息化与工业化深度融合、重点领域突破发展进程，融入智能制造发展的主线。3D 打印数字化文件的共享和交易，允许其在靠近消费区域的地点进行生产，这将改良传统的供应链，实现产品“分布式制造”。3D 打印全数字化制造属性、3D 打印机高度智能化特征、3D 打印天然具有的柔性制造及个性化生产特征决定了它是工业互联网的一个典型应用领域。但是

3D 打印受到产业链分离、打印材料不成熟、技术标准不统一、专业化应用深度不足等因素的限制，仍处于产业初级发展阶段。

禅月工业基于在增材制造领域的软件技术、工控技术、智能化技术优势和充分的产业资源，通过云制造网的运营，推进 3D 打印标准体系建设，加快 3D 打印数字化进程，深化行业应用，促进 3D 打印与传统制造系统深入融合，构建完善的增材制造产业生态体系。云制造网的实施宗旨是以分布式云制造为核心的新技术，以个性化定制、服务型制造为核心的工业互联网应用新模式、新业态，带动工业生产组织和制造模式的变革。工业 4.0 背景下的 3D 打印如图 3.49 所示。

图3.49 工业4.0背景下的3D打印

（2）项目建设方案

禅月 3D 打印云智造平台工业互联网总体架构体系是面向 3D 打印数字化、网络化、智能化需求，构建的基于海量数据采集、汇聚、分析的服务体系，是支撑 3D 打印制造资源泛在连接、弹性供给、高效配置的工业云平台。禅月 3D 打印云智造平台总体框架结构如图 3.50 所示。该系统架构自下而上分为 4 个核心层级。

① 边缘层：实现 3D 打印机接入、工业协议解析、3D 打印生产环节数据的采集、交换和边缘数据处理。

② 基础网络层：即“工业基础设施即服务（Infrastructure as a Service，IaaS）层”，云平台的网络基础设施，提供云服务器、云存储、网络传输、3D 打印机虚拟化封装功能。

③ 平台层：即“平台即服务（Platform as a Service，PaaS）层”，包括通信层和数据层。通信层主要实现打印权限审核、打印任务分发、打印列队管理、打印机云端集中调度、打印过程监控。数据层构建用户、产品、生产线的数据化模型，通过数据分析提供工业大数据可视化服务，为需求匹配、协同生产提供支持，将 3D 打印在装备、汽车、模具、原型等典型应用行业的工业知识和经验模块固化成行业机理模型。

④ 应用层：即“工业软件即服务（Software as a Service，SaaS）层”由面向 3D 数据模型云解析、3D 打印工艺匹配与报价、云端建模智能工具等应用场景的工业 App 组成。

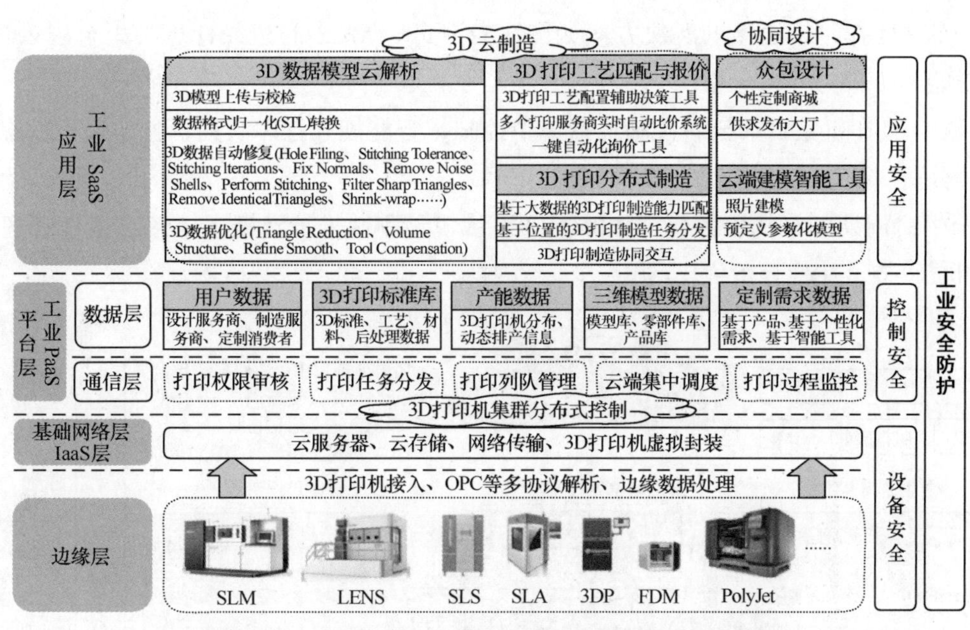

图3.50 禅月3D打印云智造平台总体框架结构

云平台下连底层设备的现场数据，上接面对用户的工业服务，基于服务型制造网络生态体系，构建了覆盖增材制造全生命周期的分布式制造应用。业务视图框架如图 3.51 所示，云平台的工业互联网业务围绕智能化生产、网络化协同、个性化定制、服务化延伸四大应用模式建立。

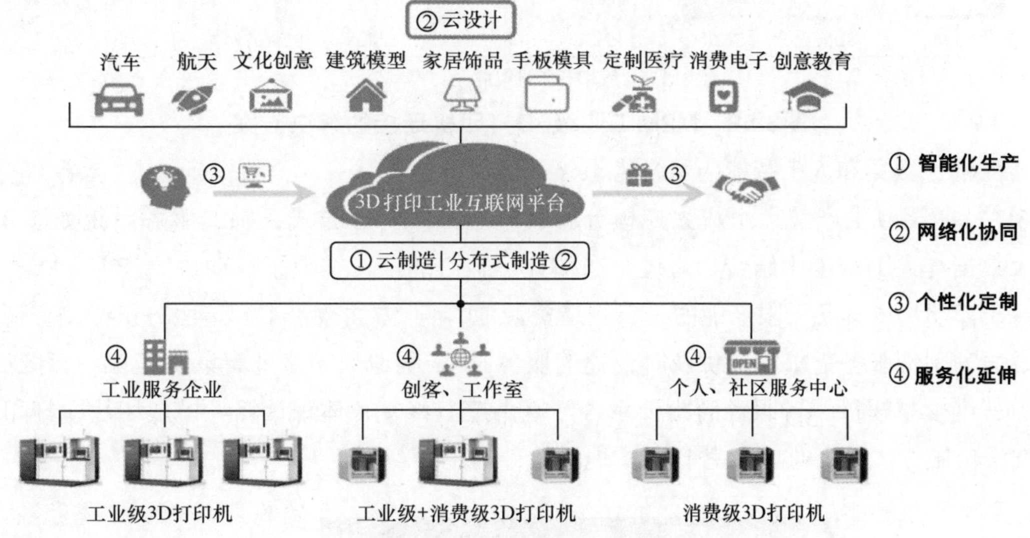

图3.51 业务视图框架

① 基于物联网的工业级 3D 打印机集群集中控制系统

3D 打印天然具备软件定义、数据驱动的全数字化智能制造特征。禅月工业结合 eLTE-IoT 工业网关与 3D 打印构建处理器（Build Processor）形成的边缘智能网关是具有传感器、数据采集、跨机型跨协议通信、打印过程管控能力的 3D 打印智能制造终端（Machine Control System，MCS）。该终端将不同类型的设备通过统一接口泛在连接、集中控制，实现本地实时预分析。MCS 将机器学习与物理建模相结合，将制造数据信息流反馈给数字孪生（Digital Twin，DT）模型，与云平台已有的生产标准对比，发现加工偏差，持续改进制造工艺。

3D 打印机通过自我监测实现自动化的自我纠正或补偿，从而提高质量控制水平，M2M（机器终端到终端）工业级 3D 打印机连接的解决方案如图 3.52 所示。MCS 的边缘计算与平台层云计算相结合，实现了以下功能。

a. 工业级 3D 打印机集群的云端控制包括集中控制、智能规划打印队列、打印过程追踪、生产数据采集与可视化分析。

b. 设备全生命周期的维护服务包括故障预警提示、预测性维护及派工、备品备件管理、远程诊断调试、融资租赁管控、能耗分析优化。

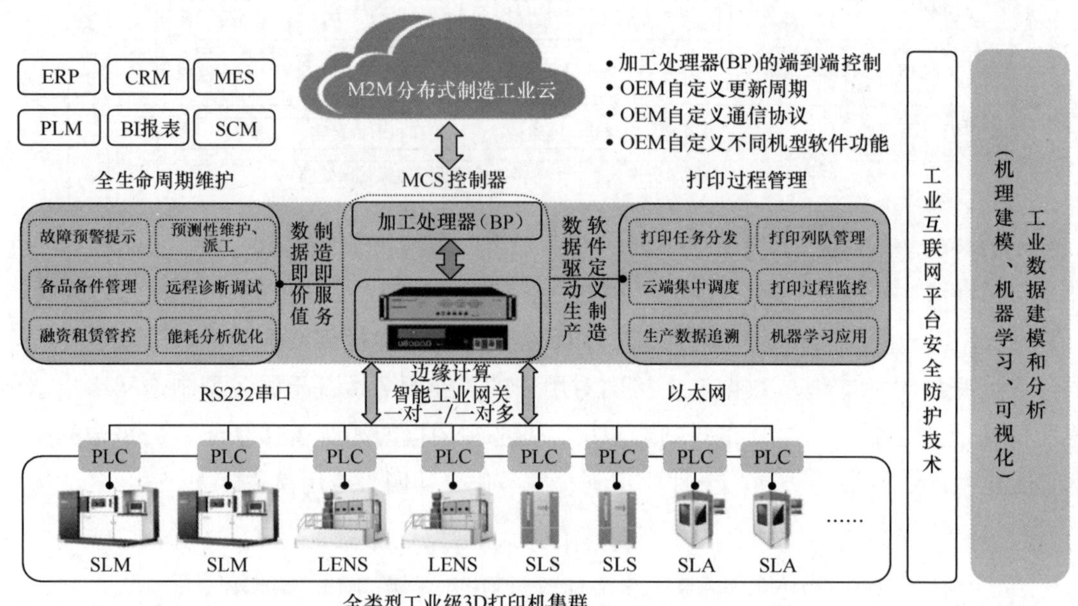

图3.52　M2M工业级3D打印机连接的解决方案

② 基于工业大数据和人工智能的网络化、分布式制造

众多 3D 打印离散生产节点组成大规模分布式制造系统。分布式云制造服务系统如图 3.53 所示。云端工业大数据与人工智能相结合，通过分布估计等核心算法，实现了自动协调产能分布、智能构建生产集合，在云端形成具备无限产能的“云制造资源池”，一方面改善了制造服务供给侧资源闲置的现状，另一方面为制造服务需求侧提供及时便捷的服务。“云制造”功能页面集成了 3D 打印工艺知识微服务模块、三维模型解析、多服务商比价系统，提供模型修复、体积计算、模型切片、打印规划和自动实时精准报价服务，以工业 App 替代了本地端软件的主要功能。

图3.53　分布式云制造服务系统

③ C2B/C2M 模式的小批量、个性化、精细化按需定制

该云平台汇集设计及制造服务商，通过需求驱动生产、制造连接设计，为服务商提供了大规模、小批量的制造需求，为终端用户提供了精细化、个性化的定制服务。云平台集成部署建模、设计、仿真、管理等各类工业云服务能力和资源，基于云平台的设计众包、协同制造，实现设计和制造资源在同一个项目管理中心的整合。云端个性化定制数据与人工智能相结合，通过聚类分析、推荐算法，实现智能需求挖掘、智能需求匹配、精准营销服务。

（3）项目建设成效

① 经济效益

云制造网具有 SLM（选区激光熔化）、LENS（激光融覆成形）、SLA（光固化成形）、DLP（数字光处理成形）、SLS（选择激光烧结）、FDM（熔融堆积成型）等主要 3D 打印技术领域的原始设备制造商（Original Equipment Manufacturer，OEM）和制造服务商合作伙伴。

云制造网对产业链关键环节的生产服务起到了提质增效作用。面向装备制造商，设备上云可以提高设备性能，实现服务型运维增值，设备生产率提升 30%，使用寿命延长 20%，出货量提升 30% 以上。面向制造企业，SaaS 服务优化了作业流程，订单量增加 30%，人力需求降低 10%，产品合格率提高 5% 以上，运营成本降低 20%。面向行业用户，及时便捷的设计制造协同服务使产品价格下降 10% 以上，研发周期缩短 30%。

② 社会效益

平台通过对软件商、材料商、3D 打印设备制造商、设备代理商、打印服务商和终端用户的产业结构整合，构建了覆盖产业链全流程的生态体系，推进了 3D 打印“政产学研用”的深度融合，促进了行业科技成果转化、三维数字版权交易、装备制造技术转让等关键领域的产业链协同发展。

禅月工业是国际标准组织 ASTM F42（增材制造技术）技术委员会成员，深入参与增材制造领域的国际、国家标准制定，云制造网作为标准推广应用的载体，开展了数据格式、接口、通信协议、虚拟封装等技术标准的研制，促进了工业互联网平台标准体系与垂直行业两化融合标准体系间的协同建设。

（4）项目特征总结

① 技术的创新性和先进性

禅月工业具备行业优质的 3D 打印软硬件系统。三维数据云端解析系统可以实现与国际通用 3D 打印软件等同的功能效果，达到国际先进水平。工业级 3D 打印机专用智能网关创造性地将工业物联网技术应用于 3D 打印装备，实现了打印过程优化和 3D 打印机全生命周期维护。

云制造网通过人工智能、工业物联网、工业大数据技术与增材制造的深度融合，实现了智能装备、边缘智能、云端智能 3 类人工智能应用场景，通过工业大数据的挖掘分析，提升平台服务商的研发效率、生产效益和精准营销效果。

② 新产业、新模式、新业态

云制造网以智能制造核心产业 3D 打印为切入点，以需求驱动生产、制造连接设计为核心，以服务应用为导向，连接行业用户、设计师、打印服务商、装备制造商，以服务型制造实现用户的个性化定制，突破了传统大规模、流水线工业制造的局限，满足了用户的个性化、精细化需求。

该云平台实现了个性定制、众包众创、协同设计、协同制造、柔性制造、供应链协同、供应链金融、智能服务、精准营销等工业互联网应用新模式、新业态，进而带动制造业生产组织和制造模式的智能

化变革。

③ 可复制和可推广性

云制造网提供多租户管理类组件、统一认证管理、计费和订单管理等通用类业务功能组件；提供建模、仿真分析、可视化展示、知识管理等多个工具类业务功能组件；提供设计、管理、生产、服务等面向工业场景类业务功能组件，并完成了核心组件的微服务化。

云制造网在装备、汽车、模具、原型等工业级服务应用的重点行业领域，将设计服务和制造知识融合工业经验固化形成行业机理模型，供扩展复用，为行业企业提供“一站式”增材制造解决方案的同时，实现了 3D 打印与传统制造系统的深化融合。

2. 优联云平台

3D 打印行业的生产特性决定了生产过程对生产人员的依赖性，每个生产人员的工作分配准确地满足企业的实际生产需要比较困难，这就导致大量富余的劳动力。尤其在新冠肺炎疫情的情况下，人员扎堆的生产运营模式给企业带来了更大的风险。如何提高生产运营效率、合理化管理、精准预测人员需求，在降低成本的同时降低生产人员交叉感染的风险，需要有一套稳定可用的远程生产方案及标准化的作业流程。传统企业的生产管理方式较为粗放、人工干预过程较多、经验化生产环节多，企业较难沉淀有效的生产经营数据，生产经营状况分析缺乏，长期化运营效果难以保证。随着 5G 时代的到来，网络提速和智能终端不断发展，现在移动办公的情况越来越多，多终端的信息同步和消息的实时处理显得更加重要。配合整体企业数字化进程的加速，平台本身是否能符合企业各阶段的发展需求也是一个重要考验。

3D 打印行业具有天然的生产数字化基础，3D 打印企业需要一个统一的、面向多终端、多业务应用的生产运营管理平台。与传统生产模式不同，优联云平台包括诸多高效生产模式。首先，用户可以方便地使用平台完成绝大部分生产、管理动作；其次，标准化业务、生产流程可以实质降低企业运营成本；最后，数据的挖掘、积累和应用也会为企业生产、经营提供充足的数据支撑。网络分布示意如图 3.54 所示。

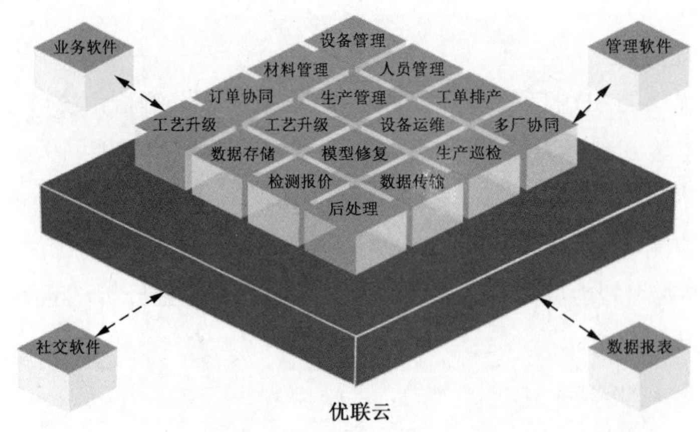

图3.54　网络分布示意

（1）价值体现

围绕 3D 打印企业在生产资源利用率、人员需求、成本控制、流程标准化管理、远程生产等方面的各种需求，优联云平台为 3D 打印行业用户量身打造了工业互联网平台，并提供了与 3D 打印应用高度融合的生产管理生态软件体系。生产管理生态软件体系如图 3.55 所示。

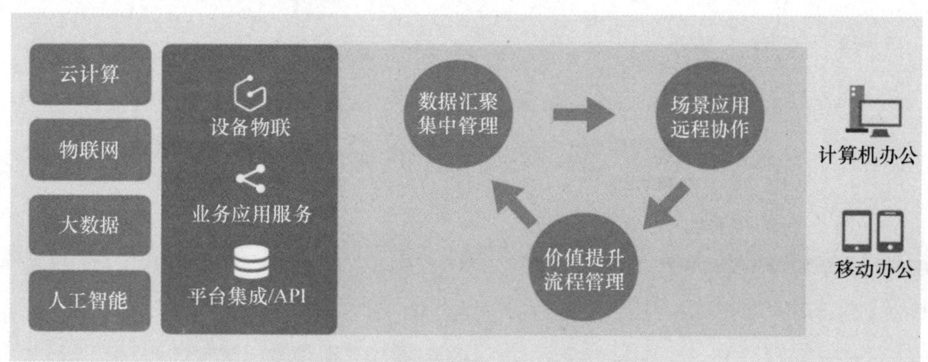

图3.55 生产管理生态软件体系

（2）核心功能

优联云平台包括云端打印智能排产、设备物联远程监控、移动操机管理线上生产快速实现三大核心功能。

① 云端打印智能排产

优联云平台可实现不限地域、不限时间，远程排单生产，具有灵活、高效的特点，可远程上传生产数据、快速排产上机，实时查询工单生产进度。进度查询如图 3.56 所示。

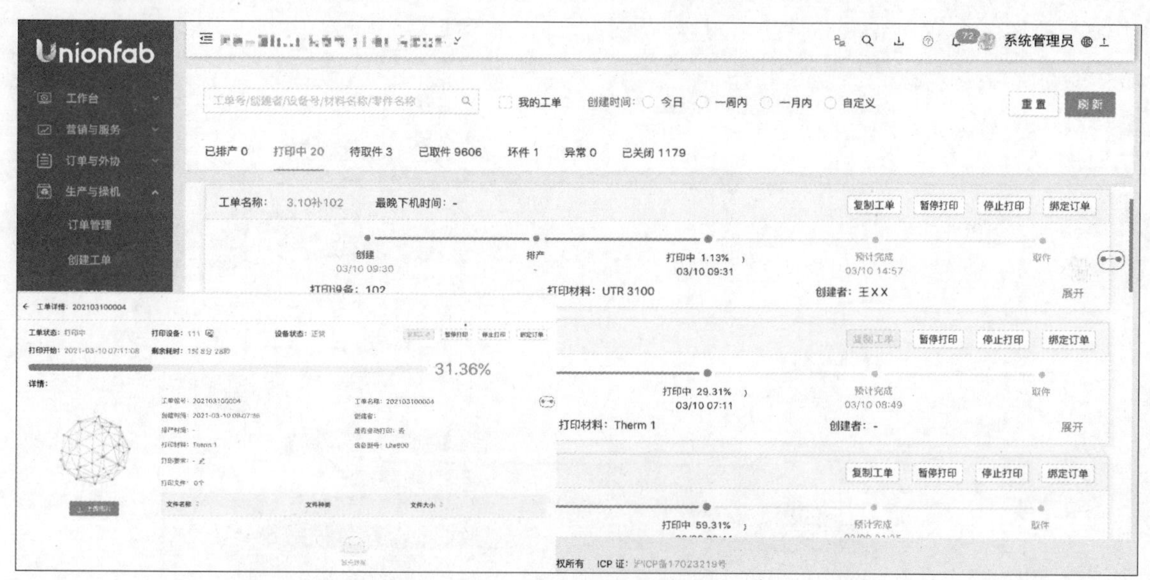

图3.56 进度查询

② 设备物联远程监控

实时设备监控状况如图 3.57 所示。该平台可帮助生产人员、管理人员了解车间生产信息。

③ 移动操机管理线上生产快速实现

该平台具备移动端管理工厂和完备的租户管理系统。

移动端管理工厂可实现生产完成、设备异常等消息多平台（短信、App、微信等）通知，用户能实时知晓生产进度，迅速调整生产任务。多平台管理操作系统界面如图 3.58 所示。

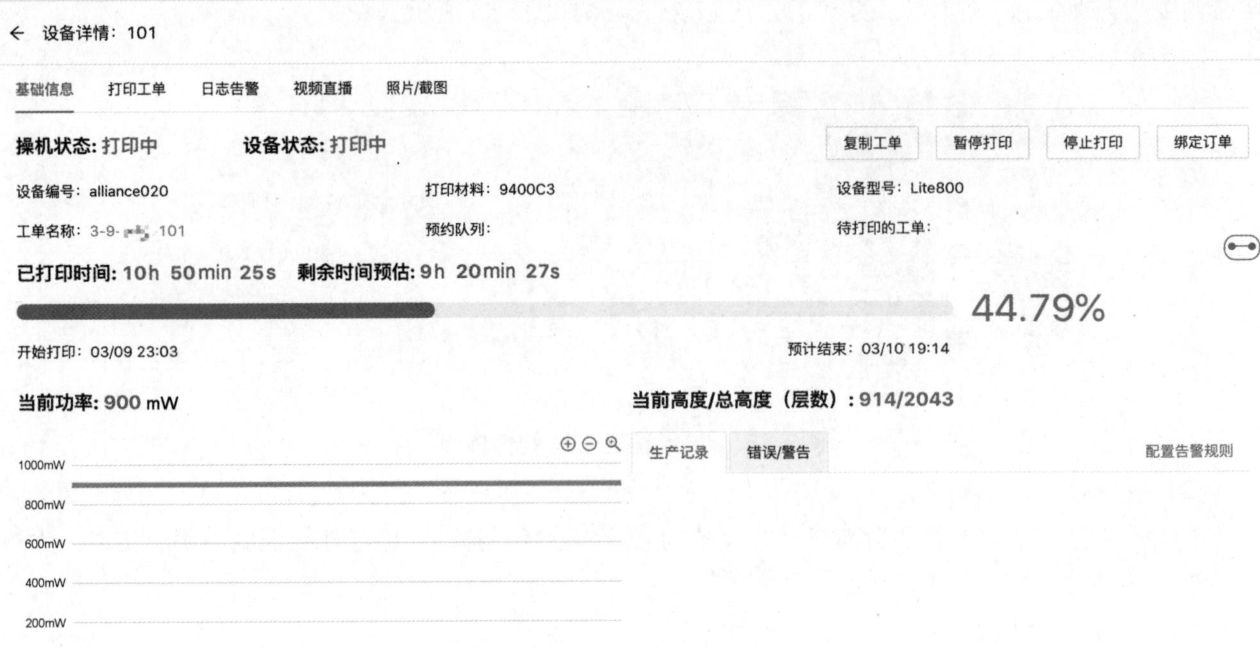

图3.57　实时设备监控状况

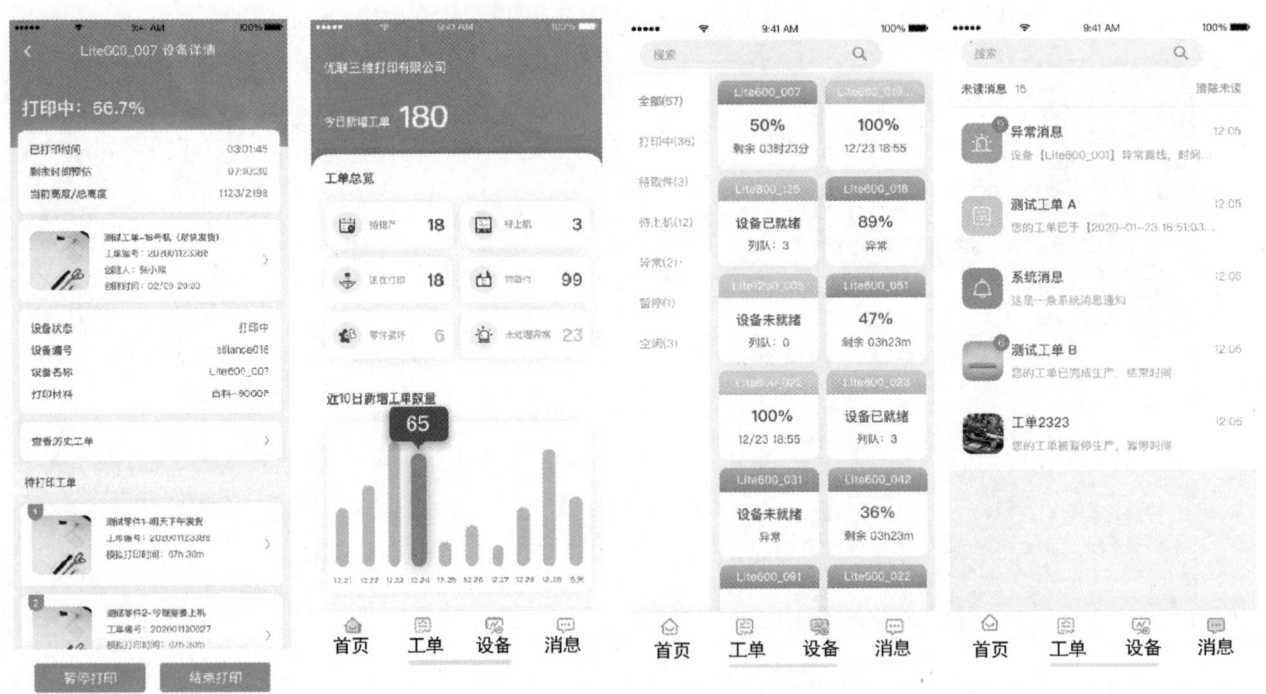

图3.58　多平台管理操作系统界面

完备的租户管理系统与现有组织架构结合，实现企业级生产体系管理；可配置每个用户的角色，其使用权限随角色变化而随时变化；可配置角色权限，方便企业进行多层级管理；访问权限包括用户操作面板、消息通知类型、用户管理等。阶段性数据报表导出界面如图 3.59 所示。

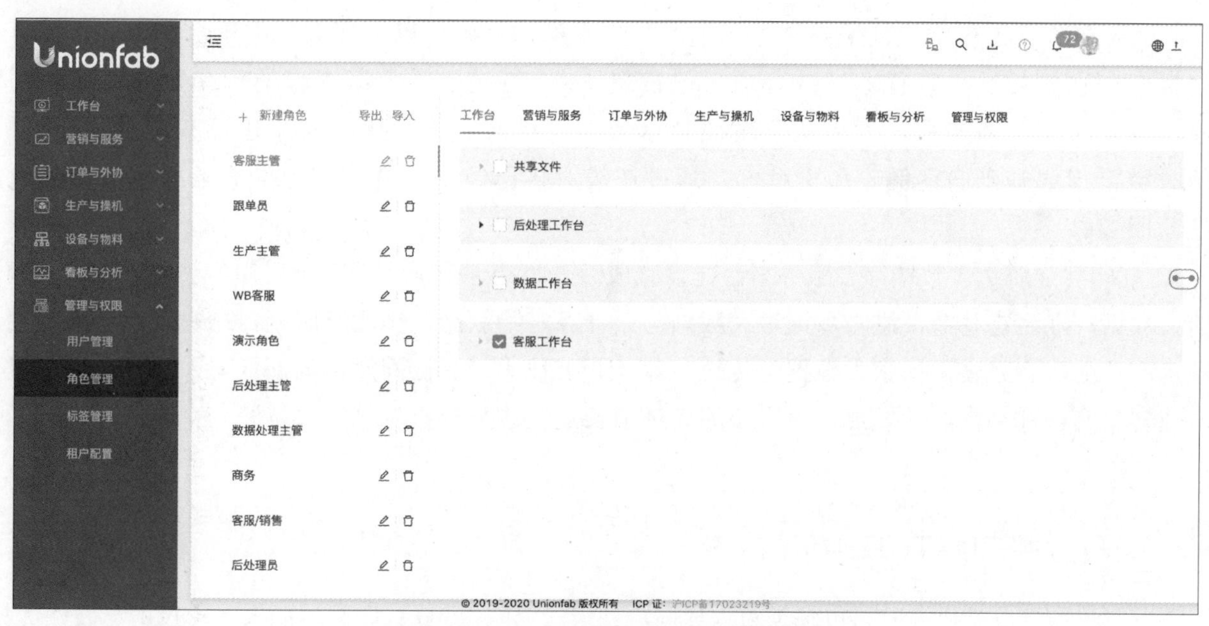

图3.59　阶段性数据报表导出界面

3. Raise3D Cloud 企业级云平台

（1）简介

Raise3D Cloud 企业级云平台是上海复志信息技术有限公司自主研发的全球首个企业级云平台。该平台是实现 3D 打印分布式规模化打印的多设备远程平台，帮助用户通过团队协作完成打印任务，支持用户在各个不同的计算机上查看打印进度，从而实现打印机的任务编排。该平台于 2018 年 12 月开发完成，2019 年 1 月首先在美国、欧洲上线；2020 年 1 月正式在中国上线，免费供用户使用。

（2）创新点

① 是专业针对研发与个性化生产的企业级打印机云平台。

② 互联所有 Raise3D 设备，实现高度自动化的打印作业。

③ 关注业务流与管理逻辑，以用户为核心导向，为每个用户量身定做。

④ 结合大数据与智能化算法，降低用户打印所需的成本，最终实现无缝打印。

⑤ 私有云、公有云并存，个人用户、企业用户并存。

4. 三迪时空大数据综合服务平台

三迪时空 3D 打印智能制造大数据综合服务平台立足于开展技术成果转化交易、研发设计、创新创意设计、订单汇总派发、检测与数据获取、软件及数据处理等信息数据网络服务，逐步建设 3D 打印物联互通大数据集成服务平台，并积极参与增材制造行业及国家相关标准制定、装备与产品的检测与认证等第三方生产性服务，最终实现 3D 打印行业整体服务资源的有效整合调控。从基础的材料生产定量到设备加工服务的监控、订单的分配、加工服务的标准质量监控等都可以从三迪时空 3D 打印智能制造大数据综合服务平台中得到有效反馈。

该平台在建设过程中主要采用整体规划、分步实施的原则，以实现大数据平台完善、数据可视化、智能制造管控、主导行业标准。项目已投资 1500 万元用于数据仓库架构和数据可视化功能搭建，以及关键设备投入，并完成了主要技术攻关。目前，通过持续人才建设和现有数据分析，三迪时空已形成基础的案例库和模型库，通过在线对接已经为 100 家以上的企业提供了产品设计和打印服务。

3D 打印智能制造大数据综合服务平台建设完成后，将构建形成“政产学研用”多方联动、协调发展的大数据产业生态体系，进一步促进大数据与云计算、物联网、移动互联网、增材制造等战略性新兴技术产业的融合发展，探索大数据与传统产业、新兴技术产业协同发展的新业态、新模式，促进传统产业转型升级和新兴产业发展，培育新的经济增长点。该平台首先将能够持续为个人用户和行业企业提供数据服务。

5. 齿科金属 3D 打印云中心

江苏三维智能制造研究院以市场需求为导向，利用研究院在 3D 打印领域的人才、技术与硬件优势，研发工业级金属 3D 打印装备，建设在线打印互联网云平台，布局线下加工服务中心，使服务中心与客户直接联通，实现区域化服务，面向企业提供在线义齿打印服务，为医患个人提供私人定制牙齿正畸 3D 打印服务。

据中国商情网统计分析，中国 3D 打印口腔细分领域市场规模如图 3.60 所示。2018 年，我国 3D 打印口腔细分领域市场产值达 68 亿元，2019 年产值突破 110 亿元，2020 年产值高达 180 亿元。近年来，3D 打印技术能够高效、准确地生产各种牙齿模型、正畸矫直机、义齿骨架等，同时具备材料利用率高、成品率高、成本低、患者佩戴舒适等优势，解决了传统义齿存在污染、舒适感差、返工率高、治疗周期长等行业痛点。目前，3D 打印技术在全球牙科制造领域处于较高地位，是全面升级的技术。

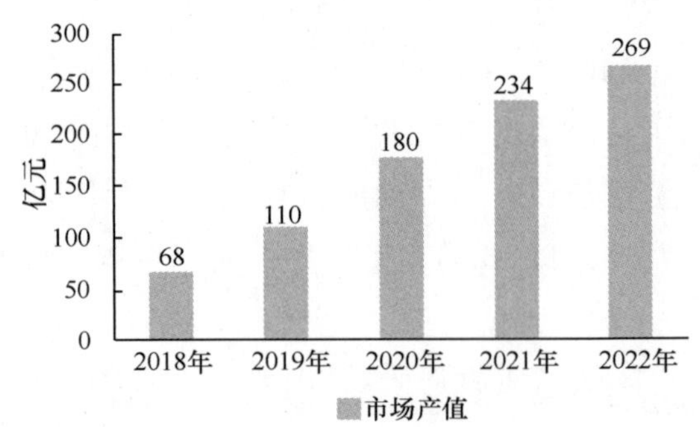

数据来源：中国商情网

图3.60　中国3D打印口腔细分领域市场规模

江苏三维智能制造研究院为了满足市场需求，与其孵化企业共同承担了工业级金属 3D 打印设备、3D 打印粉末、3D 打印加工服务，以“纵向的行业市场和横向的区域市场”为宗旨布局线下服务点，逐步从华东向北、向西、向南移动开拓服务版图，通过线上云中心的搭建，联动材料、设备、生产加工、服务一系列环节，面向企业提供义齿在线打印服务，为个人提供私人定制 3D 打印服务，实现客户线上提交模型设计、模型修改、模型生产等订单需求，线上云中心利用大数据分析技术，根据订单与服务点距离、订单分类、订单难度、订单规模、历史订单完成结果等，自动将订单分配至合适服务中心生产加工，打破了时间和空间限制，快速调动线上线下资源，极大地提高了响应客户速度和服务质量，破解“小而散”的 3D 打印市场布局。云中心建设流程如图 3.61 所示。

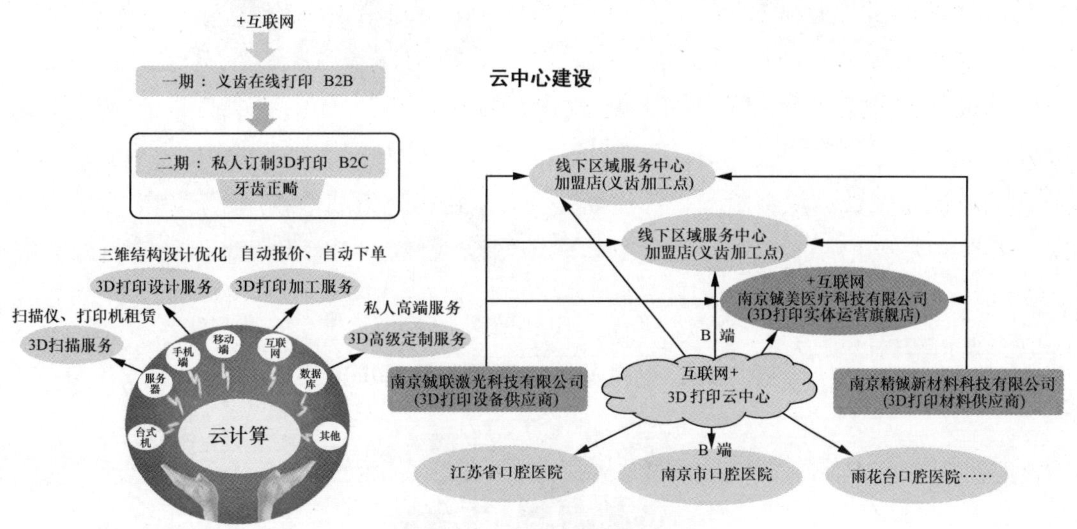

图3.61　云中心建设流程

目前，江苏三维智能制造研究院及其孵化企业已成功在国内华东、华西、华北、华南 16 个城市布局服务点，数十个城市打印业务已落地推广，与江苏省口腔医院、南京市口腔医院、鼓楼医院等单位形成了长期战略合作，得到了用户的良好反馈。

齿科应用 3D 打印工艺技术的研究既是行业发展的需要，也是公司领跑行业、跨越发展的必经之路，有利于公司在日趋激烈的 3D 打印技术市场竞争中实现跨越式发展。同时，该技术对于提升我国 3D 打印技术实力，以及我国金属 3D 打印技术水平起到了一定的推动作用，并且具有广阔的市场前景和巨大的经济效益。

七、服务

1. 金属打印服务

北京京城增材科技有限公司是由北京市属国有企业北京京城重工机械有限责任公司投资的全资子公司，是一家专业提供 3D 打印服务及解决方案的供应商。目前，公司拥有世界先进水平的德国 ExOne 的工业化砂型打印机、德国 SLM Solutions 双激光金属打印机、美国 Stratasys 打印系统、五轴数控加工中心，以及相应的后处理和检测设备。

公司提供砂型打印服务、铸件试制及小批生产的解决方案。金属零件打印服务及解决方案如图 3.62 所示。拥有德国 ExOne 的砂型打印机，该双箱打印机可成形单体最大尺寸为 1800mm×1000mm×700mm；配备了在线自动添加抑制剂装置，可打印用于镁合金铸造的砂型。该公司另有德国 SLM Solutions 280HL 双激光头金属打印机如图 3.63 所示。应用行业如图 3.64 所示。

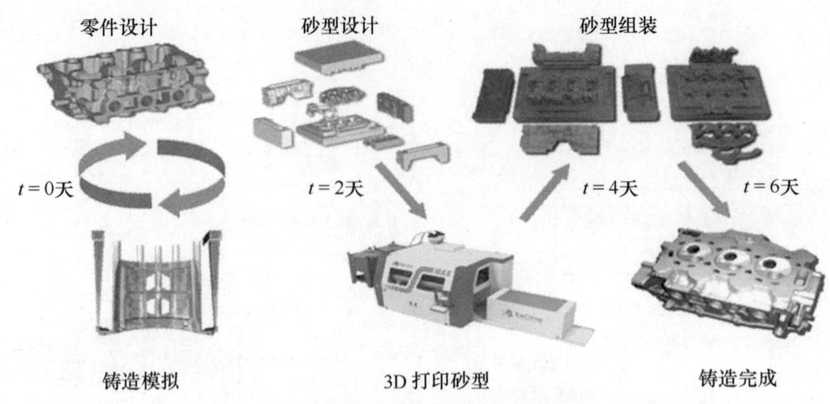

图3.62　金属零件打印服务及解决方案

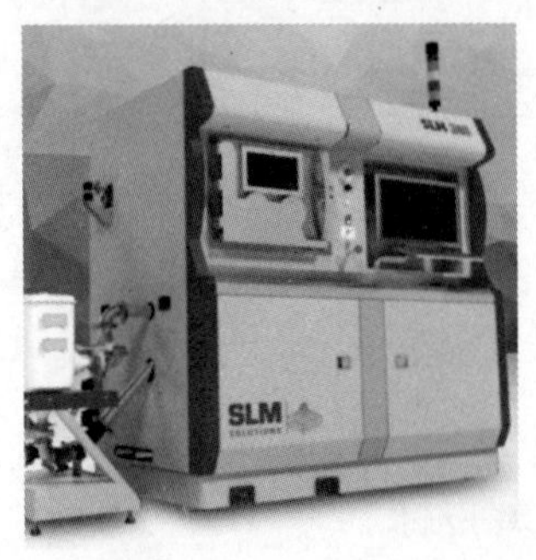

图3.63　德国SLM Solutions 280HL双激光头金属打印机

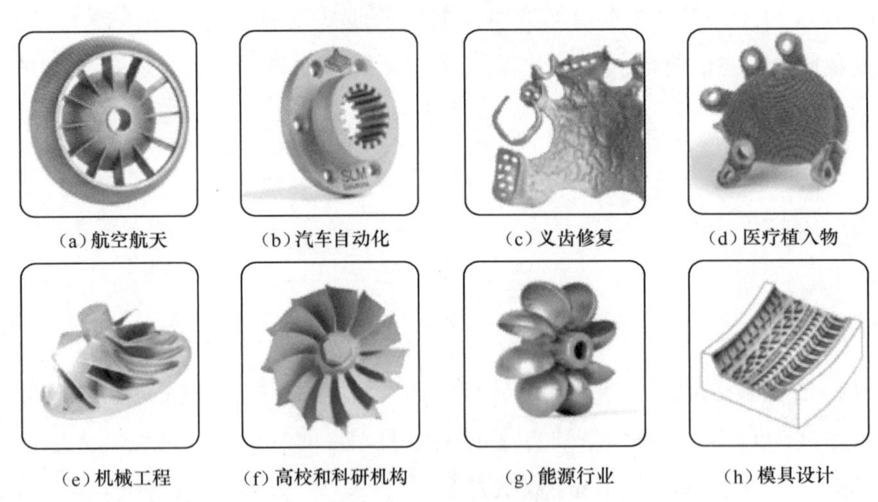

图3.64　应用行业

2. 高精度模型服务

上海云铸三维科技有限公司是一家专业3D打印应用服务提供商，总部位于上海市闵行区，工厂坐落于上海浦东临港。公司具备金属与非金属材料的3D打印及后处理能力，能为客户提供从数据获取到使用多种材料和工艺的“一站式”3D打印服务。公司主营业务包括标准化3D打印、金属结构件打印、高端模型制作、精铸熔模打印等。

自2015年成立以来，上海云铸三维科技有限公司秉承匠人匠心的价值理念，截至目前，公司已为国内外合作伙伴提供了逾100万件产品与3D打印应用解决方案。

第4章

技术创新

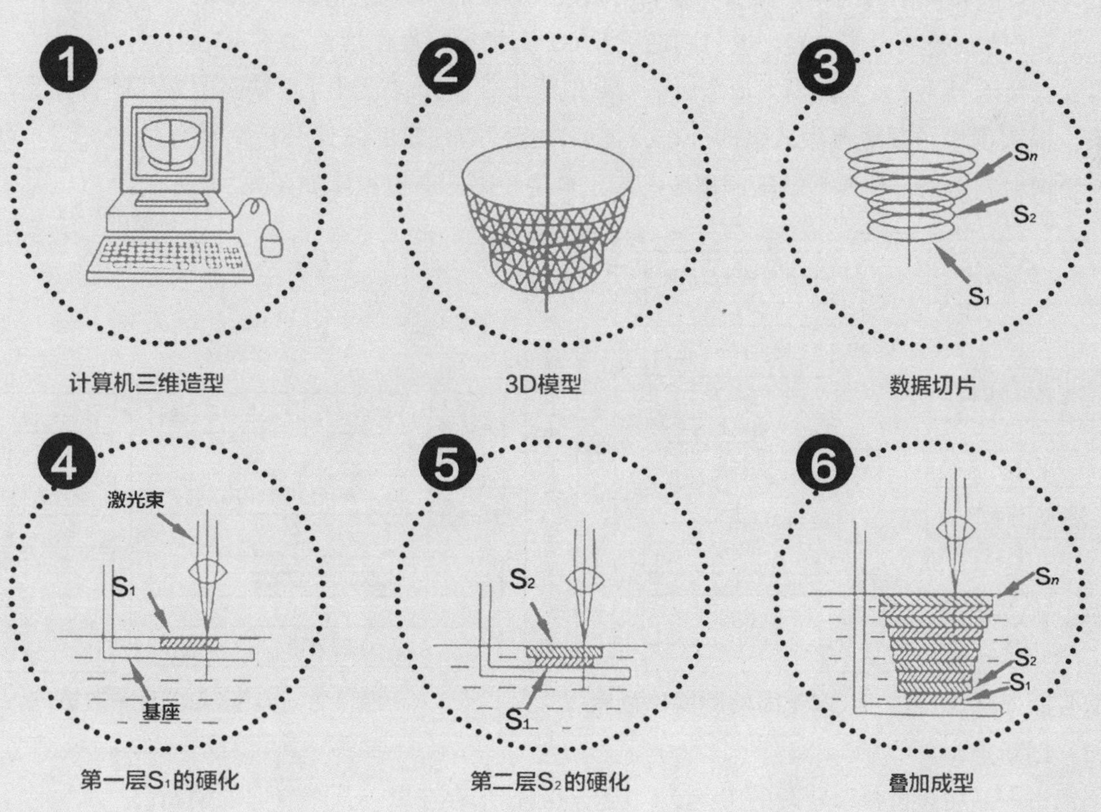

1
计算机三维造型
2
3D模型
3
Sn
S2
S1
数据切片
4
激光束
S1
基座
第一层S1的硬化
5
S2
S1
第二层S2的硬化
6
Sn
S2
S1
叠加成型

一、前沿技术研究与发展

1. 无损检测技术

（1）内容概述

作为一种新型加工技术，3D 打印材料、设备、工艺制备的成形件内部或多或少存在空隙、裂纹、夹杂等缺陷，影响成形件的机械性能。由于其成形机理有别于传统的等材加工或减材加工，所以其内外部缺陷形式与传统加工工艺制备的零件有所区别，对于缺陷的评级，行业内暂时没有定论。目前，检测 3D 成形件缺陷的设备主要有体视显微镜、金相显微镜、扫描电镜、超声波 C 扫描、荧光和工业 CT 等，可以通过解剖成形件观看其内部结构，但考虑到成本、加工时间等因素，不适合采用破坏性的方法来检测小批量、个性化定制的成形件。同时，超声方法对样品表面有要求，荧光主要用于检测样品表面缺陷，因此采用工业计算机层析成像技术（工业 CT）检测增材件缺陷成为最佳选择。

无锡市产品质量监督检验院将工业 CT 无损检测技术应用于增材制造结构成形件，确定工业 CT 对检测增材制造成形件表面和内部缺陷的适用性，通过对检测技术、缺陷等方面的研究，形成增材制造典型缺陷数据库，确定相应的检测规程，推动增材制造复杂零件的无损检测技术的应用发展。

根据增材制造成形件的外观尺寸、内部结构、材质等，检验人员选择合适型号的工业 CT，研究增材制造样品的摆放、扫描参数等，得到清晰的 CT 扫描数据；分析样品存在的表面、内部缺陷以及夹杂物，确定增材制造典型缺陷的类型、尺寸、分布等情况；对样品的表面和内部尺寸进行精确测量，形成增材制造工业 CT 无损检测操作规程。增材制造工业 CT 无损检测操作规程如图 4.1 所示。

检验人员通过工业 CT 扫描大量金属增材制造成形件，或者通过预埋缺陷的方式制备样品，分析扫描结果，提取出增材制造典型缺陷的分布、类型、尺寸等信息并统计分析，结合生产工艺，可归纳总结出一套增材制造成形件典型缺陷图谱数据库。典型缺陷图谱数据库如图 4.2 所示。

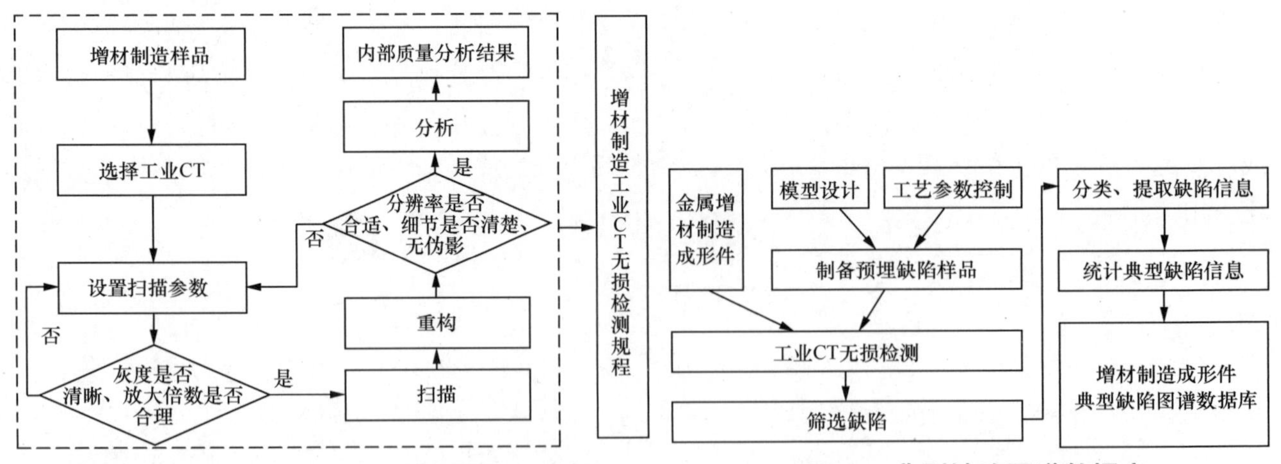

图4.1　增材制造工业CT无损检测操作规程　　图4.2　典型缺陷图谱数据库

（2）创新点

无锡市产品质量监督检验院的工业 CT 无损检测技术存在以下几个方面的创新。

① 证明了工业 CT 用于检测增材制造成形件表面和内部缺陷的适用性。

② 是增材制造典型初始缺陷的预埋技术。

③ 利用工业计算机层析成像方法检测增材制造成形件缺陷，并探索了其与结构力学性能之间的关系。

④ 形成增材制造典型缺陷工业计算机层析检测的分级标准。

（3）与国内外同类技术研发情况对比

2002 年，美国汽车工程师协会（Society of Automotive Engineers，SAE）发布了第一份增材制造技术标准——宇航材料规范 AMS 4998，同期还颁布了 AMS 4999，首次提出了钛合金粉末和工艺方法方面的标准。从 2009 年开始，增材制造标准进入有组织的快速发展阶段。ASTM 和国际标准化组织（International Organization for Standardization，ISO）分别成立了增材制造技术委员会，对推进增材制造标准的制定发挥了重要的作用。美国航空航天局（National Aeronautics and Space Administration，NASA）于 2014 年设立了面向增材制造的制定缺陷检测标准规范的项目，每年都召开一次推进报告会，并且于 2017 年 8 月正式向美国国家标准委员会提交面向金属三维打印的缺陷检测方法规范与标准。此外，欧洲标准化委员会在 2015 年提出了对增材制造标准制定的需求。其中包含了对金属增材制件缺陷无损检测的需求。同时，亚洲的日本、韩国、新加坡等国家也设立了类似的面向增材制造规范的标准化制定的项目。中国也开始密切关注增材制造技术及制件检测标准化的发展，并于 2016 年依托无锡市产品质量监督检验院开始筹建“国家增材制造产品质量监督检验中心”，具体的质量标准规范仍在摸索和建立中。

在无损评估（Non-Destructive Evaluation，NDE）方面，由于增材制造采用从上至下的成形方式，其成形件内部缺陷的形式及表征与传统制造技术有所不同。NDE 方法通常按缺陷的特征和其在零件内的位置进行编目。目前，针对种类的缺陷及其测试方法，AMSC 公司按照 AM（增材制造）制备零件的通用缺陷分类、AM 零件 NDE 的测试方法或惯例、内部缺陷特征尺寸的度量、各类 NDE 测试结果的数据融合，对标准空缺进行识别，发现在第 5 个层级上只有 X 射线显微计算机体层摄影（X-ray Micro Computed Tomography，X-ray Mirco CT）是有效的检测手段。

此检测方法产业化前景较好。增材制造成形件内部缺陷质量问题在一些特别关注产品质量的行业，例如，航空航天、生物医疗等，会导致大部分金属增材制造产品无法进入实际应用阶段。而增材制造成形件工业 CT 无损检测方法，通过分析增材制造成形件典型缺陷，设立增材制造金属成形件典型缺陷图谱数据库，结合设计、材料、生产工艺等环节，可以分析缺陷产生的原因，从而避免或减少此类缺陷的形成，提高增材制造金属成形件的内外部质量，促进增材制造在这些行业的规模化应用。

2. 高端制造打印技术

先临三维科技股份有限公司的粉末床激光选区熔化核心技术团队拥有 20 多年的增材制造技术研发和装备制造经验。团队前期已成功研发高精度、小尺寸金属 3D 打印机，配备 200W/400W（可选）光纤激光器，打印成形的尺寸为 250mm×250mm×350mm，实现了铝合金、钛合金、镍基高温合金、不锈钢、模具钢、铜合金、钽合金以及钴铬合金等多种金属材料复杂零件的制造。在大尺寸粉末激光选区熔化技术方面，公司还牵头了国家重点研发计划“大尺寸粉末床激光选区熔化增材制造工艺与装备研发”。

未来，先临三维科技股份有限公司将对粉末床激光选区熔化增材制造成形设备的关键技术、成形软件及成形工艺等方面进行深入研究；其升级款中、小型金属 3D 打印设备将进一步提高现有中、小型 3D 金属打印设备的易用性、品质一致性，以及自动化、智能化水平，并逐步与客户的数字化制造执行系统（Manufacturing Execution System，MES）对接。

公司将对制造过程中温度、几何、气氛等参数的实时监测、诊断与智能处理进行深入研究，提高金属 3D 打印设备运行的稳定性和可靠性，以满足连续成形大尺寸零件的制造要求，实现复杂结构产品的柔性化生产，支持我国高端制造业发展。

激光选区熔化技术具有制作形状复杂、相对密度高、节省材料等优点，在航空航天、船舶、汽车及零部件、模具制造等工业领域得到广泛的应用。据 Wohlers Associates 统计，全球工业级增材制造装备销量稳步增长，2013—2017 年复合增长率达 13.6%。2017 年，全球工业级增材制造装备的销量约为 14736 台，同比增长了 12.6%。

先临三维科技股份有限公司是国内金属 3D 打印设备的重要提供商之一，也是国内极少具备大尺寸粉末床激光选区熔化自主研发实力的公司。公司现有的中、小型金属 3D 打印产品已被广泛应用于航空航天、汽车零部件、医疗器械、模具制造等领域，在产品研发、生产、销售、售后支持等方面积累了丰富的经验，这些积累使公司能够准确把握客户的市场需求，不断追求产品的技术先进性和稳定性，持续保持行业稳定地位。

3. 齿科精准医疗打印技术

（1）内容概述

在齿科领域，先临三维科技股份有限公司具备核心算法、关键零部件、整机开发等较强的软硬件开发实力。公司参与起草了“牙颌模型三维扫描仪技术要求”国家标准（目前在标准报批阶段），参与承担“全口 / 种植支持义齿 3D 打印应用研究与临床示范”国家重点研发计划，获得 ISO13485 医疗器械质量管理体系认证、口内扫描仪 iScan-II 医疗器械注册证。通过近 10 年在齿科领域的 3D 数字化与 3D 打印关键技术研究，公司不断突破技术瓶颈，已经拥有国际先进的齿科 3D 扫描和打印设备研发能力与雄厚的技术积累，可为齿科医生诊疗齿科患者提供从诊断、治疗、修复体打印到牙齿定制的完整解决方案，在中国数字化齿科领域的3D 数据采集和设计方面保持着行业稳定地位。

未来，公司将对齿科数字模型获取、协同设计、3D 数据智能管理等关键技术进行深入的研究。例如，对牙齿 3D 数据和高精度数据获取、口腔修复体 3D 高精度打印以及功能匹配等应用研究，推动更加精准和高效的齿科个性化定制应用；对齿科 3D 扫描仪与齿科 3D 打印机进行改进与新产品研发，与在线订单系统和云端数据管理系统结合，实现订单、采集、设计、制造各环节的数字化、一体化集成，形成从齿科数字诊疗到远程设计、齿科产品个性化定制的全数字化系统。

（2）创新点

公司在齿科领域拥有 8 项创新技术。

① 覆盖多项应用的智能全自动扫描技术。

② 自动旋转轴标定及拼接技术。

③ 提高纹理映射效率和效果的三维模型的纹理获取技术。

④ 三维扫描的数据处理技术。

⑤ 噪声点云自动删除技术。

⑥ 实时网格显示及数据高速处理技术。

⑦ 三维扫描单双目重建技术。

⑧ 三维扫描优化几何重建数据技术。

（3）产业化前景

齿科是当前最具规模化应用前景的3D打印技术医疗应用领域之一。根据SmarTech公司预测，2028年全球齿科增材制造市场规模将达到90亿美元。齿科数字诊疗技术具有个性化设计、快速生产、高效自由成形制造复杂造型产品的优点，可用于正畸牙模、种植外科导板、口内扫描数据工作牙模、修复体蜡模及临时牙等制作，满足了口腔医学领域对个性化治疗的需求。

目前，公司的口内扫描仪已获得英国药品和健康产品管理局（Medicines and Healthcare Products Regulatory Agency）签发的阿根廷、秘鲁等11个国家的自由销售证书（Certificate of Free Sale，CFS），以及经中国国家药品监督管理局签发并经中国国际贸易促进委员会和使馆认证的泰国、哥伦比亚等11个国家的自由销售证书。公司进一步拓宽了市场销售区域，获得了更多市场准入资格，这对公司产品在全球市场的销售起到了积极推动作用。

4. 钼金属构件打印技术

针对钼的材质特点和3D打印工艺要求，一种细化晶粒的3D打印工艺技术被开发，实现了致密和多孔结构的钼金属构件打印成形。3D打印获得的构件表面成形质量良好；内部无可见熔合不良、孔洞等缺陷，致密度超过99%，硬度为0.2185HV ～ 200HV。此技术还开发了二次熔化工艺，可实现晶粒的进一步细化；打印的多孔点阵结构孔筋成形性好、成形质量高，实现了钼金属复杂构件的高质量成形。3D打印制备的钼金属构件如图4.3所示。

图4.3 3D打印制备的钼金属构件

5. 大容量超高纯净真空感应熔炼制粉技术

此技术利用流体力学仿真模拟软件，构建熔炼雾化合金液气两相交互作用机制模型，揭示高速气流冲击作用下球形粉末的形成与演化规律，建立“工艺参数控制—关键工装设计—球形粉末形成”的粉末形貌控制方法，实现对雾化合金粉末粒度、形貌的准确控制；采用熔体加压导流技术，解决大容量雾化设备导流管堵塞问题，设计装炉量为300kg以上的大容量真空感应气雾化制粉设备；在熔炼雾化制粉过程中，采用无坩埚电极感应熔炼、真空感应二次精炼等技术实现对母合金棒料的超高纯净熔炼及雾化高纯金属液输入。在上述技术基础上，大容量超高纯净真空感应熔炼制粉生产线被成功搭建，它也成功制出了符合航空航天标准的高品质高温合金粉末，并具备批量生产能力，带动增材制造金属材料国产化。该技术实现增材制造金属粉末材料低成本、大批量制备，有助于国产材料产业化发展。

6. SLM 成形 Inconel 718 合金的综合研究

镍基高温合金具有优异的高温力学性能和结构稳定性，在燃气轮机叶片、航空发动机等高温结构中有着广泛的应用。工艺参数和后热处理是制造耐高温、长寿命零件的关键元素。增材制造使复杂的零件内部结构的制造成为可能，选区激光熔化（SLM）技术因其能够制造复杂和细晶结构而被广泛应用于镍基高温合金的加工，从而使改进下一代涡轮部件的功能和性能成为可能。在 SLM 过程中，对材料施加极高的冷却速率和温度梯度，导致凝固组织与传统方法所形成的组织不同。当增材制造（AM）所引入的结构和几何尺度与这一理论尺度接近或相当时，AM 部件的几何尺度、AM 引入的微结构尺度和构件缺陷尺度三者将会相互耦合。一方面，微观结构、缺陷尺度和形状分布的多级性和非均匀特性，会对构件疲劳、蠕变损伤形成和演化的基本机制产生显著影响，无法采用传统模型来进行评价与预测；另一方面，这种复杂耦合效应必然对构件最危险部位的疲劳、蠕变性能产生影响，使 AM 部件的质量和可靠性存在不确定性和分散性。因此，基于传统非 AM 方法制造部件获得的蠕变与疲劳基础数据库和所建立的相关理论模型都已经无法准确预测 AM 构件的服役可靠性。

为了将 SLM 工艺成功地应用到工业生产实践中，我们需要对 SLM 成形的结构和性能形成机理进行广泛研究，并确定最佳的工艺和热处理参数。该领域主要研究的是扫描方式、热处理工艺参数对 SLM 成形镍基合金组织演变和疲劳性能的影响。

镍基高温合金是西门子公司发电和电力服务领域的产品的主要材料类型之一。镍基合金粉床增材制造工艺参数的开发和优化，对开发新的燃气产品和相关 AM 应用场景的产业化具有重要意义。截至 2019 年，西门子内部生产的用于发电和电力服务的部件已经超过 25000 个。

7. SLM 成形金属样件高温服役研究

AM 部件的可靠性设计、检测与认证迫在眉睫，并且要求越来越高。对于常规的 AM 部件可以按照现有的检测手段和相应标准进行寿命评价与质量认证。即便如此，AM 部件在组织结构、微观缺陷、成形性等多个方面与常规制造部件不同，AM 部件往往呈现截面尺寸趋小化、几何形状复杂化及应力集中部位趋多化等特点。

SLM 成形金属样件高温服役研究的目的包括以下 6 个方面：一是确定在不同打印方法与工艺条件下，不同几何尺度 AM 部件的微观结构特征和缺陷分布与部件中几何位置之间的定量关系；二是测试 AM 成形金属合金薄壁部件在高温下的蠕变与低周期疲劳性能，获得高温性能的基础数据库；三是确定 AM 部件微观结构、缺陷和部件几何尺度之间的耦合关系，以及其对高温蠕变、疲劳性能的作用规律；四是 AM 部件从发生结构到缺陷特征突变的临界尺度，以及高温蠕变与疲劳性能突变的临界尺度；五是发展小尺寸样品评价超薄 AM 部件高温蠕变与疲劳性能的新测试方法与技术，建立测试标准；六是基于概率统计方法与有限元方法计算模拟小尺寸下 AM 部件性能变化的规律。结构分析取样示意如图 4.4 所示。

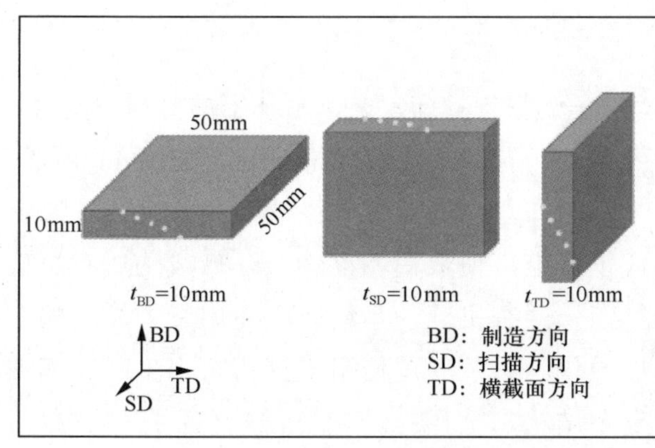

(a) 不同方向厚度变化

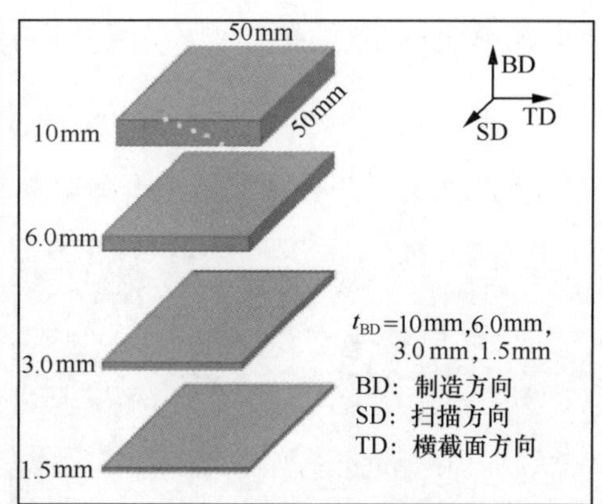

(b) 打印方向厚度变化样品

图4.4　结构分析取样示意

8. 微滴喷射金属 3D 打印技术

武汉易制科技有限公司的微滴喷射金属 3D 打印机采用复合金属粉末材料（包括金属粉末基材、促烧剂、还原剂等），通过高速多射流单道成形技术喷射多组分成形剂于粉床，不需要支撑，经过脱脂和烧结等后处理方法完成成品金属零件的制造。成形剂中的黏结剂组分使粉末黏结成形，调节改性剂组分比例即可改变零件的硬度、耐磨性和耐高温性等。

该技术不仅可以大规模生产金属 3D 打印零部件，其制造金属零件的速度比现有的基于激光的金属 3D 打印系统快 100 倍，同时可以使零件在不同部位具有不同特性。例如，在零件表面增加硬度和耐磨性。该技术能显著降低每个零件的打印成本，可成为被广泛使用的金属制造技术。该技术可以使用金属注射成形（Metal Injection Molding，MIM）领域的金属粉末材料，对粉末的形状要求低，球形、椭圆形甚至其他不规则形状的粉末都可以使用。微滴喷射金属 3D 打印机产品如图 4.5 所示。

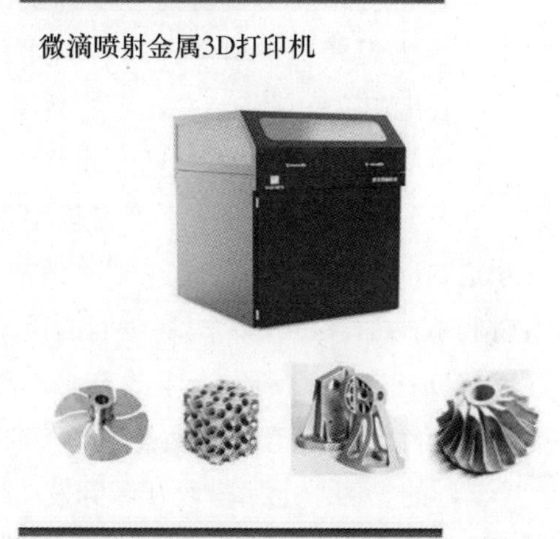

图4.5　微滴喷射金属3D打印机产品

该技术具有以下几个特点：一是不需要激光烧结系统，可直接喷印复合金属粉末材料，不受粉末材料形状制约；二是不需要添加支撑，可实现大规模生产金属零件打印，速度是传统 SLM 技术的 100 倍以上；三是大幅度降低零件打印成本，金属 3D 打印机生产的零件成本降至现有 SLM 成形零件成本的 1/10 以下；四是具有独特工艺，可以实现在零件表面通过调节改性剂组分改变零件硬度、耐磨性及耐高温性等，满足不同需求；五是适用于航空航天、医疗、模具、铸造及材料研究等多个领域，与工业制造相衔接。

武汉易制科技有限公司目前推广的 3D 打印技术，处于国内较高的水平，其微滴喷射金属 3D 打印技术达到国际一流水平。该技术是在前期多种 3D 打印技术研发基础之上的一种创新的 3D 打印技术。

9. 软体康复机械手套

德国慕尼黑的瓦克化学集团研发的 ACEO®“按需滴墨”打印工艺，是基于增材制造技术、使用液体硅橡胶实现大规模零件制造的技术方法。瓦克 ACEO®“按需滴墨”的打印工艺如图 4.6 所示。

图4.6 瓦克ACEO®“按需滴墨”的打印工艺

此打印头将有机硅微液滴（体素）逐滴沉积在工作平台上，使液滴相互融合，形成均质有机硅层。每打印一层有机硅，系统立刻使用紫外光将整个有机硅层固化。系统通过使用支撑材料来生产飞檐或孔洞等复杂结构，逐层打印出三维物体；打印完成后，将物体从工作平台上移除，并用水将完全环保的支撑材料冲洗掉；随后将物体二次硫化，以便去除挥发物，并且实现最终的机械性能。

中风是导致人体残障的原因之一，全球每 6 秒就有一人中风，其中一半发生在中国。手部瘫痪是常见且棘手的中风后遗症之一。中风发生后的前 3 个月是手部功能可能恢复到最佳状态的黄金康复期。研究表明，人的受损手部重复地运动可使脑部逐渐恢复感知和运动控制机能，从而促进中风后的康复。目前，已有多款手部康复装置被开发出来，以期替代昂贵而费时的理疗师工作。但是，现有的装置质量重、体积大，而且多数并不能在日常生活中为患者提供动作辅助，例如，捡拾简单物件等。

由香港中文大学汤启宇、李峥教授和他们的团队发明的一款有机硅 3D 打印软体康复机械手套很好地解决了上述问题。这款轻巧的软性机械手套可以根据患者手指和手掌的尺寸定制，它采用了瓦克 ACEO®“按需滴墨”3D 打印技术，用软胶驱动器辅助患者控制他们的手部肌肉弯曲和手指伸展，帮助患者在日常生活中改善手部活动能力，也为患者提供了可个人定制且价格实惠的康复训练方案。在 2019 年 4 月举办的第四十七届日内瓦国际发明展上，此款软体机械手套获得了银奖。有机硅 3D 打印软体康复机械手套如图 4.7 所示。

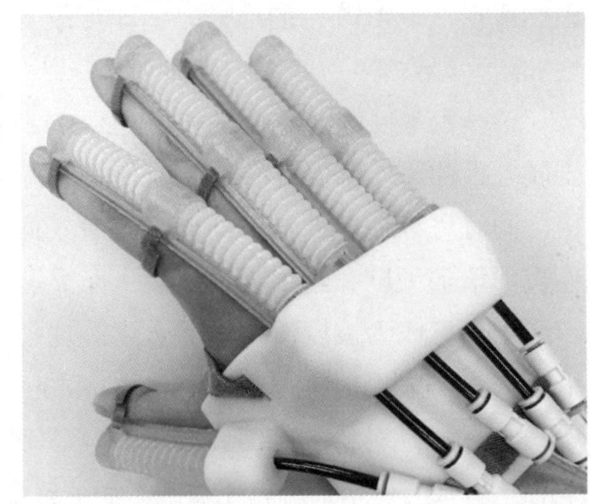

图4.7 有机硅3D打印软体康复机械手套

10. 全尺寸 3D 打印参数调控及质量检测

从缩小尺寸模型向全尺寸结构打印转变，是建筑 3D 打印发展的必然趋势。但是全尺寸打印是一种超大尺度的自动化建造工艺，将面临巨大的技术挑战，例如，未经过任何测试就盲目开展全尺寸建筑或结构的打印，3D 设计模型或打印参数的错误将不可避免地导致经济损失或事故。在国家重点研发计划项目“建筑工程现场工业化建造集成平台与装备关键技术开发”和上海市“建筑工程现场 3D 打印建造关键技术研究”项目的资助下，全尺寸 3D 打印建造参数调控及质量检测技术方法正在被研发建立，它包括“基于缩尺 3D 打印的结构模型打印质量和效率影响因素分析、打印参数定量分析与优化、三维建筑信息模型合理性分析，以及基于全尺寸 3D 打印试验的打印参数验证与调控”4 个方面的内容，实现了全尺寸 3D 打印全过程中打印参数的定量调控和打印质量的精确检测，避免由于模型和参数错误引起的损失。

上海建工机施集团的全尺寸 3D 打印参数调控及质量检测技术为中国首座高分子 3D 打印桥——普陀桥（15m）、中国最大 3D 打印桥——泉州 3D 打印桥（17.5m）的顺利建设提供了有力支撑。建筑业迫切需要研发改变传统生产方式的新技术、新装备，提高绿色建造、智慧建造水平。3D 打印在建筑工程中的应用，将引发建筑业发展理念和发展模式的重大变革。全尺寸 3D 打印建造参数调控及质量检测技术有助于促进 3D 打印技术在建筑业的普及和推广应用，具有广阔的产业化前景。同时该技术可被推广应用于航空航天、汽车、船舶、核工业等大尺寸 3D 打印领域。全尺寸 3D 打印建造参数调控及质量检测技术工程应用如图 4.8 所示。

（a）3D打印构件检测（上海建工机施集团）　（b）3D打印构件拼装检测　（c）3D打印泉州桥检测

图 4.8　全尺寸 3D 打印建造参数调控及质量检测技术工程应用

11. 超大尺度高分子材料人行桥成形及预制拼装技术

泉州桥位于福建泉州生态连绵带，桥体设计理念来自福建泉州当地山、水、林、田、塘之意境，以简洁灵动山水之流线为元素，在整体桥梁结构及栏杆形态上，追求山峦起伏的叠影视觉效果。该桥采用连绵山峦轮廓形态，具有优美的连续不规则弧线造型，因此建筑单位采用了超大尺度高分子复合材料打印工艺来还原这一设计理念。

泉州桥的打印材料主要采用了丙烯酸酯类橡胶体与丙烯腈、苯乙烯的接枝共聚物（ASA）+20% 玻璃纤维（GF）+ 流动性改性助剂等其他助剂，可用于三维熔融沉积工艺，打印材料本身强度较强，掺入一定比例玻璃纤维后，弯曲屈服强度能达到 50MPa，可耐温度较高，可达到 100℃以上，对人体及环境无害，后续可回收供二次熔融造粒使用。

泉州桥造型复杂的桥体被分成 16 段进行熔融沉积成形，形成分段打印构件，其承重结构采用钢箱梁，独立的打印构件通过机械连接方式和钢箱梁进行可靠连接，分段构件之间采用结构胶进行防水嵌缝处理，在车间组拼成完整的景观人行桥后，在现场再利用吊车一次吊装就位。

整桥模型采用数字化设计，分成 16 段数字化模型，每段均通过专用软件进行力学搭载模拟仿真和拓扑优化仿真，再借助专用切片软件，结合各种路径及填充算法，生成数控系统可识别的打印轨迹。该项目的研究成果创新采用了“分段打印、预制拼装”工艺，完成了福建泉州百崎湖生态连绵带景观桥（长为 17.5m、宽为 4m、高为 3.2m）的打印重任，刷新了国内外 3D 打印领域的相关纪录，为往后建（构）筑物三维数字增减材复合技术的应用打下了扎实的基础。该工艺从最初的满足所需升级为现在的超定制，与传统造桥工艺相比大大缩短了生产周期，适用于小批量试验测试以及应用于实际的工程项目。大尺度3D打印桥如图4.9所示。

图4.9　大尺度3D打印桥

12. 全降解血管支架

阿迈特公司研发的全降解冠脉支架和外周血管支架属于新一代血管支架。临床上普遍使用的永久性金属血管支架会导致许多并发症，例如，晚期血管内膜增生、支架内形成血栓等。阿迈特公司正在研发的全降解冠脉血管支架和外周血管支架采用独特的3D多轴精密快速打印专利技术制造。

阿迈特公司是世界上首家利用3D精密打印技术进行完全可吸收冠脉血管支架及外周血管支架研发与生产的公司，拥有3D多轴精密快速打印专利技术和完全的自主知识产权。

阿迈特公司采用独创的3D多轴精密快速打印专利技术研发全降解药物洗脱冠脉支架AMSorb。与第一代雅培BVS激光雕刻的冠脉支架相比，其不仅具有独特的专利设计的闭环结构，而且具有良好的径向支撑强度和弯曲性能。其支架杆更薄且截面呈圆形，比雅培BVS呈矩形的支架杆截面积减少了50%以上，降解速度较快。此外，采用3D精密打印工艺能有效控制支架材料的结晶度，支架临床使用和释放操作容易，截面圆形的支架杆在球扩时更容易嵌入血管壁，有利于支架贴壁和减少对血液流场的干扰，促进支架内皮化和大幅度降低血栓发生率。此支架的人体安全性试验结果也十分理想，AMSorb支架是全球首个进入临床试验的3D打印全降解血管支架。

阿迈特公司的3D多轴精密打印专利技术打破了跨国公司在制备全降解聚合物支架领域的技术垄断，同时弥补了激光雕刻技术制备的全降解血管支架工艺复杂、支架杆厚、降解速度较慢等缺陷。该技术还具有生产速度快、材料利用率高、节能环保等优点，是血管支架制造技术领域内一项重大技术突破，已经获得两项美国发明专利授权和三项中国发明专利授权，填补了国内相关领域的空白。全降解药物洗脱冠脉支架AMSorb如图4.10所示，可降解外周血管支架如图4.11所示。

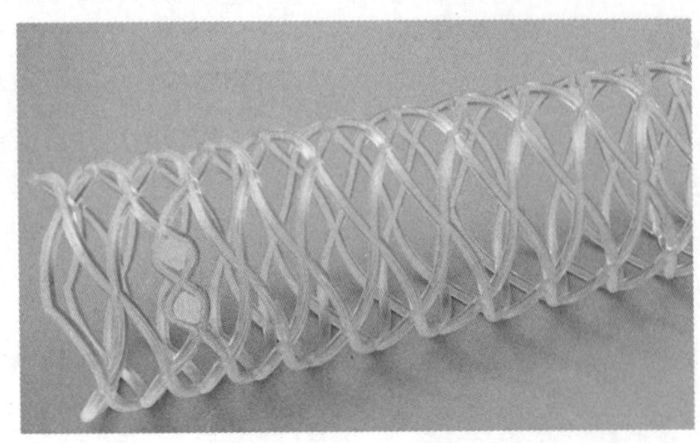

图4.10　全降解药物洗脱冠脉支架AMSorb

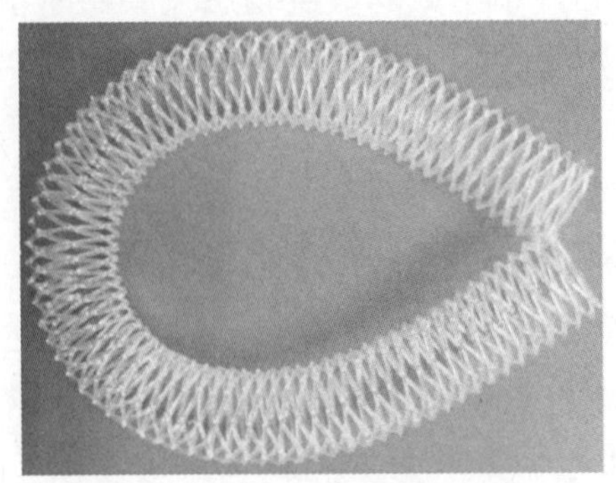

图4.11　可降解外周血管支架

AMSorb支架已经进入国家药品监督管理局创新医疗器械特别审评程序。产品在研发的过程中被列入国家科学技术部“十三五”重大研发项目，得到北京市、海淀区和中关村等多项科研项目资金的支持，处于国内较高水平。

13. 基于面投影微立体光刻技术的 3D 打印

面投影微立体光刻（Projection Micro Stereo Lithography，PμSL）是一种面投影光固化 3D 打印技术，适用于制作微尺度的复杂三维结构，具有高分辨率、高精度、跨尺度加工、适用材料广、加工效率高、加工成本低等诸多特点。基于 PμSL 3D 打印技术制作的复杂三维结构示例如图 4.12 所示。

下面从成形原理、最小加工特征尺寸、最大成形幅面、适配打印材料、与其他 3D 打印技术的对比、产业化技术创新等方面对这一技术进行详细介绍。

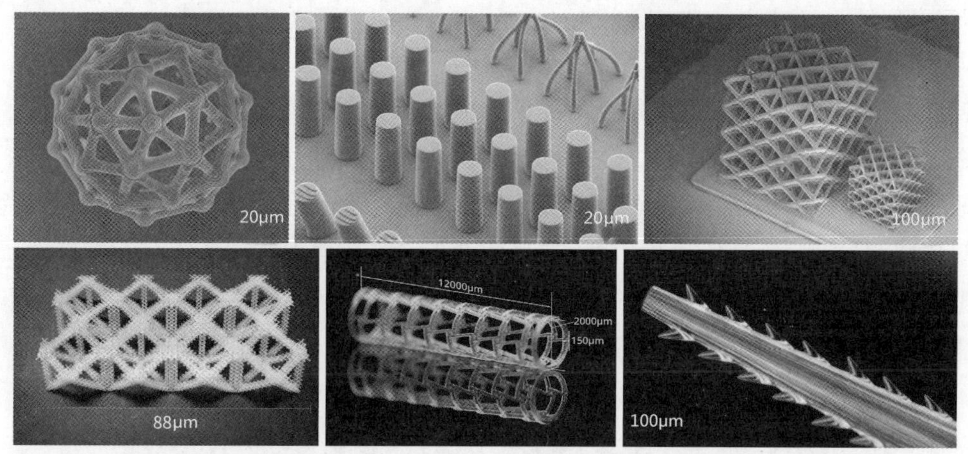

图4.12　基于PμSL 3D打印技术制作的复杂三维结构示例

（1）成形原理

PμSL 3D 打印技术成形过程如图 4.13 所示。首先使用建模软件构建出三维结构模型；接着使用切片软件对三维模型以一定大小的层厚进行切片处理，得到一系列具有特定图案的二维图片；然后采用 PμSL 3D 打印系统对切片后的每一层图案进行整面投影曝光；最后重复上一步骤并层层堆叠最终成形出所需的三维结构。

PμSL 3D 打印技术成形三维结构的关键在于光敏树脂材料在紫外光的作用下发生光聚合反应从而固化，而特定图形的产生则依赖打印系统中的数字微镜器件（Digital Micromirror Device，DMD）芯片所生成的数字动态掩膜。典型的 PμSL 3D 打印系统如图 4.14 所示。切片后的模型数据被导入打印系统后，这些二维图像数据又被发送至 DMD。DMD 根据图像数据控制芯片上各个微镜（即 DMD 上的每一个像素点）的偏转。因此，光源发出的紫外光在到达 DMD 后将重新整形生成与图形数据一致的光。最后，经调制后的光通过最终物镜投影至液态树脂材料表面，对特定区域进行选择性曝光从而生成特定结构。此外，打印系统还可通过打印平台的移动，拼接打印出大幅面的图形结构。

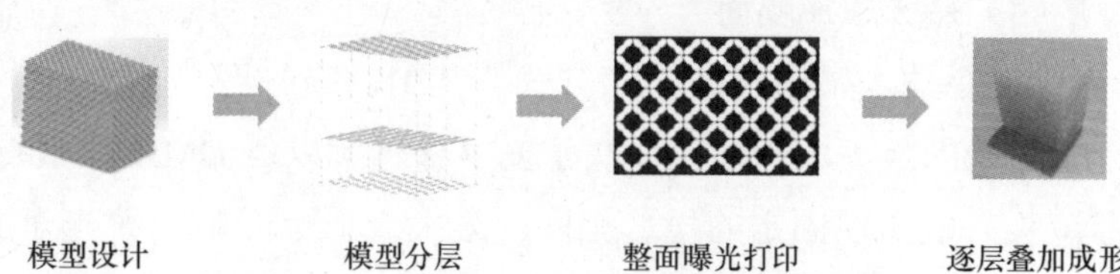

图4.13　PμSL 3D打印技术成形过程

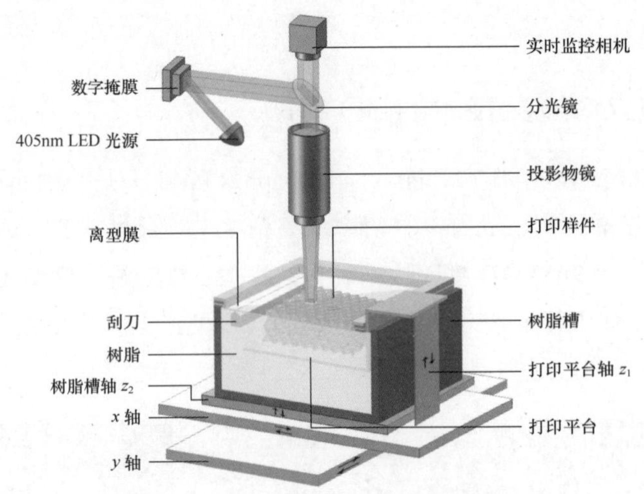

图4.14　典型的PμSL 3D打印系统

（2）最小加工特征尺寸

通过控制投影物镜的微缩倍率，PμSL 3D 打印技术可以实现几微米甚至几百纳米的特征尺寸加工。深圳摩方材料科技有限公司（以下简称“摩方”）基于在这一技术领域的多年沉淀，自主研发出了一系列 PμSL 3D 打印系统，已经量产的产品最高光学分辨率可达 2μm（这里提到的光学分辨率是指投影光单个像素点的大小）。借助这一高分辨率系统，2μm 线宽二维网格线条和 8.5μm 杆径三维点阵得以实现。摩方 3D 打印系统打印的 2μm 线宽二维线条和 8.5μm 杆径三维点阵如图 4.15 所示。

图4.15　摩方3D打印系统打印的2μm线宽二维线条和8.5μm杆径三维点阵

（3）最大成形幅面

PμSL 技术采用整面曝光方式，其中，曝光图形由 DMD 控制产生。因此，一般情况下，PμSL 3D 打印系统的最大成形幅面取决于光学分辨率以及 DMD 像素点数量，DMD 成像芯片尺寸固定，通过投影镜头只能实现固定的投影幅面。最大成形幅面与系统光学分辨率呈矛盾关系，即当提高系统光学分辨率时，其最大成形幅面相应减小。而拼接技术很好地解决了这一矛盾，使高分辨率、大幅面、跨尺度打印得以实现。

14. 3D 打印聚醚醚酮颅骨

典型案例：2018 年 6 月，卫先生因交通事故导致颅脑损伤，右侧额部颅骨及眉弓部骨质缺损，在当地医院进行了颅内血肿清除术及去骨瓣减压手术，术后被予以降颅压和其他对症治疗，术后持续昏迷 4 个多月；2019 年 3 月 5 日，卫先生在北京三博脑科医院进行增材制造聚醚醚酮颅骨补全缺损颅骨手术，术后痊愈出院。

聚醚醚酮材料组织相容性良好，与传统的钛网相比具有多个方面的优势。它可以与颅骨完美契合，被广泛应用于颅骨缺损修补，提高了患者的生活品质。该案例中患者的颅骨缺损面积较大——右额及眉弓骨质缺损，用传统的钛网在眉弓处不太可能达到完美的修复，并且可能会使患者产生冷热交替不舒服的体验。采用聚醚醚酮材料的 3D 打印颅骨修补技术，具有个性化定制（精准修复）、影像兼容性好（无伪影）、改善患者舒适度（无冷热刺激）、美学满意度高（能实现传统材料难以完成的复杂颅颌面轮廓复原）等特点，最终实现了人体颅骨缺损处的精准匹配与良好修复。

15. 结构功能一体化喷墨 3D 打印制造电路板技术

结构功能一体化喷墨 3D 打印制造电路板技术是一种新型的全加法、无接触、无压力、无印版数字化的 3D 打印电路板技术。它将计算机存储的图样信息输入喷墨 3D 打印设备，在计算机的控制下，由喷嘴向承印版表面精确喷射导电功能性材料，直接形成导电线路图案。基于喷墨制造技术可以实现多通道多材料数字化沉积，通过交替打印纳米导电墨水和绝缘结构墨水可以实现电路板结构功能一体化喷墨制造。该方案既能够实现电路板快速打样，又能够满足电路板的多样性需求，包括基板的复杂形状结构、基板的柔韧性等。例如，打印硬性绝缘结构墨水和导电墨水，可以制备电路板硬板；打印柔性绝缘结构墨水可以制备柔性电路板；喷墨打印可以制备更复杂的三维结构，并将其嵌入导电线路结构，也可以制备立体、异性、嵌入式的三维电路板结构。喷墨打印电路示意如图 4.16 所示。

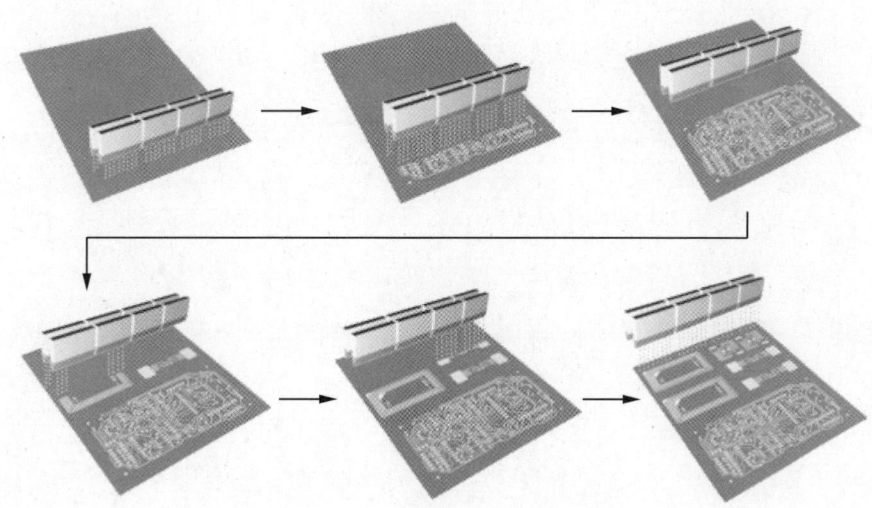

图4.16　喷墨打印电路示意

基于数字喷墨的 3D 打印电路板技术替代传统印制电路板（Printed Circuit Board，PCB）是一个渐进的过程，它根据难易程度，从电路板打样，逐步引入产线，按照从单层板、双层板、双面板到多层板的顺序逐步替代原有的蚀刻工艺。美国 Nano Dimension 公司已经开始用 PCB 打样逐步替代传统蚀刻电路板打样。传统蚀刻电路板打样市场会逐渐萎缩，而且随着数字喷印电路技术的进步，它在细分产品领域也会逐步渗透和替代传统的蚀刻技术。

未来 5 年，在喷墨 3D 打印电路设备方面，市场容量将达到上万台，市场规模不低于 30 亿元；电子墨水年使用量约为 1000 吨，年产值约为 50 亿元，市场前景可观；大学及科研院所用于电路打样设备的年市场量约为 200 台，该领域规模约为 6000 万元。

喷墨 3D 打印电路板技术属于增材智能制造技术，是基于非感光原理，采用电子材料直接进行数字图形化沉积的方法，避免了传统电路板技术的蚀刻、曝光、显影、冲洗等过程带来的环境污染。

喷墨 3D 打印电路设备可以实现远程控制、无人化生产和按需定制智能制造。“一键式”电路板 3D 喷墨制造工艺采用光子烧结技术，使打印与烧结协同进行，摒弃传统印后高温烘箱长时间烘烤工艺，缩短了电路板的打印时间。

二、增材制造优秀论文摘录

金属增材制造技术工艺及应用

宗贵升　赵浩

（北京三帝科技股份有限公司，北京　101318）

摘要：近年来，随着新材料、新工艺、新设备的迭代和升级，国内外对金属增材制造技术工艺的研究及应用也在不断深入与拓展。本文从间接制造和直接制造两种应用方式，简述了国内外几类主流金属增材制造技术的研究现状及最新进展，包括选择激光烧结（Selective Laser Sintering，SLS）技术、黏结剂喷射（Binder Jetting，BJ）技术、定向喂料沉积（Directed Feedstock Deposition，DFD）技术、选区激光熔化（Selective Laser Melting，SLM）技术、激光金属粉末沉积（Laser Metal Deposition，LMD）技术。

关键词：金属增材制造；选区激光烧结；定向喂料沉积；选区激光熔融；激光金属粉末沉积

1. 引言

增材制造（Additive Manufacturing，AM）又称 3D 打印，是以三维模型数据为基础，通过材料堆积的方式制造三维零件的数字化制造技术[1]。相对于传统制造来说，3D 打印不需要模具，成形过程自由度高、工序简便，可实现复杂结构件的快速制造，因此特别适用于原型零件的快速试制、定制化产品和高价值产品的批量生产。同时，3D 打印还具有数字化库存（替代实物库存）、按需制造、即刻制造、分布式制造、大批定制、提升资源利用效率等优势和特点[2]。

随着增材制造技术的不断成熟，特别是在金属增材制造领域，增材制造产业蓬勃发展。难加工的金属材料通过增材制造可以实现极为精致和复杂的结构，而产品的制造成本几乎并不会因为复杂性的提高而增加。这为产品的设计带来了极大的优化空间，也使 3D 打印成为极具潜力的制造技术。目前，增材制造技术已被应用于高精尖领域的复杂零件制造，例如，医疗器械、船舶、汽车、航空航天等。

金属增材制造有众多工艺分支，它们分别采用不同的原材料形式（例如，粉材、丝材、粒料、薄层等），并通过不同的叠加工艺成形（例如，激光、电阻加热、电子束、电弧、黏结剂喷射等）。各种增材制造工艺可以作用在金属零部件制造的不同阶段。其中，直接熔合金属形成冶金结合的金属增材制造工艺被称为“直接金属增材制造”，包括金属粉末床熔融（Powder Bed Fusion，PBF）、定向能量沉积（Directed Energy Deposition，DED）等；只作用在成形阶段，需要后续进行铸造、烧结、扩散焊等冶金加工的增材制造技术通常被称为“间接金属增材制造”，包括铸造模料的选择激光烧结（Selective Laser Sintering，SLS）、黏结剂喷射（Binder Jetting，BJ）、光固化成形（Stereo Lithography Apparatus，SLA），定向喂料沉积（Directed Feedstock Deposition，DFD），以及金属薄层的扩散焊层叠成形（Sheet Lamination，SL）。

以上众多的工艺方法有效兼顾了金属零部件产品的制造成本和使用价值，扩大了增材制造技术在工业领域的应用空间[3]。

2. 间接金属增材制造技术及应用

间接金属增材制造技术中相对成熟的是快速铸造技术，其适用于中、大型复杂铸件的快速制造。相比于其他金属 AM 技术，快速铸造技术成本较低，材料体系和传统铸件相同，因此已被铸造行业广泛采用。

该技术运用选择激光烧结（SLS）、光固化成形（SLA）或黏结剂喷射（BJ）技术制造出铸造用的砂型、蜡型等模具，通过精密砂铸、熔模铸造的铸造工艺可以得到具有复杂内腔结构的金属零件。最早出现的 SLS 技术由美国德克萨斯大学奥斯汀分校的德查德（Dechard）发明，主要是利用粉末材料在激光照射下高温烧结的基本原理，通过计算机控制光源定位装置实现精确定位，然后逐层烧结堆积成形。SLS 技术最突出的优点在于可用的成形材料种类十分广泛。例如，石蜡、高分子、金属、陶瓷及其复合粉末材料等。

相较于传统铸造工艺，SLS 快速铸造的生产加工过程是数字化、柔性化的，是可以随时进行修改的，不需要模具，周期短，成形件表面光洁，精度高，使用的原材料国产化、范围宽、成本低、利用率高、无浪费。隆源成型公司采用 SLS 打印蜡模快速铸造的汽车变速箱如图 1 所示。采用传统工艺制造汽车变速箱需要 4 个月，而采用 3D 打印蜡模快速铸造则只需要 1 个月即可完成。

图1　隆源成型采用SLS打印蜡模快速铸造的汽车变速箱

隆源成型公司于 1994 年研制出国内首台 SLS 激光快速成形机，后研发出相关系列设备，并通过“3D 打印＋熔模精铸”“3D 打印＋覆膜砂铸”的工艺路线，为高校、科研院所、汽车制造企业、设计机构等数千家用户提供快速制造复杂艺术原型、失蜡铸造蜡模、砂型铸造砂型、砂芯的加工服务。相关产品在用户的产品设计验证及小批试制阶段发挥了重大作用。隆源成型公司自主研发的选择激光烧结（SLS）快速成形机系列如图 2 所示。

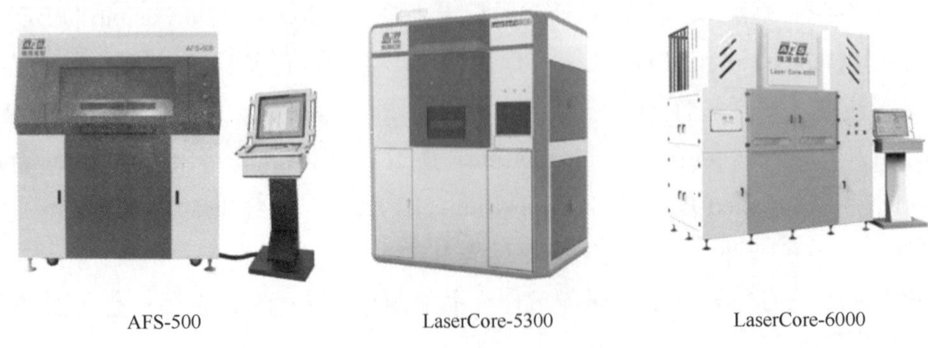

图2　隆源成型自主研发的选择激光烧结（SLS）快速成形机系列

随着技术工艺的发展，3D 打印与粉末冶金开始碰撞出创新的火花。3D 打印与金属注射成形（Metal Injection Molding，MIM）相结合，通过 3D 打印的方式将传统的 MIM 耗材加工成形，并采用常规的 MIM 后处理工艺对“生坯”进行脱脂、烧结处理，即可得到金属零件。美国 Desktop Metal 公司将其称为“桌面金属”技术，简称“DM”；国内亘易隆机械设备有限公司将其称为定向喂料沉积（Directed Feedstock Deposition，DFD）。该工艺采用的 3D 打印快速成形技术不用开模具，可以直接打印生坯，节省了开模的时间和成本，把新产品开发、试制的周期从数周缩短为几天，可快速切入批量生产，有利于企业抢占市场先机，同时大幅提高了 MIM 企业的接单能力和产品开发效率，适用于军工、医疗、民用航空、汽车工业、工业制品、电子 3C、船舶、生活用品等领域。

美国 Desktop Metal 公司已经通过采用 3D 打印 MIM 棒材的技术路线融资超过 4.7 亿美元；国内亘易隆机械设备有限公司已经成功开发出相关核心装备和材料体系，实现了 30 多种 MIM 粒料的直接打印。该公司的装备不需要专用耗材，材料适用范围广，进一步降低了生产成本，为该项技术的产业化和应用推广提供了便利。亘易隆 DFD 金属喂料打印机、配套设备及采用的 MIM 粒料如图 3 所示。亘易隆材料体系见表 1。

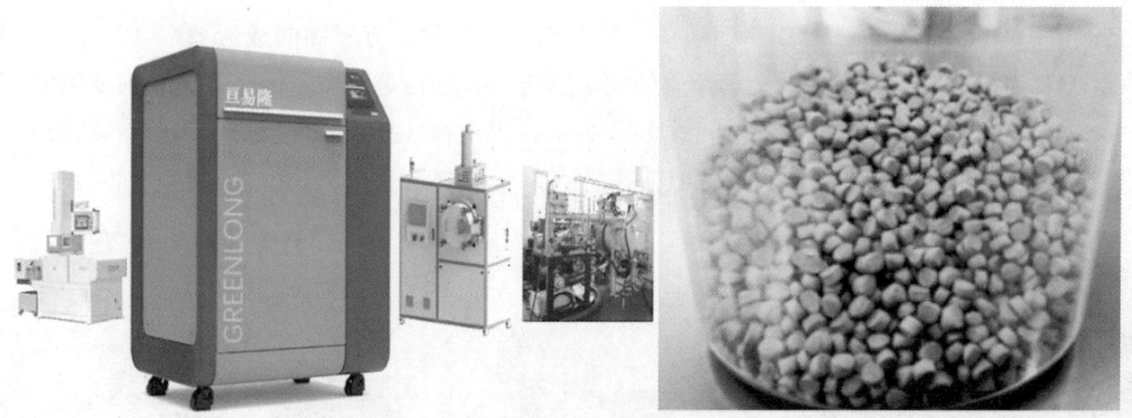

图3 亘易隆DFD金属喂料打印机、配套设备及采用的MIM粒料

表1 亘易隆材料体系

材料系列	牌号	密度 / (g/cm³)	硬度		备注
			烧结态	热处理态	
不锈钢	S304L	7.3	58HRB		奥氏体不锈钢
	S316L	7.4	60HRB		奥氏体不锈钢
	17-4PH	7.25	22HRC	34HRC	马氏体沉淀硬化不锈钢、固溶 +500℃时效
	S420	7.2	24HRC	44HRC	马氏体不锈钢，淬火 + 调质
	S430	7.2	65HRB		铁素体不锈钢 Ferrite（铁素体）
	S440C	7.1	30HRC	50HRC	马氏体不锈钢，淬火 + 调质

（续表）

材料系列	牌号	密度 / (g/cm³)	硬度		备注
			烧结态	热处理态	
低合金钢	2200	7.25	45HRB		Fe2Ni
	2700	7.2	63HRB		Fe8Ni
	4605	7.25	65HRB	40HRC	Fe2Ni，C0.4 ～ 0.6，淬火 + 调质
	FN04Mo	7.2	70HRB	40HRC	Fe4NiMo，C0.4 ～ 0.6，淬火 + 调质
模具钢	S136	7.2	24HRC	44HRC	4Cr13MoV，淬火 + 调质
	SKD11	7.15	30HRC	50HRC	Cr12Mo1V，淬火 + 调质

注：3D 打印成形生坯密度，按黏结剂含量不同，分别为 4.8g/cm³ ～ 5.2g/cm³ (OSF1.216 ～ 1.165)。

DM、DFD 技术出现后，人们迅速意识到，3D 打印 + 粉末冶金的技术路线有极大的潜力可以发掘。Desktop Metal 公司在法兰克福“Formnext 2018”上展示了其第二代基于黏结剂喷射“3DP+MIM”的 Production（产品）系列金属 3D 打印装备。黏结剂喷射技术具有极高的成形效率（数十升 / 小时），“3DP+MIM”看上去是一个兼顾效率和品质的完美组合——这也是目前唯一有望实现规模化的金属 3D 打印技术。与此同时，国内的隆源成型、武汉易制科技等也在该技术方向上取得进展。隆源成型 AFS-PM1600 概念机及配套脱脂烧结设备如图 4 所示。

图4　隆源成型AFS–PM1600概念机及配套脱脂烧结设备

3. 直接金属增材制造技术及应用

选区激光熔化（Selective Laser Melting，SLM）技术是直接金属增材制造技术中很有代表性的热点技术，其适用于小型、复杂结构金属零部件的直接制造。该工艺由德国弗劳恩•霍夫（Fraunhofer）研究院于 1995 年首次提出。其原理是以逐层铺粉、逐层扫描的方式将激光的能量转化为热能使金属粉末成形。SLM 成形的金属零件精度及成形质量高，可以直接制造而不需要中间步骤，相较传统减材制造方式更节省材料。SLM 非常适用于制造注重轻量化、个性化的复杂模具，以及航空航天、汽车、医疗等领域。SLM 工作原理如图 5 所示。

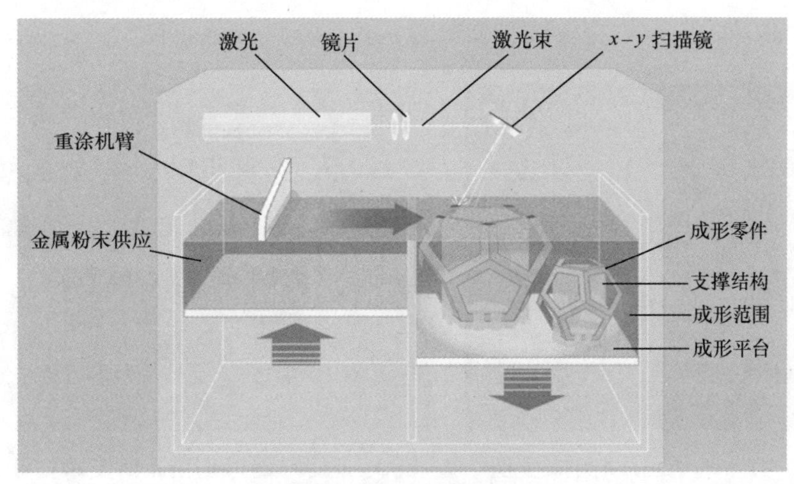

图5　SLM工作原理[4]

近年来，国内外对 SLM 技术工艺的研究及应用也在不断深入与拓展，并取得了一些进展。美国航天公司 SpaceX 在开发载人飞船 Super Draco（超级龙旗）的过程中，采用了 SLM 技术制造载人飞船的引擎。3D 打印很好地解决了引擎的冷却道、喷射头、节流阀等复杂结构的制造问题。SpaceX 公司利用 SLM 技术制造的载人飞船引擎如图 6 所示。

国内的铂力特公司利用 SLM 技术解决了随形内流道、复杂薄壁、镂空减重、复杂内腔、多部件集成等复杂结构问题。上海航天设备制造总厂的大型金属构件增材制造装备解决了国内航天领域大型金属构件在传统制造模式下制造周期长、材料利用率低和柔性化程度差等问题。隆源成型公司的 SLM 金属增材制造装备成功制造出薄壁、微孔、细丝等超精细结构，并率先突破了“功能性梯度材料”的高精度 3D 打印，可实现“高通量”材料研发，并获得了相关核心专利。隆源成型梯度材料金属铺粉（SLM）3D 打印设备如图 7 所示。

图6　SpaceX公司利用SLM技术制造的载人飞船引擎[5]

图7　隆源成型梯度材料金属铺粉（SLM）3D打印设备

利用 SLM 技术制造汽车金属零件，在降低成本、缩短周期、提高工作效率、生产复杂零件等方面优势明显，使汽车的车身设计、结构、轻量化等性能更优异。利用 SLM 技术还可以成形具有复杂结构并且与生物体具有良好相容性的植入体，例如，个性化骨科手术模板、个性化股骨植入体、个性化牙冠牙桥植入体等。利用 SLM 技术打印的 V8 引擎实体模型如图 8 所示。隆源成型利用 SLM 技术打印的康复医疗产品如图 9 所示。

图8 利用SLM技术打印的V8引擎实体模型[5]

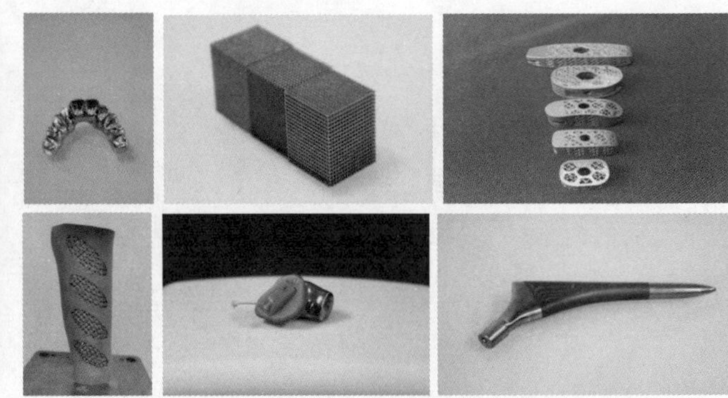

图9 隆源成型利用SLM技术打印的康复医疗产品

还有一种在大型金属零部件的多品种小批量生产以及高价值金属零部件的修复等方面具有很大潜力的直接金属 3D 打印技术，美国材料与试验协会（ASTM）和国际标准化组织（ISO）将其定义为定向能量沉积（DED）。DED 技术一般是指使用电弧、激光、电子束、等离子弧等定向热源将材料（主要是金属）沉积到指定位置，实现大型零件的自由成形，具有速度快、致密度高、材料使用率高等优点，但材料成形表面比较粗糙，一般还需要进行二次加工。

DED 技术分类中的激光金属粉末沉积技术（Laser Metal Deposition，LMD）以激光为能量源，并以金属粉末为加工材料。与粉末床选区激光熔融金属 3D 打印技术不同的是，LMD 技术不依赖于压力室，其 3D 打印加工过程可以立即开始，惰性气体可直接从激光头流出并包围粉末流和熔池。激光金属粉末沉积技术如图 10 所示。

LMD 技术允许激光头和工件更灵活地移动，从而为增加设计自由度和生产更大的部件创造了机会——在航空工业、涡轮机制造等领域具有潜在优势。Airbus（空中客车）公司的 A300 机型和 A350XWB 机型使用了 LMD 技术 3D 打印的零件，有些支架类零件可以减重达 30% ～ 55%，节省了大量原材料。国产大飞机采用 3D 打印技术制造的中央翼缘条如图 11 所示。它是大型钛合金结构件，长达 3m。

图10 激光金属粉末沉积技术

图11 国产大飞机采用3D打印技术制造的中央翼缘条

由于 LMD 技术可实现近净成形制造、激光熔覆、功能增加或混合制造等多种功能的应用，所以它不仅可以制造新零件，还可以被应用到现有零件的修复或涂覆中。激光熔覆可被应用于煤机行业、钢铁行业、电力行业等的设备部件修复，以及水面舰艇武器的防腐、铁轨修复等。资料显示，修复后的部件强度可达到原强度的 90% 以上，再制造平均成本仅为新品的 50%，同时修复后的制造节能可达

60%，节省材料可达 70%，可解决重大成套设备连续运行过程中现场快速抢修的难题。激光熔覆修复应用如图 12 所示。

图12　激光熔覆修复应用

4. 结语

金属增材制造经过 20 多年的发展，已经形成诸多工艺方法，有效满足了诸多工业应用的快速试制需求和部分批量制造需求。但是大多数金属增材制造技术仍然受到成本和工艺成熟度的制约，应用的深度和广度有限。对于未来金属增材制造行业的发展，可以从深度和广度两个角度分析。

增材制造行业向深度发展的第一驱动力是“设计驱动”，即增材制造技术需要与终端应用的研发设计进行有机融合，例如，增材制造应用已经取得明显成效的航空航天、铸造、模具、齿科、医疗等行业，就是从研发和设计端开始的，它们理解并采纳了“增材制造思维”，促使相应的工艺研发和应用开发取得较快的发展。另外，金属增材制造的工艺成熟度仍在不断提升，通过在线监控、自动化等智能控制手段保证工艺的一致性、可追溯性，也是行业向终端产业深度延伸的重要动力。

从发展广度分析，金属增材制造工艺的效率不断提升，成本不断下降，规模化效应开始显现。例如，多激光 SLM 设备、高速 3DP 设备和 3DP 金属设备的出现，将提升数倍乃至数十倍的加工效率，大幅度降低了制造成本。同时，3D 打印技术与传统制造工艺的进一步融合，例如，3D 打印与铸造、3D 打印与粉末冶金也将为应用端提供更丰富、更契合的解决方案，为行业发展带来新的契机。

另外，在成形材料方面，随着成形工艺及装备的不断成熟及提高，成形材料也从钛合金、不锈钢、镍基合金、钴铬合金等转变为快熔快固、亚稳材料、新型金属基复合材料等新型材料，而诸如材料基因组技术等的融合将加速增材制造新型专用材料的研发。

参考文献

[1] 中华人民共和国国家质量监督检验检疫总局 . GB/T 35351-2017 增材制造术语 [S]. 北京：中国国家标准化管理委员会，2017.

[2] 宗贵升 . 实现智能制造，平台化运作将成核心 [J]. 千人，2015，39: 32-34.

[3] 鲍飞，陈善忠等 . 金属零部件制造的 3D 打印技术现状及发展趋势 [J]. 新材料产业，2018，(5): 53-55.

[4] 杨永强，刘洋，宋长辉 . 金属 3D 打印技术现状及研究进展 [J]. 机电工程技术，2013，42(4): 1-7.

[5] 陈济轮，杨洁，于海静 . 国外高能束增材制造技术应用现状与最新发展 [J]. 航天制造技术，2014，(4): 1-10.

激光沉积增材制造耐高温钛合金性能研究

郭明海[1]，李广生[1]，刘斌[1]，陈志勇[2]，刘海涛[3]，金亮[3]，张英伟[1]
（1. 鑫精合激光科技发展（北京）有限公司，北京 102206；
2. 中国科学院金属研究所，沈阳 110016；
3. 北京空天技术研究所，北京 100074）

摘要：本文研究了一种新型耐高温承力钛合金（Ti60）的激光沉积增材制造工艺，分析了激光高效近净成形工艺参数的能量密度变化规律，对比了不同热处理工艺对合金组织和性能的影响，并测试了合金的室温/高温拉伸、高温持久、高温蠕变和断裂韧性等性能。结果表明，激光沉积增材制造钛合金（Ti60）具有优异的综合性能。在固定的送粉率、扫描速度和扫描间距下，激光功率的增加会导致单层熔高增加；采用双重退火热处理工艺，合金可以得到α相相互交叉的网篮组织以及较好的综合性能。激光沉积增材制造技术可被应用于大型复杂钛合金构件制造，具有短周期、低成本、整体成形的优势，新型高温钛合金增材制造有望被应用于高速飞行器制造等高端装备制造领域。

关键词：钛合金；增材制造；激光沉积；3D打印

1. 引言

航空航天等领域高端装备制造面临严酷的力 / 热载荷条件与重量约束，这对飞行器的设计和选材都提出了更高的要求。耐高温、高强度的轻质金属结构材料是此类应用环境下的首选。

能够满足耐高温要求的材料主要包括镍基或钴基高温合金、钛合金、金属间化合物材料、C/C、C/SiC 陶瓷基复合材料等。本文从材料轻量化、热强性、材料成本、制造加工工艺性以及工程应用成熟度等方面对这些材料进行了对比。耐高温结构材料应用对比见表 1。

表1 耐高温结构材料应用对比

材料	轻量化	热强性	材料成本	制造加工工艺性	工程应用成熟度
镍基高温合金	×	√	中	√	√
C/C、C/SiC	√	√	高	×	×
金属间化合物	√	√	高	×	×
钛合金	√	√	中	√	√

镍基或钴基高温合金材料密度较大，难以满足机体结构的轻量化要求。Ti_2AlNb、Ti_3Al、TiAl 等金属间化合物使用温度可达到 650℃～900℃，但是材料的室温塑性偏低制约了工程应用；C/C、C/SiC 耐高温可达 1000℃以上，但材料的抗氧化、低成本快速制造工艺还没有得到彻底解决；高温钛合金以其耐高温、低密度、高比强度、高比刚度等优点成为飞行器高温结构件的首选，代替了镍基高温合金，可以减轻 50% 左右的重量，从而显著提高装备性能。

钛合金具有高强度以及良好的塑性、韧性与耐蚀性，主要被用来替代高强度钢作为航空航天飞行器中的结构材料，是各国材料研究的主要方向之一。Ti-6Al-4V 合金是最早研制成功的高温钛合金材料，可在 400℃以下工作。随着对钛合金性能需求的不断提高，我国又相继研发出使用温度为 500℃、600℃的钛合金牌号，例如，TC11、TA15、Ti55、Ti60 等。中国科学院金属研究所研制的一种新型耐 600℃以上高温的钛合金（Ti60），是一种 Ti-Al-Sn-Zr-Mo-Ta-Nb-Si 八元系钛合金。八元素钛合金化学成分见表 2。

表2　八元素钛合金化学成分

元素名称	Ti	Al	Sn	Zr	Mo	Si	Ta	Nb	C
质量分数 /%	余量	5.2 ～ 6.2	3.0 ～ 4.5	2.5 ～ 4.0	0.2 ～ 1.0	0.2 ～ 0.6	0.2 ～ 1.5	0.2 ～ 0.7	0.02 ～ 0.08

杂质元素名称	Fe	O	N	H	其他元素单个	其他元素总和
质量分数 /%	0.25	0.15	0.05	0.012	≤ 0.10	≤ 0.30

然而，由于在结晶组织、物理和化学特性等方面与钢、铝合金以及很多重金属有很大的不同，钛合金仍然是一种不易加工的金属材料。开发制造周期短、综合成本低的高温钛合金成形制造工艺是当前面临的迫切需求。随着近年来增材制造技术的迅速发展，激光增材制造凭借其独特的工艺特点，已经成为钛合金材料快速低成本制造的重要途径。

2. 激光沉积增材制造技术概述

激光沉积增材制造技术（Laser Melting Deposition，LMD）也称同轴送粉技术，是增材制造中的一种工艺方法，其以高功率的定向能激光为能量源，采用粉末同步送进的方式，将待熔粉末直接送入高能束激光产生的熔池中，由机床或机器人引导高能束激光光斑按轨迹行走，逐层堆积，最终成形出三维立体复杂结构的零部件。激光沉积制造工艺示意（左）及设备原理（右）如图 1 所示。

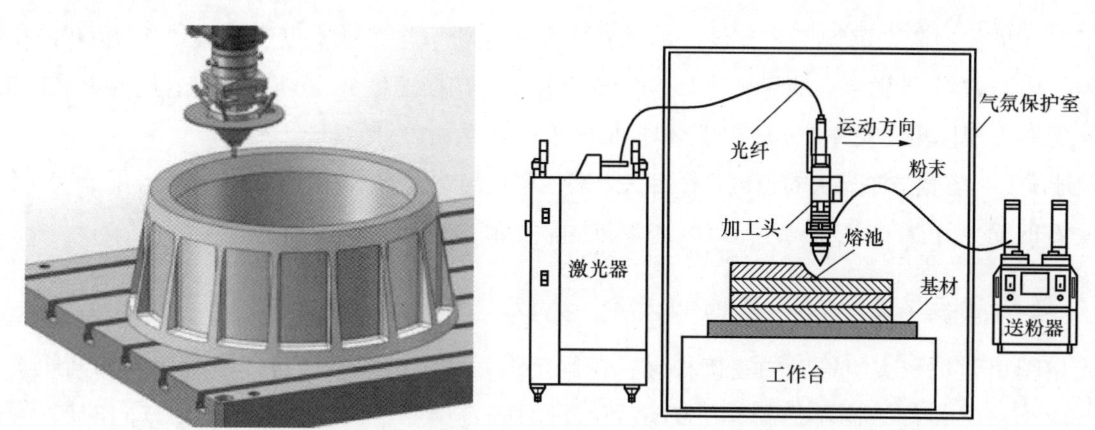

图1　激光沉积制造工艺示意（左）及设备原理（右）

激光沉积增材制造技术是金属材料 3D 打印的主要方式之一。激光沉积增材制造可以精确控制能量输入、光斑直径（熔道宽度）、成形方式、扫描路径和层厚，从而实现任意复杂形状的金属零件的成形制造。

对于 Ti60 等难加工的高温钛合金材料，传统的铸造、锻造工艺的机械加工余量大，制造成本高，制造周期长，并且需要专用模具。在制造一些复杂结构的零部件时，传统制造加工工艺还存在材料利用率较低、加工周期长等问题。而采用激光沉积制造技术则能很好地解决上述问题。

激光沉积增材制造技术能实现精准熔覆，立体成形，在制造大型复杂结构的零部件时有材料利用率高、制造周期短的优势。同时，激光沉积增材制造技术具有瞬熔速凝高效近净成形的特点，能够保证构件的较高性能水平。在合适的成形参数下，采用激光沉积增材制造技术制造的零部件的材料性能可与锻件媲美。激光沉积增材制造不需要任何工装即可实现大型复杂构件的快速整体成形，有效解决了高温钛合金材料构件制作周期长、制造成本高的问题。

因此，研究高温钛合金材料的激光沉积增材制造技术，突破国外技术垄断，对于提升我国重大装备制造能力，提升关键零部件制造自主化程度，具有重要的理论意义和实用价值。

3. 激光沉积制造工艺过程

本文中的实验采用天津镭明激光科技有限公司研制的 TSC-S2510 激光沉积制造设备，激光输出功率为 10kW。

激光沉积制造的原材料为 Ti60 粉末。由中国科学院沈阳金属所提供 Ti60 母材，通过等离子旋转电极熔化氩气雾化法制粉，粉末为粒度在 −60 目～ +200 目的球形颗粒。粉末粒度分布见表 3。

表3　粉末粒度分布

粒度 / 目	+60	−60 ～ +80	−80 ～ +100	−100 ～ +140	−140 ～ +170	−170 ～ +200	−200
比例 /%	0	37.4	27.7	15.9	5.9	9.5	3.5

高温钛合金 Ti60 激光沉积制造工艺流程为：Ti60 粉末→激光沉积成形→去应力退火→粗加工→无损探伤→热处理→理化检测→精加工→成品。

4. 激光沉积与热处理

为了选择最佳的激光沉积工艺参数，本试验研究了送粉率与熔道宽度（简称“熔宽 D”）和熔道高度（简称“熔高 H”）的关系，能量密度 E 与激光功率 P、扫描速度 v、扫描间距 s、层厚 h 之间的关系，以及不同层厚、相同激光功率、扫描间距和扫描速度的能量密度计算。

一般情况下，熔宽与激光束的光斑直径有关，搭接率 η 与熔宽 D 和扫描间距 s 相关，即 $\eta=(D-s)/D$，能量密度 E 的简单计算公式为，$E=P/(v\times s\times h)$。

4.1　送粉率与熔宽、熔高之间的关系

激光熔覆单道沉积实验可以测定该种材料在固定送粉率下的熔宽，进一步确定扫描间距，使搭接率达到 50% ～ 60%；测定固定送粉率下的熔高，进而确定层厚，决定设备在 z 轴方向的层提升高度。沉积参数选定激光功率为 6800W，扫描速度为 800mm/min ～ 1000mm/min。送粉率与熔宽、熔高之间的关系见表 4。

表4　送粉率与熔宽、熔高之间的关系

送粉率 /（kg/h）	扫描速度 /（mm/min）	熔宽 /mm	熔高 /mm
1.2	800	9.2	0.62
1.3	800	9.1	0.68
1.4	800	9.0	0.74
1.2	1000	8.2	0.58
1.3	1000	8.1	0.64
1.4	1000	8.0	0.70

从表 4 中可以看出，在相同激光功率和一定扫描速度下，随着送粉率的增加，熔宽变窄，熔高增大；在相同激光功率下，随着扫描速度的增加，熔宽变窄，层厚降低。这可以为后续设备层的提升提供选择依据。

4.2　热处理工艺的影响

本研究采用激光沉积制造最优参数沉积成形试样，经去应力退火和无损探伤后进行热处理，工艺为双重退火。研究中采用了两种不同热处理参数。经热处理后的 Ti60 显微组织如图 2 所示。

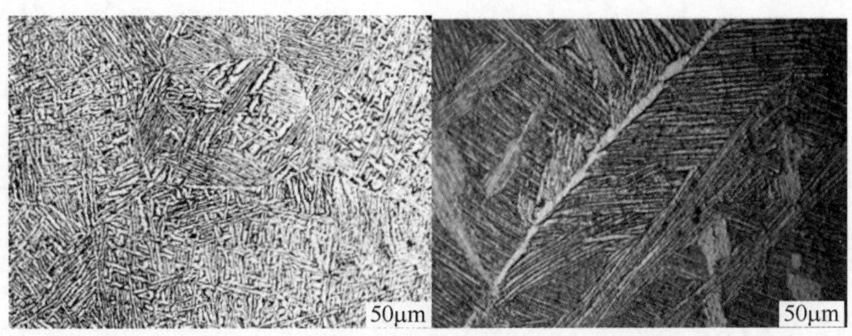

图2　经热处理后的Ti60显微组织

从 Ti60 的显微组织中可以看出，经过第一种热处理后（图 2 左），组织为短粗 α 相，呈网篮状相互交叉，细小的网篮组织不仅有较好的塑性、冲击韧性、断裂韧性和高温蠕变性能，还具有较好的热强性。而经过第二种热处理后（图 2 右），Ti60 形成了片层组织，析出了粗大的原始 β 晶粒和完整的晶界 α 相，在原始 β 晶粒内形成尺寸较大的柳条状“束集”，同一“束集”内有较多的 α 相彼此平行，呈同一取向。随着退火温度升高，α 相已经超过相变点进入 β 相区发生回复，冷却后再结晶，导致晶粒粗大，α 相呈“束集”片状细长化。

5. 激光沉积制造材料性能

本研究对激光沉积制造的 Ti60 试样进行力学性能测试。材料的室温拉伸性能数据见表 5。

表5　材料的室温拉伸性能数据

试验温度 /℃	试样方向	室温拉伸性能			
		σ_b/MPa	$\sigma_{0.2}$/MPa	δ/%	ψ/%
20	横向	1023.88	941.98	12.40	18.78
	纵向	996.38	900.19	12.27	21.35

同时，本研究也对该工艺制造的高温钛合金 Ti60 的高温拉伸性能、高温持久、高温蠕变和断裂韧性进行了测试。高温拉伸性能见表 6，高温持久性能见表 7，高温蠕变性能见表 8，断裂韧性见表 9。

表6　高温拉伸性能

试验温度 /℃	试样方向	高温拉伸性能			
		σ_b/MPa	$\sigma_{0.2}$/MPa	δ/%	ψ/%
600	横向	686.5	546	18.3	44.5
	纵向	643.5	511	24.0	66.0
650	横向	628.0	488	27.0	54.0
	纵向	613.0	469	29.0	55.0

表7　高温持久性能

温度 /℃	α/MPa	试样方向	高温持久性能	
			τ/h	δ/%
600	450	横向	28.93	32
		纵向	16.55	42
650	330	横向	12.17	33
		纵向	8.20	42

表8　高温蠕变性能

温度 /℃	α/MPa	试样方向	高温蠕变性能	
			τ/h	δ/%
600	450	横向	0.5	0.224
		纵向	0.5	0.492
650	330	横向	0.5	0.464
		纵向	0.5	0.752

表9　断裂韧性

类别	试验温度 /℃	试样编号	KIC/（$MPa\sqrt{m}$）
激光沉积	20	T1	46.2
激光沉积	20	T2	43.4
激光沉积	20	T3	42.6
激光沉积	20	L1	44.4
激光沉积	20	L2	42.9
激光沉积	20	L3	43.5
锻件	20	T/L	≥ 40

测试结果表明，采用合适的激光沉积制造工艺参数并结合适当的热处理，可以得到室温、高温力学性能优异的高温钛合金 Ti60 材料性能，获得的材料性能与锻件性能水平相当。

为验证激光沉积制造 Ti60 材料的工艺性，本研究试制了头锥法兰典型件。高温钛合金 Ti60 法兰典型件如图 3 所示。

通过激光沉积制造技术，成功验证了高温钛合金 Ti60 的工艺性能和材料性能，为此类新材料新工艺的后续应用奠定了基础。

（a）毛坯

（b）制品

图3　高温钛合金Ti60法兰典型件

6. 结论

本研究采用激光沉积制造新工艺成功实现了新型高温钛合金 Ti60 的增材制造，验证了工艺的可行性，该工艺可被应用于复杂构件的快速整体成形。

在相同激光功率和一定扫描速度下，随着送粉率的增加，熔宽变窄，熔高增大；在相同激光功率下，随着扫描速度的增加，熔宽变窄，层厚降低。

应用双重退火制度可以得到短粗 α 相相互交叉的网篮组织，材料的强度、塑性得到了提升和平衡，综合力学性能较好。

采用合适的激光沉积制造工艺参数并结合适当的热处理，可以得到室温、高温力学性能优异的高温钛合金 Ti60 材料性能，获得的材料性能与锻件的性能水平相当。

参考文献

[1] 吕金建，贾长治，杨建春 . 激光能量密度对选区激光熔化成形质量的影响 [J]. 热加工工艺，2018，47(20): 156-159.

[2] 杨宝付，刘黎明，杨俊，等 . 热处理工艺对双网篮 Ti750 合金组织性能的影响 [J]. 航天制造技术，2007，1(6): 31-34.

[3] 马陶然，唐海波，方艳丽，等 . 热处理对激光沉积 Ti60A 高温钛合金组织及性能的影响 [J]. 热加工工艺，2012，41(14): 199-202.

[4] 赵永庆，陈永楠，张学敏，等 . 钛合金相变及热处理 [M]. 长沙：中南大学出版社 . 2012.

[5] 黄旭，朱知寿，王红红 . 先进航空钛合金材料与应用 [M]. 北京：国防工业出版社 . 2012.

[6] 陶春虎，刘庆瑔，刘昌奎，等 . 航空用钛合金的失效及其预防 [M]. 北京：国防工业出版社 . 2013.

[7] 朱知寿 . 新型航空高性能钛合金材料技术研究与发展 [M]. 北京：航空工业出版社 . 2013.

[8] 陈国财，单学锋，杨文甲，等 . 一种超高温钛合金及其制备方法：中国，201510122919.2[P]. 2015-07-08.

[9] 陈国财，单学锋，杨文甲，等 . 一种用于超高温条件下的钛合金及其制备方法和应用：中国，201610710408.7[P]. 2018-06-29.

[10] 王清江，刘建荣，杨锐，等 . 一种高热强性、高热稳定性的高温钛合金：中国，200710011771.0[P]. 2009-12-09.

激光选区熔化成形镍基高温合金研究现状与挑战

张英伟，刘斌，李广生，崔照雯，李会敏，李澄
（鑫精合激光科技发展（北京）有限公司，北京　102200）

摘要：镍基高温合金以其良好的高温强度、高温稳定性及蠕变性能，在航空航天工业等领域得到了广泛应用。激光选区熔化成形技术的发展和进步为其设计制造赋予了更大的自由度和灵活性。本文讲述了激光选区熔化成形镍基高温合金的研究现状，并分析了此技术存在的问题和挑战，为进一步的研究提供了方向。

关键词：激光选区熔化；镍基高温合金；增材制造

1. 引言

选区激光熔化（SLM）成形技术是增材制造技术的一种，其基于离散化成形的基本思想，采用逐层熔化的制造方式，根据零件的三维模型，将模型按一定的厚度切片分层，随后在计算机系统的控制下，用激光熔化选定区域的金属粉末，直接成形具有特定几何形状的零件。该工艺具有成形精度高、表面质量好、致密度高和工艺流程简单的优点，近年来，随着该技术的不断发展，在航空航天、核工业等高端装备领域的应用逐渐增加。

镍基高温合金是以镍或镍铬为基体的，能在600℃以上高温长期稳定工作的合金材料，被广泛应用于制造发动机叶片、涡轮盘、燃烧室等热端零部件[1]。镍基高温合金的传统制造工艺以铸造、锻造和粉末冶金为主，这些工艺的优点是适用于大批量生产，但生产周期长，对于涉及薄壁、孔道等复杂结构的零件成形加工困难。激光选区熔化成形为近净成形，可直接成形出零件的结构特征，且零件的小孔、薄壁、复杂曲面均可成形。这就为航空零部件的精密成形和小批量生产赋予了很大的灵活度。本文分析了近年来激光选区熔化成形镍基高温合金的研究情况，并分析了此技术存在的问题和遇到的挑战。

2. 激光选区熔化成形镍基高温合金的研究现状

与铁基和钴基高温合金相比，镍基高温合金不论在牌号种类上还是在使用范围上均具有显著的优势。近年来，随着激光选区熔化技术的快速发展，镍基高温合金在航空航天、核工业等领域使用越来越广泛。目前，利用激光选区熔化技术成形的镍基高温合金主要有GH4169、GH3536、GH3625、K4202、GH3030、IN738LC、rene104[2-3]。其中，工艺较成熟且工业化应用的材料有GH4169、GH3536、GH3625。下面对这3种材料的激光选区熔化成形技术的研究现状进行介绍。

2.1　GH4169

GH4169又称IN718、Inconel718，是Ni-Cr-Fe基沉淀硬化型变形高温合金，长期最高使用温度为650℃，短期最高使用温度可达800℃。该合金是650℃强度最高的高温合金，也是目前使用量最大的镍基高温合金[4]。GH4169适用于制造航空航天、核能和石化工业中的涡轮盘、环件、叶片、轴、机匣等零部件。正是由于该材料应用的广泛性，SLM成形工艺的研究起步也较早。国内的华中科技大学、华南理工大学、北京工业大学、北京航空材料研究院、中科院沈阳金属研究所、西北工业大学，以及

美国国家航空航天局（National Aeronautics and Space Adiministration，NASA）、新加坡南洋理工大学、英国伯明翰大学等机构均进行了大量的研究。

激光选区熔化成形 GH4169 的研究重点是调整金属组织状态，实现强度和塑性的最佳匹配。由于 SLM 成形过程为快速熔化和凝固过程，热传导存在显著的方向性，相应的组织也呈现各向异性，平行于生长方向。组织为鱼鳞状的熔池组织，熔池内部为贯穿多个熔池（粉层）的柱状晶，垂直于生长方向，组织为细小的“胞状”晶粒结构，枝晶间隙还存在少量的 Laves 硬脆相[5]。如果直接采用锻件的热处理工艺，材料的强度偏高，塑性偏低，冲击韧性也很差，远低于锻件的性能水平。万红元等人研究发现，在进行固溶 + 时效、均匀化 + 固溶 + 时效、均匀化 + 时效处理后，GH4169 的疲劳性能显著提高，其机理为经过热处理后，Laves 硬脆相溶解入基体，并析出针状的 δ 相，而后者可有效抑制成形件中孔洞的不利影响。冯喆等人[6]研究发现，采用传统的热处理工艺，晶界和晶内存在较多针状和短棒状 δ 相，阻碍位错运动。当固溶温度提高到1080℃时，晶界处析出适量的 δ 相，高温性能最佳。张雪峰等人[5]研究表明，SLM 成形态 GH4169 制件，经固溶 + 双时效热处理后，其力学性能与锻件基本持平。拉加瓦那（Raghavana）等人研究发现，随着固溶温度的提高，显微组织的各向异性减小，但柱状晶一直存在。本团队的研究结果表明，当固溶温度为 980℃时，获得的 GH4169 室温抗拉强度高、塑性差，断裂延伸率低于锻件水平，硬度较高（47HRC），材料加工困难。当固溶温度提高到 1100℃时，材料的强度和塑性优于锻件水平，高温力学性能可与锻件性能相当。

2.2 GH3536

GH3536 又称 Hastelloy X，是 Ni-Cr-Fe 基固溶强化型变形高温合金。该合金在 900℃以下具有中等的持久和蠕变强度，并具有良好的抗氧化和耐腐蚀性能、良好的冷热加工成形性和焊接性能。GH3536 适用于制造在 900℃以下长期使用的航空发动机燃烧室等部件，以及工作温度可达 1080℃的短期使用的高温部件。该合金被广泛用于制造航空发动机燃烧室部件、蜂窝结构、扩散器、尾喷口和其他热端部件[4]。

GH3536 材料的激光选区熔化工艺难点是成形组织中的微裂纹，国内外学者对此进行了大量的研究和分析[7]。总体上，GH3536 材料 SLM 成形态中裂纹的分布规律是：xy 截面（基板面）上的裂纹呈无规则分布，xz 截面（垂直基板面）的裂纹贯穿多个烧结层，且基本与增长方向平行[7]。GH3536 材料 SLM 成形组织如图 1 所示。侯慧鹏等人[7]的研究表明，经固溶 + 热等静压处理后，GH3536 成形态组织中的微裂纹闭合。默滕斯（Mertens）等人研究表明，基板预热可提高激光选区熔化成形 GH3536 的致密度，并降低裂纹密度和气孔率。尼尔•哈里森（Neil Harrison）等人针对 GH3536 SLM 成形微裂纹的问题，对 GH3536 的成分和成形参数进行了调整和优化，得出的结论是，成形组织中的微裂纹与凝固过程温度梯度、材料高温下的强度关系密切，与杂质元素的偏析无关。通过提高固溶强化元素含量，降低杂质元素含量，可进一步提高材料的高温强度，进而降低裂纹数量。实验数据也表明，通过成分优化可降低 65% 的裂纹密度。化学成分对成形组织中裂纹的影响如图 2 所示。托木斯（Tomus）等人通过热力学计算和分析，认为 GH3536 材料 SLM 成形组织中的微裂纹形成机理为在凝固过程中裂纹萌生，并随着成形过程热循环裂纹不断扩展。最初裂纹的萌生与微量元素 Si、C 的关系比较密切。因此控制 Si、C、Mn 等杂质元素或在成形后进行热等静压可减小或避免裂纹的产生。韩全全等人的研究表明，裂纹为热裂纹，主要发生在大角度晶界处，其形成机理为柱状晶在生长过程中，由于树枝晶顶底部的液相压力差，所以出现热裂纹。

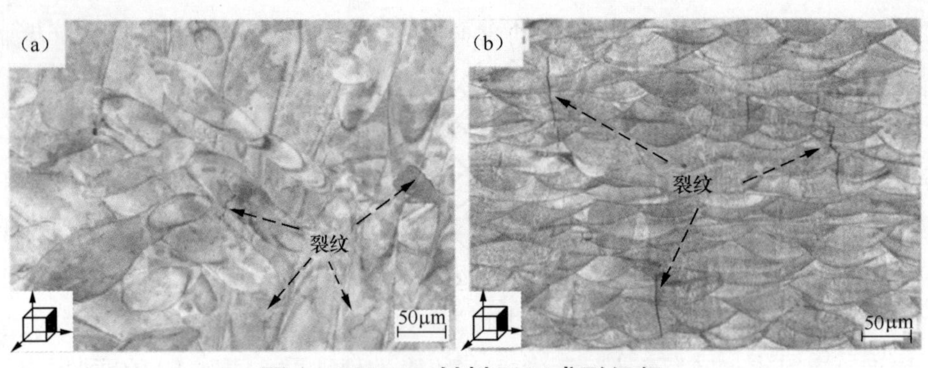

图1　GH3536材料SLM成形组织

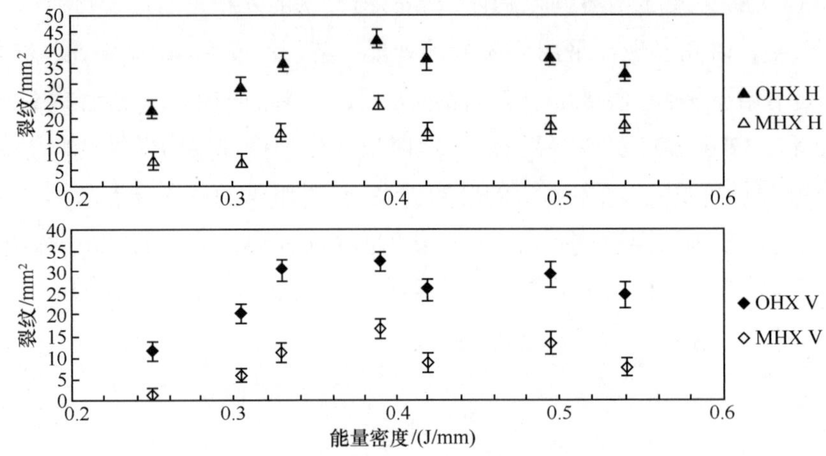

注：OHX为原始成分，MHX为调整后成分

图2　化学成分对成形组织中裂纹的影响

热等静压（Hot Isostatic Pressing，HIP）是改善金属铸件内部缺陷的重要方法，由于GH3536成形态组织易出现微裂纹，所以该技术也被应用于其后处理中。萨伊德·卜尔巴巴克（Saeid Pourbabak）等人研究发现，在GH3536成形态组织中，亚晶界存在富含Al、Ti、Cr、O的纳米级析出相，经HIP热处理后，组织中析出微米级的$Cr_{23}C_6$碳化物。李娅丽等人的实验结果表明，热等静压在改善SLM成形件的微裂纹、孔洞等缺陷的同时，可提高塑性，但会降低抗拉强度。薛珈琪[8]等人研究发现，对于SLM成形的GH3536材料，经不同热处理后的晶界碳化物会影响材料的力学性能，块状碳化物分布在晶界会降低激光选区熔化GH3536合金的室温塑性和高温持久性能；链状碳化物能够强化晶界，使合金具有较高的室温塑性和高温持久性能。伽利略·马尔凯塞（Giulio Marchese）等人指出，SLM成形的GH3536材料经HIP热处理后，晶粒明显粗大，由于缓冷效应，晶内析出等轴的M_6C型碳化物，晶界上析出M_6C和$M_{23}C_6$型的碳化物膜，这层碳化物薄膜对材料的塑性不利，所以需要采用固溶热处理进行溶解。HIP＋固溶处理后的晶粒度和组织与锻件的基本一致。西斯蒂加（Sistiaga）等人研究了1kW高功率激光器SLM成形GH3536的组织变化和力学性能，结果表明，采用高功率激光器后，成形组织变得粗大，经HIP热处理后，强度降低，塑性升高。许鹤君[9]等人研究了HIP对SLM成形GH3536持久性能的影响，研究发现，当HIP温度过低或保温时间过长时，高温持久时间均较短，且断面收缩率和伸长率均较小，最佳的HIP制度参数为1175℃、160MPa和1h。

2.3　GH3625

GH3625合金是Ni-Cr基固溶强化型变形高温合金，以铬、钼、铌为主要固溶强化元素，最高使用温度为 950℃。GH3625 合金从低温到 980℃均具有良好的拉伸性能和抗疲劳性能，且加工和焊接工艺性能良好，被广泛应用于制造航空发动机零部件、宇航结构部件和化工设备，例如，已经用于制造航空和航天发动机机匣、导向叶片、安装边和筒体、燃油总管等零部件 [4]。

杨启云等人 [10] 对 SLM 成形的 GH3625 的粉末特性进行了系统的研究，结果表明，对于 GH3625 的 SLM 工艺，最佳的粉末性能指标：粉末粒径范围是 20mm ～ 60mm，平均粒径约为 35mm；粉末颗粒基本呈球形，平均球形度大于 0.7；流动性小于 20s/50g，松装密度高于 4.0g/cm^3。克里斯托弗（Christopher）等人的研究表明，对于 GH3625 粉末，当 D10 ＜10μm 时，铺粉过程中粉末易团聚，成形过程铺粉不均匀，未熔合的风险增加。克里亚莱（Criales）等人通过数值模拟发现，粉末的反射率对熔池形貌尺寸、成形过程的峰值温度以及液相停留时间等成形过程参数有重要影响。

魏青松 [11] 等人对 SLM 成形 GH3625 的裂纹产生机理进行了研究，结果表明，在快速凝固的过程中，Nb、Mo 元素的局部偏析，形成了 γ+Laves 共晶凝固，同时在脆性相 Laves 周围形成应力集中，导致沿着晶界开裂。SLM 高凝固速率产生的残余应力是微裂纹产生的直接原因。此研究通过基板加热工艺减小热残余应力，利用 X 射线测定不同预热温度（150℃和 300℃）下的残余应力值。结果显示，基板预热降低了热残余应力，并最终抑制了裂纹的产生，随着温度的升高，裂纹数量逐渐减少。

2.4　其他材料

目前处于应用研发阶段的镍基高温合金有 K4202、GH3030、IN738LC、rene104、CM247LC 等。黄文普、左蔚等人 [12-13] 对激光选区熔化成形镍 K4202 基铸造高温合金进行了研究，结果表明，K4202 合金成形性能良好，致密度较好，最佳热处理工艺为直接时效，并且其室温拉伸性能优于铸造工艺和锻造性能。K4202 室温拉伸性能见表 1。刘祖铭等人 [3] 对 rene104 镍基高温合金的 SLM 成形性进行了初步研究，并制备了致密度为 98.37% 的制件，结果表明，扫描线间距和线能量密度是影响 rene104 制件开裂的主要因素。还有学者对 CM247LC 成形样件进行了微观组织分析后发现，样件的纵向截面主要由柱状 γ 晶粒组成，大部分晶胞向扫描轨迹的中间延伸，部分是等轴晶；而在凝固过程中，Hf、Ta、W、Ti 在晶界和晶胞之间富集析出沉淀物，限制了位错流动，导致 SLM 成形件的残余应力增加，最终可使合金零件内部开裂。卡斯滕 • 坤泽亚（Karsten Kunzea）等人对 IN738LC 的 SLM 成形的组织结构、力学性能进行了研究，研究发现，尽管 IN738LC 焊接性较差，但 SLM 成形工艺较好，成形件的致密度不低于 99.5%，其组织为柱状晶。

表1　K4202室温拉伸性能

状态	Rp0.2/MPa	Rm/MPa	A/%
1170℃ × 5h	901	1224	27.3
1170℃ × 4h+850℃ ×10h	878	1264	18.3
850℃ × 4h	1034.5	1320.6	18.9
K4202 铸件标准	≥ 450	≥ 700	≥ 8
GH4202 锻件标准	≥ 550	≥ 930	≥ 16

3. 激光选区熔化成形镍基高温合金面临的挑战

3.1 材料组织及性能调控

根据金属学和凝固原理，金属材料的显微组织存在遗传性，前一工序的显微组织特性会保留到下一工序。激光选区熔化成形是一种金属粉末的快速凝固过程，与锻造工艺相比，其显著特点如下。一是粉末的热导率较差，凝固过程热传导存在显著的方向性，原始的组织形貌具有各向异性。二是成形过程冷却速率较快（≥10^4℃/s），一些平衡相析出被抑制，室温组织为典型的非平衡凝固组织，成分偏析小，组织细小致密。三是后处理不涉及锻造、轧制等热加工工艺，热处理过程中的残余应力释放、再结晶动力学和固态相变等机理复杂。镍基高温合金作为一种重要的高性能金属材料，其性能要求很高，强度、塑性、韧性、疲劳性能、裂纹扩展速率等都是极高的指标。根据本团队及其他研究团队的研究结果，激光选区熔化成形镍基高温合金容易出现强度与塑性的不匹配、高温塑性差、蠕变性能差等问题，影响了这类材料的进一步应用。未来，应在相应的热处理工艺优化和组织演变机理上进行深入研究，以实现综合性能的提升。

3.2 原材料成分控制及成形态缺陷控制

激光选区熔化的冶金特点为快速凝固，分层熔化，并且成形过程热循环历史复杂。因此，成形过程冶金缺陷及残余应力的控制极为重要。近年来，学者围绕镍基高温合金的 SLM 成形冶金缺陷进行了大量研究。对于激光选区熔化成形工艺，GH3536 的裂纹敏感性较高，成形组织中容易产生微裂纹。目前，学术界对裂纹的形成机理还存在分歧，主要有两种观点。其中的一种观点认为，裂纹为结晶裂纹（“Hot Tear”）。在温度稍高于固相温度时，杂质元素或化合物与基体形成低熔点的共晶，在晶界形成液化膜，加之已凝固晶粒的收缩共同形成裂纹。这种裂纹与 Si、C、Mn 等杂质元素密切相关。另一种观点认为，裂纹为多边形裂纹，其形成机理为在稍低于固相温度时，固态金属的强度较低，不足以抵消内应力，因此出现裂纹。基于 GH3536 的裂纹问题，主要的应对策略如下：一是优化成分，降低杂质元素含量，适当提高固溶元素的含量；二是提高粉末床的预热温度，当粉末床温度提高到 200℃甚至更高时，裂纹可显著减少，但对成形设备的要求更高；三是成形后进行热等静压处理。目前，热等静压处理工艺较为常见，材料经热等静压处理后可闭合大部分裂纹和孔洞，修复效果较好，但存在组织粗大、强度裕度小等问题。因此，学界还应在原材料成分优化、成形缺陷形成机理及后处理工艺优化上进行系统的研究和探讨。

4. 结论与展望

目前，激光选区熔化成形镍基高温合金有 GH4169、GH3536、GH3625、K4202、GH3030、IN738LC。其中，GH4169、GH3536、GH3625 的成形已较为成熟。

近年来，关于镍基高温合金激光选区熔化成形工艺的研究较多，也取得了不少成果。本文分析了镍基高温合金激光选区熔化存在的问题和挑战，未来学界还需要重点在成形缺陷控制、热处理工艺及性能调控等方面进行深入研究。

参考文献

[1] 郭建亭 . 高温合金材料学（上册，应用基础理论）[M]. 北京：科学出版社，2008.

[2] 王迪，钱泽宇，窦文豪，等 . 激光选区熔化高温镍基合金研究进展 [J]. 航空制造技术，2018，61(10): 49-60+67.

[3] 段然曦，黄伯云，刘祖铭，等 . Renel04 镍基高温合金选区激光熔化成形及开裂行为，中国有色学报 [J]. 2018，28(8): 1568-1578.

[4] 中国金属学会高温材料分会 . 中国高温合金手册（上册，变形高温合金焊接用高温合金）[M]. 北京：中国质检出版社，中国标准出版社，2012.

[5] 张雪峰，李怀学，胡全栋，等 . 热处理对激光选区熔化 GH4169 高温合金的组织与拉伸性能的影响 [J]. 航空制造技术，2019，62(19): 78-85.

[6] 冯喆 . SLM 成形 Inconel718 合金显微组织和高温力学性能的研究 [D]. 北京工业大学，2018.

[7] 侯慧鹏，梁永朝，何艳丽，等 . 选区激光熔化 hastelloy-X 合金组织演变及拉伸性能研究 [J]. 中国激光，2017，44(02): 0202007.

[8] 薛珈琪，陈晓晖，雷力明，激光选区熔化 GH3536 合金组织对力学性能的影响 [J]. 激光与光电子学进展，2019，54(14).

[9] 许鹤君，李勇，祁海，等 . 热等静压工艺对选区激光熔化成形 Hastelloy X 合金持久性能的影响 [J]. 机械工程材料，2018，42(12): 53-57+63.

[10] 杨启云，吴玉道，沙菲，等 . 选区激光熔化用 Inconel625 合金粉末的特性 [J]. 中国粉体技术，2016，22(3): 27-33.

[11] 张洁，李帅，魏青松，等 . 激光选区熔化 Inconel625 合金开裂行为及抑制研究 [J]. 稀有金属，2015，39(11): 961-966.

[12] 黄文普，喻寒琛，殷杰，等 . 激光选区熔化成形 K4202 镍基铸造高温合金的组织和性能 [J]. 金属学报，2016，52(9): 1089-1095.

[13] 左蔚，张权明，雷玥，等 . K4202 高温合金激光选区熔化成形微观组织研究 [J]. 火箭推进，2017，43(3): 53-58.

电弧熔丝增材制造 Al-Mg-Sc 合金的研究现状

任玲玲[1]，王伟[1]，明珠[1]，李承德[1]，王帅[1]，翟玉春[2]，程远[3]，吴晓[3]

（1. 中国兵器科学研究院宁波分院，宁波　315000

2. 抚顺东工冶金材料技术有限公司，抚顺　113000

3. 南京英尼格玛工业自动化技术有限公司，南京　211113）

摘要： 近几年，电弧熔丝增材制造（Wire Arc Additive Manufacturing，WAAM）Al-Mg-Sc合金引起了广泛关注。本文概述了Al-Mg-Sc合金及其发展现状，Sc在电弧熔丝增材制造Al-Mg-Sc合金中的存在形式及作用，并论述了电弧熔丝增材制造方法制备Al-Mg-Sc合金的优势，最后阐述了电弧熔丝增材制造方法制备Al-Mg-Sc合金的发展现状，展望了电弧熔丝增材制造方法制备Al-Mg-Sc合金的发展。

关键词： 电弧熔丝增材制造；Al-Mg-Sc合金；优势；发展

1. 引言

随着工业发展对高效率、轻量化、低成本的要求日益提高，具有材料利用率高、成本低、适用于中大型结构件的电弧熔丝增材制造制备铝合金的方法引起了广泛关注。其中，Al-Mg 合金具有不需要热处理强化的特点，可避免由淬火导致的变形问题，为在线实施“增材—减材”一体化成形提供了可能，引起了研究学者们的关注。但目前 WAAM Al-Mg 合金的研究都局限于现有的合金牌号，研究得还不够深入，且得到的性能均不高。

钪（Sc）是迄今为止发现的对铝合金最有效的合金化元素之一。Sc 的原子序数为 21，相对原子质量为 44.9559，原子半径为 0.16406nm，原子体积为 15.041cm^3/mol，在元素周期表中与钇、镧系元素和锕系元素同属ⅢB 族，是第一个过渡元素，其化学性质与稀土钇和铝相似，Sc 的熔点为 1540℃，沸点为 2831℃，密度为 2.989g/cm^3，与 Al 的密度 2.702g/cm^3 相近，曾被称为“类铝”。Sc 对铝合金具有非常强烈的变质作用，只要在铝合金中加入千分之几 Sc，就能显著地改变铝合金的结构和性能。与不含钪的同类铝合金相比，铝钪合金强度高、耐蚀性能好、塑性好、热稳定性能及焊接性能优异。

Sc 在铝合金中可形成 Al_3Sc 颗粒，而 Al_3Sc 析出相的形貌及分布与熔体的冷却速度直接相关。WAAM 成形工艺具有熔池冷却速度快的特点，可充分发挥 Al_3Sc 析出相的优势，Al-Mg-Sc 合金在航空、航天、军工等领域将具有广阔的应用前景。

2. Al-Mg-Sc 合金简介及国内外发展现状

俄罗斯对 Al-Mg-Sc 合金的研究最为深入，主要合金牌号有 01515、01523、01535、01545、01545K、01570、01570c 和 01571。这些合金是采用 Sc 和 Zr 复合微合金化的，主要区别是这些合金的 Mg 含量不同。其中，01515 合金具有较高的热导率和屈服强度，可用于航天工业生产焊接或钎焊的散热器及各种导电和导热元件；01523 合金具有很好的抗蚀性、成形性和抗中子辐照性，可用于高腐蚀介质中的焊接结构；01535 合金的塑性较好，分层脱离腐蚀和应力腐蚀倾向低，主要用于低温环境下的焊接结构件，例如，液化气罐等；01545 合金加工成形性较好，01545K 是在 01545 基础上研制的，这种合金在液氢温度下有很高的强度和塑性，可用于液氢—液氧燃料航天器储箱和在相应介质条件下的焊接构件；01570 合金的抗蚀力较高、具有天然的超塑性、焊接性能非常好，可用于工作温度在 –196℃～ 70℃下的荷载焊接构件，例如，气垫船船身、太空飞行器焊接机体等；01570c 是俄罗斯在 01570 的基础上研发的一种合金，并已应用于大型客机的下机身、高级轿车和船舶制造业，这个合金已申请专利，具体成分和性能尚未公布；01571 合金的塑性较高，多用来制备焊丝。Al-Mg-Sc 系合金和传统 Al-Mg 合金化学成分及力学性能对比见表 1。该表列出了 Al-Mg-Sc 系合金热加工或退火状态的力学性能 [1-3]。

表1 Al–Mg–Sc系合金和传统Al–Mg合金化学成分及力学性能对比

合金系	牌号	主要成分平均含量 /%	热加工或退火态力学性能		
			抗拉强度 /MPa	屈服强度 /MPa	延伸率 /%
Al-Mg	AlMg1	Al-1.15Mg	120	50	28
Al-Mg-Sc	01515	Al-1.15Mg-0.4Mn-0.3Sc-0.1Zr	250	160	16
Al-Mg	AlMg2	Al-2.2Mg-0.4Mn	190	90	23
Al-Mg-Sc	01523	Al-2.1Mg-0.4Mn-0.3Sc-0.1Zr	270	200	16
Al-Mg	AlMg4	Al-4.2Mg-0.65Mn	270	140	23
Al-Mg-Sc	01535	Al-4.2Mg-0.4Mn-0.3Sc-0.1Zr	360	280	20
Al-Mg	AlMg5	Al-5.3Mg-0.55Mn	300	170	20
Al-Mg-Sc	01545	Al-5.2Mg-0.4Mn-0.3Sc-0.1Zr	380	290	16
Al-Mg	AlMg6	Al-6.3Mg-0.65Mn	340	180	20
Al-Mg-Sc	01570	Al-5.8Mg-0.3Sc-0.1Zr	400	300	15

我国对铝钪合金的研究起于 20 世纪 90 年代，自 1992 年东北大学林肇琦教授首次报道了国外含钪铝合金的研究动态开始 [4-5]，中南大学、西南铝业集团、东北轻合金有限责任公司等相继开展了含钪铝合金的研究，并先后得到了国家自然科学基金、国际重点基础研究发展规划 973 项目、国家 863 项目、国家“十五”攻关等项目的支持。潘青林、尹志民等人对 Sc 在 Al-Mg 合金中的作用、存在的形式以及对组织和性能的影响进行了研究，我国研制的应用于航天和舰船的 Al-Mg-Sc 系合金板材和焊丝，其成分、性能与俄罗斯的 01570 和 01571 合金相似。但总体来说，我国对 Al-Mg-Sc 合金的研究大多还停留在研制开发阶段，与国外相比还有较大差距。

由于 Al-Mg-Sc 合金的抗腐蚀性能高，焊接性好，特别是它的力学性能远高于不含 Sc 的 Al-Mg 合金，所以在所有的含钪铝合金中，工业应用最好的是 Al-Mg-Sc 合金。

3. Sc 在电弧熔丝增材制造 Al–Mg–Sc 合金中的存在形式及作用

在电弧熔丝增材制造 Al-Mg-Sc 合金的过程中，Sc 不与 Mg、Mn 等元素发生反应。Sc 在实际的非平衡凝固过程中倾向于固溶在 α-Al 基体中形成过饱和固溶体，少量的 Sc 以初生 Al_3Sc 中间化合物的形式存在，在后续的热加工过程中，Sc 的过饱和固溶体极不稳定，快速分解出次生 Al_3Sc 相，只有极少量的 Sc 以原子形式存在于 α-Al 固溶体中。

初生 Al_3Sc 为过渡金属间化合物，具有低密度、熔点高（1320℃）、抗氧化性好及优良的高温强度，为面心立方 $L1_2$（Cu_3Au）型结构，点阵参数为 a =4.105±0.007Å，与 Al 基体相似，与基体共格，错配度小于 1.5%，且在合金凝固过程中优先析出，性质稳定，分布均匀。因此，初生 Al_3Sc 颗粒在结晶前期形成，拥有独特的尺寸与铝晶格一致的晶体结构，可作为铝固溶体的晶核，对铝合金基体具有高效的细化作用。

通常铸造铝合金的晶粒尺寸在 150μm ～ 250μm，一般用 Ti/TiB_2 作为细化剂，而 Ti/TiB_2 的细化作用易失效，苏联时期已有专家学者证明，Sc 作为细化剂，特别是在焊接的情况下，与 Ti/TiB_2 相比，合金晶粒更细，更均匀，且不易失效。初生 Al_3Sc 相的形貌、尺寸、分布及其对 α-Al 晶格的细化效果受熔体冷却速度、Sc 含量等因素影响。

次生 Al_3Sc 相是在后续的热加工过程中从过饱和固溶体中析出的，此相细小、弥散、大量析出，且与 α-Al 基体共格，可强烈钉扎位错，阻碍位错滑移，对铝合金具有非常强烈的析出强化作用。另外，此相还可钉扎亚晶界，对合金形成强烈的亚结构强化作用，用 Sc 改性 Al-Mg 合金，次生 Al_3Sc 相从过饱和固溶体中析出，对铝基体可实现重大的强化作用，可使其对应的每个合金化原子的增量达到最大，每加入 0.1wt% Sc（wt% 为重量百分含量），合金的平均强度可增加约 60MPa。对于影响次生 Al_3Sc 相析出的因素一直受到专家学者们关注。

4. 电弧熔丝增材制造方法制备 Al-Mg-Sc 合金的优势

由以上介绍可知，Sc 的加入极大地提高了 Al-Mg 合金的性能，但受 Al-Mg 合金自身性质的限制，例如，前面介绍的铸造性能差、焊接接头软化等问题，含 Sc 的 Al-Mg 合金并未得到广泛应用。利用 WAAM 方法制备的 Al-Mg-Sc 合金可实现 WAAM 工艺特点与 Al-Mg 合金及 Sc 析出特性三者的有机结合，Al-Mg-Sc 合金除具有 WAAM 制备 Al-Mg 合金的优势之外，还具有独有的优势。

（1）实现高强度和低密度的有机结合

自发现生产铝的实际方法以来，对新型、高性能铝合金的探索一直在进行，同时认识到这种高性能合金在航空航天结构件中的应用将是广泛的。近年来，学者们将注意力集中在低密度的 Al-Li 合金性能的改善上，然而 Al-Li 合金虽然密度低，但是其具有各向异性强烈、可焊接性差、易开裂等缺点，所以无法应用。随后，Al-Li 合金发展至三代 Al-Li 合金，获得了优异的综合性能，但由于降低了 Li 含量，以及高原子序数元素的加入，Al-Li 密度提高，密度范围为 2.63 ～ 2.72g/cm^3[6]。需要注意的是，Mg 在铝基体中具有很大的固溶性，且 Mg 较轻，用 Mg 替代其他合金元素，同样可以实现低密度的要求。但是由于高 Mg 含量会导致易发生应力腐蚀开裂，且加工困难，所以目前还没有开发出有应用价值的高 Mg 含量的 Al-Mg 合金。

实现高强度和低密度的有机结合是一个非常有价值的目标。通过以上 Sc 的介绍可知，Al_3Sc 具有不同寻常的抗粗化能力，再结合 WAAM 冷却速度快的特点，可增大 Mg 在基体中的固溶量，从而提高合金的 Mg 含量。具有较高 Mg 含量的 Al-Mg-Sc 合金极有可能出现令人瞩目的组合强度和密度。

（2）可充分发挥 WAAM 工艺特性和 Sc 的析出特点

WAAM 的结构件是通过逐点累积叠加而成的，因此具有冷却速度快的特点。由以上对 Al-Mg-Sc 中初生 Al_3Sc_2 相和次生 Al_3Sc_2 相的介绍可知，二者的析出形貌、数量、分布都与熔体的冷却速度有关。熔体冷却速度越快，越有利于初生 Al_3Sc 相的细化作用。熔体冷却速度越快，Sc 在铝基体中的过饱和程度越大，为后续热加工过程次生 Al_3Sc_2 相的析出提供有利的条件。另外，WAAM 是一个逐层沉积的过程，后沉积层对前沉积层有热处理作用，可促进 Sc 的过饱和固溶体分解形成次生 Al_3Sc 相。因此 WAAM 方法制备了 Al-Mg-Sc 合金堆积体，有利于其力学性能的充分发挥。

（3）原材料利用率高，大幅降低成本

制约 Al-Mg-Sc 合金应用的主要原因之一是 Sc 的价格昂贵。我国 Al-2Sc 的价格大概是 45 万元 / 吨～50 万元 / 吨，合金中每增加 0.1% 的 Sc，合金的成本增加 2 万元 / 吨～ 3 万元 / 吨。传统减材方法制备 Al-Mg-Sc 合金结构件，大部分材料被加工掉，材料利用率极低，成本较高。WAAM Al-Mg-Sc 合金的材料利用率一般在 90% 以上，甚至可达到 100%，因此 WAAM Al-Mg-Sc 合金成本得到大幅度降低。

5. 电弧熔丝增材制造方法制备 Al-Mg-Sc 合金发展现状

目前，电弧熔丝增材制造方法制备 Al-Mg-Sc 合金的研究已经引起各大高校、科研院所的重视。相关文献中指出，影响 WAAM 方法制备 Al-Mg 合金横纵向差异的一个主要工艺因素是层间温度，并对层间温度进行了优化。有些专家还对适用于 WAAM 方法的 Al-Mg-Sc 合金的成分进行了优化，其中，优化的 Mg 含量为 6wt% 左右，其堆积体的综合力学性能最优，横纵向差距最小，Sc 的优化含量为 0.3wt% 左右，其微观组织突变，晶粒细化显著，直接堆积态堆积体的抗拉强度达到 372MPa，屈服强度为 268MPa，延伸率为 22%，经 350℃ /1h 时效处理后，最高力学性能抗拉强度可达到 415MPa，屈服强度为 289MPa，延伸率为 18.5%。优化成分的 Al-Mg-Sc 合金由抚顺东工冶金材料技术有限公司制成丝材，现已成功应用于美国 SpaceX 公司正在开展的全尺寸火箭打印项目，实现了 60 天从原材料生产到应用于发射的火箭的目标。

6. 结束语

电弧熔丝增材制造方法制备 Al-Mg-Sc 合金所得到的力学性能，远远超出了目前报道的 WAAM Al-Mg 合金性能（抗拉强度小于 300MPa，屈服强度小于 150MPa），抗拉强度和延伸率已经超出了 2014 年英国克兰菲尔德大学组织召开的电弧增材制造（Wire Arc Additive Manufacture，WAAM）会议中多家航空航天企业根据工业应用标准提出的中强合金的要求（抗拉强度为 310MPa ～ 350MPa，延伸率大于 14%）[7]，且横纵向均匀。该合金在航空航天、船舶、军工等领域将具有广泛的应用。

电弧熔丝增材制造方法制备 Al-Mg-Sc 合金的研究还处于初始阶段，其堆积体的性能还有较大的提升空间，具体的成分、工艺参数及堆积体性能、后处理等方面还需要深入考察。

参考文献

[1] 杨志强，尹志民 . 俄罗斯铝—钪合金的研究与开发 [J]. 轻合金加工技术，2003(31): 34-40.

[2] 彭勇宜 . 中强可焊铝镁钪合金应用性能研究 [D]. 长沙：中南大学，2007.

[3] 孙全喜，黄瑞芬 . 新型含钪铝合金的应用研究与发展前景 [J]. 内蒙古科技与经济，2007(10): 107-108.

[4] 林肇琦 . 新一代铝合金—铝钪合金的发展概况 [J]. 材料导报，1992(3): 10-16.

[5] 林肇琦 . 铝—钪合金的发展概况（一）[J]. 轻合金，1992(1): 54-58.

[6]［印］N. 伊斯瓦拉 · 普拉萨德，阿莫尔 · A. 哥克哈勒，［荷］R.J.H. 汪尼尔 . 铝锂合金：工艺、性能和应用 [M]. 戴圣龙，吴学仁，韩克岑，等译 . 北京：航空工业出版社，2016.

[7] 顾江龙 . CMT 工艺增材制造 Al-Cu-(Mg) 合金的组织与性能的研究 [D]. 沈阳：东北大学，2016.

电弧增材制造技术研究现状及展望

董巍，程远，吴晓
（南京英尼格玛工业自动化技术有限公司，南京　211113）

摘要： 电弧增材制造技术具有成形效率高、成本低、成形尺寸灵活等优点，故而受到诸多高校、研究所及航空航天等行业的关注。本文介绍了电弧增材制造技术的优势与不足，从电弧增材制造技术工艺选择和优化、路径优化、成形过程在线监测与控制优化以及后处理优化4个方面阐述了国内外电弧增材制造的研究现状，总结了电弧增材制造技术在产品快速开发、个性化定制、传统工艺替代、“材料—结构—功能”一体化、模具修复等方面的应用现状。电弧增材制造技术具有巨大的发展潜力与良好的应用前景，未来电弧增材制造将向智能化高精度方向发展。

关键词： 电弧增材制造；研究现状；应用现状；发展方向

1. 引言

增材制造技术（Additive Manufacturing, AM）也被称为“实体自由制造”“3D 打印技术”等，并以“今日设计，明日产品”的理念受到高校、研究所及航空航天等行业的广泛关注 [1-2]。相对于传统的减材制造（切削加工）技术，增材制造技术是一种“自下而上”材料累加的制造方法 [3]，是以数学建模为基础，基于离散—堆积原理，将材料逐层堆积制造出实体零件的新兴制造技术，它将对传统生产的工艺流程、生产线、工厂模式和产业链组合产生深刻影响，是制造业中具有代表性的颠覆性技术 [4]。该技术的最大优势是制造过程柔性化程度高，不再依赖传统加工所需的刀具、模具等，可以快速而精确地制造出任意形状复杂的零件，并在一定程度上减少了加工工序，缩短了产品的研制周期，而且形状越复杂、原材料附加值越高的产品，其快速高效成形的优势越显著。经过近一个世纪的发展，增材制造技术实现了有机材料、无机非金属材料、复合材料、金属材料产品的快速制造，金属增材制造是最前沿和最具潜力的技术之一。金属增材制造技术按热源分类可分为激光增材制造、电弧增材制造、电子束增材制造等技术。其原材料一般有丝材和粉末两种。与其他金属增材制造工艺相比，电弧增材制造具有沉积效率高（600 ～ 1200cm^3/h，约为激光熔覆的 5 ～ 10 倍）、材料利用率高（接近 100%）、装备和材料制造成本低等优势，尤其适用于大型复杂构件的整体增材制造。本文阐述了电弧增材制造技术的国内外研究现状，分析了现阶段该技术研究中存在的主要问题，对未来电弧增材制造技术的发展方向提出了建议。

2. 电弧增材制造技术

电弧增材制造技术（Wire Arc Additive Manufacture，WAAM）是一种采用电弧或等离子弧作为热源将金属焊丝熔化，在程序或软件控制下采用逐层熔覆原理，根据三维数字模型由“线—面—体”制造出接近产品形状和尺寸要求的三维金属坯件的先进数字化制造技术 [5-6]。电弧增材制造技术成形的零件由全焊缝金属构成，化学成分均匀、致密度高，自由的成形环境对零件尺寸几乎无限制，成形效率可达几 kg/h；比传统的铸造、锻造技术和其他增材制造技术更先进。与锻造、铸造工艺相比，它不需要模具，整体制造周期短，柔性化程度高、能够实现数字化、智能化和并行化制造，且比整体锻造件的强度更高、韧性更好。同时在逐层堆积过程中，零件会经过多次加热，经历多次淬火和正火，可以消除大型铸件中存在的不易淬透、宏观偏析、强度和韧性的各向异性等问题。电弧增材制造技术也存在很多不足，例如，堆积过程热输入量的累积导致零件的形状及边界难以控制。这会制约 WAAM 零件的表面质量、尺寸精度及力学性能。与粉末床预铺粉选区熔化、同步送粉、高能束丝材熔融沉积 3 种增材制造技术相比，其优势明显。4 种工艺方法的优缺点比较如图 1 所示[7]。

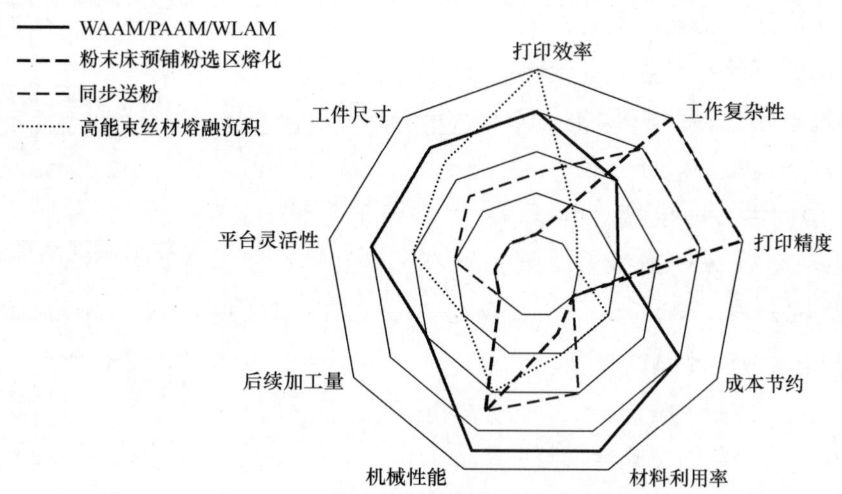

图1　4种工艺方法的优缺点比较

随着航空航天、国防军事等重要技术领域对昂贵金属零件的成本、周期、性能和精度要求越来越高[8]，WAAM 因其具有的高度柔性和应变能力在军事、航空航天和汽车等市场展示了优越性。电弧增材制造技术因可直接成形金属零件，已经成为国内外高校、研究所及大型企业研究的热点。

3. 电弧增材制造技术研究现状

电弧增材制造技术的原型可以追溯到 1925 年，英国西屋电器贝克等人首次以电弧为热源通过逐层沉积的方法制造出 3D 打印金属物体。由于当时的数字化技术还未成熟，所以并未掀起研究热潮。20 世纪 90 年代，英国的里贝罗等人对这项技术进行了进一步拓展，同时期的斯宾塞等人为零件的快速制造也做了一些工艺上的研究，这些研究对后来的电弧增材制造技术产生了极大影响。随着 20 世纪 90 年代，计算机技术和数字化控制技术的飞速发展，促进了 WAAM 技术的快速发展，国内外越来越多的研究人员开始 WAAM 技术的研发工作。在近 30 年的发展过程中，成形控制和性能控制是电弧增材制造工艺的两个重要考察指标。但是电弧增材制造过程中材料往往存在强烈的物理、化学变化以及复杂的物理冶金过程，同时伴随着复杂的形变过程，以上过程影响因素众多。近年来，国内外各大高校和研究机构在电弧增材制造方面的研究中主要针对工艺选择与优化、路径优化、成形过程在线监测与控制优化、后处理优化等因素，准确把握电弧增材制造过程的材料—工艺—组织—性能关系，实现形性的主动且有效调控。

3.1　电弧增材制造技术工艺选择与优化

不同于激光及电子束，电弧增材制造的熔池体积大，而且成形过程中因冷态原材料、电弧力等扰动因素的存在，使熔池成为一个不稳定的体系，但 WAAM 能够打印形貌尺寸和性能（以下简称“形性”）良好工件的先决条件是成形过程必须使熔池体系具备稳定的重复再现能力。因此，工艺的选择与工艺参数优化是 WAAM 制备形性优良工件的核心。

WAAM 原理示意如图 2 所示。从工艺选择角度，WAAM 技术有两种形式，图 2 中（a）所示的为基于熔化极电弧的同轴送丝形式[9]，采用工艺方法为常规的化极弧焊工艺（Melted Inert Gas，MIG），或冷金属过渡（Cold Metal Transfer，CMT）焊接工艺；图 2 中（b）所示的为基于等离子弧（Piasma Arc，PA）的旁轴送丝形式。其中，等离子弧也可换作钨极氩弧（Tungsten Inert Gas，TIG）。

从工艺优化的角度看，初期主要通过试验的方法，针对不同的焊丝材料体系匹配不同的焊接方法，筛选出影响零件成形的关键焊接参数（例如，焊接速度、焊丝直径、送丝速度、干伸长、层间温度、电流、电压、气体种类及流量等），建立 WAAM 成形质量与关键焊接参数的匹配关系。近年来，为确保 WAAM 过程中工件的形貌尺寸和性能达到相关要求并可控，有些学者利用工艺参数与焊缝尺寸关系建立回归方程模型，从而预测增材成形件的形貌，选出最佳工艺参数。

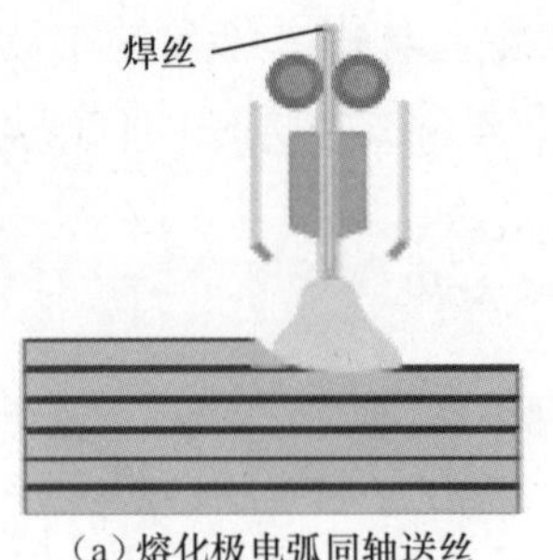

（a）熔化极电弧同轴送丝

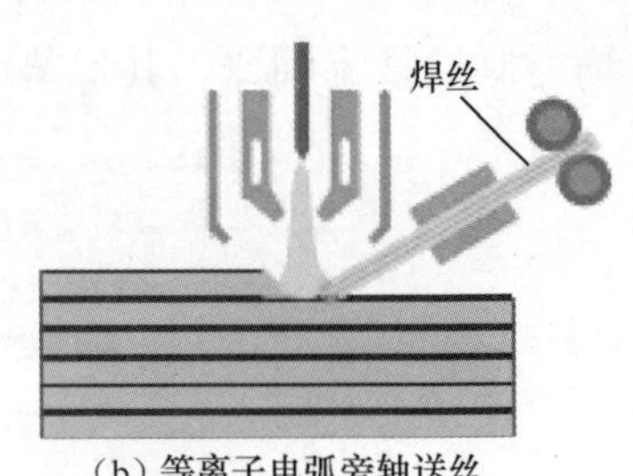

（b）等离子电弧旁轴送丝

图2　WAAM原理示意

基于 TIG 或 PA 工艺热源的电弧增材制造工艺选择与优化的研究，曲扬[10]等人采用 TIG 焊接进行不锈钢电弧增材制造，并通过优化焊接电流、打印速度和送丝速度等工艺参数，分析并解决了 TIG 焊接 WAAM 时易产生粘丝的问题，且其成形件具有表面质量较好、致密性和尺寸精度高等优点。斯贾瓦尔使用微束等离子弧熔丝工艺替代激光增材制造工艺生产小型件，得到了更有规律和光滑的焊道形状，加工直壁时壁厚可达 2.45mm，最大沉积率为 42g/h，沉积层间无裂缝、气孔和夹杂物；对比发现基于微束等离子弧工艺具有较小的热输入，每单位长度中可沉积更细小的柱状晶，工件性能得到极大的改善。美国南卫理公会大学欧阳等人采用变极性钨极氩弧焊工艺堆焊成形 5356 铝合金结构件，其研究结果表明影响成形件尺寸精度与表面精度的关键控制弧长、基板预热温度及层间温度，即优化工艺参数，控制增材过程热输入量来调控工件形性。

研究表明，TIG 电弧增材制造因其弧、丝的非同轴性，在成形路径复杂多变时，送丝方向与堆焊方向的相位关系保持依赖于行走机构，往往增大了成形、控制系统的复杂性。基于 MIG 焊接的 WAAM 虽然热输入较高，但成形速率更快，而且以焊丝作为电极，弧、丝具有同轴性，不存在如 TIG 电弧增材成形的送丝方向与焊接方向的相位关系，成形位置的可达性更高。福尼斯公司基于 MIG/MAG 开发出冷金属过渡（CMT）技术，因其具有超低热输入、熔滴过渡无飞溅、电弧稳定等不同于 MIG/MAG 的特征，在 WAAM 成形领域展现出独特的优势。英国克莱菲尔德大学的卡赞娜萨利用 CMT 热输入量小的特点分别对碳钢和铝合金焊丝进行工艺研究。此外，该研究改变了传统焊枪始终与基体保持垂直的堆积方式，采用全位置焊接方法实现不同倾角和封闭薄壁的增材成形。CMT 工艺增材成形倾斜及封闭曲面薄壁件如图 3 所示。该壁件摆脱了成形复杂结构件对变位机的依赖性，在 WAAM 成形工艺稳定性及成形形貌重复再现性方面取得了突破性进展。

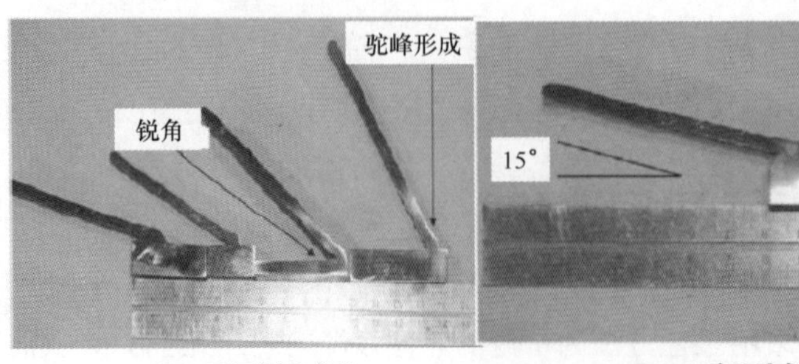

（a）不同倾角成形　　（b）左倾15°成形

图3　CMT工艺增材成形倾斜及封闭曲面薄壁件

3.2　电弧增材制造技术路径优化

WAAM技术的工艺参数变量多且复杂，对于形状复杂的工件路径规划要求高，因此为了使电弧增材制造达到经济高效智能的水平，需要将工艺参数与路径规划进行协同优化，以满足成形件形性要求。近年来，国内外越来越多的研究机构开展了电弧增材制造路径规划的研究。研究主要集中于两个方面：一是基于模型结构特征的路径优化，提高熔道的几何形貌和表面精度；二是基于增材过程热量分布的路径优化，减小残余应力，进而减小变形。

澳大利亚伍伦贡大学的专家从路径规划角度深入研究了电弧增材制造工艺，设计了一种新型CAD模型切割方法。该方法把二维几何图形分解成一系列凸多边形，然后对每个凸多边形采用一种优化的扫描方向，将之字形和轮廓模式扫描策略相结合，生成一条连续的路径。最后，将所有独立的子路径连接形成一条闭合的曲线。这种策略能满足WAAM实现简单、起弧/熄弧点数最少、表面精度高的设计需求。此外，专家团队为提高表面成形质量，基于中轴转化提出了适应性更强的骨骼偏置路径规划方法以消除内部空缺，针对任何复杂的路径可以自动生成100%覆盖的路径。双孔工件的WAAM路径规划实例如图4所示。

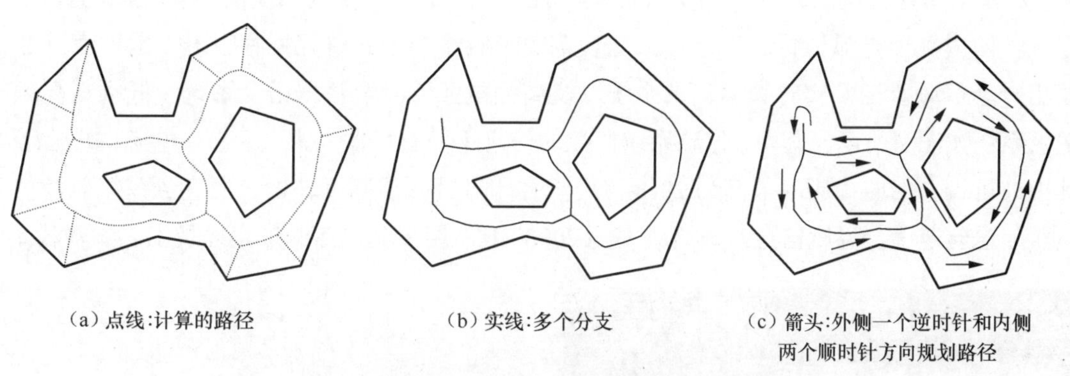

(a) 点线:计算的路径　(b) 实线:多个分支　(c) 箭头:外侧一个逆时针和内侧两个顺时针方向规划路径

图4　双孔工件的WAAM路径规划实例

该方法在骨骼偏置路径的基础上进一步提出了骨骼非平行偏置路径，能够根据截面形状实现自适应路径规划，使沉积紧密无间隙，能够提高加工件的几何精度，并且能减少27%甚至更多的材料消耗。这一系列研究为电弧增材制造路径规划的优化做出了很大贡献。

南京英尼格玛工艺自动化技术有限公司技术团队在STL模型分层切片算法的基础上开发了自适应路径优化软件IungoPNT。该软件基于模型结构特征对工件切片路径进行优化，可自动识别工件数模中包含的需要特殊处理的特征，包括搭接位置、边角、薄壁、小空隙等，通过内置算法自动优化打印顺序、填充策略、起收弧、路径偏移等，极大程度地减少打印工件缺陷的产生，提高了打印效率。优化路径后打印的“材料—结构—功能”一体化工件如图5所示。

图5　优化路径后打印的“材料—结构—功能”一体化工件

克兰菲尔德研究团队基于打印过程工件热量分布特征对切片路径进行优化，在打印过程中通过分区、顺序调整、对称打印等策略，可以避免工件热量堆积引起的变形。基于热量分布打印的大型钛合金结构件如图 6 所示。

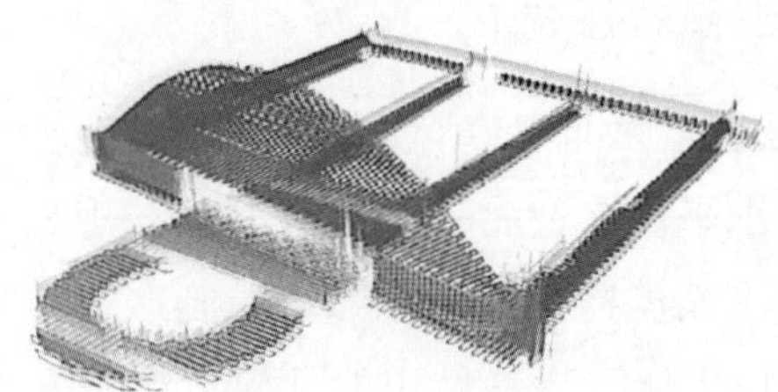

图6　基于热量分布打印的大型钛合金结构件

3.3　电弧增材制造技术成形过程监测与控制优化

电弧增材制造技术由于需要使用电弧焊技术，在一定程度上无法避免其产生加热半径大、热流密度低、热源强度高等问题，在持续不断的打印中，高强度的热源和低密度的热流将会产生持续不断的热积累，过高的热积累会使工件的成形形貌与尺寸精度难以控制，故在电弧增材制造过程中实现全智能与数字化的监测与控制，才能使整个电弧增材制造过程的控制更加稳定，使材料成形的成功率更高，成形的完整性更好。在现阶段的一些研究中，对于电弧增材制造过程监测、反馈与控制主要体现在两个方面：一是基于增材过程工艺参数的实时监测与控制；二是基于视觉系统的形貌监测与控制。

近年来，国内关于电弧增材制造过程工艺参数实时监测与控制研究鲜有报道，国外克兰菲尔德大学研究开发出一套低频监控及实时数据记录系统以及高频电弧监测及数据记录系统。低频与高频电弧检测及数据记录系统如图 7 所示。其中，低频系统监控的信息主要有机器人末端位置、电流、电压、送丝速度、层高。其中，可调节的监控频率最高为 20Hz，用于打印过程隔层高度补偿。而高频系统监控信息主要有电流、电压、送丝速度、温度信息，最高频率为 20000Hz，用于监控熔滴过渡以及工艺参数稳定性。

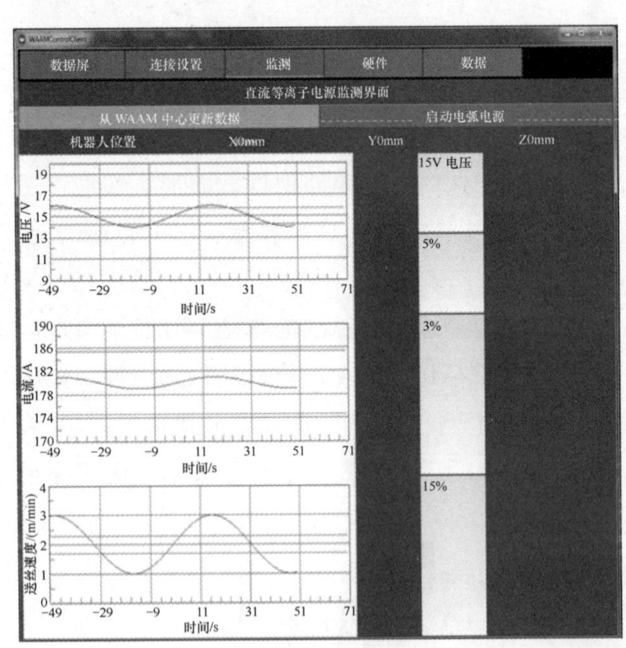

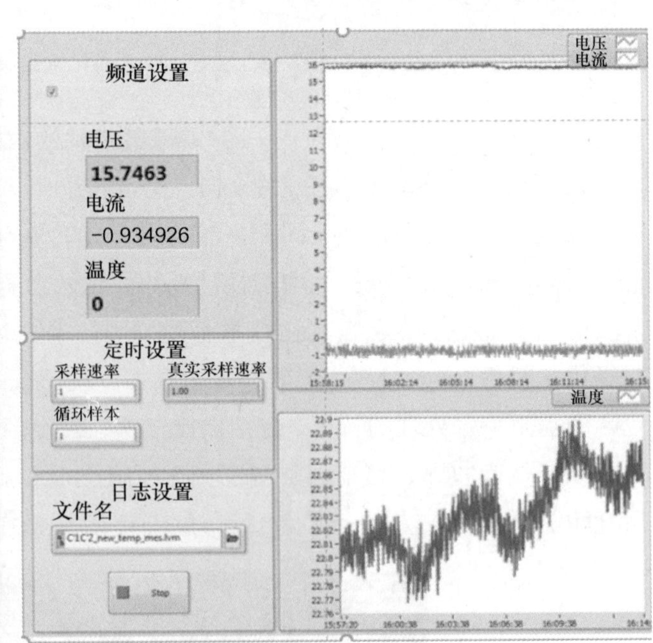

图7　低频与高频电弧检测及数据记录系统

在现阶段的一些研究中，国内外对于激光视觉传感系统在电弧增材制造技术上的应用变得愈发成熟。基于 MIG 的 WAAM 成形与监测控制系统原理示意如图 8 所示。美国塔夫茨大学在增材制造过程中，分别利用两套光感结构和红外摄像机对堆焊层的尺寸和成形件温度进行监测，并以焊速和送丝速度作为控制变量，实现成形过程中成形尺寸的实时闭环控制。

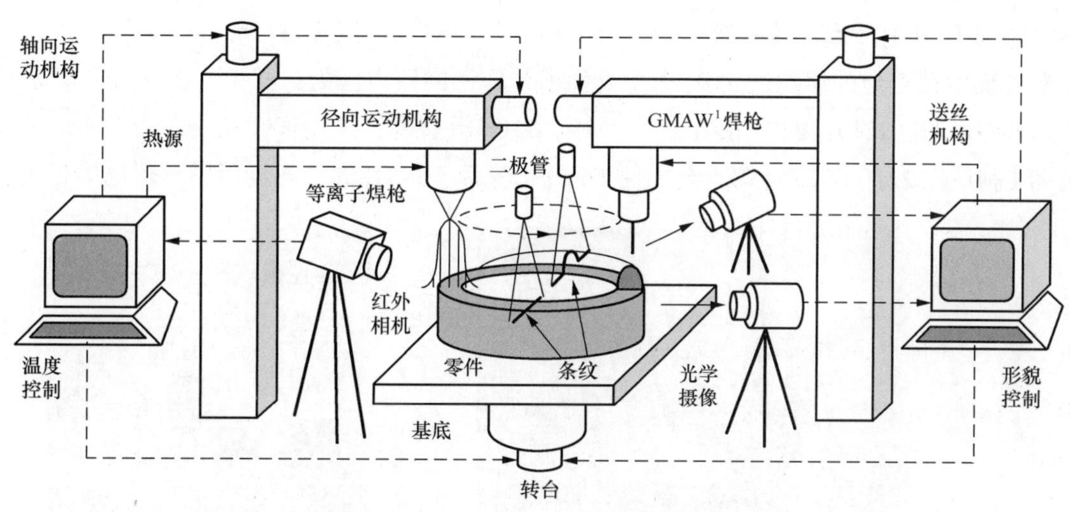

注 1：熔化极气体保护焊（Gas Metal ARC Welding，GMAW）

图8　基于MIG 的WAAM 成形与监测控制系统原理示意

西安交通大学胡晓冬采用被动视觉传感对等离子焊（Plasma Arc Welding，PAW）堆积过程熔池进行在线检测，设计了一个模糊比例积分微分（Proportion Integral Differential，PID）控制器，通过调整焊接电流来控制熔宽 [11]。南昌大学徐建宁在非熔化极惰性气体钨极保护（Tungsten Inert Gas，TIG）熔焊增材制造中，设计了基于焊接电压反馈的熔敷层高度模糊控制系统。该系统能够实时调整熔敷工艺参数并对堆积尺寸进行控制。

南京英尼格玛工业自动化技术有限公司技术团队将逆向重构技术与机器人视觉技术相结合，研究开发了 IungoCAM 系统。该系统结合动态规划算法，在打印过程中，对半成品工件进行扫描，采集其点云数据进行逆向重构，并对逆向重构的模型进行缺陷分析（尺寸偏差、塌陷、堆积等），通过动态逐层切片和智能缺陷补偿程序，对打印过程工件每一层的形貌尺寸及质量进行检测，实现打印过程动态自动修正。IungoCAM 系统拍摄计算得到的工件模具点云数据模型如图 9 所示。

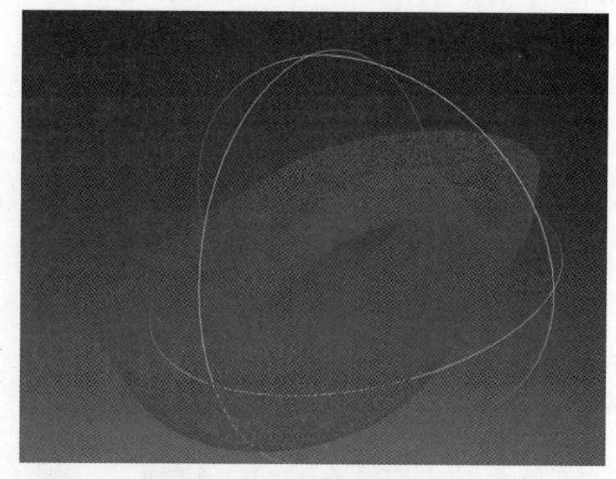

图9　IungoCAM系统拍摄计算得到的工件模具点云数据模型

3.4　电弧增材制造技术后处理优化

WAAM 增材制造零件的显微组织与其经历的热过程密切相关。采用 WAAM 技术制造的零件受到移动热源往复热循环，成形过程热积累较高。不同的热循环过程决定了成形零件组织结构与力学性能的差异。在此背景下，研究人员提出利用后处理技术（铣削、热处理、轧制等）来提升金属工件的组织与力学性能，使之更好地满足需求。

华中科技大学的张海鸥和王桂兰等提出了电弧微铸轧技术。该技术通过挤压电弧成形高温区间，对热态金属实施微区轧制，显著改善了材料的力学性能。韩国科技研究中心的专家将 GMA 增材制造技术与铣削技术相结合，实现了增材—减材技术的复合。增材—减材技术复合如图 10 所示。该技术在每一层金属沉积后采用切削的方法使表面平整，在保证成形效率的同时提高了其成形精度。英国克兰菲尔德大学、曼彻斯特大学和中国东北大学等合作开发了 GMA 增材—碾压复合制造系统。增材—碾压复合制造系统如图 10（b）所示。该系统在每一层金属沉积后对沉积试样进行碾压，通过增加层间碾压过程，该技术实现了钛合金的组织细化[12]，并改善了结构钢的残余应力。其中，英国克兰菲尔德大学利用 WAAM 技术制造的 2219、2204 铝合金与 2219、2204 板材进行了力学性能的对比。不同材料性能见表 1。WAAM 制造的 2219 与 2204 铝合金零件 T6 热处理后，力学性能均超过了同材料的锻件 T6 态水平。

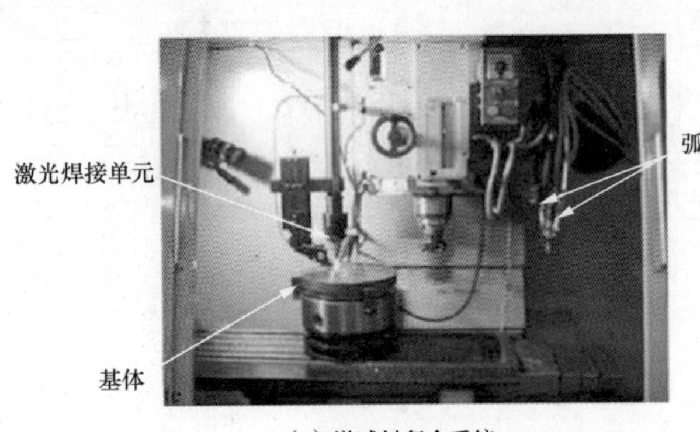

（a）增减材复合系统

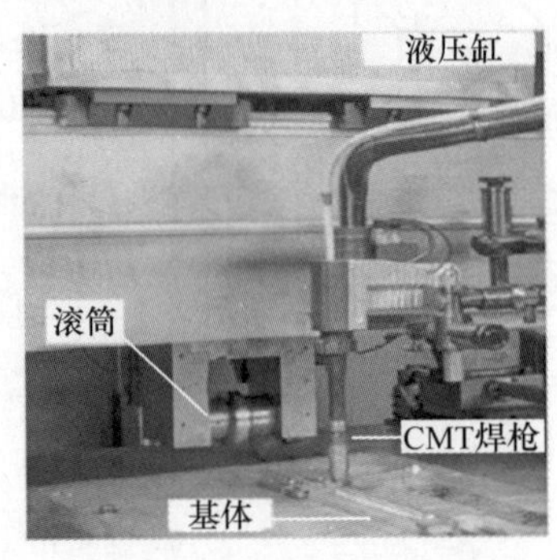

（b）增材—碾压复合制造系统

图 10　增材—减材技术复合

表1　不同材料性能

材料		屈服强度 /MPa	抗拉强度 /MPa	延伸率 /%
WAAM 2219 铝合金	沉积态	130	260	15.5
	T6 态	309	455	13.65
锻造 2219 铝合金	O 态	76	172	18
	T6 态	290	414	10
WAAM 2024 铝合金	沉积态	185	287	11.4
	T6 态	407	499	8.3
锻造 2014 铝合金	O 态	70	185	20
	T6 态	393	476	10

4. 电弧增材制造技术应用现状

WAAM 由于其整体制造周期短，柔性化程度高，能够实现数字化、智能化和并行化制造等优势，在汽车、军事、航空航天以及船舶等领域体现了巨大的优越性，在产品快速开发、个性化定制、传统工艺替代、“材料—结构—功能”一体化、模具修复等方面实现了广泛应用。WAAM 以连续焊缝作为基本结构单元，适用于飞机内部框架、加强肋及壁板结构的快速成形。目前，大型整体钛、铝合金结构件在航空航天领域应用广泛，在钛合金 WAAM 技术应用研究方面，英国的克兰菲尔德大学走在国际前列。英国的克兰菲尔德大学与欧洲航天局、庞巴迪公司等开展了广泛合作，成功制造出飞机机翼翼梁和起落架支撑外翼肋，并能成形较高复杂度的零件。英国的克兰菲尔德大学 WAAM 的钛合金零件如图 11 所示。目前，其钛合金沉积效率达 1kg/h ～ 2kg/h，构件力学性能达到锻件水平，钛合金零件最大单方向成形尺寸达 1.5m，较传统方法，该材料极大地缩短了加工周期，节省的材料达 69kg。

（a）机翼翼梁

（b）起落架支撑外翼肋

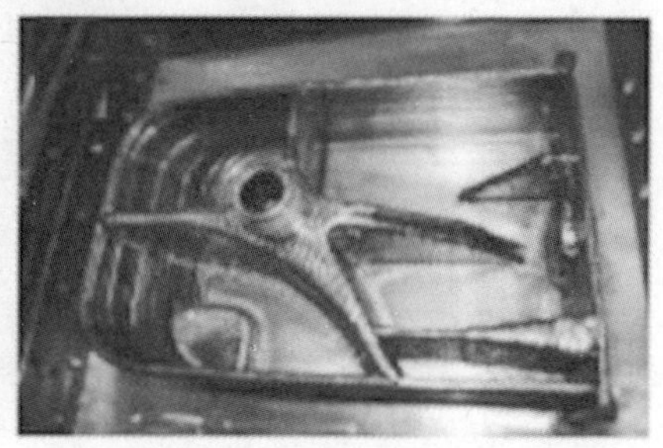

（c）复杂结构件

图 11　英国的克兰菲尔德大学 WAAM 的钛合金零件

英国的克兰菲尔德大学还开展了大量的铝合金 WAAM 技术应用研究，试制了诸多铝合金零件。WAAM 的铝合金零件如图 12 所示。基于灵活的构型能力进行结构设计，电弧增材制造可以替代传统加工制造的部分环节。国内抚顺东工冶金利用电弧增材制造开发舱段壳体。潜艇耐压壳体如图 13 所示。由于不需要模具，所以它降低了产品开发的周期与成本。

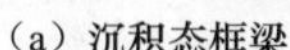

（a）沉积态框梁

（b）半球

图12　WAAM 的铝合金零件

图13　潜艇耐压壳体

南京英尼格玛利用 921A 高强度可焊接合金结构钢打印潜艇耐压壳体，传统的构件采用拼装焊接的工艺制造，由于热影响区粗晶区在焊接热循环的作用下变化明显，在不同热输入条件下焊接热影响区出现软化现象。采用对应丝材进行电弧增材制造，通过严格控制热输入量，打印的构件抗拉强度可达 720MPa，屈服强度可达 620MPa。

在中国制造创新的版图上，电弧作为核心技术之一，正从航空航天、汽车电子、军事国防等方面全面推进相关发展。“材料—结构—功能”一体化的制造概念成为我国智能制造发展的重要方向，材料与制造的相辅相成已成为主要趋势。

南京理工大学于 2014 年开展了“材料—结构—功能”一体化微观异构增材、电弧受控、智能控制等技术研究，研制的 500MPa 高强铝、1100MPa 高氮钢和 1200MPa ～ 1600MPa 超高强钢等高性能复杂构件和“材料—结构—功能”一体化构件，通过层叠镶嵌、软硬交织的微观异构结构设计和异质多丝电弧增材工艺获得了特殊的性能和功能，为新材料、超材料的制备提供了一种新思路、新方法，为结构与功能构件的个性化设计提供了全新的视觉和广阔的想象空间。此外，电弧增材制造技术的出现和发展为模具修复及再制造提供了新思路，采用该技术修复及再制造模具能够实现修复过程自动化，提高了生产效率，同时节约了大量焊材。电弧增材制造快速试制工件如图 14 所示。

（a）舱段壳体

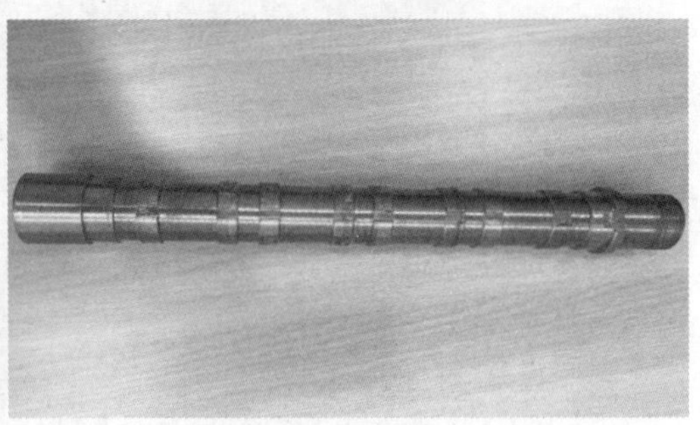

（b）异种异构电磁发射管

图14　电弧增材制造快速试制工件

5. 电弧增材制造技术发展方向

过去几年，电弧增材制造实现了快速发展，该领域已经成为先进制造的一个重要发展方向，具有广阔的发展前景。我国电弧增材制造的发展要基于科学基础的研究，面向国家战略性产品和战略性领域的重大需求，瞄准世界先进制造技术与产业发展的制高点，抓住我国“换道超车”的历史性发展机遇。目前，电弧增材制造研究覆盖了电弧增材制造新原理、新工艺、控形与控性原理与工艺、材料设计、结构优化设计、装备质量与效能提升、质量检测与标准、复合增材制造等系统。

（1）以软件为核心的智能化电弧增材制造装备的开发

当前，电弧增材制造装备已经不再局限于制造出产品，更要制造出质量优良的产品。一方面，电弧增材制造装备正朝着能制备高精度、高品质的电弧增材软件发展，达到精准控形控性的目的。另一方面，电弧增材制造装备正朝着柔性化、多功能化发展，通过不断地改进设备，开发智能软件，达到设计制造一体化、高精度化、流程化、全局监控的目的。此外，电弧增材制造装备正朝着智能化方向发展，在生产制造的过程中，装备安装监控测量系统对制造过程中的相关信息进行采集，然后内部循环自动识别，最终达到快速制造、智能制造、柔性制造的目的。

（2）成形工艺优化与工艺库的建立

与传统的金属减材或等材制造技术相比，电弧增材制造的工艺参数较多，且针对不同的电弧增材制造设备和材料，各工艺参数之间匹配较为困难，运用高通量的方法建立与设备和材料合理匹配的工艺数据库，能够大幅度降低工艺参数的匹配难度。基于工艺库与路径规划探索三维路径 WAAM 技术工艺参数规律的研究，优化成形工艺，使电弧增材制造过程更加稳定。

（3）拓展电弧增材制造材料种类和适用范围

目前，应用于电弧增材制造技术的材料体系相对较少，需要针对电弧增材制造特有的传输质量和热量的特点，开发电弧增材制造专用材料体系，并结合离散堆积的成形特点，拓展材料种类和适用范围。一是开发新型梯度材料，电弧增材制造是结构功能一体化实现的制造技术，甚至可以实现在同一构件中材料组成梯度连续变化、多种结构有机结合，实现这样的设计对材料力学和结构力学提出了挑战。二是生产复合材料，现在电弧增材制造研究主要是单一材料成形，发展复合材料生产的研究可较大程度地增加零件的使用性能，促使电弧增材技术进一步工业化和产业化。

（4）“增材—减材”一体化系统及技术的开发

目前，“增材—减材”一体化系统开发正处于起步阶段，主要以激光烧结、激光熔覆 + 多轴铣削数控机床复合为主，电弧“增材—减材”一体化技术还较少。传统数控加工“减材技术”与增材制造具有很强的互补关系。通过电弧增材过程中融合减材技术，及时将成形构件不平整的表面予以机械加工，可解决电弧增材制造金属构件内外几何尺寸精度和表面光洁度较低的问题。既能发挥电弧增材成形高效的优势，又能通过铣削减材加工提高其表面精度，弥补电弧增材成形构件表面质量差的劣势。因此，电弧“增材—减材”一体化技术的开发是解决金属增材效率与精度二元矛盾冲突的有效途径，是实现大型复杂构件高效高精整体制造的重要技术方向。

参考文献

[1] 董鹏，陈济轮 . 国外选区激光熔化成形技术在航空航天领域应用现状 [J]. 航天制造技术，2014(1): 1-5.

[2] 刘林波，张亮，邓德军 . 激光快速成形技术在发动机上的应用 [J]. 航天制造技术，2014(1): 6-8.

[3] 祁萌，李晓红，胡晓睿，等 . 增材制造技术在国外国防领域的发展现状与趋势 [J]. 国防制造技术，2013，10(5): 12-18.

[4] 卢秉恒，李涤尘 . 增材制造（3D 打印）技术发展 [J]. 机械制造与自动化，2013，42(4): 1-4.

[5] 巩水利，锁红波，李怀学 . 金属增材制造技术在航空领域的发展与应用 [J]. 航空制造技术，2013(13): 66-71.

[6] 王华明 . 高性能金属构件增材制造技术——开启国防制造新篇章 [J]. 国防制造技术，2013(3): 5-7.

[7] 邢希学，潘丽华，王勇，等 . 电子束选区熔化增材制造技术研究现状分析 [J]. 焊接，2016(7): 22-26.

[8] 张海鸥，王超，胡帮友 . 金属零件直接快速制造技术及发展趋势 [J]. 航空制造技术，2010，(8): 43-46.

[9] 李权，王福德，王国庆，等 . 航空航天轻质金属材料电弧熔丝增材制造技术 [J]. 航空制造技术，2018，61(3): 74-82.

[10] 曲扬，杨可，郭博静 . 不锈钢电弧增材制造成形 [J]. 电焊机，2018，48(1): 15-23.

[11] 胡晓冬，赵万华 . 离子弧焊直接金属成形技术的工艺研究 [J]. 机械科学与技术，2005(5): 39-41.

[12] 田彩兰，陈济轮，董鹏，等 . 国外电弧增材制造技术的研究现状及展望 [J]. 航天制造技术，2015(2): 57-60.

热输入对 Al-Cu-Sn 合金电弧熔丝增材制造堆积体组织与性能的影响

王帅[1]，王伟[1]，明珠[1]，李承德[1]，任玲玲[1]，翟玉春[2]，程远[3]，吴晓[3]

（1. 中国兵器科学研究院宁波分院，宁波　315000

2. 抚顺东工冶金材料技术有限公司，抚顺　113000

3. 南京英尼格玛工业自动化技术有限公司，南京　211113）

摘要：本实验以Al-Cu-Sn合金为原材料，通过电弧熔丝增材制造技术（WAAM）成形不同热输入的堆积体。通过金相、SEM、EDS、TEM和力学性能测试考察了热输入对Al-Cu-Sn合金堆积体微观组织和力学性能的影响。结果表明，随着热输入的提高，堆积体的厚度增大，堆积过程的层高增加，堆积体中气孔的数量和尺寸增大。堆积体直接堆积态的晶粒尺寸逐渐增大，并由等轴晶过渡为柱状晶，析出θ相由晶内逐渐向晶界上聚集。T6热处理后，随着热输入的增大，晶界上剩余θ相的数量增加，基体中析出θ相的数量减少，相间距增大。随着热输入的增大，堆积体的力学性能逐渐降低，断裂方式由韧性断裂转变为脆性断裂。

关键词：Al-Cu-Sn合金；电弧熔丝增材制造；热输入；组织；性能

1. 引言

Al-Cu合金凭借优异的力学性能广泛地应用在航空、航天领域。电弧熔丝增材制造技术具有响应速度快，产品尺寸不受限制等优点，为Al-Cu合金结构件的生产开辟了新的窗口。近年来，以Al-Cu合金作为原材料进行电弧熔丝增材制造成为研究热点。Al-Cu合金电弧熔丝增材制造堆积体具有优良的组织和性能，工业应用前景广阔。但是目前Al-Cu合金电弧熔丝增材制造的研究主要考察原材料，增材工艺对组织性能影响的系统研究较少，影响了该工艺的工业化应用。电弧熔丝增材制造技术采用焊接的方式逐层堆积形成实体，热输入是影响堆积体组织与性能的主要因素，已有大量的研究考察了热输入对焊接接头组织性能的影响，较高热输入下获得的焊接组织为柱状晶，较低热输入下获得的焊接组织为等轴晶。电弧熔丝增材制造过程有成百上千条焊缝，堆积体要经历反复的热循环，热输入对堆积体的组织和性能必然有较大影响。

本文以Al-Cu-Sn合金为原材料，其中，Sn可以细化堆积体晶粒，并在时效过程中促进θ相的析出和稳定存在。考查热输入对堆积体成形尺寸和组织与性能的影响，探索Al-Cu-Sn合金合适的工艺窗口，为该工艺的工业化应用做铺垫。

2. 试验方法

本实验用的Al-Cu-Sn合金焊丝由抚顺东工冶金材料技术有限公司生产，直径为1.2mm，焊丝的主要合金元素及杂质的化学成分见表1，以厚度为10mm的2219铝板作为增材底板。

表1　焊丝的主要合金元素及杂质的化学成分

元素	Fe	Si	Mg	Cu	Mn	Ti	Sn	Zr	B	V
百分比 /%	0.100	0.040	0.025	5.102	0.421	0.272	0.103	0.177	0.034	0.125

增材制造系统和堆积体坐标定义如图 1 所示，其中，增材制造系统如图 1（a）所示，主要包括 Fronius TPS4000 弧焊电源和 ABB 1410 焊接机器人；增材制造过程如图 1（b）所示，x 轴对应堆积体的正面；y 轴为热源的移动方向，对应堆积体的横向；z 轴为增长方向，对应堆积体的纵向。

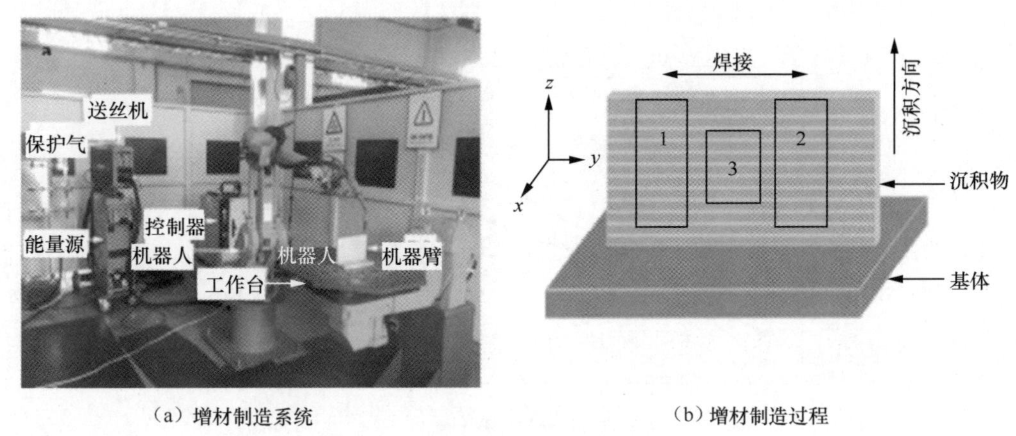

（a）增材制造系统　　（b）增材制造过程

图 1　增材制造系统和堆积体坐标定义

打印参数见表 2。其中，U 表示堆积过程的平均电压，I 表示堆积体过程的平均电流，v_{WFS} 表示送丝速度，v_{TS} 表示焊接速度。热输入的计算方法如式（1）所示。

$$HI=\eta UI/v_{TS} \quad \text{式（1）}$$

对于 CMT 工艺，能量利用率 η 的取值为 0.8。

堆积体按照以下工艺进行热处理：固溶温度为 535℃、固溶时间为 360min、淬水温度为 40℃、时效温度为 180℃、时效时间为 120min。

表2　打印参数

热输入 / (J · s · mm^{-1})	I/A	U/V	v_{WFS}/ (m · min^{-1})	v_{TS}/ (m · min^{-1})
150	125	17.7	6.1	11.8
120	106	17	5.3	12
90	80	16.5	4.0	11.7
60	63	14.6	3.7	12.3
30	55	14.6	2.9	21.4

采用 WDW-300 微控电子万能试验机进行力学性能测试，采用游标卡尺（精度为 0.01mm）测量堆积体的厚度，测 5 个点，取平均值。采用 LEICA MEF4M 金相显微镜和 QUANTA FEG 250 扫描电镜进行组织和形貌观察，采用 EDS 进行元素和物相分析，采用球差透射电镜观察析出相的形貌。取样位置和力学试样的加工形状如图 1（b）所示。其中，位置 1 和位置 2 分别取拉伸试样（数量为 3），位置 3 处取金相试样和透射试样。拉伸试样加工成板形，标距为 30mm，横截面积为 25mm^2。

3. 结果与讨论

3.1　堆积体外观尺寸

Al-Cu-Sn 合金堆积体层高和厚度随热输入的变化如图 2 所示。由图 2 可知，随着热输入的增加，堆积体的厚度和层高逐渐增大。其中，堆积体厚度的增大是由于热输入增大，导致熔池的宽度增加。堆积体宽度与热输入的关系满足函数：$y = 4.7992\ln(x) - 11.882$。层高的增加是由于焊机为一元化控制，热输入增加送丝量随着增大。层高与热输入的关系满足函数：$y = 0.0038x + 0.402$。根据这两个函数可以由目标壁厚选择合适的热输入，确定分层厚度。

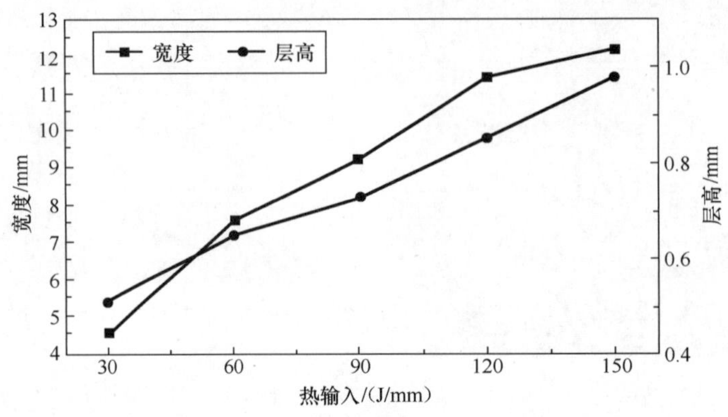

图2　Al-Cu-Sn合金堆积体层高和厚度随热输入的变化

3.2　堆积体气孔

气孔可造成应力集中，减小有效受力面积，对铝合金性能有重大影响。不同热输入量堆积体的气孔如图 3 所示。

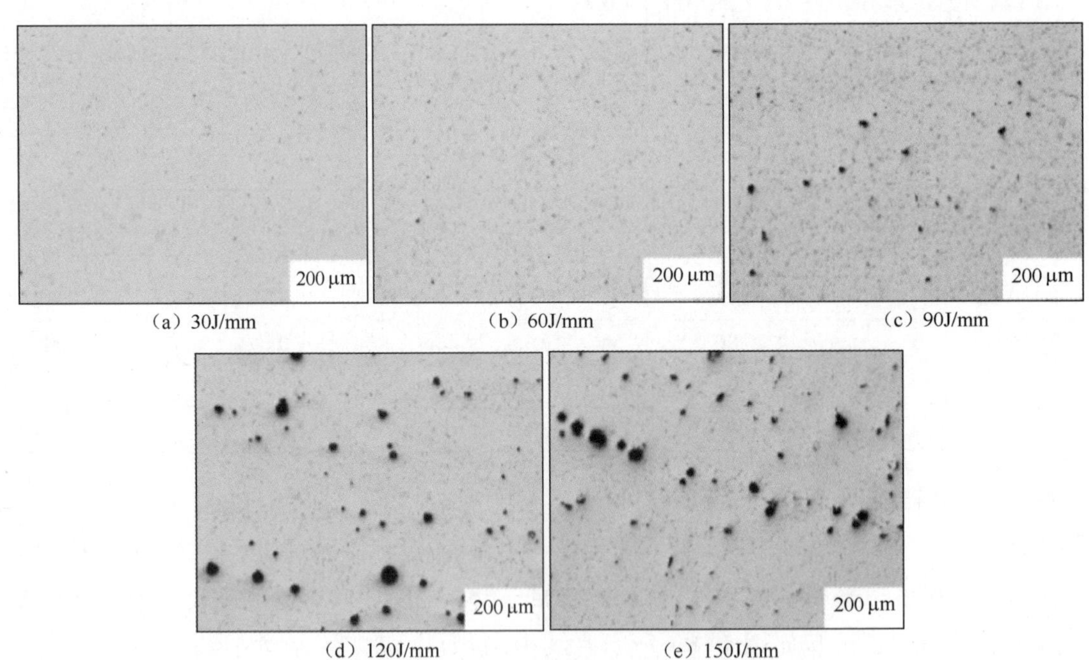

（a）30J/mm　（b）60J/mm　（c）90J/mm

（d）120J/mm　（e）150J/mm

图3　不同热输入量堆积体的气孔

由图 3 可知，当热输入量为 30J/mm 和 60J/mm 时，微观组织中未见尺寸大于 20mm 的气孔，如图 3 中的（a）和（b）所示。当热输入量达到 90J/mm 时，微观组织中可见直径 50mm 的气孔，如图 3 中的（c）所示。随着热输入的继续增大，微观组织中气孔的数量增加，尺寸增大，达到 100mm，且气孔平行于沉积层，呈线性分布。氢在固液两种状态的差异较大，导致铝合金焊缝中的气孔主要是氢气孔。由于热输入不同，所以熔池的过热度不同。氢在铝液中的溶解度随温度的升高而增大，所以热输入越大，熔池中溶解的氢越多。气孔的形成先经历形核阶段，形核速度的计算方法如式（2）所示。

$$j = Ce^{-\frac{4\pi r\sigma}{3KT}} \quad \text{式（2）}$$

在式（2）中，j 表示单位时间的形核数量，r 表示气泡的临界半径，K 为玻尔兹曼常量（$K = 1.38\times10^{-16} erg/k$），$\sigma$ 表示表面张力。由式（2）可知，温度越高，形核速度越快，最后，热输入越高，层高越大，气孔的溢出通道越长，不利于气孔的溢出。由此可知，热输入越大，堆积体中气孔数量越多，尺寸越大。

3.3　堆积体微观组织

3.3.1　直接堆积态的微观组织

不同热输入堆积体直接堆积体态的微观组织如图 4 所示。由图 4 可知，随着热输入的提高，堆积体直接堆积态的晶粒尺寸逐渐增大，晶粒的形状由等轴晶逐渐过渡到柱状晶。当热输入为 30J/mm 时，晶粒都为等轴晶，当热输入增加到 60J/mm（或 90J/mm、120J/mm）时，晶粒为等轴晶和柱状晶混合存在，且柱状晶的比例逐渐增大。这是由于热输入的增大导致熔池的凝固速率降低，晶粒沿堆积体温度梯度方向长大。当热输入量达到 150J/mm 时，堆积体晶粒为柱状晶，晶粒方向平行于堆积体增长方向。由于铝的传热系数远大于空气，所以温度梯度方向是平行于堆积体增长方向的。

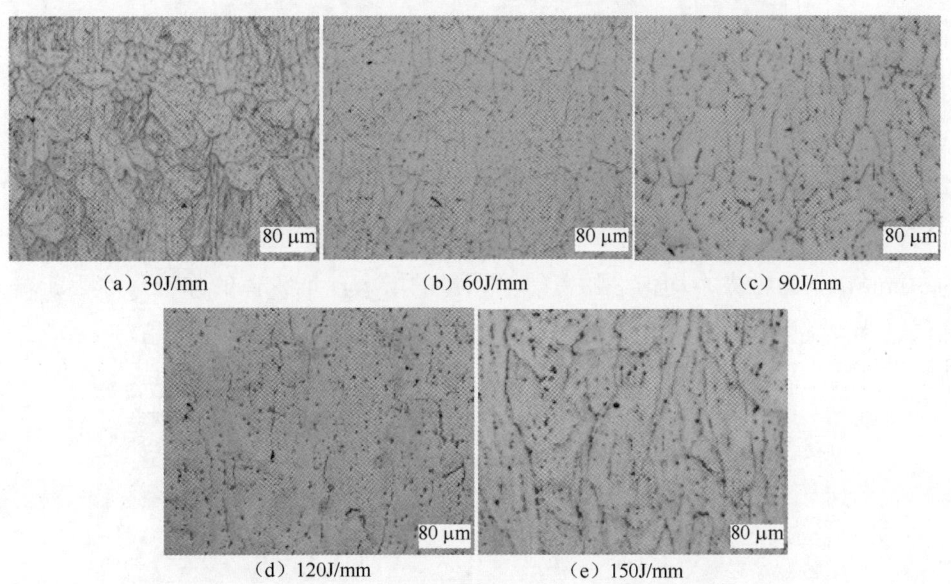

（a）30J/mm　（b）60J/mm　（c）90J/mm　（d）120J/mm　（e）150J/mm

图4　不同热输入堆积体直接堆积体态的微观组织

不同热输入量堆积体的 SEM 和 EDS 如图 5 所示。由图 5 可知，不同热输入量堆积体的析出相是相同的，主要为长条状和块状的 θ 相（Al_2Cu），以及尺寸小的块状 T 相，30J/mm 的 SEM 和 EDS 如图 5（a）所示。在 Al-Cu 合金中，共晶组织的数量符合谢尔（Sheil）定律，其计算方法如式（3）所示。

$$f_s = \left(C_e C_1^{-1}\right)k_0^{1} - 1 \quad \text{式（3）}$$

其中，C_e 表示共晶组织中 Cu 的含量，其值为 0.33；C_1 是合金中 Cu 的质量分数，其值为 0.05，k_0 为 Cu 元素的平衡分配系数，其值为 0.17。由式（3）可知，热输入对堆积体中共晶组织的含量没有太大影响。但是由图 5 可知，热输入对共晶相的形貌和分布影响较大。随着热输入量的增大，晶内的析出相逐渐减少，晶界上的析出相数量增多、尺寸增大，如图 5 中的（a）（b）（c）所示。当热输入量达到 120J/mm 时，晶内的析出相基本消失，如图 5 中的（d）所示，晶界上大尺寸的块状析出相的数量增多，有偏聚现象，如图 5 中的（e）所示。当析出相的尺寸较大时，增大了 Cu 原子溶解到基体中的势能垒，不利于固溶过程 θ 相的溶解。

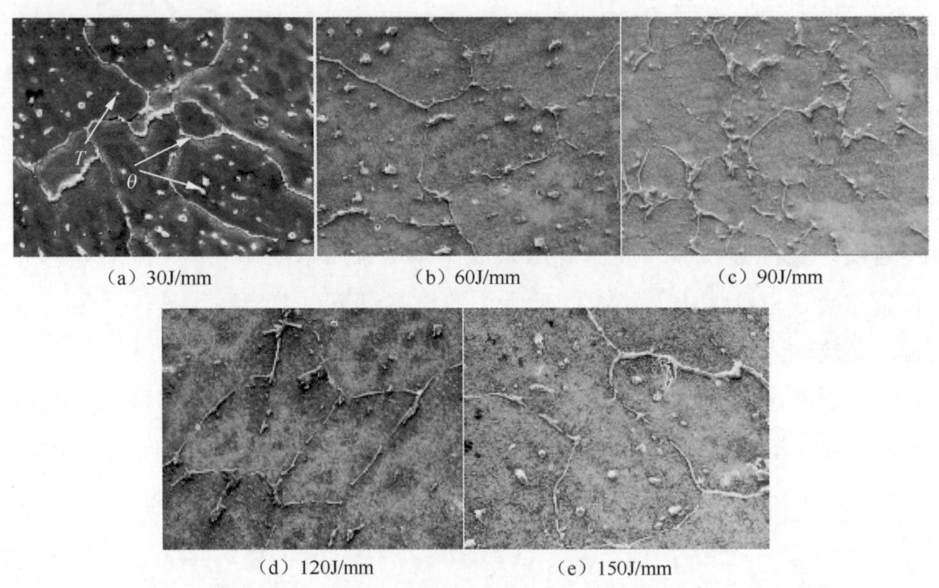

（a）30J/mm （b）60J/mm （c）90J/mm

（d）120J/mm （e）150J/mm

图5　不同热输入量堆积体的SEM和EDS

3.3.2　T6 态微观组织

不同热输入量堆积体 T6 状态的微观组织如图 6 所示。由图 6 可知，在热处理后，直接堆积态存在的柱状晶全部转化为等轴晶，这是由于热处理的调质作用造成的。当热输入量为 30J/mm 时，堆积体的晶粒尺寸约为 30mm，且晶粒大小均匀。随着热输入量的增大，堆积体的晶粒尺寸不断增大，且晶粒尺寸的均匀度降低，当热输入量达到 150J/mm 时，在热处理之后依然存在柱状晶。

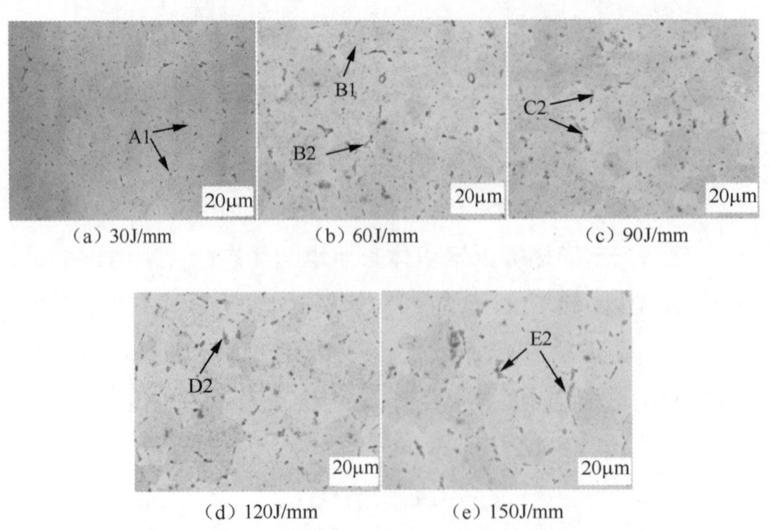

（a）30J/mm （b）60J/mm （c）90J/mm

（d）120J/mm （e）150J/mm

图6　不同热输入量堆积体T6状态的微观组织

由图 6 可知，当热输入量为 30J/mm 时，热处理后堆积体中只有小尺寸到的黑色相在晶界上弥散分布，如图 6 中的（a）A1 所示。当热输入量达到 60J/mm 时，微观组织中除了由黑色的相还有少量形状不规则相分布在晶界上，如图 6 中的（b）B2 所示。当焊接热输入量进一步增大时，微观组织中不规则相的数量增多，尺寸增大，如图 6 中的 C2、D2、E2 所示。不同热输入量堆积体 T6 态的 SEM 和 EDS 如图 7 所示。由不同热输入量堆积体的 SEM 和 EDS 可知，小尺寸的黑色析出相为复熔 T 相，如图 7 中的（a）A1 所示，形状不规则的析出相为 θ 相，如图 7 中的（b）B2 所示。该 θ 相是固溶过程中没有完全溶解在基体中剩余的。由 SEM 可知，热输入量越大，热处理后剩余的 θ 相数量越多，尺寸越大，这是由于热输入量越大，晶界上初生 θ 相的尺寸越大，固溶处理时越难溶解。溶解在基体中的 Cu 的数量直接决定了时效过程中主要强化相 θ 的密度、尺寸和相间距。这种剩余的 θ 相，尺寸较小时具有钉轧晶界的作用，尺寸较大时作为金属间化合物，是断裂时的起裂位置，对力学性能具有较大负面影响。

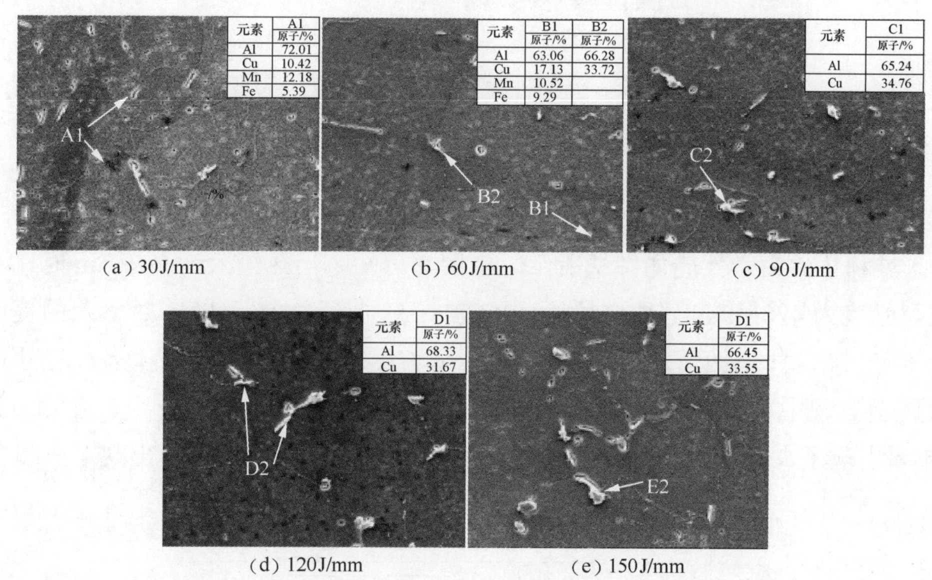

（a）30J/mm　（b）60J/mm　（c）90J/mm

（d）120J/mm　（e）150J/mm

图7　不同热输入量堆积体T6态的SEM和EDS

3.3.3　峰值时效的强化相

θ 相是 Al-Cu 合金的主要强化相，其尺寸、密度直接影响了合金的力学性能。不同热输入堆积体峰值时效状态下析出相的形貌如图 8 所示，由图 8 可知，沿 001 带轴，不同热输入的堆积体在峰值时效状态下具有相同的形貌，均为 θ 相。当热输入为 30J/mm 时，θ 相尺寸均匀，呈弥散密集分布，如图 8 中的（a）所示。随着热输入的增大，θ' 相的密度降低，相间距增大。Al-Cu 合金的时效析出过程为过饱和固溶体（α_{ss}）→ GP 区（GP I 区）→ θ''（GP II 区）→ θ' → θ。铜原子偏聚形成 GP 区，进而形成 θ' 相，所以固溶在 Al 基体中的铜原子数量决定了析出的 θ' 相的数量。由于热输入的增大，导致了 θ 相的尺寸增大，固溶处理后剩余的 θ 相数量增加，固溶到铝基体中的 Cu 原子数量减少，从而导致在时效过程中，析出的 θ' 相数量减少。

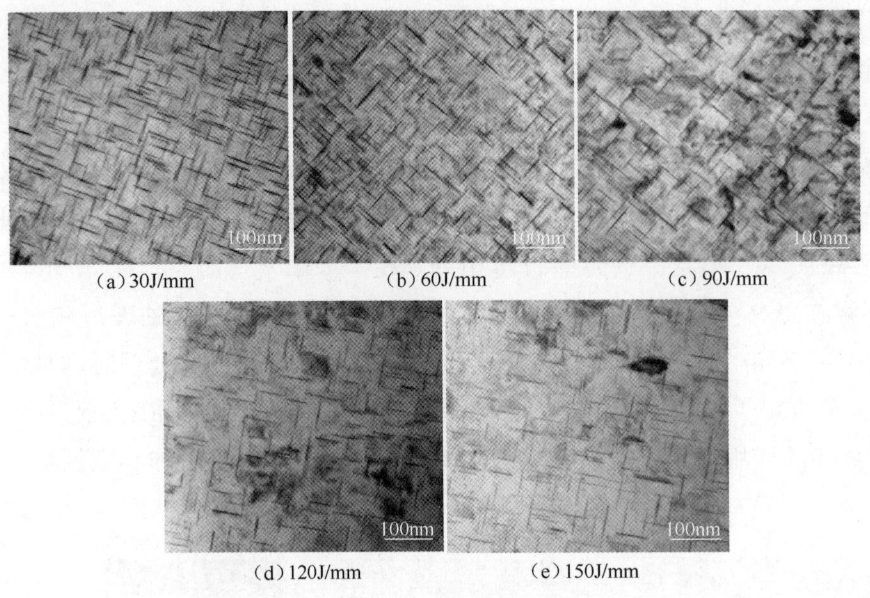

（a）30J/mm （b）60J/mm （c）90J/mm

（d）120J/mm （e）150J/mm

图8 不同热输入堆积体峰值时效状态下析出相的形貌

3.4 力学性能和断口形貌

3.4.1 力学性能

不同热输入堆积体的力学性能如图9所示。由图9可知，当热输入为30J/mm时，在堆积体的力学性能中，抗拉强度为470MPa；屈服强度为425MPa；延伸率为9%。随着热输入的提高，堆积体的力学性能显著降低。出现该现象的原因主要是由于随着热输入的提高堆积体晶粒尺寸增大，析出相尺寸增大导致固溶过程中 θ 相溶解不完全，时效过程中析出的 θ 相数量较少。热输入从60J/mm到90J/mm，延伸率出现了大幅度的下降，主要是热输入90J/mm的堆积体中出现了大量气孔，使延伸率降低。

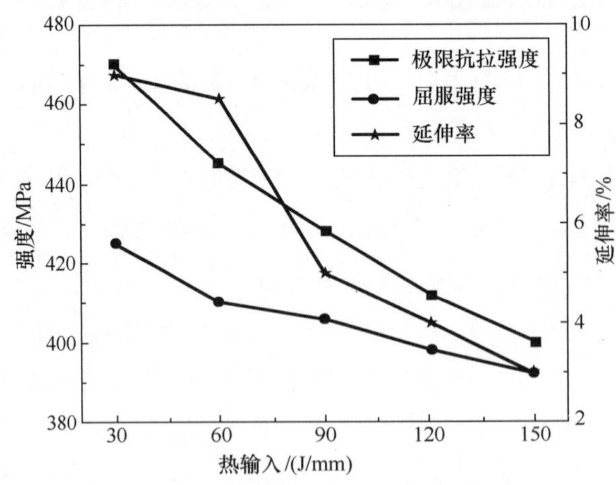

图9 不同热输入堆积体的力学性能

3.4.2 断口形貌

不同热输入堆积体的断口形貌如图10所示。由图10可知，当热输入为30J/mm时，堆积体的断口由大量韧窝组成，韧窝分布均匀、尺寸细小，且具有较大的深度，说明堆积体具有良好的韧性。当热输入增大到60J/mm和90J/mm时，韧窝的尺寸增大，深度减小，说明堆积体韧性变差，此时堆积体的断裂方式仍为穿晶的韧性断裂。当热输入达到120J/mm时，断口中除了韧窝，还有解理面，堆积体的断裂为混合型断裂。当热输入进一步增大到150J/mm时，断口中没有韧窝的存在，断裂方式为脆性断裂。堆积体这种断裂方式的转变主要是由于晶界的数量和晶界的宽度决定的。随着热输入量的增大，晶粒尺寸增大，造成晶界的数量降低，固溶处理后有剩余的析出相使晶界的宽度增大，所以导致堆积体断裂方式转变。

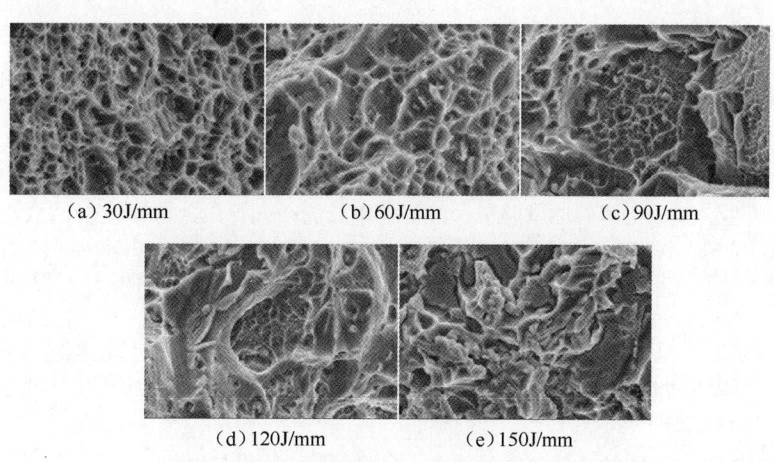

图10 不同热输入堆积体的断口形貌

4. 试验结论

本实验以WAAM工艺形成不同热输入的Al-Cu-Sn合金堆积体，考察了堆积体的直接堆积态的微观组织和T6态的微观组织及力学性能，可得出以下结论。

（1）WAAM Al-Cu-Sn合金堆积体随着热输入的增大，堆积体中的气孔尺寸增大，数量增加，晶粒尺寸增大，固溶处理后未固溶θ相数量增加，时效之后θ相的数量减少，相间距增大。当热输入大于90J/mm时，堆积体中气孔尺寸大于50mm，直接堆积态的晶粒以柱状晶为主，热处理后，晶界上存在大量未固溶θ相，θ相分布稀疏。

（2）WAAM Al-Cu-Sn合金堆积体随着热输入的增大，堆积体的力学性能逐渐降低，当热输入量大于90J/mm时，试样的断裂特征表现为脆性断裂特征。

热输入量对 WAAM ZL114A 合金成形、组织与性能的影响

李承德[1]，王伟[1]，明珠[1]，王帅[1]，任玲玲[1]，翟玉春[2]
（1. 中国兵器科学研究院宁波分院电弧增材制造专业室，浙江宁波 315048
2. 抚顺东工冶金材料技术有限公司技术部，辽宁抚顺 113200）

摘要：为提高铝合金CMT电弧增材制造成形的效率，选用直径为1.6mm的原材料，利用CMT电弧增材制造工艺制备了ZL114A合金堆积体，考察了热输入量对WAAM ZL114A合金的成形、组织与性能的影响，并建立了WAAM ZL114A成形合金模型。采用电子万能试验机、扫描电镜及能谱分析、金相等对WAAM合金样品进行了表征。结果表明，ZL114A合金在WAAM工艺条件下，具有较大的工艺窗口，在较大热输入量范围内均能很好地成形，且合金的力学性能保持稳定，横纵向性能无差异，抗拉强度为354.5±7.5MPa，屈服强度为310.5±5.5MPa，延伸率为6.3%±0.7%。但是随着热输入量的增加，直接沉积态WAAM合金的二次枝晶臂间距逐渐增大，杂质Fe相逐渐粗化，在高热输入量条件下，WAAM合金的热影响区内出现了轻微过烧现象；经过T6热处理后，合金中α-Al晶粒、共晶硅颗粒尺寸随着热输入量的增大而增大，造成了合金的横纵向抗拉强度差异增大，屈服强度略有降低，延伸率由5.95%（11#）降到4.15%（17#）。

关键词：电弧增材制造；CMT；ZL114A合金；成形效率；热输入量；组织与性能

1. 引言

冷金属过渡（Cold Metal Transfer，CMT）技术具有熔覆效率高、热输入量低及无飞溅等特点，在铝合金电弧增材制造领域的应用越来越受到关注，莱恩（Ryan）等考察了原材料批次及工艺参数对 2219 合金电弧增材制造孔隙率的影响，从保强等对比了 CMT 电弧增材制造 Al-6.3% 合金薄壁与厚壁结构的组织与性能，李承德等研究了电弧增材制造 ZL114A 合金的组织与性能。电弧增材制造与高能束粉末增材制造相比，具有成形效率高、堆积体致密度高的特点，适合大型中等复杂部件的一体化成形。目前，CMT 电弧增材制造工艺所选用的材料直径普遍都是 1.2mm，受到 CMT 电源工艺的限制，最大送丝速度为 9m/min，即最大成形效率为 1.6kg/h。

ZL114A 合金具有良好的铸造性能及机械性能，是用途最广泛的铸造合金，且该合金通过电弧增材制造技术制备的结构件产品已经实现工程化应用[1]。为了进一步提高成形效率，本文选用直径 1.6mm 的原材料，研究送丝速度在大于 5m/min 的工艺条件下，热输入量对 ZL114A 合金成形、组织及性能的影响，为进一步实现该类合金电弧增材制造工程化应用研究提供理论和数据支撑。

2. 试验材料和方法

选用抚顺东工冶金材料技术有限公司生产的 Φ1.6mm 的 ER4220 铝合金焊丝为原材料，基板为 300mm×150mm×10mm 的 6061-O 铝合金板材，原材料及基板的化学成分见表 1。保护气体为 99.999% 的高纯氩气。电弧增材制造系统如图 1 所示。

利用福尼斯公司 CMT Advanced 4000R 电源及 ABB1410 机器人搭建的 WAAM 增材制造系统进行堆积实验，采用单道多层的堆积方式制备 WAAM 成形试样。WAAM 成形过程示意如图 2 所示。

成形试样尺寸为长 200mm× 高（140mm ～ 150mm），堆积过程中控制层间温度为 160℃～ 180℃，气体保护流量为 25L/min。成形过程工艺参数见表 2。利用 $HI=\eta(UI)/TS$ 计算每组实验的热输入量，其中，

HI（J/mm）为焊接过程的热输入量，U（V）为每一堆积层电压的平均值，I（A）为每一堆积层电流的平均值，η 为 CMT 工艺的热效率，取值为 0.8，TS（mm/s）为焊接速度。

表1 原材料及基板的化学成分

化学成分 原材料及基板名称	Si/wt%	Mg/wt%	Ti/wt%	Fe/wt%
ER4220	7.02	0.65	0.110	0.113
6061-O	0.62	1.03	—	0.132

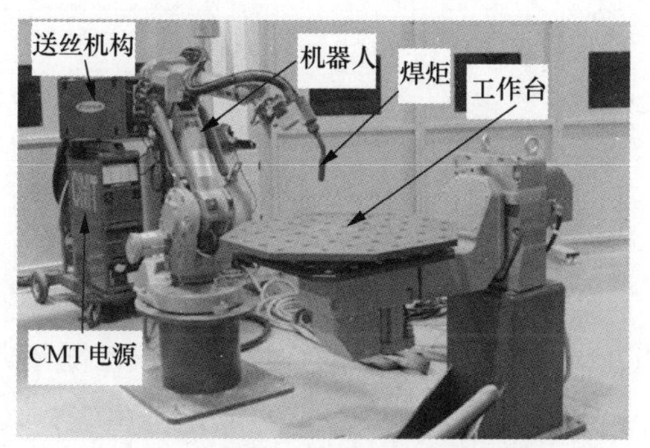

图1 电弧增材制造系统

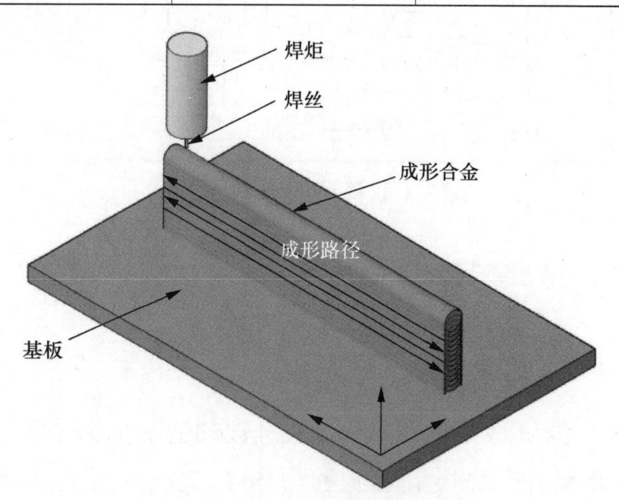

图2 WAAM成形过程示意

表2 成形过程工艺参数

编号	送丝速度 / (m/min)	焊接速度 / (mm/s)	电流 I/A	电压 U/V	热输入量 / (J/mm)
1#	5	48.0	195	22.5	73.13
3#	5.5	35.9	215	23.0	110.19
4#	6	35.9	236	23.5	123.59
6#	5.5	24.3	215	23.0	162.80
7#	5.5	19.8	215	23.0	199.80
8#	6	19.8	236	23.5	224.08
9#	5	15.6	195	22.5	225.00
10#	5.5	15.6	215	23.0	253.59
11#	6	15.6	236	23.5	284.41
12#	5	10.4	195	22.5	337.50
13#	5.5	10.4	215	23.0	380.38
14#	5	8.2	195	22.5	428.05
15#	6.5	24.3	255	24.0	—
17#	5.5	8.4	215	23.0	470.95

对 WAAM 成形试样进行 T6 热处理，制度为 540℃ ×12h ＋ 175℃ ×4h。用水刀、带锯、线切割等切割工具在 WAAM 成形试样上截取拉伸试样及金相试样。取样位置示意如图 3 所示。拉伸试样尺寸如图 4 所示。利用精度为 0.02mm 的游标卡尺测量成形试样的厚度；利用 FOUNDRY-MASTER Xpert（全

普直读光谱仪仪器型号）直读光谱仪分析化学成分；利用 WDW-30 万能试验机进行拉伸性能测试；采用 Quanta FEG 250（电子显微镜型号）扫描电子显微镜观察微观组织及进行 EDS 分析；使用 Kroll's 试剂（2mL 氢氟酸、6mL 硝酸、92mL 水）腐蚀试样，在 Axio Imager A2m 型金相显微镜下观察微观组织。

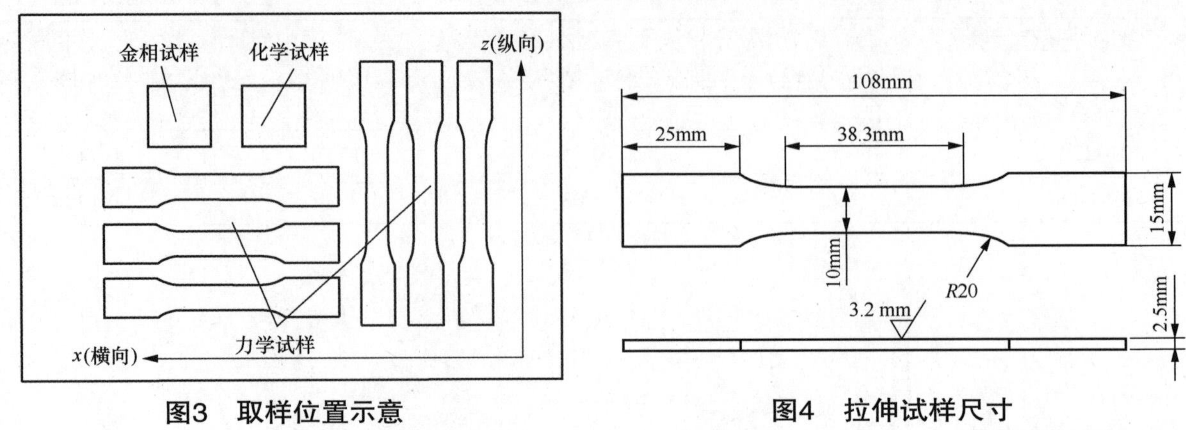

图3　取样位置示意　　　　图4　拉伸试样尺寸

3. 结果与讨论

3.1　元素烧损

WAAM 成形试样的化学成分波动情况如图 5 所示，Si、Mg 元素均有不同程度的烧损，随着热输入量的增加，烧损量逐渐增大。Si 的烧损量由 1%（1#）增加到 3.5%（17#），Mg 的烧损量由 3.5%（1#）增加到 11.3%（17#）。成形试样中 Ti 和 Fe 的含量随着热输入量的增加未发生明显变化。WAAM 成形合金中的 Si、Mg、Ti、Fe 等元素的含量范围仍符合 GB/T 1173 中对 ZL114A 合金的要求。

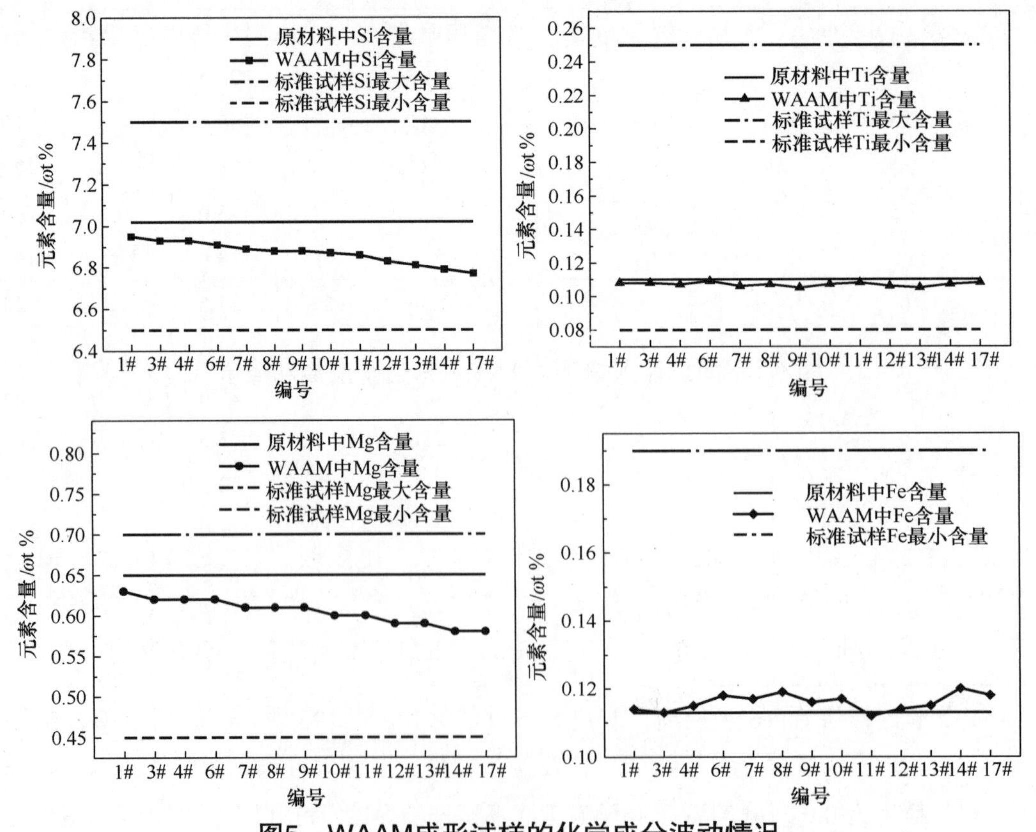

图5　WAAM成形试样的化学成分波动情况

3.2 热输入量对成形的影响

WAAM成形合金横截面及15#试样顶面如图6所示，可以看出，热输入量在73.13J/mm～470.95J/mm，除了15#合金之外，其余合金均能够很好地成形。这是由于15#的送丝速度达到6.5m/min，此时电流较大，增加了焊接熔深，电弧对熔池冲击和剧烈搅动，使气体保护被破坏，因此无法成形。不同热输入量下WAAM成形合金层高和厚度如图7所示，随着热输入量的增大，成形试样的厚度及平均层高逐渐增大。在电弧增材制造过程中，随着焊接速度的降低，作用在单位体积的热量增加，铝合金丝材熔化后向两侧流动，因此堆积体的厚度增加。层高主要受送丝速度及焊接速度的影响，送丝速度越快，其数值越高，焊接速度越慢，其数值越小，层高的数值越大。

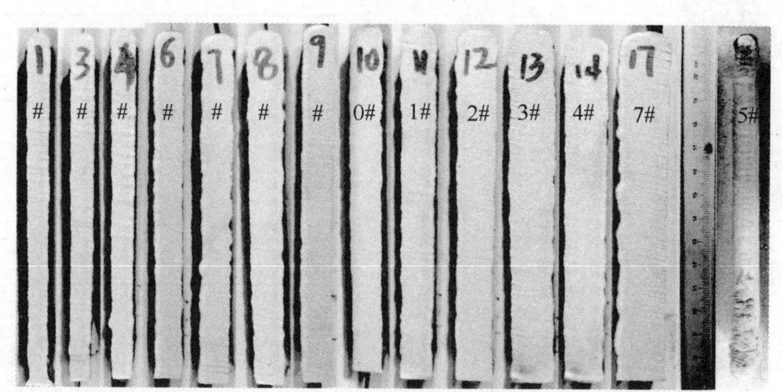

图6 WAAM成形合金横截面及15#试样顶面

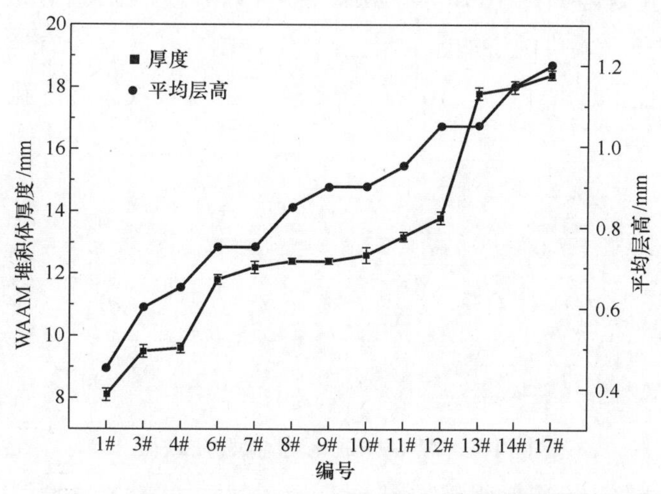

图7 不同热输入量下WAAM成形合金层高和厚度

3.3 组织与性能

3.3.1 宏观组织

WAAM成形合金的宏观金相如图8所示。由图8可知，可以明显分出3个区域，即受到电弧作用的熔深区（A）、热影响区（B）及铸态区（C）。直接沉积态WAAM成形合金宏观组织模型如图9所示。其中，t为成形试样的有效厚度（t_1+2t_2），t_1为熔深区的宽度，t_2为熔覆铺展区宽度；s为熔深区单层深度；h_1为热影响区高度；h_2为铸态区高度；h为单层层高（h_1+h_2）。由顾江龙[2]的研究结果可知，层高（h）及有效厚度（t）随着送丝速度的增加而增加，并随着焊接速度的增大而变小，本文所研究的送丝速度窗口较小（5.0m/min～6.0m/min），对层高（h）及有效厚度（t）起到主要影响的是焊接速度，随着焊接速度的减小，层高（h）及有效厚度（t）逐渐增加，结果如图7所示。层高（h）由两个部分组成：热影响区高度（h_1）与铸态区高度（h_2）。其中，热影响区高度（h_1）受热输入量影响，热输入量越大，热影响区高度（h_1）越大。有效厚度（t）也是由两个部分组成：熔深区宽度（t_1）与熔覆铺展区宽度（t_2）。其中，熔深区宽度（t_1）受到送丝速度影响（CMT电源根据送丝速度自动匹配电流和电压，而熔深区的宽度主要受到电压的影响），熔覆铺展区宽度（t_2）受热输入量的影响，且对有效厚度（t）起到主要贡献作用。随着热输入量的增大，熔覆铺展区宽度（t_2）越宽。熔深区深度（s）主要受到送丝速度的影响（即电流的影响），随着送丝速度的增加，熔深区深度（s）的值越大。

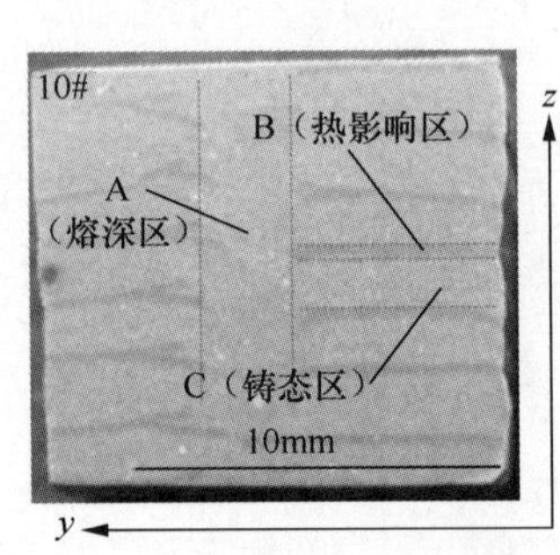

图8　WAAM成形合金的宏观金相

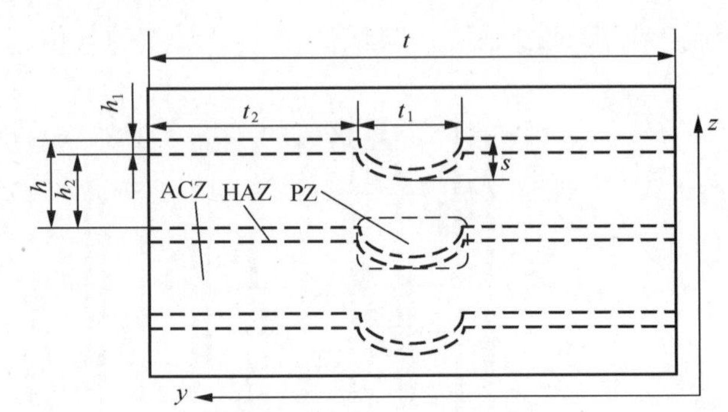

图9　直接沉积态WAAM成形合金宏观组织模型

3.3.2　微观组织

WAAM成形合金气孔缺陷如图10所示，从图10可以看出，WAAM成形合金中气孔的尺寸主要集中在几十mm，随着热输入量的增加，WAAM合金中的气孔数量没有增加趋势，尺寸略有增大。在直接沉积态WAAM合金中选取了1#、10#、17#合金，并观察其微观气孔、组织及T6热处理后的组织。

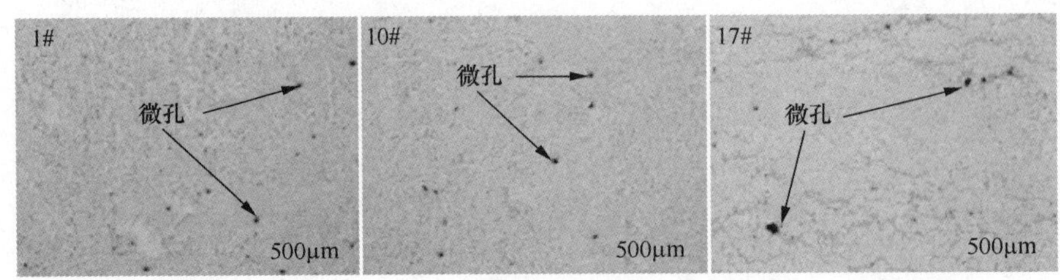

图10　WAAM成形合金气孔缺陷

直接沉积态WAAM成形合金微观组织如图11所示。其中，图11中的（a）、（b）、（c）分别为1#、10#、17#的WAAM成形合金PZ区组织；图11中的（d）、（e）、（f）分别为1#、10#、17#的WAAM成形合金HAZ区组织；图11中的（g）、（h）、（i）分别为1#、10#、17#的WAAM成形合金ACZ区组织；图11中的（j）、（k）、（l）分别为1#、10#、17#的WAAM成形合金ACZ区组织放大。

由图11可以看出，WAAM成形合金明显地分为熔深区、热影响区及铸态区。需要说明的是，所观察到的热影响区高度（h_1）并未随着热输入量的增加而增大，这是由于WAAM成形过程中，电弧受到环境干扰（例如，气流、磁偏吹）产生了波动及液态合金的不受控流动，造成了相邻层之间的相互搅和，但是从整体上来看，还是可以明显地观察到分层结构。图11中的（d）、（e）、（f）为WAAM成形合金中的热影响区，较铸态区相比，这些区的共晶硅组织均明显地球化，且在低热输入量条件下 [图 11 中的（d）、（e）] 热影响区的组织形貌相近。但在高热输入量条件下 [图 11 中的（f）] 热影响区出现了轻微过烧现象。图 11 中的（g）、（h）、（i）为 WAAM 成形合金的铸态区，可以看出随着热输入量的增加，铸态区的 α-Al 枝晶变得粗化，枝晶数量减少，合金的二次枝晶臂间距逐渐增大。将铸态区组织放大后，观察到细小的针状或短棒的 Fe 相存在。WAAM 成形合金中 Fe 相 SEM 及 EDS 分析结果如图 12 所示，由图 12 可知，该相为 π-Fe 相（$Al_8Mg_3FeSi_6$），且随着热输入量的增加，其尺寸逐渐变大。这是由于 ZL114A 合金属于亚共晶合金，其凝固过程首先析出 α-Al，随着温度的下降，共晶硅及第二相粒子（杂质 Fe 相等）在 α-Al 枝晶间形成，在高热输入条件下，合金的凝固过程相对变得缓慢，导致共晶区硅及杂质 Fe 相有足够的时间团聚、长大，因此随着热输入量的增加，WAAM 成形合金的二次枝晶臂间距逐渐增大，Fe 相变得粗大。

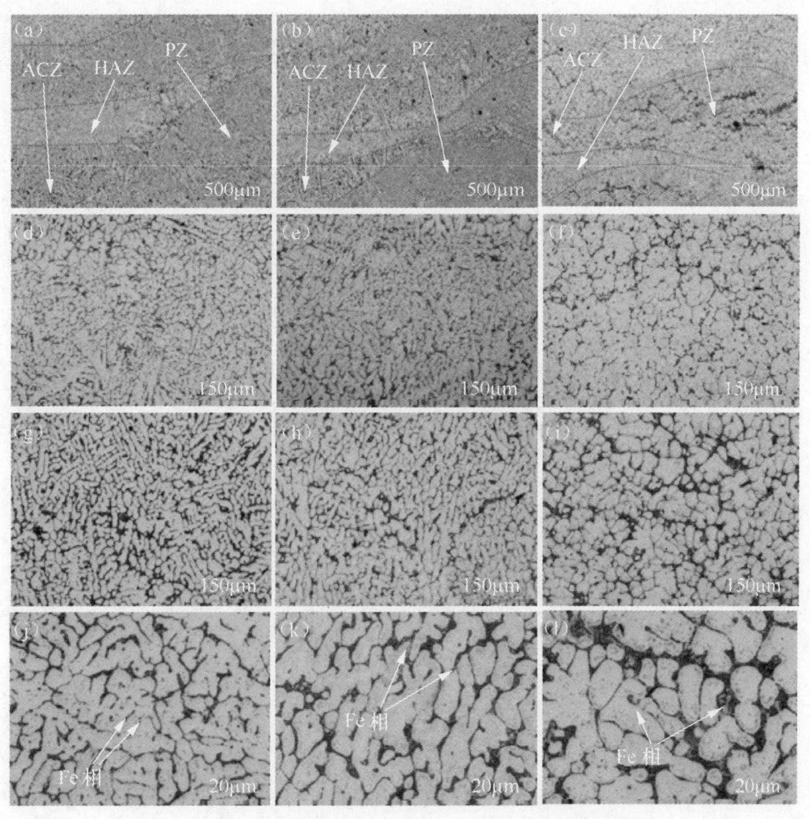

图11　直接沉积态WAAM成形合金微观组织

T6 热处理后的 WAAM 成形合金组织如图 13 所示，可以看出，随着热输入量的增加，组织中 α-Al 晶粒逐渐增大，合金中的共晶硅颗粒有增大趋势。这是由于低热输入量时，合金的二次枝晶臂间距较小，在固溶阶段，Mg_2Si、Si 等第二相粒子扩散、迁移的平均自由程越短，更易实现均匀化。随着热输入量的增大，合金组织中二次枝晶臂间距逐渐增大，在固溶时，增大共晶硅颗粒的熔断难度，导致了共晶硅颗粒增大。

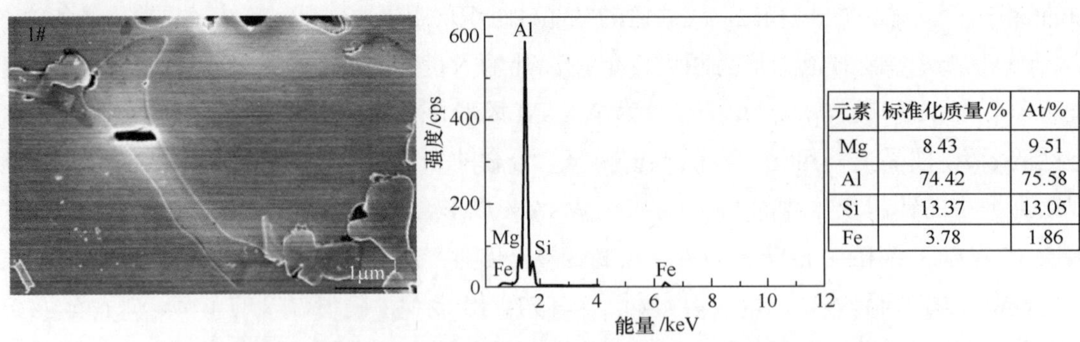

元素	标准化质量/%	At/%
Mg	8.43	9.51
Al	74.42	75.58
Si	13.37	13.05
Fe	3.78	1.86

图12　WAAM成形合金中Fe相SEM及EDS分析结果

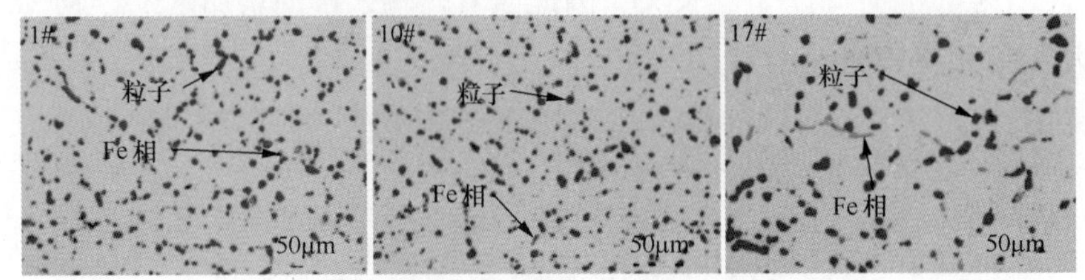

图13　T6热处理后的WAAM成形合金组织

3.3.3　力学性能

WAAM 成形合金（T6）力学性能如图 14 所示，可以看出，在较大热输入量范围内（1# ～ 11#）合金的抗拉强度、屈服强度及延伸率均在较小范围内波动，且横向（x 轴方向）与纵向（z 轴方向）性能几乎无差异，抗拉强度为 354.5±7.5MPa，屈服强度为 310.5±5.5MPa，延伸率为 6.3%±0.7%。随着热输入量的增加，WAAM 合金的横向及纵向的抗拉强度差异增大，横向的抗拉强度较纵向高出 15MPa；屈服强度略有降低，为 298±5MPa；延伸率逐渐下降，由 5.95%（11#）下降到 4.15%（17#）。

一方面由于随着热输入量的增加，直接沉积态 WAAM 成形合金中的二次枝晶臂间距逐渐增大，合金中的杂质 Fe 相也变得粗大，经过热处理后，WAAM 合金中的 α-Al 晶粒及共晶硅颗粒逐渐增大，所以导致了合金的延伸率下降。另一方面，由于热输入量的增加，在直接沉积态 WAAM 合金的热影响区内出现了轻微过烧现象，这是导致合金的纵向性能下降的原因。

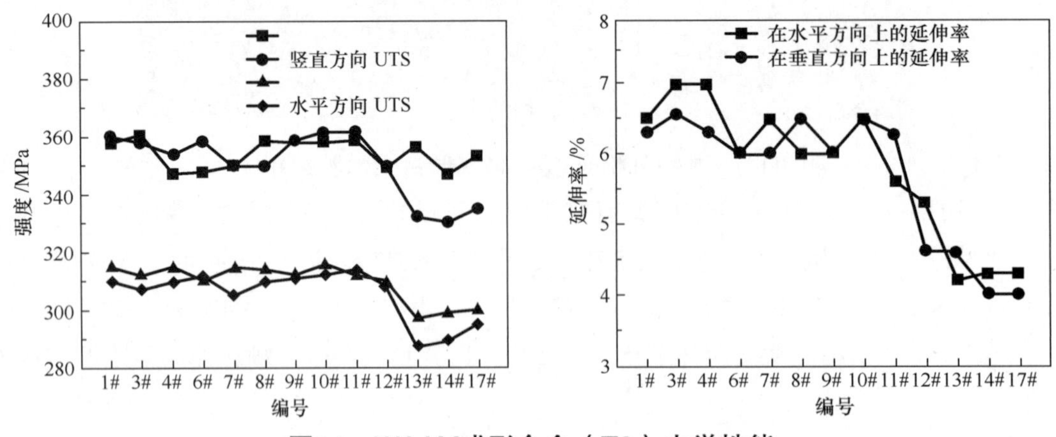

图14　WAAM成形合金（T6）力学性能

4. 结论与展望

ZL114A 合金在 CMT-WAAM 较大热输入量范围内均能很好地成形，成形后的合金化学成分可以满足相关标准要求，并建立了原材料为 1.6mm 的 WAAM ZL114A 的成形模型。

WAAM ZL114A 合金组织具有熔深区、热影响区及铸态区的特征，随着热输入量的增加，直接沉积态组织的二次枝晶臂间距逐渐增大，杂质 Fe 相逐渐粗化，在高热输入量条件下，热影响区内出现了轻微过烧现象；经过 T6 热处理后，合金中 α-Al 晶粒、共晶硅颗粒尺寸随着热输入量的增大而增大。

在较大热输入量范围内（1# ～ 11# 合金），WAAM ZL114A 合金的力学性能保持稳定，且横纵向性能几乎无差异，抗拉强度为 354.5±7.5MPa，屈服强度为 310.5±5.5MPa，延伸率为 6.3%±0.7%，但是随着热输入量的增加，合金的横纵向抗拉强度差异增大，屈服强度略有降低，延伸率由 5.95%（11#）降到 4.15%（17#）。

ZL114A 合金在 WAAM 工艺条件下，具有较大的工艺窗口，良好的成形、机械性能，选用直径为 1.6mm 的原材料能够提高成形效率，非常适合电弧增材制造工艺工程化应用。

致谢

感谢抚顺东工冶金材料技术有限公司提供试验原材料（线径 Φ1.6mm 的 ER4220 丝材）。

参考文献

[1] 金鹭 .“宁波智造”助力卫星冲天 [N]. 宁波日报，2018-10-07.

[2] 顾江龙 . CMT 工艺增材制造 Al-Cu-(Mg) 合金的组织与性能的研究 [D]. 2014, 44-45.

SLM 增材制造工件的正态分布支撑设计

张小川[1]，康进武[2]，段国庆[3]，冯涛[3]，融亦鸣[1, 4]

（1. 清华大学　机械工程学院，北京　100084

2. 清华大学　材料学院，北京　100084

3. 北京易加三维科技有限公司，北京　100027

4. 南方科技大学　机械与能源工程系，深圳　518055）

摘要：选区激光熔化（Selective Laser Melting，SLM）是一种自下而上逐层累积成形金属工件的新方法。支撑设计是SLM工艺设计中的重要内容，成形工件悬垂部位需要添加支撑以避免成形过程中出现塌陷、翘曲变形以及工件在后续处理中的变形或断裂。合理的支撑分布不仅可以起到支撑约束工件悬垂面的效果，还可以减少支撑的数量，从而减少支撑的去除工作量。本文通过实验和仿真手段研究了悬垂结构成形中的应力分布规律，提出了非均匀支撑分布的设计思路，设计了一种基于正态分布的支撑布置形式，实现了支撑分布的优化设计。

关键词：激光选区熔化；悬垂结构；支撑；残余应力；正态分布

1. 引言

选区激光熔化（SLM）工艺是一种典型的金属工件增材制造工艺方法，能够直接成形具有复杂结构的金属件[1]，其成形的工件精度高、性能好。在激光选区熔化中，虽然有粉末床的支撑和约束，但是由于成形过程中的高温度梯度、高冷却速率及成形金属和粉末之间的巨大导热性能差异[2]，工件的悬垂结构在打印过程中易产生变形，从而影响工件尺寸精度，甚至中止打印，或者发生熔融金属侵入粉末床，导致悬垂面粗糙缺损；或者在打印的过程中产生较大的残余应力，使工件从基板上切除后发生明显变形[3-4]。因此对于工件的悬垂结构需要有针对性地设计支撑结构，即支撑结构的分布和数量既要保证工件的成形精度，又要尽量避免过度影响工件的成形效率和支撑去除的工作量。

目前，支撑设计研究主要集中在支撑自动生成算法[5-7]及支撑形状对成形的影响[8-9]等方面。在生成算法方面，研究包括待支撑结构识别、支撑布点设计[6-7]、网格、块状、蜂窝晶格等支撑结构设计。在支撑结构参数方面，曹冉冉[8]提出了支撑结构参数与倾斜角的经验公式，卡利尼亚诺（Calignano）利用田口正交试验得到了块状支撑的优化工艺组合。目前，支撑多半采用均匀布置或沿轮廓布置的方式，支撑分布方面的研究较少。刘洋[9]的研究结果表明，较小间距的非均匀支撑比均匀支撑对悬垂面的成形效果好。上述研究均采用了基于几何特征的支撑设计，未考虑悬垂结构的应力分布规律。本文通过试验与数值模拟手段研究了悬垂结构应力分布的规律，并据此提出了一种基于正态分布的非均匀支撑设计方法。

2. 悬垂面的识别与提取

在增材制造中，工件常常具有悬垂结构特征，即其下表面不与基板或工件其他部位在成形方向上接触。对于悬垂结构，需要设计支撑。识别并提取悬垂结构特征是添加支撑的基础。根据增材制造常用的STL文件是由离散的三角面片构成的这一特征，计算所有三角面片法向量与 z 轴正向的夹角，并与支撑阈值角度对比，如果夹角大于阈值角度，则为待加支撑悬垂三角面片，然后利用种子扩散法[10]

判断出所有的待加支撑悬垂三角面片之间的连接关系，从而识别出各待支撑的完整悬垂面。悬垂面的识别与提取如图 1 所示。对于工件的最低面可以根据需要添加基础支撑或不添加基础支撑。

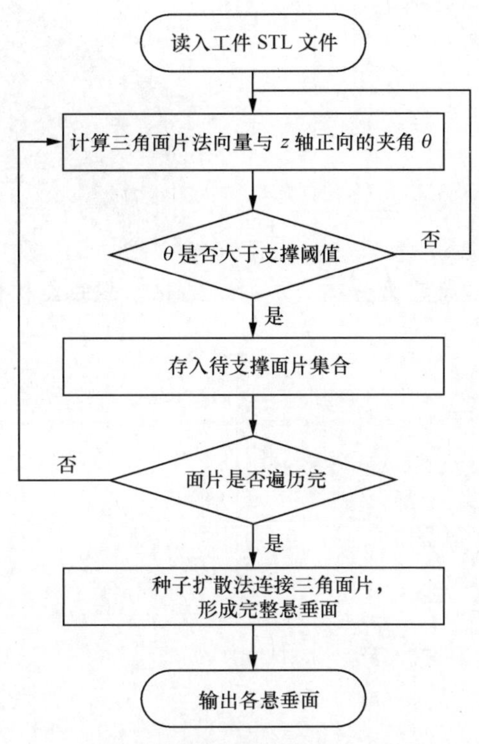

图1 悬垂面的识别与提取

3. 悬垂面的应力分布规律

悬垂结构工件及扫描方式、应力测试点分布如图 2 所示，为了研究悬垂面成形的应力分布规律，设计并打印了图 2 所示的 80mm×7.2mm×8.0mm 的对称水平悬垂结构。其中，平行均匀布置的支撑厚度为 0.6mm，支撑间隔为 0.72mm，使用的是 $AlSi_{10}Mg$ 粉末，采用了北京易家三维有限科技公司 M250 金属增材制造设备成形。沿着长边方向扫描打印成形，成形工艺参数的激光功率为 300W，扫描速度为 1m/s，基板预热温度为 25℃。利用日本 Pulstecμ-X360（仪器型号）测量表面残余应力，采样点如图 2 中的标号 1、2、3、4、5 所示。悬垂结构实测残余应力分布如图 3 所示，悬垂结构表面应力呈现中间高、两端低的特点。悬垂结构仿真模型及边界条件如图 4 所示，为了进一步说明其机理，设计了数值模拟模型，为了减小计算量，其尺寸为真实零件尺寸的 1/10。悬垂结构的温度场和沿长度方向的应力场分布规律如图 5 所示，残余应力沿长度方向（x 路径）的分布如图 6 所示。由此可以看出，悬垂结构中间部位的残余应力大。在扫描过程中，中间区域主要由支撑传导热量，而边缘部位由实体传导热量，故边缘区域材料冷却较快。而中间区域仍处于冷却过程中，其收缩受到边缘区域的阻碍作用，因此有较大的应力。

图2 悬垂结构工件及扫描方式、应力测试点分布

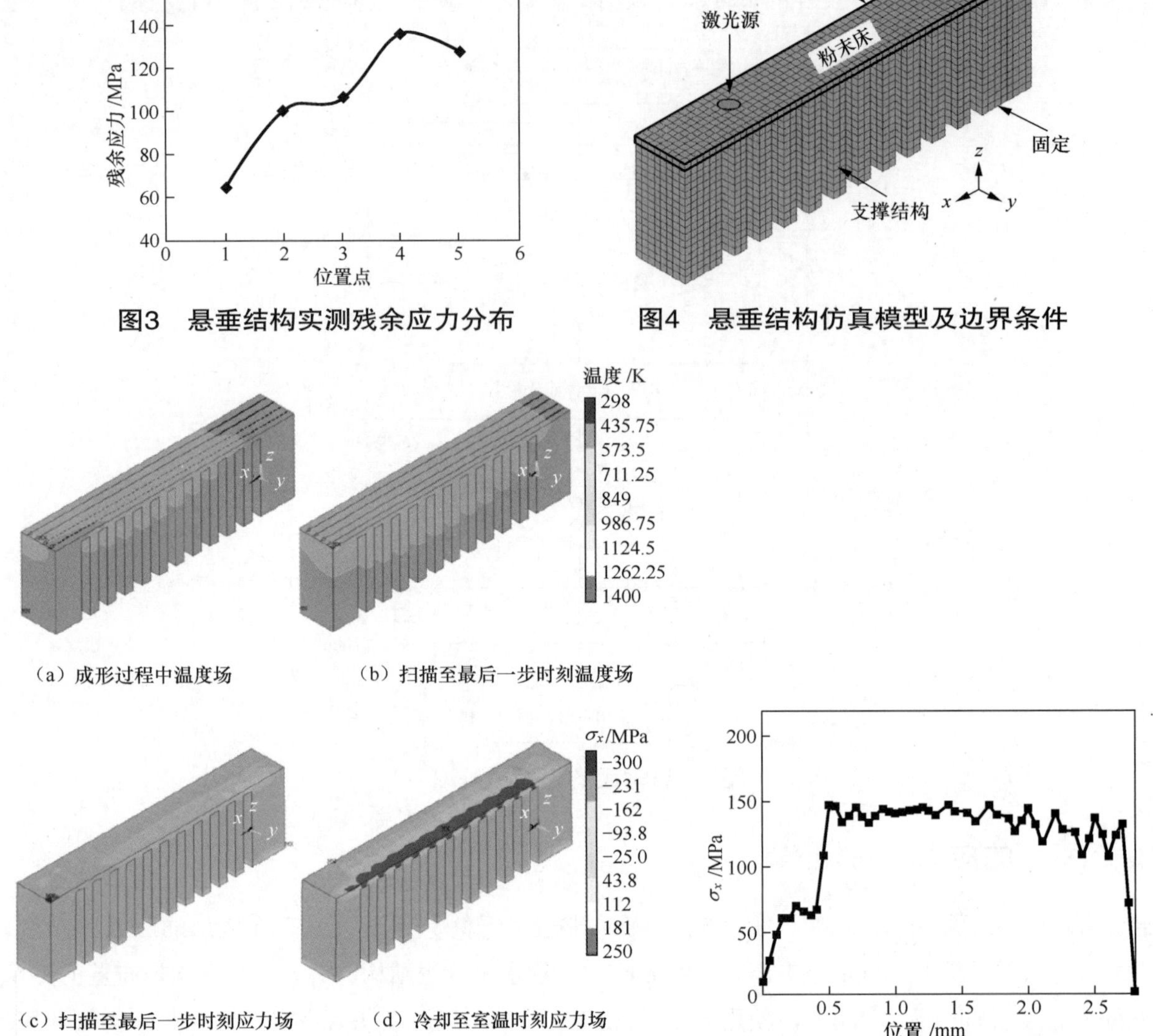

图3　悬垂结构实测残余应力分布

图4　悬垂结构仿真模型及边界条件

图5　悬垂结构的温度场和沿长度方向的应力场分布规律

图6　残余应力沿长度方向（x路径）的分布

4. 基于正态分布的支撑布置

对于悬垂面，中心区域残余应力较大，而边缘区域残余应力较小，如果采用均匀支撑，则中心区域可能支撑强度不够，而边缘区域可能支撑较多，因此应采用非均匀支撑设计。正态分布是一种典型的非均匀分布，因此提出了基于正态分布布置支撑的方法，即从悬垂面的中心到边缘，支撑的疏密布置按正态分布设计，中心区域设置较密集支撑，靠近端部区域支撑逐渐稀疏。

对于支撑布置密度分布函数如式（1）所示。

$$F(x)=\frac{A}{\sqrt{2\pi}\sigma}\exp\left(-\frac{(x-\mu)^2}{2\sigma^2}\right) \quad \text{式（1）}$$

在式（1）中，μ 为悬垂面中心到端部的距离；x 为悬垂面某位置到悬垂面中心的距离；A 为常数，用于调整支撑结构分布疏密；σ 为均方差，用于调整沿悬垂长度方向不同区域的支撑部分密度，可以利用 3σ 原则来确定 σ 的值，即悬垂中心到端部的距离设为 3σ。

在实际使用中，支撑分布密度需要离散化，将悬垂结构从中心到两端等分为 $2m$ 段离散区间，如果离散步长为 μ/m，则第 k 段离散区间如式（2）所示。

$$\left[\mu=\frac{\mu(k-1-m)}{m},\ \mu+\frac{\mu(k-m)}{m}\right] \qquad \text{式（2）}$$

在式（2）中，k=1，2，…，m，…，$2m$。当 $x \leqslant \mu$ 时，第 k 段离散区间内的支撑分布概率密度函数如式（3）所示。

$$p(k)=f\left(\mu+\frac{\mu(k-m)}{m}\right)=\frac{\mathrm{A}}{\sqrt{2\pi}\sigma}\exp\left(-\frac{\mu^2(k-m)^2}{2\sigma^2 m^2}\right) \qquad \text{式（3）}$$

当 $x > \mu$ 时，第 k 段离散区间内的支撑分布概率密度函数如式（4）所示。

$$p(k)=f\left(\mu+\frac{\mu(k-1-m)}{m}\right)=\frac{\mathrm{A}}{\sqrt{2\pi}\sigma}\exp\left(-\frac{\mu^2(k-1-m)^2}{2\sigma^2 m^2}\right) \qquad \text{式（4）}$$

这样所生成的支撑近似呈正态分布。

上述算法适用于双臂悬垂结构。对于单臂悬垂结构，则可将其看作双臂悬垂结构的一半，即设单臂悬垂的末端（自由端）为上述算法定义中的悬垂面中心，该处支撑最为密集，越靠近根部，支撑分布越稀疏。悬垂结构支撑正态分布示意如图 7 所示。

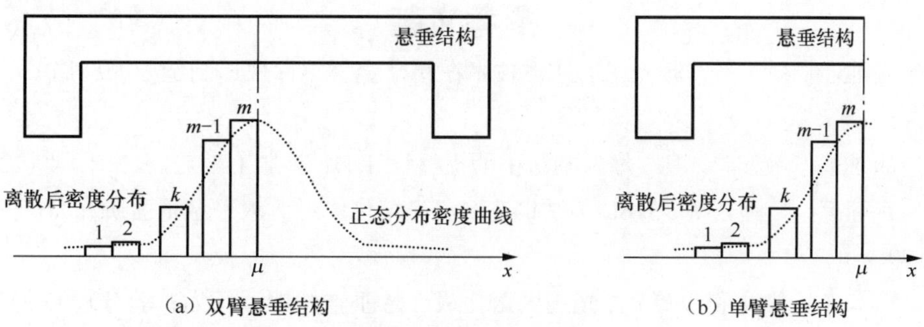

图 7 悬垂结构支撑正态分布示意

针对水平悬垂结构，识别待支撑面，利用上述算法得到正态分布的支撑设计，两端支撑稀疏，中间支撑密集。水平悬垂结构正态分布支撑设计如图 8 所示。

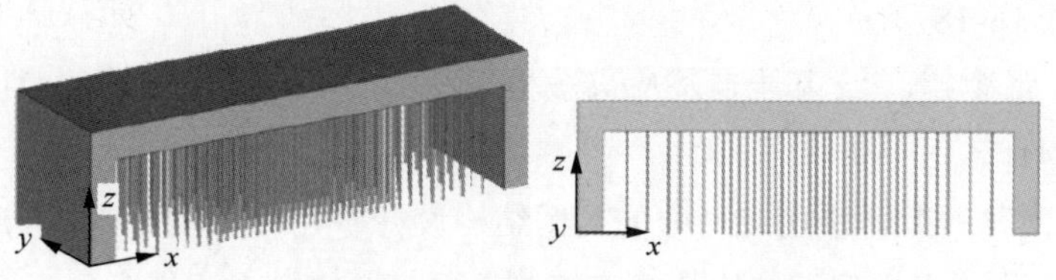

图8 水平悬垂结构正态分布支撑设计

针对发动机支架，识别待支撑面，同理得到正态分布支撑设计。发动机支架正态分布支撑设计如图 9 所示。

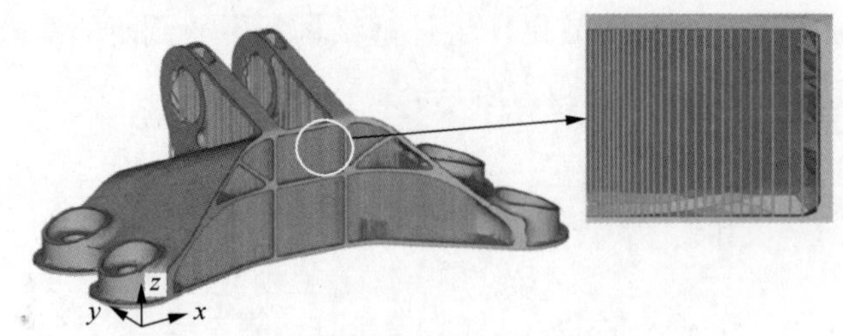

图9 发动机支架正态分布支撑设计

5. 结论

本文针对 SLM 工艺，分析了典型水平悬垂结构的应力分布规律，并设计了基于正态分布的支撑布置方式。

（1）悬垂结构应力分布呈两端低、中间高的特点，适宜非均匀布置支撑。

（2）该方式应用了正态分布的支撑算法，实现了双臂悬垂结构和单臂悬垂结构的非均匀支撑设计。

基金项目

国家重点研发计划（项目编号：2016YFB1100703）。

参考文献

[1] 杨永强，王迪，杨斌，等 . 激光快速成形技术在精密金属零件快速制造中的应用 [J]. 航空制造技术，2010(16): 48-52.

[2] 张小川，康进武，融亦鸣，等 . 增材制造中的支撑设计 [J]. 热加工工艺，2018，47(12): 1-7.

[3] 杨永强，卢建斌，王迪，等 . 316L 不锈钢选区激光熔化成形非水平悬垂面研究 [J]. 材料科学与工艺，2011，19(6): 94-99.

[4] 刘婷婷，张长东，廖文和，等 . 激光选区熔化成形悬垂结构熔池行为试验分析 [J]. 中国激光，2016, 43(12): 70-76.

[5] 洪军，李涤尘，唐一平，等 . 快速成形中的支撑结构设计策略研究 [J]. 西安交通大学学报，2000, 34(9): 58-61.

[6] 董学珍，莫健华，张李超 . 光固化快速成形中柱形支撑生成算法的研究 [J]. 华中科技大学学报（自然科学版），2004，32(8): 16-18.

[7] 刘国承，史玉升，张李超，等 . 基于自适应离散标识法的支撑自动生成算法 [J]. 华中科技大学学报（自然科学版），2010(3): 38-41.

[8] 曹冉冉，李强，钱波 . SLM 快速成形中的支撑结构设计研究 [J]. 机械研究与应用，2015(3): 69-71.

[9] 刘洋 . 选区激光熔化成形机理和结构特征直接制造研究 [D]. 广州：华南理工大学，2015.

[10] 洪军，王崴，张宇红，等 . 光固化快速成形自动支撑技术研究 [J]. 机械工程学报，2004，40(11): 134-138.

SLM 增材制造工件成形取向的优化

张小川[1]，康进武[2]，融亦鸣[1,3]，吴朋越[4]，冯涛[4]

（1. 清华大学　机械工程学院，北京　100084

2. 清华大学　材料学院，北京　100084

3. 南方科技大学　机械与能源工程系，深圳　518055

4. 北京易加三维科技有限公司，北京　100027）

摘要： 由于激光选区熔化工艺增材制造是在高度方向上逐层成形，因此增材制造中的工件成形取向十分重要。成形取向不仅影响工件的质量，而且决定了支撑的添加位置和数量。优化工件成形取向，可以减小支撑数量和支撑去除工作量，提高工件表面质量和成形效率。优化成形取向是增材制造工艺设计的第一步。目前，在工件成形取向选取上多依靠主观经验，对复杂结构构件则难以判断其最优成形取向。本文通过旋转工件成形取向，比较工件在各个方向上的支撑面积，以工件所需支撑体积最小为目标，建立了工件成形取向的优化模型，并通过实际典型工件验证了模型的正确性与算法的有效性。

关键词： 激光选区熔化；成形取向；取向优化；支撑

1. 引言

增材制造俗称 3D 打印，是近年来发展迅速的新型材料成形工艺，适合复杂形状工件的成形。其中，选区激光熔化（Selective Laser Melting，SLM）工艺能够直接成形具有复杂结构的金属件[1]，成形工件精度高、性能好，是当前研究的热点之一。在激光选区熔化中，虽然有粉末床的支撑和约束，但是由于成形过程中的高温度梯度、高冷却速率及成形金属和粉末之间的巨大导热性能差异，工件的悬垂结构在打印过程中易产生变形，影响工件尺寸精度，甚至中止打印；或者发生熔融金属侵入粉末床，悬垂面粗糙且有所缺损；或者在打印过程中产生大的残余应力，工件从基板上切除后发生显著变形[2-3]。因此对于工件的悬垂结构需要针对性地设计支撑结构，而工件成形取向的选取会影响支撑结构的分布和数量，从而影响工件成形效率、成形精度和支撑去除的工作量。工件取向设计是工件工艺设计的第一步，直接影响工件成形的质量和效率。

目前，工件成形取向的选取主要依靠主观经验，因此难以针对复杂结构件选取最优成形取向。国内外对增材制造取向优化的研究主要集中在以下 3 个方面[4-5]：一是控制工件成形精度，尤其是表面质量，以体积误差最小为目标函数；二是控制支撑面积，以支撑投影面积最小为目标函数；三是控制工件制作时间，以工件成形高度和体积最小为目标函数等。阿尼（Arni）等将台阶效应量化成体积误差，艾伦（Allen）等提出了支撑与工件接触面积最小的优化模型，王崴[4]、赵吉宾[5]等针对光固化工艺提出了控制工件高度从而减少工件制作时间的优化模型。亚历山大（Alexander）等根据熔融沉积制造（FDM）、先固化成形（SLA）等成形优化实验结果指出不同成形工艺应该遵循其自身特点设定优化目标函数。例如，针对 FDM 的最优方向不一定适合 SLA。SLM 成形和 FDM、SLA 明显不同，因此其支撑要求和打印取向设计也不同，而针对 SLM 的工件成形取向研究较少。现有 3D 打印成形处理软件有部分取向选择等功能，但具体算法不明，还不能满足要求。

2. 工件成形取向优化模型

增材制造由于其逐层成形的特性，要求对具有悬垂结构且悬垂角度大于某一阈值的工件添加支撑，而工件沿不同方向成形所需的支撑布置和数量不同。支撑数量越多，成形所需时间越长，因而有必要通过调整工件成形取向，以减少支撑数量，甚至无支撑。支撑数量可以由支撑面积来表示。本文针对SLM增材制造中常见文件格式STL模型，建立了通过优化和成形取向相关联的支撑投影面积来优化成形取向模型。

2.1 工件悬垂面的支撑计算

设工件悬垂面添加支撑的阈值角度为 θ_0，即当悬垂面和水平面的夹角小于该角度时就要添加支撑。悬垂面和水平面的夹角又等于悬垂面的法线方向和成形方向的反方向的夹角。工件悬垂三角面片与成形取向夹角示意如图1所示。

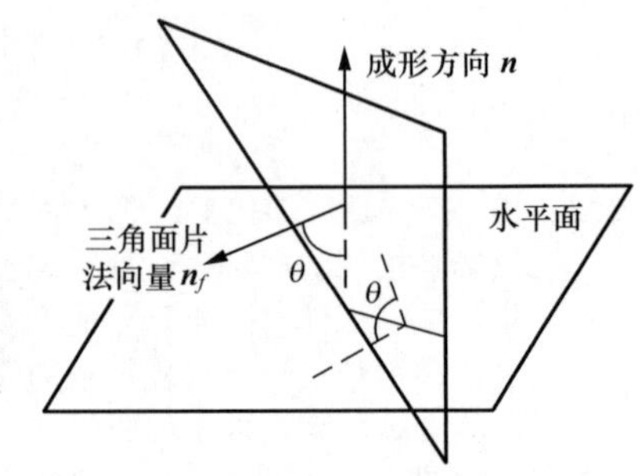

图1 工件悬垂三角面片与成形取向夹角示意

通过计算工件各三角面片的法线方向和成形方向的反方向的夹角 θ 来判断是否需要支撑。当 θ 小于 θ_0 时，需要添加支撑；反之，则不需要添加支撑。该阈值角度和材料有关，不同材料，其取值不同。设成形方向为 $\boldsymbol{n}(x, y, z)$，且 $\boldsymbol{n}$ 为单位向量，设工件任意一个三角面片法向量为片法向量，记为 $\boldsymbol{n}_{fi}\left(x_{fi}, y_{fi}, z_{fi}\right)$，其通常也为单位向量，则三角面片的法线方向和成形方向的反方向的夹角 θ_i 的计算方法如式（1）所示。

$$\theta_i = \pi - \arccos\frac{\boldsymbol{n}_{fi}\cdot\boldsymbol{n}}{|\boldsymbol{n}|} = x_{fi}\times x + y_{fi}\times y + z_{fi}\times z \qquad 式（1）$$

对于满足 $\theta_i < \theta_0$ 的三角面片，即为需要添加支撑的面片，计算投影面积，并将所有三角面片的投影面积求和，则可建立需要添加支撑数量最少的优化模型，最少的优化模型如式（2）所示。

$$\mathrm{Min} f_s \quad \sum S_i\delta_i\left|\cos\theta_i\right| \qquad 式（2）$$

其中，$\delta_i = \begin{cases}1 & \theta_i < \theta_0 \\ 0 & \theta_i \geqslant \theta_0\end{cases}$，1表示该面片需要添加支撑，0表示不需要添加支撑；S_i 为第 i 个三角面片的面积，设第 i 个三角面片的3个顶点分别为 $p_1\left(x_1, y_1, z_1\right)$，$p_2\left(x_2, y_2, z_2\right)$，$p_3\left(x_3, y_3, z_3\right)$，则 S_i 的计算方法如式（3）所示。

$$S_i = \frac{1}{2}\left(\begin{vmatrix} y_2 - y_1 & z_2 - z_1 \\ y_3 - y_1 & z_3 - z_1 \end{vmatrix} + \begin{vmatrix} z_2 - z_1 & x_2 - x_1 \\ z_3 - z_1 & x_3 - x_1 \end{vmatrix} + \begin{vmatrix} x_2 - x_1 & y_2 - y_1 \\ x_3 - x_1 & y_3 - y_1 \end{vmatrix}\right) \qquad 式（3）$$

2.2 工件成形取向优化流程

优化工件成形取向涉及坐标变换，主要有两种思路：一是直接旋转工件，成形取向不动；二是先旋转成形取向，工件坐标不动，找到最优的成形取向后再按照对应关系旋转工件，使最优成形方向对应 z 轴正方向。前者较直观，找到优化值后工件坐标即为优化后的坐标，但计算量较大，每次旋转均需要重新计算工件每个三角面片的坐标。后者每次旋转成形取向坐标，不需要重新计算工件坐标，计算量大大减少，但得到优化后的成形取向后还需要对工件进行坐标变换。目前，已有的算法大多采用的是前者，为了提高算法效率，本文采用后者的计算方法。工件成形取向优化流程如图2所示。设初始成形取向n_0为（0，0，1），将成形取向在 yz 平面内绕 x 轴旋转 ψ 角度，然后再绕 z 轴旋转 φ 角度。工件取向固定及调整打印方向示意如图 3 所示，则旋转后成形取向 $n(x，y，z)$ 和角度的关系如式（4）、式（5）、式（6）所示。

$$\begin{aligned} x &= \sin\psi \cdot \cos\varphi \\ y &= \sin\psi \cdot \sin\varphi \\ z &= \cos\varphi \end{aligned} \qquad 式（4）$$

$$p' = Rot(y,\ \psi)Rot(z\quad \varphi)p \qquad 式（5）$$

其中，

$$p=[x,\ y\quad z]^{\mathrm{T}}\quad p'=[x'\quad y'\quad z']^{\mathrm{T}},$$

$$Rot(y,\ \psi)=\begin{bmatrix} \cos\psi & 0 & \sin\psi \\ 0 & 1 & 0 \\ -\sin\psi & 0 & \cos\psi \end{bmatrix}$$

$$Rot(z,\ \varphi)=\begin{bmatrix} \cos\varphi & -\sin\varphi & 0 \\ \sin\varphi & \cos\varphi & 0 \\ 0 & 0 & 1 \end{bmatrix} \qquad 式（6）$$

其中，$\psi \leqslant \pi$，$\varphi \leqslant 2\pi$，分别采用一定的步长 $\Delta\varphi$，$\Delta\psi$ 在原坐标系下逐步旋转成形取向，利用 $\varphi=i\cdot\Delta\varphi$，$\psi=j\cdot\Delta\psi$ 进行遍历，根据式（2）获得$f_s(\varphi,\ \psi)$，通过比较求得最优的$f_{s,\min}(\varphi_m,\ \psi_m)$，得到旋转角度的 φ_m，ψ_m 的值。确定最优打印方向后，将工件进行反向坐标变换到实际打印的取向。利用欧拉坐标变换公式，将工件 STL 模型中的所有三角面片按公式（5）进行坐标变换，求得模型旋转后的坐标。

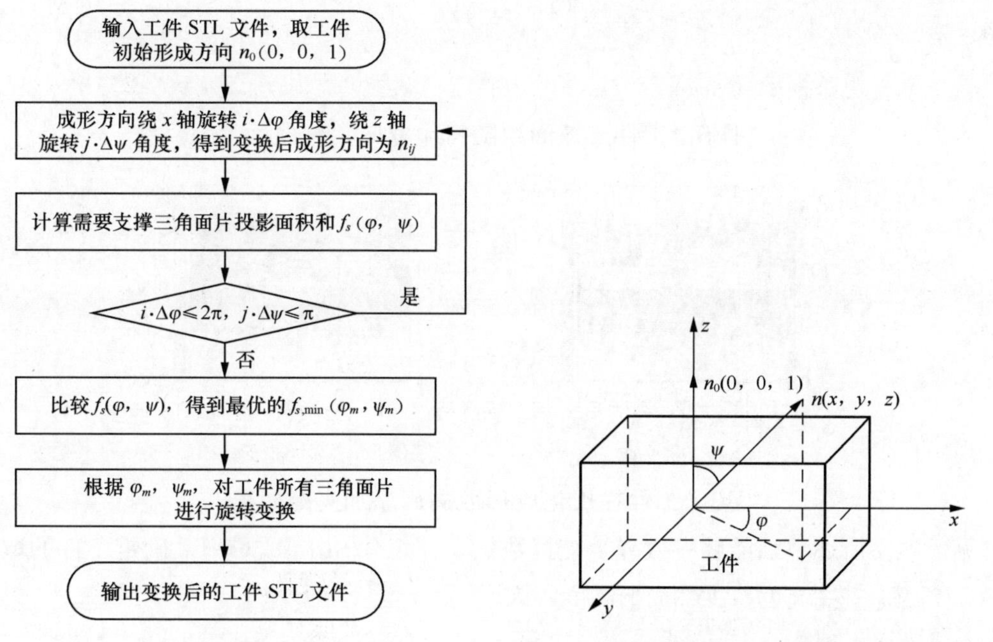

图2 工件成形取向优化流程

图3 工件取向固定及调整打印方向示意

3. 实例验证

为了证明上述模型的正确性和算法的有效性，选取发动机支架工件和某飞机零件。这两个工件结构较为复杂，均具有多个悬垂面。根据经验，按其稳定摆放取向打印。验证用工件如图 4 所示。采用本文提出的工件取向优化算法，进行优化计算，工件支撑面积随打印取向变化曲面如图 5 所示，工件在优化成形取向后添加支撑效果如图 6 所示。由图 5、图 6 可明显看出，不同取向下支撑面积的差异，发动机支架工件和某飞机零件按习惯稳定摆放的支撑面积较大，而优化后的支撑面积减少，尤其是前者，优化后支撑面积缩小了 70%。工件成形取向优化前后对比见表 1。工件在优化成形取向后添加支撑效果如图 7 所示。

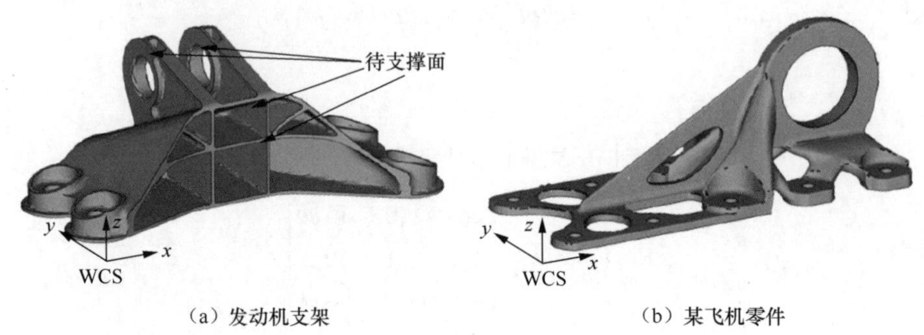

（a）发动机支架　　（b）某飞机零件

图4　验证用工件

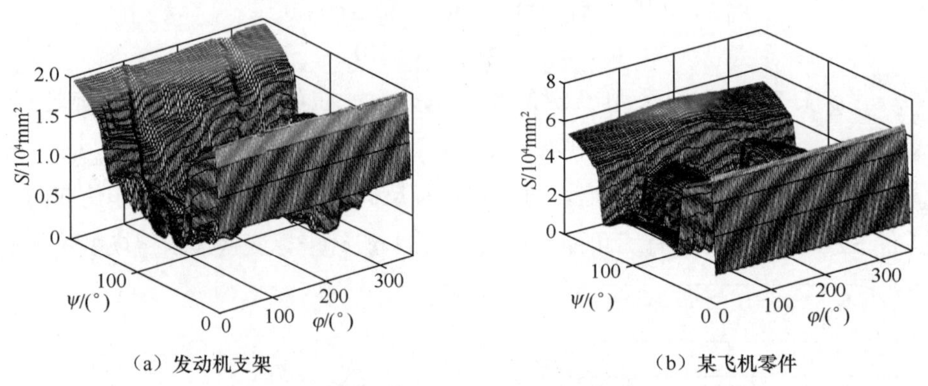

（a）发动机支架　　（b）某飞机零件

图5　工件支撑面积随打印取向变化曲面

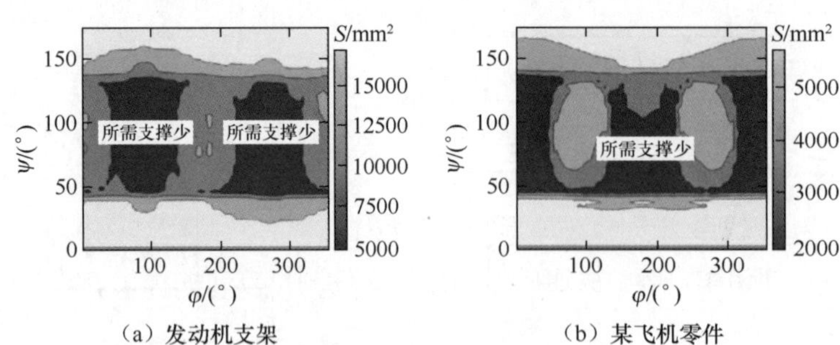

（a）发动机支架　　（b）某飞机零件

图6　工件在优化成形取向后添加支撑效果

由此可见，本文所述算法能够有效减少支撑数量。在工件 SLM 成形中，确定工件的取向还需要考虑其他因素，例如，支撑高度、工件成形高度等因素。

表1　工件成形取向优化前后对比

	优化前支撑投影面积 S_0/mm²	优化后支撑投影面积 S/mm²	优化程度
发动机支架	9750	2611	73.2%
某飞机零件	1530	1240	19.0%

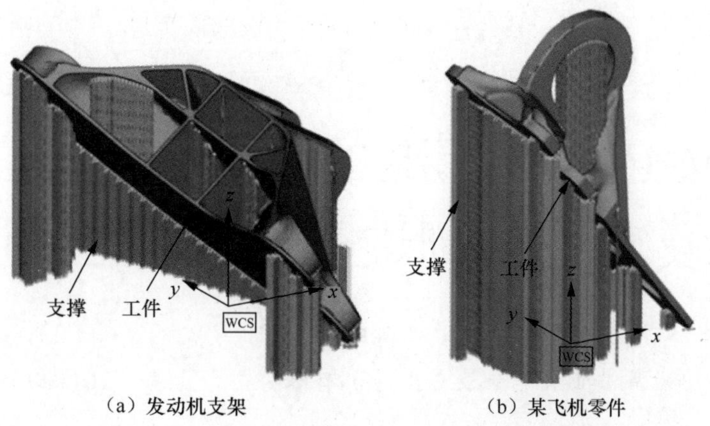

（a）发动机支架　　（b）某飞机零件

图7　工件在优化成形取向后添加支撑效果

4. 结论

针对 SLM 增材制造工艺，本文建立了工件成形取向优化模型。该模型在整个三维空间内旋转工件取向、计算并比较工件在各成形取向情况下所需的支撑面积，以工件所需支撑数量最小为目标，确定工件最优成形取向，通过发动机支架等零件验证了模型的正确性与算法的有效性，优化成形取向后可减少 70% 的支撑，显著提高了成形效率，并减少了支撑去除量。

基金项目

国家重点研发计划（项目编号：2016YFB1100703）。

参考文献

[1] 杨永强，王迪，杨斌，等 . 激光快速成形技术在精密金属零件快速制造中的应用 [J]. 航空制造技术，2010(16): 48-52.

[2] 杨永强，卢建斌，王迪，等 . 316L 不锈钢选区激光熔化成形非水平悬垂面研究 [J]. 材料科学与工艺，2011，19(6): 94-99.

[3] 刘婷婷，张长东，廖文和，等 . 激光选区熔化成形悬垂结构熔池行为试验分析 [J]. 中国激光，2016，43(12): 70-76.

[4] 王崴，洪军 . 非线性规划在激光快速成形制作方向优化中的应用 [J]. 机械设计与制造，2003(2): 85-87.

[5] 赵吉宾，何利英，刘伟军，等 . 快速成形制造中零件制作方向的优化方法 [J]. 计算机辅助设计与图形学学报，2006, 18(3): 456-463.

基于 ASTM F2792 标准的金属 3D 打印技术体系及其在云制造平台中的应用

陈晓纾

（禅月工业智能科技（上海）有限公司，上海 201100）

摘要： 立足于金属3D打印技术体系现状，对基于ASTM F2792《增材制造技术标准术语》标准的金属3D打印技术进行归类，并对其中的粉末床熔化、直接能量沉积、黏结剂喷射、材料喷射、层压共5类常见技术的原理、特征、应用范围展开探讨。禅月3D打印云智造平台致力于将技术体系的标准化与实际应用接轨，架设起标准化组织与终端用户的桥梁，在参与标准应用的同时，也为标准在工艺特征、应用范围上的修订完善发挥推进作用。

关键词： 标准；技术体系；增材制造技术；金属3D打印技术；云制造平台

1. 引言

金属 3D 打印是一种技术门槛高、应用潜力大、市场前景好的增材制造技术。在汽车、航空航天、高性能模具等高精尖领域，有些零部件形状复杂、价格昂贵，传统制造工艺难于生产或无法生产，而金属 3D 打印则能快速制造出满足要求、重量较轻的产品。由于金属 3D 打印飞快的迭代速度和较高的市场活跃热度，所以与其相关的技术名称层出不穷[1-3]。

2. 金属 3D 打印技术体系现状

市场调研机构 CONTEXT（上下文）发布的 2016 年全球 3D 打印市场数据显示，工业级 3D 打印机销售额同比增长 9%，推动增长的主要原因是金属 3D 打印设备销量的增长。2016 年，各种金属 3D 打印设备和材料的总加权平均价格为 119 ～ 129 美元，涨幅达 21%。在金属 3D 打印逐渐成为热点的过程中，随着技术的进化迭代，加之商标注册和企业经营卖点的需要，工艺名称层出不穷。一部分缩写的英文全称不易找到出处，同样的用词常用不同的英汉互译，导致对终端应用客户甚至是行业专业人员，都存在大量的费解和混淆的情况。

对市场中的诸多说法，究其本质，并没有脱离几类典型的技术原理范畴。本文基于作者所在公司运营的“禅月 3D 打印云智造平台”的产业应用实践，根据国际标准组织发布的《增材制造技术标准术语》，对现有金属 3D 打印工艺类型进行分类辨析，对比陈述其技术特征和应用范围。

3. 基于美国材料与试验协会（ASTM）F2792 标准的金属 3D 打印技术体系

ASTM F2792 标准把 3D 打印技术归为 7 类，这些分类术语的目的是阐明哪些设备类型共享相似的技术类别，从而使我们专注于讨论 3D 打印机的技术体系本身，而不用把大量的精力放在诸多的商业性的变种说法。涉及金属 3D 打印的有粉末床熔化（Powder Bed Fusion，PBF）、直接能量沉积（Directed Energy Deposition，DED）、黏结剂喷射（Binder Jetting，BJ）、材料喷射（Material Jetting，MJ）、层压（Sheet Lamination，SL）5 类。其中，前两类涵盖了绝大部分的金属 3D 打印机。

3.1 粉末床熔化

从粉末输送方式上，粉末床熔化通常称为铺粉式或粉末床 3D 打印；从对耗材的作用方式上，粉末床熔化通常称为熔化技术。

粉末床熔化工艺通过选择性地熔化粉末床每一层的粉末来制造工件。水平铺粉辊先把粉末平铺到打印机构建室的基板上，激光束（也可以是电子束）将按当前层的轮廓信息选择性地熔化基板上的粉末，加工出当前层的轮廓。然后下降一个层厚的距离，进行下一层的加工。粉末床熔化技术原理（以激光束为例）如图 1 所示。

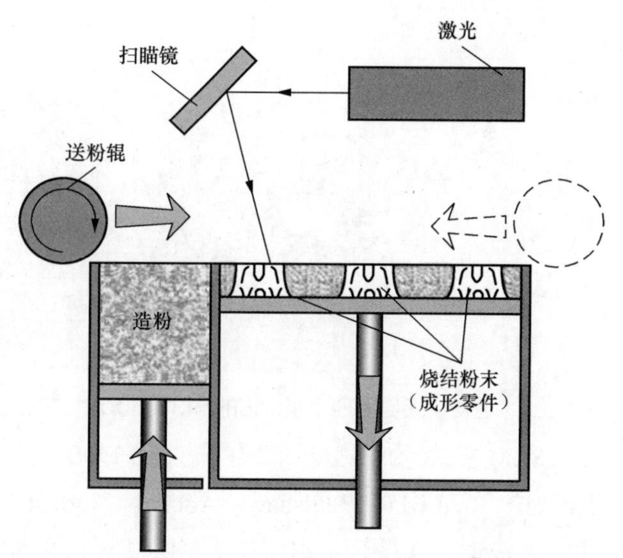

图1 粉末床熔化技术原理（以激光束为例）

技术优势：粉末床熔化技术精度高，可加工高复杂度工件。在打印过程中，下层粉末可以为上层粉末起到支撑作用。

技术缺陷：激光器功率低（通常为 400W ～ 500W），成形面下层的工件部分容易冷却，热应力大；打印完成后必须做去应力退火，以热等静压（Hot Isostatic Pressing，HIP）更优。粉末床熔化技术只能加工单一成分材料。成形尺寸受限，以 EOS M280 为例，其最大成形尺寸为 250mm×250mm×325mm。

该工艺类型下常见的技术名称及特征介绍如下所述。

3.1.1 选择性激光烧结

选择激光烧结（Selective Laser Sintering，SLS）技术最初是由卡尔·德卡德（Carl Deckard）于 1989 年提出的，DTM 公司于 1992 年推出了该工艺的商业化生产设备烧结站（Sinter Sation）。SLS 技术的典型材料包括尼龙、金属、陶瓷、砂。其中，SLS 金属 3D 打印技术采用半固态液相烧结机制，使用的是聚合物覆膜金属粉末，粉体未发生完全熔化，导致孔隙率高、致密度低、拉伸强度差、表面精度低等工艺缺陷。2000 年之后，随着先进高能光纤激光器的使用，粉体完全熔化的冶金机制开始被采用，SLS 技术广泛用于加工尼龙制品，不再用于加工金属。

3.1.2 直接金属激光烧结

直接金属激光烧结（Direct Metal Laser Sintering，DMLS）技术由 EOS 所开发，1995 年开始商业化。DMLS 与 SLS 原理基本相同。二者的区别在于 SLS 的聚合物覆膜金属粉末，DMLS 使用由高熔点金属、低熔点金属及其他添加元素混合而成的多组分金属粉末体系。其中，高熔点金属粉末作为骨架金属，能保留其固相核心；低熔点金属粉末作为黏结金属，熔化形成液相，用以包覆、润湿和黏结固相金属颗粒。由于大量孔隙存在烧结件中，需要后处理高温烧结使其致密化。DMLS 是 SLS 向 SLM 的过渡技术。

3.1.3 选择性激光熔化

1995 年，Fraunhofer 激光器研究所创新性地提出了选区激光熔化（Selective Laser Melting，SLM）技术，ReaLizer 公司注册了 SLM 的商标。SLM 技术凭借高功率激光器使金属粉末完全熔化，可以直接成形出接近完全致密的金属零件，是目前技术成熟、应用广泛的金属 3D 打印技术。

SLM Solutions 的 SLM 500、高压反应器和齿科制成品如图 2 所示。

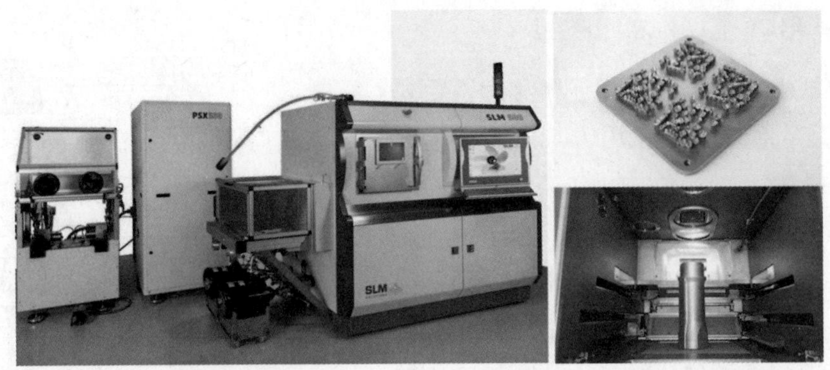

图2　SLM Solutions的SLM 500（左）、高压反应器（右下）和齿科制成品（右上）

SLM技术的典型厂商有国外的EOS所、SLM Solutions、Concept Laser（已被GE公司收购）、Trumpf、ReaLizer、Renishaw、Addictive Industries、LayerWise（已被3D Systems公司收购），以及中国的隆源成型、鑫精合、铂力特、华曙高科、永年激光、上海航天设备制造总厂、湖滨机电、易加三维、易博三维、安徽恒利等。

3.1.4　激光金属熔化

激光金属熔化（Laser Metal Fusion，LMF）是Trumpf对自身熔化技术的叫法。

3.1.5　电子束熔化

电子束熔化（Electron Beam Melting，EBM）技术由Arcam公司（已被GE收购）发明。EBM与SLM非常相似，二者最大的区别是能量源由激光换成了电子束。电子束的能量更高，更有利于制造高导热金属、高温合金、高熔点金属零件。例如，紫铜、Inconel 700、钼合金等。二者的工作成形热温度也不同，SLM最高可预热温度300℃，EBM技术可采用电子束扫描对每一层金属粉末扫描预热，使零件在600℃～1200℃范围内加工成形，可大幅度减小成形零件的残余应力，故不用做去应力退火，可选做热等静压。西安赛隆是国内较早从事EBM技术研发的厂商。

3.1.6　选择性热烧结

Blueprinter的专利——选择性热烧结（Selective Heat Sintering，SHS）技术，最早出现在2011年的欧洲模具展，其类似于激光烧结，但在打印过程中不使用激光，而是一种热敏打印头。粉末床可加热，机械扫描头只须给对象区域施加少量热量。

3.2　直接能量沉积

直接能量沉积（DED）从粉末输送方式上，通常称送粉式3D打印；从对耗材的作用方式上，通常称为融覆技术。

直接能量沉积技术通过金属粉末或者金属丝在产品的表面上熔融固化来制造工件。激光或电子束能量源在沉积区域产生熔池并高速移动，材料以粉末或丝状直接送入高温熔区，熔化后逐层沉积。直接能量沉积技术原理如图3所示。

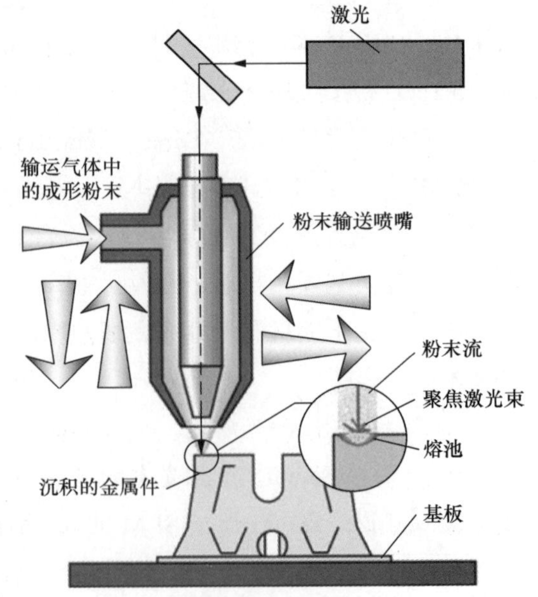

图3　直接能量沉积技术原理

技术优势：激光器功率高（通常为1000W～10000W），下层工件反复退火，热应力小，因而可通过机械臂实现大尺寸工件的加工；直接能量沉积技术非常适合修复零件，在航空航天零件修复领域有着不可替代的作用；可以在同一个零件上使用多种材料。Sciaky 公司生产的大型钛合金螺杆如图 4 所示，其长约 1.82m。用于航空航天的钛合金叶轮的后处理前后对比如图 5 所示。

技术缺陷：直接能量沉积技术只能成形出毛坯，再依靠数控加工达到其净尺寸。

金属线材用于融覆技术的示意如图 6 所示。

图4　Sciaky公司生产的大型钛合金螺杆

图5　用于航空航天的钛合金叶轮的后处理前后对比

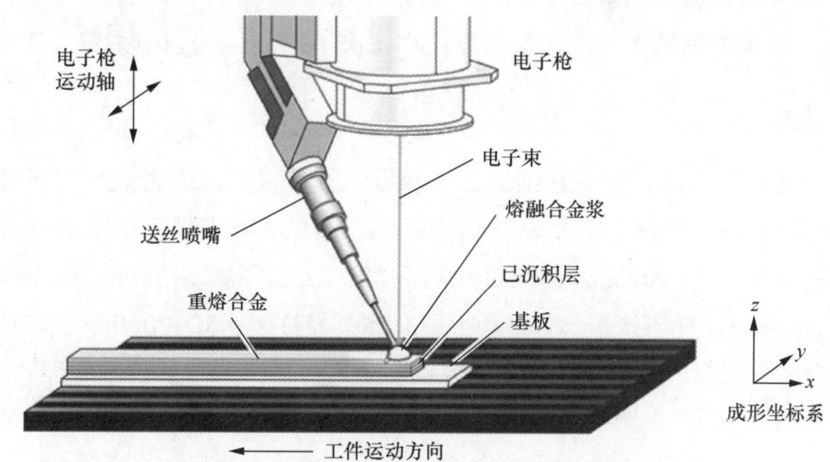

图6　金属线材用于融覆技术的示意

该工艺类型下常见的技术名称及特征介绍如下所述。其中，(1)～(4) 使用的是粉末耗材，(5)～(6) 使用的是线材。

（1）激光近净成形（Laser Engineered Net Shaping，LENS）是 Optomec 公司对自身融覆技术的叫法。

（2）激光金属沉积（Laser Metal Deposition，LMD）是 Trumpf 公司对自身融覆技术的叫法。

（3）直接金属沉积（Direct Metal Deposition，DMD）是 DM3D 公司的技术专利名称，Norsk Titanium(NTi) 公司也使用这个名称。

（4）电子束焊接（Electron Beam Welding，EBW）是 Sciaky 公司的分销商 Efesto 公司对融覆技术的叫法之一。

(5) 电子束增材制造（Electron Beam Additive Manufacturing，EBAM）是 Sciaky 公司的技术专利名称。

(6) 快速等离子沉积（Rapid Plasma Deposition，RPD）是 Norsk Titanium（NTi）公司的技术专利名称。该技术将钛丝通过等离子熔化加工成结构件和其他复杂部件，主要用于制造高性能的航空航天零件。

国内从事融覆技术的厂商及其技术名称有：隆源成型（称 LMD）、铂力特 [称激光立体成形（Laser

Solid Forming，LSF）]、中科煜宸 [称激光直接制造（Laser Direct Manufacturing，LDM）]、鑫精合（称 LDM）、中航天地激光（无公开简称）、煜鼎增材（无公开简称）等。其中，大规模同轴送粉设备鑫精合 TSC-S4510 及其制成品如图 7 所示。华中科技大学张海鸥教授牵头研发的微铸锻铣复合 3D 打印设备是基于融覆的新型技术，可制造金属工件。

注：右下为国内运用融覆技术生产核反应堆发电机组，关键运动零部件勾爪。（来源：鑫精合）

图7　大规模同轴送粉设备鑫精合TSC-S4510（上）及其制成品（下）

3.3　黏结剂喷射

黏结剂喷射工艺通过黏结剂将粉末黏结成形来制造工件。该工艺需要烧结后处理，使其中的金属颗粒熔化并结合在一起，形成最终制品。黏结剂喷射工艺最早由麻省理工学院的吉姆 • 布劳德（Jim • Bredt）和蒂姆 • 安德森（Tim • Anderson）在 1993 年开发，Z 公司（Z Corporation）1995 年获得专属授权。该分类下现有的金属 3D 打印技术只有一种，即立体喷墨打印（3D Printing，3DP）。3DP 技术的典型材料包括塑料、金属、陶瓷、玻璃、砂，本文只论述金属。黏结剂喷射技术原理如图 8 所示。

技术优势：材料广泛、无激光器等高成本元器件、成形速度快、成形过程不需要支撑、多余粉末去除方便。

技术缺陷：成品强度低、表面粗糙。

目前，Exone 公司是使用 3DP 技术打印金属的代表性公司。Exone 公司的 M-Prin Industrial Production 及制成品如图 9 所示。

3.4　材料喷射

材料喷射工艺最广泛的应用材料是树脂，本文只论述金属。该分类下现有的金属 3D 打印技术只有一种，即金属纳米颗粒喷墨（Nano Particle Jetting，NPJ），它是 XJet 公司拥有的专利。墨盒里装着由液体泡沫包围的金属颗粒，使材料可以通过传统的喷墨打印头来沉积。打印机构建室里的热量会使液体蒸发，只留下金属部分。

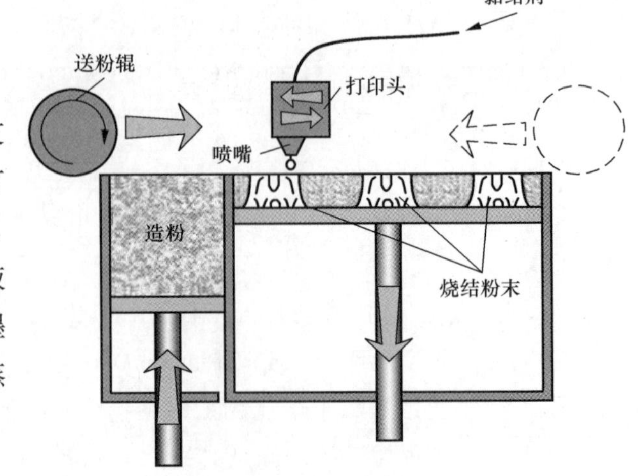

图8　黏结剂喷射技术原理

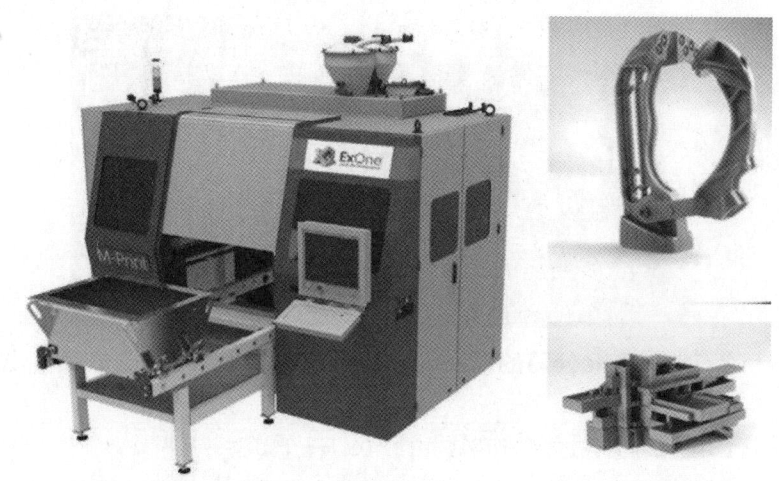

图9　Exone公司的M-Prin Industrial Production（左）及制成品（右）

技术优势：高精度、尺寸灵活和高材料利用率；产品不需要打磨就能直接使用；打印不需要惰性气体或者真空环境；颗粒度可调节；支撑容易去除。

代表企业是 XJet 公司和 Desktop Metal 公司。XJet 公司的金属纳米颗粒喷墨打印机及原理示意如图 10 所示，Desktop Metal 公司的主要产品是桌面级金属 3D 打印机。

图10　XJet公司的金属纳米颗粒喷墨打印机（左）及原理（右）示意

3.5　层压

层压工艺（SL）的典型材料包括纸张、塑料、金属箔。该分类下现有的金属 3D 打印技术只有一种，即超声波增材制造（Ultrasonic Addictive Manufacturing，UAM）。

UAM 工艺使用频率高达 20000Hz 的超声波施加在金属箔片上，用超声波的震荡能量使两个需焊接的表面发生摩擦，构成分子层间的熔合，以逐层连续地焊接金属片。金属箔片多余的部分被切除，在打印完成时被移除。

技术优势：层压工艺可以同时打印铝、铜、不锈钢、钛等多种金属材料，而且不会产生不必要的冶金变化；可以在电子元器件中嵌入。

目前，Fabrisonic 公司是使用该技术的代表性公司，该技术在 Fabrisonic 公司主要应用于圆柱体零件（轴、管等）的制造。Fabrisonic 公司的 SonicLayer 4000 及其制成品如图 11 所示。

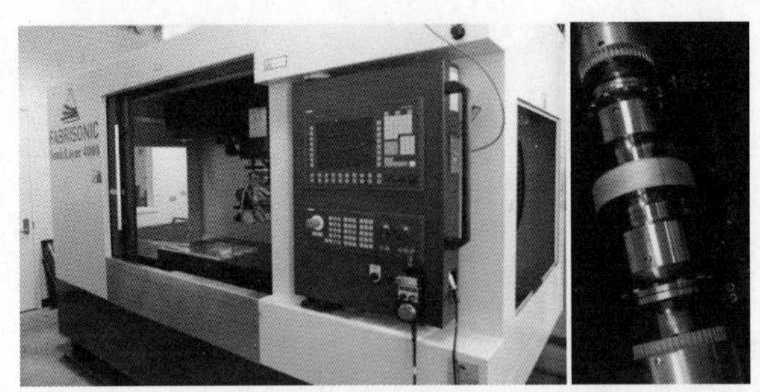

图11 Fabrisonic公司的SonicLayer 4000（左）及其制成品（右）

4. 云制造平台在增材制造技术标准推广应用中的作用

本文作者所在公司禅月工业智能科技（上海）有限公司是国际标准组织 ASTM F42（增材制造技术）及 E57（3D 成像系统）技术委员会成员。ASTM F42 增材制造技术委员会推动了国际 3D 打印技术标准化的发展，具有目前高度成熟的 3D 打印标准体系。“禅月 3D 打印云智造平台”是具有先进的工业云服务体系的 3D 打印分布式制造工业云平台，该平台的核心业务是面向工业领域提供全流程端到端的标准化 3D 打印服务，是技术标准推广应用的验证示范平台。

3D 打印的标准体系在建立健全的过程中，以目标为导向，以系统分析、整体优化为原则固然重要，强化标准化与实际应用接轨，在 3D 打印的终端生产服务中规范制造技术的类别及相应的工艺特征、适用范围，更是最直接的规范市场、标准化服务与用户体验的重要途径。

云制造系统的供给端集成了不同打印工艺下的装备制造商和打印服务商，根据用户的制造需求，在云端匹配相应的服务提供商。技术体系的分类就是云制造系统至关重要的底层设置，要确保其是根据技术类别为不同的服务商添加标签，而非根据名称专利和商标名称。工业大数据这一云平台的核心资源包含服务商信息、设备参数信息、订单制造信息等。云平台通过人工智能算法系统，对数据进行挖掘分析，动态收集、鉴别、归纳构成技术区分的要素，从而将形成结论的市场应用舆情反馈给标准化组织，起到参与标准制定的重要作用。综上所述，云平台紧密连接了标准化组织与终端用户，作为中立的第三方，起到双向通信的作用，不仅是标准的应用方，而且为标准的修订完善发挥作用。

自 2016 年 4 月全国增材制造标准化技术委员会（SAC/TC 562）成立，我国已提出适应我国当前技术发展的 7 项国家标准，但尚未建立起完整的增材制造标准体系。“禅月 3D 打印云智造平台”亦致力于促进国家标准与国际标准的联系、融合、互通。

5. 结束语

根据基于 ASTM F2792 标准的金属 3D 打印技术体系，可以将现有的金属 3D 打印工艺归到粉末床熔化、直接能量沉积、黏结剂喷射、材料喷射、层压五大类别之中。前二者构成了应用服务市场的绝大部分，后三者虽然没有广泛地在市场中应用，但是作为自成一体的技术，在产业发展的初级阶段，尤其需要受到业界的关注和重视。

在上述类别中，可以提炼出如下 4 种具有代表性的主流技术：选区激光熔化（SLM）、电子束熔化（EBM）、激光金属沉积（LMD）、电子束焊接（EBW）。前二者是基于粉末床熔化，其主要区别是热源，都适合做小型超复杂整体构件。后二者是基于送料，其中，LMD 是激光作为热源，同轴送粉；EBW 是电子束做热源，一轴送丝，另一轴做热源，二者都适合做大型高性能整体构件。这 4 种技术能涵盖目前国内常见的全部设备。

云制造平台面向广泛的应用市场，今后将通过更深入的研究和运营实践，实现增材制造技术成果的广泛累积、固化和标准化体系的应用推广，架起技术和产业衔接的桥梁，既可促进我国当前技术的发展，又可加强与国际标准接轨的增材制造标准体系的健全完善。

参考文献

[1] 肖承翔，李海斌 . 国内外增材制造技术标准现状分析与发展建议 [J]. 中国标准化，2015(3): 73-75.

[2] 李伯虎，张霖，王时龙，等 . 云制造——面向服务的网络化制造新模式 [J]. 计算机集成制造系统，2010, 16(1): 1-7, 16.

[3] 柴国荣，赵雷，宗胜亮 . 网络化制造的研究框架与未来主题 [J]. 科技管理研究，2014(15): 193-197.

选择激光熔化高熵合金 CoCrFeNiMn 成形试验

史金光[1, 2]，翁子清[1, 2]，金霞[1, 2]
（1. 浙江亚通焊材有限公司，杭州 310030
2. 浙江省钎焊材料与技术重点实验室，杭州 310030）

摘要： 探讨退火对选区激光熔化（SLM）高熵合金成形零件的影响。采用3D Systems ProX 100型金属激光SLM成形设备，在不同工艺参数下制备CoCrFeNiMn试样，通过扫描电子显微镜和XRD设备对直接成形和退火处理后的试样成形质量进行观测与分析，对比700℃、900℃和1000℃下进行2h退火处理后成形试样的形貌、组织和显微硬度。退火处理可以显著改善成形过程中的成形缺陷；SLM成形组织以柱状树枝晶结构为主；退火处理后显微硬度明显增加，故退火可以明显提高SLM成形零件的力学性能。在900℃的退火温度下，成形试样的裂纹和孔隙缺陷最少，具有最佳的力学性能。

关键词： 选择性激光熔化；CoCrFeNiMn；退火；微观组织；显微硬度

1. 引言

增材制造技术是一种将三维零件 CAD 数据模型进行分层离散后逐层堆积叠加成形的制造技术[1-2]，与传统加工制造技术最大的不同在于增材制造技术不受零件结构的限制，可加工制造出结构复杂的试件。增材制造技术是 21 世纪最具有代表性的先进制造技术之一，使制造工艺技术模式发生了巨大的变化，受到了工业界和投资界的广泛关注，不断推动经济发展和人们的生活方式发生改变[3-4]。选区激光熔化（SLM）技术是金属类增材制造技术的一种，利用高能激光按照一定的扫描轨迹可将金属粉末熔化并凝固结合在一起，最终获得几近完全致密化的零部件[5]。SLM 工艺的主要成形原理是首先在成形基板上铺置一层 30mm ～ 50mm 厚的金属粉末，然后使聚焦的激光按特定轨迹在金属粉末表面移动。聚焦后的激光光斑可以产生高能量热流，金属粉末吸收能量并形成尺寸微小的熔池。激光移除之后，熔池快速冷却凝固，在不同的扫描方式下形成具有特定长度和方向的单独凝固熔道。所有熔道在同一平面汇总形成一个成形层，重复此过程直至零部件成形结束。为预防成形过程中发生氧化反应影响成形零件的性能，整个成形过程在一个充满惰性气体（例如，氩气）的封闭腔体内进行[6-10]。

随着工业的快速发展，寻找一种具有高强度、高硬度、高耐蚀性和高耐热性等优异性能的合金日益迫切。近年来，通过对合金的不断探索和研究，一类拥有高性能的高熵合金成为学者们研究的新兴热点[11]。高熵合金是基于块体非晶合金发展起来的一种较为新型的合金体系，打破了传统合金以一种或两种元素为主要组元的设计理念，是由不低于 5 种主要元素按照等原子比或接近等原子比进行合金化。其中，每种元素都占有较高的百分比，且没有任何一种元素原子百分比超过 50%，充分发挥各组元协同特点，使合金获得高强度、高硬度、高耐磨性、高耐蚀性、高耐热性、特殊的电磁特性[7-8]。高熵合金不仅以其优良的硬度、耐磨性、耐腐蚀性等性能得到工业上的广泛应用，而且高熵合金粉体在实际应用中具有能替代其他特殊条件下使用的高温合金粉体的潜能，具有较大的优越性。随着研究的深入，其应用范围将会日益扩大，具有广阔的发展及市场前景[12-13]。将高熵合金粉末和 SLM 成形技术相结合进行试验研究，也是具有重要的学术价值和实际应用指导意义。

2. 试验材料与设备

试验材料采用浙江亚通焊材有限公司研发生产的真空气雾化 CoCrFeNiMn 金属粉末，CoCrFeNiMn 高熵合金粉末扫描电镜显示如图 1 所示。CoCrFeNiMn 为 0 ～ 25mm 的球形粉末，具有较高的流动性和松装密度。成形前需对粉末进行真空干燥处理，保证粉末的干燥和纯净度。成形基板材料选择熔点和焊接相容性较好的 304L 不锈钢，装夹基板前需使用无水乙醇进行清洗，确保基板表面没有油污等杂质，装夹稳固后需进行调平和预铺粉工序 [10-13]。

试验设备采用 3D Systems 公司 ProX 100 型 SLM 金属激光熔化成形机，配备最大激光功率 50W 的光纤激光器，激光光斑直径为 80mm 左右，最大成形尺寸为 100mm×100mm×80mm。工控机内置自动切片、支撑添加和工艺设置软件，可完成各种需求的零件加工。成形设备包括一套自动送铺回收粉末装置、加热系统、全密闭惰性气体保护及循环系统。SLM 工艺原理示意如图 2 所示。

图1　CoCrFeNiMn高熵合金粉末扫描电镜显示

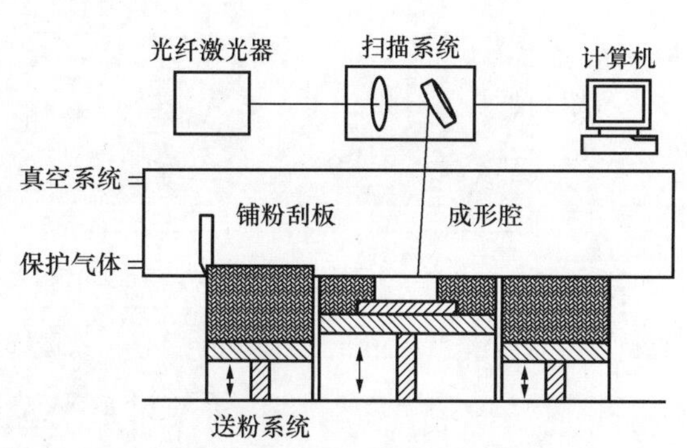

图2　SLM工艺原理示意

SLM 成形 2 组共计 8 个 10mm×10mm×10mm 试样，依据阿基米德原理，可通过对比其在乙醇和空气中的质量测得成形试样的密度。用 KSL-1400X 型退火炉对其中 3 个小试样分别进行 700℃、900℃、1000℃的退火试验，时间为 2h，试样随炉冷却。对试样进行打磨、抛光，用王水腐蚀制备金相试样，腐蚀之后用扫描电镜观察成形试件退火前后的组织形貌。使用 FM-800 型显微硬度计，按照维氏硬度测试退火前后 SLM 成形件的显微硬度。

3. 试验过程

在 SLM 成形过程中，工艺参数、成形金属粉末和成形基板间的相互作用是一个极其复杂的熔化凝固的冶金结合过程。成形试件的质量和激光熔化成形选择的工艺参数有很大的关系。SLM 成形的工艺参数主要包括激光功率、激光扫描速度、铺粉层厚、扫描间距、扫描方式等。激光功率对零件的成形质量和性能有重要的影响，确定激光扫描速度 v 为 140 mm/s 不变，扫描间距 s 为 70mm，铺粉层厚 h 为 30mm，在激光功率 P 为 32.5W、35W、37.5W、40W、42.5W、45W、47.5W、49W 时分别成形。试验块体如图 3 所示。

图3　试验块体

4. 结果和分析

4.1 表面形貌和截面形貌

CoCrFeNiMn 高熵合金 SLM 试样表面形貌如图 4 所示，由图 4 可知，SLM 直接成形试样的表面宏观形貌和热处理前后截面光学显微形貌。其中，从图 4 中的（a）可以看出，CoCrFeNiMn 高熵合金 SLM 激光熔化成形试样的表面形貌较为平整，没有宏观裂纹。由于 SLM 成形工艺的特殊性以及 CoCrFeNiMn 高熵合金材料凝固区域较大等原因，成形过程中熔池周围的合金粉末因热辐射结块局部区域有明显的颗粒状物质。由图 4 中的（b）可以看出，成形试样内部存在裂纹、孔隙、凹陷等缺陷。由图 4 中的（c）可以发现，试样热处理后裂纹和孔隙等缺陷得到明显改善，组织更加均匀。

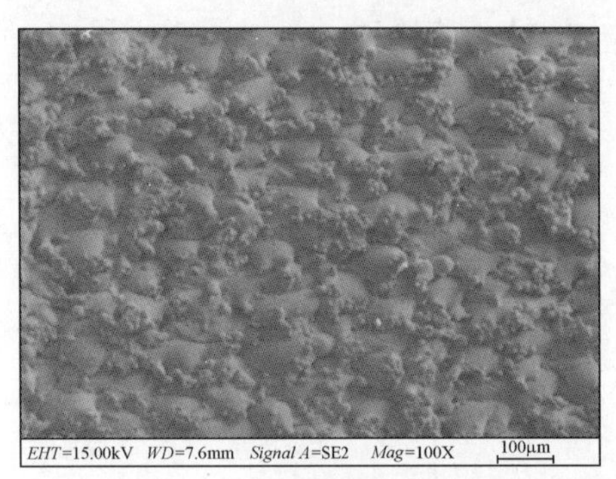

（a）宏观形貌

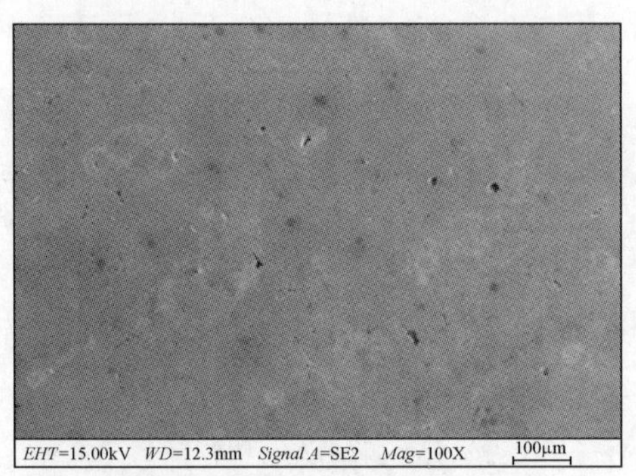

（b）热处理前截面形貌

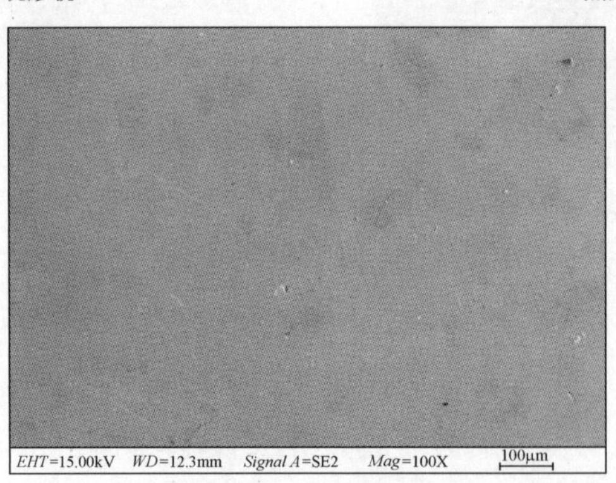

（c）热处理后截面形貌

图4　CoCrFeNiMn高熵合金SLM试样表面形貌

4.2 激光功率对成形件密度和硬度的影响

不同激光功率下成形件密度曲线如图 5 所示，在其他参数不变的情况下，密度首先随着激光功率的增加而增加，这是因为随着激光功率的增加，温度提高，有利于金属液的流动和内部气体的排除，减少了气孔和凹痕的形成，成形致密化程度较高。然而，随着激光功率的继续增加，成形时熔池的剧烈振荡容易发生飞溅以及过烧，并导致球化和氧化物杂质生成等缺陷，试样的密度下降，但幅度较小，这是因为激光功率在一定范围内发生变化导致激光的能量吸收变化较小。

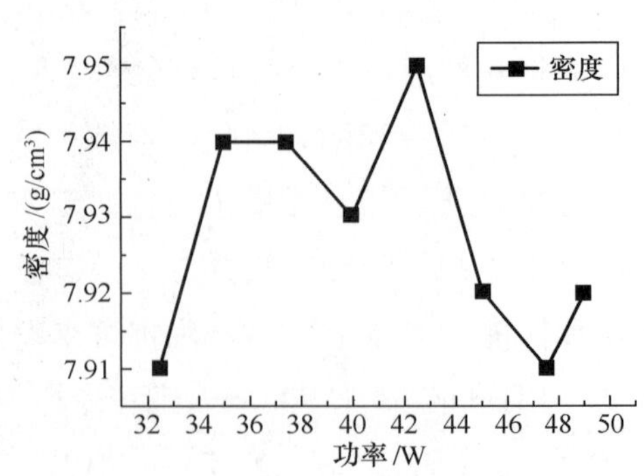

图5　不同激光功率下成形件密度曲线

通过对SLM直接成形和在不同温度退火后试样的XRD分析，发现CoCrFeNiMn高熵合金SLM成形试样以面心立方固溶体（FCC）及少量体心立方固溶体（BCC）为主要相结构，基本没有其他金属间化合物生成。成形试样在700℃退火后，XRD曲线没有出现明显变动，只含有极少量的Cr体心立方固溶体；当退火温度升高至900℃后，体心立方固溶体相的衍射峰产生了显著变化，发现试样中存在类似于α-Fe固溶体结构的相；当退火温度进一步升高至1000℃后，试样的组织呈单一的面心立方固溶体结构。这一现象充分印证了高温下高熵效应的显著性，表明CoCrFeNiMn高熵合金体系的混乱度较大，CoCrFeNiMn高熵合金SLM成形以后生成了热力学稳定性极高的固溶体相结构；快速熔化凝固的SLM成形过程极大地提高了CoCrFeNiMn高熵合金在高温下的固溶强化效果。

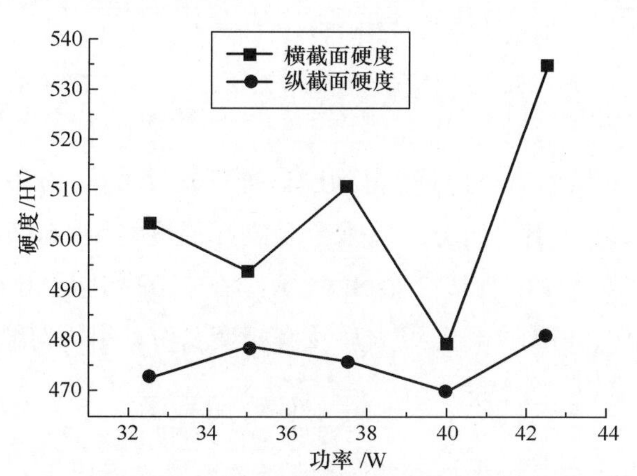

图6　不同功率下SLM成形试样的显微硬度变化曲线

不同功率下SLM成形试样的显微硬度变化曲线如图6所示。由图6可知，当其他工艺参数为定值时，扫描功率逐渐增加，CoCrFeNiMn高熵合金SLM成形试样的硬度总体表现为先增大后减小的趋势。当激光功率为37.5W左右时，CoCrFeNiMn高熵合金SLM成形试样的硬度值达到峰值；当功率高于或低于37.5W时，会产生孔隙、成形粉末不充分熔化、球化等缺陷，最终导致硬度值的降低。由图6还可以发现，成形试样横截面的硬度整体高于纵截面的硬度，CoCrFeNiMn高熵合金SLM成形试样的横截面硬度最大值为510HV。

4.3　退火对显微组织的影响

CoCrFeNiMn高熵合金SLM成形试样退火前后的SEM照片如图7所示。由于成形过程是一个金属粉末快速熔化与冷却凝固的过程，温度场分布不均匀，所以各个区域的组织形貌存在不同程度的差异。成形试样的晶粒主要以单一方向的柱状晶为主。由图7中的（a）可以看出，SLM成形组织是柱状的树枝晶和枝晶间形貌。不同温度退火处理工艺对CoCrFeNiMn高熵合金SLM成形试件显微组织的影响如图7中的（b）、图7中的（c）和图7中的（d）所示。由图7可知，退火处理后的显微组织的均匀度明显优于直接成形的显微组织，说明退火处理对组织的影响较大。另外，对比700℃、900℃和1000℃退火温度下的显微组织可以发现，在同一退火处理时间下，退火温度为900℃的显微组织比700℃和1000℃的情况更加均匀，说明900℃为CoCrFeNiMn高熵合金SLM成形后最优的退火温度。

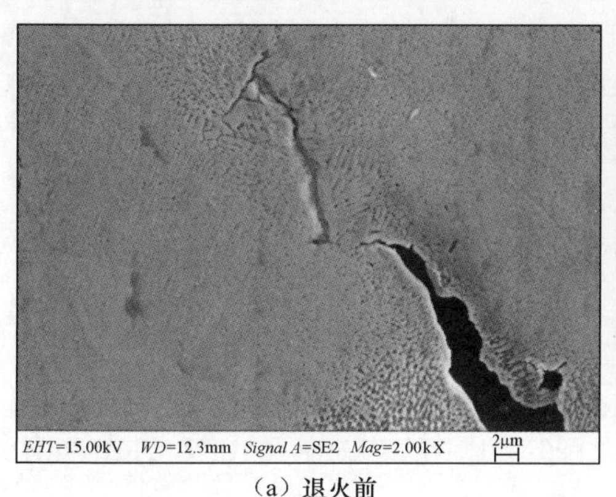

（a）退火前

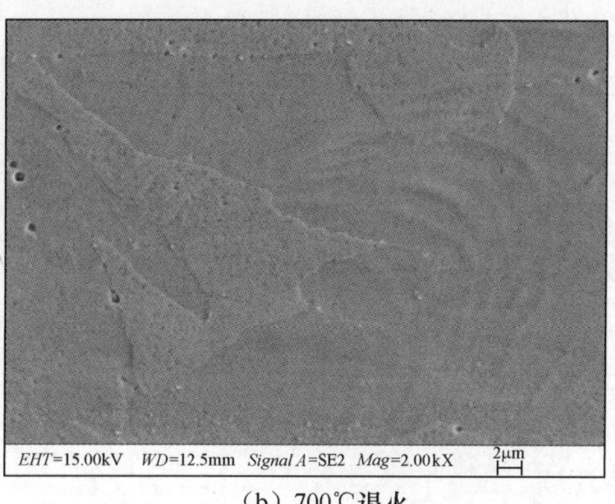

（b）700℃退火

图7　CoCrFeNiMn高熵合金SLM成形试样退火前后的SEM照片

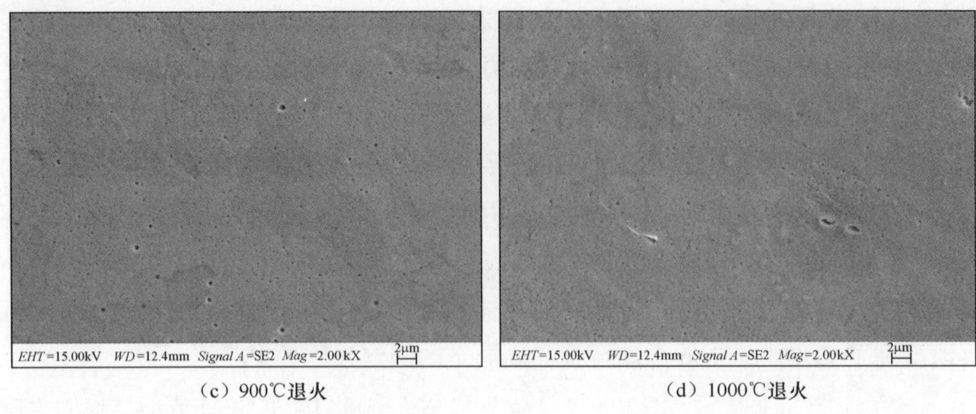

（c）900℃退火　　（d）1000℃退火

图7　CoCrFeNiMn高熵合金SLM成形试样退火前后的SEM照片（续）

4.4　退火对显微硬度的影响

SLM 直接成形和退火后显微硬度分布曲线如图 8 所示，SLM 成形得到的试样平均硬度为 485HV。经过不同温度的退火处理之后，平均硬度呈现先增大后减小的趋势。通常合金钢在温度达到 550℃后开始发生回火软化，硬度值会发生大幅下降，而 CoCrFeNiMn 高熵合金 SLM 成形在 700℃退火 2h 后，平均硬度为 505HV，依然高于 SLM 下的硬度。这是由于高熵合金在退火后没有相变发生，组织有微小的长大，导致退火前后的硬度值变化不大。但是 900℃退火后，硬度上升到了最大值 530HV，这是由于成形试样中有较多的新相生成，导致其硬度更大。在 1000℃退火试样中，只有单一的 FCC 简单固溶体，同时随着温度的继续升高，组织不断地长大，因此硬度呈现下降趋势。高温下合金内体系的混乱程度逐渐加剧，高熵效应更加明显，因此高熵合金具有优异的抗回火软化性。图 8 所示的结果说明，CoCrFeNiMn 高熵合金 SLM 成形后，经 900℃退火处理后会具有更加优异的机械性能。

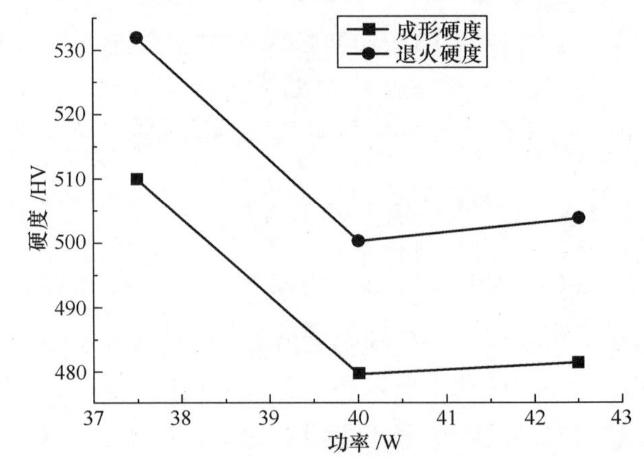

图8　SLM直接成形和退火后显微硬度分布曲线

5. 结论

SLM 激光熔化成形试样的表面形貌较为平整，没有宏观裂纹，但试样内部存在微观裂纹和孔隙等缺陷，退火处理后缺陷得到明显改善。

在其他参数不变的情况下，成形试样的密度会随着激光功率的增加而增加；硬度会随着功率的逐渐增加呈现先增加后减小的趋势，激光功率在 37.5W 左右时达到最大硬度值 510HV。

CoCrFeNiMn 高熵合金 SLM 成形组织是柱状的树枝晶和枝晶间形貌，900℃是 CoCrFeNiMn 高熵合金 SLM 成形后最优的退火温度。

基金资助

CoCrFeNiMn 高熵合金粉体的可控制备及在 3D 打印应用中的基础研究（LY17E010001）。

增材制造与再制造用金属粉体实验室建设（2016F10004）。

三维打印关键材料制备技术（2015C01037）。

参考文献

[1] 陈梦仪 . 3D 打印技术、应用及发展趋势 [J]. 工业技术创新，2016，3(3): 581-584.

[2] 李旭东 . 从仿真看 3D 打印及其若干问题 [J]. 工业技术创新，2014，1(1): 5-18.

[3] 李怀学，孙帆，黄柏颖 . 金属零件激光增材制造技术的发展及应用 [J]. 航空制造技术，2012，55(20): 26-31.

[4] 李瑞迪 . 金属粉末选择性激光熔化成形的关键基础问题研究 [D]. 武汉：华中科技大学，2010.

[5] 郭璐 . 3D 打印技术发展综述 [J]. 工业技术创新，2016，3(6): 1288-1292.

[6] 刘邦涛，田操，张爱平 . 选择性激光熔化镍基高温合金的成形工艺 [J]. 黑龙江科技大学学报，2016，26(2): 138-142.

[7] 刘锦辉，史金光，李亚 . 选择性激光熔化 $AlSi_{10}Mg$ 合金粉末的成形工艺 [J]. 黑龙江科技大学学报，2015(5): 509-515.

[8] 王小军 . Al-Si 合金的选择性激光熔化工艺参数与性能研究 [D]. 北京：中国地质大学，2014.

[9] 刘锦辉，刘邦涛，魏青松，等 . 大功率激光熔化镍基高温合金成形实验研究 [J]. 黑龙江科技大学学报，2014，24(4): 422-425.

[10] 付立定 . 不锈钢粉末选择性激光熔化直接制造金属零件研究 [D]. 武汉：华中科技大学：2008.

[11] 叶均蔚，陈瑞凯 . 高熵合金 [J]. 科学发展，2004(05): 16-21.

[12] 高家诚，李锐 . 高熵合金研究的新进展 [J]. 功能材料，2008，39(7): 1059-1061.

[13] 翁子清，董刚，张群莉，等 . 退火对激光熔覆 FeCrNiCoMn 高熵合金涂层组织与性能的影响 [J]. 中国激光，2014，41(3): 59-64.

3DP 工艺中黏结剂渗透过程的仿真与研究

杨伟东，贾鹏飞，马媛媛，牛子佳，王媛媛，何晓东
（河北工业大学　机械工程学院，天津　300130）

摘要： 为了提高3DP工艺的成形精度，实现对黏结剂渗透形态的预测，本文采用工业CT对砂体材料进行扫描，建立砂体材料的球棒模型，并利用数字岩心技术求得材料物性参数，采用与材料喉道相等的毛细管模型对黏结剂的渗透过程进行数学建模，通过实验的方法对液滴的铺展半径数据进行采集，以求得液滴凝聚单元的理论尺寸，同时运用COMSOL多物理场仿真软件对黏结剂液滴渗透过程进行数值模拟；搭建了实验工作平台，通过高速摄影对液滴渗透过程进行采集，并借助电子显微镜观测液滴的凝聚形态，将实验结果与仿真结果进行对比，以验证数值模拟所构建的黏结剂渗透模型的有效性。本文不但对渗透实验具有一定的指导意义，也为工艺参数优化提供了理论依据。

关键词： 3DP工艺；黏结剂渗透；工业CT；数学建模；数值模拟

1. 引言

制造业是国家的支柱产业，直接体现了一个国家的生产力水平。随着经济的发展，制造业对于制件的精度和生产效率也提出了更高的要求。3D 打印（3D Printing，3DP）技术因其制造周期短、成本低、不受模型复杂性限制的优点，迅速成为最具生命力的制造技术之一 [1]。

由于 3DP 技术属于喷射成形工艺，所以其表面精度受材料特性和成形设备的约束比较明显，具有表面粗糙、成形精度低和强度不高等缺点。在成形工艺中，其成形精度主要取决于成形单元的尺寸和机械系统的运动精度。在机械系统一定的条件下，成形精度主要取决于成形单元的尺寸，因此黏结剂的渗透是误差的主要来源。为了提高 3DP 工艺的成形精度，国内外学者对于黏结剂的渗透过程进行了大量研究。春南格朗（Chumnanklang）等（2007 年）研究了磷灰石颗粒和黏结剂浓度对制件强度的影响，发现黏结剂浓度会直接影响凝聚单元的尺寸，内夫扎伟（Nefzaoui）等（2012 年）对不同溶液中液滴的渗透过程进行了研究，并通过具体实验分析了液滴的雷诺数与韦伯数对于渗透的影响。李一欢 [2]（2008 年）对渗流过程进行了建模分析，确定了与渗透相关的工艺参数并采用正交试验的方法进行了优化。东北大学的房巨强 [3] 对黏结剂液滴在材料表面的扩展与融合过程以及材料固化过程进行了理论分析，提出了修正系数以及工艺参数应满足的关系。罗中明 [4]（2014 年）对立体光刻（Stereo Lithography Apperance，STL）文件的切片算法进行了改进，提高了分层效率，并采用增加墨滴抖动的方法，减少了制件表面的条纹，提高了打印精度和表面平整度。

从以上的研究来看，国外对于黏结剂的渗透过程的研究较多，分析了液滴的冲击、铺展、渗透过程，并研究了溶液密度、渗透时间等参数对于渗透的影响，而国内对于黏结剂渗透的研究较少，主要是渗透实验的分析，虽然采用 Washburn 方程对渗透过程进行了分析但并未求解出具体的渗透距离，只是定性地分析哪些参数会影响渗透。综合国内外的研究来看，很少出现对黏结剂的渗透进行建模与仿真研究，并对黏结剂凝结单元进行预测，其中也未具体研究各个物理参数对于渗透过程的影响。在成形工艺中，黏结剂液滴的成形方式对制件的精度有着重要的影响，因此，要解决 3DP 工艺成形精度的问题还需对黏结剂的渗透过程进行深入研究。本文主要是对单液滴的渗透过程进行研究，了解其渗透规律，分析不同参数对渗透误差的影响，控制最小成形单元的形态尺寸，提高制造精度，减小尺寸误差，最终实现大型实体的精确制造。

2. 渗透数学模型

2.1　黏结剂液滴运动的物理过程

为了便于黏结剂液滴数学模型的建立，首先对液滴的运动过程进行分析。喷头喷射黏结剂液滴的方式主要有压电式和热泡式两种。如今 3DP 工艺中大多采用压电式喷头，当电脉冲信号传给压电传感器时，压电片收缩将黏结剂液滴挤出喷嘴 [5]。液滴被喷射出后，经过短暂的自由落体运动，会撞击到粉床上，然后在粉床上铺展，最后渗入粉床中。在液滴与粉床撞击的过程中，由于是固—液之间的接触，所以碰撞过程变化复杂，根据不同的碰撞速度、表面粗糙度，液滴的变形过程会有很大的差别，变形可分为运动、射流、回缩、平衡 4 个阶段 [6]。黏结剂液滴碰撞变化过程如图 1 所示。

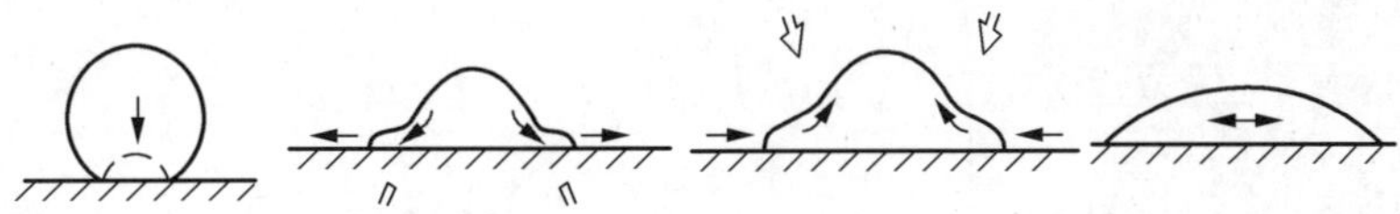

图1　黏结剂液滴碰撞变化过程

其中，溶液在碰撞过程中是否发生溅射现象，主要取决于溶液撞击介质时的雷诺数 *Re* 和韦伯数 *We*。由于打印喷头距离砂床较短，所以溶液溅射的现象不会发生。

2.2　材料的基本属性

本文研究的 3DP 工艺中的黏结剂为呋喃树脂（Furan），该树脂遇酸会发生缩合反应，从而固化形成稳定结构 [7]。本文采用奥地利安东帕公司的 Physica MCR302 型号旋转流变仪测量呋喃树脂溶液的动力黏度与温度曲线，并由悬滴液法测得该溶液的表面张力。粉床采用铸造砂，砂体材料的成分主要是石英，对黏结剂液滴在石英表面的接触角进行测量，呋喃树脂溶液参数见表 1。

表1　呋喃树脂溶液参数

溶液	密度 /kg · m^{-3}	动力黏度 /Pa · s	表面张力 /N · m^{-1}	接触角 / (°)
呋喃树脂	1120.86	0.009757	0.0429	31.723

焙烧砂为最常用的铸造砂，它的颗粒平整接近于球形。在打印时，铺粉辊将焙烧砂平铺成粉床，然后喷头在上面均匀喷射黏结剂，砂样的堆积形态将直接影响渗透结果。取一定体积的堆积砂样，进行相样处理，然后采用天津三英精密仪器有限公司型号为 NanoVoxel 的高分辨率 CT 扫描设备对砂体的堆积形态进行扫描，选择的扫描精度为 2μm，并通过数字岩心技术得到砂样的物性参数。焙烧砂 CT 扫描数据如图 2 所示。

（a）孔隙结构模型

（b）砂粒堆积形态模型

（c）堆积形态的截面

（d）截面数据信息

图2　焙烧砂CT扫描数据

在 CT 扫描的结构图中可以明显观察到砂粒与砂粒之间孔隙相间，形成多孔介质结构。多孔介质中固相部分被称为固体骨架，用来支撑整个多孔介质，而没有被固相部分占据的空间成为孔隙，孔隙大部分是相互连通的，孔隙中的气体或液体可以在其中流动[8]。通过专业软件从截面信息中得到砂样的砂粒直径、孔隙直径、间隙距离，然后由堆积形态的孔隙、喉道组成结构近似于球体和管道的模型，这些结构就形成了数字岩心三维物体空间中的骨架和中轴，可以反映出砂粒的孔隙和喉道特征结构。等效的球棒模型数据如图 3 所示。焙烧砂物性参数见表 2。

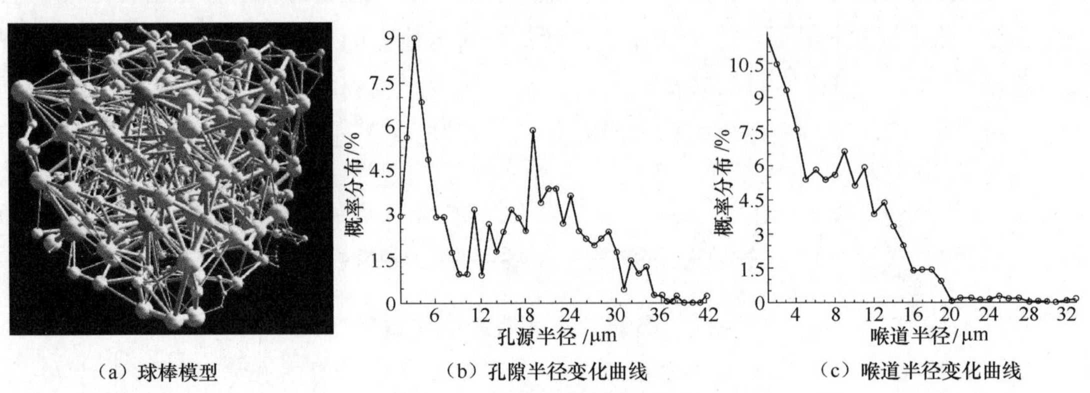

（a）球棒模型　（b）孔隙半径变化曲线　（c）喉道半径变化曲线

图3　等效的球棒模型数据

表2　焙烧砂物性参数

砂样	平均粒径 /μm	平均孔隙半径 /μm	平均喉道半径 /μm	孔隙率 /%
焙烧砂	173	14.78	7.28	0. 389

2.3　渗透数学模型的建立

黏结剂的渗透过程比较复杂，为了减小建模难度，假设液体在材料喉道中进行流动，以毛细管的半径等效砂体材料的喉道半径，流动过程中毛细管完全被浸润。理想化的毛细管渗透模型如图 4 所示。

（a）三维图形

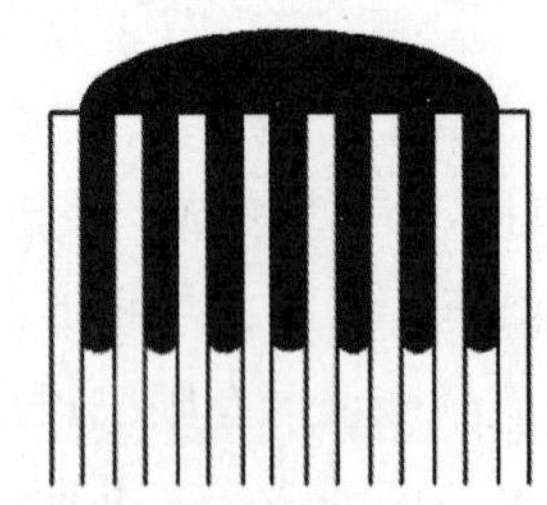

（b）二维截面

图4　理想化的毛细管渗透模型

液滴在喉道中流动的动力主要是毛细管压力，流动状态为层流，重力相比于液滴的黏性对流动的影响较小，可忽略不计，流动过程满足哈根·泊肃叶（Hagen-Poisseuille）方程的流动结果，它是纳维·斯托克斯（Navier-Stokes）方程的简化形式[9]，其计算方法如式（1）所示。

$$h(t)=\sqrt{\frac{\sigma\cos\theta R\mathrm{por}}{2\mu}t} \qquad 式（1）$$

在式（1）中：σ 为表面张力；θ 为接触角；Rpor 为毛细管半径；μ 为溶液的动力黏度；t 为渗透时间，$h(t)$ 为渗透距离（长度）。

通过对液滴运动过程的分析可知，液滴与砂床的撞击会有一个短暂的振荡过程，采用毛细管模型建模时，液滴在材料上的渗透半径为液滴稳定后的铺展半径。在渗透过程中，假定液滴的铺展半径不再变化，则渗透的形态为圆柱体，最后凝聚单元的体积的计算方法如式（2）所示。

$$V_n = V_0 + V_s = V_0 + V_p(\frac{1-\varepsilon}{\varepsilon}) \quad \text{式(2)}$$

在式（2）中：V_n 为渗透的总体积；V_0 为液滴滴落时的体积；V_s 为渗透形态中砂粒所占的体积；V_p 为渗透形态中溶液所占的体积；ε 为材料的孔隙率。

在液滴不发生溅射的情况下，溶液全部参与渗透，此时，V_p 与 V_0 相等，因此 V_n 的最大值为$\frac{V_0}{\varepsilon}$。渗透的深度 L 可由圆柱公式求得，其计算方法如式（3）所示。

$$L = \frac{V_n}{A}, A=\pi r^2 \quad \text{式（3）}$$

在式（3）中：r 为液滴渗透时的铺展半径；A 为液滴渗透时的铺展面积。

溶液渗透的体积为各个毛细管渗透体积的总和，毛细管中液体体积的计算方法如式（4）所示。

$$V_p = \int_0^t \mathrm{d}V_p = \sum_{i=1}^{N} N_i \int_0^t \pi R^2 \mathrm{por}\,\mathrm{d}h \quad \text{式（4）}$$

在式（4）中：N_i 为第 i 个毛细管；$\sum_{i=1}^{N} N_i$为毛细管数量的总和；dh 为毛细管中溶液渗透的微分长度，可由 $h(t)$ 求得。

毛细管的数量与材料的孔隙率的计算方法如式（5）所示。

$$\varepsilon = \frac{\sum_{i=1}^{N} N_i \pi R^2 \mathrm{por}}{A} \quad \text{式（5）}$$

综合上述计算公式，可以求得黏结剂的渗透深度 L，其计算方法如式（6）所示。

$$L = \frac{\pi r^2 (1-\varepsilon)\sqrt{\frac{\sigma \cos\theta R\mathrm{por}}{2u}} \cdot \int_0^t t^{-0.5}\mathrm{d}t + 2V_0}{2\pi r^2} \quad \text{式（6）}$$

由式（5）中的参数分析可知，材料的参数和液滴滴落的体积一定时，Rpor 等于材料的喉道半径，因此液滴渗透的深度只与液滴渗透时的铺展半径和渗透时间有关，为了求得液滴渗透的深度，下面将通过实验的方法采集液滴的铺展半径和渗透时间。

3. 渗透实验

3.1 滴落实验

在实验过程中，借助仪器来记录黏结剂液滴在砂体材料上的铺展半径和渗透时间。液滴与砂体材料的接触过程较为复杂，液滴的振荡过程可能会引起铺展半径的变化。滴落实验分别在石英石面板和焙烧砂砂样上进行，然后对比两种介质上的铺展半径。石英石面板表面较为致密，液滴在振荡过程中的浸入量较少，可以清晰地观测到液滴的振荡过程与铺展半径的变化。本文采用日本 NAC 公司的 Memream HX-6 型号高速摄影机对液滴滴落过程进行采集，观测系统主要包括溶液滴落装置、位置调节平台、图像采集装置和图像收集装置。液滴滴落实验平台如图 5 所示。

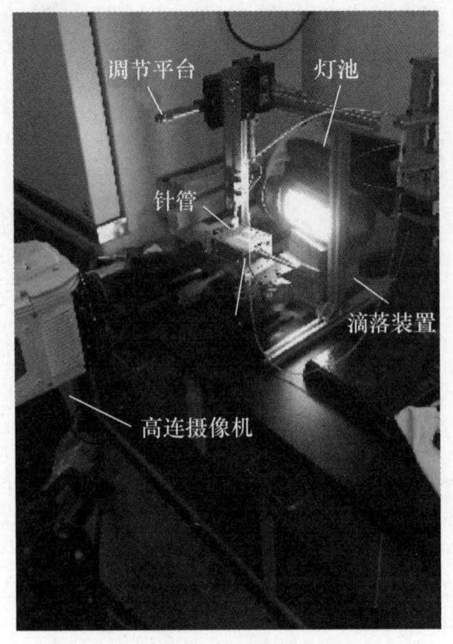

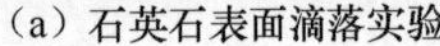
（a）石英石表面滴落实验

（b）砂粒表面滴落实验

图5　液滴滴落实验平台

实验时采用的滴落针管内径为 ϕ0.006mm，外径为 ϕ0.26mm。高速摄影的采集频率为 10000fps，液滴的下落高度为 0mm，即液滴完成喷射后立即与介质接触，在空气中的加速过程很短。液滴在石英石面板表面不同时段的铺展过程如图 6 所示，液滴在焙烧砂砂样上不同时段的渗透过程如图 7 所示。

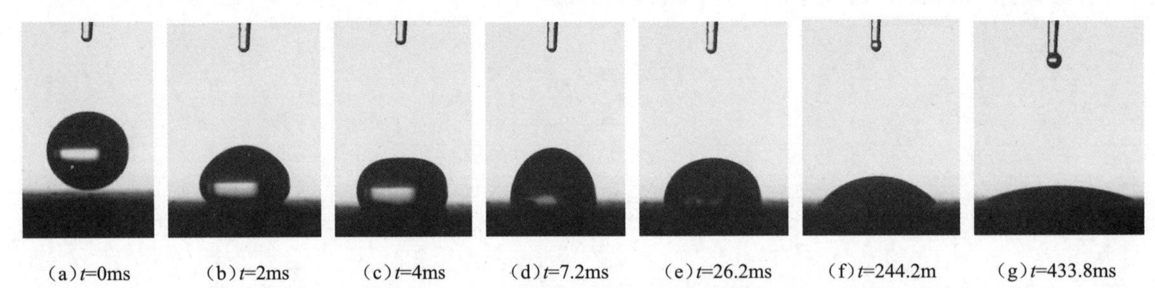

（a）t=0ms　（b）t=2ms　（c）t=4ms　（d）t=7.2ms　（e）t=26.2ms　（f）t=244.2m　（g）t=433.8ms

图6　液滴在石英石面板表面不同时段的铺展过程

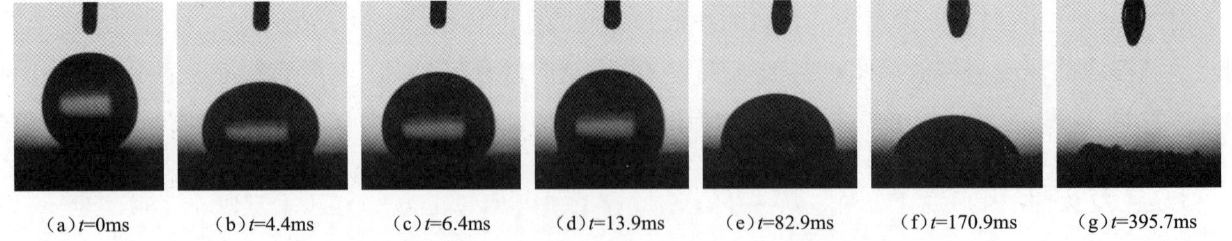

（a）t=0ms　（b）t=4.4ms　（c）t=6.4ms　（d）t=13.9ms　（e）t=82.9ms　（f）t=170.9ms　（g）t=395.7ms

图7　液滴在焙烧砂砂样上不同时段的渗透过程

由高速摄影机捕捉渗透图像，可以观察到液滴滴落在与介质接触的瞬间，液滴会有一个明显的振荡过程，在石英石面板上可以明显观测到液滴在振荡过程中半径的变化；而在焙烧砂砂样的表面上，振荡过程持续的时间较短，随着渗透的进行，液体体积不断减少，振动幅度也不断变少，最后直至稳定。

3.2　实验中铺展直径的变化曲线

为方便对铺展半径进行观测，选取实验中液滴的铺展直径进行测量，绘制铺展直径随时间变化的曲线。直径变化可由 Image 软件对高速摄影图像的测量得到，石英石面板表面的液滴采集时间为从振荡到稳定的时间，焙烧砂砂样的液滴采集时间为从接触到浸入的时间。液滴的铺展直径变化线如图 8 所示。

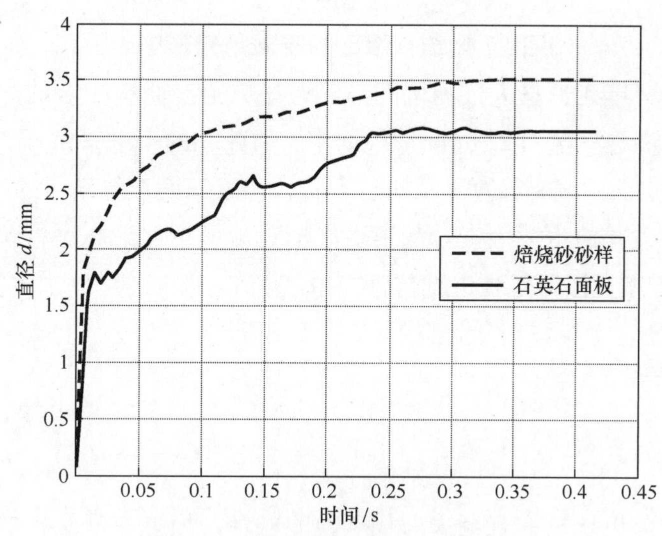

图8　液滴的铺展直径变化曲线

由变化曲线可以看出，在液滴与介质接触后，介质表面铺展直径的整体趋势是增大的，焙烧砂砂样表面的铺展直径存在一定的振荡过程，其主要原因是砂粒表面对于溶液具有一定的吸附和阻碍作用，致使溶液在扩散时出现蠕动的现象。从最终的铺展直径来看，石英石面板的液滴铺展直径为 ϕ3.52mm，焙烧砂砂样的液滴铺展直径为 ϕ3.06mm，前者的铺展直径大于后者的铺展直径，这主要是由液滴的浸入量和介质表面的摩擦力引起的，液滴的浸入量越多，材料表面的摩擦力越大，则液滴的铺展直径越小。由二者的曲线变化可以看出在这两种介质上，液滴从铺展到稳定的时间比较吻合，液滴的铺展时间为 0.4s 左右，再分别由二者的铺展直径求得铺展半径，将铺展时间和铺展半径代入式（6）中，求得液滴的渗透深度。渗透深度见表 3。

表3　渗透深度

类型	石英石面板 /mm	焙烧砂砂样 /mm
铺展半径	1.76	1.53
渗透深度	1.75	1.85

在焙烧砂的实验中，待液滴滴落完成后，取出液滴与砂粒的凝聚形态，放置于电子显微镜下进行观测。黏结剂渗透的凝聚单元形态如图 9 所示。

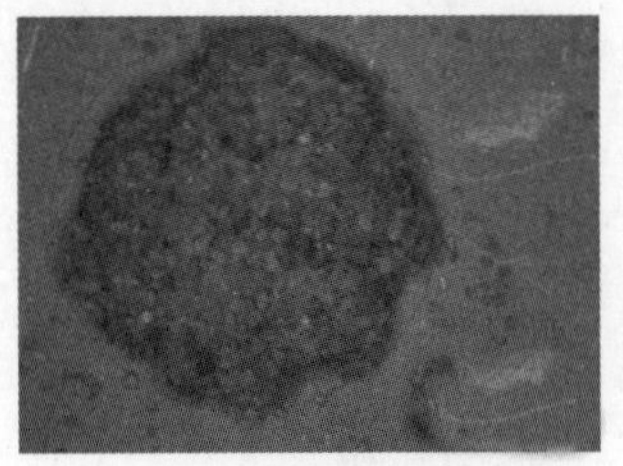

（a）水平铺展半径

（b）渗透深度

图9　黏结剂渗透的凝聚单元形态

由图 8 可以看出，凝聚单元形态大致为椭圆形，通过电子显微镜配套的测量软件可得最大的扩散半径为 2.613mm，最大的渗透深度为 2.16mm。根据本文所建立的毛细管渗透模型，可得凝聚单元形态为圆柱形。对渗透深度的实测结果和计算结果进行评价，渗透深度计算结果的误差最小为 14.2%。模型的简化与测量误差是造成误差的主要因素。为了更好地对凝聚单元形态进行预测，本文基于康模数字（Comsol）软件采用珠球模型对渗透过程进行仿真模拟。

4. 液滴渗透的仿真

4.1　计算模型

在构建有限元模型时，以珠球的直径来取代砂粒的粒径，模型空间结构的排列形式为均匀球体颗粒群填充，一般采用容积密度、填充率、孔隙率、配位数等参数来评价填充结构。配位数 K 是指与观察颗粒相接触的颗粒个数，是一个比较关键的参数。颗粒群中各个颗粒有着不同的配位数，一般存在一个概率分布，就是指平均配位数。如果以均一球体在平面上的排列作为基本层，则会形成正方形排列层和六边形排列层，将各个基本层汇总起来可以得到 6 种排列形式 [10]。砂粒群空间排列方式如图 10 所示。排列形式的结构参数见表 4。

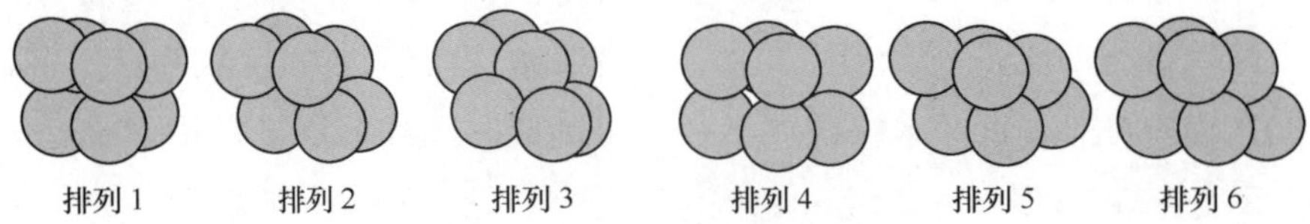

图10　砂粒群空间排列方式

表4　排列形式的结构参数

排列形式	水平接触角 /（°）	填充角度 /（°）	孔隙率 /%	配位数	填充方式
1	90	90	0.4764	6	立方体填充
2	60	90	0.3954	8	正斜方体填充
3	54.73	60	0.2594	12	面立方体填充
4	90	90	0.3954	8	正斜方体填充
5	63.43	104.48	0.3091	10	楔形四面体填充
6	54.73	90	0.2595	12	菱面体填充

由 1.2 小节可知，焙烧砂的材料孔隙率为 0.389%，焙烧砂配位数的分布曲线如图 11 所示，由此可求

得平均配位数为8，所以砂粒的空间排列形式接近于正斜方体填充。

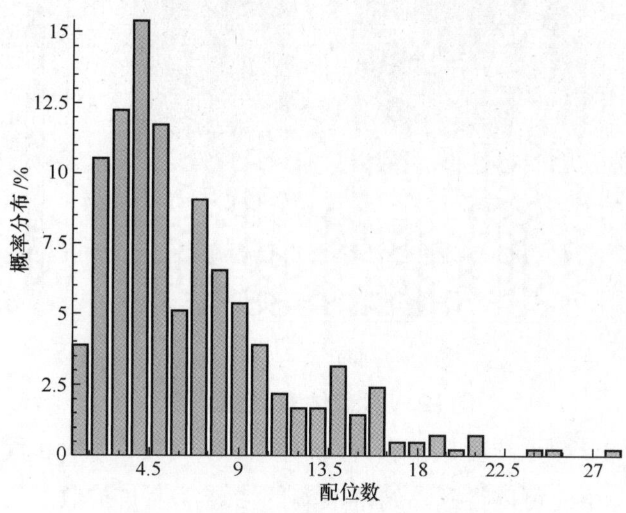

图11　焙烧砂配位数的分布曲线

4.2　控制方程

由物理过程分析黏结剂的下落与渗透，主要是液—气两相，采用Comsol软件中的两相流、水平集模块进行模拟，它的控制方程为纳维-斯托克思（Navier-Stokes）方程，流体模拟方法为水平集法。Navier-Stokes方程是流体运动的最基本力学方程组，可以很好地描述微孔隙液流过程[11]，其计算方法如式（7）、式（8）所示。

$$\rho\frac{\partial u}{\partial t}-\nabla\cdot\mu\left[\nabla u+\left(\nabla u\right)^{\mathrm{T}}\right]+\rho(u\cdot\nabla)u+\nabla P=F \quad \text{式（7）}$$

$$\nabla\cdot u=0 \quad \text{式（8）}$$

在式（7）中：ρ为溶液的密度；P为压力；u为渗流速度；F为体积力，它包括重力和水平集方法处理的表面张力。

随后赋予材料属性，设定边界条件，划分网格进行仿真模拟，从结果云图中可观测到液滴半径随时间的变化。模型边界条件的设定见表5。

表5　模型边界条件的设定

类型	边界条件	数值
a	无滑移	渗流速度为0m/s
b	润滑壁	31°
c	初始化相位	
d	出口	压强为0Pa
重力	重力矢量	$-9.8\mathrm{m/s^2}$

4.3　模拟结果与验证

为验证仿真结果的准确性，将模拟结果与实验进行对比。渗透仿真云图示例如图12所示，其孔隙率为0.3894%，接触角为31°，下落高度为0mm。

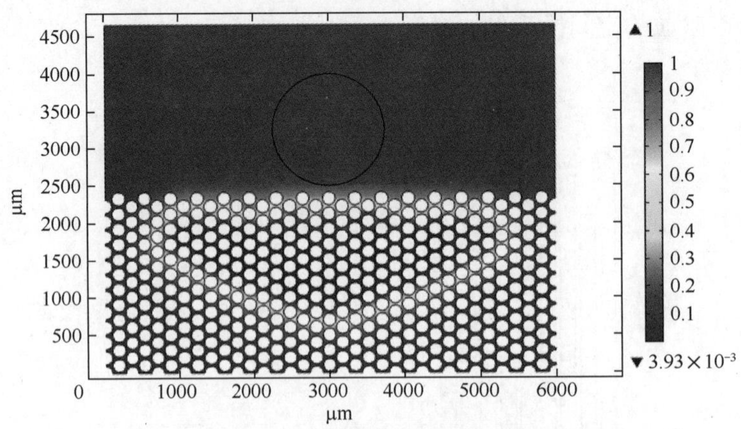

图12　渗透仿真云图示例

在图 11 中，右侧的渐变条为溶液和空气的体积分数，1 代表空气，0 代表溶液，由数据的变化可以很好地区分空气和溶液，由此可以得到黏结剂液滴的渗透深度与扩散直径，具体数值的计算方法如式（9）、式（10）所示。

$$l = m \cdot 2r + n_{竖直} \cdot d \qquad 式(9)$$

$$D_{max} = 2r + n_{水平} \cdot \sqrt{3}(d + 2r) \qquad 式(10)$$

在式(9)中，l 为渗透的深度；D_{max} 为扩散的最大直径；m 为渗透面积涵盖的砂粒个数；r 为砂粒的半径；$n_{竖直}$ 为渗透面积中涵盖竖直方向上砂粒间距的个数，$n_{水平}$ 为渗透面积中涵盖水平方向上砂粒间距的个数。

由式(9)和式(10)计算出仿真云图中黏结剂的渗透深度为2.063mm，最大水平扩散直径为5.265mm。仿真结果与实验得到的渗透形态尺寸相符，误差较小。

以上实验采用的砂样为未筛的焙烧砂（BSSWS），为验证仿真的准确性，减少偶然因素的影响，采用振动筛对焙烧砂砂样进行过滤，砂网的目数分别采用 100 目、200 目和 300 目，得到不同目数的砂样 BSS100、BSS200 和 BSS300，并对其物性参数进行测量。砂样的物性参数见表 6。

表6　砂样的物性参数

砂样种类	最小孔隙直径 /μm	最大孔隙直径 /μm	平均粒径 /μm	孔隙率 /%
BSS100	0.072473	359.6759	164.6	0.392
BSS200	0.0403	360.1093	128.3	0.398
BSS300	0.0292	361.0052	90.92	0.401

在渗透仿真时，设置不同目数砂样的材料参数，分析其渗透仿真云图。在实验时，在不同目数的砂样上进行滴落实验，待渗透完成后取出凝聚单元，采用电子显微镜观察其渗透形态，然后与仿真结果进行对比。仿真与实验结果对比见表 7。

表7　仿真与实验结果对比

渗透方向	数据对比	BSSWS	BSS100	BSS200	BSS300
水平铺展直径 /μm	实验	5226.18	5030	4830.84	4174.54
	仿真	5265	4678.6	4478.9	4255.3
	误差	0.74%	6.9%	7.2%	1.9%

（续表）

渗透方向	数据对比	BSSWS	BSS100	BSS200	BSS300
竖直渗透深度 /μm	实验	2160.61	1912.29	2061.14	1448.62
	仿真	2063	1968.5	1855	1542
	误差	4.52%	2.93%	7.82%	6.4%

由仿真和实验的结果对比可以看出，仿真与实验的数据较为接近，误差均小于 10%，可以说明，采用康模数尔（Comsol）多物理场仿真软件可以较好地对砂粒渗透的凝聚形态进行预测，从而可以借助仿真结果来分析工艺参数对于渗透的影响。

5. 结论

通过不同仪器对于砂粒和黏结剂的物性参数进行了测量，采用毛细管模型对黏结剂液滴的渗透过程进行了数学建模，给出影响液滴渗透深度的因素。

搭建实验观测平台，对液滴在焙烧砂砂样表面和石英石面板上的铺展半径进行了采集，并将其代入数学模型当中求得液滴的渗透深度。

在 Comsol 多物理场仿真软件中将球珠模型用于黏结剂液滴渗透过程的仿真模拟，得到液滴凝聚单元体的形态，在工程实验中，通过显微镜对液滴的凝聚形态进行观测，并将其结果与仿真结果进行对比，验证仿真结果的可靠性。

参考文献

[1] 赵火平，樊自田，叶春生 . 三维打印技术在粉末材料快速成形中的研究现状评述 [J]. 航空制造技术，2011，9(8): 42-45.

[2] 李一欢 . 三维打印快速成型机理与工艺研究 [D]. 西安：西安科技大学机械工程学院，2008.

[3] 房巨强 . 三维打印快速成形机理及其加工质量控制技术研究 [D]. 沈阳：东北大学机械工程与自动化学院，2010.

[4] 罗中明 . 3D 打印算法研究及应用 [D]. 北京：北京印刷学院，2014.

[5] 梁建海 . 黏接成型三维打印技术研究 [D]. 西安：西安电子科技大学机电工程学院，2014.

[6] 曾祥辉，杨方，齐乐华，等 . 液滴喷射过程中碰撞的形态及流场模拟分析 [J]. 西北工业大学学报，2007，25(4): 528-532.

[7] 夏宇，蔺向阳，杜震，等 . 呋喃树脂固化体系及其固化机理研究进展 [J]. 材料导报，2014，28(10): 79-83.

[8] 刘峰 . 多孔介质热流固耦合的有限元分析 [D]. 唐山：河北理工大学建筑工程学院，2010.

[9] 孔祥言 . 渗透力学 [M]. 合肥：中国科技大学出版社，1999.

[10] 陆厚根 . 粉体工程导论 [M]. 上海：同济大学出版社，1993.

[11] 李绍武，尹振军 . N-S 方程的数值解法及其在水波动力学中应用的综述 [J]. 海洋通报，2004，23(4): 79-84.

SLM 成形 Inconel 718 过程及组织性能调控

张冬云，高　阳，曹　明，黄国亮，张错丹，刘　臻，牛　雯
（北京工业大学激光工程研究院数字化医疗 3D 打印中心，北京　100124）

摘要： Inconel 718合金在650℃以下具有优良的综合力学性能，是航空航天领域应用较为广泛的镍基高温合金。传统的Inconel 718合金加工方法不是加工周期长，无法成形复杂形状零部件，就是微观组织中存在显微疏松等缺陷，存在制造瓶颈。本文介绍了本项目组采用激光选区熔化成形Inconel 718合金零部件，包括成形过程及数值模拟、后热处理对合金组织、力学性能的影响等方面的研究成果。

关键词： 激光选区熔化；Inconel 718；数值模拟；热处理；力学性能

1. 引言

我国航天事业的快速发展对航天发动机的核心零部件提出了更高的要求。Inconel 718（国内牌号GH4169）在 –253℃～650℃具有良好的综合力学性能，已成为航天发动机中重要的高温材料之一[1]。我国在 Inconel 718 合金零部件制造领域已经取得长足进步，在长征三号火箭 YF-73 型发动机和长三甲系列火箭 YF-75 型发动机的诸多热端部件中均有所应用[2]。但随着航天发动机性能要求的不断提高，Inconel 718 合金零件的传统制造遇到一些重要难题。

Inconel 718 合金传统零部件制造技术包括铸造、锻造以及粉末冶金等，锻造中模具设计周期长、成本高、难以制造复杂零部件，铸造中易产生缩松缩孔等缺陷，粉末冶金中易产生边界孔洞等缺陷。为解决传统制造技术面临的难题，本文提出采用激光选区熔化成形 Inconel 718 合金的零部件，并利用后热处理调控该合金显微组织与力学性能，使其满足服役要求。

2. 选择激光熔化过程及其特点

选区激光熔化（Selective Laser Melting，SLM）技术是 20 世纪 90 年代德国弗劳恩霍夫激光技术研究所（Fraunhofer ILT）发明的金属增材制造技术。该技术基于待建零部件的三维模型，以高能激光束为热源，采用分层制造、逐层叠加的方式将金属粉末成形为三维实体零件[3-4]。激光选区熔化技术的特点是以单组分、粉末状的工程材料为原材料，通过材料的完全熔化实现零部件致密度为 100%。上述特点决定该技术可以用于金属零部件的直接制造，因而成为增材制造最具潜力的方法之一。

增材制造的优势在于不需要模具即可实现单件、小批量复杂形状零部件的成形制造，提高材料的利用率和缩短产品开发周期[5]。在使用铸锻焊等传统技术制造复杂形状零部件时，存在的制造“瓶颈”限制了新型设计方法的使用（例如，结构拓扑方法）。而 SLM 可以制造具有复杂内腔结构以及网格结构的零部件，大大拓宽了设计人员的思路。航天发动机零部件具有尺寸小、形状复杂、高性能以及数量少的特点，采用SLM制造Inconel 718合金的成功案例为制造新一代轻质、高性能、结构复杂的航天发动机零部件提供了可能。

使用 SLM 成形 Inconel 718 合金时所用的激光器光束直径在 100μm 左右，所用金属粉末的形状为球形，粉末颗粒直径为 15μm ～ 50μm，层厚为 10μm ～ 100μm。在成形过程中，液态金属熔池的尺寸为 100μm ～ 200μm，停留时间为几纳秒，因而熔池中的液态金属具有超高的温度梯度和超快的冷却速度，这导致合金成形组织晶粒细小，具有较高的延伸率。

在激光选区熔化过程中，当高能量激光束作用到粉末床时，粉末材料快速熔化并凝固，从而与周围及前一层已凝固材料形成冶金结合。处于高温状态的液态金属极易发生氧化、氮化，从而降低了待建零件的机械性能，因此严格控制成形舱内的氧含量是非常重要的。在成形过程中，成形舱内氧含量一般控制在 0.1% 以下。此外，SLM 技术对激光器具有高光束质量的要求，稳定的激光能量输出和恒定的光斑直径，配合合适的激光参数，才能保证冶金结合良好、表面质量高、无孔洞等，同时也保证了 SLM 制造零部件这一过程的重现性，保证待建零部件具有较高的机械性能。

3. SLM 成形 Inconel 718 合金热处理制度

传统的铸锻态 Inconel 718 合金通过热处理后，其力学性能得到极大改善，热处理制度已经比较成熟。但是正如上文所述，在 SLM 成形 Inconel 718 合金过程中，熔池金属具有超高的温度梯度和超快的冷却速度，这使熔池中的液态金属结晶后晶粒细小，合金具有较高的延伸率以及较低的强度。SLM 成形件的这种原始组织与铸锻件的原始组织差异较大，因此开发适用于使用 SLM 成形的 Inconel 718 合金的热处理制度具有重要意义。

传统的铸锻态 Inconel 718 合金零件的热处理制度主要包括 3 种：一是（1010 ～ 1065）℃ ±10℃，1h，油冷、空冷或水冷 + 双时效；二是（950 ～ 980）℃ ±10℃，1h，油冷、空冷或水冷 + 双时效；三是双时效。其中，双时效阶段为（720±5）℃，8h，以 50℃ /h 炉冷至（620±5）℃，8h，空冷 [6]。这 3 种热处理制度均可充分提高铸锻件的力学性能，满足航空航天领域的高性能需求。

使用 SLM 成形的 Inconel 718 合金的热处理制度的制订不仅需要考虑其原始组织，而且需要考虑 SLM 的成形过程。在此以本团队进行的 SLM 成形 Inconel 718 合金过程和 Inconel 718 合金铸造过程的热历史模拟计算结果来研究其热处理制度的差异。铸态以及 SLM 成形 Inconel 718 合金过程中的热通量如图 1 所示。结果表明，铸造过程中的热量主要由铸件芯部向四周扩散，外部的热通量（最大热通量为 3.8×10^5W/m^2）远高于芯部，因此外部散热快，外部的温度较低。而 SLM 成形过程的温度场较复杂，熔池边缘部分的热通量约为 0.5×10^9W/m^2 ～ 1.5×10^9W/m^2，远远大于铸件的热通量，这说明 SLM 成形过程中合金的散热速度远大于铸态合金。

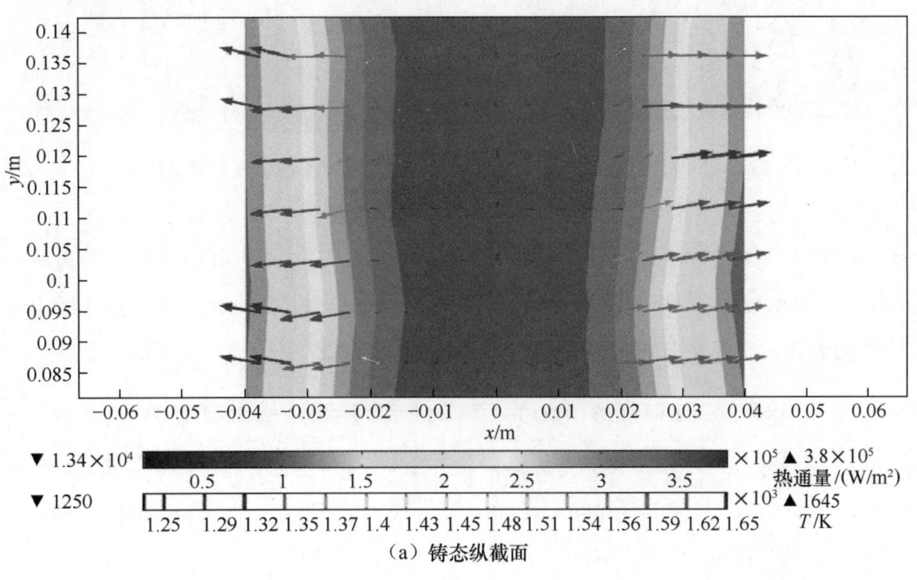

（a）铸态纵截面

图1　铸态以及SLM成形Inconel 718合金过程中的热通量

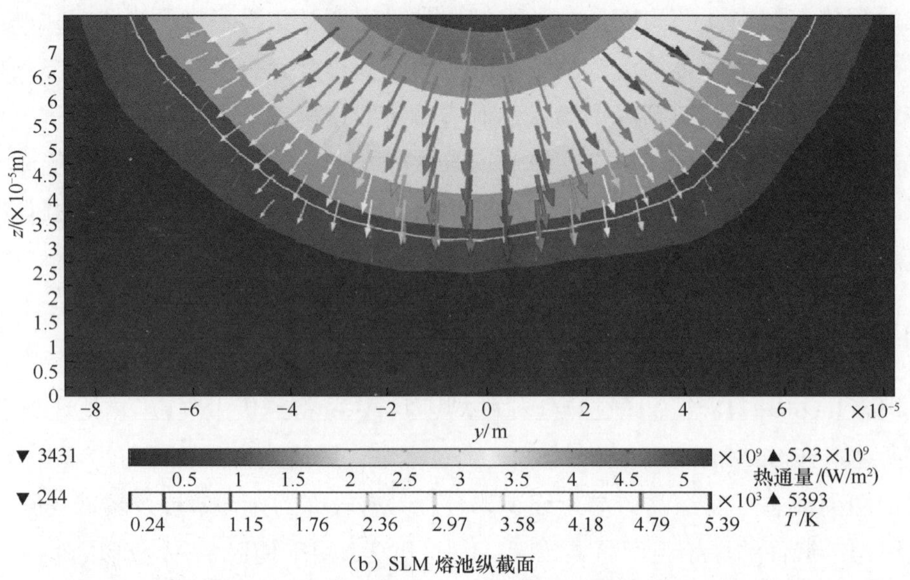

（b）SLM 熔池纵截面

图1 铸态以及SLM成形Inconel 718合金过程中的热通量（续）

成形过程中热散失的差异直接导致了合金内部显微组织的差异。显微组织的差异如图 2 所示。铸态 Inconel 718 合金（图 2(a)）在凝固过程中，冷速为 0.01℃ /s ～ 0.33℃ /s，冷却速度较慢，导致合金产生粗大的树枝晶结构，晶粒尺寸较大，可达到 200μm 左右，二次枝晶臂间距达 45μm，且存在较为严重的宏观偏析。相比之下，SLM 成形的 Inconel 718 合金冷却速度极快，达到 10^5℃ /s，所形成的显微结构非常细小（图 2(b)），晶粒尺寸在 30μm ～ 40μm，且仅存在一定程度的微观偏析。可见，二者之间的显微组织差异较大。

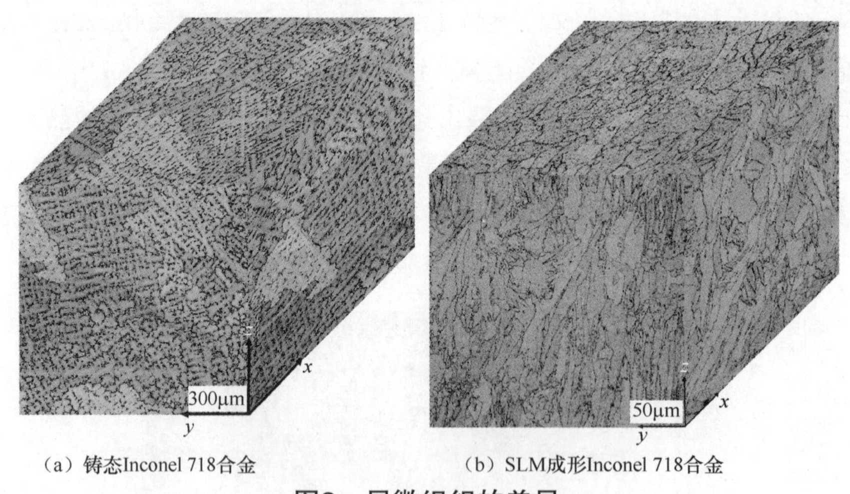

（a）铸态Inconel 718合金　　（b）SLM成形Inconel 718合金

图2 显微组织的差异

鉴于铸态 Inconel 718 合金与 SLM 成形 Inconel 718 合金组织之间的差异，本团队基于传统铸锻件的热处理制度，制订了应用于 SLM 成形 Inconel 718 合金的热处理制度。SLM 成形 Inconel 718 合金 3 种固溶热处理制度见表 1。

表1 SLM成形Inconel 718合金3种固溶热处理制度

名称	双时效热处理阶段	固溶热处理阶段
SHT1080	1080℃ /1.5h	720℃ /8h，620℃ /8h
SHT980	980℃ /1h	720℃ /8h，620℃ /8h
SHT1080+980	1080℃ /1.5h，980℃ /1h	720℃ /8h，620℃ /8h

经过相应热处理后的 SLM 成形 Inconel 718 合金被依次命名为 SHT1080 态合金、SHT980 态合金和 SHT1080+980 态合金，而未经热处理的 SLM 成形 Inconel 718 合金被命名为成形态合金。研究表明，传统的 SHT1080 和 SHT980 的两种单固溶处理制度并不完全适合 SLM 成形 Inconel 718 合金，而复合的 SHT1080+980（均匀化热处理 + 固溶热处理）热处理制度可显著改善合金组织。SHT980 态合金扫描电镜照片如图 3 所示。在 SHT980 态合金中，晶粒尺寸细小。在晶粒内部有大量呈十字交错分布的白色细针状 δ 相析出，在晶界上有短棒状和粒状 δ 相沿晶界析出。在 SHT1080 态合金中，平行于零件成形方向上晶内和晶界无明显大尺寸析出相，组织比较均匀，晶粒仍旧为柱状。在 SHT1080+980 态合金中，晶内无明显的大尺寸析出相，在晶界上有连续的粒状和短棒状的 δ 相析出，这种显微结构更加优异，合金的力学性能将得以优化。SHT1080+980 态合金的扫描电镜照片如图 4 所示。

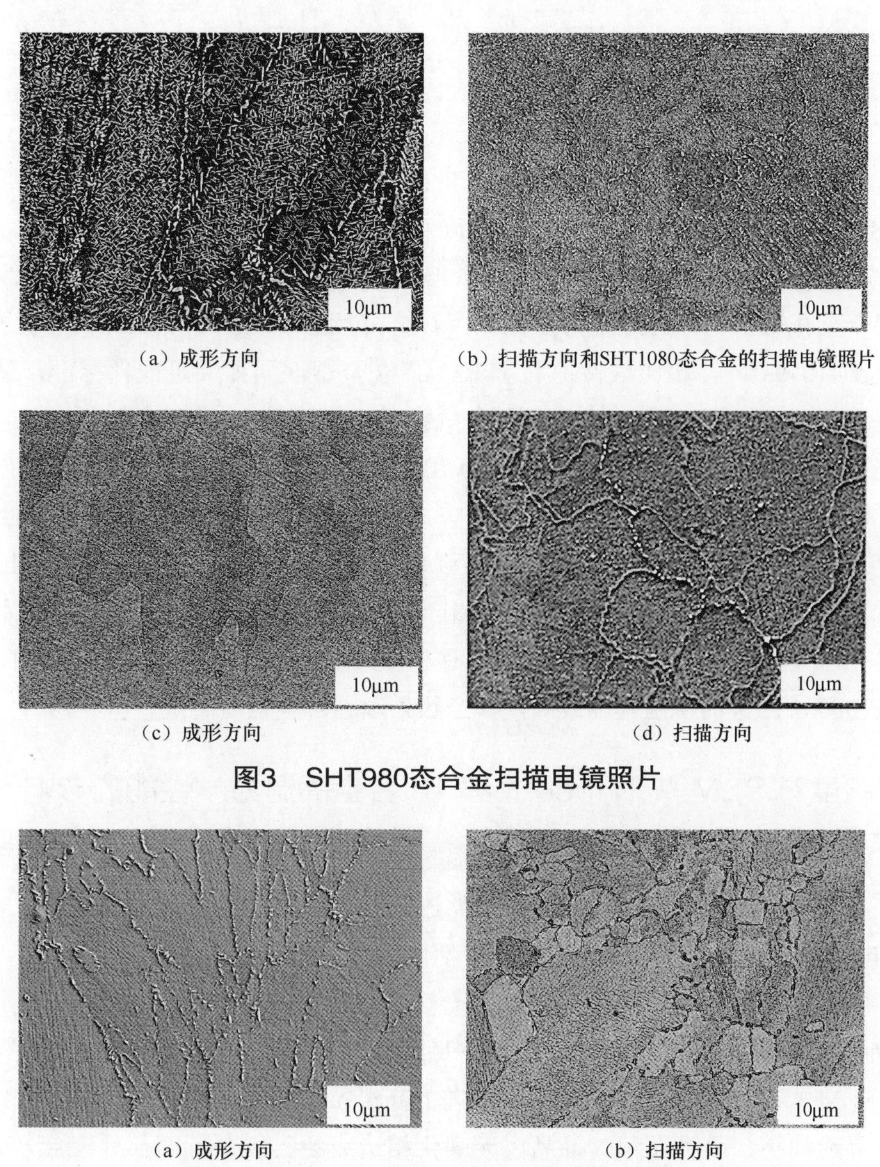

（a）成形方向　　（b）扫描方向和SHT1080态合金的扫描电镜照片

（c）成形方向　　（d）扫描方向

图3　SHT980态合金扫描电镜照片

（a）成形方向　　（b）扫描方向

图4　SHT1080+980态合金的扫描电镜照片

4. 热处理制度对 SLM 成形 Inconel 718 合金常温力学性能的影响

本团队测试了 SLM 成形 Inconel 718 合金的常温拉伸性能，它可以反映合金在常温下的力学性能。

常温状态下 SLM 成形 Inconel 718 合金的力学性能见表 2。该性能实验结果表明，SLM 成形 Inconel 718 合金的常温拉伸性能较差，抗拉强度和屈服强度分别为 1126MPa 和 848MPa，未满足锻件标准（1280MPa 和 1030MPa）。原因在于 SLM 成形过程冷却速度较快，抑制了强化相的析出，基体内缺乏强化相，虽然严重削弱了合金的强度，但是造就了合金较高的塑性，其延伸率达到 22.8%，相比锻件提高了 90%。

表2　常温状态下SLM成形Inconel 718合金的力学性能

名称	抗拉强度 /MPa	屈服强度 /MPa	延伸率 /%
标准锻件	1280	1030	12.0
成形态合金	1126	848	22.8
SHT1080 态合金	1450	1173	13.5
SHT980 态合金	1370	1084	10.1
SHT1080+980 态合金	1371	1046	12.3

相比之下，上述 3 种热处理均使合金基体中析出了强化相，提高了合金的强度但牺牲了合金的塑性。其中，SHT1080 态合金获得最高的抗拉强度和屈服强度（1450MPa 和 1173MPa），相比标准锻件分别提高了 13.3% 和 13.9%；合金塑性也较高，延伸率达到 13.5%，相比标准锻件提高了 12.5%。SHT1080+980 态合金获得了良好的综合力学性能，合金抗拉强度达到 1371MPa，相比标准锻件提高了 7%，屈服强度达到 1046MPa，相比锻件提高了 1.6%，合金塑性同样满足锻件标准，延伸率为 12.3%，相比标准锻件提高了 2.5%。而 SHT980 态合金的抗拉强度与屈服强度也较高，分别达到 1370MPa 和 1084MPa，但合金的塑性大幅度降低，延伸率仅为 10.1%，未能达到锻件标准。不同的热处理制度造成组织中 δ 相形貌和数量的不同，极大地影响了 SLM 成形 Inconel 718 合金的常温力学性能。一般认为，δ 相对合金的强度不会产生影响，但是 δ 相与合金强化相 γ'' 相的成分均为 Ni_3Nb。δ 相的大量析出会消耗合金基体中的 Nb 元素，从而间接造成合金强化相 Ni_3Nb 析出量减少，对合金力学性能产生负面影响。由于 SHT1080 态合金基体中 δ 相的析出量最少，有更多的 Nb 元素可用以组成强化相，提高了合金的强度，所以 SHT1080 态合金的常温强度最高，其余热处理态合金强度略低。

5. 热处理制度对 SLM 成形 Inconel 718 合金高温力学性能的影响

Inconel 718 合金被广泛应用在航天发动机热端部件中，服役环境温度较高，高温环境中合金的强度往往会下降，晶界强度也会降低，长期受力部件还会发生高温持久变形。因此研究合适的热处理制度使 SLM 成形 Inconel 718 合金获得优异的高温力学性能显得尤为重要。

650℃下不同热处理态 SLM 成形 Inconel 718 合金的高温持久性能见表 3。在实验过程中，温度为 650℃，应力值为 620MPa，拉伸时间超过 23h 后，每间隔 8h 将应力增加 34.5MPa，直到试样发生断裂。研究结果表明，SLM 成形 Inconel 718 合金具有极差的高温持久性能，在经历 7.03h 后便发生失效断裂，这是成形态合金晶粒细小、晶界面积广且晶内无强化相造成的。经过不同热处理后，合金的高温持久寿命发生了不同程度的延长。使用传统的两种热处理制度的 SHT1080 和 SHT980 态合金的持久性能提高，持久寿命分别为 49.7h 和 51.7h，相比标准锻件分别提高了 116.1% 和 124.8%。SHT1080+980 新型热处理制度明显提高了合金的高温持久寿命，其持久性能居 3 种热处理合金中的最高位，持久寿命为 57.3h，相比标准锻件提高了 149.1%。原因在于，合金组织除了基体中析出大量强化相之外，沿晶分

布的 δ 相在合金高温持久变形过程中起到钉扎晶界的作用，提高晶界强度，显著改善了合金的高温持久性能 [7-8]。

表3 650℃下不同热处理态SLM成形Inconel 718合金的高温持久性能

名称	高温持久寿命 /h
标准锻件	23.0
成形态合金	7.03
SHT1080 态合金	49.7
SHT980 态合金	51.7
SHT1080+980 态合金	57.3

Inconel 718 合金不仅应该具有良好的高温持久性能，还应具有优秀的高温拉伸强度，才能使之在高温环境中保持较高的热强性，避免发生过早失效。650℃下不同热处理态 SLM 成形 Inconel 718 合金的高温拉伸性能见表 4。研究结果显示，SHT1080+980 的新型热处理制度同样使 SLM 成形的 Inconel 718 合金获得最优异的高温拉伸性能。合金的抗拉强度达到 1126MPa，相比标准锻件提高了 12.6%；屈服强度达到 965MPa，相比标准锻件提高了 11.9%；延伸率达到 21%，相比标准锻件提高了 75%；表现出优异的塑性。传统的 SHT1080 和 SHT980 热处理制度对合金高温力学性能的影响差异较大，SHT1080 热处理制度提高了合金的抗拉强度和屈服强度，使之分别达到 1091MPa 和 914MPa，相比标准锻件分别提高了 9.1% 和 6.0%，延伸率同样较高，达到了 22%，相比标准锻件提高了 83.3%，表现出较优异的高温拉伸性能。但是 SHT980 热处理制度却不适用于 SLM 成形 Inconel 718 合金。其抗拉强度和屈服强度仅为 992MPa 和 773MPa，低于标准锻件。

表4 650℃下不同热处理态SLM成形Inconel 718合金的高温拉伸性能

名称	抗拉强度 /MPa	屈服强度 /MPa	延伸率 /%
标准锻件	1000	862	12
成形态合金	914	677	40
SHT1080 态合金	1091	914	22
SHT980 态合金	992	773	18
SHT1080+980 态合金	1126	965	21

不同于合金在常温下的力学性能表现，SHT1080+980 态合金表现出了更高的高温拉伸强度。在高温环境中，一般来说，晶界强度降低，合金趋于黏流态，SHT1080 态合金晶界上没有 δ 相。在高温变形过程中，晶界最先失效使合金较早发生断裂。SHT1080+980 态合金晶界上有适量的短棒状的 δ 相析出，提高了晶界的强度，因此，其高温拉伸强度高于 SHT1080 态合金。SHT980 态合金晶粒内部有过多的 δ 相析出，不仅对基体有割裂作用，同时严重影响强化相的析出，因此高温拉伸强度最低。

综上所述，传统的 SHT980 热处理制度并不适用于 SLM 成形 Inconel 718 合金高温力学性能的调控，该热处理制度下合金虽表现出优异的高温持久性能，但其高温拉伸性能较差，抗拉强度和屈服强度均不满足锻件标准。SHT1080 热处理制度可在一定程度上提高 SLM 成形 Inconel 718 合金的高温力学性能，合金的高温持久性能和高温拉伸性能均有较优异的表现。复合的热处理制度 SHT1080+980 可以使合金获得最优异的高温持久性能和高温拉伸性能，均满足锻件标准。

6. 结束语

近年来，我国航天事业快速发展，相应装备更新换代速度较快，但在形状复杂零件的成形制造方面，传统的制造瓶颈依然存在。SLM 作为一种创新型的金属零件直接制造技术，在航天零部件制造领域具有极大的应用潜力。Inconel 718 合金是航天发动机最为重要的高温材料之一，其突破传统制造技术的局限，采用 SLM 技术制造复杂形状的 Inconel 718 合金零件，对发动机零部件的减重和性能的提高具有极大推动作用。

SLM 技术是最具潜力的金属零件直接制造方法之一，但是由于加工过程快，发生的物理化学冶金反应复杂，所以对这一过程的理解与控制异常重要。数值模拟可以再现上述过程，使这一方面的研究从宏观进入微观，有益于对 SLM 加工 Inconel 718 合金的热历史进行深入理解进而控制其凝固过程，抑制缺陷的产生，提高 SLM 过程的可重复性。这是提高 SLM 成形件机械性能的基本要求。

采用 SLM 成形的 Inconel 718 合金在无热处理的情况下基体中缺乏强化相，合金常温力学性能和高温力学性能均不能满足锻件标准，需要采用后热处理进行合金组织和力学性能的调控。因传统铸锻件加工过程的热历史与 SLM 过程的差异较大，导致传统热处理制度不能完全适用于 SLM 成形 Inconel 718 合金，参照传统热处理制度，制订完全适合于 SLM 成形 Inconel 718 合金的热处理方案尤为重要。在传统热处理制度中，980℃单固溶 + 双时效的热处理制度使 SLM 成形 Inconel 718 合金的高温力学性能和室温力学性能均不能满足锻件标准，不能应用于 SLM 成形 Inconel 718 合金力学性能的调控。1080℃均匀化热处理 + 双时效的热处理制度可在一定程度上提高 SLM 成形 Inconel 718 合金的力学性能，但提高的程度有限。在此，我们建议采用新型的 1080℃均匀化热处理 +980℃固溶处理 + 双时效的热处理制度，不仅充分优化 SLM 成形 Inconel 718 合金的显微组织，也可以显著提高合金的高温拉伸性能、高温持久性能和常温拉伸性能，且均满足锻件标准。

另外，只有将 SLM 成形 Inconel 718 合金过程的数值模拟、成形过程与后期热处理对组织性能调控的影响等研究内容紧密结合，才能对该技术有更深入的理解。相关高校、科研院所可以在该领域通力合作、不断创新，进一步推进增材制造技术在航天零部件制造领域的应用，推动我国航天事业的发展。

参考文献

[1] 庄景云，杜金辉，邓群，等 . 变形高温合金 GH4169[M]. 北京：冶金工业出版社，2006.

[2] 师昌绪，钟增墉 . 中国高温合金五十年 [M]. 北京：冶金工业出版社，2006.

[3] 胡富国，柯林达，肖美立，等 . 激光选区熔化成形 Ti_6Al_4V 合金的热处理组织演变机理 [J]. 上海航天，2019, 36(2): 96-103.

[4] 柯林达，薛刚，朱海红，等 . 激光选区熔化成形 SiC_P/$AlSi_{10}Mg$ 复合材料工艺及性能研究 [J]. 上海航天，2019, 36(2): 118-124.

[5] 冯喆 . SLM 成形 Inconel718 合金显微组织和高温力学性能的研究 [D]. 北京：北京工业大学，2018.

[6] 中国航空材料手册编辑委员会 . 中国航空材料手册：第二卷 [M]. 北京：中国标准出版社，2004.

[7] 张海燕，张士宏，程明 . δ 相对 GH4169 合金高温拉伸变形行为的影响 [J]. 金属学报，2013，49(4): 483-488.

[8] 袁兆静 . GH4169 合金 δ 相析出规律及其对高温拉伸性能的影响 [D]. 沈阳：沈阳理工大学，2010.

增材制造技术中基于时域有限元方法的声波—弹性波耦合（一）：理论

张阔 [1, 2]

（1. 中国电子信息产业发展研究院，北京 100048；
2. 北京赛迪出版传媒有限公司，北京 100048）

摘要： 本文基于时域有限元方法，为增材制造技术中常涉及的声波—弹性波耦合问题构建理论框架。在三维直角坐标系下引入流体介质所满足的关于压力场的时域声波方程和固体介质所满足的关于位移场的时域弹性波方程。将时域波动方程转换到频域进行复坐标系拉伸，再对拉伸后的频域波动方程进行波场分裂。复拉伸因子是表示声波/弹性波衰减的物理量，在声波方程/弹性波方程中体现为近似于复介声常数/复介弹常数的反映特性，与介声常数/介弹常数、声导率/弹性导率、声波/弹性波传播速度等参数构成了环环相扣的有机整体，但表现形式与电磁波理论中复介电常数的情形不同。本文提出一种通过引入过渡变量求解卷积的处理策略，将分裂后的频域波动方程转化回时域，得到带有完全匹配层（Perfect Matched Layer，PML）的时域波动方程。其中，声波方程和弹性波方程中最大的未知量个数分别为7个和27个。推导带有PML的时域波动方程在有限元方法实现中所需的等效积分弱形式，进而基于声波和弹性波在流体和固体区域交界面的双向转换机制，导出带有PML的声波—弹性波耦合方程的等效积分弱形式。为节约PML计算成本，根据波动衰减方位数量的不同，对角点采取分门别类的处理方法，使通常情况下带有PML模型的计算资源消耗相比模型不带有PML时仅增加1倍左右。波动方程及其PML内在机理的深入探究和计算效率的深度优化，为增材制造技术中涉及声波—弹性波耦合问题的应用提供了前提和保障，而带有PML的声波—弹性波耦合方程的等效积分弱形式，则是促进基于时域有限元方法的声波—弹性波耦合在增材制造技术中得以应用的理论基础。

关键词： 增材制造；时域有限元；声波—弹性波耦合；复拉伸因子；复介声常数；复介弹常数；声导率；弹性导率；完全匹配层；等效积分弱形式；计算资源消耗

1. 引言

增材制造又称 3D 打印，是以数字模型为基础，通过材料逐层堆积的方式制造出实体物品的一种新兴制造技术，是在现代制造业内具有代表性的，对传统工艺流程、生产线、工厂模式、产业链组合产生深刻影响的一种颠覆性技术 [1]。

在增材制造过程中，被加工物体可能以固体 [2]、流体 [3] 或固体和流体的混合形式 [4] 存在。其中，弹性波可在固体中传播，声波可在流体中传播。值得注意的是，流体是将固体的剪切模量 C_{44}、C_{55}、C_{66}（在各向同性物体中均为 μ）强制取为 0 时的一种特例，因此流体中所传播的声波理论上等价于 $C_{44}=C_{55}=C_{66}=0$ 的“固体”中所传播的“弹性波”。当物体以固体和流体的混合形式存在时，弹性波和声波将在固体和流体的交界面处发生耦合。相比于同一种物理场（弹性波或声波）在非均质性物体中的传播 [5]，两种物理场（弹性波和声波）的耦合将带来更加不可思议的规律或现象 [6]。

无论被加工物体体现为上述三种形式中的哪一种，通过增材制造技术制备所得的最终物体通常以固体形式存在，尽管如此，当最终物体与流体发生接触时，物理场的耦合依然会在交界面处发生。因此，声波—弹性波耦合机理的研究、声波—弹性波耦合现象的阐释，均是在增材制造领域中无法回避的课题。

声波方程和弹性波方程（统称“波动方程”）的各自实现，是声波—弹性波耦合研究的前提。声波和弹性波在介质（物体）中的传播分别满足关于压力场 p 的声波方程和关于位移场 u 的弹性波方程 [7]。求解波动方程的方法包括基于半解析法的并矢格林函数法、实轴积分法 [6]，以及基于数值方法的有限差分方法、有限元方法等。半解析法仅适用于少数几何形状规则、非均质性不强的简单模型，具有较大的应用局限性。在数值方法中值得一提的是，地球物理学家维里厄（Virieux）为波动方程的求解创新性地提出了一种交错网格时域有限差分（Staggered Grid Scheme Finite-Difference Time-Domain，SGS-FDTD）方法。这一方法将关于位移场 u 的弹性波方程改造为在时间维和空间维均交错迭代的关于速度场 v 和应力场 τ 的特殊差分格式。这一格式不仅具有比原有迭代格式更好的数值收敛性，而且当剪切模量 $C_{44}=C_{55}=C_{66}=0$ 时，关于速度场 v 和应力场 τ 的弹性波方程自动退化为关于速度场 v 和压力场 p 的声波方程（注意 $\tau_{xx}=\tau_{yy}=\tau_{zz}=-p$）。其中，右端项中仅存在剪切模量的，用于求取剪切应力的弹性波方程自动退化为“0=0”的形式，实现了将“零能模式”巧妙隔离开来的目的，从而规避了无法通过将原有关于位移场 u 的弹性波方程中的剪切模量直接取为 0 这一捷径对声波方程进行数值计算的尴尬。

有限元方法相比有限差分方法的优势，无疑在于其具有网格划分的灵活性。出于精密构造下的数值稳定性、波源处理的灵活性、数值计算的精确性和效率性等考虑[8]，目前，多数研究局限于频域有限元（Finite Element Frequency Domain，FEFD）方法。然而，与时域有限元（Finite Element Time Domain，FETD）方法相比，频域有限元方法也有缺点，例如，时域有限元法具有更好的物理意义明确直观性和波场快照实时可得性等。

声波—弹性波耦合问题必然涉及无限大或半无限大区域（以下统称“无限大区域”）的构建，但受计算机容量等因素的限制和计算性价比等方面的要求，数值计算只能在有限区域中进行。无论采用的是有限差分方法还是有限元方法，为了在有限区域中模拟无限大区域中声波 / 弹性波的传播，都必须在有限区域的外围引入吸收边界。完全匹配层（Perfectly Matched Layer，PML）吸收边界最早由贝朗热（Bérenger）提出并应用于电磁波的吸收，是基于复电导率或复介电常数的衰减特性而构建的吸收边界。紧随其后，大批学者通过电磁波—弹性波类比，将 PML 借鉴于声波 / 弹性波的吸收。至今，PML 一直是公认的吸收效果最好的、合乎波场传播逻辑的吸收边界。PML 区域所满足的波动方程，同时也是采用增材制造技术制备声波 / 弹性波吸收材料的潜在数值基础。

令人遗憾的是，数值计算存在机理的差异，首先，所谓的“交错网格时域有限元方法”并不存在（注意某些混合有限元方法从机理上与“交错网格”并非一回事）。因此，必须直面声波—弹性波耦合问题，而不能贸然地采用将弹性波方程中的剪切模量取为 0 这一方式对流体介质进行模拟。其次，相比交错网格时域有限差分方法和频域有限元方法，时域有限元方法中 PML 的实现更为艰难。为打破上述瓶颈，本文采取如下理论探究路线。首先，引入流体介质所满足的声波方程和固体介质所满足的弹性波方程；其次，提出一种最大限度压制过渡变量个数、提升数值计算效率的 PML 推导策略；再次，推导带有 PML 的声波方程和弹性波方程在时域有限元方法的实现中所需的等效积分弱形式；然后，以上述工作为基础，得到基于时域有限元方法的声波—弹性波耦合在增材制造技术中得以应用的理论精髓，即带有 PML 的声波—弹性波耦合方程的等效积分弱形式；最后，对基于时域有限元方法的声波—弹性波耦合进行更深入的讨论分析，以印证其在增材制造关键共性技术研究中的实用性。

2. 时域波动方程

2.1 关于压力场 p 的声波方程

声波在流体介质中传播的计算方法如式（1）所示。

$$\frac{1}{v_f^2}\frac{\partial^2 p}{\partial t^2}=\nabla^2 p \qquad 式(1)$$

其中，p 为压力场，t 为传播时间，v_f 为流体中声波的传播速度。

在三维直角坐标系（x，y，z）下，式（1）转化为二阶时域声波的计算方法如式（2）所示。

$$\frac{1}{v_f^2}\frac{\partial^2 p}{\partial t^2}=\frac{\partial^2 p}{\partial x^2}+\frac{\partial^2 p}{\partial y^2}+\frac{\partial^2 p}{\partial z^2} \qquad 式(2)$$

2.2　关于位移场 u 的弹性波方程

弹性波在固体介质中传播的计算方法如式（3）所示。

$$\rho\frac{\partial^2 u}{\partial t^2}=\nabla\cdot\tau \qquad 式(3)$$

其中，ρ 为固体介质的密度，$u=[u_x \quad u_y \quad u_z]^{\mathrm{T}}$为位移场分量，$\tau=\begin{bmatrix}\tau_{xx} & \tau_{xy} & \tau_{xz}\\ \tau_{xy} & \tau_{yy} & \tau_{yz}\\ \tau_{xz} & \tau_{yz} & \tau_{zz}\end{bmatrix}$为应力场矩阵，其计算方法如式（4）所示。

$$\tau=C:\nabla u \qquad 式(4)$$

其中，C 为广义胡克（Hooke）矩阵，为有 21 个独立变量的实对称矩阵，其计算方法如式（5）所示。

$$C=\begin{bmatrix}C_{11} & C_{12} & C_{13} & C_{14} & C_{15} & C_{16}\\ C_{12} & C_{22} & C_{23} & C_{24} & C_{25} & C_{26}\\ C_{13} & C_{23} & C_{33} & C_{34} & C_{35} & C_{36}\\ C_{14} & C_{24} & C_{34} & C_{44} & C_{45} & C_{46}\\ C_{15} & C_{25} & C_{35} & C_{45} & C_{55} & C_{56}\\ C_{16} & C_{26} & C_{36} & C_{46} & C_{56} & C_{66}\end{bmatrix} \qquad 式(5)$$

需要说明的是，对于单斜各向异性介质、正交各向异性介质或VTI/HTI介质，C中部分元素退化为0，使 C 的独立变量分别减少为 13 个、9 个或 5 个，本文对这些情况不予深入讨论，感兴趣的读者请参见其他参考文献[5]。

另外，对于各向同性介质，C 仅有 2 个独立变量 λ 和 μ，其计算方法如式（6）所示。

$$C=\begin{bmatrix}\lambda+2\mu & \lambda & \lambda & & & \\ \lambda & \lambda+2\mu & \lambda & & & \\ \lambda & \lambda & \lambda+2\mu & & & \\ & & & \mu & & \\ & & & & \mu & \\ & & & & & \mu\end{bmatrix} \qquad 式(6)$$

其中，λ 和 μ 又称为拉梅（Lamé）常数，其计算方法如式（7）所示。

$$\begin{cases}\lambda=\rho(v_p^2-2v_s^2)\\ \mu=\rho v_s^2\end{cases} \qquad 式（7）$$

其中，v_p 和 v_s 分别为固体中弹性波传播的纵波速度和横波速度。

在三维直角坐标系（x，y，z）下，式（3）转化为二阶时域弹性波方程，其计算方法如式（8）所示。

$$\begin{cases} \rho\dfrac{\partial^2 u_x}{\partial t^2}=\dfrac{\partial \tau_{xx}}{\partial x}+\dfrac{\partial \tau_{xy}}{\partial y}+\dfrac{\partial \tau_{xz}}{\partial z} \\ \rho\dfrac{\partial^2 u_y}{\partial t^2}=\dfrac{\partial \tau_{xy}}{\partial x}+\dfrac{\partial \tau_{yy}}{\partial y}+\dfrac{\partial \tau_{yz}}{\partial z} \\ \rho\dfrac{\partial^2 u_z}{\partial t^2}=\dfrac{\partial \tau_{xz}}{\partial x}+\dfrac{\partial \tau_{yz}}{\partial y}+\dfrac{\partial \tau_{zz}}{\partial z} \end{cases} \quad 式(8)$$

其中，应力场矩阵 τ 中的元素的计算方法如式（9）所示。

$$\begin{cases} \tau_{xx}=(\lambda+2\mu)\dfrac{\partial u_x}{\partial x}+\lambda\dfrac{\partial u_y}{\partial y}+\lambda\dfrac{\partial u_z}{\partial z} \\ \tau_{yy}=\lambda\dfrac{\partial u_x}{\partial x}+(\lambda+2\mu)\dfrac{\partial u_y}{\partial y}+\lambda\dfrac{\partial u_z}{\partial z} \\ \tau_{zz}=\lambda\dfrac{\partial u_x}{\partial x}+\lambda\dfrac{\partial u_y}{\partial y}+(\lambda+2\mu)\dfrac{\partial u_z}{\partial z} \\ \tau_{yz}=\mu\left(\dfrac{\partial u_y}{\partial z}+\dfrac{\partial u_z}{\partial y}\right) \\ \tau_{xz}=\mu\left(\dfrac{\partial u_x}{\partial z}+\dfrac{\partial u_z}{\partial x}\right) \\ \tau_{xy}=\mu\left(\dfrac{\partial u_x}{\partial y}+\dfrac{\partial u_y}{\partial x}\right) \end{cases} \quad 式(9)$$

3. 完全匹配层（PML）

带有 PML 的时域波动方程遵循以下推导思路。第一，将时域波动方程转化到频域，进行复坐标系拉伸；第二，对拉伸后的频域波动方程进行波场分裂，并重新转化回时域。波场分裂需满足最大限度压制过渡变量个数、提升数值计算效率的原则。

3.1　带有 PML 的声波方程

将式（2）的二阶时域声波方程转化到频域下，其计算方法如式（10）所示。

$$-\frac{\omega^2}{v_f^2}\tilde{p}=\frac{\partial^2\tilde{p}}{\partial\tilde{x}^2}+\frac{\partial^2\tilde{p}}{\partial\tilde{y}^2}+\frac{\partial^2\tilde{p}}{\partial\tilde{z}^2} \quad 式（10）$$

其中，$\tilde{p}$为压力场关于时间 t 的傅里叶（Fourier）变换，$\tilde{n}=\tilde{x}$，$\tilde{y}$，$\tilde{z}$为复坐标系拉伸前的坐标轴。引入复拉伸坐标系的计算方法如式（11）所示。

$$\frac{\partial}{\partial\tilde{n}}=\frac{1}{s_{n,a}}\frac{\partial}{\partial n}，\ n=x，y，z \quad 式（11）$$

其中，复拉伸因子$s_{n,a}$的计算方法如式（12）所示。

$$s_{n,a}=\begin{cases} 1， & （内部域） \\ 1+\dfrac{d_a(n)}{\mathrm{i}\omega}， & （完全匹配层域） \end{cases} \quad 式（12）$$

其中，角标 a 代表声波（Acoustic Wave）。与电磁波方程进行类比，表明$s_{n,a}$和 d_a 分别体现为近乎复介声常数（Complex Acoustic Permittivity，CAP）和声导率（Acoustic Conductivity，AC）的反映特性（为便于问题的讨论，以下除附录外，不妨分别将它们狭义地视作复介声常数和声导率，尽管这里的“不妨”注定是不够严密的。关于这一问题的具体讨论，请参见附录 A——关于“复介声常数”等定义的几点注记）。其中，声导率 d_a 可通过经验公式求得，其计算方法如式（13）所示。

$$d_a(n)=d_{0,a}\left(\frac{\breve{n}}{L}\right)^N \qquad 式（13）$$

其中，$\breve{n}$为 PML 内的点到 n 方位 PML 内边界的距离，L 为 n 方位 PML 的厚度，N 为增长指数（一般取 1 ～ 5），$d_{0,a}$ 的计算方法如式（14）所示。

$$d_{0,a}=d_{\max,a}\cdot\frac{v_{f,\max}}{L} \qquad 式（14）$$

其中，$d_{\max,a}$ 一般取 10 ～ 100。

将式（12）中 PML 区域的情形代入式（10），得到的结果如式（15）所示。

$$\frac{\partial}{\partial n}=\frac{}{\mathrm{i}\quad +d\ (n)}，n=x，y，z \qquad 式（15）$$

进而，拉伸算子$\frac{\partial^2}{\partial\tilde{x}^2}$的计算方法如式（16）所示。

$$\begin{aligned}\frac{\partial^2}{\partial\tilde{x}^2}&=\frac{\partial x}{\partial\tilde{x}}\frac{\partial}{\partial x}\left(\frac{\partial x}{\partial\tilde{x}}\frac{\partial}{\partial x}\right)=\\&\frac{\mathrm{i}\omega}{\mathrm{i}\omega+d_a(x)}\frac{\partial}{\partial x}\left(\frac{\mathrm{i}\omega}{\mathrm{i}\omega+d_a(x)}\frac{\partial}{\partial x}\right)=\\&\left(\frac{\mathrm{i}\omega}{\mathrm{i}\omega+d_a(x)}\right)^2\frac{\partial^2}{\partial x^2}+\frac{-(\mathrm{i}\omega)^2\,d_a'(x)}{(\mathrm{i}\omega+d_a(x))^3}\frac{\partial}{\partial x}\end{aligned} \qquad 式（16）$$

同理可得式（17）和式（18）。

$$\frac{\partial^2}{\partial\tilde{y}^2}=\left(\frac{\mathrm{i}\omega}{\mathrm{i}\omega+d_a(y)}\right)^2\frac{\partial^2}{\partial y^2}+\frac{-(\mathrm{i}\omega)^2\,d_a'(y)}{(\mathrm{i}\omega+d_a(y))^3}\frac{\partial}{\partial y} \qquad 式（17）$$

$$\frac{\partial^2}{\partial\tilde{z}^2}=\left(\frac{\mathrm{i}\omega}{\mathrm{i}\omega+d_a(z)}\right)^2\frac{\partial^2}{\partial z^2}+\frac{-(\mathrm{i}\omega)^2\,d_a'(z)}{(\mathrm{i}\omega+d_a(z))^3}\frac{\partial}{\partial z} \qquad 式（18）$$

作波场分裂$\tilde{p}=\tilde{p}_1+\tilde{p}_2+\tilde{p}_3$，那么得到式（19）所示的结果。

$$\begin{aligned}-\frac{\omega^2}{v_f^2}\tilde{p}&=-\frac{\omega^2}{v_f^2}(\tilde{p}_1+\tilde{p}_2+\tilde{p}_3)=\\&\left(\frac{\mathrm{i}\omega}{\mathrm{i}\omega+d_a(x)}\right)^2\frac{\partial^2\tilde{p}}{\partial x^2}+\frac{-(\mathrm{i}\omega)^2\,d_a'(x)}{(\mathrm{i}\omega+d_a(x))^3}\frac{\partial\tilde{p}}{\partial x}+\\&\left(\frac{\mathrm{i}\omega}{\mathrm{i}\omega+d_a(y)}\right)^2\frac{\partial^2\tilde{p}}{\partial y^2}+\frac{-(\mathrm{i}\omega)^2\,d_a'(y)}{(\mathrm{i}\omega+d_a(y))^3}\frac{\partial\tilde{p}}{\partial y}+\\&\left(\frac{\mathrm{i}\omega}{\mathrm{i}\omega+d_a(z)}\right)^2\frac{\partial^2\tilde{p}}{\partial z^2}+\frac{-(\mathrm{i}\omega)^2\,d_a'(z)}{(\mathrm{i}\omega+d_a(z))^3}\frac{\partial\tilde{p}}{\partial z}\end{aligned} \qquad 式（19）$$

其中，不妨令它们分别满足式（20）所示条件。

$$\begin{cases}-\dfrac{\omega^2}{v_f^2}\tilde{p}_1=\left(\dfrac{\mathrm{i}\omega}{\mathrm{i}\omega+d_a(x)}\right)^2\dfrac{\partial^2\tilde{p}}{\partial x^2}+\dfrac{-(\mathrm{i}\omega)^2\,d_a'(x)}{(\mathrm{i}\omega+d_a(x))^3}\dfrac{\partial\tilde{p}}{\partial x}\\-\dfrac{\omega^2}{v_f^2}\tilde{p}_2=\left(\dfrac{\mathrm{i}\omega}{\mathrm{i}\omega+d_a(y)}\right)^2\dfrac{\partial^2\tilde{p}}{\partial y^2}+\dfrac{-(\mathrm{i}\omega)^2\,d_a'(y)}{(\mathrm{i}\omega+d_a(y))^3}\dfrac{\partial\tilde{p}}{\partial y}\\-\dfrac{\omega^2}{v_f^2}\tilde{p}_3=\left(\dfrac{\mathrm{i}\omega}{\mathrm{i}\omega+d_a(z)}\right)^2\dfrac{\partial^2\tilde{p}}{\partial z^2}+\dfrac{-(\mathrm{i}\omega)^2\,d_a'(z)}{(\mathrm{i}\omega+d_a(z))^3}\dfrac{\partial\tilde{p}}{\partial z}\end{cases}\qquad \text{式（20）}$$

对式（20）关于角频率 ω 进行 Fourier 变换（即对时间 t 进行 Fourier 反变换），得到式（21）。

$$\begin{cases}\dfrac{1}{v_f^2}\left(\partial_t+d_a(x)\right)^2p_1=\dfrac{\partial^2p}{\partial x^2}-d_a'(x)e^{-d_a(x)t}\otimes\dfrac{\partial p}{\partial x}\\\dfrac{1}{v_f^2}\left(\partial_t+d_a(y)\right)^2p_2=\dfrac{\partial^2p}{\partial y^2}-d_a'(y)e^{-d_a(y)t}\otimes\dfrac{\partial p}{\partial y}\\\dfrac{1}{v_f^2}\left(\partial_t+d_a(z)\right)^2p_3=\dfrac{\partial^2p}{\partial z^2}-d_a'(z)e^{-d_a(z)t}\otimes\dfrac{\partial p}{\partial z}\end{cases}\qquad \text{式（21）}$$

其中，$\otimes$为卷积算子，涉及含有积分的表达式，因此不易直接实现。为了巧妙地处理卷积项，此处使用过渡变量法，例如，引入过渡变量A_a，使其满足式（22）。

$$A_a=-d_a'(x)e^{-d_a(x)t}\otimes\frac{\partial p}{\partial x}\qquad \text{式（22）}$$

同时不难证明，过渡变量A_a又满足式（23）。

$$\left(\partial_t+d_a(x)\right)A_a=-d_a'(x)\frac{\partial p}{\partial x}\qquad \text{式（23）}$$

求解出式（23），即意味着求解得到了式（22）中的A_a。同理，过渡变量 B_a、C_a 满足式（24）和式（25）。

$$\left(\partial_t+d_a(y)\right)B_a=-d_a'(y)\frac{\partial p}{\partial y}\qquad \text{式（24）}$$

$$\left(\partial_t+d_a(z)\right)C_a=-d_a'(z)\frac{\partial p}{\partial z}\qquad \text{式（25）}$$

综上所述，对于三维直角坐标系（x，y，z）下带有 PML 的二阶时域声波方程，需要在 7 个方程下求解 7 个未知量。

（1）压力场 p 本身是 1 个未知量。为与其他方程在量纲、量级上相匹配，令其满足式（26）。

$$\frac{1}{v_f^2}\frac{\partial^2p}{\partial t^2}=\frac{1}{v_f^2}\left(\frac{\partial^2p_1}{\partial t^2}+\frac{\partial^2p_2}{\partial t^2}+\frac{\partial^2p_3}{\partial t^2}\right)\qquad \text{式（26）}$$

（2）由压力场 p 分裂得到的物理量p_1、p_2、p_3，共 3 个未知量，满足式（21）。

（3）为了处理卷积项所引入的过渡变量A_a、B_a、C_a，3 个未知量分别满足式（23）、式（24）、式（25）。

3.2 带有 PML 的弹性波方程

将式（8）的二阶时域弹性波方程转化到频域下，形式如式（27）所示。

$$\begin{cases} -\rho\omega^2\tilde{u}_x = \dfrac{\partial\tilde{\tau}_{xx}}{\partial\tilde{x}} + \dfrac{\partial\tilde{\tau}_{xy}}{\partial\tilde{y}} + \dfrac{\partial\tilde{\tau}_{xz}}{\partial\tilde{z}} \\ -\rho\omega^2\tilde{u}_y = \dfrac{\partial\tilde{\tau}_{xy}}{\partial\tilde{x}} + \dfrac{\partial\tilde{\tau}_{yy}}{\partial\tilde{y}} + \dfrac{\partial\tilde{\tau}_{yz}}{\partial\tilde{z}} \\ -\rho\omega^2\tilde{u}_z = \dfrac{\partial\tilde{\tau}_{xz}}{\partial\tilde{x}} + \dfrac{\partial\tilde{\tau}_{yz}}{\partial\tilde{y}} + \dfrac{\partial\tilde{\tau}_{zz}}{\partial\tilde{z}} \end{cases} \qquad 式（27）$$

其中，$\tilde{u}=[\tilde{u}_x \quad \tilde{u}_y \quad \tilde{u}_z]^{\mathrm{T}}$为位移场关于时间 t 的 Fourier 变换，$\tilde{n}=\tilde{x}$，$\tilde{y}$，$\tilde{z}$为复坐标系拉伸前的坐标轴。将式（9）中的$\tau_{xx,yy,zz,yz,xz,xy}$替换为$\tilde{\tau}_{xx,yy,zz,yz,xz,xy}$，$u_{x,y,z}$替换为$\tilde{u}_{x,y,z}$，坐标轴$n=x,y,z$替换为$\tilde{n}$，即转化为式（27）中$\tilde{\tau}_{xx,yy,zz,yz,xz,xy}$的表达式。

参照 2.1 节的思路，引入复拉伸坐标系如式（28）所示。

$$\frac{\partial}{\partial n} = \frac{1}{s_{n,e}}\frac{\partial}{\partial n}，n=x，y，z \qquad 式（28）$$

其中，复拉伸因子$s_{n,e}$满足式（29）。

$$s_{n,e} = \begin{cases} 1, & （内部域） \\ 1+\dfrac{d_e(n)}{\mathrm{i}\omega}, & （完全匹配层域） \end{cases} \qquad 式（29）$$

其中，角标 e 代表弹性波（Elastic Wave，EW）。与电磁波方程进行类比，表明$s_{n,e}$和 d_e 分别体现为近乎复介弹常数（Complex Elastic Permittivity，CEP）和弹性导率（Elastic Conductivity，EC）的反映特性（为便于问题的讨论，以下除附录外，不妨分别将它们狭义地视作复介弹常数和弹性导率，尽管这里的“不妨”也注定是不够严密的。关于这一问题的具体讨论，亦请参见附录 A——关于“复介声常数”等定义的几点注记）。弹性导率 d_e 的求取思路与式（13）和式（14）相似，此处不再赘述。

为提高表达式的简洁性，以下表示弹性波方程时省去角标 e。将式（29）中完全匹配层（PML）域的情形代入式（27），可得式（30）所示结果。

$$\frac{\partial}{\partial n} = \frac{}{\mathrm{i} \quad +d(n)}，n=x，y，z \qquad 式（30）$$

将式（16）～式（18）中的 a 删去，即为拉伸算子$\frac{\partial^2}{\partial\tilde{x}^2}$、$\frac{\partial^2}{\partial\tilde{y}^2}$、$\frac{\partial^2}{\partial\tilde{z}^2}$在弹性波方程中的表达式。此外，还可将拉伸算子$\frac{\partial^2}{\partial\tilde{y}\partial\tilde{z}}$、$\frac{\partial^2}{\partial\tilde{x}\partial\tilde{z}}$、$\frac{\partial^2}{\partial\tilde{x}\partial\tilde{y}}$作以下表示。

$$\frac{\partial^2}{\partial\tilde{y}\partial\tilde{z}} = \left(\frac{\mathrm{i}\omega}{\mathrm{i}\omega+d(y)}\right)\left(\frac{\mathrm{i}\omega}{\mathrm{i}\omega+d(z)}\right)\frac{\partial^2}{\partial y\partial z} \qquad 式（31）$$

$$\frac{\partial^2}{\partial\tilde{x}\partial\tilde{z}} = \left(\frac{\mathrm{i}\omega}{\mathrm{i}\omega+d(x)}\right)\left(\frac{\mathrm{i}\omega}{\mathrm{i}\omega+d(z)}\right)\frac{\partial^2}{\partial x\partial z} \qquad 式（32）$$

$$\frac{\partial^2}{\partial\tilde{x}\partial\tilde{y}} = \left(\frac{\mathrm{i}\omega}{\mathrm{i}\omega+d(x)}\right)\left(\frac{\mathrm{i}\omega}{\mathrm{i}\omega+d(y)}\right)\frac{\partial^2}{\partial x\partial y} \qquad 式（33）$$

为不失一般性，考虑水平分量位移$\tilde{u}_x$，根据式（27）和式（9），可得式（34）所示结果。

$$
\begin{aligned}
-\rho\omega^2\tilde{u}_x &= \frac{\partial\tilde{\tau}_{xx}}{\partial\tilde{x}}+\frac{\partial\tilde{\tau}_{xy}}{\partial\tilde{y}}+\frac{\partial\tilde{\tau}_{xz}}{\partial\tilde{z}}= \\
&\frac{\partial}{\partial\tilde{x}}\left((\lambda+2\mu)\frac{\partial\tilde{u}_x}{\partial\tilde{x}}+\lambda\frac{\partial\tilde{u}_y}{\partial\tilde{y}}+\lambda\frac{\partial\tilde{u}_z}{\partial\tilde{z}}\right)+ \\
&\frac{\partial}{\partial\tilde{y}}\left(\mu\frac{\partial\tilde{u}_x}{\partial\tilde{y}}+\mu\frac{\partial\tilde{u}_y}{\partial\tilde{x}}\right)+ \\
&\frac{\partial}{\partial\tilde{z}}\left(\mu\frac{\partial\tilde{u}_x}{\partial\tilde{z}}+\mu\frac{\partial\tilde{u}_z}{\partial\tilde{x}}\right)= \\
&(\lambda+2\mu)\frac{\partial^2\tilde{u}_x}{\partial\tilde{x}^2}+\mu\frac{\partial^2\tilde{u}_x}{\partial\tilde{y}^2}+\mu\frac{\partial^2\tilde{u}_x}{\partial\tilde{z}^2}+ \\
&(\lambda+\mu)\frac{\partial^2\tilde{u}_y}{\partial\tilde{x}\partial\tilde{y}}+(\lambda+\mu)\frac{\partial^2\tilde{u}_z}{\partial\tilde{x}\partial\tilde{z}}
\end{aligned}
\qquad \text{式（34）}
$$

作波场分裂$\tilde{u}=\tilde{u}_1+\tilde{u}_2+\tilde{u}_3+\tilde{u}_4+\tilde{u}_5$，可得式（35）所示结果。

$$
\begin{aligned}
-\rho\omega^2\tilde{u}_x &= -\rho\omega^2(\tilde{u}_1+\tilde{u}_2+\tilde{u}_3+\tilde{u}_4+\tilde{u}_5)= \\
&(\lambda+2\mu)\left[\left(\frac{\mathrm{i}\omega}{\mathrm{i}\omega+d(x)}\right)^2\frac{\partial^2\tilde{u}_x}{\partial x^2}+\frac{-(\mathrm{i}\omega)^2d'(x)}{(\mathrm{i}\omega+d(x))^3}\frac{\partial\tilde{u}_x}{\partial x}\right]+ \\
&\mu\left[\left(\frac{\mathrm{i}\omega}{\mathrm{i}\omega+d(y)}\right)^2\frac{\partial^2\tilde{u}_x}{\partial y^2}+\frac{-(\mathrm{i}\omega)^2d'(y)}{(\mathrm{i}\omega+d(y))^3}\frac{\partial\tilde{u}_x}{\partial y}\right]+ \\
&\mu\left[\left(\frac{\mathrm{i}\omega}{\mathrm{i}\omega+d(z)}\right)^2\frac{\partial^2\tilde{u}_x}{\partial z^2}+\frac{-(\mathrm{i}\omega)^2d'(z)}{(\mathrm{i}\omega+d(z))^3}\frac{\partial\tilde{u}_x}{\partial z}\right]+ \\
&(\lambda+\mu)\left(\frac{\mathrm{i}\omega}{\mathrm{i}\omega+d(x)}\right)\left(\frac{\mathrm{i}\omega}{\mathrm{i}\omega+d(y)}\right)\frac{\partial^2\tilde{u}_y}{\partial x\partial y}+ \\
&(\lambda+\mu)\left(\frac{\mathrm{i}\omega}{\mathrm{i}\omega+d(x)}\right)\left(\frac{\mathrm{i}\omega}{\mathrm{i}\omega+d(z)}\right)\frac{\partial^2\tilde{u}_z}{\partial x\partial z}
\end{aligned}
\qquad \text{式（35）}
$$

不妨令它们满足式（36）所示条件。

$$
\begin{cases}
-\rho\omega^2\tilde{u}_1=(\lambda+2\mu)\left[\left(\frac{\mathrm{i}\omega}{\mathrm{i}\omega+d(x)}\right)^2\frac{\partial^2\tilde{u}_x}{\partial x^2}+\frac{-(\mathrm{i}\omega)^2d'(x)}{(\mathrm{i}\omega+d(x))^3}\frac{\partial\tilde{u}_x}{\partial x}\right] \\
-\rho\omega^2\tilde{u}_2=\mu\left[\left(\frac{\mathrm{i}\omega}{\mathrm{i}\omega+d(y)}\right)^2\frac{\partial^2\tilde{u}_x}{\partial y^2}+\frac{-(\mathrm{i}\omega)^2d'(y)}{(\mathrm{i}\omega+d(y))^3}\frac{\partial\tilde{u}_x}{\partial y}\right] \\
-\rho\omega^2\tilde{u}_3=\mu\left[\left(\frac{\mathrm{i}\omega}{\mathrm{i}\omega+d(z)}\right)^2\frac{\partial^2\tilde{u}_x}{\partial z^2}+\frac{-(\mathrm{i}\omega)^2d'(z)}{(\mathrm{i}\omega+d(z))^3}\frac{\partial\tilde{u}_x}{\partial z}\right] \\
-\rho\omega^2\tilde{u}_4=(\lambda+\mu)\left(\frac{\mathrm{i}\omega}{\mathrm{i}\omega+d(x)}\right)\left(\frac{\mathrm{i}\omega}{\mathrm{i}\omega+d(y)}\right)\frac{\partial^2\tilde{u}_y}{\partial x\partial y} \\
-\rho\omega^2\tilde{u}_5=(\lambda+\mu)\left(\frac{\mathrm{i}\omega}{\mathrm{i}\omega+d(x)}\right)\left(\frac{\mathrm{i}\omega}{\mathrm{i}\omega+d(z)}\right)\frac{\partial^2\tilde{u}_z}{\partial x\partial z}
\end{cases}
\qquad \text{式（36）}
$$

对式（36）关于角频率 ω 进行 Fourier 变换（即对时间 t 进行 Fourier 反变换），得到式（37）所示结果。

$$\begin{cases}\rho\left(\partial_t + d(x)\right)^2 u_1 = (\lambda + 2\mu)\left[\dfrac{\partial^2 u_x}{\partial x^2} - d'(x)e^{-d(x)t} \otimes \dfrac{\partial u_x}{\partial x}\right] \\ \rho\left(\partial_t + d(y)\right)^2 u_2 = \mu\left[\dfrac{\partial^2 u_x}{\partial y^2} - d'(y)e^{-d(y)t} \otimes \dfrac{\partial u_x}{\partial y}\right] \\ \rho\left(\partial_t + d(z)\right)^2 u_3 = \mu\left[\dfrac{\partial^2 u_x}{\partial z^2} - d'(z)e^{-d(z)t} \otimes \dfrac{\partial u_x}{\partial z}\right] \\ \rho\left(\partial_t + d(x)\right)\left(\partial_t + d(y)\right)u_4 = (\lambda + \mu)\dfrac{\partial^2 u_y}{\partial x \partial y} \\ \rho\left(\partial_t + d(x)\right)\left(\partial_t + d(z)\right)u_5 = (\lambda + \mu)\dfrac{\partial^2 u_z}{\partial x \partial z}\end{cases} \quad \text{式（37）}$$

卷积项的处理与式（22）和式（23）类似，位移$\tilde{u}_y$和$\tilde{u}_z$的处理策略与$\tilde{u}_x$类似。由于表达式过于冗长，此处不再赘述。

综上所述，对于三维直角坐标系（x，y，z）下带有 PML 的二阶时域弹性波方程，需要在 27 个方程下求解 27 个未知量。

（1）位移场分量 u_x、u_y、u_z 本身是 3 个未知量。为与其他方程在量纲、量级上相匹配，不失一般性，令 u_x 满足式（38）所示结果。

$$\rho\frac{\partial^2 u_x}{\partial t^2} = \rho\left(\frac{\partial^2 u_1}{\partial t^2} + \frac{\partial^2 u_2}{\partial t^2} + \frac{\partial^2 u_3}{\partial t^2} + \frac{\partial^2 u_4}{\partial t^2} + \frac{\partial^2 u_5}{\partial t^2}\right) \quad \text{式（38）}$$

（2）由位移场 u_x、u_y、u_z 分裂，各得到 5 个物理量，共 15 个。

（3）为了处理卷积项，在由位移场 u_x、u_y、u_z 分裂得到的表达式中各引入 3 个过渡变量，共 9 个。

4. 等效积分弱形式

4.1　带有 PML 的声波方程的等效积分弱形式

对于式（26），与试函数（Test Function）δp 在流体区域 Ω_a 上作内积，得到式（39）。

$$\begin{aligned}\frac{1}{v_f^2}\iiint_{\Omega_a}\frac{\partial^2 p}{\partial t^2}\cdot\delta p\mathrm{d}\Omega_a = &\frac{1}{v_f^2}\iiint_{\Omega_a}\frac{\partial^2 p_1}{\partial t^2}\cdot\delta p\mathrm{d}\Omega_a + \\ &\frac{1}{v_f^2}\iiint_{\Omega_a}\frac{\partial^2 p_2}{\partial t^2}\cdot\delta p\mathrm{d}\Omega_a + \\ &\frac{1}{v_f^2}\iiint_{\Omega_a}\frac{\partial^2 p_3}{\partial t^2}\cdot\delta p\mathrm{d}\Omega_a\end{aligned} \quad \text{式（39）}$$

以式（21）中第一个表达式为例，与试函数 δp_1 在流体区域 Ω_a 上作内积，得到式（40）所示结果。

$$\begin{aligned}&\frac{1}{v_f^2}\iiint_{\Omega_a}\left(\partial_t + d_a(x)\right)^2 p_1\cdot\delta p_1\mathrm{d}\Omega_a = \\ &\iiint_{\Omega_a}\frac{\partial^2 p}{\partial x^2}\cdot\delta p_1\mathrm{d}\Omega_a + \\ &\iiint_{\Omega_a}A_a\cdot\delta p_1\mathrm{d}\Omega_a\end{aligned} \quad \text{式（40）}$$

其中，根据分部积分法，其计算过程如式（41）所示。

$$\iiint_{\Omega_a} \frac{\partial^2 p}{\partial x^2} \cdot \delta p_1 \mathrm{d}\Omega_a = \iint_{\Omega_a'} \frac{\partial p}{\partial x} \cdot n_a \cdot \delta p_1 \mathrm{d}\Omega_a' - \iiint_{\Omega_a} \frac{\partial p}{\partial x} \cdot \frac{\partial \delta p_1}{\partial x} \mathrm{d}\Omega_a \quad \text{式（41）}$$

故可得如式（42）所示结果。

$$\frac{1}{v_f^2} \iiint_{\Omega_a} \left(\partial_t + d_a(x)\right)^2 p_1 \cdot \delta p_1 \mathrm{d}\Omega_a = \iint_{\Omega_a'} \frac{\partial p}{\partial x} \cdot n_a \cdot \delta p_1 \mathrm{d}\Omega_a' - \iiint_{\Omega_a} \frac{\partial p}{\partial x} \cdot \frac{\partial \delta p_1}{\partial x} \mathrm{d}\Omega_a + \iiint_{\Omega_a} A_a \cdot \delta p_1 \mathrm{d}\Omega_a \quad \text{式（42）}$$

其中，Ω_a'代表流体区域的边界面，n_a代表流体区域边界面的外法向单位向量。同理，对式（21）中第二个、第三个表达式分别与试函数δp_2、δp_3在流体区域Ω_a上作内积，得到的等效积分弱形式分别如式（43）和式（44）所示。

$$\frac{1}{v_f^2} \iiint_{\Omega_a} \left(\partial_t + d_a(y)\right)^2 p_2 \cdot \delta p_2 \mathrm{d}\Omega_a = \iint_{\Omega_a'} \frac{\partial p}{\partial y} \cdot n_a \cdot \delta p_2 \mathrm{d}\Omega_a' - \iiint_{\Omega_a} \frac{\partial p}{\partial y} \cdot \frac{\partial \delta p_2}{\partial y} \mathrm{d}\Omega_a + \iiint_{\Omega_a} B_a \cdot \delta p_2 \mathrm{d}\Omega_a \quad \text{式（43）}$$

$$\frac{1}{v_f^2} \iiint_{\Omega_a} \left(\partial_t + d_a(z)\right)^2 p_3 \cdot \delta p_3 \mathrm{d}\Omega_a = \iint_{\Omega_a'} \frac{\partial p}{\partial z} \cdot n_a \cdot \delta p_3 \mathrm{d}\Omega_a' - \iiint_{\Omega_a} \frac{\partial p}{\partial z} \cdot \frac{\partial \delta p_3}{\partial z} \mathrm{d}\Omega_a + \iiint_{\Omega_a} C_a \cdot \delta p_3 \mathrm{d}\Omega_a \quad \text{式（44）}$$

对于式（23），与试函数δA_a在流体区域Ω_a上作内积，得到式（45）所示结果。

$$\iiint_{\Omega_a} \left(\partial_t + d_a(x)\right) A_a \cdot \delta A_a \mathrm{d}\Omega_a = -\iiint_{\Omega_a} d_a'(x) \frac{\partial p}{\partial x} \cdot \delta A_a \mathrm{d}\Omega_a \quad \text{式（45）}$$

同理，对于式（24）、式（25），计算如式（46）、式（47）所示。

$$\iiint_{\Omega_a}\left(\partial_t+d_a(y)\right)B_a\cdot\delta B_a\mathrm{d}\Omega_a=-\iiint_{\Omega_a}d_a'(y)\frac{\partial p}{\partial y}\cdot\delta B_a\mathrm{d}\Omega_a \qquad \text{式（46）}$$

$$\iiint_{\Omega_a}\left(\partial_t+d_a(z)\right)C_a\cdot\delta C_a\mathrm{d}\Omega_a=-\iiint_{\Omega_a}d_a'(z)\frac{\partial p}{\partial z}\cdot\delta C_a\mathrm{d}\Omega_a \qquad \text{式（47）}$$

4.2 带有PML的弹性波方程的等效积分弱形式

对于式（38），与试函数δu_x在固体区域Ω_e上作内积，得到式（48）所示结果。

$$\rho\iiint_{\Omega_e}\frac{\partial^2 u_x}{\partial t^2}\cdot\delta u_x\mathrm{d}\Omega_e=\rho\iiint_{\Omega_e}\frac{\partial^2 u_1}{\partial t^2}\cdot\delta u_1\mathrm{d}\Omega_e+\rho\iiint_{\Omega_e}\frac{\partial^2 u_2}{\partial t^2}\cdot\delta u_2\mathrm{d}\Omega_e+\rho\iiint_{\Omega_e}\frac{\partial^2 u_3}{\partial t^2}\cdot\delta u_3\mathrm{d}\Omega_e+\rho\iiint_{\Omega_e}\frac{\partial^2 u_4}{\partial t^2}\cdot\delta u_4\mathrm{d}\Omega_e+\rho\iiint_{\Omega_e}\frac{\partial^2 u_5}{\partial t^2}\cdot\delta u_5\mathrm{d}\Omega_e \qquad \text{式（48）}$$

式（37）中第一、二、三个表达式的处理方法与式（40）～式（44）类似，此处不再赘述。对于式（37）中第四、五个表达式的处理，分部积分过程需尤其谨慎。

$$\rho\iiint_{\Omega_e}\left(\partial_t+d(x)\right)\left(\partial_t+d(y)\right)u_4\cdot\delta u_4\mathrm{d}\Omega_e=\lambda\iint_{\Omega_e'}\frac{\partial u_y}{\partial y}\cdot n_e\cdot\delta u_4\mathrm{d}\Omega_e'+\mu\iint_{\Omega_e'}\frac{\partial u_y}{\partial x}\cdot n_e\cdot\delta u_4\mathrm{d}\Omega_e'-\lambda\iiint_{\Omega_e}\frac{\partial u_y}{\partial y}\cdot\frac{\partial\delta u_4}{\partial x}\mathrm{d}\Omega_e-\mu\iiint_{\Omega_e}\frac{\partial u_y}{\partial x}\cdot\frac{\partial\delta u_4}{\partial y}\mathrm{d}\Omega_e \qquad \text{式（49）}$$

$$\rho\iiint_{\Omega_e}\left(\partial_t+d(x)\right)\left(\partial_t+d(z)\right)u_5\cdot\delta u_5\mathrm{d}\Omega_e=\lambda\iint_{\Omega_e'}\frac{\partial u_z}{\partial z}\cdot n_e\cdot\delta u_5\mathrm{d}\Omega_e'+\mu\iint_{\Omega_e'}\frac{\partial u_z}{\partial x}\cdot n_e\cdot\delta u_5\mathrm{d}\Omega_e'-\lambda\iiint_{\Omega_e}\frac{\partial u_z}{\partial z}\cdot\frac{\partial\delta u_5}{\partial x}\mathrm{d}\Omega_e-\mu\iiint_{\Omega_e}\frac{\partial u_z}{\partial x}\cdot\frac{\partial\delta u_5}{\partial z}\mathrm{d}\Omega_e \qquad \text{式（50）}$$

其中，Ω_e'代表固体区域的边界面，n_e代表固体区域边界面的外法向单位向量。注意在固体和流体区域的交界面处，$\Omega_a'=\Omega_e'$，n_a=$-n_e$。

与试函数δu_y、δu_z相关的等效积分弱形式求取方法类似，此处不再赘述。

5. 声波—弹性波耦合方程的等效积分弱形式

5.1 声波向弹性波的转换

由于声波和弹性波仅在固体和流体区域的交界面处发生转换，因此，对于声波向弹性波的转换，仅需考虑式（42）～式（44）。为不失一般性，以式（42）为例，压力场和位移场之间满足式（51）所示的结果。

$$\rho_f \frac{\partial^2 u_x}{\partial t^2} = -\frac{\partial p}{\partial x} \quad \text{式（51）}$$

其中，ρ_f为流体介质的密度，代入式（42），所得结果如式（52）所示。

$$\begin{aligned}&\frac{1}{v_f^2}\iiint_{\Omega_a}\left(\partial_t + d_a(x)\right)^2 p_1 \cdot \delta p_1 \mathrm{d}\Omega_a = \\ &-\iint_{\Omega_a'} \rho_f \frac{\partial^2 u_x}{\partial t^2} \cdot n_a \cdot \delta p_1 \mathrm{d}\Omega_a' - \\ &\iiint_{\Omega_a} \frac{\partial p}{\partial x} \cdot \frac{\partial \delta p_1}{\partial x} \mathrm{d}\Omega_a + \\ &\iiint_{\Omega_a} A_a \cdot \delta p_1 \mathrm{d}\Omega_a\end{aligned} \quad \text{式（52）}$$

5.2 弹性波向声波的转换

由于声波和弹性波仅在固体和流体区域的交界面处发生转换，所以对于弹性波向声波的转换，仅需考虑带有$\iint_{\Omega_e'} f(u)\mathrm{d}\Omega_e'$的弹性波方程等效积分弱形式，其中，$f(u)$ 泛指关于位移场u_x、u_y、u_z的表达式。由于在固体和流体区域的交界面$\Omega_a' = \Omega_e'$处，所以可得式（53）所示的结果。

$$\begin{cases}\tau_{xx} = \tau_{yy} = \tau_{zz} = -p \\ \tau_{yz} = \tau_{xz} = \tau_{xy} = 0\end{cases} \quad \text{式（53）}$$

因此，式（9）可整理成式（54）。

$$\begin{cases}\dfrac{\partial u_x}{\partial x} = \dfrac{\partial u_y}{\partial y} = \dfrac{\partial u_z}{\partial z} = -\dfrac{p}{3\lambda + 2\mu} \\ \dfrac{\partial u_y}{\partial z} = \dfrac{\partial u_z}{\partial y} = 0 \\ \dfrac{\partial u_x}{\partial z} = \dfrac{\partial u_z}{\partial x} = 0 \\ \dfrac{\partial u_x}{\partial y} = \dfrac{\partial u_y}{\partial x} = 0\end{cases} \quad \text{式（54）}$$

以式（49）为例，将式（54）代入，可得结果如式（55）所示。

$$\begin{aligned}&\rho\iiint_{\Omega_e}\left(\partial_t + d(x)\right)\left(\partial_t + d(y)\right)u_4 \cdot \delta u_4 \mathrm{d}\Omega_e = \\ &-\frac{\lambda}{3\lambda + 2\mu}\iint_{\Omega_e'} p \cdot n_e \cdot \delta u_4 \mathrm{d}\Omega_e' - \\ &\lambda\iiint_{\Omega_e}\frac{\partial u_y}{\partial y} \cdot \frac{\partial \delta u_4}{\partial x}\mathrm{d}\Omega_e - \mu\iiint_{\Omega_e}\frac{\partial u_y}{\partial x} \cdot \frac{\partial \delta u_4}{\partial y}\mathrm{d}\Omega_e\end{aligned} \quad \text{式（55）}$$

其他固体和流体区域交界面处的声波—弹性波转换方法类似，此处不再赘述。

6. 讨论

第 1 ～ 4 章节完成了增材制造技术中基于时域有限元方法的声波—弹性波耦合课题的前期基础性工作。本章节的意图在于：一是为方法能更好地实现做好准备；二是对前期阶段和准备阶段的效果进行后评价。具体体现为两个议题：一是角点的深度处理，二是波场分裂的优势分析。

6.1　角点的深度处理

角点是指 PML 内边界与外边界之间所夹区域中的点。三维直角坐标系（x，y，z）下的角点示意如图 1 所示，以上所指的区域可归为三类：单向衰减区域（Ω_x、Ω_y、Ω_z，共 6 块）、两向衰减区域（$\Omega_{y,z}$、$\Omega_{x,z}$、$\Omega_{x,y}$，共 12 块）和三向衰减区域（$\Omega_{x,y,z}$，共 8 块）。虽然根据式（12）和式（29），当所有方位的声导率或弹性导率为 0 时，“复”介声常数或“复”介弹常数将退化为 1，这些 PML 区域也将相应地退化为内区域，但是在方法的具体实现中，仍然采取各自的处理策略，即对内区域不进行波场分裂，以避免大量 0 数组持续空算，从而大幅节省计算资源。

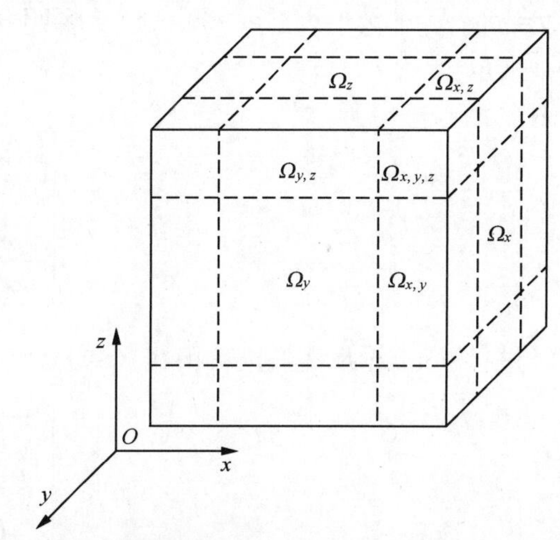

图1　三维直角坐标系（x，y，z）下的角点示意

深入观察第 2 章节的分析过程不难发现，对于整个 PML 区域，这一分析思想针对三向衰减区域 $\Omega_{x,y,z}$ 进行了一贯性的推导，而单向衰减区域或两向衰减区域又分别是其中 2 个或 1 个方位下“复”介声常数或“复”介弹常数退化为 1 的特例。虽然这一分析思想使 PML 区域的实现变得更加简洁，也保证了各类衰减区域交界面处的连续性，但对于大规模计算，进一步压榨持续空算的 0 数组所占有的不必要的资源，仍然是十分必要的。设模型体积为单位 1，内区域体积为 q^3，则可将单向衰减区域体积简化视作 $3q^2(1-q)$，将两向衰减区域体积视作 $3q(1-q)^2$，将三向衰减区域体积视作 $(1-q)^3$。

为不失一般性，以带有 PML 的二阶时域声波方程为例进行讨论，根据式(2)、式(21)、式(23)～式(25)，内区域中仅有 1 个未知量，即压力场 p；单向衰减区域中有 3 个未知量，例如，Ω_x 中有 p、p_1、Aa；两向衰减区域中有 5 个未知量，例如，$\Omega_{x,y}$ 中有 p、p_1、p_2、Aa、Ba；三向衰减区域中显然有 7 个未知量。以上三类衰减区域的计算量增长与算法设计有关，通常可认为三者的增长系数分别为 r、r^2、r^3。

综上所述，满足带有 PML 的二阶时域声波方程的 1 单位体积的模型所需的计算方法如式（56）所示。

$$\begin{aligned} R_a = & q^3 + 3q^2(1-q)\times 3\times r + \\ & 3q(1-q)^2\times 5\times r^2 + \\ & (1-q)^3\times 7\times r^3 \end{aligned} \qquad \text{式（56）}$$

例如，设 q=0.9，r=1.2，计算可得 R_a=1.81。此时的物理意义是，当 PML 的厚度是模型宽度的 5%（即 $\frac{1-q}{2}\times 100\%$，通常满足远场数值模拟的实际情况），每个方位的衰减会带来 20% 的额外计算量时，带有

PML 模型的计算资源消耗相比模型不带有 PML 时增加 81%。

对于带有 PML 的二阶时域弹性波方程的计算资源消耗，分析方法基本类似，此处不再详细推导，仅给出计算资源的表达式，其具体算法如式（57）所示。

$$\begin{aligned}3R_e &= q^3\times 3+3q^2(1-q)\times 11\times r+\\&3q(1-q)^2\times 19\times r^2+\\&(1-q)^3\times 27\times r^3\end{aligned} \quad \text{式（57）}$$

其中，R_e 前的系数 3 代表位移场的 3 个分量。例如，设 $q=0.9$，$r=1.2$，计算可得 $R_e=2.06$。物理意义不再赘述。

6.2 波场分裂的优势分析

为不失一般性，继续讨论带有 PML 的二阶时域声波方程。以式（16）～（18）为起点，作波场分裂$\tilde{p}=\tilde{p}_1+\tilde{p}_2+\tilde{p}_3+\tilde{p}_4+\tilde{p}_5+\tilde{p}_6$，那么参照式（19）和式（20），不妨令分裂场中的$\tilde{p}_1$和$\tilde{p}_2$满足式（58）所示结果。

$$\begin{cases}-\dfrac{\omega^2}{v_f^2}\tilde{p}_1=\left(\dfrac{\mathrm{i}\omega}{\mathrm{i}\omega+d_a(x)}\right)^2\dfrac{\partial^2\tilde{p}}{\partial x^2}\\-\dfrac{\omega^2}{v_f^2}\tilde{p}_2=\dfrac{-(\mathrm{i}\omega)^2d_a'(x)}{\left(\mathrm{i}\omega+d_a(x)\right)^3}\dfrac{\partial\tilde{p}}{\partial x}\end{cases} \quad \text{式（58）}$$

进行 Fourier 反变换，可得式（59）。

$$\begin{cases}\dfrac{1}{v_f^2}\left(\partial_t+d_a(x)\right)^2p_1=\dfrac{\partial^2p}{\partial x^2}\\\dfrac{1}{v_f^2}\left(\partial_t+d_a(x)\right)^3p_2=-d_a'(x)\dfrac{\partial p}{\partial x}\end{cases} \quad \text{式（59）}$$

为处理关于时间 t 的三阶导数，定义过渡变量如式（60）所示。

$$p_7=\left(\partial_t+d_a(x)\right)p_2 \quad \text{式（60）}$$

那么式（59）中第二个表达式可转化为式（61）。

$$\frac{1}{v_f^2}\left(\partial_t+d_a(x)\right)^2p_7=-d_a'(x)\frac{\partial p}{\partial x} \quad \text{式（61）}$$

按照上述思路，为求解带有 PML 的二阶时域声波方程，三向衰减区域 $\Omega_{x,y,z}$ 中将涉及 10 个未知量。计算资源由式（56）转化为式（62）。

$$\begin{aligned}R_a &= q^3+3q^2(1-q)\times 4\times r+\\&3q(1-q)^2\times 7\times r^2+\\&(1-q)^3\times 10\times r^3\end{aligned} \quad \text{式（62）}$$

当 $q=0.9$，$r=1.2$ 时，$R_a=2.81>1.81$。

同理，为求解带有 PML 的二阶时域弹性波方程，三向衰减区域 $\Omega_{x,y,z}$ 中将涉及 36 个未知量。计算资源由式（57）转化为式（63）。

$$\begin{aligned}3R_e = & q^3 \times 3 + 3q^2(1-q) \times 14 \times r + \\ & 3q(1-q)^2 \times 25 \times r^2 + \\ & (1-q)^3 \times 36 \times r^3\end{aligned} \qquad 式（63）$$

当 q=0.9，r =1.2 时，R_e=2.43>2.06。

7. 结论与展望

复拉伸因子是表示声波 / 弹性波衰减的物理量，在声波方程 / 弹性波方程中体现为近似于复介声常数 / 复介弹常数的反映特性，但表现形式与电磁波理论中复介电常数的情形不同。

介声常数、介弹常数、声导率、弹性导率，以及无实际意义的“介磁常数”等定义，仅是基于跨领域理论的类比而得，对于其物理机理与物理现象之间的关联性，相关研究还有待深入。

在时域有限元方法中，根据波动衰减方位数量的不同，对角点采取分门别类的处理方法，可最大限度地抑制模型中 0 数组的持续空算。在三维直角坐标系下，当 PML 的厚度是模型宽度的 5%、每个方位的衰减会带来 20% 的额外计算量时，带有 PML 模型的计算资源消耗相比模型不带有 PML 时仅增加 1 倍左右。

在时域有限元方法中，相比通过引入过渡变量对时间的三阶导数进行降阶的处理方法，通过引入过渡变量求解卷积的处理策略在计算成本上更具优势。在三维直角坐标系下，声波方程的最大未知量个数由 10 个减少到 7 个，弹性波方程的最大未知量个数由 36 个减少到 27 个。

基于声波和弹性波在流体和固体区域交界面的双向转换机制导出的带有 PML 的声波—弹性波耦合方程的等效积分弱形式，是促进基于时域有限元方法的声波—弹性波耦合在增材制造技术中得以应用的理论基础。

附录 A——关于“复介声常数”等定义的几点注记

A.1　电磁波传播基础

考虑电磁波传播满足的麦克斯韦（Maxwell）方程组[11]，具体如式（A1）所示。

$$\begin{cases}\nabla \times \boldsymbol{H} = \boldsymbol{J} + \dfrac{\partial \boldsymbol{D}}{\partial t} \\ \nabla \times \boldsymbol{E} = -\dfrac{\partial \boldsymbol{B}}{\partial t} \\ \nabla \cdot \boldsymbol{B} = 0 \\ \nabla \cdot \boldsymbol{D} = \rho\end{cases} \qquad 式（A1）$$

其中，$\boldsymbol{E}$、$\boldsymbol{H}$、$\boldsymbol{D}$、$\boldsymbol{B}$ 分别为电场强度、磁场强度、电通量密度、磁通量密度，$\boldsymbol{J}$、ρ 分别为电流密度、电荷密度。对于电磁各向同性介质，得到式（A2）。

$$\begin{cases} \boldsymbol{D} = \varepsilon \boldsymbol{E} \\ \boldsymbol{B} = \mu \boldsymbol{H} \\ \boldsymbol{J} = \sigma \boldsymbol{E} \end{cases} \qquad \text{式（A2）}$$

其中，σ、ε、μ 分别为电导率、介电常数、磁导率。

在式（A1）中，第一、二个表达式在频域下的形式如式（A3）所示。

$$\begin{cases} \nabla \times \boldsymbol{H} = \boldsymbol{J} + \mathrm{i}\omega \boldsymbol{D} \\ \nabla \times \boldsymbol{E} = -\mathrm{i}\omega \boldsymbol{B} \end{cases} \qquad \text{式（A3）}$$

将式（A2）代入式（A3），整理得到式（A4）。

$$\begin{cases} \nabla \times \boldsymbol{H} = \mathrm{i}\omega \varepsilon^* \boldsymbol{E} \\ \nabla \times \boldsymbol{E} = -\mathrm{i}\omega \mu \boldsymbol{H} \end{cases} \qquad \text{式（A4）}$$

对于式（A4）中的第一个表达式，ε^*为复介电常数，需满足式（A5）的条件。

$$\varepsilon^* = \varepsilon + \frac{\sigma}{\mathrm{i}\omega} = \varepsilon \left(1 + \frac{\sigma / \varepsilon}{\mathrm{i}\omega} \right) \qquad \text{式（A5）}$$

带有 PML 的电磁波方程需考虑ε^*对各方位的贡献，例如，在三维直角坐标系（x，y，z）下，$\varepsilon^* \to \varepsilon_n^*$，$n = x$，$y$，$z$。此时，整理式（A4）中的第一个表达式，得到式（A6）、式（A7）和式（A8）。

$$\begin{cases} \mathrm{i}\omega \varepsilon E_x = \dfrac{1}{s_y}\dfrac{\partial H_z}{\partial y} - \dfrac{1}{s_z}\dfrac{\partial H_y}{\partial z} \\ \mathrm{i}\omega \varepsilon E_y = \dfrac{1}{s_z}\dfrac{\partial H_x}{\partial z} - \dfrac{1}{s_x}\dfrac{\partial H_z}{\partial x} \\ \mathrm{i}\omega \varepsilon E_z = \dfrac{1}{s_x}\dfrac{\partial H_y}{\partial x} - \dfrac{1}{s_y}\dfrac{\partial H_x}{\partial y} \end{cases} \qquad \text{式（A6）}$$

其中，

$$s_n = \begin{cases} 1, & \text{（内部域）} \\ 1 + \dfrac{\sigma(n)/\varepsilon}{\mathrm{i}\omega}, & \text{（完全匹配层域）} \end{cases} \quad n{=}x，y，z \qquad \text{式（A7）}$$

$$\varepsilon_n^* = \varepsilon s_n \qquad \text{式（A8）}$$

式（A8）表明，复介电常数与复拉伸因子 s_n 成正比，比例系数为与电波传播速度密切相关的介电常数。

式（A4）中第二个表达式表明，磁导率（Magnetic Permeability）如今已取代“介磁常数”（Magnetic Permittivity）的定义，所谓的“复介磁常数”（Complex Magnetic Permittivity）无实际意义。

A.2 电磁波—声波类比

将式（A7）与式（12）进行类比，参照式（A8）、式（10），可得以下几点结论。

（1）介声常数与声波传播速度密切相关。广义上的复介声常数与复拉伸因子 $s_{n,a}$（或狭义上的复介声常数）成正比，比例系数至少为声波传播速度的函数。

（2）狭义上的声导率 d_a 与广义上的声导率成正比，其取值至少受声波传播速度的影响。

（3）复拉伸因子 $s_{n,a}$（或狭义上的复介声常数）是表征声波衰减的物理量，$s_{n,a}$ 取值本质上受到狭义上的声导率 d_a 取值的完全制约。

带有 PML 的声波方程（或基于 PML 的理想声波吸收介质）要求优化选取这样的 d_a：当声波入射 PML 区域时，反射率接近 0，透射率接近 1。

A.3 电磁波—弹性波类比

将式（A7）与式（29）进行类比，参照式（A8）、式（27）、式（9），可得以下几点结论。

（1）介弹常数与弹性波传播速度密切相关（注意弹性波传播速度是弹性介质密度和弹性模量的函数）。真正意义上的复介弹常数与复拉伸因子 $s_{n,e}$（或狭义上的复介弹常数）成正比，比例系数至少为弹性波传播速度的函数。

（2）狭义上的弹性导率 d_e 与广义上的弹性导率成正比，其取值至少受弹性波传播速度的影响。

（3）复拉伸因子 $s_{n,e}$（或狭义上的复介弹常数）是表征弹性波衰减的物理量，$s_{n,e}$ 取值本质上受到狭义上的弹性导率 d_e 取值的完全制约。

带有 PML 的弹性波方程（或基于 PML 的理想弹性波吸收介质）要求优化选取这样的 d_e：当弹性波入射 PML 区域时，反射率接近 0，透射率接近 1。

参考文献

[1] 增材制造产业发展行动计划（2017—2020 年）[R].

[2] 西门子能源有限公司 . 用于固态增材制造的方法：CN201780007332.4[P]. 2018-03-16 [2019-04-28].

[3] 中国科学院大学 . 一种利用液态金属进行增材制造的装置：CN201720867637.X[P]. 2018-03-16 [2019-04-28].

[4] 东晓，东青 . 一种半固态增材制造装置及其制造方法：CN201810530778.1[P]. 2018-09-04 [2019-04-28].

[5] 张阔，刘鹤 . 增材制造技术中的弹性各向异性影响因素 [J]. 工业技术创新，2017，4(4): 57-62.

[6] 沈建国 . 应用声学基础：实轴积分法及二维谱技术 [M]. 天津：天津大学出版社，2004.

[7] 邵长金 . 场与波 [M]. 北京：石油大学出版社，2015.

[8] 张阔 . 声反射成像测井数值模拟研究 [D]. 北京：中国石油大学，2012.

[9] 邢丽 . 地震声波数值模拟中的吸收边界条件 [J]. 上海第二工业大学学报，2006，23(4): 272-278.

[10] 邢丽 . PML 吸收边界条件中的角点处理方法 [J]. 科学技术与工程，2011, 11(16): 3769-3771.

[11] 王化祥 . 电学层析成像 [M]. 北京：科学出版社，2013.

增材制造技术中基于时域有限元方法的声波—弹性波耦合（二）：应用

张阔[1,2]

（1. 中国电子信息产业发展研究院，北京 100048；

2. 北京赛迪出版传媒有限公司，北京 100048）

摘要： 本文立足于增材制造技术的应用需求，构思若干声波—弹性波耦合模型，以带有完全匹配层（PML）的声波—弹性波耦合方程的等效积分弱形式为理论基础，对模型进行求解，研讨远场、近场条件下声波—弹性波耦合对波场传播的影响。由基础模型得知，在声波—弹性波耦合机制的作用下可产生8种模式波，根据模式波的传播规律和模式波间的共性特征，可将其归纳为4类波：Ⅰ类波（直达纵波、反射纵波）、Ⅱ类波（折射横波、折射纵波）、Ⅲ类波（透射横波、透射纵波）、Ⅳ类波（伪瑞利（pseudo-Rayleigh）波、斯通利（Stoneley）波）。对远场考察模型进行的讨论，为Ⅰ类波和Ⅲ类波的归类提供了补充支持，并对4类波传播到异常体后的特性进行了诠释。在近场考察模型中，根据波场传播情况和“有无对比”的原则，讨论了铝板长度有限和铝板存在缺陷对波场的贡献，得到结论和启示：（1）声波/弹性波现场测量很大程度上会受到仪器有限长度的干扰，需采用增材制造技术在仪器两端匹配复介弹常数满足一定规律的衰减材料；（2）增材制造技术的发展对无损检测仪器的精度提出了较高的期望；（3）铝板长度有限对波场的贡献，对铝板缺陷不甚敏感，但铝板存在缺陷对波场的贡献，对铝板长度尤为敏感，两个因素的共同作用不可被简单地视作各因素独立作用的线性叠加。

关键词： 增材制造技术；声波—弹性波耦合；等效积分弱形式；远场；近场；“有无对比”；复介弹常数

1. 引言

有文献[1]基于时域有限元（Finite Element Time Domain，FETD）方法，推导了带有完全匹配层（Perfect Matched Layer，PML）的声波—弹性波耦合方程的等效积分弱形式，为增材制造技术中常涉及的声波—弹性波耦合问题构建了理论框架。本文立足于这一理论框架，建立了若干典型、通用的物理模型，观察、分析模型中的波场传播规律，尤其是总结、提炼声波—弹性波耦合对波场传播的影响，以期为增材制造领域关键共性技术研发中的某些环节起到些许推进作用。

为达成上述目标，本文采取以下应用探究路线。第一，建立声波—弹性波耦合基础模型，分析因声波—弹性波耦合而产生的最为基本的模式波；第二，在充分考虑增材制造技术应用需求的前提下，适当地加大模型的复杂度，研讨远场、近场条件下各耦合边界在波场中的贡献。需要说明的是，尽管两种情形下波源的性态、波动方程的并矢格林函数表达和模型的边界条件有所不同，但是在三维直角坐标系下采用时域有限元方法对大规模物理模型进行求解，必须借助 TB（2^{40} 字节）级内存的超级计算机，这是当前和今后很长一段时期主流配置的计算机无法达到的[2]。因此，对于每个三维模型，仅考虑其二维直角坐标系（x，z）下的一个切片。

2. 基础模型中的模式波分析

2.1 模型和参数

二维直角坐标系（x，z）下的基础模型如图 1 所示（为了增强直观性，本文提到的“模型”一律狭义地指模型的内区域，且 PML 区域一律不在模型示意图或波场快照中展示）。模型尺寸为 1m×1m，有且仅有一个流固交界面位于 $z = 0.5$m 处。流固交界面的上半部为流体（水，灰色区域），下半部为固体（由增材制造技术将铝金属改性而得，黑色区域）。波源位于流体中“×”标记处，坐标为（0.1m，0.45m），其与流固交界面的距离为 0.05m。将流体区域和固体区域均视作无限大，因此需在模型外围施加一定厚度的 PML（当然，也可视作在模型外围为流体 / 固体匹配了复介声常数 / 复介弹常数满足一定规律的衰减材料）。

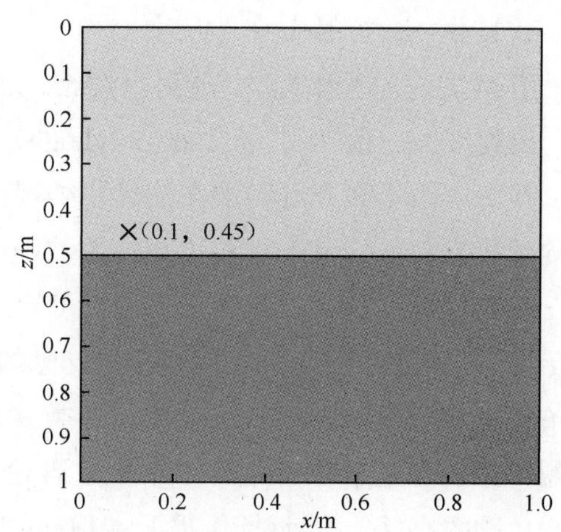

图1 二维直角坐标系（x，z）下的基础模型

基础模型中介质的基本参数见表 1。注意铝金属改性后所得固体介质的横波速度较大，相对应的泊松比 *PR* 为负值，成为一种典型的超材料 [3-4]。

表1 基础模型中介质的基本参数

介质	密度 ρ/（kg/m^3）	纵波速度 v_p/（m/s）	横波速度 v_s/（m/s）	泊松比 *PR*
流体	1000	1500	0	0.5000
固体	2700	6300	5144	–0.5000

波源采用中心频率不失真的里克尔（Ricker）子波，其表达式如式（1）所示。

$$F = [1 - 2\pi^2 f^2 (t - t_0)^2] e^{-\pi^2 f^2 (t - t_0)^2} \qquad \text{式（1）}$$

其中，f 为波源的中心频率，t 为传播时间，t_0 为传播时延。t_0 满足下列式子。

$$t_0 = \frac{\alpha}{f}$$

其中，α 通常取 1.5，此时有计算结果如式（2）所示。

$$|F(t = 0)| = 9.85 \times 10^{-9} << 1 \qquad \text{式（2）}$$

它保证了首波的起跳点明显位于 $t = 0$ 之后 [5]。

分别考察波源中心频率为 50kHz 和 5kHz 的情况。波长 λ 的计算公式如式（3）所示。

$$\lambda = \frac{v}{f} \qquad \text{式（3）}$$

由式（3）可得，波在流体中传播时，两种中心频率对应的波长分别为 0.03 m 和 0.3 m。与 0.05 m（即波源与流固交界面的距离）相比，即可区分出两种情况分别属于远场条件和近场条件。

2.2 模式波分析

第一，考虑波源中心频率为 50kHz 时的远场传播。提取 t=0.2ms 时的波场快照，若无特别说明，下文的“波场快照”均指物理场 τ_{xx}（固体中）和 $-p$（流体中）在模型中的空间分布规律。观察得知，在声波—弹性波耦合机制的作用下，共产生 8 种模式波。不妨对它们进行如下归类。远场传播下 t=0.2ms 时的波场快照如图 2 所示。

Ⅰ类波——直达纵波、反射纵波。

Ⅱ类波——折射横波、折射纵波。

Ⅲ类波——透射横波、透射纵波。

Ⅳ类波——伪瑞利（pseudo-Rayleigh）波、斯通利（Stoneley）波。

其中，Ⅰ类波和Ⅱ类波在流体中传播，Ⅲ类波在固体中传播，Ⅳ类波沿着流固交界面传播。Ⅱ类波传播较为特殊，其一端与Ⅰ类波的波阵面相切，另一端与Ⅲ类波的波阵面在流固交界面交会。将频率—波数分析[6]应用于流固边界条件可知，Ⅰ类波、Ⅱ类波、Ⅲ类波是非频散波，Ⅳ类波是频散波。

第二，考虑波源中心频率为5kHz时的近场传播。提取t=1.0ms时的波场快照，观察得知，由于近场条件下波长过长，所以Ⅰ类波、Ⅱ类波、Ⅲ类波中各自的两种波未能明显分离开来。此外，未能观测到Ⅳ类波中的pseudo-Rayleigh波（理论上也不存在），这与波源中心频率未达到pseudo-Rayleigh波的截止频率有关[7-8]。近场传播下t=1.0ms时的波场快照如图3所示。

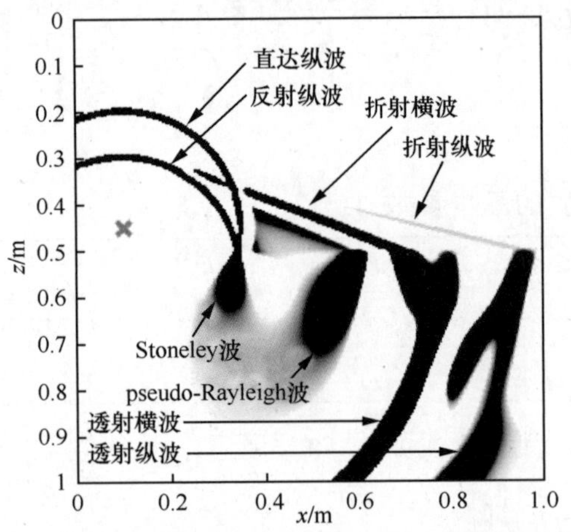

图2　远场传播下t=0.2ms时的波场快照

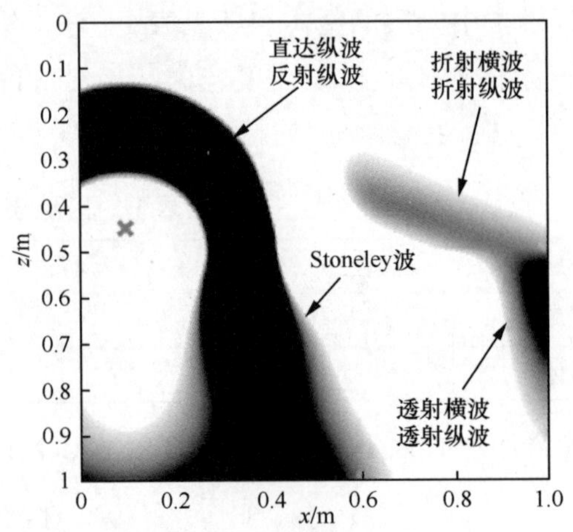

图3　近场传播下t=1.0ms时的波场快照

3. 远场条件下的声波—弹性波耦合

3.1　模型构建

对图1所示的基础模型进行适当的改造。将改造后的模型称作“远场考察模型”。远场考察模型如图4所示。首先，模型1将模型尺寸缩小为1m×0.3m，以节约计算成本，如图4(a)所示；波源与流固交界面的距离（0.05m）保持不变；流体、固体介质的基本参数保持不变（同表1）；模型外围施加的PML的参数保持不变。模型1依旧可被视作一个基础模型。其次，模型2在模型1的基础上，在固体区域中的x=0.5m处挖了一个横向宽度约为0.009m、纵向长度约为0.09m，不与流体区域相连通的裂缝异常体，如图4(b)所示；裂缝内填充流体，参数仍同表1。再次，模型3在模型2的基础上，将裂缝打通，使裂缝内外的流体相连通，如图4(c)所示。最后，在各个远场考察模型中各设置两排接收器，即图4(a)～图4(c)中的“+”标记处。各个接收器与流固交界面的距离也为0.05m。横向相邻接收器的间距均为0.2m。在模型2和模型3中，各有一个接收器位于裂缝内。

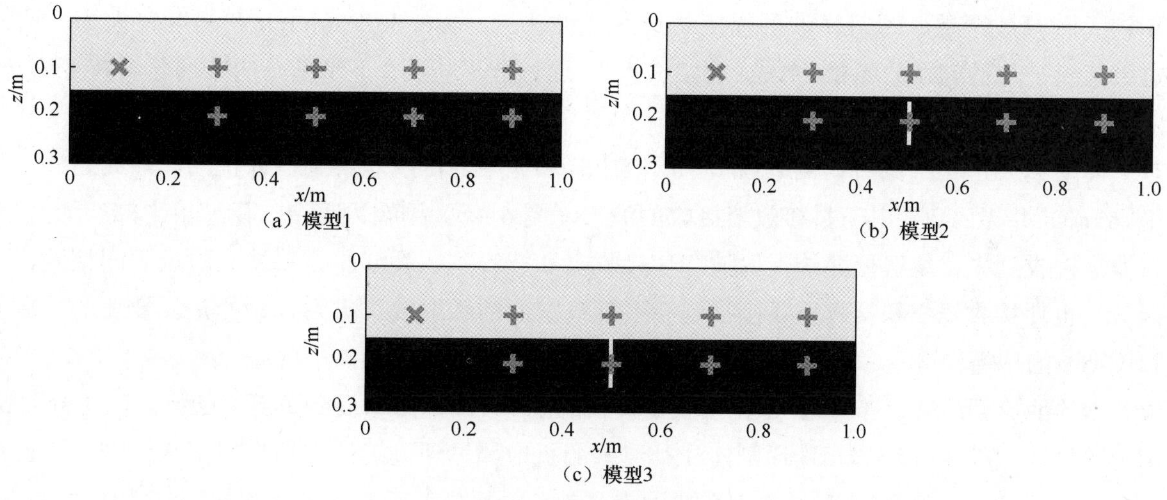

（a）模型1

（b）模型2

（c）模型3

图4 远场考察模型

3.2 结果和讨论

考察波源中心频率为50kHz时各接收器接收的波形，若无特别说明，下文的“波形”均指物理量τ_{xx}（固体中）和$-p$（流体中）关于传播时间的数据序列曲线。为便于各类模式波的观察，对下排接收器接收的波形作两倍幅度增益处理。为便于对比分析，提取t=0.5ms时的波场快照。远场考察模型中t=0.5ms时的波场快照如图5所示，远场考察模型中各接收器接收的波形如图6所示。

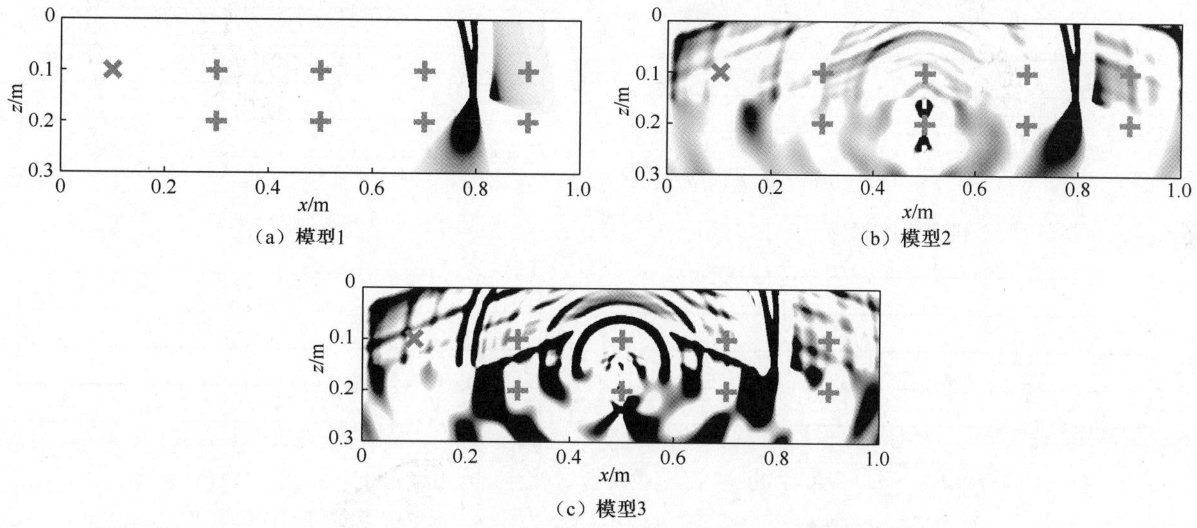

（a）模型1

（b）模型2

（c）模型3

图5 远场考察模型中t=0.5ms时的波场快照

模型1的上排接收器均在流体区域内，在其接收的波形（图6(a)）中，肉眼可以观察到两组波列：一组是折射横波；另一组是直达纵波和反射纵波的叠加态。由图2的上半部分可知，叠加态的折射纵波幅度过小，因此无法在图6的尺度下观测到折射纵波。再结合图5(a)可知，随着时间的推移，直达纵波和反射纵波的波阵面趋于重合，因此模型1上排接收器3和接收器4(图6(a))接收到的这两种波近乎完全重合。这是I类波归类的依据所在。类似地，模型1下排接收器均在固体区域内，在其接收的波形（图6(d)）中，肉眼可以观察到三组波列：一组是透射纵波和透射横波的叠加态；一组是pseudo-Rayleigh波；一组是Stoneley波。注意这一分组方式似乎与常理相悖。事实上，当固体介质的泊松比PR为-0.5时，相应的纵横波速度比仅为1.225，接近1。再加上pseudo-Rayleigh波在波源频率较大时频散严重、透射横波的幅度与透射纵波相当、pseudo-Rayleigh 波幅度较大等，透射横波注定更倾向于与透射纵波相接，形成一组“波串”。这一分析与图 2 下半部分的波场传播特征相一致，也是Ⅲ类波归类的依据所在。

对于模型 2，在其上排接收器接收的波形（图 6(b)）中，可以观察到些许扰动，除此之外，与模型 1(图 6(a)）并无二致。其下排接收器接收的波形（图 6(e)）则较为复杂。模型下半部裂缝的存在，使接收器 1 接收到来自裂缝壁面的反射波，使接收器 2 接收到在裂缝左、右壁面附近不断往返、叠加的多次波，也使接收器 3 和接收器 4 接收到穿过裂缝壁面的透射波。更为致命的是，裂缝的存在使Ⅲ类波和Ⅳ类波的传播均遭受了破坏。图 5(b) 为上述现象提供了一个粗略的展示。

模型 3 的情形更为复杂。首先，上排接收器接收的波形（图 6(c)）受到了更多的扰动。结合图 5(c) 上半部分可知，裂缝内外流体相连通，使Ⅱ类波中的折射横波遇到连通点后变得更为微弱。连通点也似乎成为一个新的“波源”，源源不断地在模型上半部分传播类似于直达纵波的某种波。其次，在下排接收器接收的波形（图 6(f)）中，不仅Ⅲ类波和Ⅳ类波的传播（图 5(c) 下半部）与模型 2 再次不同，而且位于裂缝内的接收器 2 还接收到了幅度尤其大的一对波脉冲。结合模型间的异同，对波场传播进行推演，对波形幅度加以比对和反复思辨测算，得知这对波脉冲起源于Ⅰ类波中的两种波。Ⅰ类波一旦传播到连通点，即沿着裂缝内的流体向下滑移，就会被裂缝中的接收器接收。由于裂缝内外流体阻抗一致，因此前后幅度无实质性差异（远场几何衰减几乎不需要考虑）。

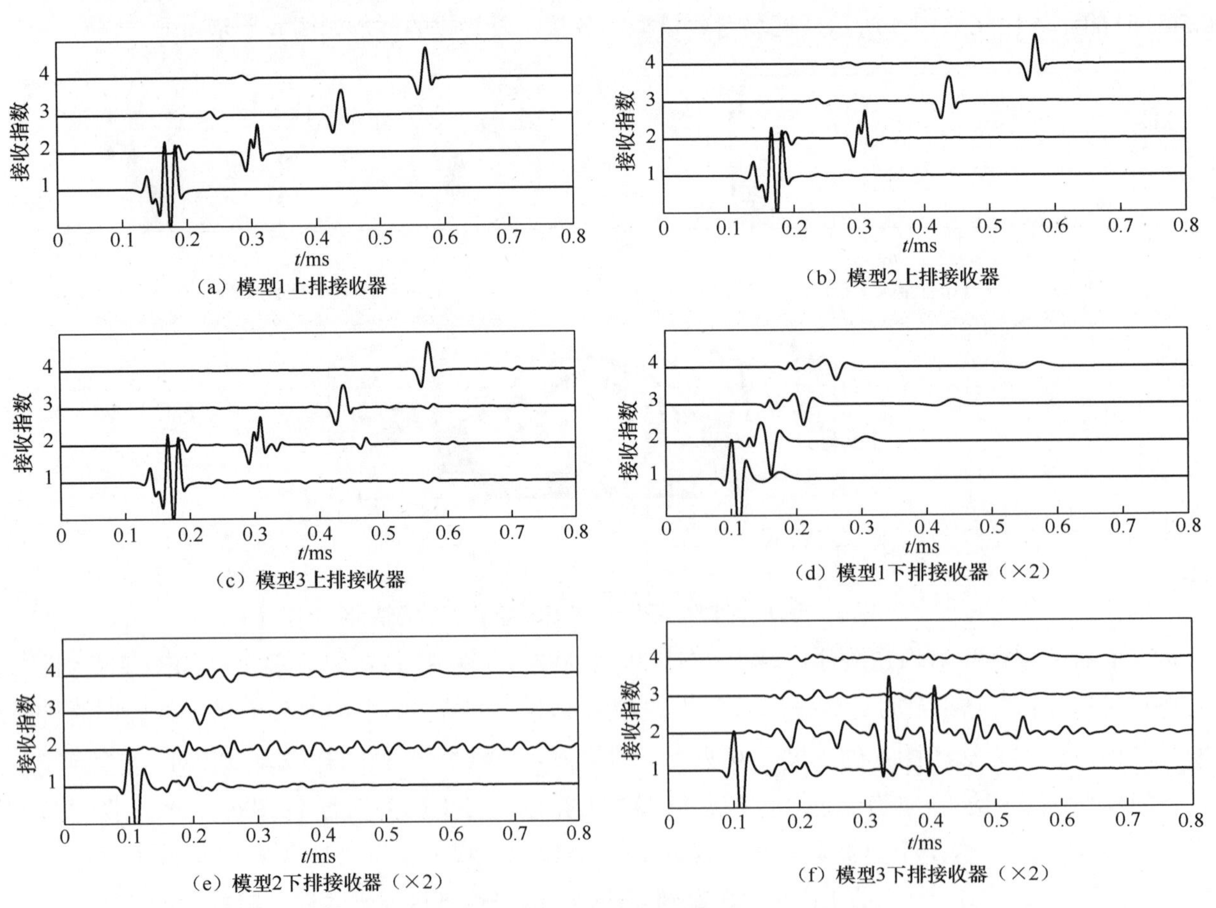

（a）模型1上排接收器

（b）模型2上排接收器

（c）模型3上排接收器

（d）模型1下排接收器（×2）

（e）模型2下排接收器（×2）

（f）模型3下排接收器（×2）

图6　远场考察模型中各接收器接收的波形

4. 近场条件下的声波—弹性波耦合

4.1 模型构建

为了讨论近场条件下的声波—弹性波耦合问题，本实验构建了 4 个隧道模型，并将这些模型称作"近场考察模型"。近场考察模型如图 7 所示。这些模型尺寸均为 1.8m×0.6m，一条高度为 0.234m 的隧道横跨于模型中。隧道内填充流体（水，浅灰色区域），隧道外围绕着一种"软"地层（即横波速度小于周围流体声波速度的地层，深灰色区域）。在隧道内的流体中平行地浸入两块由增材制造技术制备的铝板（黑色区域），它们的厚度均为 0.063m。两块铝板之间的流体层厚度为 0.054m，上 / 下铝板的上 / 下边界与隧道上 / 下边界的距离为 0.027m。模型 1（图 7（a））考虑了铝板无限长的情况（当然，也可视作在铝板左右两端匹配了复介弹常数满足一定规律的衰减材料）。模型 2（图 7（b））考虑了铝板长度为 1.5m 的情况。模型 3（图 7（c））和模型 4（图 7（d））分别在模型 1 和模型 2 的基础上，考虑了铝板在 x=0.9m 处存在缺陷的情况。在各个近场考察模型中各设置发射器（"×"标记）和接收器（"+"标记）两组，分别紧贴上铝板上边界和下铝板下边界。同时，假设发射器也具备接收波形的功能（即"自激自收"）。

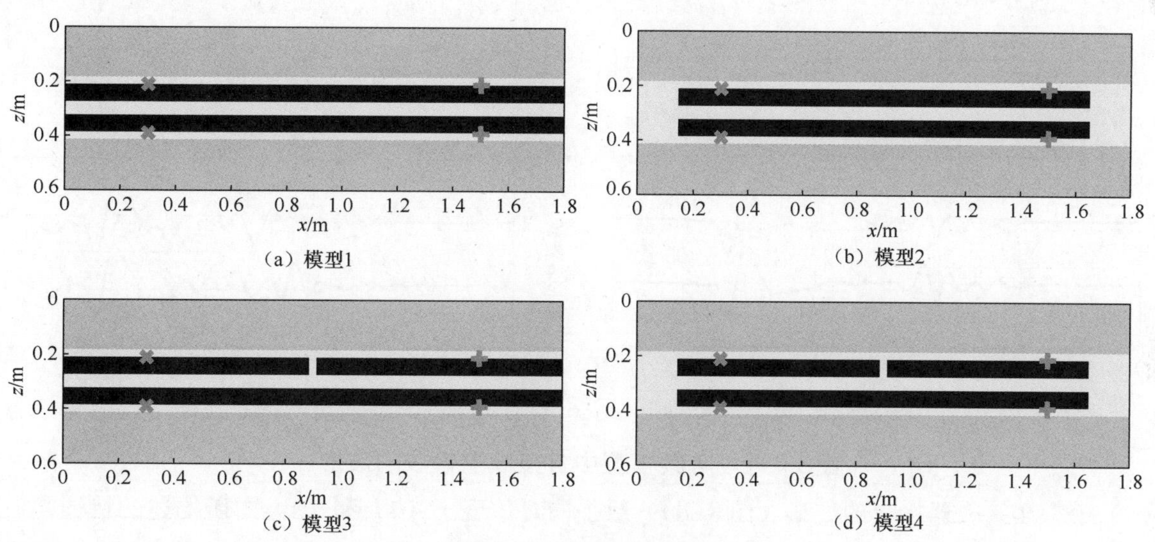

图7 近场考察模型

近场考察模型中介质的基本参数见表 2。

表2 近场考察模型中介质的基本参数

介质	密度 ρ/（kg/m^3）	纵波速度 v_p/（m/s）	横波速度 v_s/（m/s）	泊松比 PR
流体	1000	1500	0	0.5000
铝板	2700	6300	5144	–0.5000
地层	2000	2000	1000	0.3333

4.2 结果和讨论

4.2.1 基于波形的初步讨论

本节考察了波源中心频率为 10kHz 时 4 个近场考察模型中接收器接收的波形。近场考察模型中各接收器接收的波形如图 8 所示。可以粗略地看出，模型复杂度的加大，使近场传播产生的模式波变得更复杂。

（1）模型 1 接收器理论上可接收到多种模式波，若忽略幅度极低者，大体上可归结为三组：一组是幅度较小的，板波和地层波的叠加态；一组是紧随其后的，幅度较大的 pseudo-Rayleigh 波；一组是传播速度较低的，幅度更大的 Stoneley 波（图 8(a)）。

（2）模型 2 与模型 1 的唯一区别是铝板长度有限，这使各模式波受到了来自端点的影响：一是在固定时间段内，板波和地层波脉冲数增多，相应地，主频势必升高；二是在 pseudo-Rayleigh 波和 Stoneley 波之间产生了较多的干扰波；三是在 Stoneley 波之后，波动依旧存在（图 8(b)）。

（3）模型 3 与模型 1 的唯一区别是上铝板出现了一处缺陷，这使上、下接收器接收到的板波和地层波的一致性受到了破坏；此外，两个接收器均在 pseudo-Rayleigh 波和 Stoneley 波之间受到了一个低频干扰，其中上接收器受到的干扰更大（图 8(c)）。

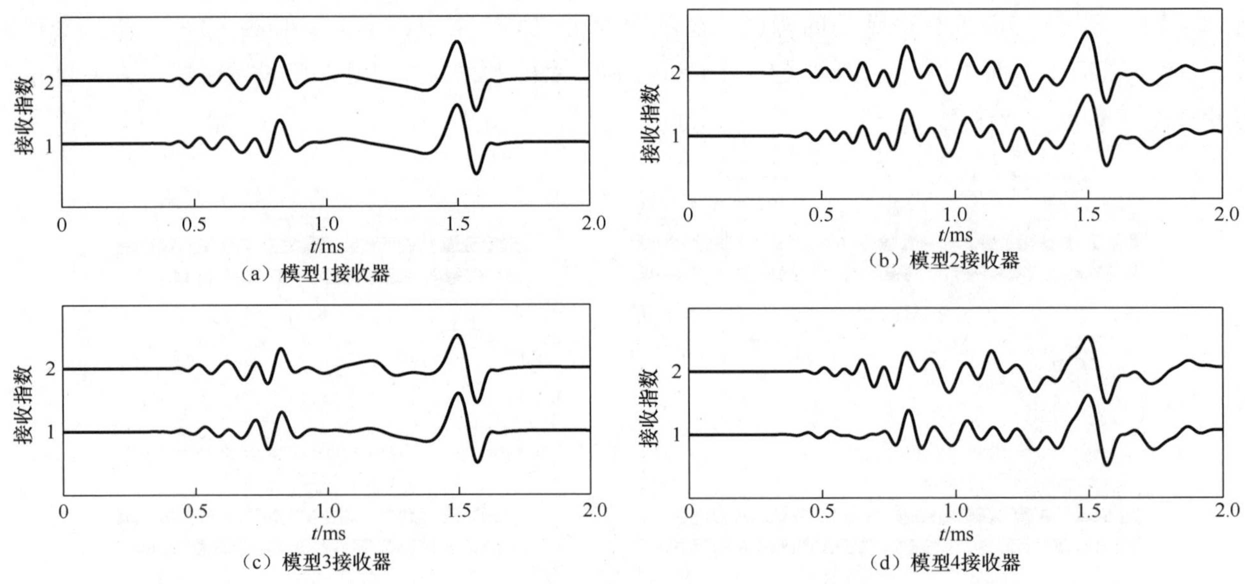

（a）模型1接收器 （b）模型2接收器 （c）模型3接收器 （d）模型4接收器

图8　近场考察模型中各接收器接收的波形

（4）模型 4 接收器接收的波形（图 8(d)）似乎同时体现了（2）和（3）中所描述的特征，但对其讨论仍有待细化。

4.2.2　基于波场快照和“有无对比”的深入讨论

以 0.25ms 为起点和间隔，对图 7 所示的 4 个近场考察模型各提取 6 次波场快照。近场考察模型 1 条件下部分时刻的波场快照如图 9 所示，近场考察模型 2 条件下部分时刻的波场快照如图 10 所示，近场考察模型 3 条件下部分时刻的波场快照如图 11 所示，近场考察模型 4 条件下部分时刻的波场快照如图 12 所示。将 4 个模型两两配对（模型 2 和模型 3 不予配对，意义不大），对图 8 所示的接收器接收的波形对等相减，得到波形差值。近场考察模型两两对等相减得到的接收波形差值如图 13 所示。为配合波场快照的分析，同时对发射器自激自收的波形对等相减，得到波形差值。近场考察模型两两对等相减得到的自激自收波形差值如图 14 所示。

根据波场传播情况和“有无对比”的原则，讨论铝板长度有限和铝板存在缺陷对波场的贡献。

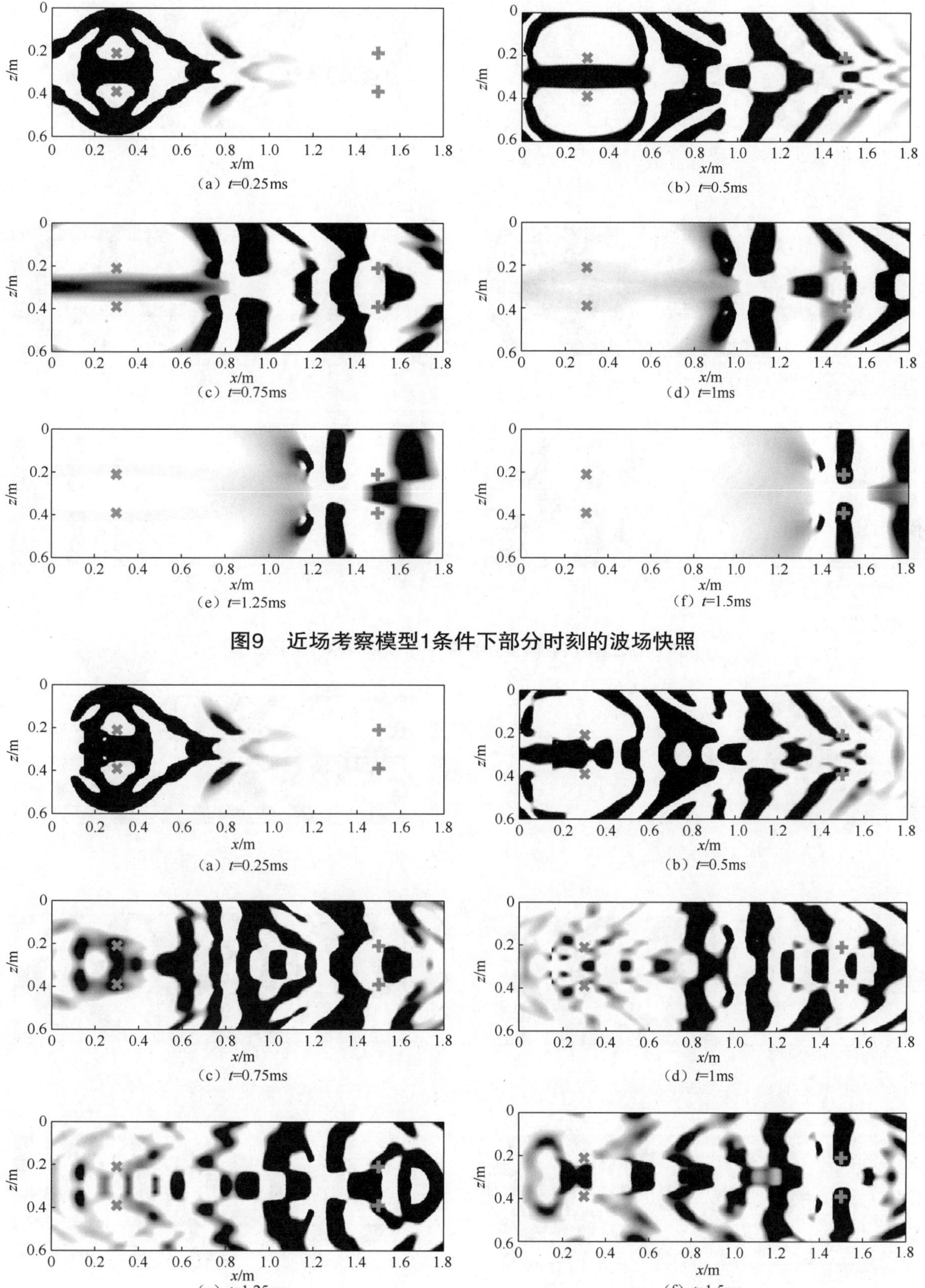

图9　近场考察模型1条件下部分时刻的波场快照

图10　近场考察模型2条件下部分时刻的波场快照

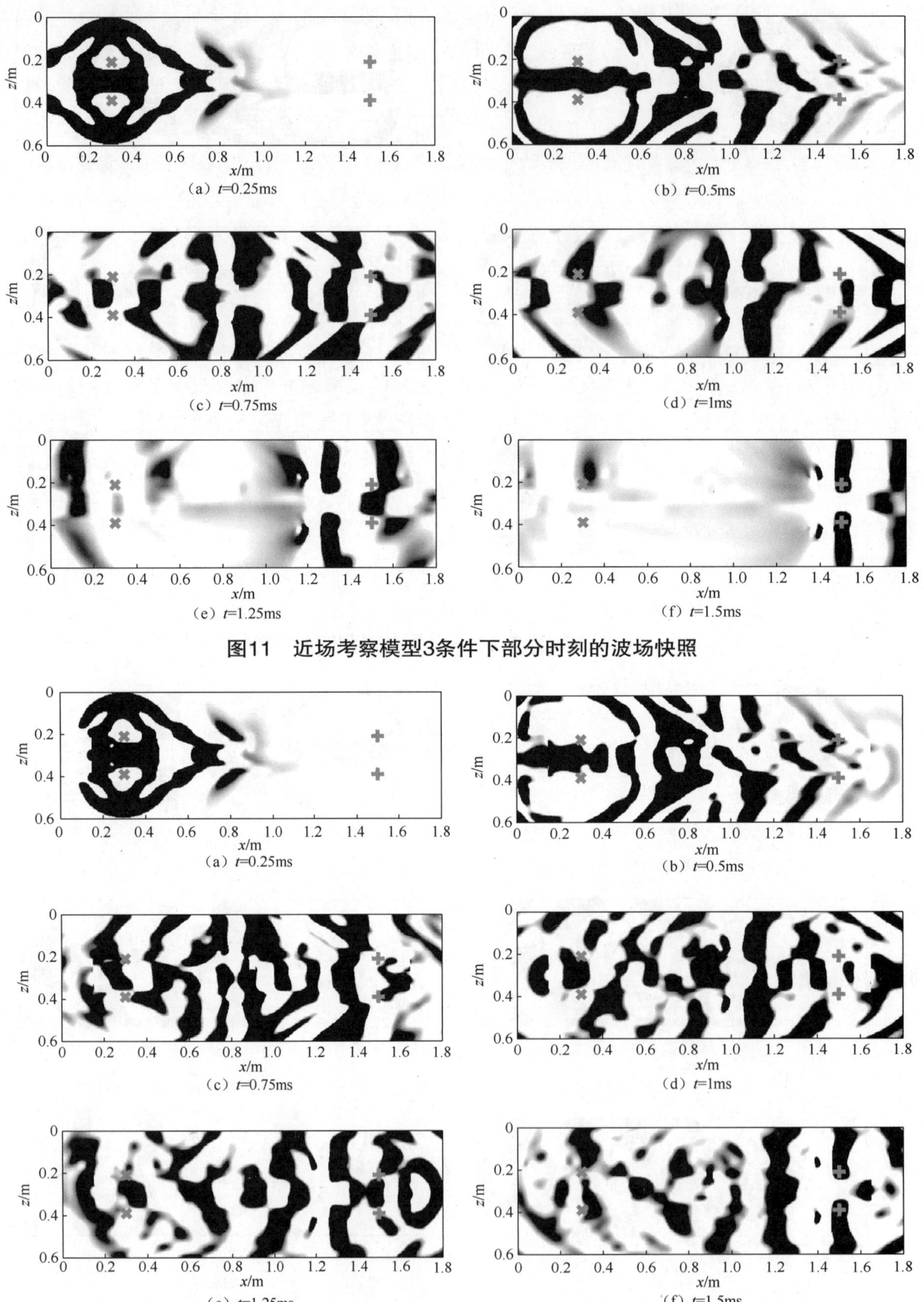

图11　近场考察模型3条件下部分时刻的波场快照

图12　近场考察模型4条件下部分时刻的波场快照

（1）铝板由无限长变为有限长，使沿着铝板向左传播的模式波在铝板左端受到阻隔（图 10（a））。接收到模式波的铝板左端点成为新的波源，向四周发出幅度较小的散射波，散射波较大一部分被较近的发射器接收到（图 10（b）、图 10（c），以及图 14（a）中 0 ～ 0.5ms 内的波形），较小一部分被较远的接收器接收到（主要参见图 13（a）中 0.5 ～ 0.75ms 内的波形。因其他模式波幅度更大，故图 10（b）、图 10（c）体现得不明显）。随着时间的推移，铝板左、右端点交替而无规律地成为新的波源，持续发出新的散射波，并不断地被发射器和接收器所接收（图 10（d）～图 10（f），以及图 13（a）、图 14（a）中的全场波形）。若将铝材料、发射器和接收器视为某种测量仪器的组成，那么以上讨论带来的巨大启示是声波 / 弹性波的现场测量很大程度上会受到仪器有限长度的干扰[9]，而采用增材制造技术在仪器两端匹配复介弹常数满足一定规律的衰减材料，可以消除以上困扰。

（2）上铝板缺陷的出现，使沿着铝板向右快速传播的板波首先受到扰动（图 11（a））。由发射器、接收器接收的波形（图 13（b）、图 14（b）中 0 ～ 0.5ms 内的波形）可知，板波在缺陷处受到的扰动极其微弱。随着时间的推移，发射器和接收器陆续接收到其他模式波在缺陷处的扰动。值得一提的是，铝板缺陷对波场传播的影响较大，但对波形的影响不大，这对增材制造工艺中无损检测仪器的精度提出了较高的要求。

（3）在铝板长度有限和铝板存在缺陷的共同作用下，波场快照（图 12）同时体现了各因素独立作用（图 10、图 11）时的特征。那么，两种因素共同作用是否可以简单视作各个因素独立作用的线性叠加呢？如果是，根据“有无对比”原则，必须满足以下条件。

① 模型 2 与模型 1 对等相减得到的波形差值，等于模型 4 与模型 3 对等相减得到的波形差值，此差值即为铝板长度有限对波场的贡献。

② 模型 3 与模型 1 对等相减得到的波形差值，等于模型 4 与模型 2 对等相减得到的波形差值，此差值即为铝板存在缺陷对波场的贡献。

③ 如果①和②均满足，那么模型 4 与模型 1 对等相减得到的波形差值，即等于①和②中所述差值之和，且此差值即为铝板长度有限且铝板存在缺陷对波场的共同贡献。

将图 13、图 14 代入情形①、②进行逐一比对，得出分析结果。“有无对比”分析见表 3，归纳可得以下几点结论。

a. 铝板长度有限对波场的贡献，在铝板有缺陷和无缺陷时一致性较好。即铝板长度有限对波场的贡献，对铝板缺陷不甚敏感。

b. 铝板存在缺陷对波场的贡献，在铝板长度有限和无限时一致性不好。当铝板无限长时，铝板存在缺陷对波场的贡献更为微弱。即铝板存在缺陷对波场的贡献，对铝板长度尤为敏感。

c. 对于 a、b 所述的一致性，发射器自激自收的波形相比接收器接收的波形表现得更差。即观测点与波源的距离很大程度上决定了近场条件下的非线性程度。

d. 由于条件①、②无法被严格满足，因此情形③不需要再进行讨论。

表3 “有无对比”分析

情形	考察变量	对比变量	对比结果	
			发射器	接收器
①	铝板长度	铝板缺陷	较好	好
②	铝板缺陷	铝板长度	不好	不好

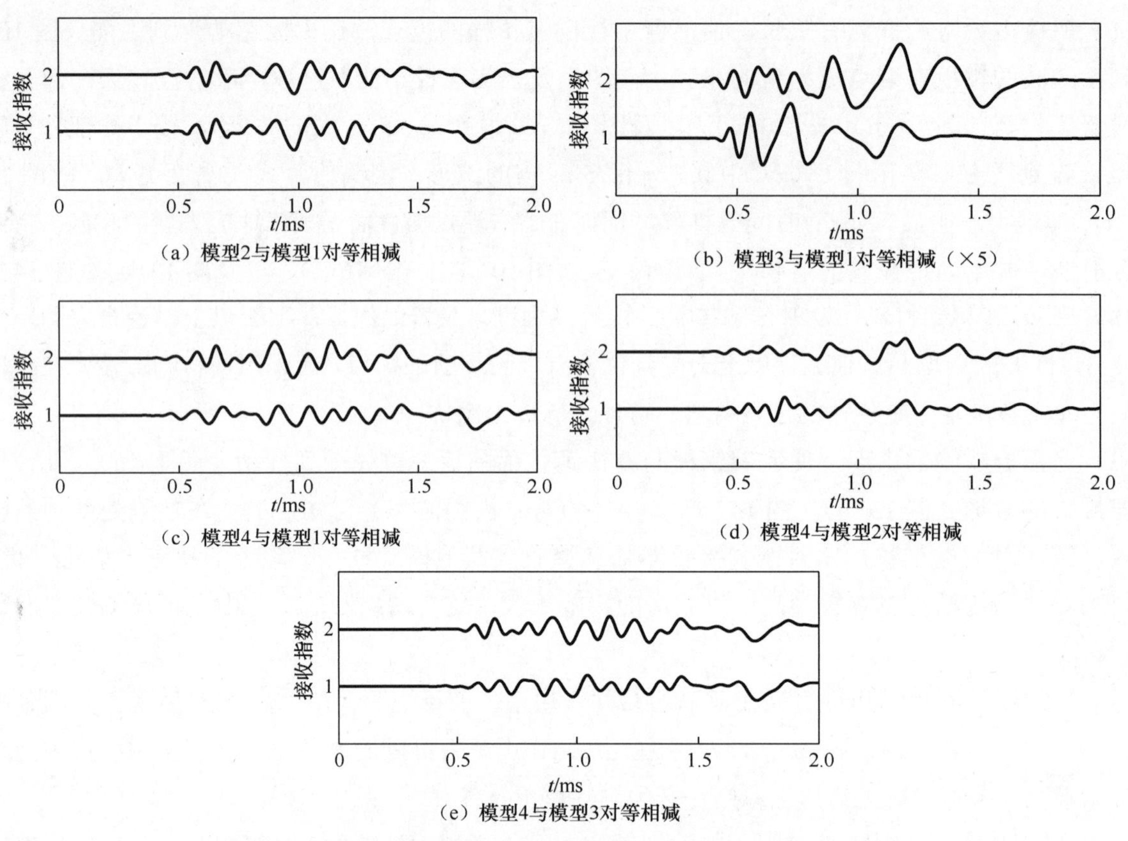

图13　近场考察模型两两对等相减得到的接收波形差值

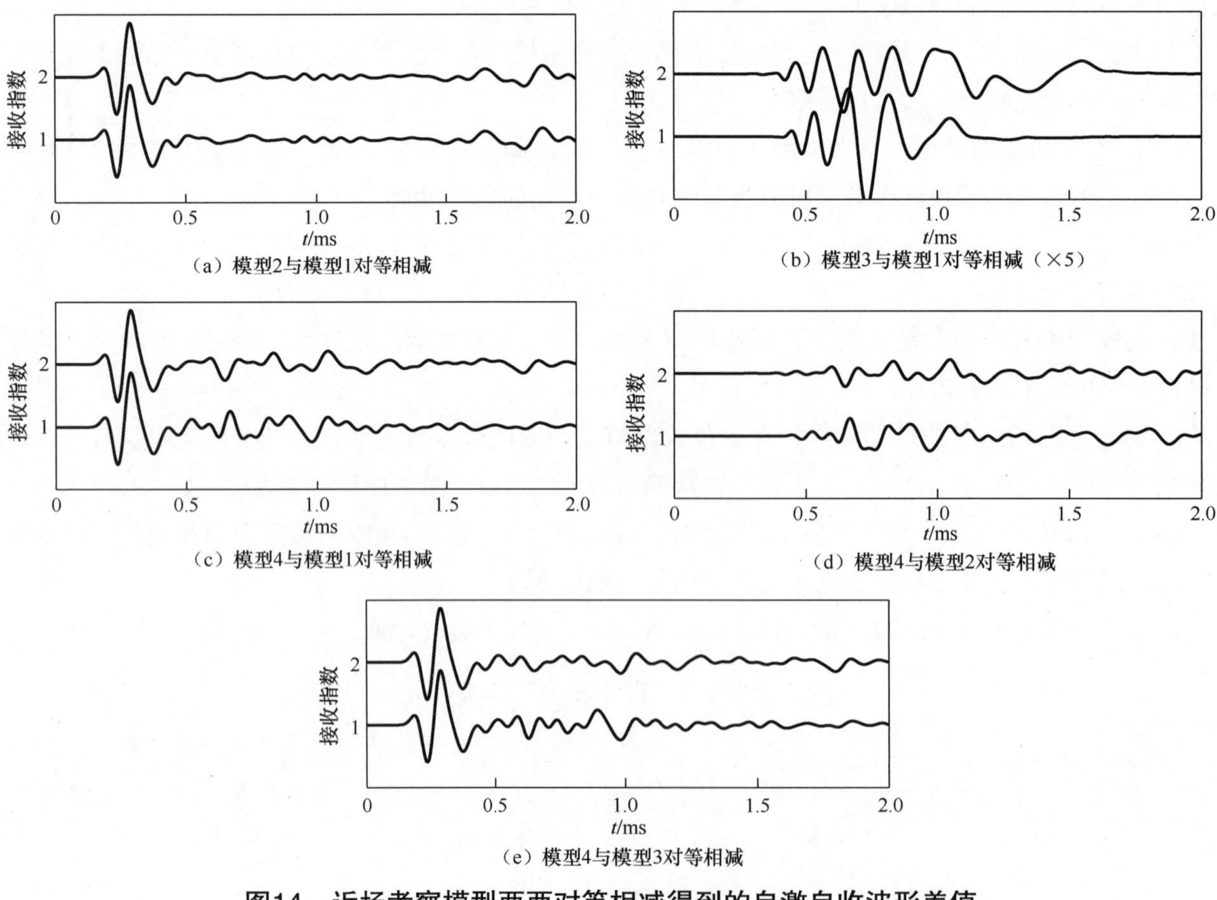

图14　近场考察模型两两对等相减得到的自激自收波形差值

5. 结论

第一，本文建立了声波—弹性波耦合基础模型，分析了因声波—弹性波耦合而产生的最为基本的模式波。由基础模型得知，声波—弹性波耦合机制促使了 8 种模式波的产生，根据模式波的传播规律和模式波间的共性特征，可将其归纳为 4 类波：I 类波（直达纵波、反射纵波）、II 类波（折射横波、折射纵波）、III类波（透射横波、透射纵波）、IV类波（pseudo-Rayleigh 波、Stoneley 波）。其中，I 类波和 II 类波在流体中传播，III类波在固体中传播，IV类波沿着流固交界面传播。II 类波一端与 I 类波的波阵面相切，另一端与III类波的波阵面在流固交界面交会。I 类波、II 类波、III类波均是非频散波，IV类波是频散波。

第二，本文充分考虑了增材制造技术的应用需求，在基础模型的基础上适当地加大了模型的复杂度，研讨了远场、近场条件下各耦合边界在波场中的贡献。其中，远场考察模型对 4 类波传播到裂缝后的特性进行了诠释，尤其是对 I 类波和III类波的归类给予了补充支持。而在近场考察模型中，根据波场传播情况和“有无对比”的原则，本文讨论了铝板长度有限和铝板存在缺陷对波场的贡献，得到以下结论和启示。

（1）声波 / 弹性波现场测量很大程度上会受到仪器有限长度的干扰，需采用增材制造技术在仪器两端匹配复介弹常数满足一定规律的衰减材料。

（2）铝板缺陷对波场传播的影响较大，但对波形的影响不大。增材制造技术的发展对无损检测仪器的精度提出了较高的要求。

（3）铝板长度有限对波场的贡献，对铝板缺陷不甚敏感，但铝板存在缺陷对波场的贡献，对铝板长度尤为敏感。这两种因素的共同作用，不可被简单地视作各个因素独立作用的线性叠加。

增材制造领域研究人员若在关键技术研发环节中遇到难以解释的规律或现象，可在本文构思的模型中寻求共性，并结合实际业务特点，进行更为深入、细致的探讨，获得满意的解决方案，更好地指导应用实践。

参考文献

[1] 张阔 . 增材制造技术中基于时域有限元方法的声波—弹性波耦合（一）：理论 [J]. 工业技术创新，2019，6(5): 74-85，90.

[2] 张阔 . 声反射成像测井数值模拟研究 [D]. 北京：中国石油大学，2012.

[3] 胡福文，程佳剑 . 超材料 3D 打印制造技术研究综述 [J]. 工业技术创新，2017，4(4): 19-23.

[4] 张阔 . 各向同性负泊松比超材料弹性参数线性化初探 [J]. 工业技术创新，2018，5(4): 53-60.

[5] 何峰江 . 声反射成像测井仪器仿真及波形处理技术研究 [D]. 北京：中国石油大学，2005.

[6] 沈建国 . 应用声学基础：实轴积分法及二维谱技术 [M]. 天津：天津大学出版社，2004.

[7] 张海澜，王秀明，张碧星 . 井孔的声场和波 [M]. 北京：科学出版社，2004.

[8] 唐晓明，郑传汉 . 定量测井声学 [M]. 北京：石油工业出版社，2004.

[9] 崔志文 . 多孔介质声学模型与多极源声电效应测井和多极随钻声测井的理论与数值研究 [D]. 长春：吉林大学，2004.

第5章

典型应用

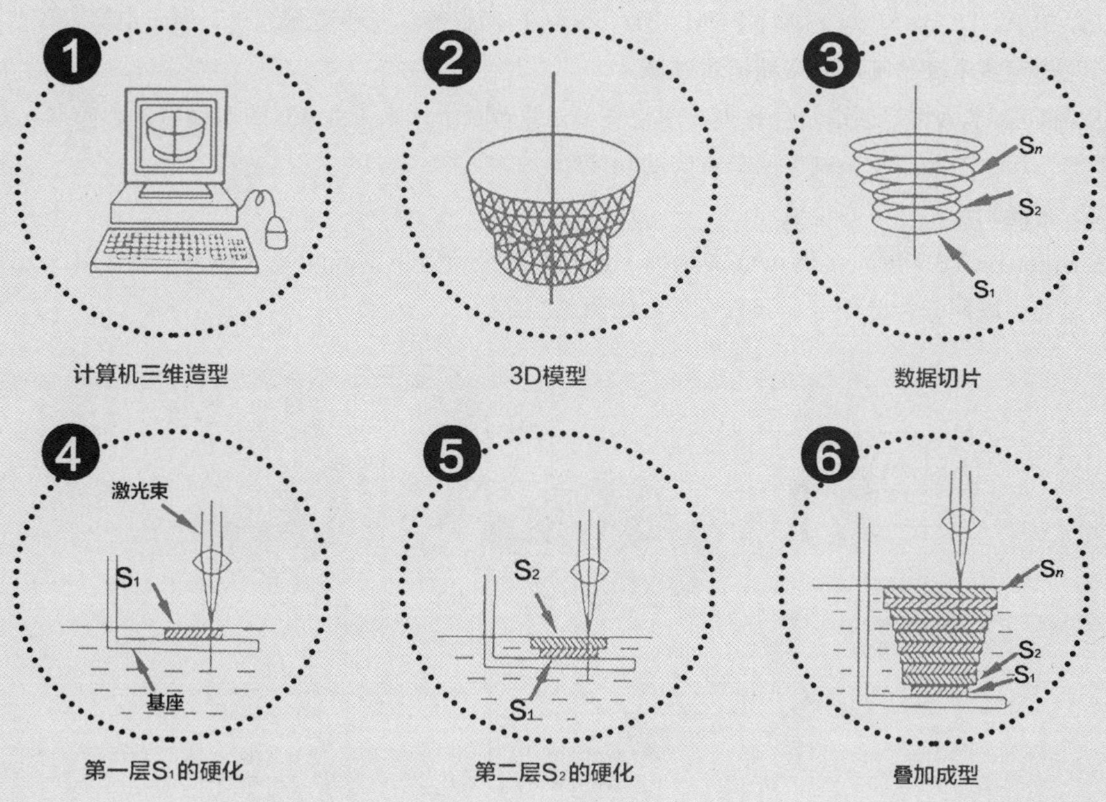

1
2
3
S_n
S_2
S_1
计算机三维造型
3D模型
数据切片
4
5
6
激光束
S_1
基座
S_2
S_1
S_n
S_2
S_1
第一层S_1的硬化
第二层S_2的硬化
叠加成型

一、综述

1. 3D 打印智能工厂是什么，有何价值

当下，国家正大力推动智能制造和 3D 数字产业的发展，越来越多的企业迫切需要 3D 数字化制造技术来实现传统制造到智能制造转型。

（1）智能制造已经步入实践阶段

智能工厂是实现智能制造的重要基础，高度智能化、自动化、柔性化和定制化的生产，可快速响应市场需求，满足定制化、集约化生产。最近，联泰科技携同蒙达传媒走访了国内三家具有影响力的 3D 打印智能生产工厂——东莞科恒、汇通手板、未来工场。3D 打印智能工厂的真实面貌如图 5.1 所示。

图5.1 3D打印智能工厂的真实面貌

生产工厂里的 3D 打印机不仅仅是一台设备。联泰科技围绕设备构建了完善的 3D 打印设备与系统（UnionTech 3D Printer System），它涵盖了软件和硬件系统，将设计、BPCC、UnionFab、RSCON 和修复系统打通。这个完善的 3D 打印设备与系统拥有众多产品线，其应用几乎覆盖非金属 3D 打印的全领域，包含 SLA、DLP、SLS、SLM、FDM、3D 多彩、扫描仪等，能够适配汽车、电子电器、鞋业、教育、口腔、医疗等多个高精制造和终端消费领域。

3D 打印技术为用户创造价值和提升用户体验，并着眼于未来工业 4.0 的对接服务和布局，实现“小批量生产”和“产品研发试制”两个方向的功能。

（2）智能制造工厂核心价值

在 UnionTech 3D Printer System 的基础上，联泰科技研发了 UnionFab Cloud，是针对 3D 打印行业推出的工业互联网云智造平台。云智造平台如图 5.2 所示。

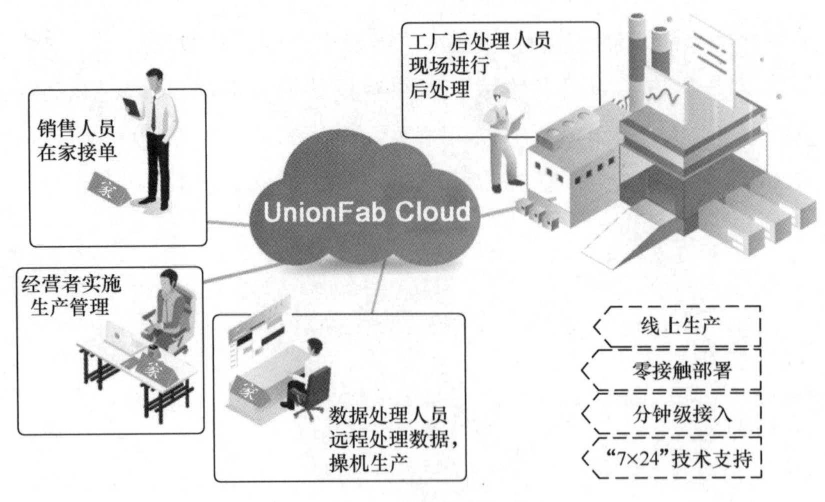

图5.2 云智造平台

该平台基于智能硬件、云计算、边缘计算、物联网、人工智能等先进技术，实现对 3D 打印设备的智能物联，为用户提供云端 3D 打印、智能排产、辅助数据模型修复、设备远程监控、设备健康管理、生产数据分析、服务全流程标准化管理等功能，在帮助企业提升实际生产效率的同时，减少对实地生产人员的依赖，实现对生产流程的精细化管理。UnionFab Cloud + 设备与系统所构建的智能工厂，实现了人类对智能制造的一种想象，构建了智能化生产系统和网络化分布生产设施，实现了生产过程的自动化、可视化、数据化和分布式。

联泰科技 UnionTech 3D 打印智能工厂以 3D 打印智能设备和优联智造云为基础，实现 3D 打印数字化制造，打造“可测可控、可产可管”的绿色环保的智能制造生产工厂，其核心价值包括以下几个方面。

第一，颠覆传统生产流程。

① 提供设备物联能力，将传统的现场操机打印形式升级为互联网控制，实现远程生产流程管控。

② 提供 Web、App、开放平台（Open Platform）等多种访问形式，满足不同类型的企业需求。

③ 提供多厂区管控解决方案，支持多种组网方案，方便企业统一的生产管理。

④ 提供视频监控及坏件检测解决方案，出现异常状况实时停机，减少坏件数量，优化生产成本。

第二，优化数据准备环节。

① 提供基础多版本的模型数据自动修复工具，一键完成模型修复环节，提供开放接口（Open API），实现各类软件对接。

② 基于人工智能技术，提供模型自动排版、生产智能化排产及相应的通知功能。

③ 提供公有云数据传输及存储方案和完整的数据保密方案，完善对数据流通全流程的管理。

第三，生产信息精细管理。

① 对各工厂、各车间、各机器的实时生产状况进行监控，实时反馈异常情况，随时掌握生产进度。

② 统计分析设备状况、耗材状况，随时了解任意时间段内设备生产能力的变化，进行原材料使用情况分析。

③ 提供商业智能（Business Intelligence，BI）能力，提供生产经营分析所需数据，精准预测产能状况，推测业务营收情况。

第四，满足企业 IT 管理要求。

① 提供公有云、私有云、混合云多种部署方式，满足企业对 IT 管理的各类型需求，提供 Open API 对接企业资源计划管理系统、制造执行系统等，实现生产全流程管理。

② 提供完整的数据安全方案，对设备物联、网络数据传输、数据存储、信息管控等都有相应方案。

③ 提供租户访问管理权限，用户可自定义各类人员可使用的功能范围，进行内部管理。

第五，简单易用实施便捷。

① 采用一体化交付模式，插机即用。

② 产品依据各类人员的实际生产状况设计，优化产品使用路径，操作简捷，逻辑清晰。

③ 具备出色的业务能力，能够快速按照不同的业务需求进行产品功能优化，迭代迅速。

2. 2020 年联泰科技的最新发展策略

虽然我国的 3D 打印产业起步较晚，但我国拥有全球最大的 3D 打印潜在市场，未来我国 3D 打印市场规模增速有望高于全球水平。成立于 2000 年的上海联泰科技股份有限公司（简称“联泰科技”），是国内最早从事3D打印技术应用的企业之一，参与并见证了中国3D打印产业的主要发展进程。

近期，联泰科技在发布新简介的同时，也梳理了公司20多年来的发展历程。联泰科技作为3D打印行业中的优质企业，在技术不断迭代更新的过程中，专业化程度也随之提升。同时，在用户为王的时代背景下，联泰科技紧紧抓住市场发展趋势，始终以客户需求为导向，致力于生态联合，以资本展开跨界，实现价值最大化，以知识赋能，培养人才，为企业创造持续动力，拓宽市场边界，突破原有的行业天花板，不断连接伙伴协同共生，创建一个具有高度开放的协同共生业态，实现最终的共赢发展。

2000年，联泰科技推出了RS系列光固化3D打印机，它是国内首家将光固化3D打印投入工业市场应用的企业。凭借多年积累的行业应用经验，联泰科技的技术、产品不断升级更迭，相继布局口腔、教育、鞋业等垂直应用市场，推出相对应的专业化3D打印设备。2017年，联泰科技成功研发上市全球首台应用于鞋业生产的双激光头光固化3D打印设备。

通过在3D打印行业20余年的努力耕耘，联泰科技目前拥有国内立体光固化成型（Stereo Lithography Appearance，SLA）3D打印技术较大份额的工业领域客户群，国内市场占有率超过60%，在国内3D打印技术领域具有广泛的行业影响力和品牌知名度。

联泰科技UnionTech发布新简介，预示着该公司将迈向新起点，再创新巅峰。深圳未来工场实拍如图5.3所示。

图5.3　深圳未来工场实拍

当前3D打印技术和相关市场都处于急速发展期。

近期，平安证券公布的《智能制造行业专题报告——3D打印产业链全梳理，高成长赛道的机遇和挑战》数据显示，2018年全球和国内的3D打印产业规模分别达到了96.8亿美元和23.6亿美元，5年间的复合增速分别达到了26.1%和49.1%，预计未来几年仍将快速增长。

随着发展趋势向好，亚洲也有望成为3D打印需求增长最快的地区。据IDC预计，未来5年内，全球3D打印市场将以22.3%的年复合增长率持续增长。

可以说，3D打印将迎来属于它的高光时刻！

联泰科技是我国第一批真正专注于3D打印技术且目前发展仍然可期的公司。从市场地位来看，作为最早进入中国3D打印领域的第一批企业，联泰科技已经成为国内自主研发工业级3D打印设备的市场优质企业。

此外，以三维数字化制造技术为基础的联泰科技，通过3D打印技术为用户创造价值和提升用户体验，致力于为多行业用户在“分布式制造”和“规模化定制”之间构建连接，不断融合、创造、演进全新的商业模式，为 3D 打印行业、制造业乃至人们的生活方式带来变革。

同时，联泰科技始终以客户需求为导向，根据客户的差异化需求制订相应的研发策略，从而为客户提供专业的 3D 打印技术综合解决方案和高质量的售前售后服务。目前，联泰科技的产品已被广泛应用于工业制造和消费品生产等多个行业领域。

其中，联泰科技自 2003 年开始进军鞋业市场，是国际上最早衔接鞋模行业的 3D 打印设备厂家之一，2014 年开始联泰科技与国际知名鞋业品牌阿迪达斯、全球最大的鞋业制造商宝成国际集团建立长期稳定的合作关系，并快速推进面向鞋业专用的 FM（Footwear Manufacture）系列 3D 打印量产化设备及配套软件和云系统平台，为鞋业在看样模、试穿模、生产铸造等各个应用方向提供综合性解决方案。

此外，联泰科技借助较高的市场份额，进军轻工、健康、教育、文创等产业，全方位开发应用领域，产品应用需求有望迎来井喷式增长。20 多年的技术积累，为联泰科技提供了更强的服务能力。

注重为客户提供 3D 打印服务能力的联泰科技，可为多行业客户提供从设备、服务到材料的“一站式”服务，全方位满足客户需求，为客户针对性地提供整体解决方案，打造基于个性定制需求的分布式制造平台，吸引了一大批高黏度的客户群体，有利于保持先发优势并持续发力。

“联接、协同、共生”是联泰科技未来发展的主旋律。此前，联泰科技总经理提到，当今形势纷繁复杂、快速多变，但不确定的是环境，确定的只有我们自己，我们应该回归初心，回到对主航道的专注上。

接下来，联泰科技要积极构建学习型、知识型的组织系统，推动企业从单纯的产品供给向对客户的价值进行赋能的核心能力的转变；联泰科技将对 3D 打印产业的价值链重新进行认知、挖掘和整合，连接所有的伙伴，协同共生，致力于行业的生态联合、共赢发展。

在资本层面，联泰科技与上海联一投资中心、深圳藤松投资企业、广州星狐鼎股权投资管理合伙企业 3 家投资方在此前联泰科技 UnionTech 的“2019‘逐梦前行’未来规划大会”上共同签署了增资协议。

联新资本作为联泰科技早期的投资方，一路走来不断加码，前后调用旗下三支基金投资联泰科技，联新资本坚定地看好 3D 打印行业，坚定地看好联泰科技的发展，将全力支持联泰科技新管理团队。

在技术维度层面，联泰科技专注的 SLA 技术在 3D 打印行业内首屈一指，同时也为联泰科技提供了核心支撑，构筑了坚实的竞争壁垒。

例如，联泰科技的系列 SLA 3D 打印机能够实现快速原型制造，广泛应用于制作手板模型，手板模型在工业产品设计的早期阶段至关重要。而且快速原型制造大大缩短了从设计到生产的时间。不像传统的开模制造或者人工制作模型，快速原型制造速度可更快更有效地帮助企业在早期发现产品的设计缺陷。

在建立平台上，联泰科技针对场景的差异化应用，同时发力线上和线下。通过建立 3D 数据云平台，结合线下业务，促进 3D 打印生态发展。

2016 年 12 月，联泰云管理系统正式上线，这是联泰科技为了实现 3D 打印技术的分布式规模化生产而设计开发的多设备远程控制平台。2017 年 5 月，联泰科技正式推出其全新的 3D 打印数据处理软件。

最后，在创新商业模式上，联泰科技 UnionTech 一直走在市场前沿。联泰科技以三维数字化制造技术为基础，以市场需求为导向，深入细分市场需求，聚焦于技术资源的整合和运用，大量开展应用性技术研究，通过 3D 打印技术为用户创造价值和提升用户体验，以市场驱动技术应用，致力于为多行业用户在“规模化定制”和“分布式制造”之间构建连接，不断融合、创造、演进全新的商业模式。

二、系统解决方案

1. 大尺寸 / 高硬度功能性模具的激光送粉增材及修复工艺

（1）三维随形流道结构的成形方法。该方法提出了将铣削、等离子弧堆焊、激光同步送粉工艺增材复合，实现随形冷却模具内冷却通道的增材复合制造；研究基于增减材工序的模型设计、大尺寸结构等离子弧堆焊过程路径规划、成形过程中工艺参数的智能化调整等，采用管材定位支撑方式，可以实现含流道结构的不变位姿直接成形。三维随形流道结构的成形技术如图 5.4 所示。

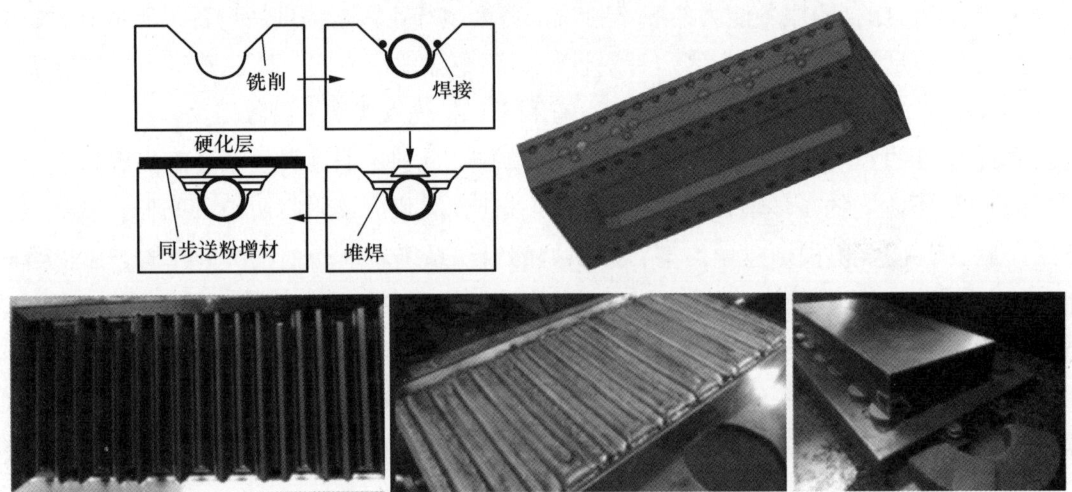

图5.4　三维随形流道结构的成形技术

（2）异种工艺 / 材料的界面稀释行为及基于材料工艺性能的梯度化设计方法。该方法系统地研究并揭示了传统模具钢表面沉积异质材料过程中的界面转化行为及其诱导的界面性能转变，提出了中间层材料加入大尺寸模具钢成形过程中，组织梯度化转变及其性能转变的影响机制。传统模具钢表面沉积异质材料的界面稀释行为如图 5.5 所示。

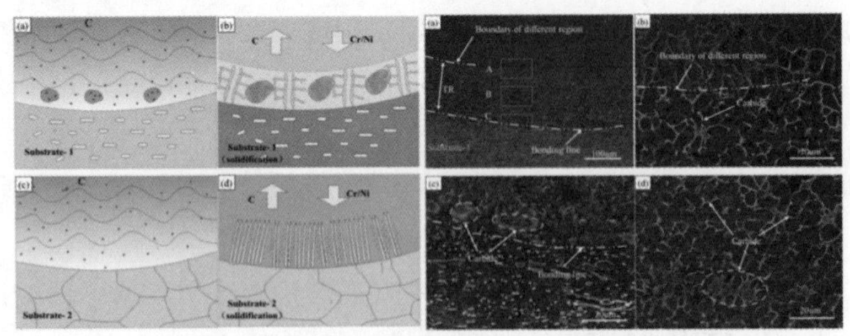

图5.5　传统模具钢表面沉积异质材料的界面稀释行为

（3）精细加工过程中材料的变形行为及精密加工表面的缺陷萌生及调控方法。该方法揭示了表面缺陷的尺度及分布特征，具体从沉积过程、磨抛过程中点状缺陷的起源、扩大、分类等机理性问题进行了揭示；提出了从增材到抛光全工艺流程优化方法，将点状缺陷尺度从截面最大尺度 100mm 以上控制到 25mm 以下；另外，对在增减材交互过程中的热力耦合行为的作用下，表面形貌及亚表面组织变形行为进行了研究。镜面状态下增材成形模具钢的表面缺陷行为如图 5.6 所示，表面形貌缺陷行为的调控方法如图 5.7 所示。

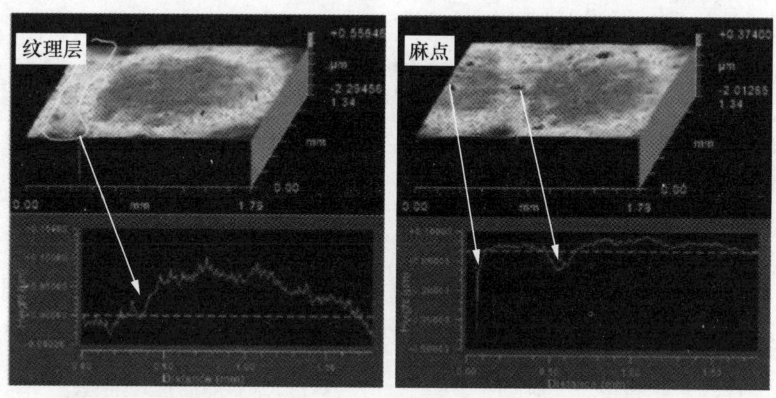

图5.6　镜面状态下增材成形模具钢的表面缺陷行为

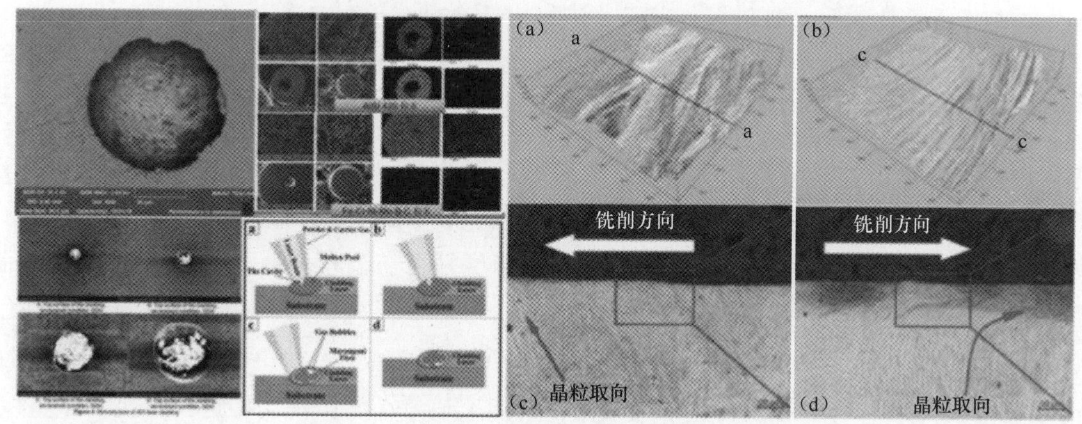

图5.7　表面形貌缺陷行为的调控方法

（4）大尺寸 / 高硬度模具的增材制造技术的工程转化方法。该方法以航空航天用复杂曲面模具、镜面模具、高硬度汽车模具等为对象，开展增材成形及后续精密加工等系列化工程转化。中航工业 621 所大尺寸镜面模具模芯增材制造如图 5.8 所示。一汽集团冲压模具镶块等修复及复合制造如图 5.9 所示。

图5.8　中航工业621所大尺寸镜面模具模芯增材制造

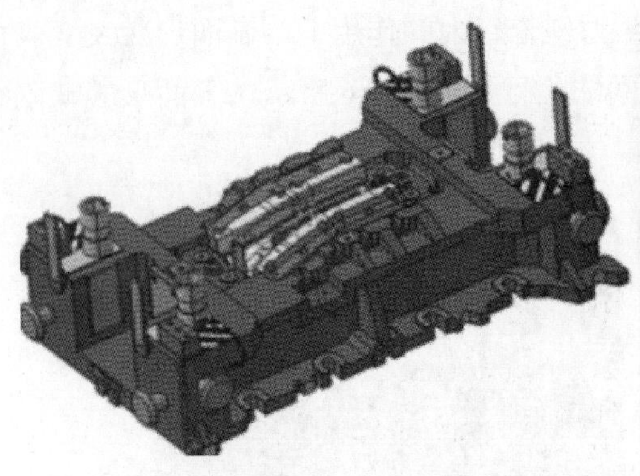

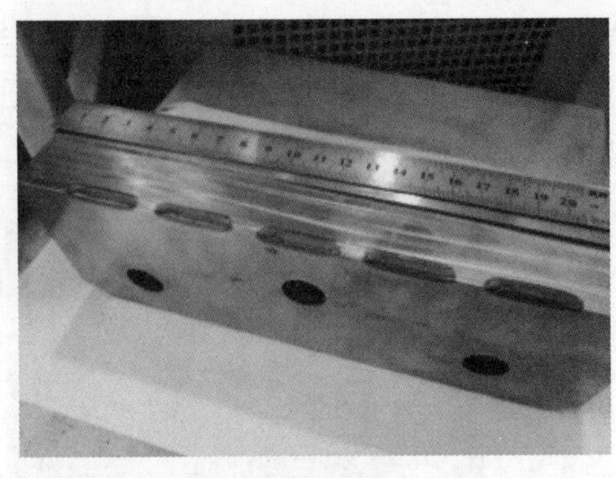

图5.9　一汽集团冲压模具镶块等修复及复合制造

以功能性模具为代表的高端模具在航空航天、轨道交通、国防军工等领域应用广泛，具有高硬度、高精度、高型面质量、三维流道结构复杂等特点，代表着模具制造工业的最高水平。根据中国特钢企业协会报告，我国高端模具市场需求每年达近百亿元，大部分高端模具需从日本、德国、瑞典等国家进口，严重制约着我国先进制造业的发展。因此，发展生产高端模具的新制造技术、工艺及材料对于提升我国先进制造业整体水平、打破国外垄断、满足内需等具有重要意义。

2. 冬奥会国家速滑馆三维检测

冬奥会国家速滑馆位于北京奥林匹克森林公园网球中心南侧，建成后可作为冰球、冰壶、大道速滑项目的场地，是一个综合性场馆。该场馆 2016 年开建，2019 年完工。速滑馆在封顶的时候，施工方需要对其中部分钢结构进行检测，检测结合处的缝隙宽度是否在公差范围，同时为封顶前最后一步加盖玻璃提供精确数据。

三维检测速度快，通过一次扫描就可以保存现场的所有真实数据；其整体精度高，扫描仪的精度达到 ±1mm；它还能为最后一步封顶提供精确数据。把国家速滑馆施工现场搬进计算机，完整保留真实的现场环境和状态，其中的钢结构也可以任意查看和测量。国家速滑馆室内部分高精度点云数据如图 5.10 所示，国家速滑馆的整体点云模型如图 5.11 所示，提取钢结构部分数据进行测量和缝隙公差确认如图 5.12 所示。

图5.10　国家速滑馆室内部分高精度点云数据

图5.11　国家速滑馆的整体点云模型

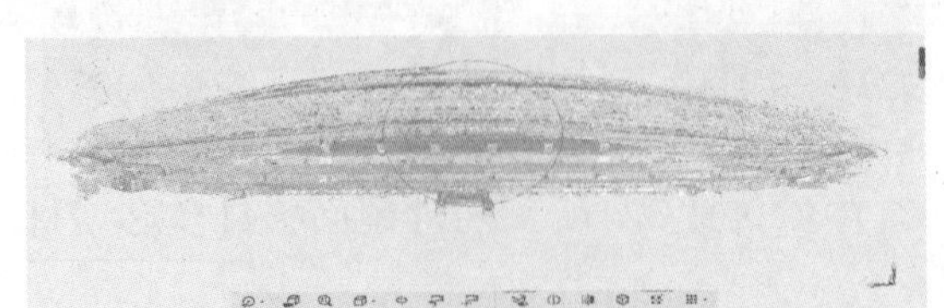

图5.12　提取钢结构部分数据进行测量和缝隙公差确认

3. INTAMSYS 3D 打印机助力智能结构组件创新生产

中国科学院太空制造技术实验室研究团队（CAS-Key Laboratory of Space Manufacturing Technology，SMT）最近在《ACS 应用材料与界面》（*ACS Applied Materials & Interfaces*）上发表了一种通过激光诱导石墨烯技术在聚醚醚酮（PEEK）3D 打印件表面引入导电传感电路的方法，用于制造智能结构件。

该研究团队基于前期聚醚醚酮（PEEK）材料 3D 打印，运用上海远铸智能（INTAMSYS）工业级 3D 打印机 FUNMAT HT 打印出 PEEK 结构件，再通过 10.6mm 波长的 CO_2 激光加工后，得到具备导电和传感双重功能的 PEEK 激光诱导石墨烯（Laser Induced Graphene PEEK-LIG，），通过进一步的处理，得到智能结构件。该智能结构件可在多种场景中应用，具备优异的力学性能、高灵敏度、高稳定性等优点，其制备方式简单且成本较低。

3D 打印技术和激光诱导石墨烯技术的结合，降低了制造智能结构件的成本，丰富了应用场景。研究人员利用 FUNMAT HT 制造出 PEEK 齿轮，利用激光诱导石墨烯技术在 PEEK 轮齿上制造出传感结构，实现了对齿轮磨损情况的检测与判断。值得一提的是，该方法具有广泛的适用性，因为大部分高分子材料均可以通过该方法制造出石墨烯结构。

4. 3D 打印机自制防疫口罩

由于美国新冠肺炎疫情日益严重，位于犹他州希尔空军基地的空军 388 战斗机联队响应五角大楼的号召，自行制造防疫口罩。

该部队使用了 Raise3D 打印机来制造 N95 口罩。他们在 3D 打印机上使用了一种合成材料（尼龙、塑料和碳纤维），每个面罩由 3 个独立打印而成的部分组成，分别是口罩主体、内部网格和放置过滤材料的外罩。这种 3D 打印口罩可以多次使用，只需用酒精进行消毒。口罩的滤芯则是从家用的空气净化器的滤材上切割下来的。将口罩固定在脸上，绳子具有弹性，口罩内部边缘的密封条可以保证其密封性。美国中校展示 3D 打印口罩如图 5.13 所示。

图5.13 美国中校展示3D打印口罩

5. 普通车床教具模型的设计制作

安徽群领东方三维技术有限公司设计制作的是普通车床模型，由零部件测绘、数据采集、三维模型绘制、数据修改、3D 打印制作、上色等多个环节组成。该教具模型可带入课堂，通过拆解并配合视频让学生清楚地了解普通车床的内部结构及工作原理，便于车工课程的教学。

目前，在车工课程的教学过程中，由于车床庞大，结构封闭，通过简单的讲述很难让学生理解普通车床的内部结构和工作原理，所以通过将车床拆解、测量并绘制成三维数据模型，根据 3D 打印的特点调整改进数据，制作实体的车床模型，有助于车工课程的教学。学生可通过拆解车床模型掌握车床的内部结构，通过视频及传动演示，掌握车床的工作原理。

车床数据采集和三维模型绘制运用了实验推理法、整体优化方法、功能模拟方法。3D 打印技术实现了将车床带入课堂，实物拆解配合视频演示极大地增加了教学的直观性和趣味性，提高了课堂教学效率。目前，该项目在学校的运作情况非常好。更完善的设想是加入微型电控装置，控制微型 3D 打印车床模型，使其实现真实运动，进一步增加模型的真实性。

该项目已经在芜湖机械工程学校得到实际应用，为高校学生学习车工课程提供了极大帮助，为学校的专业建设、课程改革和建设提供了有力支撑。

三、重点制造领域

1. 研究动力装备增材制造构件结构和微观缺陷的高效无损检测方法

该方法利用工业计算机层析成像（CT）等无损检测技术开展应用研究，通过优化检测参数，扫描重构含有内部结构尺寸和典型微观缺陷特征信息的高质量三维图像模型，对比设计模型分析尺寸合规性，识别产品中存在的（例如，裂纹、气孔、熔合不良、成分偏差、变形等）冶金缺陷，编织典型缺陷特征图形，建立数据库。

利用力学拉伸机，结合产品设计相应的夹具，进行力学性能的检测，并汇总统计力学性能数据。

利用扫描电镜和金相显微镜对力学拉伸产品断口进行分析。

利用粗糙度测厚仪进行样品表面粗糙度的检测和分析。

统计检测数据和缺陷，分析缺陷与材料、工艺等之间的关系，建立高效的无损检测方法及增材制造产品质量评价标准。

该方法研究团队与中国航发商用航空发动机有限责任公司合作，通过专业、高效的检测手段，结合增材制造产品生命周期，对增材制造典型结构、试制零件、批产零件、后处理、多批次增材制造零件的力学性能、冶金缺陷、尺寸精度、表面粗糙度稳定等项目进行检测，为中国航发商用航空发动机有限责任公司增材制造产品的工艺调整和优化提供检测数据和质量判断依据。

航空航天增材制造的复杂构件易出现翘曲变形、熔合不良、尺寸精度不高、开裂、气孔、夹杂、裂纹等缺陷，这些缺陷会导致构件疲劳、寿命减少，阻滞了增材制造产品的批量化。研究构件的成形工艺、缺陷、性能关联性至关重要。通过检测成形件缺陷、优化性能来倒推工艺，有利于增材制造成形件的产业化，促进增材制造在各行各业的规模化应用。

2. 基于 SLM 技术的核电堆芯过滤组件复合制造技术与解决方案

堆芯过滤组件如图 5.14 所示，在反应堆冷试和热试期间，堆芯过滤组件被安装在下部堆内构件下支承板上。通过堆芯过滤组件网面的过滤作用，将循环水回路中的异物、颗粒完成过滤清洁，防止异物、颗粒进入反应堆冷却剂系统设备，造成设备损伤。当冷试或热试完成后，拆除堆芯过滤组件。

针对设备防异物损伤的现实需求及前期项目滤网组件失效的经验反馈，堆芯过滤组件的质量尤其是过滤网面的质量是防止反应堆冷却剂系统设备损伤的关键，如何提升堆芯过滤组件结构及功能完整性，最大限度地发挥该部件的防异物损伤功能是业界亟须解决的技术瓶颈。

针对传统堆芯过滤组件多部件装配制造难度大以及滤网网面编制钎焊质量问题多发等现状，本项目基于选区激光熔化（SLM）技术，完成了 304L 不锈钢材料控形、控性工艺开发，先后攻克了结构一体化设计优化、材料 SLM 成形工艺和后处理改性方案的开发、工艺稳定性控制、制造工艺优化、应用性能验证及评价研究关键技术等难题，产品各项指标全面优于传统工艺制造的堆芯过滤组件，正被有序用于核电工程项目。

3D 打印复合制造核电堆芯过滤组件，基于产品功能试验台架，完成了应用性能试验及验证。与传统产品相比，它采用了一体化设计、均质化制造，在相同试验设备、相同试验工况的条件下，产品的整体承载性能提升了 200%，水力冲击抗变形能力提升了 100%，产品性能稳定，试验裕量明显，质量也有大幅提升。

基于 SLM 技术的核电堆芯过滤组件复合制造开发的核用 304L 不锈钢材料 SLM 控形、控性工艺参数包，可被拓展应用于同类核电不锈钢功能结构件的快速制造。

图5.14　堆芯过滤组件

3. 激光增材制造点阵夹层结构铝合金相变储能装置

相变储能装置被广泛应用于航空航天等领域。传统的制备方法是采用蜂窝或翅片结构件六面体外壁焊接封装蒙皮，加工周期长、成本高，且材料利用率低。

采用高强度 $AlSi_{10}Mg$ 铝合金激光选区熔化增材制造方式制备薄壁点阵夹层结构相变储能装置，可以满足新一代航天储能装备对相变储能装置结构提出的更高的设计及制造需求，主要体现在轻量化、高效、高精度、高可靠性等方面。①在保证结构稳定性及高可靠性的基础上，进一步进行轻量化设计，提高其比强度和比刚度。②对结构件进行整体化结构设计及整体制造，提高相变材料的导热性能，以满足高效和长寿命使用需求。鑫精合激光科技发展（北京）有限公司已完成多批次的点阵夹层结构装置产品的增材制造和交付任务，相关产品通过了工艺鉴定并已应用于航天型号。

我国将增材制造定位为重点发展领域，2017 年，工业和信息化部等 12 个部门联合印发了《增材制造产业发展行动计划（2017—2020 年）》，充分体现了国家对增材制造产业发展的重视和支持。

目前，在工业领域中，增材制造技术中的选区激光熔化（SLM）成形技术是应用较为广泛、成熟度较高的工艺方法。该方法基于快速成形的基本思想，采用逐层熔覆的增材制造方式，根据零件的三维模型，将模型按一定的厚度切片分层，随后在数控系统的控制下，用激光通过阵镜控制熔化金属粉末，直接成形具有特定几何形状的零件。SLM 在成形过程中金属粉末完全熔化，产生冶金结合，成形零件的致密性好，具有组织性能高的特点，且能够成形高精度、复杂异形的金属零件。

鑫精合激光科技发展（北京）有限公司按照客户要求，于 2016 年 12 月开始相变储能装置 $AlSi_{10}Mg$ 铝合金激光选区熔化成形的研制任务，于 2017 年 5 月、2018 年 7 月、2019 年 6 月分别完成 3 个批次的相变储能装置产品的交付任务，保证了相变储能装置产品的质量稳定性，公司通过对该产品整体生产工艺参数进行系统的试验与验证，固化了生产工艺，对整体生产过程制订了有效控制措施；并都已满足 Q/W 1351-2011《航天器产品工艺鉴定管理要求》。

相变储能装置产品是由蒙皮包络、点阵填充的薄壁件，产品内部点阵结构为金字塔胞元结构，这种结构与传统的蜂窝板结构相比，极大程度上提升了航天器件的轻量化水平，且可靠性更高、整体性能更好。传统的加工方法无法实现这种复杂薄壁、点阵结构的制造，选区激光熔化（SLM）成形技术采用了逐层熔覆的方式，摆脱传统制造方式的束缚，成为制造相变储能装置产品的唯一方式。激光选区熔化成形具有成形精度高、尺寸极限小、零件致密性好、组织性能高、可靠性和稳定性高的特点，能够极大地提高零件的成品率。在零件设计上，零件为整体封闭薄壁壳体结构，其内部的金字塔点阵胞元成形角度为45°，也适用于激光选区熔化工艺成形的角度，此类结构非常适合采用激光选区熔化成形技术。相变储能装置壳体剖视如图5.15所示，金字塔胞元结构如图5.16所示，相变储能装置产品剖视如图5.17所示。

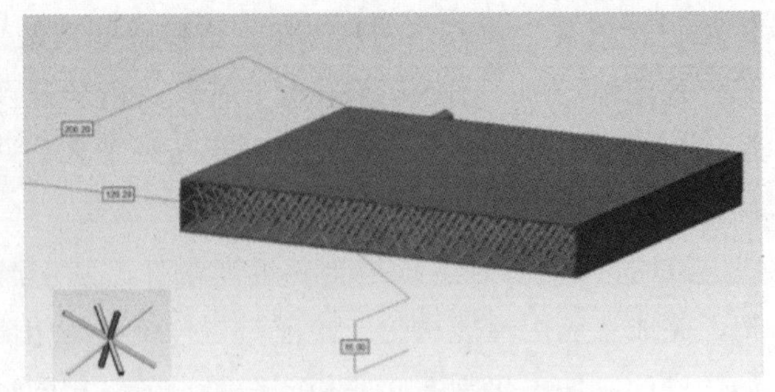

图5.15　相变储能装置壳体剖视

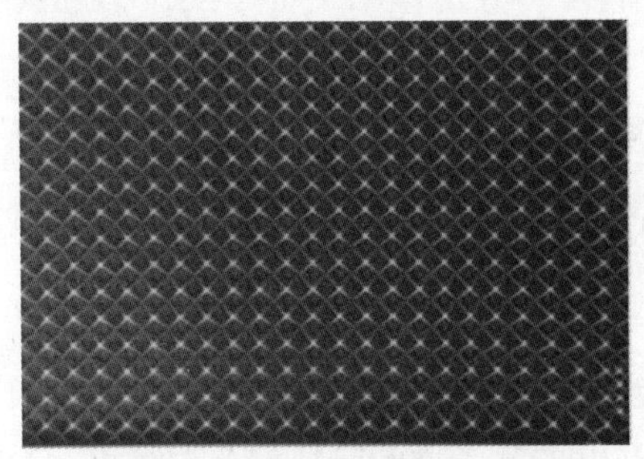

图5.16　金字塔胞元结构

图5.17　相变储能装置产品剖视

鑫精合激光科技发展（北京）有限公司以XX高低温相变储能装置产品、XX-3高低温相变储能装置产品等点阵夹层结构产品对激光选区熔化成形工艺的需求为背景，为了满足$AlSi_{10}Mg$铝合金激光选区熔化成形产品在航天器结构上的工程化应用需求，以客户技术要求和$AlSi_{10}Mg$铝合金激光选区熔化成形工艺鉴定方案为依据，开展了大量工艺研发、技术验证和构件研制工作，最终顺利通过了工艺鉴定，为激光选区熔化成形工艺在航天器件上的应用提供了技术支持，极大地促进了$AlSi_{10}Mg$铝合金激光选区熔化成形产品在航天器结构上的工程化应用。

该项目采用激光选区熔化成形技术进行高精度薄壁轻质封装三维网状点阵结构件的整体式增材制造，代替传统蜂窝或翅片结构外接蒙皮工艺，实现了复杂轻量化结构制造的颠覆性创新，解决了“设计得出来，制造不出来”的难题，实现了缩短制造周期和减轻结构重量的目标。相关工艺技术已通过航天工艺鉴定并在型号产品中应用，后续通过成果转化推广，还将产生更大的经济效益和社会效益，技术及产品的应用前景十分广阔。

4. 金属3D打印制造一体化赛车冷凝器

先临三维科技股份有限公司利用选区激光熔化（SLM）成形技术制造了随形一体化赛车冷凝器，其使用铝合金材料进行打印。在经过热处理、喷砂等处理后，赛车冷凝器交付给哈工大方程式赛车队。车队经过实际应用之后，发现赛车的散热性能相较于之前有了明显的进步。相较于先前日本赛车使用旧设计时的散热器温度，2018赛季新设计的散热器温度降低了10℃左右。赛车冷凝器如图5.18所示，3D打印一体化的冷凝器如图5.19所示，冷凝器装配到赛车上如图5.20所示。

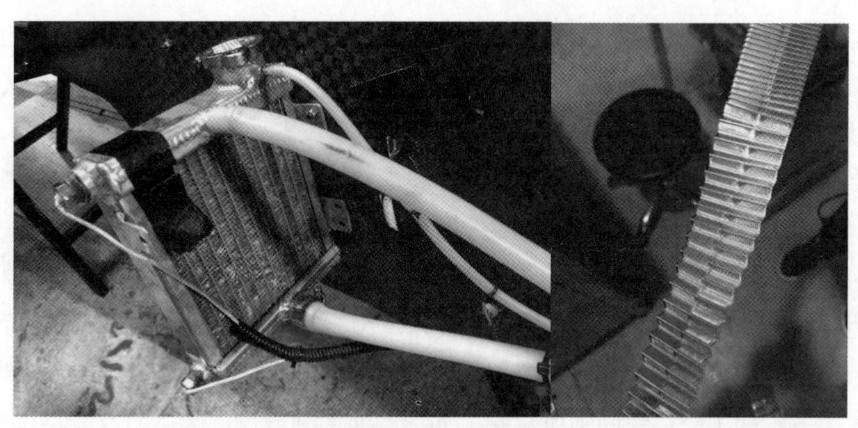

图5.18　赛车冷凝器

相较于传统工艺，金属 3D 打印技术制造方便且快速，在产品研发和维护阶段都可快速修改和更换，让赛车在追求轻量化、稳定化的同时，探索性地尝试新的系统布置和材料，使赛车的设计更加精细化，综合性更强。

在工艺流程上，3D 打印技术让冷凝器制造从原来的多个部件焊接转变为一体化成形，简化了工艺流程，缩短了加工时长。并通过拓扑优化，在满足强度的同时减轻重量，提升了冷却质量，解决了传统工艺多部件焊接易产生的冷却液泄漏等问题，为赛车带来更好的性能。

图5.19　3D打印一体化的冷凝器

图5.20　冷凝器装配到赛车上

5. 复杂结构产品一体化设计与制造

舵面的最大外形尺寸为 480mm×380mm×50mm，传统舵面制造工艺主要是对骨架与蒙皮分别进行加工，后续采用电子束焊接，制造工序烦琐，单件生产周期超过 2 个月，制造成本居高不下，铸造与焊接工序中存在质量稳定性较差等问题，成为制约舵面型号研制与后续批量生产的短板。

基于舵面一体化成形思路，将传统舵面结构进行优化设计。先对原始骨架及蒙皮进行结构优化，形成一体化舵面外翼；再在腔体内填充点阵结构，点阵密度为 10%，一方面可确保蒙皮在成形以及工作状态下不会发生变形，另一方面可提升整体结构刚度，提升舵面的综合性能。为保证激光选区熔化成形过程封闭腔粉末全部导出，还在骨架上通过开工艺通粉孔，通粉孔后续会被焊接封堵。点阵填充舵面骨架如图 5.21 所示，舵面蒙皮如图 5.22 所示，舵面蒙皮骨架一体化成形如图 5.23 所示，一体化舵面剖面如图 5.24 所示。

舵面结构重量限制严格，点阵结构的填充可大幅提高整体结构刚度，同时在激光选区熔化成形过程中起到支撑表面蒙皮的作用，也可通过降低骨架和蒙皮厚度来弥补点阵结构重量的增量。通过仿真分析，骨架厚度由原来的10mm降低至8.5mm，蒙皮厚度由1.8mm降低至1.5mm，优化后，一体化舵面结构重量与分步制造舵面重量相当。

航天科工增材制造中心通过技术攻关，突破舵面成形过程中尺寸精度和变形控制、点阵结构缺陷检测等关键技术，完成近百件舵面生产制造，涉及5种武器装备型号。

航天领域结构产品的研发具有小批量、多品种、高性能等特点，突破了现有设计极限，并对结构创新设计技术及快速研制技术提出更高的要求。先进设计技术与增材制造融合，助力发展创新设计技术，具有广阔的应用前景。复杂结构产品一体化设计与制造，可以实现产品“结构—结构”一体化“结构—功能”一体化，一方面减少繁杂的工序，提高制造效率，加快产品研制周期，降低研发成本；另一方面有效提高结构的整体稳定性，大幅提高产品的综合性能，相较于传统制造工艺来说，其具有突出的技术优势。该解决方案可广泛应用于武器装备舵面、舵轴、前缘、发动机等复杂异形构件的研制，可满足高端武器装备对整体化、轻量化、低成本、高性能结构的迫切需求，在航空航天领域应用前景广阔，经济效益可观。

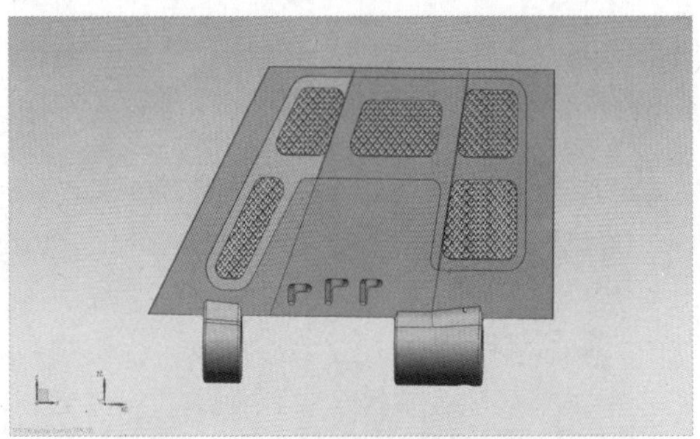

图5.21　点阵填充舵面骨架

图5.22　舵面蒙皮

图5.23　舵面蒙皮骨架一体化成形

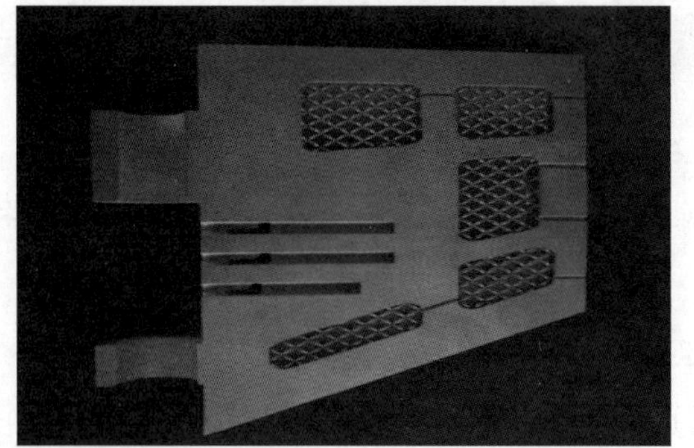

图5.24　一体化舵面剖面

6. 大尺寸高端金属构件复合增材制造

某舱体的整体结构为圆锥桶状、下端开窗口，内壁凸台结构，材料为钛合金TA15，重量为5.1kg，最大外形尺寸为Φ340.8mm×H459mm，舱段上段壁厚为1.6mm，中间凸台环壁厚度为3mm，舱段下段壁厚为2mm，舱段上下部有厚度为5mm的端框，且端框均为沿薄壁单向向内增厚。舱体结构如图5.25所示。该舱体采用机加或铸造方式成形，加工难度大、材料利用率低、生产周期长。

考虑到舱体下端结构复杂、尺寸精度要求高，而舱体上端结构相对简单，综合分析舱体的结构特点，采取了下端 SLM+ 上端 LMD 复合制造方式成形，充分利用不同成形技术的特点和优势，实现舱体的高效快速制造。舱体切分示意如图 5.26 所示。

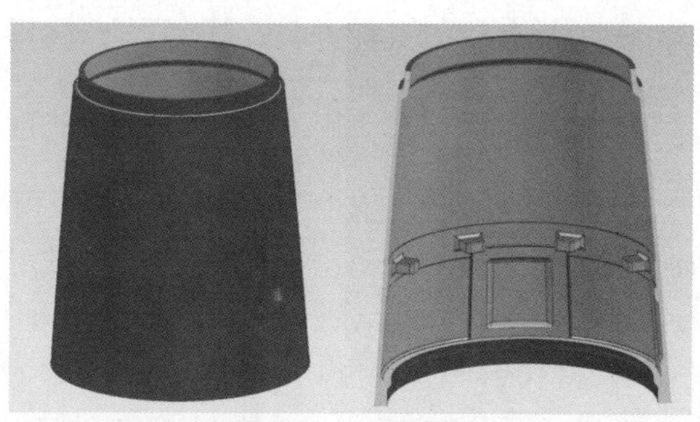

图5.25 舱体结构

首先需对零件下段进行 SLM 成形，为能保证较好的成形性，舱体下端 SLM 成形如图 5.27 所示。成形过程中综合考虑了产品的尺寸精度和变形，采取复合支撑形式，确保舱体下端高质量成形。舱体下端成形后需进行退火处理，去除 SLM 成形过程中的残余应力。在已成形的基体上进行上端 LMD 成形，LMD 成形部分与 SLM 成形部分的界面处水平摆放，平行于成形平面，最终实现舱体的高效、高质量复合制造。舱体毛坯件如图 5.28 所示。

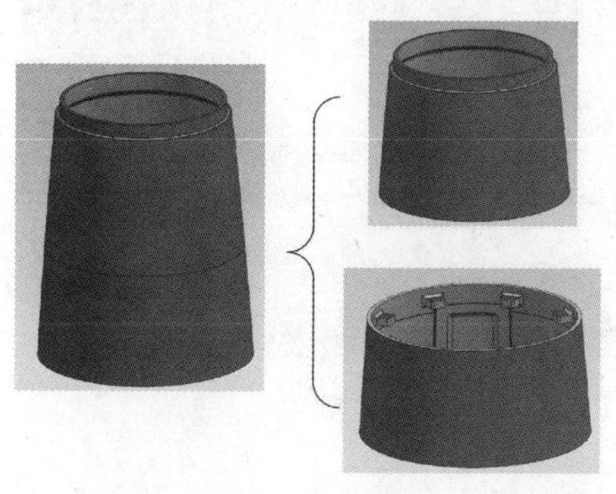

图5.26 舱体切分示意

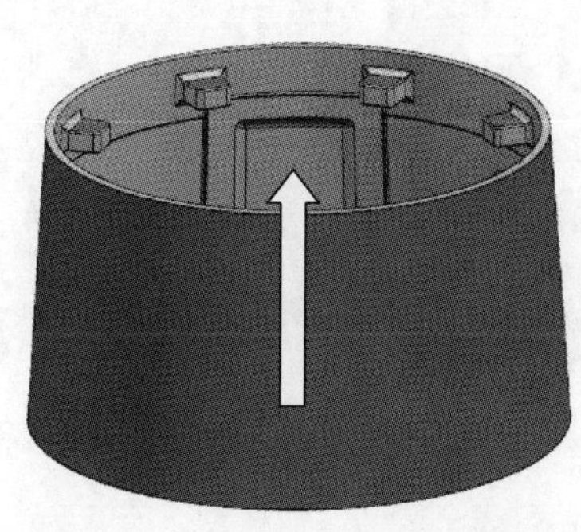

图5.27 舱体下端SLM成形

图5.28 舱体毛坯件

航天科工增材制造中心通过技术攻关，突破了大尺寸异形薄壁舱体成形精度控制、变形开裂、复合制造界面性能表征等关键技术，实现了 10 余件舱体制造，产品已顺利通过地面试验及飞行试验考核。

针对大尺寸高端金属复杂构件的结构特点，根据生产效率、表面精度、综合成本等客观需求进行分区域制造，采用不同增材制造工艺耦合协同，充分发挥不同增材制造技术高效率、高精度的优势，是实现大型复杂构件整体高效快速制造的一项重大技术突破。复合增材制造解决了单一增材制造工艺时低投入成本、高生产效率与高成形精度不可兼得的难题，实现了复杂结构零件的柔性化智能制造，在降低生产成本、提高生产效率的同时获得性能优异的零件，具有重要的研究价值和应用意义。该解决方案可广泛应用于武器装备舱段、框梁等高端金属构件的智能制造过程中，为武器装备研制面临的品质、制造周期、成本、可靠性等方面的挑战提供了新型技术支撑，具有广阔的应用前景，经济效益和社会效益显著。

7. 内流道冷却器件

浙江亚通焊材有限公司通过 3D 打印技术制造了随形水路工件，其水路可随着产品的形状均匀分布，从而进一步降低成形周期，提高产品的附加值。3D 打印的随形水路为任意形状、任意截面，通过改变形状和截面使随形水路均匀布置，达到更快速、更均匀的冷却效果。

① 根据工件形状的复杂程度，可使冷却时间降低 60% ～ 80%。

② 根据工件形状，可减少工作期间变形量 15% ～ 90%。

③ 成本略有增加，但综合产能、良品率等因素，以及最终效益均有大幅提高。

④ 随形水路的应用范围广，可应用于多数工件冷却优化。

8. 砂型 3D 打印机在发动机领域的应用

全国首例全程数字化主导的铁型铸造减重国六气缸体在玉柴诞生。案例现场如图 5.29 所示，PCM-1800AJ 实物如图 5.30 所示，打印机在玉柴的使用现场如图 5.31 所示，缸盖砂芯打印过程如图 5.32 所示，缸盖砂芯组芯过程如图 5.33 所示，缸体缸盖内部检测现场（无断芯、无烧结）如图 5.34 所示，缸盖解剖，检测内部情况（壁厚均匀、无烧结、无断芯、清砂干净）如图 5.35 所示。K13 气缸体作为零部件事业部配件业务开发的首款主力减重的国六蠕铁气缸体产品，通过提高材料牌号、优化结构、减小壁厚等方式进行优化减重，大部分壁厚要求为 4mm，经过多轮减重，并进行数字化模拟仿真验证，最终初步减轻重量达 40kg，占气缸体重量 12%。

图5.29　案例现场

图5.30　PCM-1800AJ实物

图5.31　打印机在玉柴的使用现场

图5.32　缸盖砂芯打印过程

图5.33　缸盖砂芯组芯过程

图5.34　缸体缸盖内部检测现场（无断芯、无烧结）

图5.35　缸盖解剖，检测内部情况（壁厚均匀、无烧结、无断芯、清砂干净）

K13 气缸体的长度为 1060mm、质量达 300kg，如何保证壁厚达到 4mm 薄壁件的公差要求，又保证毛坯的铸造质量，是一个很大的挑战。单单铸件里一个水套砂芯就长达 1.128m，通过 3D 打印、组装到砂芯组、浸涂涂料、烘烤砂芯、安装砂芯到铁型、合箱、浇注铁水等多个工序，如果变形超大，则难以保证壁厚。

全程数字化主导的铁型铸造工艺方案全程精密可控，直观、准确、方便、快捷、放心，一举替代了传统手工压泥条、用卡尺测量检查壁厚的操作方式，是全国首例全程数字化主导的铁型铸造减重国六气缸体，对我国工业发展具有促进作用。

2019 年 10 月 16 日，由峰华卓立制造的砂型 3D 打印机交付给广西玉柴机器股份有限公司（简称“玉柴”）工艺技术部使用，补充了玉柴工艺技术部快速制芯工艺，实现了缸体、缸盖快速件的交付。早在几年前，玉柴就开始使用 3D 打印技术，3D 打印完全不需要模具，使玉柴从传统技术走向数字化技术和智能制造技术，这个技术覆盖了玉柴柴油机所有的产品，在国内水平较高，在国外已经达到欧洲的先进水平。

2017 年以来，具有玉柴特色的 3D 增材和减材无模快速制造技术，应用在国六气缸体、气缸盖复杂关键零部件开发，使国六全系列发动机新品的开发时间由原来有模制造的 180 天缩短到现在的 30 多天。近年来，玉柴快速制造团队累计完成了100多种柴油机新品缸体、缸盖等核心零部件的开发，开发周期缩短 80% 以上。

9. 防静电治具

计算机线路板组装线上的夹治具的传统方法是采用 CNC 加工电木而成，用 SLA 机器和定制化光敏树脂材料生产的治具有同样的防静电效果，用大型打印机大批量制作能达到稳定的生产效率和较高的精度。上海那恒新材料有限公司采用 3D 打印技术代替了 CNC 制作防静电夹治具，大幅提升了生产效率，表面电阻值可控制在 107Ω ～ 109Ω，生产成本可降低 40%。

10. 农业用反应器的材料及结构优化

农业用反应器在使用时，由于反应液的强酸、强碱腐蚀性，在材料的选用及反应液的均匀混合方面一直存在难点。广州纳联材料科技有限公司通过与客户深入的沟通与合作，成功地为客户提供了耐腐蚀性能良好的反应器零部件。从材料的选用上提高了产品的耐腐蚀性，经过结构优化，减小了农业用反应器的尺寸，内部复杂结构的设计使反应液能更好地混合、流动。

11. 印刷电路板式换热器的扩散焊固相增材制造

国内首创性地采用扩散焊固相增材制造技术成功制备了印制电路板式换热器，成功打破了国外的技术垄断，制造水平达到国内外先进水平。散热器如图 5.36 所示。该产品是一种区别于传统管壳式换热器的全新超高效微通道换热器，不仅具有单位体积换热面积大、换热效率高（高达 98%）、电压降低等特点，同时在承压和耐温等能力（耐高温 700℃、耐高压 100MPa）上也有明显优势，具有更高的设备完整性，在电力与能源、石油和天然气、化学加工和工业气体处理领域均有广泛的应用前景。

图5.36　散热器

该产品打破了传统换热 / 散热结构的局限性，实现了平面结构的高灵活性及三维立体流动的新型设计思路，获得了一类内部具有数以万计的微米级通道及不同通道形状、尺寸及排列的换热 / 散热微结构特征的产品，具有散热 / 换热效率高、体积小、重量轻、耐高温、耐高压等传统换热 / 散热产品无法比拟的技术优势。

12. 核电压水堆堆芯围筒结构激光增材制造

堆芯围筒结构是我国在新一代压水堆优化改进关键技术中提出的一种新型整体式结构，其尺寸大，外包络尺寸达 Φ3640mm，采用了核级特殊不锈钢材料。产品制造过程先完成第一侧打印，基板翻转，并完成第二侧打印。产品打印完成如图 5.37 所示。产品检测结果显示，室温拉伸、高温拉伸、室温冲击等基础机械性能均达到同质锻件标准，环境疲劳、点腐蚀、均匀腐蚀、应力腐蚀等应用性能均满足技术要求。

图5.37　产品打印完成

13. 方程式赛车进气稳压腔

方程式赛车进气稳压腔（进气稳压腔及进气喉管组建新车车身如图 5.38 所示，正式亮相新车发布会如图 5.39 所示）是由上海交通大学赛车队提供设计及仿真分析并由 TPM 盈普技术团队提供工艺生产方案（SLS 设备 + 材料选型 + 后处理）完成的应用案例。该产品的主要功能是确保限流阀截面在符合赛制要求的前提下稳定进气压力，进而提高本田 CBR600 型四缸发动机的进气量及燃烧效率。该稳压腔组件能够保障在 1 个大气压的负压工况下稳定运行，同时具备良好的耐热性能以应对发动机高速运转下的回火。该组件已装车完成障碍赛、22 千米耐力赛等多项要求严格的比赛。据反馈，组件整体运转良好。

① 成本低：相较于传统铝合金材料加工动辄上万元的成本及一个月的交付周期，采用盈普 SLS 工艺生产该组件两套的时间仅需 15 个小时，单套成本约 1000 元左右。

② 轻量化：使用盈普 SLS 工艺生产的该组件单套质量约 750g，是传统铝合金材料加工产品重量的 1/4，更轻的零件质量有助于进一步提升赛车动力转化效率。

③ 加速产品开发周期：该组件共经历了三次设计优化变更，每次都需要严格完成“设计定稿—工艺生产—台架测试”的开发流程，盈普 SLS 工艺在这三次设计迭代过程中几乎无缝衔接了开发流程。

图5.38 进气稳压腔及进气喉管组建新车车身

图5.39 正式亮相新车发布会

14. 电动工具原型试制

目前，产品原型试制开发依然是增材制造的重要应用领域之一，随着市场认知程度的逐渐提高，客户需求不仅停留在外观验证和尺寸装配验证阶段，客户需求主体正在向要求更复杂的功能性验证方向急速增加。例如，本应用案例（电钻外壳如图 5.40 所示）中提到的电动工具客户，其要求涵盖了外观验证、尺寸装配验证以及功能性验证等。就目前国内外高分子增材制造技术而言，选择激光烧结（SLS）工艺几乎是唯一能够满足客户原型试制全流程需求的增材制造技术。

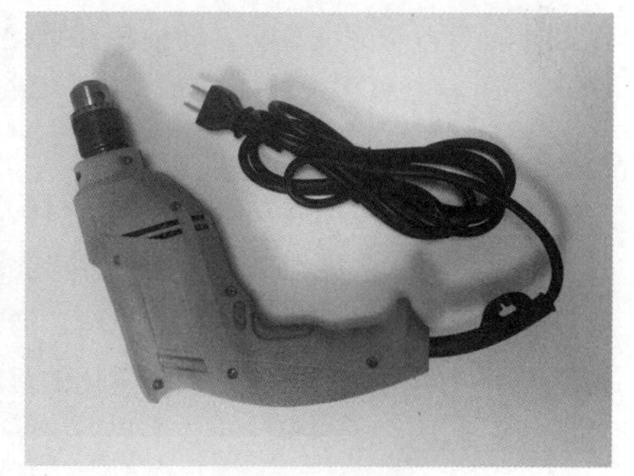

图5.40 电钻外壳

① 加速产品开发周期：根据模型的复杂程度，传统的开发模具产品试制周期在一周到两个月。模型越复杂，制造成本越高。而增材制造技术对数模的复杂程度不敏感。例如，电动工具类型的产品试制通常 1 ～ 2 天即可完成生产交付，极大地提升了产品的开发周期，帮助客户应对外部竞争。

② 提高设计方案的安全性：采用增材制造技术可以完全实现原型验证阶段数据的内部流转，避免了数据外泄导致的商业损失。

③ 使原型验证更接近最终产品的反馈：本应用案例采用选择性激光烧结工艺“尼龙 + 玻纤”材料生产原型件，除了满足客户对外观及装配尺寸的验证要求之外，还能够满足产品功能性验证，打印外

壳并装配好电机等部件后可模拟真实的使用场景进行测试，得出的测试结果可直接用于指导后期量产。得益于选择性激光烧结工艺打印产品接近注塑产品的综合力学性能，同时“尼龙＋玻纤”材料具备良好的吸收振动冲击能力，盈普选择性激光烧结工艺非常适合产品原型测试阶段使用。

15. 东方电气风力发电机

作为利用风能转化机械能的风力发电机，在我国内蒙古、新疆等地区得到广泛使用，它的优势是清洁、环境效益好、永不枯竭，可为偏远山区服务，方便了人们的生活。四川印时代增材制造有限公司制作此产品主要是为了外观测试和结构测试，此产品曾在 2018 年北京国际风能大会展览亮相。发电器件如图 5.41 所示。

图5.41 发电器件

16. 面向 3D 打印的工业机器人旋转大臂的轻量化设计

以工业机器人的旋转大臂为技术服务对象，开展了基于 3D 打印的轻量化设计与生产。四川长虹电器股份有限公司使用结构优化软件（Solid Thinking Inspire，STI）进行异形拓扑优化设计，通过 UG 仿真工具的应力与应变分析，验证拓扑优化结构的静力强度是否满足要求。使用 Stratasys Fortus 360mc 3D 打印机完成模型试制，与直接建模结构进行对比分析，判断拓扑优化结构的材料缩减量是否达到预期目标。

通过模型试制研究发现，基于增材制造技术的拓扑优化结构不仅能满足性能参数要求，还能使零件重量得到更大限度地减轻（材料缩减量≥ 25%）。增材制造技术（3D 打印）以数字模型文件为基础，运用粉末状金属或塑料等可黏合材料，通过逐层打印的方式来构造实物。该技术凭借其独特的制造方式实现了从结构设计层面完成轻量化的可行性，有效突破了传统制造工艺带来的设计瓶颈。缩放后的质量对比如图 5.42 所示。

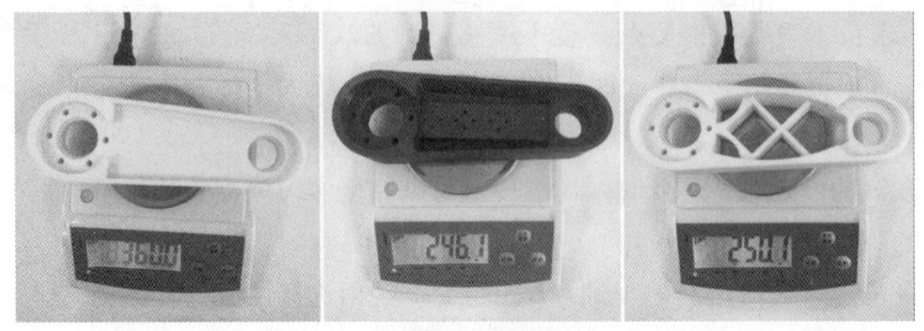

图5.42 缩放后的质量对比

17. 航空飞行器零部件铸造腔体

某航空飞行器零部件铸造腔体，应用于研发航空航天领域某飞行器。在研发过程中，为达到最佳效果，需同时制造多个不同结构的腔体进行实验，因此所需腔体均为单个不同结构的零部件。由于腔体体型巨大，内部结构复杂，无法使用传统减材制造方式进行生产。如果采用传统金属模具制造方式，则研发制造周期至少需要一年，制造成本较高。针对以上问题，湖南云箭集团提出采用 SLA 熔模铸造的解决方案进行生产。

采用 SLA 熔模铸造的优势如下所述。

① 可成形高精度的复杂结构零部件熔模。熔模表面精度可达 CT3 ～ CT4，极大程度地提高了铸造件精度。

② 对于腔体内部的复杂结构，熔模可根据实际应用需求进行设计优化，不受加工方式局限。

③ 可成形大尺寸铸造件熔模产品。因为所成形熔模的精度高，对于大型零部件来说，可对零部件进行区域拆分打印，然后进行熔模无缝拼接，最终形成大型高精度的熔模产品。

④ 极大缩短了新品验证周期，新品验证周期由一年缩短到 3 个月，研发效率得到了提升。

⑤ 大大降低了研发成本，总成本缩减为传统模具制造成本的 30% 左右。

3D 打印熔模与传统铸造技术相结合，突破了传统铸造技术制模环节的瓶颈，能够快速地提供高精度、表面质量优异的熔模产品。同时，SLA 熔模应用到传统精密铸造中，能够完全灵活地适应现有的失蜡法铸造工艺流程，不需要额外增加金属模具和相关设备。当前，其在军工和航空航天领域的应用获得了较大成就，具有广阔的应用前景。

18. 格力滚筒洗衣机内桶注塑模具

广东汉邦激光科技有限公司利用增材制造 SLM 设备，3D 打印出带随形冷却水道的镶件，从而得到带随形冷却水道的注塑模具及成形制品。格力滚筒洗衣机内桶注塑模具如图 5.43 所示。将传统直线型冷却水道方案的成形制品与随形冷却水道方案的成型制品的模流分析结果与生产实例进行对比，结果发现，利用增材制造随形冷却水道散热更快。冷却时间由 78s 降为 55s，相比于传统冷却水道方案，随形冷却水道方案的冷却时间减少了近 1/3；整个注塑周期由原来 122s 缩短为 86s，效率提升了 29.5%；日产量由 590 件提升为 830 件，全年节省注塑加工时间 1180h，按照注塑机费用 151 元 /h，人工 18 元 /h，每年节省约 20 万元，后桶模具由于采用了增材制造随形水路镶件，产品冷却均匀，后桶与电机轴承座的同轴度达到 0.08，符合高端洗衣机的同轴度要求。采用了金属 3D 打印的随形冷却镶件的模具注塑生产效率提升 29.5%，每年节省注塑成本约 20 万元，注塑产品从普通品质提升为高端品质。

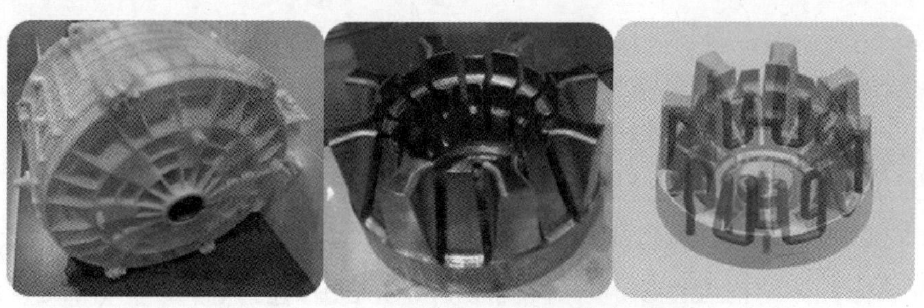

图5.43　格力滚筒洗衣机内桶注塑模具

19. G 曲面体多孔高效换热结构

选区激光熔化（SLM）技术在换热 / 散热器制造上的应用是下一代热交换器的热门研究方向。但目前相关的应用仍以单相换热为主，很少涉及对沸腾换热的研究。相比其他换热方式，沸腾换热具有很高的换热效率。沸腾换热结构是一种多孔结构，目前使用 SLM 技术成形的多孔结构主要用于轻量化，关于 SLM 成形多孔结构应用于沸腾换热的研究很少。鉴于此，上海云铸三维科技有限公司首次系统性地将 SLM 技术成形的可控多孔结构的 4 种主要方法应用于沸腾换热研究，获得了具有较高临界热流密度（Critical Heat Flux，CHF）的多孔结构。多孔结构如图 5.44 所示，为 SLM 技术在沸腾换热领域的研究与应用提供了较为全面的参考。云铸三维首次提出使用 SLM 技术对 G 曲面片体结构进行栅格化成形，G 曲面片体结构的表面弯曲变化，使表面上的栅格孔能够从多个方向进行液体补充；同时 G 曲面结构中相互缠绕的开放通道尺寸较大，可减小气泡逃逸阻力，并对气泡进行有效分隔，获得了相对于平面高达 733% 的临界热流密度强化。通过以上在结构设计和成形工艺上的持续改进，SLM 技术成形的多孔结构获得越来越明显的沸腾换热强化效果。

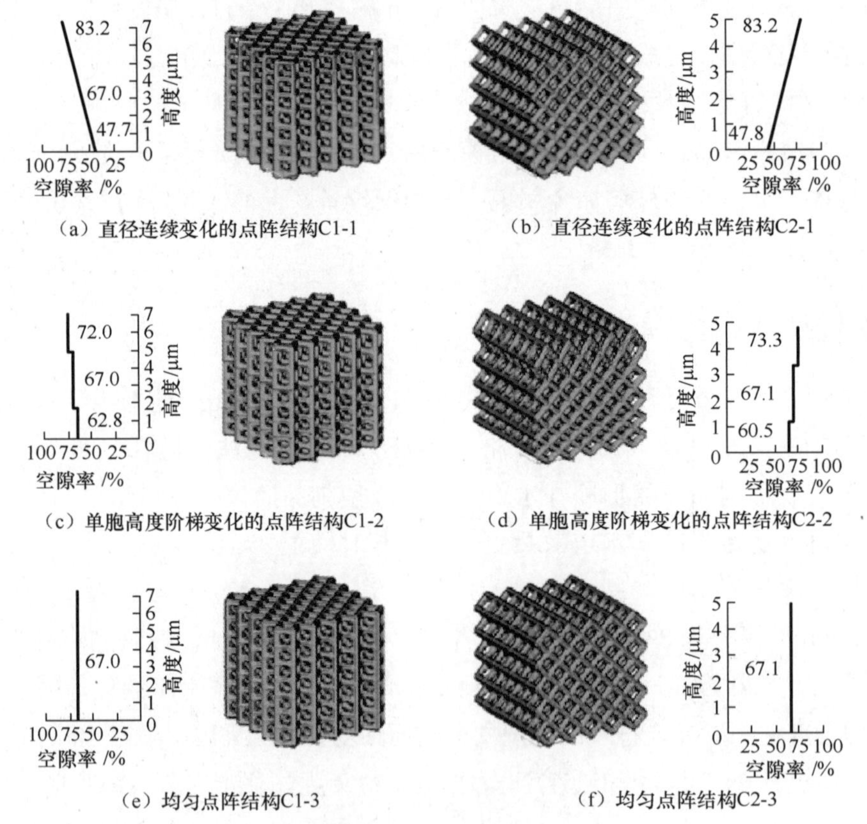

图5.44　多孔结构

G 曲面体多孔高效换热结构应用增材制造技术的优势如下所述。

① 首次系统性地将 SLM 技术应用于沸腾换热多孔结构的成形，研究了 4 种常见的 SLM 技术成形多孔结构的方法对于其强化沸腾换热效果的影响。

② 首次探索了单胞构型和梯度对点阵结构沸腾换热过程中气泡逃逸和液体补充的影响。

③ 首次对 G 曲面片体结构进行 SLM 栅格化成形，创造出同时具有微米级和毫米级尺寸孔的复合结构，改进了栅格结构在沸腾换热过程中的缺陷，获得了相对于平面高达 733% 的临界热流密度强化。

20. 汽车涡轮增压器壳体

近年来，汽车涡轮增压器在家用汽车领域逐渐成为主流配置。目前，市面上的量产涡轮增压器壳体基本都采用砂型铸造生产，成本较低。但其表面粗糙度，特别是内部流道的表面粗糙度较差，阻碍了涡轮增压器性能的进一步提升。无锡某铸造厂提出了使用精密铸造的方式生产涡轮增压器壳体的新工艺，但无论是使用组模还是使用陶瓷芯工艺都会在内部流道产生明显拼缝，对整体质量有很大的影响。该铸造厂选择与云铸三维合作使用 SLA 光敏树脂熔模，克服了内部流道拼缝的问题，同时由于 3D 打印的树脂熔模可以在数天内完成生产，其产品质量接近模具注射蜡模的质量，因此极大地提高了前期工艺测试的效率，并能在短时间内快速提供小批量的铸件产品。

汽车涡轮增压器壳体应用增材制造技术的优势如下所述。

① 充分利用了 3D 打印的优势，设计了一个常规加工方法无法生产的打磨工具，解决了内部层纹的问题。

② 极大地提高了前期工艺测试的效率。

③ 短时间内就能快速提供小批量的铸件产品。

21. 燃烧器尖端增材制造设计

本项目的重点是设计流体和工艺工程领域的系统。例如，用于产生合成气的气化燃烧器。这种系统通常由大量零件、法兰和管组成，这些零件、法兰和管焊接在一个复杂的嵌套组件内。本项目先利用增材制造提供的形状复杂性来减少制造工作量，再利用模拟驱动的优化来重新设计 AM 零件。燃烧器尖端增材制造设计如图 5.45 所示。

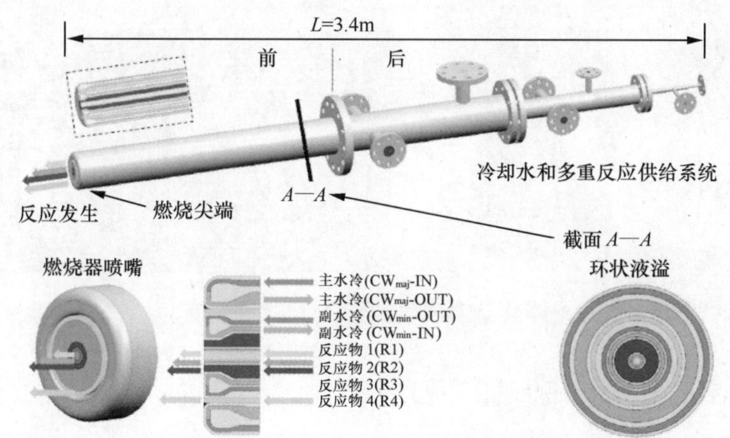

装配效果指示	燃烧器装配与传统的燃烧器喷嘴
零件数量/个	45~50
焊接缝数量/个	>43
前端长度 /m	1.4
后端长度 /m	2.0
燃烧器长度/m	3.4

图5.45　燃烧器尖端增材制造设计

传统燃烧器尖端设计的缺点包括供应链系统复杂、制造成本高、交货周期长、装配复杂、维护和维修成本高、尺寸过大，嵌套、零件内部有环状的流道多。采用增材制造技术的优势有以下几个方面。

① 产品方面：装配简单、标准化，尺寸小，安装工作量小。

② 制造方面：交货周期缩短，装配快速，零件数量减少超过 50%，焊接减少约 50%，降低装配复杂度，简化装配步骤。

③ 业务方面：加速产品上市，设计可调整，能够满足客户特定的燃烧需求，简化产品维修。

22. 一体化火箭推力室

CellCore 公司将选择激光熔化技术的优势巧妙地应用于航空航天工业，通过与 SLM Solutions 公司的密切合作，使用镍基高温合金 IN718 进行 3D 打印，成功地实现了多功能火箭推力室的一体化成形。一体化火箭推力室如图 5.46 所示。该火箭引擎由推力室、带燃烧室壁的液体推进剂、发动机核心部件、燃料入口、带氧化剂入口的喷射头以及冷却管道组成。该设计不仅提升了推力室整体的传热性能，同时也提高了各组件的结构稳定性，且由于晶格结构冷却流道的使用，既扩大了作用面积，又降低了流体阻力，使推力室的冷却性能远远高于传统零件。这项设计很好地向我们展示了整体稳定性和众多零件之间的优化关系，不仅集成了额外的性能，相比传统零件，总重量也得到了减轻。其优势体现在以下 5 个方面。

① 具有创新性：直接将众多零部件与内部功能结构集成。

② 提升性能：在冷却系统中添加了创新的晶格结构，在提升冷却性能的同时也提升了零件的整体稳定性。

③ 提升效率：在将多个独立部件集合成一个零件的同时，可将单个工艺步骤的工作量最小化，使生产周期从几个月缩减到几天。

④ 轻量化结构：由于晶格结构的使用，大幅减轻了推力室的总重量。

⑤ 简化制造：尽管推力室结构复杂，但仅仅需要少量的后处理工作，就可以避免加工难度较大的镍基合金 IN718 对工具造成的磨损。

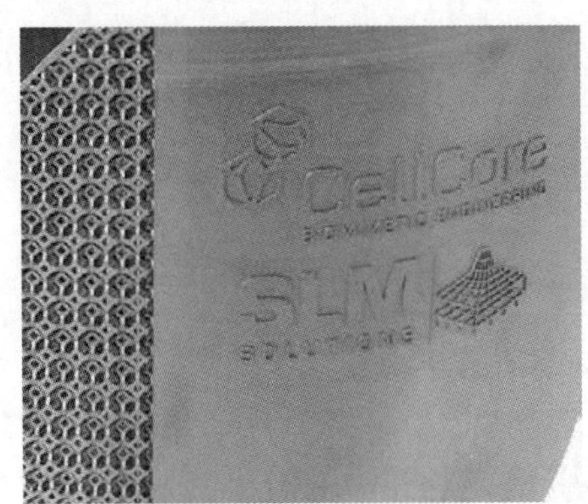

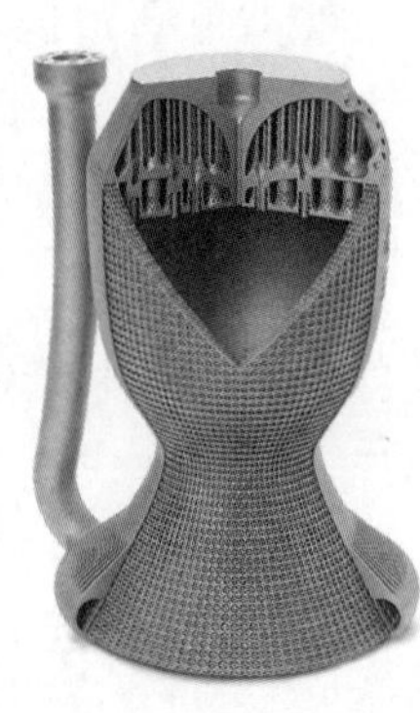
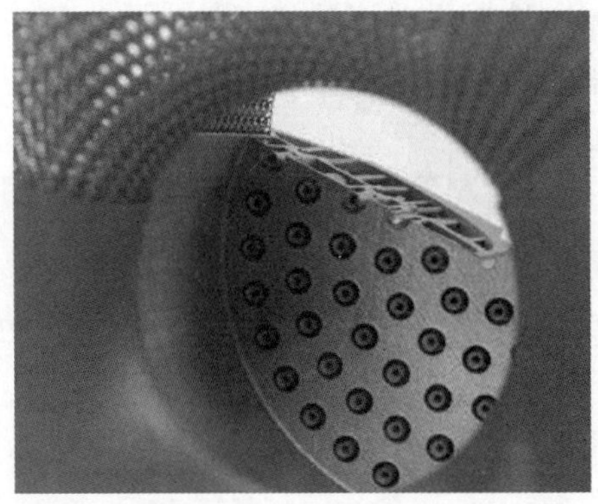

图5.46　一体化火箭推力室

23. 欧瑞康增材制造技术中心在赛车领域的应用

2019 年，欧瑞康增材制造技术中心对伯明翰大学的大学生方程式赛车团队 UBRasing 进行了赞助，为其设计了新的油门和刹车踏板。在分析其油门与刹车踏板的受力条件后（油门踏板受力 500N，刹车踏板受力 2400N），欧瑞康增材制造技术中心的设计团队首先选取了高强度铝合金（Scalmalloy）作为踏板的材质。紧接着，该团队采用了仿生学及拓扑优化的设计原理对刹车踏板进行了全新的设计。每种踏板都设计了多套备选方案，并采用有限元模拟进行受力分析，从中选择更合适的方案进行调整。这样设计出来的零部件既能满足使用的受力条件，又集合了轻量化、多零部件一体化、符合人体工程学等诸多优点。最终经由增材制造生产的踏板相比原踏板减重了 19%，并通过了德国 IABG 测试机构的受力测试。受力测试如图 5.47 所示。

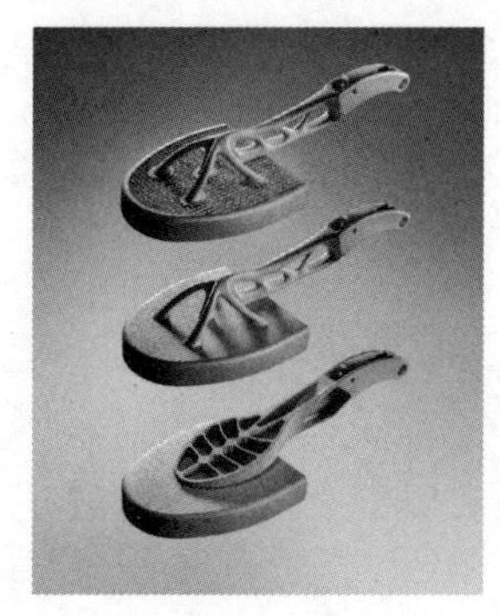

图5.47　受力测试

24. 汽车改装

“疯狂爷爷车库”为汽车爱好者提供汽车定制和汽车改装服务。他们是一家提供设计和生产全方位一体化服务的公司。“疯狂爷爷车库”的许多客户都是热情的汽车定制者，他们专注于调整外观和性能。“疯狂爷爷车库”的大部分客户来自高端跑车市场。

为了满足客户需求，“疯狂爷爷车库”使用 3D 打印机生产定制扰流板、侧裙、保险杠等产品。因为对接定制零件的高端客户市场，“疯狂爷爷车库”需要设计和制造独特的零件。在应用 3D 打印技术之前，这是一个复杂的过程，需要一个高技能团队在粗略测量的基础上手工制作零件。采用手工制作方法时，每个零件都要制作原型，这大大增加了成本。

通过应用 3D 打印技术，“疯狂爷爷车库”能够实现如下功能：①取消原型制作步骤，直接使用印制模具进行铸造；②用打印机使模具制造过程自动化，大大减少员工劳动量；③通过精确的计算机生成零件，确保质量和可靠性。总体而言，使用 3D 打印机能够降低 50% 的生产成本，显著提高零件可靠性，使周转时间缩短 83%。

据相关机构的不完全统计，2018 年中国汽车改装市场产值超过 1600 亿元，且以每年超过 30% 的速度递增。2018 年中国机动车保有量达 3.27 亿辆，汽车驾驶人突破 3.69 亿人。即使面对如此巨大的汽车售后市场，我国汽车改装比例仅为 5%，仅占售后市场的 3%。相比美国、日本等发达国家，中国汽车改装市场尚处于萌芽状态，拥有巨大潜力。

25. 3D 打印铁轨转辙器

2050.AT 是俄罗斯最大的铁路设备制造集团 Transmashholding/Lokotech 的下属部门，为机车设备和运输工程企业生产 3D 打印功能零部件和进行原型验证（3D 打印铁轨如图 5.48 所示），同时也在探索新的方向。例如，金属喷涂、激光熔覆和等离子堆焊等。2018 年年前 2050.AT 部门购置了 4 台 Pro2，年后又加购了 16 台 Pro2，初步构建由 20 台 Raise3D Pro2 组成的 3D 打印工厂。

图5.48　3D打印铁轨

铁路行业有一个很好的案例，是火车驾驶室控制面板上的配件和按钮。例如，一个开关坏了，这些小部件会经常周期性的损坏，没有这个开关，机车就不能在铁轨上运行。以俄罗斯为例，铁路技术审核中心会对修理过的机车进行检查，所有维修必须符合设计文件，如果机车不能通过审核验证，这意味着停机和金钱损失。生产商不会销售单个开关，用户需要购买一整套，在这种情况下，用户可以单独打印一个开关，直接替换。

26. 增材制造技术在航空发动机涡流器上的应用

航空发动机涡流器在长期工作过程中因振动、冷热疲劳等因素，易出现裂纹、磨损等缺陷，需定期更换。单台发动机需装配涡流器28件，但目前国内发动机修理厂备件严重不足，新品受到国外垄断，国内现有涡流器制备技术难以满足应用要求。顶立科技有限公司结合具体的应用要求，开展增材制造技术在航空发动机涡流器上的应用技术研究，突破了增材制造专用 K4648 高温合金粉末制备技术、涡流器构件激光选区熔化“控形控性”技术、组织及性能后处理调控技术，研制的涡流器构件与俄罗斯制件相比，室温力学性能达 2 倍以上，高温力学性能和持久性能达 1.5 倍以上，热震循环次数更优，并通过了验证考核，首次实现金属增材制造技术在航空发动机领域的应用，解决了高温合金涡流器备品备件“卡脖子”的工程问题。涡流器模型如图 5.49 所示，涡流器实物如图 5.50 所示。

图5.49 涡流器模型

图5.50 涡流器实物

27. 双吸泵叶轮

以客户所需要的一款双吸泵叶轮产品为例，第一步建立这款双吸泵叶轮的三维数模；第二步根据产品材质及产品结构设计浇铸工艺；第三步对浇铸工艺进行浇铸模拟及凝固分析，确认最合适的浇铸工艺；第四步进行砂型设计及分型，砂型设计完成后进行装配模拟，将设计好的砂型进行排箱并输入打印机。

打印机开始打印，几小时后砂型打印完成。起模后转至清砂车间进行清砂，砂型清理完毕后，送至铸造厂进行浇铸，最终客户所需的双吸泵叶轮铸件完成。双吸泵叶轮砂型一如图 5.51 所示，双吸泵叶轮砂型二如图 5.52 所示，双吸泵叶轮铸件如图 5.53 所示。

① 叶片砂芯整体打印不需要分型，尺寸精度高。

② 铸件一次性浇铸成型，砂型的尺寸精度保证了合箱时壁厚的均匀性。

③ 铸件周期仅需 15 天。

图5.51 双吸泵叶轮砂型一

图5.52 双吸泵叶轮砂型二

图5.53 双吸泵叶轮铸件

28. 5G SA 远程操控工程车车架

深圳市慧思通科技有限公司通过 3D 打印参与制作的“柳工 5G SA 远程操控工程车”在“数字广西 5G+ 行业应用峰会”论坛上亮相。广西电信与华为、柳工制造强强联合的“柳工 5G SA 远程操控工程车”由远程操控中心、5G SA 网络、车载终端三部分组成，通过 5G SA 网络实现远程操控中心与生产现场车载终端相连，实时操控位于矿区等特定环境的无人驾驶装载机。

3D 打印模具缩短了整个产品开发周期，并成为驱动创新的源头。过去，由于考虑到还需要投入大量资金制造新模具，公司有时会选择推迟或放弃产品的设计更新。通过减少模具的生产准备时间，以及使现有的设计工具快速更新，3D 打印使企业能够负担得起模具更加频繁的更换和改善，它能够使模具的设计周期跟得上产品设计周期的步伐。设计流程如图 5.54 所示。

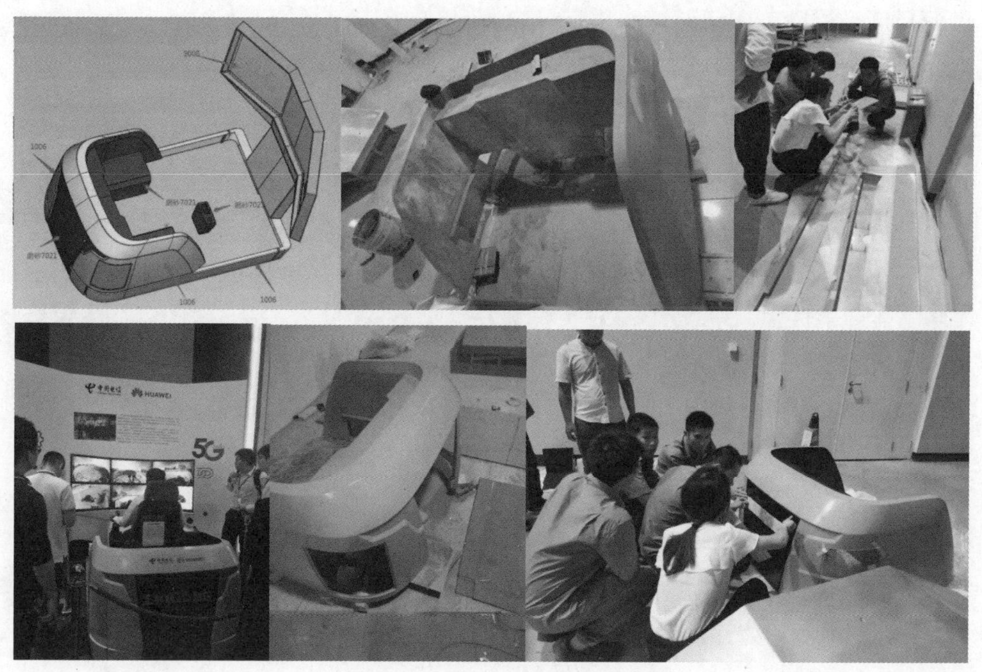

图5.54　设计流程

29. 3D 微型涡轮喷气机

微型发动机是燃气涡轮的一种，既可以用作航空发动机，作为导弹、靶机、小型无人机的动力以及大型飞机的辅助动力装置（Auxiliary Power Unit，APU），也可以用作地面燃气轮机，作为微型发电装置的核心部件，在军用和民用领域均有十分广泛的应用。

德迪 DLM-280 是一款基于选区激光熔化（SLM）技术的金属 3D 打印系统。DLM-280 系统主要助力研发、制造微型涡喷发动机。打印尺寸为 280mm×280mm×330mm，适用于复杂精密、耐高温、耐腐蚀等难加工金属零件的快速制造，可在通用机械、航空航天、汽车、模具、医疗、船舶、油气、教育等领域广泛应用。航空部件如图 5.55 所示。2018 年 DLM-280 系统已完成 1200℃以上的超高温试验，各项指标满足设计要求，试验中的最高转速高于 14 万 r/min，成为世界首次全 3D 打印旋转涡轮高温点火实验。

图5.55　航空部件

30. 飞机钛合金整体结构件

武汉天昱智能制造有限公司采用高性能大型关键金属构件熔锻铣复合增材制造技术，完成了对大型飞机钛合金整体结构件的一体化成形打印。该零件因形状复杂（飞机复杂零部件如图5.56所示），传统制造只能采用“分段锻造＋机械加工＋机械连接”的方案，而通过大型电弧熔锻铣合一增材制造方案对该钛合金整体结构件进行一体化整体制造，解决了零件分段锻造、机械连接和加工的传统方案破坏整体性以及降低可靠性的技术难题，实现了制件整体成形，并大大提高了制件的韧性，韧性可达到传统制造制件的1.5～6倍，获得较长使用寿命。

图5.56　飞机复杂零部件

该技术具有以下2个优点。

① 实现大型高性能钛合金整体结构件一体化制造。改变传统的制造方式，将多个零件部分整合为一个整体，大大减少了装配工作量和结构质量，显著提升了整体零件的可靠性和使用寿命。

② 降低生产成本，实现绿色短流程高效制造。本方法只需要采用成本较低的丝材和高效电弧成形，降低了设备和运行成本的投入；本技术不需要大型锻压机以及其他不利于环境的设备，可实现绿色制造，具有广阔的应用前景。

31. 航空发动机机匣

武汉天昱智能制造有限公司采用高性能大型关键金属构件熔锻铣复合增材制造技术制造了航空发动机机匣（发动机机匣如图5.57所示），解决了生产周期长、材料利用率低、成本相当高的难题。

图5.57　发动机机匣

32. 航空复杂构件激光表面强化与复合再制造关键技术及其应用

航空复杂构件具有大型、薄壁、整体、精密等特点，其面临三大难题：复杂结构工艺性差、变厚度薄壁的变形量大、整体构件性能控制难。

针对上述难题，南京中科煜宸激光技术有限公司的项目组历经十多年，取得了以下成绩：①发明了复杂空间结构隐蔽面冲击强化方法和稳定水膜涂敷技术；②发明了自适应二维离散动态分区的扫描路径动态规划新方法；③首次采用了模块化和柔性可重构舱体构造，设计了双光束对称创新结构，研制了用于光束整形的高阈值五分透镜。南京中科煜宸开发的大型构件激光沉积再制造装备如图5.58所示。

（a）双光束对称创新结构　　（b）刚性舱体+柔性舱体有机结合

图5.58　南京中科煜宸开发的大型构件激光沉积再制造装备

航空制造业被誉为“工业之花”，其制造能力是国家核心竞争力。随着发动机推重比等性能指标的不断提高，整体叶盘、舱门摇臂、垂尾梁等航空复杂构件的新结构、新材料不断出现，锻压、铸造等传统技术难以满足其高温、高压、高载荷和高速旋转环境下长寿命安全服役的需求，迫切需要新的表面强化和先进制造技术。以激光增材制造、激光冲击强化为代表的制造技术具有高性能、低变形、高柔性等特点，显著提高了航空构件的疲劳寿命，同时也是损伤构件再制造的有效方法，是国际研究热点。

四、生物医疗领域

1. 种植导板数字化解决方案

鄞州口腔医院 VIP 种植科，采用先临三维科技股份有限公司的数字光处理技术（DLP）桌面 3D 打印机制作了数字化种植导板为患者做牙齿种植诊疗，实现了数字化椅旁诊疗。医生首先使用先临三维研发的口内扫描仪，获取患者数据。导入专业的导板设计后由医生自主进行病例设计，完成设计后将数据导入 DLP 桌面 3D 打印机即可进行打印制作，快速完成导板和模型的打印。3D 打印机如图 5.59 所示，此方法节省了大量沟通、物流和制作工艺的时间。

基于 3D 打印技术制作的种植导板和种植体，可以避免传统种植手术适应症状不广泛、容易发生植入位置不正等弊端，可以帮助医生更精确地确定手术位置，还可以简化手术流程，提高植入效果。此外，由医生自主进行导板设计，能够满足临床医师和患者对美学和功能的要求，同时利用椅旁 3D 打印机制作导板，省去了邮寄和反复沟通的过程，可缩短治疗周期，提升患者的就医体验。

图5.59　3D打印机

2. EP-M250 金属 3D 打印脊柱植入物

韩国 MANTIZ 公司于 2019 年 5 月推出了“PANTHER”3D 打印脊柱植入物，将其用于椎体间融合手术。先临三维为其提供金属粉末床熔融技术支持，用于生产 3D 打印笼状钛金属植入物，并将其应用于植入手术中。在“设计—打印—植入手术”的过程中不需要委托第三方进行生产，为患者节省了等待时间、资金以及降低了生产出错概率。该产品现已获得 KFDA（韩国医疗器械批准）认证，并被列入韩国 HIRA（健康保险审查和评估）名单。在 3D 打印软件中进行排列如图 5.60 所示，金属 3D 打印如图 5.61 所示，3D 打印完成如图 5.62 所示，植入物模拟如图 5.63 所示，植入物影像如图 5.64 所示。

图5.60 在3D打印软件中进行排列

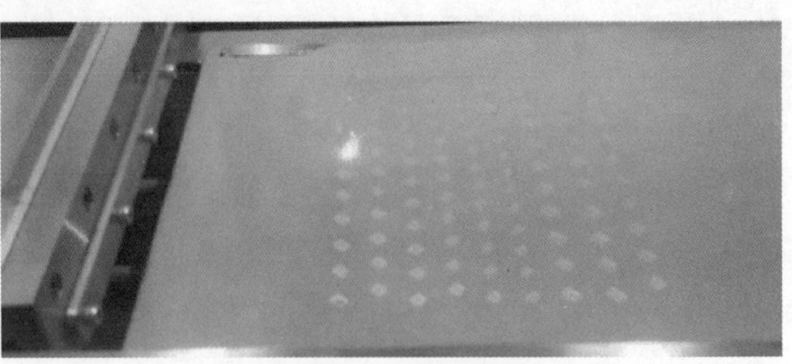

图5.61 金属3D打印

图5.62 3D打印完成

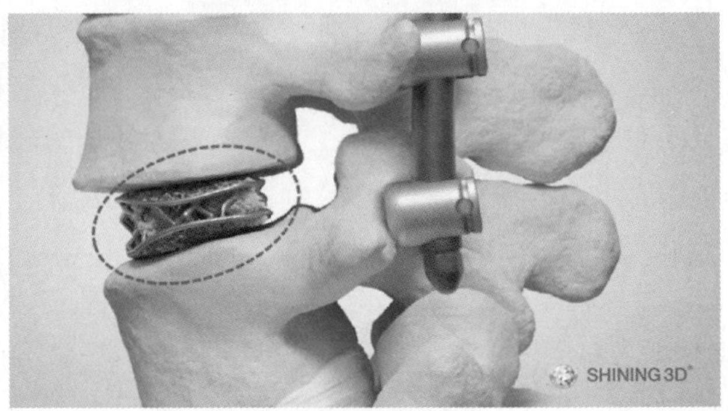

图5.63 植入物模拟

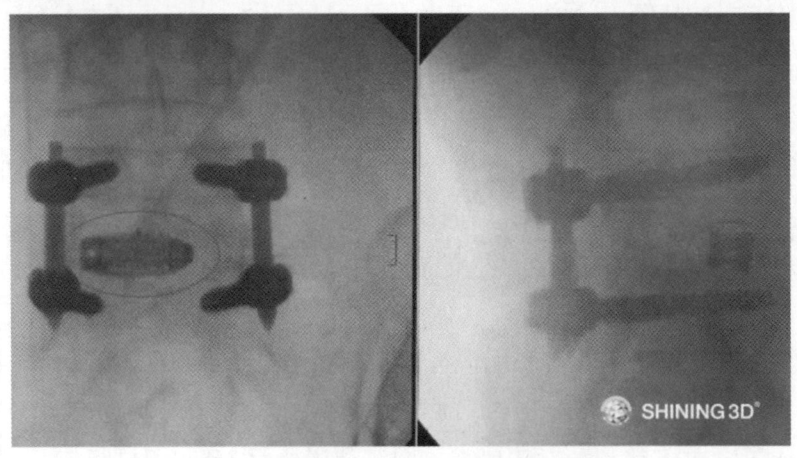

图5.64 植入物影像

金属 3D 打印可实现任何复杂形状和内部结构的精准设计，多孔结构可确保长期稳定性，结合钛材料的生物相容性，可带来更合适的强度和硬度，符合人体骨骼特性，更好地加速骨融合过程。患者术后骨愈合更快，并发症出现概率降低。同时可大幅提高生产效率，实现大批量定制。单次生产中实现不同尺寸、形状产品的生产，相较于传统方式成本大幅降低，更具有竞争力。在一些特殊、复杂的治疗过程中，传统的植入体无法满足患者的治疗要求，3D 打印可为这批患者定制治疗方案。

3. 术前诊断“骨盆”

由于患者骨盆爆裂性粉碎，不能轻易手术，医生先与医院专家进行沟通，通过医院提供的 CT 切片数据等影像信息，直接进行 1:1 三维数据复原，后通过天津大格科技公司 3D 打印出可视、可触模型，医生根据此模型的状态制订了手术方案，一次成功。3D 打印既辅助医生进行精准的手术规划、提高手术成功率、减少病患的二次手术风险，也减少了患者的医疗费用，同时又便于医生与患者针对手术方案进行交流。

对于此类风险高、难度大的手术，医生进行术前规划是十分重要的。在以往的手术预演过程中，医生往往需要通过 CT、核磁共振（Magnetic Resonance Imaging，MRI）等影像设备获取患者的数据，之后再将二维医学影像利用软件转换成逼真的三维数据。现在，医生可以借助 3D 打印机设备，将三维模型直接打印出来。

4. 个性化 3D 打印多孔钽垫块辅助右侧人工关节置换术

由于人体的差异性、骨缺损部位形态的随机性，例如，骨溶解、骨感染、骨肿瘤、骨畸形等，标准化假体已经无法满足患者个性化治疗需求。采用计算机可为患者设计个性化多孔钽骨缺损解剖结构，因此其具有很好的匹配度，此外多孔钽金属材料具有良好的生物相容性、优异的力学性能，其弹性模量介于松质骨和皮质骨之间，避免了应力遮挡，高摩擦系数提高了多孔钽植入体的初期稳定性、仿骨小梁结构可诱导新生骨组织长入提高植入体的长期稳定性，是一种理想的骨替代修复材料。

有患者自述 54 年前被石块砸伤右膝关节，伤后即感疼痛，经历保守治疗后，右膝关节逐渐出现行走后疼痛，程度较轻，休息后自行缓解，无明显静息痛，因对正常生活和工作无明显影响，未进行特殊诊治。患者现因渐感行走后疼痛无法耐受，故求进一步治疗，到西南医院门诊就诊。西安赛隆金属材料有限责任公司利用自主研发的钽金属粉末以及多孔钽工艺包为患者量身定制了个性化多孔钽膝关节骨缺损垫块。西南医院杨柳团队为患有右股骨内髁骨折畸形愈合、右膝创伤性关节炎的患者成功实施了计算机辅助设计、个性化 3D 打印多孔钽垫块辅助右侧人工全膝关节置换术。术前 X 光片如图 5.65 所示，个性化多孔钽胫骨垫块如图 5.66 所示，术后 X 光片如图 5.67 所示。

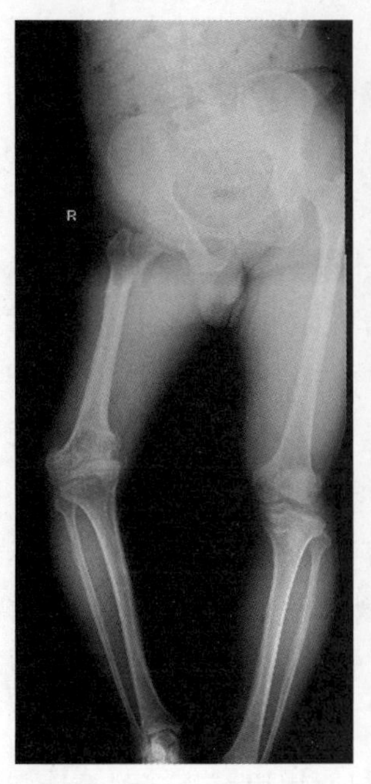

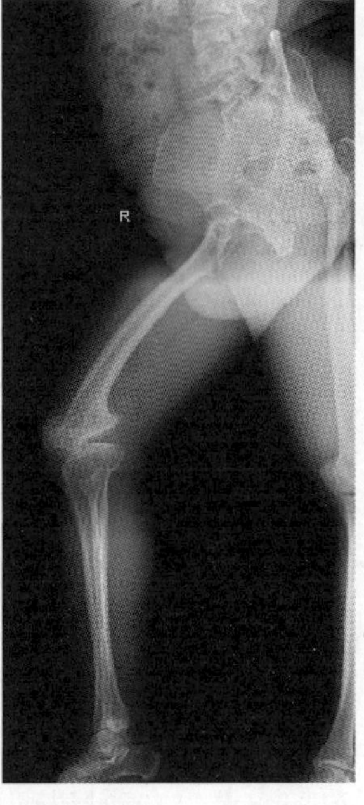

图5.65 术前X光片

图5.66 个性化多孔钽胫骨垫块

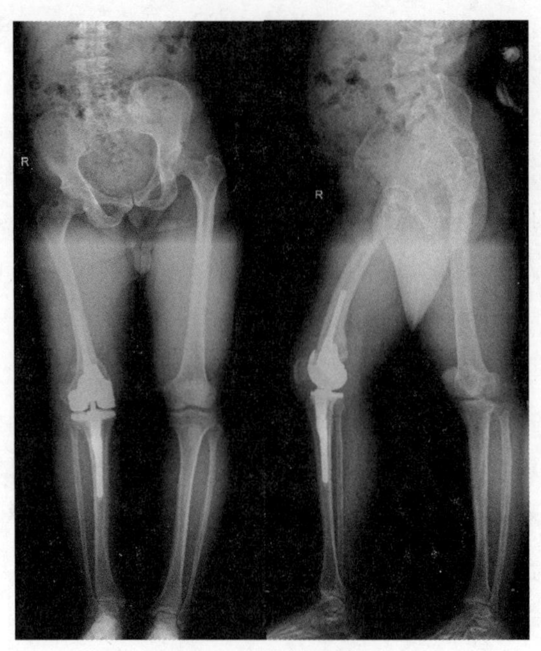

图5.67　术后X光片

西安赛隆金属材料有限责任公司联合西南医院杨柳团队，截至目前，已完成35例多孔钽金属临床植入手术，疾病种类包括肿瘤、髋膝关节置换及翻修、先天性髋臼骨缺损造盖术等。该技术的优势区别于传统骨植入物，使骨缺损外形实现了量体裁衣，缩短了手术时间，减少了术中出血量和麻醉时间，加快了患者术后恢复速度。从临床医学的发展趋势来看，最好的治疗方法应该是个性化治疗，最好的植入体应该是个性化植入体。随着3D打印技术的不断完善，必将造福广大患者。

5. 医疗齿科3D打印数字化制造

3D打印是对传统行业和技术的全面升级，并利用“互联网+”、大数据、云计算等技术进行数字化资源的优化整合，实现3D打印与上中下游产业的深度融合。南京铖联激光科技有限公司关于此项目的目标客户群体主要集中在义齿加工厂、口腔医院、口腔诊所等医疗齿科相关单位。目前，全国注册义齿的相关企业有9000余家，每年国内义齿产量4亿颗。随着人民生活水平的提高，义齿产量年增长率在10%～15%，到2024年，义齿年产量可达6亿颗以上。目前，义齿行业中的3D打印技术的行业利用率不足10%，预计齿科行业3D打印规模每年将以40%～50%的速度增长，到2024年，齿科行业中的3D打印技术利用率将达到60%以上。每年将有3亿颗义齿采用3D打印技术进行生产制造，直接服务5000万人次以上。

效率优势：专注于齿科3D打印技术的开发与推广应用，有利于形成合力，提高研发与应用的效率。

技术优势：目前，在医疗齿科3D打印行业中，3D打印材料、3D打印设备、3D打印工艺的匹配性一直是困扰3D打印技术在义齿行业应用和发展的壁垒，并导致整体的打印效果和用户体验不甚理想。虽然在一定程度上解决了传统的义齿加工工艺工作环境差、返工率高、精度差、技术含量差等部分问题，但是质量不稳定、砂眼、气泡、变形等打印问题依旧存在。本项目专注于齿科3D打印工艺的开发与推广应用，构筑起连接设备、材料、用户之间的纽带。

针对目前齿科医疗领域对3D打印工艺技术的迫切需求，本项目从齿科应用出发，综合考虑数据处理、打印参数、后处理优化升级等，可以保证所研发的工艺技术生产的产品质量高、生产效率高、成品率高，同时降低制造成本，满足齿科应用3D打印的要求，从根本上解决采用传统的3D打印工艺技术进行钴铬合金、钛合金等齿科用金属粉末材料 3D 打印的种种弊端，将数据处理软件设计、打印参数设计、热处理程序设计的优势相结合：根据三维扫描仪得出的义齿数据，可保证产品质量；产品位置的合理摆放可以增加单块基板打印产品的数量，减少所需支架的数量，在保证加工精度的情况下降低加工成本。通过优化打印参数，可保证打印的表面质量和尺寸精度，同时缩短打印时间和提高粉末利用率，降低次品率和减少原材料用量。3D 打印成形的金属材料存在组织和力学性能的各向异性，表面质量、尺寸精度和一致性也有别于传统的铸造、锻造。该项目开发出适合钛合金、钴铬合金的 3D 打印热处理流程，包括热处理温度、升温速度、保温试件、降温方式、出炉温度等。目前，该项目已开展医疗齿科钴铬牙冠、钴铬支架、钛合金支架等多种材料、多种产品的工艺技术开发。在工艺耗时、成品率、工艺成本、产品质量等方面都取得了不错的效果。成熟的技术工艺已在一些客户群体中得到使用，用户反馈良好。该技术可以在医疗齿科 3D 打印领域有更广阔的施展空间，为 3D 打印技术的发展和数字化齿科的发展起到巨大的推动作用。

6. 脊柱侧弯矫形器

全国大致有 300 万青少年存在或多或少的脊柱侧弯的情况，它是一种脊柱的三维畸形。治疗脊柱侧弯在临床上主要分为手术治疗和非手术治疗。脊柱侧弯手术可谓是外科手术中最难、最危险、最贵的一种，除非万不得已，均采用非手术治疗方法，包括理疗、体操疗法、石膏、支具等，其中最主要和最可靠的保守方法是支具治疗。

生产更高效、成本更低。传统矫形器需要用石膏取病人身体模型并结合 X 光片进行制作，制作环节十分烦琐。在一天的时间内，一个矫形师最多制作 3 ～ 5 个病人的矫形器。而医学影像或 3D 扫描结合 SLS 3D 打印制作将会极大地提高矫形师的制作效率。目前，生产一个脊柱侧弯矫形器的材料成本约 400 元，厂家和患者都可以接受这一价格。

佩戴更舒适、美观，治疗效果更好。SLS 尼龙激光烧结打印的支具（脊柱侧弯矫形器如图 5.68 所示）是柔韧、有弹性的且很薄，容易藏在衣服里面，可根据患者的需求定制化增加镂空图案，在增加透气性的同时减轻产品重量，提升佩戴舒适度。此外，更高精度的数据采集和工艺生产方式也为医生制订矫形方案提供了可靠的依据，进而提升了矫形治疗效果。

7. 3D 打印医用护目镜紧急研发、生产

2020 年 1 月底，随着全国新冠肺炎确诊人数的增加，抗疫一线的医用口罩、护目镜、防护服等物资相继告急。在全国无法复工生产的特殊情况下，湖南云箭集团主动请战，利用成熟的 3D 打印技术紧急研发、生产医用护目镜。医用护目镜攻关小组经过日夜奋战，最终仅用 7 天的时间，成功研制出符合国家标准的医用护目镜，紧急驰援全国抗疫一线，3D 打印护目镜如图 5.69 所示，3D 打印护具智能生产如图 5.70 所示。医用护目镜的研发生产，充分发挥了 3D 打印技术快速成形、解放设计的技术优势。

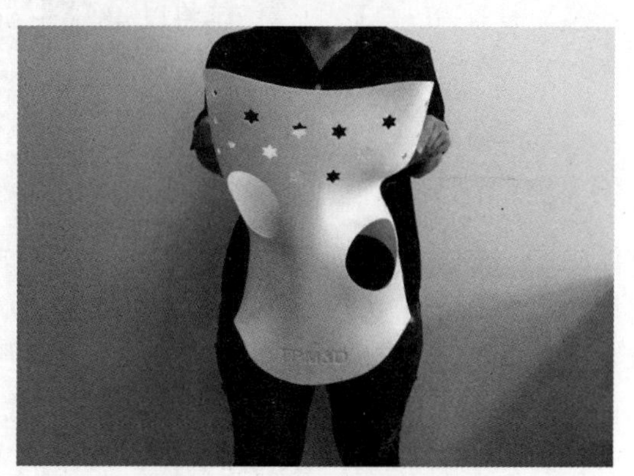

图5.68 脊柱侧弯矫形器

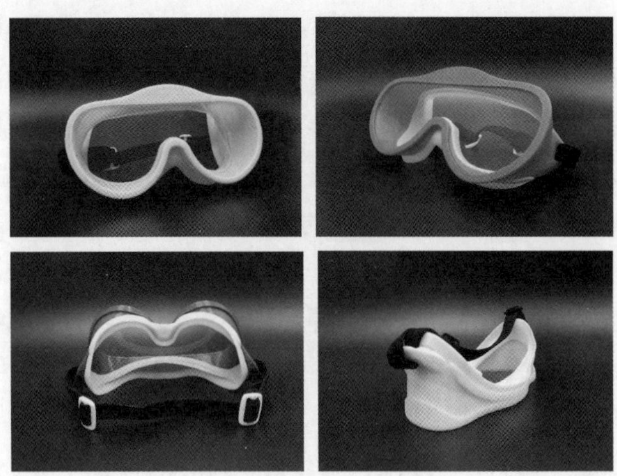

图5.69　3D打印护目镜

3D 打印研发、生产医用护目镜的优势如下所述。

① 研发效率的提升。如果采用传统制模制造的方法研发医用护目镜，仅开模时间至少需要 14 天，再加上研发过程中的修改论证，再到产品的定型，将需要更长的时间。3D 打印技术免开模具、快速生产的特点直接缩短了医用护目镜的研发周期，产品从设计到实物，仅需要几小时便可完成。最终我们在 7 天的时间里完成了一个符合标准的产品设计和定型。

② 产品结构的优化。医用护目镜的镜框内部采用中空的网格结构，实现轻量化设计，一副护目镜的重量仅 70 多克，佩戴非常轻便。

③ 3D 打印设备可实现智能化生产，只须将三维图纸输入设备，便可在生产过程中实现无人化生产。

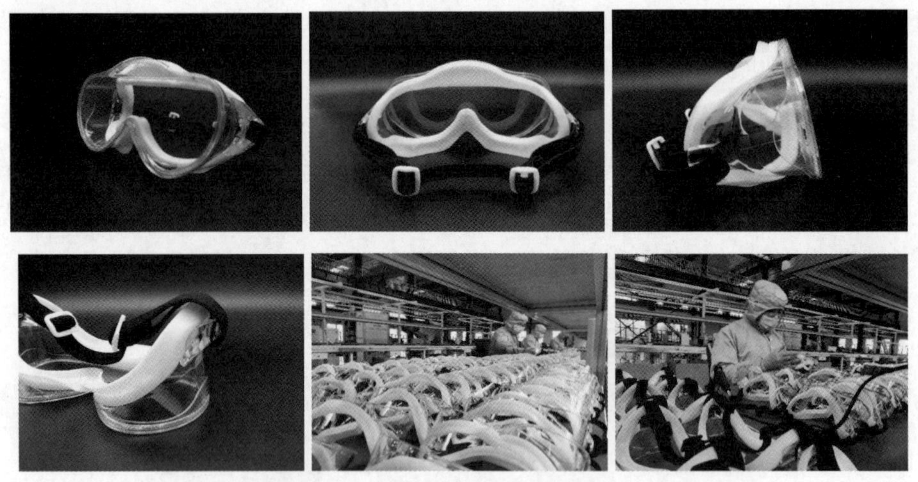

图5.70　3D打印护具智能生产

8. 金属 3D 打印推动义齿加工向数字化生产转型

广东汉邦激光科技有限公司自 2016 年正式服务于义齿制造行业起，不断对打印工艺、支撑添加方式、热处理工艺等进行有针对性的优化升级，打印效率、热处理效率、金属粉末利用率等都有所提高。以齿科专用设备 HBD-80D 为例，原来的 130 颗单位牙冠打印需耗时 6 小时左右，在保证打印质量的前提下，该设备实现了 130 颗单位牙冠耗时 3.5 小时的打印效率；由原来 6 小时左右的热处理时间，缩短到现在 2.5 小时的热处理时间。金属牙冠生产流程对比如图 5.71 所示。并且在新工艺经过反复测试且确保稳定的情况下，同步给所有的老客户进行更新。对生产型企业来说，生产效率的大幅度提升意味着单位产品成本的大幅度下降，也实现了汉邦科技对客户的承诺：在降低成本、提高效率、品质及稳定性的情况下，为客户实现了从传统铸造到金属 3D 打印的转型升级。

传统铸造：

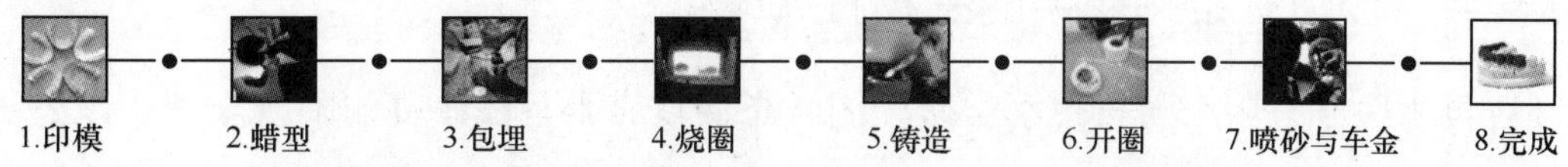

金属3D打印：

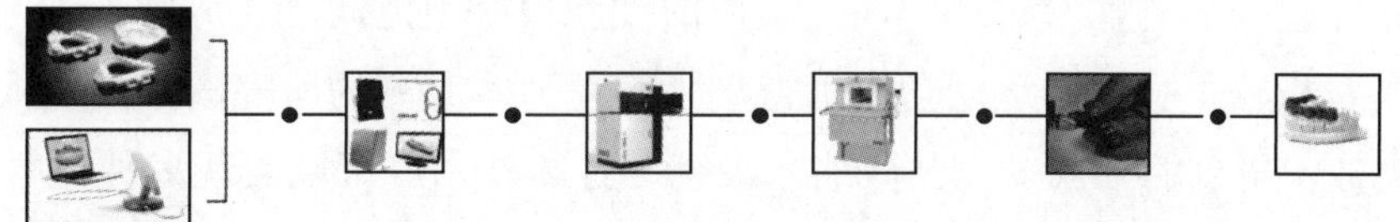

1.模型/口扫　2.仓扫、设计排版　3.金属3D打印　4.热处理　5.喷砂与表面微处理　6.完成

图5.71　金属牙冠生产流程对比

汉邦科技在深耕义齿加工领域的过程中，结合行业的产品结构及生产痛点，积极探索金属 3D 打印在齿科应用领域的新工艺。目前，除了金属 3D 打印牙冠之外，金属 3D 打印钛支架也得到了广泛应用。钛支架具有生物相容性好、质量轻等特点，在活动义齿修复产品中属于高附加值产品，备受患者与医生的青睐。在原有的加工方式中，钛支架通常采用铸造或者切削的方式成形。与铸造钴铬冠不一样的是，钛合金或者纯钛的铸造工艺具有天生的工艺缺陷，铸造成功率十分低，工艺难以掌握。切削方式的生产效率低下，单个支架的成本高，导致无法得以广泛推广。而金属 3D 打印则弥补了目前钛支架加工方式的缺陷，以汉邦科技针对钛支架打印推出的双激光设备 HBD-200D 为例，单台设备一天能完成 40 个以上的钛支架打印。牙冠打印产品如图 5.72 所示，支架打印产品如图 5.73 所示，相比切削机单台设备一天只能完成 6 ～ 7 个钛支架的切削，加工效率实现了几何级增长，而且成本也得以控制。结合金属 3D 打印的工艺特点，3D 打印钛支架的卡环可以设计得更细、颚板设计得更薄，支架整体可以实现更轻巧，在患者口腔内产生的异物感大大降低。

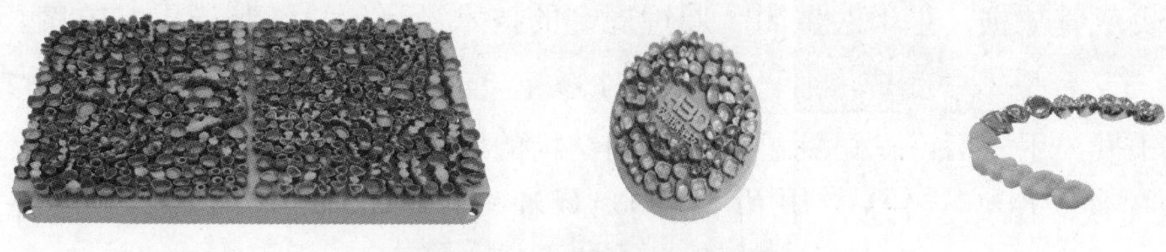

图5.72　牙冠打印产品

图5.73　支架打印产品

除此之外，汉邦科技已完成了针对个性化基台、马龙桥、卡杆等具有更高附加值的种植产品的增减材复合加工方案的研发。对于该项更具颠覆性的应用，汉邦科技正在继续最后环节的验证与优化，相信在未来很短的时间内可正式地将完善的增减材复合加工方案呈现在用户面前。

9. 山羊半月板仿生结构支架的生物打印

苏州诺普再生医学有限公司再生医学研究团队想要攻克半月板修复的临床难题。该公司利用器官打印单元系统（Organ Printing United System，OPUS）生物打印平台的技术优势，打印出适应天然半月板各向异性结构特点的仿生结构支架，帮助团队完成了探索。该支架由聚己内酯提供物理支撑，同时将干细胞和携带不同生长因子的聚乳酸 - 羟基乙酸（Polyclatic-co-glycolicacid，PLGA）微球在不同区域内进行精准排布。在体外实验过程中，支架内的细胞很好地定向分化成软骨细胞。在植入山羊体内 6 个月后，山羊半月板修复良好，运动功能也得到了恢复。本案例的研究成果具有很大的临床转化价值。

OPUS 生物打印平台的独创多工艺微纳米级整合打印技术，可以实现多种材料的同时打印和仿生结构的一体化成形。在打印过程中，该技术还能精准调控细胞和各种生物材料的分布密度，满足半月板各向异性的结构要求，非常有利于细胞在支架内部的分化生长和组织功能实现，对半月板的良好修复起到重要作用。

10. 数字化齿科种植导板

浙江迅实科技有限公司先使用口腔扫描仪对患者口腔进行扫描导入计算机，通过计算机辅助设计 / 计算机辅助制造（Computer Aided Design/Computer Aided Manufacturing，CAD/CAM）激光扫描和锥形束 CT（Cone Beam CT，CBCT）等，在计算机上重建患者口腔三维立体模型，有效地掌握每一位患者的牙组织结构，清楚地还原牙神经和血管位置，然后利用 3D 打印设备打印种植导板，并利用数字化齿科技术有效地避开牙组织损伤和牙神经位置，极大程度地减少手术时间和手术创伤。该技术使手术过程更精确，避免了其他并发症，极大地缩短了手术时间，缓解了行业医资力量不足的压力。

11. PEEK 在前额双侧颅骨修补手术中的应用

患者前额双侧颅骨缺损，主治医生团队通过周密的技术设计，科学制订手术方案，使用 PEEK（聚醚醚酮）材料在同一台手术中完成颅骨两侧的同时修补，获得了良好的临床效果。手术前，患者心情低落，几乎一言不发。手术后不仅达到了头颅解剖结构的完美复原，患者也比手术前变得开朗、活泼，跟医护人员侃侃而谈，像变了个人。用 PEEK 材料修补颅骨是目前来说最合理的选择，其性能稳定、力学性能优异、生物相容性良好，基于 CT 数据三维重建和设计，与缺损区域精确吻合，为患者赢得更好的康复时间和生活质量。

12. 3D 打印生物基矫形鞋垫

传统的、未做任何处理的聚氨酯鞋垫的吸汗性略显不足，且不具备杀菌抑菌功能，本项目对聚氨酯材料进行改性，使之具有高物性、好弹性、质量轻、透气吸汗、抗菌除臭、可水洗、可反复穿用等优良特性。

深圳市光华伟业实业有限公司采用扫描—设计—打印集成机，为每位客户提供定制化鞋垫。采用全新的扫描技术，可以获得 360° 的脚部三维数据，通过专业的算法设计出最适合客户脚形的鞋垫。再通过 3D 打印，更快、更低价地获得材质舒适、轻便、环保的鞋垫。

目前，矫形鞋垫的个性化定制主要有传统石膏模型制作和计算机辅助设计与制造两种形式。前者通过手工石膏绷带取型、石膏模型修型、板材高温成形，最终打磨完成；后者通过计算机扫描获取足部形状，经软件设计最终实现数控机械机床加工。在国内，矫形鞋垫的相关标准暂未成形；在发达国家，计算机辅助设计与制造系统已逐渐替代传统手工加工，被广泛应用于矫形鞋垫的制作中。近年来，随着科技的迅猛发展，扫描精度和准确度越来越高，计算机加工技术也逐渐突破，3D 打印技术正逐步应用于矫形鞋垫的制作中。鞋垫设计如图 5.74 所示。

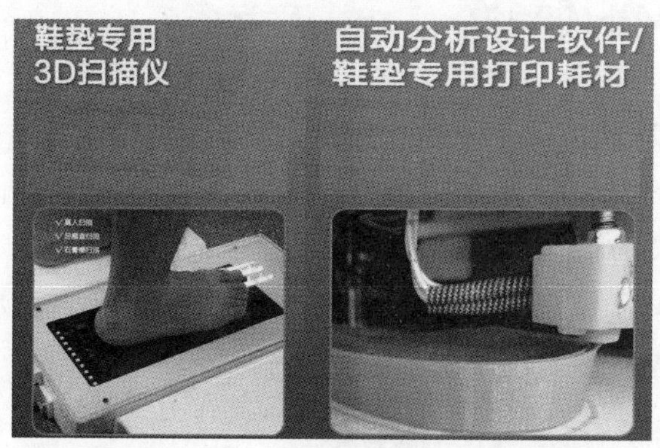

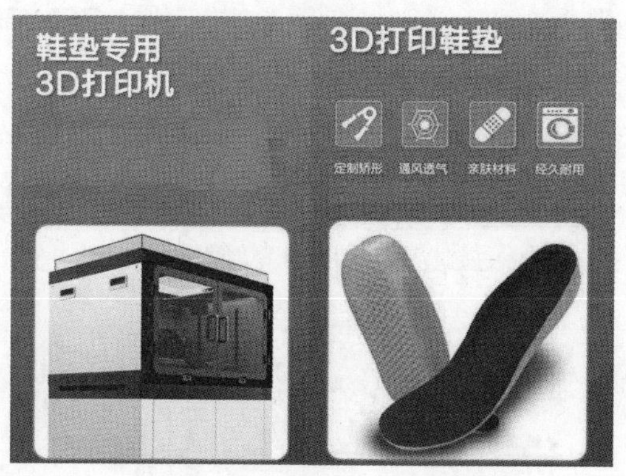

图5.74　鞋垫设计

五、文化创意领域

1. 数字雕塑“大地飞歌”

2019 年，北京三帝科技股份有限公司旗下的北京隆源自动成型系统有限公司为南宁相思湖学校设计制作了大型硅青铜艺术雕塑“大地飞歌”，其高为 3.17m，宽为 1.98m。该雕塑采用了隆源成型航空航天级的 3D 打印快速铸造技术，融合了传统民族文化元素，拥有极高精度、极致细节，不仅大幅缩短了雕塑的制作周期，也提升了雕塑的制作精度。这种大型复杂的硅青铜艺术雕塑，如果使用传统工艺则制造工期长、损坏率高，而 3D 打印具有自由设计、复杂结构精准快速成形的优势，可解决这一难题。

该公司拥有航空级打印精度，能够打印出超精细的纹理，可完美再现艺术家的设计细节；高精度模型无缝拼接、模型纹理化、阵列化处理可实现雕塑艺术品的无限尺寸和设计自由度；3D 打印技术可快速试样、随时修改，塑性极强的 PS 材料可以带来完美的手工质感，艺术家可以对蜡模进行再创作。与传统方法相比，3D 打印更加高效、环保，省去了传统工艺中的几次倒模过程，大大缩短了生产周期，避免了浪费材料。

2. 制鞋定制数字化设计服务方案

先临三维科技股份有限公司推出了制鞋定制数字化设计服务方案，根据扫描获得的脚部数据设计鞋楦和鞋底，结合选择激光烧结（SLS）技术制造贴合消费者脚形的个性化定制鞋子。先临三维自主研发了足底扫描设备及软件，通过扫描采集到脚形数据后，软件会自动将数据转换为 3D 模型，可直接用 SLS 3D 打印技术制作成鞋楦，也可以以此设计出贴合脚形的鞋底 3D 数据模型并打印出来。3D 打印外观设计鞋如

图 5.75 所示。

图5.75　3D打印外观设计鞋

所有的定制鞋子都是基于消费者的脚形数据来制作的，充分贴合消费者脚型，提高舒适度、透气性和回弹性。在定制运动鞋时，可根据不同消费者脚底的受力分析，调整鞋底打印晶格的疏密程度，在受力点增强支撑力，以此提高舒适度和回弹性，拓展鞋子的功能性。在定制皮鞋时，可通过定制鞋楦来调整和适应鞋腔模型空间的合适度，提高舒适度和透气性。3D 打印定制鞋如图 5.76 所示。

图5.76　3D打印定制鞋

利用 3D 打印技术制鞋能够加快产品线的优化迭代，为鞋业的个性定制平台带来实操性；让传统制鞋行业“量足做鞋”成为可能，可有效促进供给侧改革，一改过去标准化、批量化、规模化的标准产品，工业产品转变为个性化、定制化，提升人们对美好生活的追求。

3. 3D 打印定制鞋垫生产线

3D 足底扫描仪和 3D 打印机的出现，配合广州建锦道自动控制科技有限公司自主研发的定制鞋垫制作软件，可以在 1 小时内，完成 3D 足底扫描分析、定制鞋垫（矫正鞋垫）建模和 3D 打印成型的工序，大大缩短了定制化的时间并降低了成本。

① 在扫描仪上调整好正常的站姿，扫描出真实的客户足底模型，通过软件得出客户足底分析报告。（一般用时为 5min。）

② 鞋垫设计师可通过 3D 扫描报告和足底图形做出判断，并在鞋垫设计软件上适当调整鞋垫形状，通过软件生成定制的鞋垫 3D 文件。（一般用时为 5 ～ 10min。）

③ 把鞋垫文件导入 3D 打印机，20 ～ 30min 可打印成形，在鞋垫面贴上皮层，即完成了鞋垫制作。（需要注意的是，复杂的鞋垫打印和加工耗时会增加。）

市面上现有的鞋垫虽然种类繁多，但量身定制的鞋垫却少之又少，而且制作时间长，价格昂贵，导致定制化鞋垫只能出现在高端鞋类和医疗辅助（足部矫正）行业。快速产鞋模式如图 5.77 所示。

一小时内定制高速3D打印鞋垫生产线模式

1.用高速3D足底扫描仪快速扫描足底（1分钟内）

2.通过鞋/鞋垫软件获取足部数据报告,并且该软件可根据足部矫形需求调整鞋垫形状，自动生成3D 鞋垫模型文件

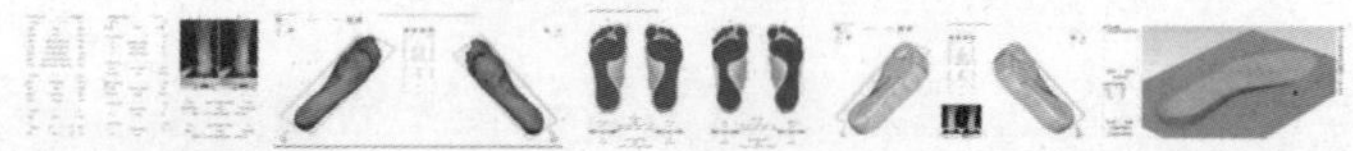

3.使用鞋/鞋垫专用高速3D打印机在20～30 min 打印出鞋/鞋垫模型

4.后期处理：在鞋垫上粘一层皮肤（鞋布），即可直接使用私人定制款鞋垫

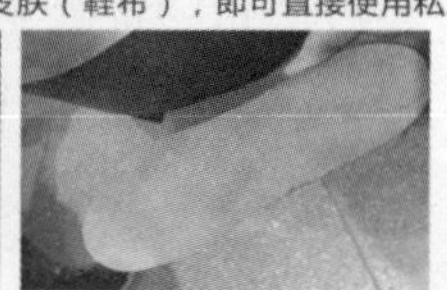

图5.77　快速产鞋模式

4. 3D 打印量产 TPU 材质运动鞋面

福建泉州匹克体育用品有限公司联合北京汇天威科技有限公司（弘瑞），在世界范围内首次尝试 3D 打印鞋面，并携电影《黑衣人》推出联名款运动鞋。匹克体育运动鞋如图 5.78 所示。

图5.78　匹克体育运动鞋

此款 3D 打印鞋由匹克设计，弘瑞负责 3D 打印鞋面的批量生产制造，材料则使用万华化学集团股份有限公司的热聚合性的聚亚安酯（Thermopolastic Polyurethanes）线材。3D 打印的生产方式代替了传统的开模、注塑，在节约成本、提升研发效率的背景下，从多角度助力产品上市。

3D 打印灵活生产的方式促使设计人员追求完美的设计方案，通过多次实物比对，反复调整，找到最为优化的方案。

5. 3D 打印夹治具

北京汇天威科技有限公司（弘瑞）与广东的一家玩具制造厂就优化生产成本、提升生产效率方面开展合作期间，曾对生产各环节进行一系列的调研、考察。在此期间，发现玩具的零部件着色环节采用传统计算机数控（Computerized Numerical Control，CNC）加工，需要根据处理部件进行铸模、开模，之后再进行人工倒模，有了成熟的模具之后再对零件进行固定，继而使用 UV 打印机进行喷涂。此工序不仅设备费用高，维护成本和材料成本同样居高不下。工场一角如图 5.79 所示。

图5.79 工场一角

弘瑞工程师提出传统 CNC 加工方式通过复杂工序制作夹治具的作用是对部件进行迅速方便固定，3D 打印能够有效代替，分析大量该环节数据之后发现，3D 打印不仅能够节省将近一半的夹治具研发生产时间，精度也能得到有效保证。经比对，3D 打印的设备成本及耗材成本基本能保证在传统方式的十分之一左右，设备维护频次和技术难度也降低了很多。运用 3D 打印机来改造其玩具生产制造工艺的理念与厂家一拍即合。

3D 打印喷涂夹治具可采用 3D 扫描仪对现有零件进行数据捕捉采集，经过处理之后进行 3D 打印。对于每一个夹治具底板承载的零件数量，企业可根据处理量及设备的尺寸进行设计。试版如图 5.80 所示，3D 打印夹治具如图 5.81 所示，3D 打印夹治具应用如图 5.82 所示。

图5.80 试版

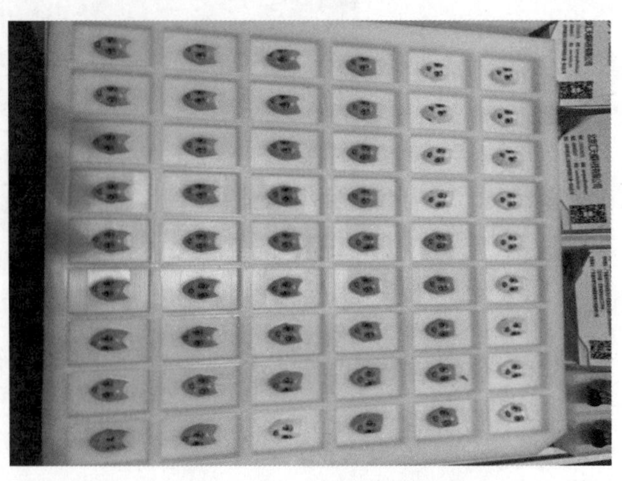

图5.81 3D打印夹治具

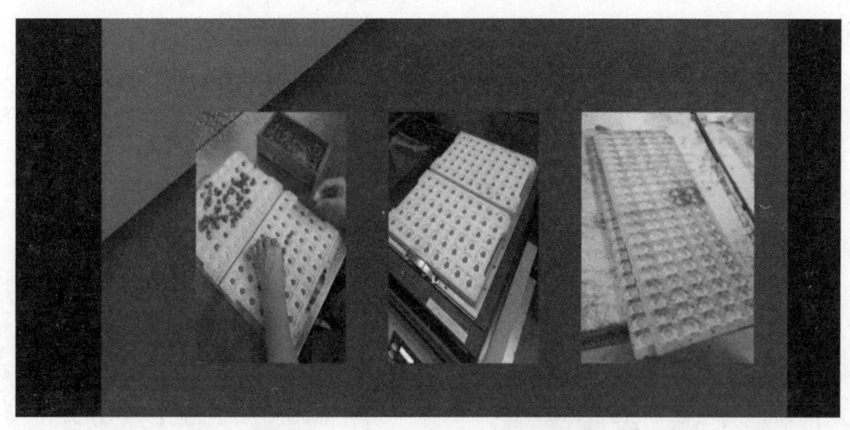

图5.82　3D打印夹治具应用

拥有一定成功经验之后，设计师在设计夹治具的过程中，充分发挥想象力，既可以根据不同产品设计尺寸规格统一的夹治具，也能把夹治具每一个单元格的空间最大化，通过角度以及部件结构的差异，使一个单元格可以实现同一部件几个不同角度的固定功能。

6. 盼打自助式 3D 巧克力 / 玩具打印机

杭州时印科技有限公司通过在食品 3D 打印领域 3 年多的市场和技术积累，2017 年 10 月开始研发自助式食品 3D 打印设备，2018 年 5 月推出了国内首款巧克力自助式 3D 甜点贩卖机，创意饮食成为一种时尚。

巧克力自助式 3D 甜点贩卖机主打新颖、科技和体验，针对商业综合体入口、电影院和游乐园等巨大人流量场所，提供在线订制（Do It Yourself，DIY）交互功能（自拍、涂鸦、文字等）创作食品造型，顾客只须等待几分钟即可获得个性化甜点（巧克力、糖果和糕点等）。该设备以全新的体验方式满足顾客消磨时间和娱乐的需求。

由于盼打巧克力自助式 3D 甜点贩卖机面市后深受小孩子的喜爱，时印科技又在 2019 年加推了一款新的 3D 打印自动贩卖机——盼打未来玩具打印机。这款新设备致力于打造高新科技、寓教于乐的潮玩玩具自助 3D 打印新业态。同时结合 3D 打印、物联网、人工智能技术于一体的玩具自助智造——售卖一体机，使消费者可以创造和定制千变万化的梦想玩具，就相当于开一家 24 小时不打烊、无人值守的迷你玩具店，完成一场有别于传统零售的创新革命——玩具 3D 打印新零售。3D 打印玩具如图 5.83 所示。

图5.83　3D打印玩具

7. 借力 3D 打印技术，释放建筑形体之美，助力无限可能

2018 年镇江恒大童世界项目在整个行业轰动一时，整个项目 35 栋城堡模型完全采用固化 3D 打印技术制作完成，联泰科技 UnionTech 技术在整个项目中发挥了重要作用。该项目的制作使用了 260 万克（2.6 吨）光敏树脂材料，100 多台 3D 打印机同时打印，从打印到后期上色整个过程只用了一个半

月的时间，其最终效果令人震惊，如此完整的大型场景式建筑3D打印展示沙盘在国内尚属首例。当传统工艺无法满足复杂建筑模型的加工制造需求时，3D打印技术的优势就更显著。巴黎圣母院模型如图5.84所示，建筑模型如图5.85所示。

图5.84　巴黎圣母院模型

图5.85　建筑模型

建筑模型在项目初创阶段是非常重要的，要使客户对拟议的项目有可视化的完整版本。传统建筑模型的制作过程非常艰苦且消耗大量劳动力，在制作上，如果需要还原缩小后的细微结构，则特别困难，且制作成本昂贵，其结果是很多时候会放弃非常重要的小细节，这往往会给区分特殊设计与客户决策的过程带来负面影响。产品细节对客户来说十分重要，保留这些细节对客户来说是至关重要的。

近年来，3D打印技术在多个领域都得到了应用。而在建筑领域，3D打印技术所带来的价值效应显而易见。3D打印建筑模型是指通过3D打印设备制作的建筑模型、沙盘模型、景观模型、微缩模型。例如，建筑模型在售楼中心是不可或缺的工具之一，社区的全貌、规划、交通、环境、配套等周边情况在建筑模型中一目了然。

3D打印建筑模型是以微缩实体的方式来表示建筑艺术的，如实地表达了建筑思想的构造，将建筑师的意图转化成具体的模型实物。3D打印具备操作简单、成形速度快且精确的特点，可以用简单、真实的材料对实体进行快速的建造和成形，创建详细、准确的比例模型，能够直观地反映出建筑物的结构、尺寸等相关特点，有效地传达给客户每一个设计的独特理念，在建筑设计领域具有良好的发展前景。

（1）技术优势

过去的沙盘模型一般是使用手工或半机械化加工方式，制作工具较多地采用了钣金、木工和加工工具，专业制作工具较少，制作过程十分耗时与耗费劳动力，然而3D打印技术可以快速、精确地将虚拟3D模型转变成真实立体的物品，具备高效率、低成本、高精细度的特点，与传统制造方式相比可节省大量材料，减少所需的人力和时间，且绿色环保。

联泰科技UnionTech光固化3D打印技术在制作沙盘模型上有着独特的优势，其采用柔韧性高的光敏树脂材料成形，成品坚固耐用，可以打印出0.03mm左右的细微结构和0.06mm壁厚的结构，在非常短的时间里非常精确地还原出创作设计元素，而且制作成本远远低于传统手工模型的制作成本，3D打印技术已经被越来越多的业内人士接受。

（2）经济效益

在建筑设计方面，3D打印不但能够满足各类建筑风格的设计需求，还能够确切地表达出建筑的自身价值。3D打印技术可以开展建筑特殊性设计工作，对其进行辅助，保证工程计价的方便性，获得比较客观的预算，促使人们对项目有非常直观的感受，并从根本上对潜在问题进行有效解决，促使建筑施工的质量和安全得到保障，具有良好的经济效益。

另外，基于数字化制造工艺，3D 打印将精确的虚拟 3D 模型自动快速地转化为真实的实体，删除了手工制作环节，大大降低了产品制造的门槛和时间周期，制作成本也更低。

造型自由是 3D 打印技术的优势之一，通过层与层之间的无缝衔接保持了墙体和结构的整体性，产品的纹理可以多样化，且产品体积越小，精度越高。

3D 打印技术在建筑设计领域，尤其是建筑沙盘模型制作方面的独特应用优势，将对整个行业产生巨大影响。它不仅将变革建筑设计创意可行性的验证模式，提高验证效率；也将改变可用于项目投标辅助、建筑工程施工、楼盘营销展示等重要领域的高精度建筑沙盘模型制作模式，并成为未来相关从业企业得以在竞争中立于不败之地的必备利器！

3D 打印技术将传统图纸与地理信息、建筑扫描等电子数据进行结合，并以实物的形式展现出来，可通过实景建模形式，展现真实三维场景。在今后的发展中，3D 打印技术将更加多元化，也就是技术的应用不仅在某一个行业，而是应用到多个行业中，3D 打印设备也会独立进行设计、施工等过程，为建筑设计提供更多的发展空间。

8. 更智能更精细的 3D 打印鞋模方案

3D 打印技术在制鞋设计、研发、生产方面的应用已经非常成熟。目前联泰科技 UnionTech 3D 打印技术正在重塑整个制鞋产业，其快速、高效、个性化的特点形成了新一轮的竞争优势（不同颜色的高精细度鞋底如图 5.86 所示）。3D 打印技术可以将复杂的加工流程简单化，在三维数据的基础上，在最短的时间里快速获得产品，相比传统制鞋工艺更智能化、更自动化，具有高效、精准、灵活等优势。随着技术和材料的逐步突破，联泰科技也将一如既往地积极探索应用层面的更多可能性。

设计，是一双成品鞋诞生的第一步，是非常重要的环节，成品鞋的美观、舒适性和结构确认都需在第一步设计验证中完成。3D 打印技术在设计环节有着非常显著的优势，它可以忽略设计上的极度复杂结构、任意曲线、中空造型以及咬花纹理，直接利用软件进行处理完成，输入打印设备，快速出样得到实物（3D 打印软性咬花试穿鞋如图 5.87 所示）。一个 3D 图档的输入到成品的输出只需要短短几个小时，极大地加速了产品推陈出新的速度，有效提升了企业市场的核心竞争力，实现产品的个性化生产。

图5.86　不同颜色的高精细度鞋底

图5.87　3D打印软性咬花试穿鞋

女鞋设计更多地展现和激发了人们的想象力和创造力。虽然在时尚圈，舒服性从来不是时尚需要考虑的问题，但在现实生活中，很多品牌商更注重女性健康，在研发设计阶段，对女鞋的美观性和舒适性的要求更为严格。

无论是出于效率因素还是成本因素，越来越多的企业开始采用 3D 打印进行女鞋的研发和创意设计，便于迎合当下产品升级、消费升级的趋势。棱角分明的木模如图 5.88 所示。

3D 打印主要是用于开发设计阶段新产品的打样，就是指样品、样板。打样就是将计算机设计的二维图或三维图打印出实物，确认新品结构和实际效果是否能满足市场或客户的需求。经过开发设计阶段的样品确认后，亦可采用 3D 打印设备进行鞋底模具的快速生产。快速模具如图 5.89 所示。

图5.88　棱角分明的木模

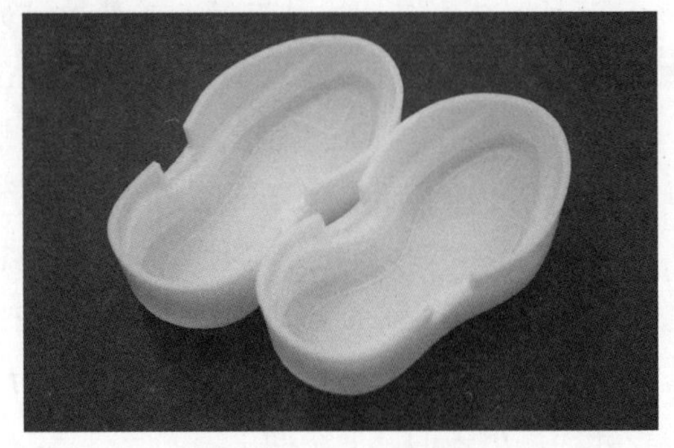

图5.89　快速模具

3D 打印技术在 IM EVA 模具制造过程中是一个非常灵活、快捷的生产方式。它可以有效地降低制模成本，减少浪费，还可以在很短的时间里得到产品，达到事半功倍的效果。

数字化批量纹理的优势主要在于以下两个方面。

① 个性化。提升零件的美学价值，可自由地进行设计创作；使用极富美学性或功能性的纹理、图案提升客户的设计品质，创造独一无二或个性化的作品。

② 环保。在当代制造体系中，环保是首要考虑因素；这也是“联泰 3D 打印 + 数字化咬花技术”的产业优势，也是未来制造的发展趋势。数字化纹理成品如图 5.90 所示。

9. 3D 打印在厨卫行业的应用

图5.90　数字化纹理成品

随着时代的变迁，房地产行业也经历了蓬勃的发展期，市场对于商品房的户型标准、要求也越来越高，而问题最多、技术最复杂、实施最困难的两个空间就是厨房和卫生间。作为厨卫产品的承载空间——厨房、卫生间的产品设计会直接影响到户型结构的变化。

3D 打印在厨卫领域的应用，最主要的还是在新产品开发、外观验证、装配验装上，现如今厨卫行业的部分品牌生产商开始将 3D 打印技术用于产品开发和小批量生产中。目前，使用联泰科技 UnionTech 3D 打印技术的行业品牌客户有 TOTO、海鸥卫浴、浙江帅康等。

10. 3D 打印广告道具

化妆品的潮流更新是非常快的，装载它们的展示道具也需要随之更新，3D 打印有着极具灵活性的特点，可以不限于造型的约束，量身定做，对于创造新的产品自由性更强。3D 打印可以一体化完成化妆品承载工具，不需要组装拼接，有效减少了制作工时，节约了人力成本，且更快速高效。化妆品道具如图 5.91 所示。

图5.91 化妆品道具

11. 3DP 打印技术在雕塑行业的应用

传统雕塑的制造周期长、成本高、劳动环境差、对人员技能的要求较高，是劳动密集型产业。通过以 3DP 打印技术为核心，结合设计、各种表面处理技术，可使雕塑产品生产实现数字化，改善作业环境，减少人员消耗，提高生产效率。3DP 打印技术有着高效、低成本、高精度与砂质厚重感的特点，经过后处理可使产品表面高强度防水、耐腐蚀，且具有各类展现效果的处理能力，拼接组装可达到无缝处理效果。尤其是产品具有砂质厚重感的特点，特别适用于仿古、做旧、仿铜效果的雕塑产品，从而实现大型雕塑产业化的推广应用。采用 3DP 打印技术的优势如下所述。

① 采用该工艺制作的雕塑产品，可降低成本，提高产品质量，实现雕塑产品数字化、智能化制造，减少对人工的依赖。

② 3D 打印技术在雕塑行业的应用缩短了制造周期，省去了传统雕塑行业制模、翻模等工序，有效提高了生产效率；实现数字化生产，无模具和库存压力；产品精度高，对于安装装配的雕塑特别适用，且降低了对艺术工匠的生产依赖程度，艺术家可专心创作；3DP 打印技术在各类 3D 打印技术中有打印效率高、不需要支撑的优势，使艺术设计不再受到工艺的制约。

③ 具体技术指标及效益：采用该工艺制作的雕塑产品，制作周期短于传统工艺，成本低于传统工艺，尺寸精度可达 0.5mm，拼接可达到无缝处理的效果。表面效果处理现已结合工艺美术仿古做旧技术，研发出 5 种颜色效果，丰富了 3DP 雕塑的表面处理方案，增强了 3DP 雕塑的表现力。文物再现如图 5.92 所示。

图5.92 文物再现

12. 上海天文台

2019 年 5 月，人类首次直接拍摄到黑洞照片的信息刷爆网络，上海天文台功不可没，这是上海“科技与制造”的地标代表。应客户需求，上海云铸三维科技有限公司担任上海“科技与制造”这张名片的诠释者。为更好地展示这一代表上海天文水准的地标，整个天文台展品通过 3D 打印技术实现同比例缩小实物，在工艺和材料的选择上，技术团队以“精致、轻便、逼真”为目标，采用选择性激光烧结成形工艺，选用尼龙 FS3300PA 材料进行打印。模型如图 5.93 所示。

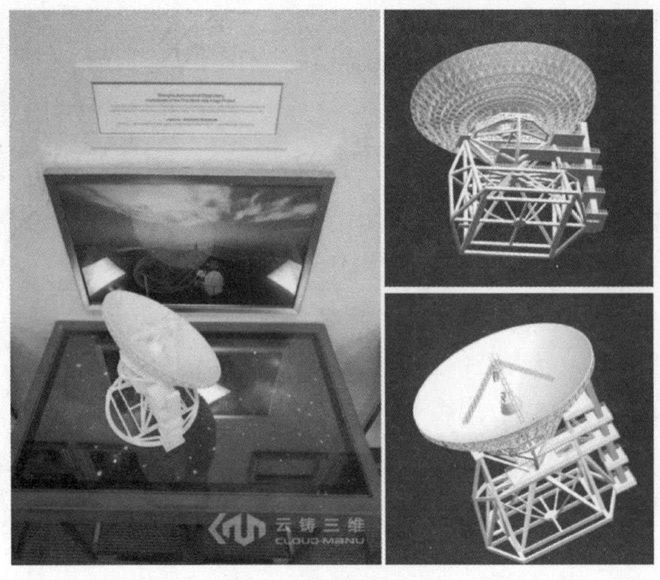

图5.93 模型

13. “花的故事”艺术作品

该艺术作品细节精细，复杂程度极高。复杂工艺品如图5.94所示，传统工艺无法实现该艺术作品，这也是作者选用3D打印技术实现该作品的主要原因之一，上海云铸三维科技有限公司采用MJF尼龙粉末打印，加上专业的喷漆上色等后处理，完美呈现了客户的复杂设计理念与工业制造碰撞的艺术诉求。应用增材制造技术的优势如下所述。

① 呈现复杂结构。

② 不需要受到材料、技术等因素的限制，让艺术创作者更加心无旁骛地进行创作。

③ 上海云铸三维科技有限公司自建近百平方米喷漆房并通过环评检测，可实现喷漆、上色等多种后处理工艺，为客户提供“一站式”服务。

图5.94 复杂工艺品

14. 文物、艺术品修复

意大利文化遗产修复局（ISCR）是意大利古文物和巨作修复界的践行者。塔鲁尼亚的伊特鲁里亚坟墓的壁画、阿西西的乔托以及罗马的马库斯·奥雷留斯的青铜雕像、比萨斜塔和安东尼奥·维瓦里尼的桌子等文物都经过他们的精心修复。该机构的高等教育学院（The Study Abroad Foundation，SAF）也一直在探索先进工具和创新手段来促进修复工作，凭借人类的想象力和对复原文艺复兴时期艺术荣耀的执着，高等教育学院的学生尝试利用3D打印技术修复雕塑。通过使用扫描仪，考古工作者先对这些3D扫描文件进行逆向设计；然后将三维模型发送到ideaMaker切片软件进行切片，之后通过Raise3D Pro2 Plus 3D打印机打印复刻；最后，将这些3D打印的模型上漆后处理，应用于原件，以修补石头或木头的缺失部分，或创建可用于研究或展示的艺术复制品。

15. 广告字 3D 打印解决方案

浙江闪铸三维科技有限公司将 3D 打印发光字结合 3D 打印技术、新材料技术和智能制造技术，使字壳能快速打印成形，并使边框一体化，直接输出使用，没有二次加工。配套软件可输出雕刻文件，用于雕刻亚克力面板。

① 设备成本：全套解决方案的价格为原设备的几分之一。

② 人工成本：制作过程的中间环节减少，软件操作简单，只须简单培训，工人易上手。

③ 库存成本：每色耗材常备 1 ～ 3 卷，库存无压力，特殊耗材随时快递发货。

④ 耗材成本：常用打印耗材价格非常稳定。

⑤ 场地租金：办公室可安放，产能扩大不增加场地要求；绿色制造，环保无隐患。

六、创新教育领域

1. 创客教育

辛集紫熙科技发展有限公司成立于 2017 年，是一家致力于增材制造（3D 打印）技术研发、数字成像技术服务与生产、STEAM 跨学科综合实践教育应用与开发，集增材制造设备、材料生产销售、应用软件研发、培训、AR/VR 技术于一体的综合性国家高新技术企业。该公司自建立之初就本着“专业、进取、开拓”的精神，积极开发各项产业在相关领域的应用，针对航空航天、工业、医疗、艺术、教育、旅游等行业特点进行深入研究。其中，STEAM 跨学科创客教育项目联合欧洲 TRAMS 创客教育基金会、芬兰 HundrED 教育协会等多家欧洲知名教育团体，将 3D 打印、编程、物联网、人工智能等技术应用于 K12 教育及校本课程，现已为国家相关部门提供多种有效技术解决方案及服务支持，力求为各行业客户制订最具针对性的解决方案。

2. 3D 打印在中小学推广应用

为推动教师主动适应信息化、人工智能等新技术变革，加强中小学创客师资队伍建设，2019 年 5 月 27 日，由兴安盟教育局主办的全盟中小学专任教师“创客教育”系列培训在兴安职业技术学院紫熙学院正式拉开序幕。

兴安盟推进 STEAM 教育及创客教育的创新实验室建设，让孩子们的创新精神和实践能力得到充分的发展和提高。

该培训以需求为导向，以解决创客教育教学课程建设、师资问题为目标，旨在带领广大教师学习探索 STEAM 教育、创客教育等新教育模式。通过真实课堂的教学案例结合零起点实战培训，降低开课入门门槛，重心下移，实现普惠性创客教育；同时，遴选和发现一些一线优秀创客教师，以推动创客课程的落地实施；通过线下实训结合线上指导，实现创客教育与学校常规教学的融合，推动创客教学全方位开展，构建创客教育的立体生态。紫熙学院实训车间进行 3D 打印实践操作如图 5.95 所示。

图5.95　紫熙学院实训车间进行3D打印实践操作

3. 3D 打印的高教创新应用

近年来，越来越多的高校开始摸索创新教学模式，把 3D 打印技术与教学体系进行整合。3D 打印技术为高等教育行业提供了更多的资源和突破口。在高校创新教育中引入 3D 打印技术，让学生对 3D 打印有一个全面的认识，并通过与产业对接创新设计，可开发学生的创新性思维，全面掌握这项制造业新技术，为社会各行业输入合格的技术人才，打下坚实的基础。北京汽车技师学院（北汽技师学院）在 2018 年引入了 3 台联泰科技 UnionTech 的工业级 3D 打印设备用于实验教学。

4. 3D 打印教学

在增材制造教育解决方案方面，2019 年广东银纳科技有限公司开发了《逆向工程与 3D 打印》《反求工程》等课程资源，形成教材 10 本，初中高教学案例资源 30 余套。该公司还参与了广东省机械设计与制造资源库、广东省 3D 打印现代学徒制等项目建设。

5. 3D 打印创客兴趣班

海南某初中开展了 3D 打印创客兴趣班，教学使用的是传统 3D 打印创客教育中都配备的 FDM 热熔式 3D 打印机，但在实际教学过程中，教师发现如果自己需要制作一个新的 3D 打印教案，耗时一般都要在 4 ～ 10 小时（甚至更久），很多时候还需要后期再次修改、再次打印，耗时较长。而采用上海云匙科技有限公司的 3D 打印设备后，作品打印时间基本上可缩短在 1 ～ 2 小时，大大提高了教师的备课效率。所以在做 3D 打印创客教育方案时，上海云匙科技有限公司会帮助学校配备 DLP 3D 打印机，而且学校反馈效果不错。

第6章

地区概况

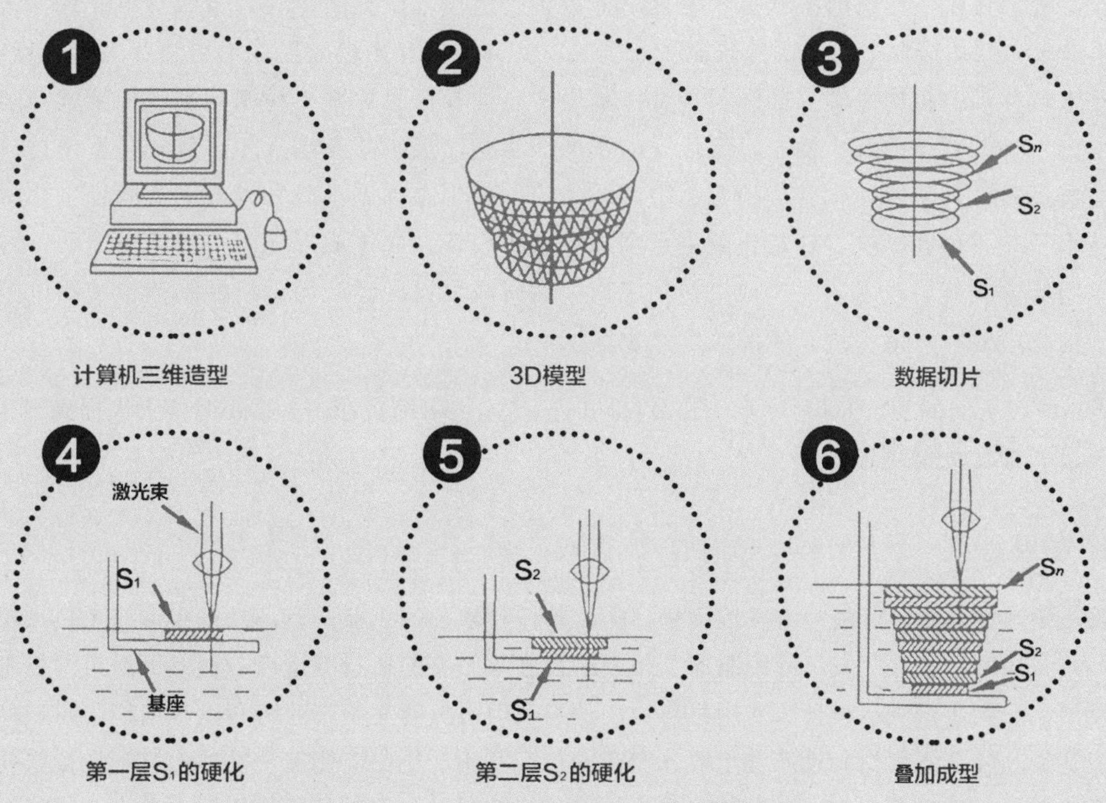

1
2
3
Sn
S2
S1
计算机三维造型
3D模型
数据切片
4
5
6
激光束
S1
基座
S2
S1
Sn
S2
S1
第一层S1的硬化
第二层S2的硬化
叠加成型

我国增材制造产业已初步形成了以京津冀地区、长三角地区、粤港澳大湾区为核心，中西部地区为纽带的产业空间发展格局。

一、京津冀地区

1. 发展综述

京津冀地区是我国增材制造人才中心、技术研发中心和成果转化基地。北京市在增材制造技术研发、工艺设备生产、关键零部件制造、专用材料制备、软件系统开发等方面具备优势。天津市依托天津市快速成形中心和清华大学天津高端装备研究院，成为增材制造领域重要的成果转化基地。河北省凭借京津冀协同发展的区位优势，重点在工业级增材制造金属粉末领域发力。

2. 代表性企业

北京机科国创轻量化科学研究院有限公司（简称“轻量化院”）是国家轻量化材料成形技术及装备创新中心的依托单位，2017 年独立注册于北京科技创新中心怀柔科学城，其前身是 2006 年成立的机械科学研究总院先进制造技术研究中心。目前，该公司由 12 家股东单位组成，公司注册本金为 25643.51 万元。轻量化院紧紧围绕着国家对轻量化材料、成形制造工艺及装备的重大需求，开展轻量化材料生产制备技术、构件成形制造工艺、数字化成形装备 / 生产线等关键共性技术研究及成果转化工作。轻量化院下设材料工程技术研究所、装备制造技术研究所、轻合金成形事业部、纺织染整装备事业部、潍坊产业平台、烟台研究所 6 个研发实体，拥有先进成形技术与装备国家重点实验室、国家技术转移示范机构、国家国际科技合作基地、工业和信息化部“精密塑性成形技术与装备创新能力平台”等创新基地及机构。轻量化院的发展战略是汇聚国际高端人才，建立轻量化材料、成形工艺与装备设计、研发、试验、检测、中试一体化创新生态体系，成为世界一流的轻量化材料成形制造技术及装备创新机构。轻量化院重点围绕数字化设计、先进成形工艺、智能制造装备与新材料工程应用等方向开展技术研发及成果转化工作。科研成果已广泛应用于机械制造、纺织机械、交通运输、信息产业、环境保护、能源等行业领域。

二、长三角地区

1. 发展综述

长三角地区具备良好的经济发展优势、区位条件和较强的工业基础，已初步形成了包括增材制造材料、装备生产、软件开发、应用服务及相关配套服务完整的增材制造产业链。上海市增材制造产业蓬勃发展，已初步形成从设计、专用材料、装备到应用服务的完整产业链和以临港松江科技城为代表的产业集群。江苏省增材制造产业主要分布在南京、苏州、昆山，侧重于发展增材制造金属粉末和工业级金属增材制造装备生产。浙江省在先临三维、闪铸科技、喜马拉雅等增材制造企业的带动下，在增材制造服务、网络平台建设等领域初具优势。

2. 代表性园区

繁昌春谷 3D 打印智能装备产业园（安徽繁昌春谷 3D 打印智能装备产业园如图 6.1 所示）位于安徽省繁昌县增材制造产业园，规划占地面积为 80 万平方米，总投资达 50 亿元。其中，一期占地面积为 30.4 万平方米，已建成 3D 打印产业技术研究院、研发中心、孵化中心、邻里中心、标准化厂房及相关配套设施等，并且与中科院上海光机所共建二期激光产业园，共享国家智能铸造产业创新（安徽）中心、钢铁研究总院华东分院、西安交通大学李长久团队、盛赛再制造国家重点实验室项目、三绿实业总部基地、隆源成型、西通三维等总部基地项目正在规划建设厂房，扎根繁昌发展。

图6.1　安徽繁昌春谷3D打印智能装备产业园

2016 年，安徽繁昌春谷 3D 打印智能装备产业园先后被认定为省级科技孵化器、省级众创空间、省金属增材制造创新中心、省级新型研发机构、省级小微创新基地、省级 3D 打印特色小镇、市级重大研发平台等。目前，该产业园已签约落户 3D 打印企业 60 余家，产品涉及数据软件、专用材料、整机设备、应用服务等多个领域，基本构建出全产业链且不断向高端领域延伸。《中国增材制造产业发展报告》明确提出“繁昌县 3D 打印智能设备产业园已成为华东地区最大的增材制造产业集聚区，正发展成为全国产业链最齐全的增材制造产业园区之一”。

上海临港松江科技城始建于 1995 年，作为上海市首个“区区合作，品牌联动”示范基地，临港松江科技城在机制创新、产业升级、城市更新、服务集成、国有资产和集体资产共同增值保值、土地集约利用等方面取得了良好的成绩；充分发挥了综合优势，坚持集聚创新资源与优质主体，推动产业跨界融合和创新发展，形成了以工业互联网、智能硬件、电子信息、生命健康、检验检测、时尚消费为主的六大产业板块。该园区获批“松江区工业互联网创新集群”，并作为上海市唯一的工业互联网集群被编入 2018 年上海市产业地图，集聚了海尔 COSMOPlat、用友精智工业互联网平台、明匠 Newton IoT 平台等一批工业互联网试点示范项目、重要功能平台和主体。该园区的生命健康产业板块共有 80 余家企业，3D 打印产业板块企业超过 50 家；“四新经济创新示范基地（3D 打印）试点”的建设通过了市级评审；由联泰科技等 3D 打印企业共同参与编制，发布了上海市首个 3D 打印团体标准。

近两年，3D 打印企业在临港松江科技城不断集聚，已逐步成为上海乃至全国最为集聚的 3D 打印特色产业集群。3D 打印特色产业集群依托上海市增材制造协会和联泰科技、悦瑞三维、极臻三维、普利生、光韵达等行业龙头企业，产业链涉及原材料、核心硬件等领域，加速提升了松江科技城 3D 产业在科研创新、技术攻关等方面的水平。上海 3D 打印产业集群党总支部将发挥党的政治核心作用，通过整合基层党建和产业集群资源，完善党建工作协同创新机制，以党组织的全面进步推动 3D 产业高质量发展。

上海智慧湾3D打印创意产业园区位于上海市宝山区蕰川路6号，占地面积约为13万平方米，其前身为重庆轻纺集团下属上海三毛国际网购生活广场，2015年11月由上海科房投资有限公司接管，分三期进行转型升级改造，立志建设成为宝山区新地标。该园区以科技创新和文化创意为定位，注重功能建设。在张江国家自主创新示范区的指导下，以张江示范区“创客加”为服务品牌，打造3D打印创客空间、智能制造创意工场、虚拟与增强现实创客中心、人工智能创新中心等专业化众创空间。

盐城市3D打印国际科创园（盐城市3D打印国际科创园如图6.2所示）起步于2020年上半年，规划面积为1.1平方千米，以“一核一廊”为空间布局，主要打造3D打印公共服务、3D打印创意体验、3D打印加工服务三大功能板块。该科技园重点建设3D打印技术研究院、规划展示中心、科学家工作站、公共服务平台、文创休闲街区、打印体验中心、创客集市等项目，为盐城的工业制造、生物医疗、航空航天、汽车电子、创新教育等产业提供研发技术支持、扫描打印、交流培训、实践基地、创投孵化等专业3D打印服务。该科技园已集聚威布三维、先临三维、中瑞科技、迅实科技、上海数造、威宝仕、联泰、盈普、优联智造等10多家3D打印产业企业。

图6.2　盐城市3D打印国际科创园

盐城市3D打印国际科创园公共服务平台，以先进制造为引擎，以本地产业为基础，依托现有国家级大数据产业园，加快推动大数据基础产业与数字应用向智造端拓展延伸，加快突破一批3D打印关键共性技术，研发一批3D打印核心零部件设备，拓展一批3D打印示范应用场景，集聚一批3D打印系统平台开发企业，形成集公共服务平台、产业研究院、产业基金、创投孵化、高峰论坛等为一体的3D打印生态产业链，助力提升盐城市先进制造业发展水平，打造全省第一、全国一流、国际知名的“中国3D打印之都”。

三、粤港澳大湾区

1. 发展综述

粤港澳大湾区的经济条件、区位条件优越，工业基础良好，其发展形成了较为完整的增材制造产业链，并在增材制造专用材料、生物增材制造领域的特色优势明显。广州市依托华南理工大学、广州迈普再生医学科技有限公司等高校和企业，在金属增材制造、生物增材制造以及光固化成形等技术领域已达到国内先进水平。深圳市凭借良好的电子产业制造基础，在增材制造设备零部件、3D扫描仪领域具备优势。珠海市在增材制造专用材料及FDM打印设备领域具有一定的实力。东莞市在增材制造耗材的研发、生产和销售方面优势明显。

2. 代表性园区

广州市服务型制造业集聚区 3D 打印产业园（以下简称“广州市 3D 打印产业园”）是在广州市委、市政府、荔湾区委、区政府的指导下，于 2014 年 9 月经广州市经贸委批准成立，广州市唯一一家以 3D 打印技术产业为载体的新业态产业园区。

该园区以打造华南地区最具活力和经济效应的 3D 打印产业集聚区为目标，以政策为导向，以项目培育为重点，以招商引资为突破口。该园区立足于区位优势和产业链资源，引进国内外知名 3D 打印技术企业、专业人才，建立广州市 3D 打印公共技术服务平台，建立创新孵化专业团队，搭建孵化服务体系，并牵头成立了广州市增材制造技术行业协会、广东省增材制造协会。该园区有效整合了广东省，尤其是珠三角地区 3D 打印产业资源和创新资源，构建集 3D 打印上下游于一体的产业链专业孵化器。该园区定期举办 3D 打印高峰论坛和展览会，并多次组织产业园、科研机构、医疗机构、高等院校、行业协会、企业代表参加国内外高端的 3D 打印展览、论坛等活动，提升行业核心地位。

该园区经过这几年的发展，聚集了广州雷佳增材科技有限公司、广州捷和电子科技有限公司、广州谦辉信息科技有限公司、广州市网能产品设计有限公司、广州建锦道自动控制科技有限公司等 70 多家 3D 打印、工业设计及其他高新技术企业，累计培育高新技术企业 26 家、新四板挂牌企业 18 家，形成具有培育、吸纳高新技术企业落户园区的经济发展格局。

四、中西部地区

1. 发展综述

陕西省是我国增材制造产业最为发达的地区之一，也是我国增材制造技术研发的中心之一，集中了以卢秉恒院士为核心，黄卫东、李涤尘、赵万华、洪军等多位长江学者为代表的科研队伍和一批增材制造技术的产业化人才队伍。安徽省增材制造产业集中在芜湖市繁昌县，芜湖市将繁昌县增材制造产业作为市级重点培育的战略性新兴产业，使繁昌县增材制造园区实现了从无到有、从小到大的质变，产业集聚态势明显，已成为华东地区最大的增材制造产业集群，成为增材制造领域的“繁昌现象”。湖南省以湖南华曙高科技有限责任公司为增材制造产业的发展龙头，在非金属增材制造领域具有显著优势。湖北省是我国增材制造技术的发源地之一，也是我国增材制造技术研发、生产和应用的重点地区之一。

2. 代表性园区

渭南高新区 3D 打印产业培育基地始建于 2013 年，由渭南高新区管委会下属国有全资企业渭南高新区火炬科技发展有限责任公司负责运营管理。经过 6 年多时间的发展，渭南高新区累计投资 8 亿元，已成为国内规模最大、体系最全的 3D 打印主导产业示范园区，发起设立了国内第一只 3D 打印创投基金（2.5 亿元），与西安交通大学、西北工业大学、中国钢研院等 20 所高校、科研单位建立了长期合作关系，引进卢秉恒院士、李涤尘教授、黄卫东教授等为代表的 12 个国内知名 3D 打印团队。目前，该基地已建成投用 2.3 万平方米孵化大楼、6 万平方米标准化厂房、4.8 万平方米企业加速器以及企业职工公寓、职工餐厅等配套设施。该基地先后获批增材制造国家新型工业化产业示范基地、国家服务型制造示范平台、国家级 3D 打印科技企业孵化器、国家级 3D 打印众创空间等多项国家级平台。该基地已入驻孵化了陕西智拓、陕西聚高、陕西斐帛、领智三维、非凡士、陕西普立通等 100 余家 3D 打印企业，逐步形成了“3D 打印 + 军工、航空、医疗、教育、文创”全领域产业体系覆盖的格局。

四川省增材制造产业孵化基地是由四川省增材制造技术协会联合彭州航空动力小镇（中国 3D 航空小镇）共同打造的，占地面积为 5600 平方米，于 2019 年年初正式投入使用，共分为科普展示厅、生产实习中心、体验中心、培训中心、孵化器 5 个部分。该基地依托北航创新研究院、国家增材制造创新中心四川分中心、维嘉增材、印时代科技、迈勘科技、真火科技、西部蓝色动力、小火箭等一批集材料、设备、打印服务相关联的企业，目前，该基地已初具规模，已被成都市认定为成都市增材制造主承载园区。该基地已连续两年获得彭州市创新创业先进单位，被成都市科技局认定为成都市创业苗圃、成都市科普基地。

截至目前，该基地引进孵化了四川衫海印象文化创意有限公司、成都小火箭科技有限公司、四川印时代增材制造有限公司、迈勘科技（彭州）有限责任公司、西南交大焊接科技有限公司、四川奥韦新材料有限公司等 10 余家企业。

航空动力小镇成立于 2013 年 9 月，位于彭州市丽春镇，地处成都市半小时经济圈内，距彭州市区 5.8 千米。园区规划面积为 13.2 平方千米，其中，工业用地面积为 10 平方千米，场镇配套生活区域面积为 3.2 平方千米。该小镇主要发展航空动力、智能装备制造、高端再制造以及通用航空等先进制造业，是工业和信息化部确定的国家级“再制造产业集聚区”和四川省“高技术转化应用特色产业基地”，园区所在的丽春镇是四川省首批百镇建设试点镇和成都市航空产业特色镇，并于 2015 年取得了成都空军通航起降点核准。

该小镇于 2013 年成为成都市工业集中点，命名为“彭州航空动力产业功能区园区”；2017 年更名为“成都航空动力产业园（西区）”，为成都 66 个产业功能区之一；2019 年更名为“成都航空动力与新材料产业功能区”；2020 年 3 月，时任成都市委书记的范锐平调研彭州市时指出，该小镇应从功能区剥离出来按照特色小镇进行打造。

目前，该园区已与国内外多家企业就新能源、新材料、通用航空制造、3D 打印制造等产业项目确定了投资合作，并将相继落户彭州市。下一步园区将紧紧围绕奋力打造“中国蓝色动力硅谷、西部高端智造小镇”的既定目标，坚持“军民融合、产城一体”的工作思路，推动军民融合产业集聚化、规模化发展，努力将园区打造成为国内知名的航空动力制造产业和增材制造技术产业示范基地。

四川省增材制造（3D 打印）技术创新中心是由四川省增材制造技术协会、四川大学制造科学与工程学院、四川维嘉增材制造技术有限公司、彭州航空动力功能区管委会联合共建的。该创新中心建设总投资为 3000 万元，规划建设 4 个分中心：展览科普中心、科技研发中心、加工服务中心和孵化器。各分中心功能区分明确，相互联系紧密。其中，科技研发中心是产业发展的“发动机”，通过协会资源整合，与四川大学制造科学与工程学院共建了“增材制造技术产学研联合实验室”，引进各高校、科研院所的前沿技术，致力于将其建设成为“四川省工程技术中心”。加工服务中心已建成成都优材科技协同加工服务中心、四川有色研究院有限公司增材研究所协同加工服务中心、成都雍熙聚材科技协同加工服务中心、四川洛浦三维科技协同加工服务中心、四川维珍协同加工服务中心。孵化器为打造增材制造人才队伍，健全了人才培养计划，加强了人才培训，建设了增材制造实训基地和创新创业基地，聚集多层次人才、创业企业，源源不断地为产业发展造血、输血，计划吸纳四川大学张兴栋院士、魏于全院士、四川大学制造科学与工程学院殷国富教授、四川大学国家生物医学材料工程技术研究中心樊渝江教授、西南交通大学权高峰教授等 20 多个顾问团队，为中心建设、技术联合攻关、产业发展导向建言献策，每年孵化企业不低于 10 家，引进国家千人计划专家 1 名，行业优秀人才落户 3 ～ 5 名。

五、其他地区

辽宁省已经形成了沈阳、大连两处增材制造产业发展高地。其中，沈阳侧重于发展工业级金属增材制造，大连侧重于发展消费级增材制造、装备制造及应用服务。

山东省在消费级增材制造设备、特种增材制造设备生产及公共服务平台建设等领域具备一定的优势。即墨 3D 打印创新产业园位于山东省青岛市即墨经济开发区，以三迪时空总部大楼为基础，引进 20 家行业知名品牌项目，建设项目孵化基地、国家级重点实验室、3D 打印大数据云服务平台交易中心以及 3D 打印博物馆等。三迪时空基于国际化平台资源优势，围绕“立足青岛、布局全球，构建国际增材制造全生态产业圈”的总体目标，着力构建线上线下互补、国际国内联动的 3D 打印产业大闭环体系，在即墨基地打造国际综合性 3D 打印智能制造全产业链科技创新总部基地、产业融合生态示范基地以及基于“互联网 +”的国际化大批量集群定制化智能工厂，实现全球互联互通，抢占 3D 打印智能制造新兴产业制高点。

第7章 重点企业

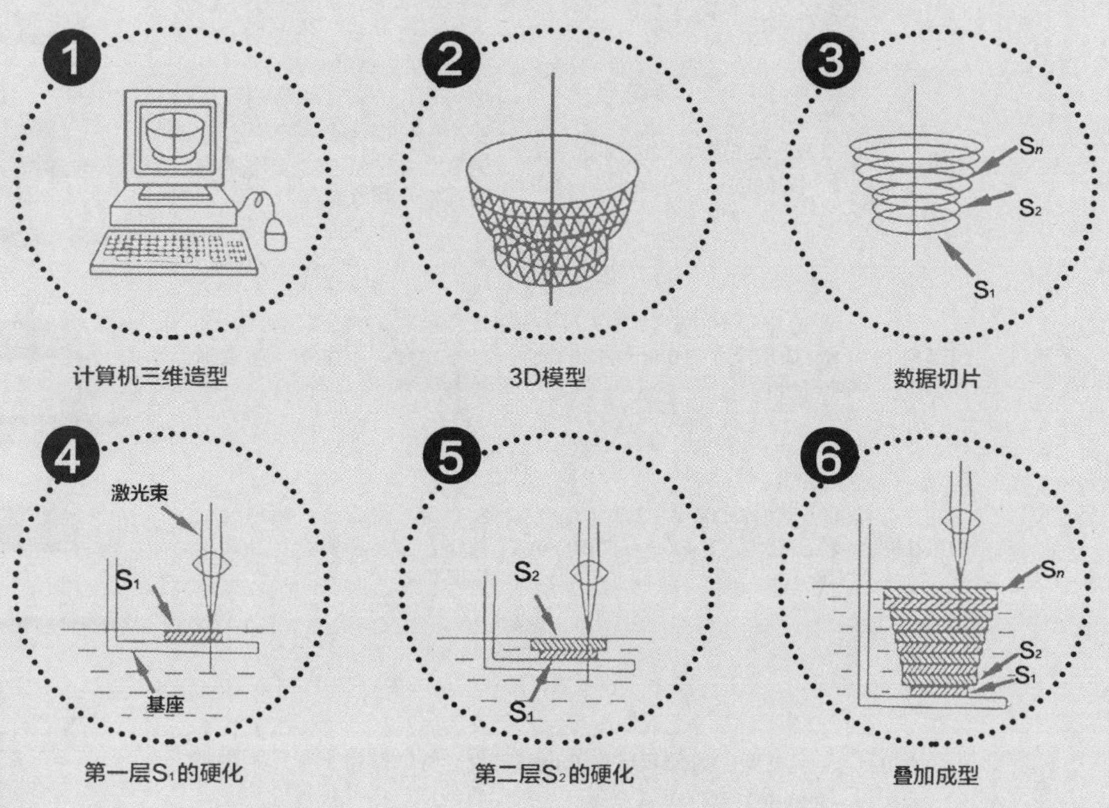

1
2
3
Sn
S2
S1
计算机三维造型
3D模型
数据切片
4
5
6
激光束
S1
基座
S2
S1
Sn
S2
S1
第一层S1的硬化
第二层S2的硬化
叠加成型

一、西安铂力特增材技术股份有限公司

西安铂力特增材技术股份有限公司（简称“铂力特”）成立于2011年7月，是中国增材制造产业联盟副理事长单位。铂力特的业务范围涵盖金属增材制造服务、设备、原材料、工艺设计开发、软件定制化产品等，构建了较为完整的金属增材制造产业生态链。铂力特申请了相关自主知识产权200余项，拥有各种金属增材制造设备80余套，可成形材料包括钛合金、高温合金、铝合金、铜合金、不锈钢、模具钢等多个种类，涉及50余种材料。

铂力特运用金属增材制造技术的专业经验，通过持续创新为航空、航天、国防、能源、医疗、模具、汽车等行业客户提供服务。目前，铂力特已与空中客车、法国赛风集团、中航工业、中国航天集团等国内外知名企业建立合作关系，是空客在亚洲第一个金属3D打印供应商。2017年，铂力特“金属增材制造智能工厂”项目荣获“工业和信息化部智能制造试点示范项目”。2018年，铂力特的总营业收入为2.91亿元，同比增长了32.3%。2019年7月22日，铂力特正式在上交所科创板挂牌上市，证券简称：铂力特，证券代码：688333，也是首批登陆科创板企业中唯一的增材制造公司。铂力特公司主要3D打印设备产品见表7.1。

表7.1　铂力特公司主要3D打印设备产品

类型	型号	主要特点	适用材料	外观
SLM工艺装备	BLT-S210	体积小、重量轻，机身高度集成，操作简易，成形尺寸105mm×105mm×200mm	钛合金、铝合金、高温合金、铜合金、钴铬合金、不锈钢、高强钢、模具钢等	
	BLT-S310	双激光双振镜、双向刮粉，成形尺寸250mm×250mm×400mm	钛合金、铝合金、高温合金、铜合金、钴铬合金、不锈钢、高强钢、模具钢等	
	BLT-S320	激光功率500W×2单/双向铺粉，成形尺寸250mm×250mm×400mm	钛合金、铝合金、高温合金、钴铬合金、不锈钢、高强钢、模具钢等	
	BLT-S400	激光功率500W×2单/双向铺粉，成形尺寸400mm×250mm×400mm	钛合金、铝合金、高温合金、钴铬合金、不锈钢、高强钢、模具钢等	
	BLT-A300	针对模具、功能件制造领域的专用机型，成形尺寸250mm×250mm×300mm	钛合金、铝合金、高温合金、铜合金、钴铬合金、不锈钢、高强钢、模具钢等	

（续表）

类型	型号	主要特点	适用材料	外观
SLM 工艺装备	BLT-A100	针对义齿、饰品制造领域的专用机型，成形尺寸 100mm×100mm×100mm	不锈钢、钴铬合金等	
LSF 工艺装备	BLT-C1000	成形件的综合力学性能同锻件相当，高沉积效率快速完成零部件制备，成形尺寸 1500mm×1000mm×1000mm	钛合金、高温合金、高强钢、不锈钢等	
	BLT-C600	成形件的综合力学性能同锻件相当，高沉积效率快速完成零部件制备，成形尺寸 600mm×600mm×600mm	钛合金、高温合金、高强钢、不锈钢等	

二、先临三维科技股份有限公司

先临三维科技股份有限公司（简称“先临三维”）成立于 2004 年，总部位于杭州，并在北京、德国斯图加特、美国旧金山等地设有子公司。先临三维的主营业务包括 3D 扫描与增材制造设备及相关软件的研发、生产、销售，并为高端制造、精准医疗、定制消费、启智教育等领域的用户提供“从 3D 数字化数据设计到 3D 打印直接制造”的软硬件一体化完整技术链的科技创新企业。2018 年，先临三维的总营业收入为 4.12 亿元，同比增长了 13.54%，在工业、医疗、消费等领域保持较快的增长速度。

先临三维汇聚了专注金属增材制造技术的北京易加三维科技有限公司、专注高精度 3D 视觉检测技术的北京天远三维科技股份有限公司、专注生物 3D 打印技术的杭州捷诺飞生物科技股份有限公司以及专注“互联网 +3D 打印”的杭州先临三维云打印技术有限公司等下属公司，形成了先临三维统筹、下属多个专业子公司专注聚焦细分板块的发展格局。目前，先临三维正致力于成为具有全球影响力的 3D 数字化和增材制造技术企业。先临三维始终将技术创新视为企业的核心竞争力，积极将研发成果转向产业化，专注于实现复杂结构产品的柔性化生产，助力制造业高质量发展。先临三维主要 3D 打印设备产品见表 7.2。

表7.2 先临三维主要3D打印设备产品

类型	型号	主要特点	适用材料	外观
金属增材制造装备	EP-M450 大尺寸金属 3D 打印机	有单激光和双激光两种配置可选，成形尺寸 455mm×455mm×500mm	钛合金、铝合金、镍基高温合金、模具钢、不锈钢、钴铬钼等材料	

（续表）

类型	型号	主要特点	适用材料	外观
金属增材制造装备	EP-M250 金属 3D 打印机	多材料、多工艺开放系统，自主设计的光路系统、铺粉设计、风场设计等，确保成形精度高，整机使用成本低，成形尺寸 250mm×250mm×300mm	不锈钢、模具钢、钴铬钼、钛合金、镍基高温合金、铜合金、铝合金等粉末	
	EP-M250 Pro 金属 3D 打印机（2019 年）	成形尺寸 262mm×262mm×350mm	微米级金属粉末为成形材料	
	EP-M250pro 金属 3D 打印机	成形尺寸 258mm×258mm×350mm	不锈钢、模具钢、镍基高温合金、钛合金、铝合金	
	EP-M150 金属 3D 打印机	高精度、高效率，可配双激光，提高打印效率，成形尺寸 150mm×80mm	不锈钢、模具钢、钴铬钼、钛合金、镍基高温合金、铜合金、铝合金等粉末	
	EP-M150 小型金属 3D 打印机	成形尺寸 150mm×120mm	钛合金、铝合金、镍基高温合金、模具钢、不锈钢、钴铬钼等材料	
	EP-M100T 小型金属 3D 打印机	小光斑直径，低分层厚度，保证更精细模型；耗电功率小，优质封闭性粉末消耗低，成形尺寸 120mm×120mm×80mm 分层厚度 0.015mm ～ 0.05mm	钴铬钼、钛合金、铜合金等粉末	
非金属增材制造装备	EP-A800 大尺寸 SLA 光固化 3D 打印机（2020 年）	成形尺寸 800mm×800mm×450mm	355mm 光敏树脂材料	
	EP-A450 光敏树脂打印机（SLA 工艺）	有成形禁锢高、成形细节好、高度自动化、智能化等特点，成形尺寸 450mm×450mm×350mm	355mm 光敏树脂材料	

（续表）

类型	型号	主要特点	适用材料	外观
非金属增材制造装备	EP-A650 光敏树脂打印机（SLA 工艺）	广泛应用于建筑、医疗模型手术导板等成形模型，成形尺寸 650mm×600mm×400mm	355mm 光敏树脂材料	
	EP-P3850 尼龙 3D 打印机	粉料重复性高，自动双向连续供料，可实现自动打印大尺寸样件，成形尺寸 380mm×380mm×500mm	玻璃微珠复合尼龙、矿物纤维复合尼龙、碳纤维复合尼龙、PP、超高分子量 PE 等	
	AccuFab-D1 齿科 DLP 3D 打印机	配合自主研发软件，优化整体操作流程，优化打印细节及提高效率。省时高效，支持广泛，助力高效数字化生产，成形尺寸 144mm×81mm×180mm	SHINING DENT 打印材料	
	Einstart-P 桌面 3D 打印机	独创安全锁保护，打印速度快，适合创客教育课时，成形尺寸 153mm×153mm×153mm	1.75mm 直径 PLA	
	Einstart-D 桌面 3D 打印机	新颖独特的快拆头设计，加热打印底板，底部细腻不翘边，成形尺寸 400mm×400mm×600mm	PLA、ABS	
生物增材制造装备	Regenovo 3D Bio-Architect® 系列	打印活细胞存活率高，具备高精度、高扩展、高洁净、多通道、易操作、打印方式多样化等特点	细胞系与细胞株、天然生物材料、高分子材料、生物无机材料	

三、鑫精合激光科技发展（北京）有限公司

鑫精合激光科技发展（北京）有限公司（简称“北京鑫精合”，包含子公司时简称“精合集团”）成立于 2015 年 11 月。其主要业务涉及复杂金属定制化产品制造、原材料制备、增材设备制造与销售、

软件定制开发与销售、技术咨询与服务。2018年精合集团完成了产业布局，现下设沈阳精合数控科技开发有限公司、竞核（上海）激光科技发展有限公司、天津镭明激光科技有限公司、西安鑫精合智能制造有限公司和潍坊鑫精合智能装备有限公司等全资子公司。其中，北京鑫精合为精合集团总部，同时也是集团的研发中心；沈阳精合拥有军工四证资质，是精合集团的北方区制造中心；竞核（上海）主要负责公司的进出口业务；天津镭明主要负责金属增材制造设备研发、生产和销售；西安鑫精合主要负责激光熔覆、金属构件智能修复；潍坊鑫精合是华东区制造中心。精合集团主要3D打印设备产品见表7.3。

表7.3　精合集团主要3D打印设备产品

类型	型号	主要特点	适用材料	外观
TSC-S系列	TSC-S2510	该设备集成数控、精密机械、激光光电、电气等高端科技为一体，设计制造及应用过程比较复杂，主要应用于航空航天、军工、高端材料制造等领域，成形尺寸2500mm×1500mm×1800mm	钛合金、高强钢、高温合金、铝合金、不锈钢等	
	TSC-S4510	自主研发国际成形尺寸最大的激光沉积制造设备，填补激光沉积制造大型装备的空白，最大成形尺寸4500mm×4500mm×2500mm	钛合金、高强钢、高温合金、铝合金、不锈钢等	

四、武汉华科三维科技有限公司

武汉华科三维科技有限公司（简称“华科三维”）成立于2014年，位于湖北省武汉市。华科三维依托华中科技大学材料成形与模具技术国家重点实验室快速制造中心，从事选择激光烧结（SLS）设备制造和产品加工服务，是华中地区投资规模最大的专业增材制造装备研发制造平台。2011年，华科三维凭借1400mm×700mm×500mm全球第一台超大台面快速成形装备，获得国家技术发明二等奖，同期被两院院士评选为“2011中国十大科技进展”之一。2017年12月15日，华科三维推出了世界首台可同时打印非金属材料和金属材料的HK PM250增材制造装备。2018年，华科三维新推出了基于陶瓷膏体的光固化3D打印装备、基于PEEK粉末的3D打印装备和金属/非金属一体化3D打印装备。华科三维主要3D打印设备产品见表7.4。

表7.4　华科三维主要3D打印设备产品

类型	型号	主要特点	适用材料	外观
S系列	HK S500	设备面向高校、科研院所等领域，成形尺寸500mm×500mm×400mm	PS、覆膜砂	
	HK S800	HK S系列大台面粉末烧结快速成形系统，成形尺寸800mm×800mm×500mm	PS、覆膜砂	

（续表）

类型	型号	主要特点	适用材料	外观
P 系列	HK PM250	工业级 SLS&SLM 一体化 3D 打印快速成形系统	非金属材料和金属材料	
	HK P420	HK P 系列设备采用 SLS 技术对粉末材料进行激光烧结，可小批量生产功能性测试零件，成形尺寸 420mm×420mm×500mm	PA12、PP 等熔点为 195℃以下的材料	
C 系列	HK C250（高精型）	设备突破传统陶瓷造型，成形精度为 ±0.1mm，成形尺寸 250mm×250mm×250mm	氧化铝、氧化锆、碳化硅等陶瓷材料	
M 系列	HK M125	HK M 系列快速成形系统，直接成形金属零件、注塑模具、金属零件等，成形尺寸 125mm×125mm×150mm，HK M280 成形尺寸 280mm×280mm×300mm	不锈钢、钴铬合金、钛合金、镍基高温合金等	
L 系列	HK L400	HK L 系列快速成形系统应用于玩具、建筑、工艺品设计、电子产品设计等开发领域，成形尺寸 400mm×400mm×450mm	光敏树脂	

五、湖南华曙高科技有限责任公司

湖南华曙高科技有限责任公司（简称“华曙高科”）成立于 2009 年 10 月。华曙高科建立了全国唯一的高分子复杂结构增材制造国家工程实验室，是工业和信息化部首批智能制造试点示范企业，牵头制订了增材制造技术国家标准，申请专利与软件著作权登记达 230 余项。华曙高科先后研制出具有国际先进水平、开源可定制的 20 余款金属、高分子材料工业级增材制造装备及专用材料。2018 年，华曙高科研发出世界上打印幅面最大的商用高性能高分子增材制造设备（成形尺寸：1000mm×500mm×500mm），是全球唯一同时具备装备、材料及软件自主研发与生产能力的增材制造企业。

华曙高科积极实施国际化战略，努力寻求业务突破和模式创新，在全球范围内开展合作与产业化应用。华曙高科自主研发的产品销往俄罗斯、德国、美国、瑞典、法国、韩国等全球 26 个国家，销售额占企业总营收的60%。与德国巴斯夫（BASF）公司、瑞士欧瑞康（Oerlikon）公司、美国欧特克（Autodesk）公司建立了战略合作关系；与波音、戴姆勒（Daimler）、博世（BOSCH）、韩国工业技术研究院、南加州大学等国外知名机构，航天科技、航天科工、中航发动机、中航工业、中国商飞等国内知名单位，在航空、航天、军工、医疗、汽车、精密机械、科研和消费等领域开展全面合作，致力于打造北美、欧洲之外的全系列产业化增材制造公司。华曙高科主要3D打印设备产品见表7.5。

表7.5　华曙高科主要3D打印设备产品

类型	型号	主要特点	适用材料	外观
尼龙3D打印机	HT1001P	完全开源，是目前全球最大打印幅面的尼龙增材制造解决方案，成形尺寸1000mm×500mm×450mm	FS 3300PA、FS 3250MF、FS 3400CF、FS 3400GF、FS 6028PA（PA6）	
	SS/HT403P	设备配合华曙高科与德国巴斯夫公司共同研发的纯PA6 3D打印材料FS6028PA，组合成目前市场上唯一既具备大尺寸成形能力，又可烧结PA6材料的3D打印解决方案，成形尺寸375mm×375mm×430mm	FS 3300PA、FS 3400GF、FS 3400CF、FS 3250MF、Rilsan® Invent Nature、Ultrasint X043、FS 6028PA、FS 1092A-TPU、X92A-2TPU	
	超高温版ST252P	全球首款尺寸最大、可批量烧结PA66等熔点280℃及以下材料的开源型、商业化工业级3D打印设备，成形尺寸220mm×220mm×320mm	FS 3300PA、FS 3400GF、FS 3400CF、FS 3250MF、Rilsan® Invent Nature、Ultrasint X043、FS 6028PA、FS 8100PPS、FS 1092-TPU、X92A-2TPU	
	eForm	超高性价比、自主开源操作系统、高效“触”屏，成形尺寸220mm×220mm×320mm	FS 3300PA、FS 3250MF、FS 3400CF、FS 3400GF、Rilsan® Invent Nature	
金属3D打印机	FS421M	大成形尺寸，不间断生产，自动清送粉，安全高效，完全开源，模块化理念，成形尺寸420mm×420mm×420mm	FS 316L、FS 17-4PH、FS 15-5PH、FS 420、FS 18Ni300、FS AlSi10Mg、FS CoCrMoW、FS CoCrMo、FS Ti6Al4V、FS IN625、FS IN718、FS GH3536、FS CuSn10	
	FS271M	全球首款开源可定制化金属3D打印设备，成形尺寸275mm×275mm×320mm	FS 316L、FS 17-4PH、FS 15-5PH、FS 420、FS 18Ni300、FS AlSi10Mg、FS CoCrMoW、FS CoCrMo、FS Ti6Al4V、FS IN625、FS IN718、FS GH3536、FS CuSn10共13种金属粉末材料	

（续表）

类型	型号	主要特点	适用材料	外观
金属3D打印机	FS121M	高性价比解决方案，满足医疗、饰品行业和科研机构的需求，成形尺寸120mm×120mm×100mm	FS 316L、FS CoCrMoW、FS CoCrMo、FS 17-4PH、FS CuSn10	
	FS121M-E	为产业化义齿客户量身定制的二代金属3D打印设备，成形尺寸120mm×120mm×100mm	FS CoCrMoW、FS CoCrMo	

六、广州迈普再生医学科技股份有限公司

广州迈普再生医学科技股份有限公司（简称“迈普公司”）成立于2008年9月。迈普公司是解决人体器官短缺的颠覆性生物打印技术的发明团队及产业化践行者，并在全球首次实现3D打印人体软组织产业化。其中，人工硬脑（脊）膜——睿膜已在全球60多个国家和地区临床应用20多万例，被认为是最接近自体、修复效果最理想的硬脑（脊）膜，也是进入发达国家高端医疗器械市场的首个中国神经外科植入物产品。截至2018年12月31日，迈普公司已申请国内外专利达240多项，获得包括中国、美国、俄罗斯、日本等授权专利达100项，生物3D打印专利统计数据位列全球第七。

迈普公司的业务覆盖生物3D打印和高端医疗器械全产业链，产品主要出口欧洲、中东、南美洲等地区。在规模、影响力等多个方面已超越大部分欧美同类竞争对手，成为生物3D打印领域的全球产业先行者。未来，迈普公司还将同时在介入产品领域发力，助推国产医疗器械高质量发展。迈普医学主要产品及3D打印设备见表7.6。

表7.6　迈普医学主要产品及3D打印设备

领域	产品	产品概述	产品优势	外观
医学3D打印	细胞生物打印机	成形尺寸120mm×120mm×100mm，主要应用于3D细胞培养支架、组织工程支架、个性化修复支架、细胞生物学、肿瘤模型、药物研究、再生医学等领域	具有多区段温度控制模块、多喷头自动旋转切换模块、压力调节模块、照明及UV紫外消毒模块、高效洁净模块、自主开发的专业软件模块等	
	医学3D打印模型	产品主要应用于术前规划、手术方案辅助、术前模拟、个性化手术导板、永久植入物、手术技能训练、临床教学、沟通交流工具等	拥有国内最新、最先进的技术和设备，独有的神经纤维束打印技术，可实现高精度、多材料、全彩色3D打印	

（续表）

领域	产品	产品概述	产品优势	外观
医学3D打印	FDM-High-JuPu200	FDM熔融堆积3D打印系列，成形尺寸200mm×200mm×200mm	全国独家超高温FDM 3D打印机，全机保温箱、密封设计、专利高温、加热平台	
	SLA-JuPu400	SLA光固化3D打印系列，成形尺寸384mm×216mm×384mm	超薄外壁，清晰细节无“阶梯”边缘	
神经外科	睿膜®可吸收硬脑（脊）膜补片	睿膜®通过生物3D打印模拟自体组织的ECM结构，采用生物3D打印技术加工制作而成，生产过程中未加入任何添加剂或杂质	生物3D打印：接近自体组织结构，修复速度快；可缝可贴：适应医生习惯，应用面广；非动物源可吸收：无动物源病毒传染风险，无长期异物排斥反应风险	
	赛卢®颅颌面修补系统	赛卢®可用于各种原因导致的颅颌面骨缺损需进行修补的手术，特别适用于伴眶周、颧骨颧弓和部分上颌骨等不规整骨的缺损修复	利用计算机辅助设计和生产，一体成形，操作简便；基于CT数据三维重建和设计，精准匹配，完美修复；PEEK材料具有良好的生物相容性，具有优异的力学性能	
	Cranchor™手术头架	由德国迈普精工制造，适用于外科手术时固定头部	具有安装便捷、快速锁杆、可调底座、凝胶垫软硬适中、射线可透过、多功能适配器等一系列优势	
妇科泌尿科	立婷™尿失禁悬吊带	国产加强型尿失禁悬吊带，适用于因尿道运动过度和/或括约肌功能障碍引起的女性压力性尿失禁的治疗	优质聚丙烯材料安全有效、创圆锥形连接点和预装缝线的新设计使产品操作简便	

七、南京中科煜宸激光技术有限公司

南京中科煜宸激光技术有限公司（简称“中科煜宸”）成立于2013年，位于南京市经济技术开发区，是中国科学院上海光学精密机械研究所成功孵化的高新技术企业，是全国增材制造标委会标准起草参与单位，是工业和信息化部工业转型升级项目、科学技术部同步送粉增材制造重大专项承担单位，是苏南国家自主创新示范区瞪羚企业，并建有江苏省金属 3D 打印工程技术研究中心、江苏省企业技术中心、江苏省博士后创新实践基地。中科煜宸主要从事智能激光装备、激光增材制造装备、自动化生产线、激光核心器件和材料的研发与生产。中科煜宸的高性能大功率激光增材制造设备技术先进，是南京市重点新产品，依托此产品，中科煜宸获得了第四届中国创新创业大赛先进制造行业企业组第一名。中科煜宸的高性能金属零件激光增材制造工艺与装备项目荣获 2017 年辽宁省科学技术进步奖二等奖。中科煜宸依托航空复杂构建激光表面强化与复合再制造关键技术荣获2019年度江苏省科学技术奖一等奖。中科煜宸先后承担参与国家重点研发项目 4 项，受国家重点研发计划“高性能航空用大型金属结构激光同步送粉增材制造工艺与装备”“智能化增材制造系统平台”等项目支撑，成功实现了航空航天整体叶盘、起落架、框梁结构、摇臂、支架等结构件的增材制造。相关成果已广泛应用于航空航天、汽车、船舶、模具等行业，并为上述领域的终端用户提供了上百套金属智能激光增材制造装备，中科煜宸已成为国内首家系列化金属激光增材制造装备的供应商，也成为本领域国内龙头企业，是江苏省智能制造优秀的服务机构，填补了国内高功率送粉式激光增材制造装备及双光束铺粉增材制造装备领域的空白。

目前，中科煜宸已拥有智能激光制造技术相关授权专利 114 件，其中，发明专利 18 件，软件著作权 10 项；先后通过了 ISO9001-2016 质量管理体系认证、IATF16949 质量管理体系认证、OHS18001 职业健康安全管理体系认证、ISO14001 环境管理体系认证以及 GB/T29490 知识产权管理体系认证。

2019 年，中科煜宸增材制造推出了标准化高校版送粉式增材制造装备 LDM4030，自主研发的 RC-Argus 设备健康管理软件成功装机。同时中科煜宸推出了超高速激光熔覆设备新产品，该技术可取代部分电镀市场。近两年，中科煜宸成功为航空航天领域客户交付了 LDM1500、LDM2500、LDM3000 等多套大型送粉式增材制造装备，并得到客户的认可。中科煜宸还为宝钢、首钢、鞍钢、马钢等多家钢铁企业提供了数十套激光熔覆装备。中科煜宸主要 3D 打印设备产品见表 7.7。

表7.7　中科煜宸主要3D打印设备产品

类型	型号	主要特点	适用材料	外观
同轴送粉金属 3D 打印机	LDM2020 同轴送粉式金属 3D 打印装备	经济型，面向大中专院校和科研单位，成形尺寸 200mm×200mm×300mm	钛合金、铝合金、镍基合金、铁基合金、模具钢、不锈钢等材料	
	RC-LDM4030 送粉式金属 3D 打印装备	面向大中专院校和科研单位，成形尺寸 400mm×300mm×300mm	钛合金、铝合金、镍基合金、铁基合金、模具钢、不锈钢等材料	
	LDM8060 送粉式金属 3D 打印装备	支持五轴联动，实现 3D 打印与再制造修复，成形尺寸 800mm×600mm×900mm	钛合金、铝合金、镍基合金、铁基合金、模具钢、不锈钢、铜合金、低合金钢等材料	

（续表）

类型	型号	主要特点	适用材料	外观
同轴送粉金属3D打印机	RC-LDM1500 送粉式金属 3D 打印装备	成形尺寸 1500mm×1000mm×1000mm	钛合金、铝合金、镍基合金、铁基合金、模具钢、不锈钢、铜合金、低合金钢等材料	
	LDM4000 送粉式金属 3D 打印装备	采用高功率激光熔融金属粉末，成形金属零件，支持五轴联动，成形尺寸 4000mm×3500mm×3000mm	钛合金、铝合金、镍基合金、铁基合金、模具钢、不锈钢、铜合金、低合金钢等材料	
铺粉金属打印机	M250 铺粉金属 3D 打印装备	成形尺寸 250mm×250mm×300mm	不锈钢、钛合金、铝合金、钴铬合金、镍基合金等材料	
	RC-SLM500 双光束铺粉金属 3D 打印装备	采用双光束成形技术，成形尺寸 500mm×400mm×800mm	不锈钢、钛合金、铝合金、钴铬合金、镍基合金等材料	
电弧 3D 打印机	RC-WAAM-3000 电弧 3D 打印装备	成形尺寸 3000mm×2000mm×1000mm	钛合金、铝合金、不锈钢、铜合金、低合金钢等材料	
	RC-WAAM-1500 电弧 3D 打印装备	成形尺寸 1500mm×1000mm×1000mm	钛合金、铝合金、不锈钢、铜合金、低合金钢等材料	

八、共享装备股份有限公司

共享装备股份有限公司（简称“共享装备”）是共享集团股份有限公司的全资子公司，总部位于银川市，成立于 1966 年。共享装备的主要业务有以下 3 个方面。一是智能制造（铸造）软硬件研发孵化器。共享装备以绿色智能铸造为主攻方向，围绕行业关键共性问题，开展铸造 3D 打印、工业互联网、智能装备等技术研发。目前，共享装备已研制软硬件成果 30 余项，累积申请专利近 200 项，其中，发明专利 130 项，申报软件著作权 15 项，并制订《数字化铸造工厂通用技术要求》等 4 项团体标准。二是智能制造（铸造）系统解决方案供应商。共享装备打造数字化智能化示范工厂、示范园区，带领行业转型升级。目前，共享装备已在山东潍坊、广东大亚湾建立分中心，并在沈阳、天津、太仓、渭南等地设置铸造 3D 打印服务点，为区域周边企业提供 3D 打印砂型服务。三是面向铸造行业、区域制造业的工业云平台。搭建服务于行业的工业互联网平台——共享工业云，建设内容包括协同研发、协同制造、共享学院、共享商城、供应链管理、SaaS 应用、远程运维等。共享装备主要 3D 打印设备产品见表 7.8。

表7.8 共享装备主要3D打印设备产品

类型	型号	主要特点	适用材料	外观
智能装备	IDream 工业级铸造砂型 3D 打印系统	具有自主知识产权的工业级铸造增材制造设备，成形尺寸 2200mm×1500mm×700mm×2（双工作箱）	型砂材料：石英砂、人工合成砂等新砂及热法再生砂；液体材料：呋喃树脂、酚醛树脂等	
	IShare 工业级模具 3D 打印设备	基于 FDM 技术，采用颗粒 PLA 材料打印结构复杂、高精度、高强度、高耐磨性的模具及工艺品，成形尺寸 2000mm×1200mm×600mm	PLA 等	

九、北京太尔时代科技有限公司

北京太尔时代科技有限公司（简称“太尔时代”）成立于 2003 年，专门从事研发、生产、销售工业级和消费级增材制造装备，是国内第一家将国产增材制造装备出口海外的公司，其消费级增材制造设备 UP 系列是全球三大品牌之一。太尔时代的产品包括多款工业级 INSPIRE 系列大型增材制造装备和消费级 UP 系列增材制造装备。其中，设备的控制系统、机械系统等核心技术及专用材料均自主研发，具备完全自主知识产权。太尔时代的产品广泛应用于航空航天、医疗、教育、文化创意等多个领域，已在美国、英国、俄罗斯、澳大利亚、日本、南非等国设立了 40 余家代理机构。2018 年，太尔时代开发适合工业应用的产品及相关解决方案，推出系列新品。太尔时代主要 3D 打印设备产品见表 7.9。

表7.9 太尔时代主要3D打印设备产品

类型	型号	主要特点	适用材料	外观
X5	X5	能够自动地将构建板送入其构建平台并在打印过程中重新加载，提供连续 3D 打印体验，成形尺寸 180mm×230mm×200mm	UP Fila ABS、ABS+、PLA、TPU	
UP 系列	UP 300	配备 3 个可互换打印头，专为高温、低温和柔性细丝设计的 XNUMXD 打印机，成形尺寸 205mm×225mm×225mm	一种用于 ABS 和其他高温长丝，一种用于低温长丝（例如，PLA），另一种用于 TPU（一种柔性聚氨酯）	

（续表）

类型	型号	主要特点	适用材料	外观
UP 系列	UP BOX+	基于熔融挤出建模（MEM）技术，具备大尺寸成形空间，成形尺寸 255mm×205mm×205mm	ABS、ABS+、PLA、PLA、尼龙、聚碳酸酯、碳纤维、PET、ASA 等	
	UP mini2	基于熔融挤出建模（MEM）技术，灵巧机身，主要面向教育市场，成形尺寸 120mm×120mm×120mm	ABS、ABS+、PLA、尼龙、聚碳酸酯、碳纤维、PET、ASA 等	
	UP Plus2	基于熔融挤出建模（MEM）技术，简单易懂且功能丰富，成形尺寸 140mm×140mm×135mm	ABS、ABS +、PLA、尼龙、聚碳酸酯、碳纤维、PET、ASA 等	
INSPIRE 系列	Inspire-A	Inspire-A 系列基于熔融挤压快速成形技术（MEM）广泛应用于教育、医学、汽车、考古、动漫、工业设计、工艺设计等领域	ABS、B501 等	

十、北京隆源自动成型系统有限公司

北京隆源自动成型系统有限公司（简称“隆源成型”），是三帝打印科技有限公司的控股子公司，成立于 1994 年。作为国内工业级增材制造技术、激光加工技术设备服务商，隆源成型已拥有自主研发的金属铺粉 3D 打印设备（AFS-M90、M120、M120X、M260），金属同轴送粉 3D 打印设备（AFS-D800、D800V），选区激光粉末烧结快速成型机（AFS-300、360、500，LaserCore-5300、6000），3DP 砂型打印机 AFS-J1600 等系列智能装备，可为用户提供完整、可靠的增材制造解决方案。2018 年，隆源成型实现了大型 3DP 铸造砂型打印机、大型增锻减一体化设备、梯度金属 3D 打印设备等关键装备技术及相关材料、工艺、软件和应用技术的突破，有效带动了传统铸造行业、海洋装备行业及新材料研究模式的转型升级。把“傻大笨粗”的传统铸造转化为“绿色高效”的数字化快速铸造，为航空航天、汽车、能源、军工等领域输送了大量高性能装备和高质量零件；把能耗高、成本高、产量低的海洋装备制造，升级为“一体化、数字化、定制化”的智能制造，并攻克了水下海洋管线修复作业的高压干式增材修复关键技术；把传统的“鸟枪法”材料研究，升级为“高通量”材料研发，率先突破了“功能性梯度材料”的高精度 3D 打印，并获得了相关核心专利。隆源成型主要 3D 打印设备产品见表 7.10。

表7.10　隆源成型主要3D打印设备产品

类型	型号	主要特点	适用材料	外观
激光快速成形机	AFS-360	快速模具、快速铸造、小批量生产、自由制造，成形尺寸360mm×360mm×500mm	精铸模料 / 工程塑料	
	LaserCore-5100	快速模具、快速铸造、小批量生产、自由制造，成形尺寸560mm×560mm×500mm	树脂砂 / 精铸模料 / 工程塑料	
激光金属3D打印	AFS-D800V	基于LMD的激光同轴送粉3D打印系统，可实现大型钛合金材料轻质承力整体结构件及复杂异型整体结构件制造	不锈钢、钛合金、模具钢、钴铬合金、镍基合金等	
	AFS-M260	基于SLM的AFS-M260激光增材制造设备，整机采用国际一流品牌激光器、光学及精密元器件，荣获全国铸造装备创新奖。成形尺寸260mm×260mm×350mm	不锈钢、钛合金、模具钢、钴铬合金、镍基合金	
	AFS-M120	突破高精度运动系统、封闭式供粉系统、惰性气氛控制、过程监测及整机控制等技术难点，荣获全国铸造装备创新奖。成形尺寸120mm×120mm×150mm	不锈钢、钛合金、模具钢、钴铬合金、镍基合金等	
3DP砂型打印机	AFS-J1600	自主研发的喷墨式3D打印机，成形尺寸1600mm×800mm×600mm	可成形各类型砂材，广泛应用于航空航天、汽车、科研等领域	

十一、中航迈特粉冶科技（北京）有限公司

中航迈特粉冶科技（北京）有限公司（简称“中航迈特”）以液态金属雾化—近净成形技术为核心，开展增材制造、粉末冶金、粉冶装备等业务，致力于航空航天、数字医疗增材制造材料及零部件的研发、制造，是国家级高新技术企业。中航迈特直接为用户提供金属3D打印解决方案服务，主营业务涵盖航空级钛合金、高温合金材料、增材制造/3D打印零部件、智能热工装备等产品。其主要客户有国内外航空航天、船舶机械等领域的知名企业，高校院所等。

中航迈特在江苏省徐州空港开发区、河北省固安工业园区投资建成国内技术水平最高的金属粉末

材料研发生产基地，占地面积约为3.5万平方米，规划制粉生产线30余条。

中航迈特联合京津冀地区的高校院所和行业内的企业，组建了北京市增材制造和新材料技术创新中心、粉末工程化研究中心、国家增材制造联合检研实验室。近年来，中航迈特承担了北京市中小企业创新专项、中关村高精尖重大技术成果转化、河北省科技厅重点研发计划等项目，针对增材制造金属粉末的制备关键技术（包括粉末粒度控制、氧含量控制和粉末形貌及流动性控制等）进行技术攻关，先后突破了真空熔炼气雾化制粉（Electrode Induction Melting Inter Gas Atomization，EIGA；Vacuum Induction Melting Inter Gas Atomization，VIGA）、等离子旋转电极雾化制粉（Plasma Rotate Electrode Process，PREP）、等离子丝材雾化制粉等多种国际前沿技术，工艺技术达到国际先进水平，部分技术填补了国内技术空白。中航迈特生产的钛合金、镍基高温合金、模具钢、钴铬合金等流动性、圆形度、已广泛应用于航空航天、医疗等领域。

中航迈特的技术团队在SLM成形工艺技术方面，实现了TC4、TA15、GH4169、GH3536、18Ni300、316L、CoCrMoW、金属钼等多种合金牌号粉末的打印验证，并以自主研发的合金粉体为原材料，开展了合金选区激光熔化工艺研究，实现了复杂形状的金属零部件的制备。

中航迈特的技术团队具备扎实的金属粉末材料研发及3D打印工艺研发基础，本科及硕士以上的学历人员超过50%，团队核心成员均长期从事我国航空航天粉末钛合金、粉末高温合金材料及金属3D打印应用技术研究，并与北京科技大学、南方科技大学、北京理工大学等高校院所合作，得到多位业内技术专家的技术支持，具有“产、学、研”结合的优势。科研团队先后参与或承担10余项国家/省级科研项目，在核心期刊上发表10余篇学术论文。

中航迈特作为全国增材制造标准化技术委员会委员，承担或参与编制增材制造团体标准、行业标准、国家标准共计20余项。中航迈特在增材制造金属粉末材料制造方法、制粉设备、增材制造工艺方法、设备等领域布局专利，申请发明专利30余项，内容涵盖高温合金粉末、钛合金粉末、铝合金粉末制备方法及产品、增材制造工艺方法等核心技术产品，对公司核心技术和产品进行了保护。中航迈特新研发及批产粉末产品见表7.11。

表7.11　中航迈特新研发及批产粉末产品

类型	牌号	主要特性	3D打印的主要应用	外观质量
钛基合金粉末	TA0、TA1、TC4、TC4 ELI、TC11、TC17等	球形或近球形，显微颗粒球形度 $\Psi_0 \geq 0.90$	选区激光熔化（SLM）、EBM电子束熔融、LMD激光金属沉积等	目视呈银灰色，并且无明显氧化色的颗粒
镍基合金粉末	In718（GH4169）、In625（GH3625）、Hastelloy X（GH3536）等	球形或近球形，显微颗粒球形度 $\Psi_0 \geq 0.85$	选区激光熔化（SLM）、EBM电子束熔融、LMD激光金属沉积等	目视呈灰色，并且无明显氧化色的颗粒
钴铬合金粉末	CoCrMo（W）	球形或近球形，显微颗粒球形度 $\Psi_0 \geq 0.85$	选区激光熔化（SLM）、EBM电子束熔融、LMD激光金属沉积等	目视呈灰色，并且无明显氧化色的颗粒
铝基合金粉末	2219、2024、6061、$AlSi_7Mg$（ZL101）、$AlSi_{12}$（ZL102）、$AlSi_{10}Mg$（ZL104）等	球形或近球形，显微颗粒球形度 $\Psi_0 \geq 0.85$	选区激光熔化（SLM）、LMD激光金属沉积等	目视呈浅灰色，并且无明显氧化色的颗粒
铁基合金粉末	不锈钢、高强钢、工模具钢、铁镍合金等	球形或近球形，显微颗粒球形度 $\Psi_0 \geq 0.85$	选区激光熔化（SLM）、LMD激光金属沉积等	目视呈浅灰色，并且无明显氧化色的颗粒

十二、中国航天科工集团增材制造技术创新中心

中国航天科工集团增材制造技术创新中心（简称“中心”）成立于 2016 年 9 月，同时在航天二院与长沙新材料产业研究院下设两个分中心，形成技术与产业集群式发展的新态势。中心汇聚了航天二院、航天三院、湖南航天等优势资源，是国内面向航天领域规模最大、技术最为全面的增材制造技术研究机构。

2018 年，中心以航天产品需求为牵引，致力于增材制造原材料制备、装备研发及工艺技术研究全产业链发展，快速形成在航天领域的示范带动作用，以形成产业规模、发展成为国内优质的增材制造服务商为目标，抢占未来制造业制高点。在能力建设方面，中心新增工业级金属设备 4 台，各类工业级金属非金属设备 20 台。在产品应用服务方面，中心突破了 TA15 钛合金、GH4099 高温合金新材料工艺开发技术、“结构—功能”一体化设计与制造技术、大型构件激光送粉成形技术、大尺寸复杂薄壁构件复合制造技术等一系列关键技术攻关，部分产品实现装机并通过型号试验验证。在装备自主研发方面，中心生产工业级金属增材制造装备（ASA-260M）7 台、小型金属增材制造装备（ASA-120M）3 台，实现 2 台金属设备、2 台非金属设备销售。在知识产权申报方面，中心完成 5 项企业标准编制与评审，形成激光选区熔化成形粉末与产品验收评价标准，申报专利 22 项，发表学术论文 2 篇。在对外合作方面，中心与河北敬业集团、厦门钨业集团等签署战略合作协议，赴德国弗朗霍夫、西班牙惠普公司进行实地考察，探讨国际合作与战略布局。

十三、中国商飞有限责任公司增材制造技术应用研究中心

中国商用飞机有限责任公司增材制造技术应用研究中心成立于 2017 年，对内简称“增材中心”，行政上挂靠中国商用飞机有限责任公司北京民用飞机技术中心。增材中心是商飞公司增材制造专业技术发展及能力建设的责任主体，以及增材制造技术应用能力管理职能的延伸机构。在增材制造技术方面，增材中心主要开展了结构优化设计方法、增材制造技术评估与验证、增材制造结构件性能测试与质量检测等研究工作，为民用飞机型号的研制提供设计规范、分析与验证方法、标准、手册、数据库和软件等服务。近年来，增材中心配备了增材制造创新设计、性能测试与缺陷检测等软硬件资源，牵头或参与承担国家重点研发项目 5 项，目前正在针对公司在研民机型号开展基于增材制造的结构优化设计及应用验证工作，积累了丰富的型号预研经验。

十四、上海联泰科技股份有限公司

上海联泰科技股份有限公司（简称“联泰科技”）成立于 2000 年，致力于非金属领域增材制造技术和产品的发展，为客户提供系统化、模块化、专业化、平台化、智能化的解决方案。联泰科技的主营范围包括 SLA、DLP 增材制造设备及光敏树脂材料的生产及销售。其中，在光固化 3D 打印设备市场份额最大，市场占有率超过 50%。2016 年 4 月 22 日，上海联泰科技股份有限公司正式挂牌新三板。2018 年，联泰科技实现 3 亿元销售额。2019 年 5 月，联泰科技完成战略重组，同时获得 3 家风投机构增资数千万元。联泰科技主要 3D 打印设备产品见表 7.12。

表7.12　联泰科技主要3D打印设备产品

类型	型号	主要特点	适用材料	外观
Lite 系列	Lite 300	基于 SLA 技术，具有高精度、高效率，成形尺寸 300mm×300mm×200mm	液态树脂	
Lite HD 系列	Lite 300 HD	基于 SLA 技术，成形尺寸 300mm×300mm×200mm	液态树脂	
G1400 系列	G1400	基于 SLA 技术，成形尺寸 1400mm×700mm×500mm	液态树脂	
PILOT 系列	PILOT 250	基于 SLA 技术，成形尺寸 250mm×250mm×250mm	液态树脂	
RSPro 系列	RSPro 600	基于 SLA 技术，成形尺寸 600mm×600mm×500mm（全槽）	液态树脂	
FL 系列	FL 450	3D 打印鞋模机，鞋业量产模具的革新者，成形尺寸 450mm×450mm×350mm	液态树脂	
FM 系列	FM 450	3D 打印鞋模机，高端鞋业量产模具的革新者，成形尺寸 450mm×450mm×350mm	液态树脂	

十五、天津清研智束科技有限公司

天津清研智束科技有限公司（简称“智束科技”）成立于 2015 年 9 月。智束科技的核心技术及团队源于清华大学，开发了具有自主知识产权的 EBSM 金属增材制造装备，可广泛应用于航空航天高性能复杂零部件和医学植入体制造等领域。2018 年，智束科技分别向中船重工第十二研究所、株洲通达合金股份有限公司、天津职业大学、俄罗斯全俄航空材料研究院交付了 4 台 Qbeam Lab 型号的电子束增材制造装备，并和相关合作单位开展钛铝材料、纯铜及镍基高温合金材料的成形参数开发和试制工作；同时启动了医疗骨科专用电子束金属增材制造设备 Qbeam Med200 及针对航空航天、工业制造领域的大尺寸电子束金属增材制造设备 Qbeam Aero350 的研发制造。智束科技主要 3D 打印设备产品见表 7.13。

表7.13 智束科技主要3D打印设备产品

类型	型号	主要特点	适用材料	外观
电子束选区熔化成形设备	Qbeam Lab	工艺参数开源、模块化可定制、主动式供粉、网格扫描加热、电子束自动校准、过程在线监控，成形尺寸 200mm×200mm×240mm	316L 不锈钢、钛合金、铜合金、高温合金、Co-Cr 合金等	
	Qbeam Med200	专为骨科植入物的制造设计，成形尺寸 200mm×200mm×240mm	钛合金、Co-Cr 合金、钽合金等	
	Qbeam Aero	具备更大成形尺寸、配备“一站式”粉末回收系统，成形尺寸 350mm×350mm×400mm	316L 不锈钢、钛合金、铜合金、高温合金、Co-Cr 合金等	

十六、深圳光华伟业股份有限公司

深圳光华伟业股份有限公司（简称“光华伟业”）成立于 2002 年，以绿色为主题，致力于环境友好型材料的产业化，专门从事生物材料、绿色溶剂的研发、生产和销售，于 2016 年上市新三板。光华伟业依托武汉大学、北京大学、中科院宁波材料所联合组建 3 个研发中心，形成了合成、改性与 3D 打印材料等多个独立研发团队。截至 2018 年 12 月，光华伟业研发上市的 3D 打印材料超过 100 余款，其以“品质稳定、品种齐全、品牌知名、性价比高、适用面宽”等优势，在欧美市场占有一定份额，通过 40 多家代理经销商销往全球 100 多个国家。目前，光华伟业已成为我国 3D 打印耗材的优质企业、国际 3D 打印耗材知名品牌之一。光华伟业部分 3D 打印耗材产品见表 7.14。

表7.14 光华伟业部分3D打印耗材产品

类型	型号	规格	特性应用	外观
3D 打印耗材	PLA eSUN 易生 3D 打印材料	-1.75mm -3.00mm	材料韧度好，强度高，适用于 Makerbot、Up、RepRap、Cubify 等 FDM 所有机型	
	Re-filament__Silver	-1.75mm -2.85mm	强度高，韧度好，具有良好的光泽度和透明度；适合较大型号模型的 3D 打印	
	PETG filament__Fire Engine Red	-1.75mm -2.85mm	强度高，韧度好，具有良好的流动性	

十七、三的部落（上海）科技股份有限公司

三的部落（上海）科技股份有限公司（简称“三的部落”）成立于 2006 年 12 月，是一家 3D 应用解决方案的专业提供商，是国内首家在新三板挂牌的 3D 企业（股份代码：100129）。三的部落发展至今，已拥有 3 家业务子公司，1 个 3D 打印服务中心。2018 年，三的部落自主研发的医用 PEEK 3D 打印机“3dpro 牛魔王 3”上市，医疗团队的矫形固定器获得了医疗器械注册（备案）证。三的部落再次通过上海市专精特新企业、高新技术企业复审，通过 ISO9001 质量体系复审，成为 ASTM 美国材料协会成员，并入选上海市品牌培育企业，进入上海市重点商标保护名录，公司的整体质量体系、品牌培育工作跨上新台阶。三的部落主要 3D 打印设备产品见表 7.15。

表7.15 三的部落主要3D打印设备产品

类型	型号	主要特点	适用材料	外观
医用 PEEK 3D 打印机	3dpro 牛魔王3	3dpro 牛魔王 3 打印的 PEEK 骨科植入物已成功应用于动物实验，取得不错的临床效果	聚醚醚酮（PEEK）材料	
超工业级 3D 打印机	生产线 P300 Pro	可以在高温状态下打印 PEEK 等高性能特种塑料，同时向下兼容打印工程塑料以及通用塑料。市售普通 PEEK3D 打印机，都是室温下打印，不能实现高温打印，成形尺寸 300mm×220mm×254mm	PEEK 等高性能特种塑料	

十八、武汉天昱智能制造有限公司

武汉天昱智能制造有限公司（简称“天昱智造”）成立于 2015 年 5 月，是一家立足于金属 3D 打印、金属部件修复与再制造、工业智能系统等领域，集定制生产、设备研发、技术服务于一体的高新技术企业。目前，天昱制造已开发出 6 台大型微铸锻铣复合增材制造设备，全系列装备具备完全自主知识

产权，包括微铸锻铣复合增材设备（大型双侧龙门机床）、微铸锻铣复合增材制造设备（大型单侧龙门机床）、微铸锻铣复合增材制造设备（4D 轧机）、微铸锻铣复合增材专用设备（挂架专机）、大型气氛室微铸锻铣复合增材制造装备。天昱制造累计完成销售额近 1000 万元，与空中客车、GE、中国航发、中建钢构、西飞、武船、中船 725 所、成飞、西航、西飞、中国铁路等企业达成合作协议，完成内燃机过渡段、螺旋桨、辙叉、飞机挂架、航空发动机匣、球阀、承力钢构、航空电力件、航空发动机关键承力件、舰船用水泵推进器、某军工用 ×× 导弹壳体等产品制造，并重点完成中船重工第七二五研究所微铸锻大型保护气氛室微铸锻铣复合增材制造装备的研发和交付。天昱智造主要 3D 打印设备产品见表 7.16。

表7.16　天昱智造主要3D打印设备产品

类型	型号	主要特点	适用材料	外观
微铸锻铣复合	TY2000AL-ZDX-01	大型微铸锻铣复合增材制造设备，成形尺寸 4200mm×5820mm×1500mm	钛合金、高温合金、铝合金等	
	TY5000AL-ZDX-02	单侧龙门微铸锻铣复合制造设备，成形尺寸 4200mm×5820mm×1500mm	钛合金、高温合金、铝合金等	
	TY2000AL-ZDX-03	大型保护气氛室微铸锻铣复合制造专用设备，成形尺寸 800mm×1500mm×900mm	钛合金、高温合金、铝合金等	
	TYZBSL011	大压力微轧制增材制造设备，成形尺寸 2000mm×280mm×350mm	钛合金、高温合金、铝合金等	

十九、浙江亚通焊材有限公司

浙江亚通焊材有限公司（简称“亚通焊材”）成立于 2006 年，隶属于浙江省冶金研究院，亚通焊材依托钎焊材料与技术联合国家地方实验室和浙江省钎焊材料与技术重点实验室的研发平台，致力于金属粉体材料的开发，特别是增材制造专用金属粉末的开发与生产。经过多年的发展和持续投入，亚通焊材的金属增材制造专用粉末材料趋于丰富，已开发出适用于 SLM、SLS、EBM 和 LENS 等不同工艺的不锈钢、铝合金、钛合金、钴铬合金、铜合金、镍基高温合金等产品，新投产应用的等离子旋转电极（PREP）设备、真空气雾化设备均产生了较大的市场效益。目前，亚通焊材的产品已获得先临三维、广东汉邦、永年激光等国内增材制造知名企业的认可，产品在工业制造、模具应用、齿科医疗和文创作品等行业得到了广泛应用。

二十、广东峰华卓立科技股份有限公司

广东峰华卓立科技股份有限公司（简称“峰华卓立”）成立于 2011 年，是国内最早从事 3D 打印技术研发和应用的单位之一。峰华卓立的主营业务包括两个板块：高端智能装备（喷墨智能砂型 3D 打印机与软件、耗材的研发、制造、销售及售后服务等）和先进制造服务（提供砂型、铸件、零件、整体解决方案等）。目前，峰华卓立拥有发明专利 16 项，实用新型专利 22 项，外观专利 5 项，软件著作权 3 项，注册商标 4 项，成功研发出第四代 PCM-800、PCM-1200、PCM-1500、PCM-2200 系列无模铸型 3D 打印机和 PDM-800、PDM-1300、PDM-1500 系列模型直接雕铣机，并已实现产业化生产，可以广泛应用于科研院校、航空航天、军工、汽车、摩托车、船舶、装备制造、陶瓷等开发研制和生产单位。2019 年峰华卓立推出了第四代 PCM 系列无模铸型 3D 打印机，各项指标达到国际先进水平，并实现出口欧洲验收使用；快速制造加工服务呈现业务增加的趋势，技术水平和核心竞争力不断提升。峰华卓立主要 3D 打印设备产品见表 7.17。

表7.17　峰华卓立主要3D打印设备产品

类型	型号	主要特点	适用材料	外观
第四代 PCM 系列无模铸型 3D 打印机	PCM800 AJ	标配喷头数量 2×1024P，成形尺寸 800mm×750mm×500mm	硅砂、陶瓷砂、宝珠砂、CB 砂等	
	PCM1200AJ	标配喷头数量 4×1024P，成形尺寸 1200mm×1000mm×600mm	硅砂、陶瓷砂、宝珠砂、CB 砂等	
	PCM1500AJ	标配喷头数量 4×1024P，成形尺寸 1500mm×1000mm×700mm	硅砂、陶瓷砂、宝珠砂、CB 砂等	
	PCM1800AJ	标配喷头数量 4×1024P，成形尺寸 1800mm×1000mm×700mm	硅砂、陶瓷砂、宝珠砂、CB 砂等	
	PCM2200AJ	标配喷头数量 4×1024P，成形尺寸 2200mm×1000mm×800mm	硅砂、陶瓷砂、宝珠砂、CB 砂等	

二十一、陕西恒通智能机器有限公司

陕西恒通智能机器有限公司（简称“恒通智能”）成立于 1997 年。恒通智能依托西安交通大学先进制造技术研究所相关技术，主要研制、生产和销售激光快速成形设备、快速模具设备及三维反求设备，同时从事快速原型制造、快速模具制造以及逆向工程服务。恒通智能于 1997 年研制并销售出国内第一台光固化成形设备，现已开发出激光快速成形设备、紫外光快速成形设备、真空浇注成形设备、三维面扫描抄数设备、三维数字散斑动态测量分析系统等 10 种型号 20 余个规格的系列产品以及 9 种型号

的配套光敏树脂等增材制造专用材料。

2018 年，恒通智能重点发展教育、医疗、政府平台项目，突出自身优势，放大科技成果和专利技术在合作项目中的比重。在全国设立宝鸡、湘潭、彭州、无锡、东莞等多家“双创”中心，将产业服务终端化，显著降低设备成本 50% 以上，研发出两款金属机型供应市场，新增自主知识产权 60 多个。陕西恒通主要 3D 打印相关产品见表 7.18。

表7.18 陕西恒通主要3D打印相关产品

类型	型号	主要特点	适用领域 / 材料	外观
3D 扫描设备	RDS BODYSCAN 极速人体扫描系统	系统能够获取的人体点云数据包含人体各个部位的准确三维信息，实现人体面部、头部、上身、全身的三维扫描	三维扫描领域	
	RMS 系列三维光学面扫描系统	采用先进外差式多频相移三维光学测量技术，单幅测量幅面大小、测量精度、测量速度等性能均达到国际先进水平	逆向设计、产品检测、文物扫描和三维显示、牙齿及畸齿矫正、医学整容及修复等领域	
3D 打印机	金属喷涂机器人	新一代电弧喷涂快速制模设备，最大可制作 5000mm×2500mm 模具	金属丝材	
	3DP 150 三维打印机	成形尺寸 150mm×50mm×140mm	ABS、PLA	
	陶瓷光固化快速成形设备	基于硅溶胶的水基陶瓷浆料光固化快速成形工艺	军工、生物医疗及其他基础装备零件制造领域	
	光固化成形设备 SPS600	输出功率最大可达 2kW，配备全数字式高速扫描振镜，成形尺寸 600mm×600mm×400mm	光敏树脂	
	金属 3D 打印设备	面向医疗及模具、汽车、珠宝首饰、终端零部件等领域	不锈钢、钛合金、钴铬合金等	

（续表）

类型	型号	主要特点	适用领域 / 材料	外观
3D 打印机	桌面级 SLA 成形设备 HTQ150	产品面向医疗卫生、艺术设计、珠宝首饰、模具开发等行业，成形尺寸 125mm×125mm×165mm	丙烯酸酯光敏树脂（液体光敏树脂）	

二十二、北京阿迈特医疗器械有限公司

北京阿迈特医疗器械有限公司（简称“北京阿迈特”）成立于 2011 年，位于北京市海淀区中关村生物医药园，是全球知名的利用 3D 精密打印技术进行完全可吸收冠脉血管支架和外周血管支架研发和生产的企业。公司拥有具有完全自主知识产权的 3D 快速血管支架制造专利技术，这一技术与国外雅培等公司采用的激光切割技术完全不同，具有速度快、成品率高、产品力学性能优异等特点。基于该技术，公司研发的主要产品包括 3D 打印新一代全降解冠脉血管支架和全降解外周血管支架，用于心脑血管和糖尿病人下肢血管闭塞的治疗。全降解冠脉产品已经完成一系列的临床前动物试验研究，于 2019 年 6 月正式启动临床试验。2019 年 7 月，3D 打印全降解冠脉药物洗脱支架系统完成首例临床试验入组，标志着我国具有完全自主知识产权的 3D 打印全降解冠脉血管支架成功进入临床试验阶段。北京阿迈特主要 3D 打印产品列表见表 7.19。

表7.19　北京阿迈特主要3D打印产品列表

领域	产品	产品用途	产品优势	外观
生物医疗 3D 打印	全降解冠脉血管支架	主要用于针对心血管疾病患者开展微创介入支架治疗	具有首创的螺旋排列的闭环单元结构，具有良好的弯曲性能和径向支撑强度。支架杆截面积比雅培公司激光切割的全降解 BVS 冠脉支架杆截面积减少约 50%	
	全降解外周血管支架	主要用于糖尿病患者常见的并发症下肢动脉血管栓塞的治疗	具有与全降解冠脉血管支架类似的独特的螺旋排列闭环单元结构，支架的弯曲性能良好	

二十三、安世亚太科技股份有限公司

安世亚太科技股份有限公司（简称“安世亚太”）成立于 1996 年，是我国工业企业研发信息化领域的践行者、新型工业品研制者、企业仿真体系和精益研发体系创立者。作为 ANSYS 公司精英级合作伙伴及增值服务商，安世亚太在国内 PLM、虚拟仿真及先进设计领域处于较高地位。安世亚太致力于工业软件开发、先进设计与制造体系研究和智慧工业体系研究，提出了基于增材思维的先进设计和智能制造解决方案。未来，公司将聚焦于打造以增材思维为核心的先进设计与智能制造产业链，以全球

视野和格局进行资源整合、技术转化和生态构建，着力将公司建设成为一家生态化平台型企业。安世亚太主要业务方向及内容见表7.20。

表7.20　安世亚太主要业务方向及内容

类型	业务方向	概述
工业软件	工业仿真	提供完整的工业仿真产品体系、课程培训及高端仿真咨询服务。工业仿真业务包括仿真工具、仿真平台、工程咨询、仿真体系咨询和课程培训 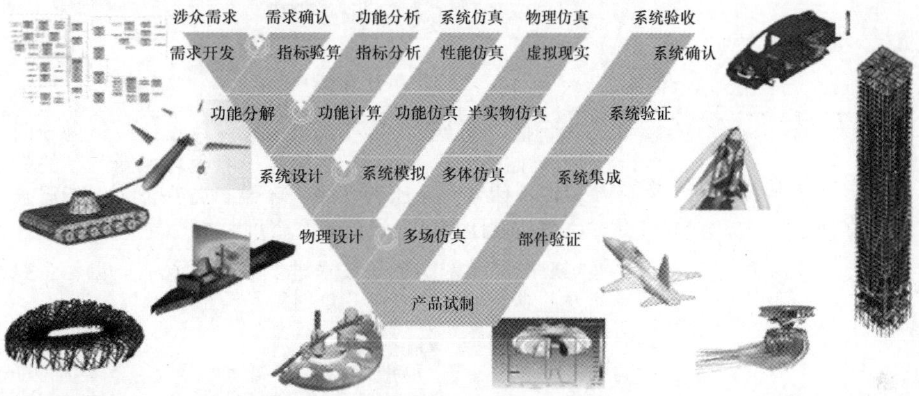
	精益研发	精益研发业务包括平台建设、研发工具和体系咨询 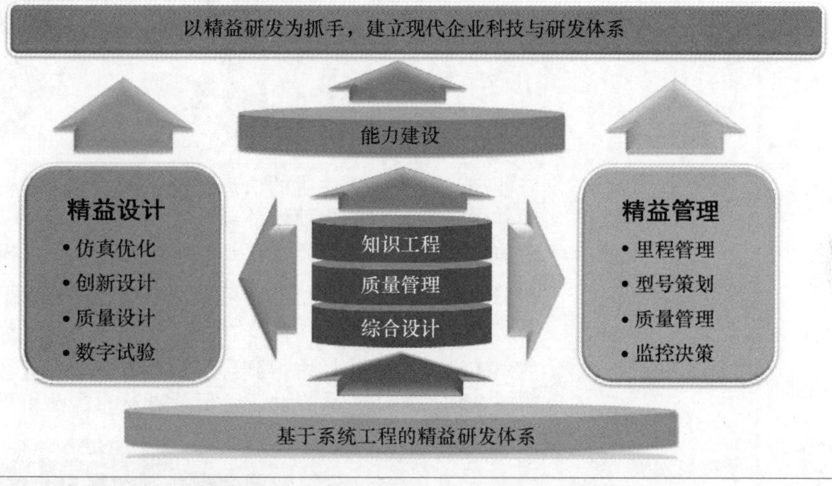
	工业云平台	安世亚太工业云体系是通过对成熟的商业化 IaaS 和商业化 PaaS 经过工业化改造，将工业元素嵌入，形成工业 IaaS 和工业 PaaS，由此构成了安世亚太工业云平台。业务包括平台建设、平台运营及体系咨询
先进设计	再设计	再设计是一种全新的工程设计思想和方法，再设计就是让研发设计回归市场客户需求本源，重新审视原有的设计，以自然的方式来探索设计的本质。业务内容涵盖产品再设计、产品再设计咨询和产品再设计体系咨询以及创业孵化
	正向设计	正向设计是指系统工程理论总结和提出的全新产品理想的设计过程模型。理想的产品设计过程的起点是从涉众需求开始，经过需求开发、功能分解、系统设计、物理设计、产品试制、部件验证、系统集成、系统验证、系统确认等阶段，直至完成满足涉众需求产品的验收。业务内容涵盖创新产品设计和正向设计体系咨询

（续表）

<table>
<tr><th>类型</th><th>业务方向</th><th>概述</th></tr>
<tr><td rowspan="3">先进设计</td><td>正向设计</td><td>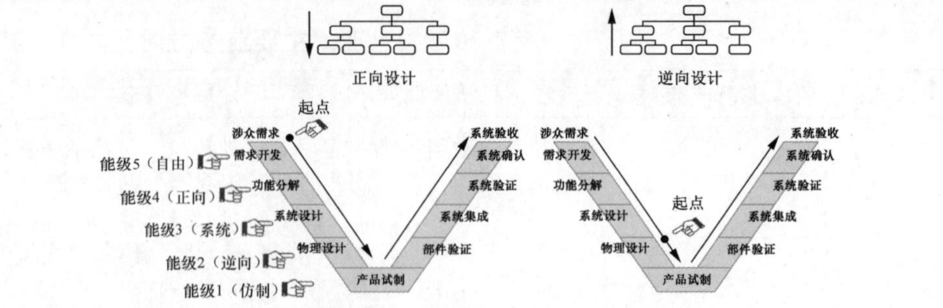
</td></tr>
<tr><td>绿色设计</td><td>安世亚太绿色设计主要是以国家绿色设计政策为导向，在公司先进设计思想体系中，加入绿色设计理念，形成服务于绿色环保新产品的先进设计理论体系，应用此先进设计理论体系，设计出既绿色环保，又符合人们新需求的新产品。绿色设计业务包括绿色产品设计和绿色设计体系咨询</td></tr>
<tr><td>精密制造</td><td>实现产品精密制造是技术进步的重要表征，也是企业产品设计生产能力的重要体现。安世亚太精密制造业务包括精密铸造和增材制造
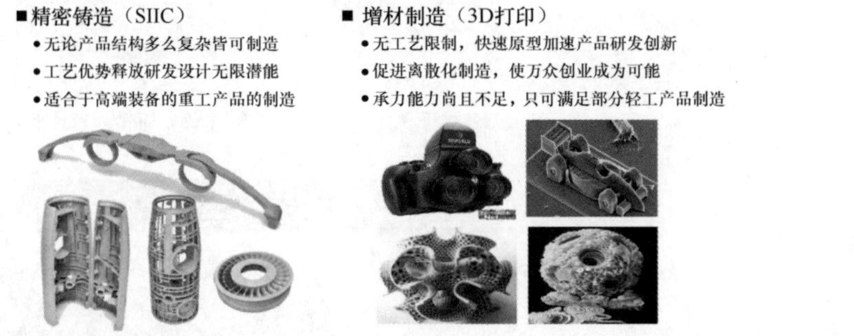
</td></tr>
<tr><td rowspan="3">智慧工业</td><td>智能产品</td><td>智能产品就是应用先进的信息化技术和人工智能技术，对传统的经典产品进行改造，使其成为具有智能化要素的新产品。智能产品的设计和发展是当前技术状态下重要的产品发展方向。智能产品业务包括智能产品设计和智能产品体系咨询</td></tr>
<tr><td>智慧研发</td><td>智慧研发是指智能化得到普遍使用状态下的产品研发模式，包括产品设计所需要的智慧研发工具、企业进行智慧研发的支撑平台，以及为建设智慧研发的咨询服务等</td></tr>
<tr><td>智慧工业</td><td>智慧工业是指智能技术得到广泛应用的状态下，整个社会或工业界的一种生产和运营模式，包括智能产品的设计、智慧研发的建设和智慧工业体系的建设 3 个层次
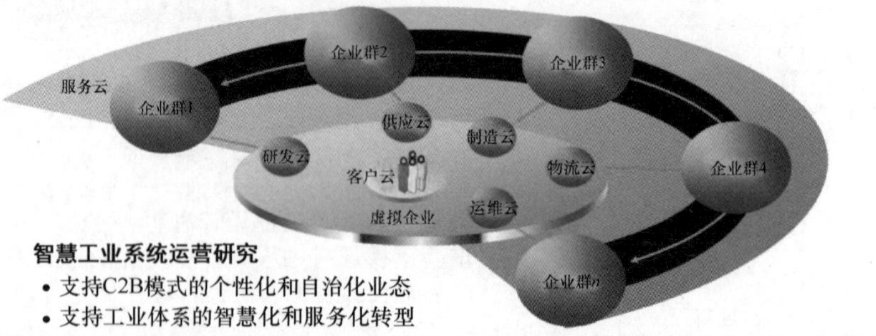
</td></tr>
</table>

二十四、广东汉邦激光科技有限公司

广东汉邦激光科技有限公司（简称“汉邦激光科技”）总部位于广东省中山市，专注基于 SLM 的金属增材制造装备的研发、生产、销售及应用技术，服务于航空航天、医疗、模具、汽车、个性化定制、教育科研等领域，为客户提供高品质、全方位的增材制造技术解决方案。2007 年，创始团队正式进入金属增材制造行业，不断创新迭代装备、软件与控制系统与工艺技术参数库，共获得 60 余项技术专利、9 项软件著作权。2018 年 3 月，汉邦激光科技在上海市闵行区成立上海汉邦联航激光科技有限公司，服务于航空航天、军工、船舶等重点制造领域。汉邦激光科技主要 3D 打印设备产品见表 7.21。

表7.21 汉邦激光科技主要3D打印设备产品

类型	型号	主要特点	适用材料	外观
金属增材制造装备	HBD-100	体积小巧，结构紧凑，适用于牙科、教育科研、个性化定制等领域，成形尺寸 105mm×105mm×100mm	不锈钢、钴铬合金、钛合金、工具钢、高温合金、铝合金及部分稀有金属	
	HBD-150	适用于医疗骨科、牙科、模具、零部件制造等领域，成形尺寸 150mm×150mm×200mm	不锈钢、钴铬合金、钛合金、工具钢、高温合金、铝合金及部分稀有金属	
	HBD-280	配备稳定铺粉系统、精准激光光路及管理系统、智能传感与监控系统。适用于军工、模具、航空航天等领域，成形尺寸 250mm×250mm×300mm	不锈钢、钴铬合金、钛合金、工具钢、高温合金、铝合金及部分稀有金属	

二十五、上海极臻三维设计有限公司

上海极臻三维设计有限公司（简称“极臻三维”）成立于 2014 年 10 月 22 日。公司致力于提供全球范围内三维设计和研究服务，专注于三维数据服务、三维数据产品高级定制和 3D 打印相关的研究、开发和用户培训。同时，极臻三维也是中国“3D 打印 + 文创”的示范应用企业，致力于将先进增材制造与数字设计进行创新性融合，规模化生产 3D 打印的直接制造三维消费产品，其业务涉及艺术、时尚、珠宝、室内、建筑、工业产品设计等多个领域。

二十六、三迪时空集团有限公司

三迪时空集团有限公司（简称“三迪时空”）成立于 2013 年，总部位于山东省青岛市即墨区，是国家级服务型制造示范平台、国家中小企业公共服务示范平台、科学技术部第二批国家级众创空间、科学技术部认定的高新技术企业、全国增材制造标准化技术委员会委员单位、重点信用认证企业单位。2018 年，三迪时空“3D 打印智能制造大数据综合服务平台”被工业和信息化部评为 2018 年大数据产业发展试点示范项目，顺利入选工业和信息化部 2018 年制造业“双创”平台试点示范项目。三迪时空成立了国内首个 3D 打印影视道具联盟。三迪时空作为牵头单位组建山东省快速制造产业（3D 打印）创新中心，为山东省 3D 打印行业发展起到示范引领作用。三迪时空“青岛 3D 打印创新产业基地”项目入选“山东省新旧动能转换重大项目”第一批名单、青岛市五十大重点推介项目等。

二十七、三帝科技股份有限公司

北京三帝科技股份有限公司（简称“三帝科技”）作为国内优质的增材制造服务提供商，专注智能装备、服务型制造，通过研究院和博士后工作站进行协同持续技术创新，通过公司研发团队实施产品工程创新，通过云制造平台和各地制造服务中心实现应用创新及服务型制造，目前已经形成了以增材制造、康复医疗、云制造服务平台为全面支撑的运营体系。其业务涵盖工业级 3D 打印设备（SLS、SLM、LMD、DFD、3DP 等）、消费类 3D 打印设备（FDM）、3D 打印康复医疗（医疗仿真模型、康复器具、手术导板、植入物）等。三帝科技拥有近千家设备及加工服务用户，这些用户遍布航空航天、汽车制造、新能源、数字雕塑、医疗、军工、文化艺术、机械制造、石化、矿山、冶金、教育等领域及科研院所和高校。

1. 航空航天

通过 3D 打印快速铸造工艺为航空航天等部门及美国通用电气 GE、英国劳斯莱斯（Rolls-Royce，RR）、俄罗斯等飞机制造企业提供飞机发动机、机匣、涡轮泵、钛机架、排气道、悬挂件、飞轮壳等飞机零部件的生产和服务。3 年来，3D 打印金属零部件已在航空航天轻量化结构、传感器及热交换零件上得到应用。值得一提的是，三帝科技的梯度金属设备已经实现了功能性梯度材料零件的打印成形，同时为国际热点工程“材料基因组计划”的科研工作提供了快速材料制备及材料筛选手段。三帝科技 3D 打印的航空航天构件如图 7.1 所示。

（a）飞机发动机机匣

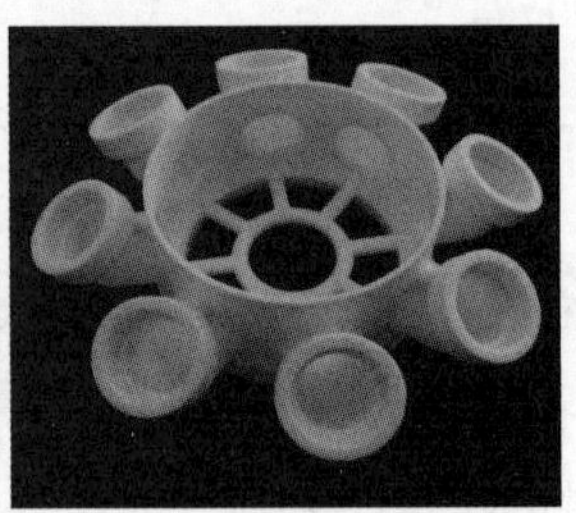

（b）火箭发动机部件

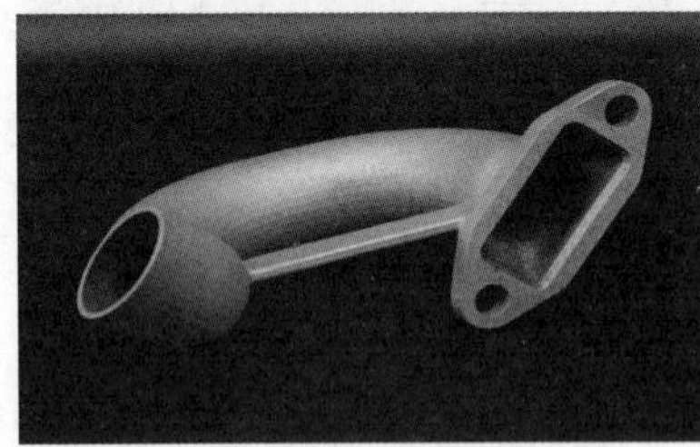

（c）3D打印（SLM）无人机发动机尾气歧管

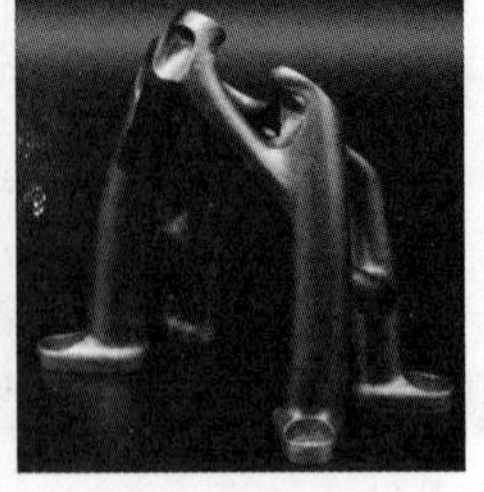

（d）3D打印航天支架

图7.1　三帝科技3D打印的航空航天构件

2. 汽车制造

3D 打印快速铸造工艺应用于汽车缸体、缸盖、进气管、变速箱壳体等关键零部件的新品研发，大幅缩短研发时间。例如，试制发动机缸体用传统制造至少为期 6 个月，费用花费百万元，而快速铸造仅用 42 小时即可完成 3D 打印蜡模，熔模铸造周期仅为 20 天。汽车铸件如图 7.2 所示。

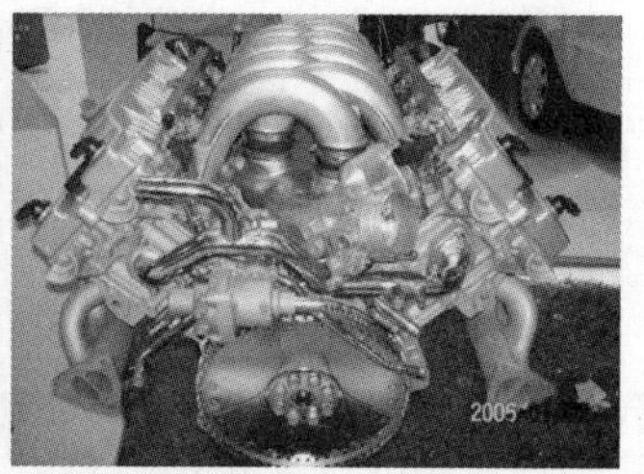

(a) 汽车发动机缸体蜡模及铸件

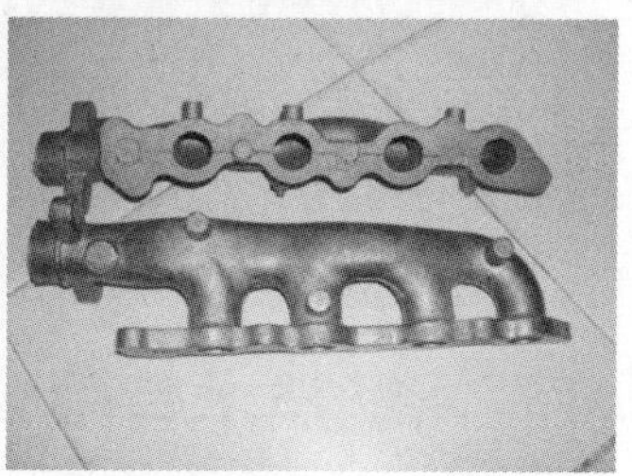

(b) 汽车发动机排气岐管砂模及铸件

图7.2　汽车铸件

3. 新能源

直接金属 3D 打印工艺应用于新能源领域的风能转换器、阀芯适配器等关键零部件的新品研发，可大幅缩短研发周期，提高能源转换效率，节约成本。例如，试制阀芯适配器用传统制造需要 1 个月，单件费用高达 2 万元，而用 3D 打印仅用一周时间即可完成样件制作。

4. 数字雕塑

采用航空航天级 SLS 3D 打印蜡型，拥有极高精度和极致细节，可以实现高精度模型无缝拼接、模型纹理化、阵列化处理，快速试样、随时修改，塑性极强的 PS 材料带来完美手工质感，只需传统工艺时间的三分之一。三帝科技已为诸多国内外用户制作了大量种类繁多的复杂艺术品。其用户包括 5 次奥斯卡金像奖获得者、世界著名电影特效大师理查德・泰勒（Richard Taylor），新西兰雕塑艺术家迈克尔・克里夫・塔夫里（Michael Cliff Tuffery）等。

5. 医疗

三帝科技自主研发了 3D 打印个性化定制钛合金助听器。3D 打印个性化定制钛合金助听器如图 7.3 所示。这是根据听力障碍者的听力损失情况及其耳部生理结构而定制化设计和制作的，已申报了多项专利，并参与了省级重大科技专项。该助听器 3D 打印的钛合金外壳薄如纸，厚度仅为 0.15 ～ 0.2mm，可以完全贴合使用者的耳部结构。与传统助听器相比，其体积更小，佩戴更隐蔽、舒适，且不易脱落，可实现耳内“隐形”佩戴。

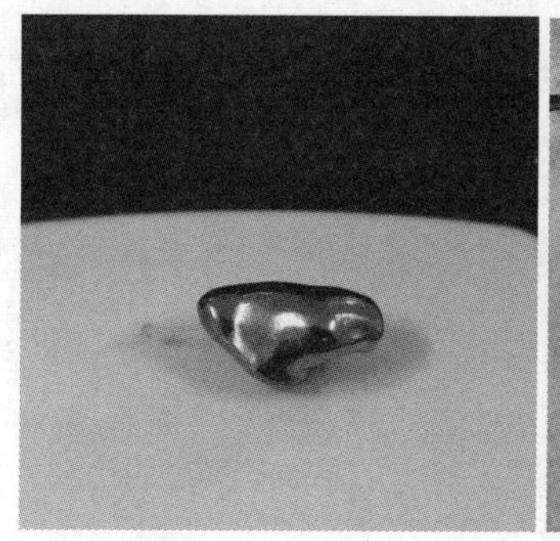
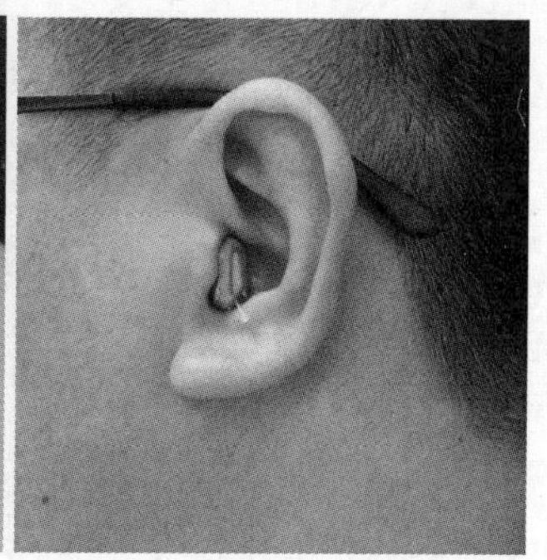

图7.3　3D打印个性化定制钛合金助听器

同时，使用的医用级别钛合金材料，显著提升了助听器强度，并可防止因长期佩戴而引起的肌体过敏。

三帝科技及其下属企业已经申请了200余项专利及软件著作权，先后通过了ISO 9001质量管理体系认证、ISO 13485医疗器械质量管理体系认证、CE认证、FDA认证、自由贸易认证等，并拥有多项产品注册证书。三帝科技先后参与起草了《GB/T 14896.7—2004 特种加工机床术语》《JB/T 10625—2006 激光选区烧结快速成形机床技术条件》及颈椎矫形器、腕矫形器、抗痉挛腕关节矫形器、抗痉挛踝足矫形器等多个国家及行业标准，承担多项国家级科技创新项目课题，先后荣获北京市科学技术奖、中国高新技术成果暨新产品交易博览会金奖、荣格技术创新奖、最佳3D打印技术创新奖、全国铸造装备创新奖、工业级3D打印机优秀推荐品牌、中国粉末冶金联盟年度产品奖、新时代匠心品牌、智能化产品/智能化解决方案优秀服务商等。

二十八、南通金源智能技术有限公司

南通金源智能技术有限公司（简称“金源智能”）是一家以“金属3D打印粉末＋制件”为核心业务的高科技企业。公司成立于2015年，总投资5亿元，在江苏省南通市经济技术开发区建设智能化3D打印金属材料生产及3D打印制件加工基地，占地3万多平方米。其目标是建成“国内最大、技术最强、品种最全、品质最高、有国际影响力”的金属粉末供应商和3D打印综合服务提供商。

1. 金属粉末业务

金源智能采用国际先进的高真空雾化制粉设备及多项自主知识产权的粉末制备技术，开发生产的数十种金属粉末具有纯净度高、流动性强、球形度好、批次稳定等优点，满足各种3D打印技术对合金粉末的要求，年产能1000吨。产品可应用于生物医学、航空航天、电子、模具等行业。

目前，金源智能拥有4条真空气雾化生产线，主要用于铝基合金粉末、钴基金属粉末、铁基金属粉末、高温合金粉末、钛基金属粉末等的生产。其明星产品铝合金粉末，例如，$AlSi_{10}Mg/AlSi_7Mg$、AlLi和Al-Re等以优质的性价比得到了行业的广泛认可，部分牌号已远销海外。钴铬合金粉末已取得中华人民共和国医疗器械注册证和美国食品药品监督管理局认证，可用于制作齿科用冠、桥、卡环和局部义齿等。

2. 3D打印服务

金源智能拥有6台工业级3D打印机，可为各个领域用户提供金属、尼龙、树脂、复合材料产品智造、产品结构优化设计、新材料打印工艺参数开发、3D打印设备销售、技术咨询与服务等，针对消费者和医用产品等个性化需求，基于互联网和数字化智造制造技术，打造国内有影响力的智能化工厂。

二十九、西安赛隆金属材料有限责任公司

西安赛隆金属材料有限责任公司（简称“赛隆金属”）是西北有色金属研究院（集团）科技成果转化成立的高新技术企业，主要开展高品质球形金属粉末、粉末冶金制品、制粉设备、电子束3D打印设备及金属3D打印零件的研发、生产和技术服务，具有金属增材制造完整方案服务能力。

赛隆金属依托金属多孔材料国家重点实验室创新平台，成立了金属增材制造产业技术创新中心和西安市电子束3D打印工程技术研究中心，先后获得40余项国家和地方科技项目的资助，在3D打印专

用材料、工艺及装备等方面实现全面突破：拥有自主知识产权的商业化粉床电子束 3D 打印设备和高转速等离子旋转电极雾化制粉（PREP）设备获得首台（套）重大技术装备认定；开发出钛合金、高温合金、难熔金属、合金钢等不同材料体系等四十余种牌号的高品质球形金属粉末；研发的 3D 打印复杂金属构件在航空航天、生物医疗领域获得优异评价，国际率先实现金属钽植入物的电子束 3D 打印制造和临床应用。在 3D 打印领域申请专利百余项，牵头制订国家和行业标准 7 项、参与制订标准 12 项。

赛隆金属将以“学习、创新、专注、高效”为企业精神，为打造粉末冶金 /3D 打印前沿技术与高端设备的国际品牌而砥砺前行。

三十、西安点云生物科技有限公司

西安点云生物科技有限公司（简称“点云生物”）是一家国际知名的为生物工程、医疗健康和先进制造等领域提供先进材料、创新产品和智能装备的高新技术企业。

点云生物提供全方位的生物材料研发、生产和技术服务，在可降解生物陶瓷、生物高分子及其复合材料方面积累了丰富的应用经验，擅长生物材料的 3D 打印技术。可定制生物墨水及 3D 打印工艺，从 4 个方面（材料、软件、装备、应用）全面自主研发，为用户提供从打印耗材、打印设备到实际应用的全套解决方案。点云生物采用无丝打印技术（Filament Free Printing，FFP），不需要预制打印丝线，就能够直接将陶瓷材料在常温下逐点逐线逐层打印成形，这不但能够显著降低现有的打印耗材成本，而且能够自由搭配材料组合，实现多种材料复合打印，极大拓展了现有打印材料的选择范围。点云生物主要客户涉及医院、高校、科研院所和企业研发部门等，分布在生物医疗、教育、新材料、新能源、智能制造等领域。

点云生物致力于 3D 打印可再生人工骨核心技术研发，携手共创点云美好未来，共创人类生命健康 3D 世界！

三十一、西安欧中材料科技有限公司

西安欧中材料科技有限公司（简称“欧中科技”）是西北有色金属研究院（集团）下属的专业从事金属球形粉末及制件生产与服务的国家级高新技术企业，成立于 2013 年 12 月，注册资本 1 亿元。欧中科技现有员工 100 余人，其中，硕士 30 余人，博士 7 人。

欧中科技通过“引进消化吸收再创新”，组建了具备国际先进水平的国内首条超高转速（30000 rpm）等离子旋转电极雾化（SS-PREP®）金属球形粉末工业化生产线和国内首条高温合金粉末盘“超高转速 PREP 粉末 + 热等静压 HIP”（SS-PREP Disk®）短流程生产线，主要致力于钛合金、高温合金及其他金属球形粉末制备，发动机叶片的精深加工服务，粉末冶金制件、增材制造金属丝材的研发、生产及货物的进出口贸易等。其产品包括 TC4、TC11、TC18、TC21、TA15、Ti_2AlNb、Ti-48Al-2Cr-2Nb、Ti17、Ti1023、Ti6242、Ti80、Pure Nickel、EP741NP、Inconel718（GH4169）、Inconel625、GH3536、316L、Co-28Cr-6Mo、AF1410、18Ni300 等 100 多种类型的金属粉末和丝材以及高温合金粉末盘等，主要应用于航空航天、增材制造（3D 打印）、生物医疗等领域。

欧中科技先后被认定为西安市科技小巨人企业、西安未来之星 TOP100、中国好材料最具投资价值企业 TOP20、陕西省科技工委系统企业文化优秀单位、陕西省知识产权示范企业、陕西省

“专精特新”中小企业、全国科技型中小企业和国家级高新技术企业等，通过了国际质量管理体系（ISO9001）、国际宇航质量管理体系（AS9100C）、国际医疗器械质量管理体系（ISO13485）和国军标等质量体系认证。

三十二、安徽中体新材料科技有限公司

安徽中体新材料科技有限公司（简称“中体新材”）总部位于加拿大温哥华，多年专注于金属粉末材料研发与产业化推广，作为一家为先进制造业提供各种不同金属材料的一流企业，产品包含一系列用于增材制造的低成本、高质量的球形金属粉末。

2017年，中体新材协同数家3D打印前沿科技公司，在中国安徽省设立3D打印金属粉末材料的研发中心和生产基地。其产品包括铝基粉末、铁基粉末、铜基粉末、镍基粉末、钛基粉末等，经过不断的技术研发，中体新材粉末产品球形度高，流动性好而且成本低、产量大，能够满足选区激光烧结、直接金属激光成形、选区激光熔化、粉末粘接、电子束熔化等多种3D打印技术类型及注射成形等方面的应用。凭借多年行业经验积累，中体新材在国际市场上拥有一定的知名度，与不少世界500强等国际知名公司建立了长期合作的关系。中体新材将继续以市场为导向，积极研发并改进生产技术，最大限度地降低粉末原料的成本，积极促进3D打印行业的产业化。

三十三、南京铖联激光科技有限公司

南京铖联激光科技有限公司（简称“南京铖联”）坐落于中国（南京）软件谷创业创新城，是由江苏三维智能制造研究院和南京航空航天大学增材制造研究所孵化的国家级高新技术企业，专注于选区激光熔化（SLM）金属3D打印技术的设备研发、金属材料、工艺开发及打印服务，为用户提供“一站式”金属3D打印应用解决方案。

南京铖联具有丰富的选区激光熔化金属3D打印产品开发经验，已成功开发多款具有自主知识产权的金属3D打印机，主要包括齿科专用钴铬金属3D打印机NCL-M2150X，齿科专用纯钛金属3D打印机NCL-M2150T，双激光金属3D打印机NCL-M2150D、NCL-M2180D、NCL-M3250D，工业级金属3D打印机NCL-M3250、NCL-M3280等标准机型。南京铖联产品已经销往美国、加拿大、意大利、韩国等，目前设备及打印服务用户已经超过千家，获得用户的广泛好评。

南京铖联秉承“客户为中心、技术为核心、品质为根本”的经营理念，致力于成为具有国际影响力、国内优质的工业级金属3D打印设备供应商和服务商。

三十四、沈阳飞机工业（集团）有限公司

沈阳飞机工业（集团）有限公司（简称“沈飞”）是行业内第一个将3D打印技术应用于飞机型号生产中的航空制造企业。为全面应用3D打印技术，沈飞于2014年年初正式组建了3D打印技术研究团队。目前，公司已经建立完备的$AlSi_{10}Mg$、TC4激光选区熔化成形生产线，已经成功实现该技术在飞机上的装机应用。3D打印技术在沈飞应用验证的3年多时间里，已经在结构件、系统件中完成应用验证的零件有50余项，正在开展验证的超过百余项，涉及多类零件。3D打印技术的应用不仅能够直

接快速一体化制造高性能难加工的复杂构件，而且大大降低了研制成本，解决了型号发展的问题，同时也显著提升了沈飞公司航空产品的制造能力。沈飞机构与设备如图 7.4 所示。

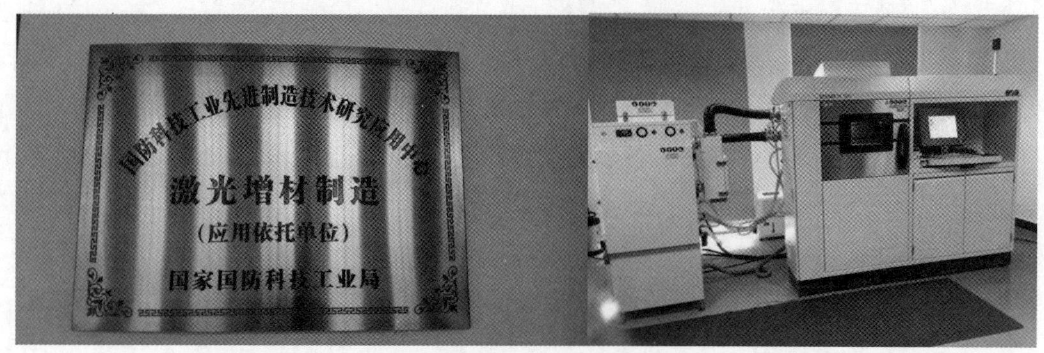

图7.4　沈飞机构与设备

三十五、中国航发沈阳黎明航空发动机（集团）有限责任公司

中国航发沈阳黎明航空发动机（集团）有限责任公司（简称“中国航发黎明”）隶属于中国航空发动机集团有限公司，总部位于沈阳市大东区，占地面积为 100 多万平方米，拥有在岗员工 13000 余人。1954 年 3 月 31 日正式组建成立，作为新中国第一家航空涡轮喷气发动机制造企业，曾接受过多位党和国家领导人视察，承制生产了我国第一台拥有自主知识产权的涡喷发动机——“昆仑”发动机，第一台自主研发的大推力涡轮风扇发动机——“太行”发动机，还承担诸多科研型号研制任务，包括新一代航空动力和新型燃气轮机等，被誉为“航空涡轮喷气发动机的摇篮”。在增材制造方面，中国航发黎明重点发展激光选区熔化技术和激光熔融沉积成形技术，目前承研 20 种 3D 打印零件，数量可达 100 余件，涉及多种在研重点型号航空发动机，包括喷嘴类、壳体类、支架类等。部分零件已经通过装机考核，拥有 2 台成套激光选区熔化设备。

三十六、长兴时印科技有限公司

长兴时印科技有限公司（简称“长兴时印”）致力于将 3D 打印技术应用在传统食品行业，结合互联网实现食品的线上私人定制及食品生产的工业 4.0 模式。公司依托国家 CAD 实验室和浙江省三维打印实验室，研发团队包含博士生导师、博士和硕士研究生，分设 3D 打印、图形处理、互联网技术、工业设计 4 个模块，致力于自主研发消费级食品 3D 打印机。目前，旗下有糖果 3D 打印机、巧克力 3D 打印机和饼干 3D 打印机等机型，通过对传统生产线的改造，将 3D 打印技术广泛应用于饼干、糕点和巧克力等品类的生产，深受传统食品厂商的青睐。目前，公司与浙江大学、浙江工商大学等高校建立了紧密的合作关系，与浙江诺丁食品有限公司、杭州麦方食品有限公司等建立了良好的合作关系，各种类型的产品即将大规模推向市场。

三十七、上海航天设备制造总厂有限公司

上海航天设备制造总厂有限公司隶属于中国航天科技集团有限公司第八研究院，地处上海市闵行

区航天东川园区，总占地面积23.38万平方米，是我国国有综合型航天骨干企业。依托雄厚的航天技术，建立了科瑞工业研究所及“十大制造工程中心”，在高端工艺装备研发、大型构件精密数控加工、热表处理、特种焊接、大型钣金整体冲压成形、系统集成总装总测、电装调试试验、复合材料加工等领域的技术能力处于国内较高地位，先后被认定为国家企业技术中心、国家高新技术企业、国防科技工业特种焊接先进技术研究应用中心、上海市航天工艺装备中心。

在增材制造领域，企业具备成熟的装备研发、软件开发、工艺开发能力，包括激光熔融沉积成形、激光选区熔化、电弧/激光电弧复合增材制造技术，并具备机加工及热表处理等全套工程应用解决方案。公司智能化生产设备如图7.5所示。

图7.5 公司智能化生产设备

三十八、上海盈普三维打印科技有限公司

盈普科技团队自1999年起进军三维打印行业，2004年开始聚焦选择激光烧结（SLS）快速成形工艺的研发和应用，并于2007年在国内率先推出工业级SLS增材制造系统。2014年获得全球增材制造行业知名企业Stratasys公司的投资，在上海组建合资公司，进一步推动了SLS增材制造系统的升级和技术创新，成为国内首家获得德国莱茵TüV CE安全认证的SLS增材制造设备生产商。

为了抓住国内市场机遇，掌控自主品牌的发展优势，盈普创始人团队于2018年从Stratasys掌控公司回购全部股权，并于2019年年初正式更名为上海盈普三维打印科技有限公司（简称“盈普”），重塑中国3D打印品牌“TPM3D盈普”。

盈普经过多年的发展，针对不同行业的应用需求，成功开发出S系列、P系列SLS增材制造系统以及PrecimidPro系列高复用性粉体，并积累了多项国家专利，致力为汽车、医疗、消费品及电子、航空航天等工业领域及教育领域客户提供安全、可靠、高效、环保的3D打印智能制造解决方案。

三十九、江苏永年激光成形技术有限公司

江苏永年激光成形技术有限公司是由中国 3D 打印第一人、国家高层次人才“万人计划”获得者、原清华大学教授颜永年率领的研发团队发起成立的，主要从事 3D 金属打印技术及设备和工艺的研发、制造、销售和技术服务，是一家集设备提供、系统集成和应用服务于一体的高新技术企业。

公司于 2012 年 12 月在上海市昆山高新区成立，2014 年获得第三届中国创新创业大赛先进制造行业第二名，2015 年获得江苏省高新技术企业称号，2016 年获得江苏省首台（套）重大技术装备产品认证，2017 年获得江苏省机械科学技术进步二等奖，2018 年获得江苏省最具成长性高科技企业 100 强和中国 3D 打印行业最具投资价值 20 强，2019 年公司总部（销售中心、生产中心和新型研发机构）落户宿迁激光产业园，助力公司做强做大、实现跨越式发展。

公司以市场为导向，实施“创新驱动发展战略”，坚持“产、学、研、政、金、用”的新型合作模式，已合作共建清华大学国家 CIMS 工程技术研究中心吴澄院士企业工作站和中科院葛昌纯院士 3D 金属打印科研创新中心，并先后建立中科院宁波先进制造所协同创新实验室、中科院电子学所协同创新实验室、石家庄铁道大学金属 3D 打印联合实验室、昆明理工大学流动博士科研工作站和江苏 3D 打印产品质量监督检验中心协同创新实验室。公司拥有国家发明专利授权 17 项、实用新型专利授权 13 项，获得软件著作权 4 项，注册商标 14 项，参与起草地方标准 2 项，企业标准 3 项。

公司拥有国内一流 3D 金属打印设备和工艺的研发能力，立足国产化和专业化，主营三大类产品：选区激光熔化（SLM）设备、激光熔覆沉积成形 LCD 系统集成和 3D 金属打印技术应用及服务，以满足不同行业、不同客户对不同工艺、不同材料的个性化需求，可广泛应用于航空航天、船舶、核能、冶金、汽车零部件、工业模具和医学植入体等领域关键零部件的金属直接成形与再造修复，为客户提供“一揽子”3D 金属打印的应用和服务，致力于成为中国最有影响力的 3D 金属打印设备集成制造商和技术服务商。

四十、湖南云箭集团有限公司

湖南云箭集团有限公司是中国兵器装备集团公司直属的国家重点科研生产型企业，前身为 1890 年清末湖广总督张之洞创办的汉阳工厂，迄今已有 130 多年的历史，是中国近代兵器工业的奠基者之一，被誉为“湖南军工的摇篮”，曾以生产白云冰箱享誉全国。2001 年，作为试点，企业在全国率先实施军民品分立破产，2002 年年底，改制为湖南云箭集团有限公司，全面承担“保军”任务。企业从洋务运动中走来，在新中国的红旗下成长壮大，在军转民的过程中创造辉煌，在改革脱困中勇于探索，在开放型科研开发体系中大胆创新，实现了经济规模的逐步壮大。目前，企业为湖南省高新技术企业，拥有国家级国防企业技术中心，2013 年获批建设国家博士后工作站。企业按地域分布，由辰溪总厂区、长沙新区（含研发中心）、辰溪红敏火工区 3 个部分组成，在册员工 2700 余人，资产总额达 28 亿元。湖南云箭集团如图 7.6 所示。

图7.6 湖南云箭集团

中国兵器装备集团有限公司增材制造研究应用中心是经中国兵器装备集团有限公司党组研究决策，由湖南云箭集团联合国内增材制造行业优质企业成立的增材制造全产业链创新应用平台。该中心秉承“保军报国强企富民”的核心精神，致力于多种增材制造技术的研发和应用。该中心目前拥有278台金属及非金属3D打印装备数，具备SLS、SLM激光选区烧结装备的研发、生产、销售和应用服务能力，可针对客户需求提供SLA、FDM、3DP研发、应用、生产、服务全套解决方案。该中心在增材制造技术领域荣获多项自主知识产权，在品质管理上先后通过GB/T1994—19001、GJB/Z96—9001军品质量体系认证，GJB9001B转换认证，ISO9001：2008民品质量管理体系认证。

四十一、江苏威拉里新材料科技有限公司

江苏威拉里新材料科技有限公司（简称“威拉里”）注册资本4000万元人民币，联合中南大学、西北工业大学、哈尔滨工业大学共同研发真空气雾化、电极感应气雾化制粉技术，主要从事高端3D打印金属粉末的研究与开发，为客户提供标准化高品质的金属粉末。模具钢、高温合金、铝合金粉末品质达到国际先进水平。威拉里的粉末产品球形度好、氧含量低、粒度分布均匀，具有良好的流动性以及较高的松装密度，适用于主流的金属3D打印工艺。威拉里秉持粉末有道、匠心品质的理念，以“打造高端制造、致力航空航天、强盛民族产业”为企业愿景，研精究微，成就梦想，全力创建国内顶尖、世界一流的高端金属粉体制造企业。

四十二、苏州倍丰激光科技有限公司

苏州倍丰激光科技有限公司是由澳大利亚工程院院士吴鑫华教授创立，致力于金属3D打印整体系统装备开发和技术服务的高科技公司。公司拥有4位全球顶尖的3D打印技术和材料科学专家，拥有在航空航天领域有着20多年工程研发和应用经验的国际化研究团队，以及全球顶尖的科研平台和实验中心。公司集研发、生产、销售、服务、培训与咨询于一体，旨在为3D行业客户打造国际一流的3D打印研发和生产平台，提供优质的3D打印技术解决方案，提供全球顶尖的3D打印工艺技术和人才服务。

四十三、上海复志信息技术有限公司

上海复志信息技术有限公司成立于2015年6月，公司自主研发3D打印机、3D打印切片软件（idea Maker）、3D打印企业级云平台（Raise Cloud）和3D打印耗材，并构建了兼容并蓄的行业生态系统，为全球客户提供“一站式”基于3D打印的柔性化制造方案。公司的产品和解决方案，通过全球数十家核心渠道商以及数百家经销商，已经销售到全球近173个国家和地区，广泛应用于制造业、工程研发、航空航天、医疗、汽车、电子电气、机电设备、文化创意、建筑设计等领域；已经积累了洛克希德·马丁、雷神公司、太空探索技术公司（SpaceX）、微软、苹果、英特尔、巴斯夫、迪士尼等国际知名客户。根据国际权威机构Context 2019年的出货数据，公司的排名位居全球第六，细分领域名列第二。

公司是行业内极少数拥有3D打印机、3D打印切片软件、3D打印企业级云平台、3D打印耗材的高科技公司。公司旗下产品先后被国际权威技术测评机构美国Makezine评为“年度3D打印机”并登

上杂志年度封面，被全球最大的在线 3D 打印机平台荷兰 3D Hubs 评为“年度最佳专业 3D 打印机”，以及被全球最大的在线评测机构德国 All3DP 评为“最佳 3D 打印机”和“最佳大尺寸 3D 打印机”。

四十四、上海建工集团

上海建工集团是一家集土木建筑施工、设计咨询、建材工业、房产开发、基础设施投资等主营业务的国有特大型建设集团公司，承建完成东方明珠、上海中心大厦、广州塔等我国不同时期的最高建（构）筑物；拥有国家企业技术中心，在 2017—2018 年全国 1345 家国家企业技术中心考评中位列全国第七、行业第一、上海市第一；拥有工程院院士 2 名、勘察设计大师 6 名、国务院特殊津贴专家 58 名、教授级高工 260 余名；拥有 2 个国家级研发中心、25 个上海市级研发平台、17 个国家高新技术企业、2 个博士后工作站；承担 863 计划、973 计划、科技支撑计划等国家科研课题 47 项，获得国家科学技术奖 46 项。

上海建工集团在 3D 打印技术研发方面，拥有上海建筑工程工业化建造工程技术研究中心、上海高大结构建造工艺与装备工程技术研究中心等研发平台。近 5 年承担国家重点研发项目“建筑工程现场工业化建造集成平台与装备关键技术开发”和“面向建筑行业典型应用的机器人关键技术与系统”、上海市科研项目“建筑工程智能化造楼机系统研发与工程示范”和“建筑工程现场 3D 打印建造关键技术研究”等与 3D 打印相关的项目，研发出超大型高分子材料 3D 打印机（25m×4m×2.5m，机施集团研发）、混凝土 3D 打印移动平台（6m×2.4m×2.6m，工程研究总院研发），实现了普陀 3D 打印景观桥、泉州 3D 打印桥等工程的建造。

四十五、中国航发北京航空材料研究院

中国航发北京航空材料研究院（简称“中国航发航材院”）成立于 1956 年，是我国第一个五年计划的重点项目之一，是国内唯一面向航空，从事航空先进材料应用基础研究、材料研制与应用技术研究、工程化研究以及型号应用研究的综合性科研机构。

中国航发航材院 3D 打印中心成立于 2013 年，致力于推动 3D 打印技术成为继锻造、铸造之后的第三种金属成形制造方法；针对航空发动机、燃气轮机、火箭发动机、飞机及生物医学制品的复杂结构、承力结构、新型材料、生物医学制品的成形技术和高价值部件修复需求，开展 3D 打印基础和应用技术研究。中心包含北京和镇江两个基地，分别开展基础研究和工程应用研究，涵盖粉末、成形工艺、热处理、表面工程、无损检测、力学性能、物理冶金、失效分析等 3D 打印全过程；现有人员 80 余人，研究员 10 余人，高级工程师 30 余人，其中博士 20 余人；拥有 9 个创新团队，包括前沿探索与基础研究 3 个团队、工程应用技术 3 个团队和检测与评价技术 3 个团队。目前，中心正在承担着增材制造相关国家自然科学基金委、工业和信息化部、科学与技术部、北京市科学技术委员会、航发集团等 35 项科研项目。近两年，该中心授权专利 25 项，受理专利 38 项，累计授权专利 132 项。

四十六、攀钢集团研究院

攀钢集团研究院是鞍钢集团三大研究院之一，是攀钢集团的核心研发中心，是中国具有影响力的以钒钛为主的国家级综合性研究开发机构。

攀钢集团研究院以攀西钒钛磁铁矿综合开发利用及其产业链延伸为主线，以提高资源利用效率和产业结构层次、拓展钒钛应用领域为目标，重点围绕钒钛磁铁矿的冶金分离、钒钛制备新技术、钛及其特种材料粉末与丝材制备、金属增材制造等方向领域，开展相关重点应用基础、重点前沿共性技术及工程转化等研发。现拥有以钒钛磁铁矿资源综合利用国家重点实验室、海洋装备用金属材料及其应用国家重点实验室、钒钛产业技术创新战略联盟、四川省院士工作站、博士后工作站为代表的智力共享平台；拥有以国家钒钛质检中心、CNAS、CMA 为代表的分析检测平台。

攀钢集团研究院主营业务包括冶金资源综合利用的技术开发、转让、咨询和服务，新材料、新产品的开发、试制和销售，理化检验及相关技术开发。在金属 3D 打印技术领域，攀钢集团研究院拥有气雾化制粉装备、激光束 3D 打印、电子束 3D 打印设备，以及相关辅助设备设施，具有“材料开发—粉末制备—打印加工—测试表征—应用服务”全产业链能力；致力于打造西南地区先进金属材料增材制造产业化及应用基地，成为国内一流的先进金属材料产业化技术研发基地。

四十七、四川长虹电器股份有限公司

四川长虹电器股份有限公司（简称“长虹”）创建于 1958 年，历经 60 余年的发展，从立业、彩电兴业，到如今的信息电子相关多元拓展，长虹已成为集消费电子、核心器件研发与制造为一体的综合型跨国企业集团，并努力成为具有全球竞争力的信息家电内容与服务提供商。

多年来，长虹坚持以用户为中心、以市场为导向，强化技术创新，夯实内部管理，打造智能研发、智能制造、智能交易、智能运营四大平台，构建消费类电子技术创新体系，立足互联网面向物联网，大力实施智能化战略，不断提升企业综合竞争能力。

长虹拥有工程技术中心、创新设计中心、可靠性技术中心、软件服务中心等部门，专注于消费电子及家电产品的核心部件研发、配套软件产品研发、工业设计以及可靠性研发等。先后获工业和信息化部“软件企业”认定、“集成电路设计企业”认定和四川省“高新技术企业”“创新型培育企业”认定，通过 CMMI 体系四级成熟度标准认证。

长虹工程技术中心在 2012 年就开始进行 3D 打印在消费电子或 3C 产品设计、制造领域的应用研究，曾负责或参与制订 3D 打印相关标准 3 项，申请 3D 打印技术相关的专利 / 软件著作权 8 项。长虹围绕家电产品快速设计制造、个性化定制、小批量制造等开展 3D 打印技术应用研究，培育整合供应链能力。

四十八、成都天齐增材智造有限责任公司

成都天齐增材智造有限责任公司（简称“天齐增材”）致力于成为一家具备系统核心竞争力、持续布局增材智造产业链的优质制造商。经过不断的投资和多年的市场培育，天齐增材通过打造“研发 + 材料 + 设备 + 生产 + 应用”的增材制造全球合作生态产业链，产业布局涉及 3D 打印原材料研发、生产和销售、3D 打印研发和大数据处理、增材制造加工服务、3D 医疗器械智造、新工业高端智造等领域。

天齐增材旗下的优材科技拥有现代化的粉末生产基地和金属 3D 打印设备展示中心，可提供纯钛、钛合金、钴铬钼合金、镍基高温合金等金属粉末，GE 金属 3D 打印机销售服务以及 3D 打印技术咨询服务等。公司旗下的医疗打印中心是国内首家实现规模化、批量化使用 3D 打印工艺生产牙科钛合金半成品打印件的制造商。

天齐增材旗下的成都登特牙科技术开发有限公司拥有中国优质的激光 3D 打印生产基地，是目前国内乃至全世界走在 CAD/CAM 数字化、机械化、自动化前沿的高端义齿制作商，并取得激光 3D 打印生产义齿的合法资质，可根据不同特征，打印生产金属冠、桥、缺失牙、种植体、支架、附着体、正畸产品等。

“增材新技术，智造新需求”，天齐增材不断挖掘、洞察变化，拓展新产品与服务应用领域，持续不断地为客户创造新价值，以新技术带动新经济不断发展。

四十九、上海酷鹰机器人科技有限公司

上海酷鹰机器人科技有限公司（简称“酷鹰机器人”）是一家专注于从事超大型 3D 打印解决方案研发的高科技企业，公司秉承“探索未来制造方式”的理念，基于“增材—减材”一体化 + 新材料研发 + 智能控制的创新模式，助力制造企业降低成本、提高效率。酷鹰机器人的主要产品被广泛应用于建筑景观、航空航天、能源、汽车、船舶、医疗等众多行业领域。

酷鹰机器人的大型复合材料模具 3D 打印解决方案，融合数字化设计、控制系统、材料研发、3D 打印、智能装备研发等多种工艺，提供全流程“一站式”服务，是国内首家真正实现应用高分子材料进行超大型工业模具领域 3D 打印应用的企业，该解决方案可以快速实现模具的生产制作，并大幅降低制造成本。目前，酷鹰机器人已推出常温、中高温成形模具，可制造包括手糊成形工艺、真空袋成形工艺、热压罐成形工艺及模压成形工艺所使用的模具，以满足不同场景使用需求，是大尺寸工件成形的理想解决方案。

酷鹰机器人具有成熟的材料供应体系，目前已研发并测试验证完成了多种纤维复合热塑性高分子材料，用于常温模具（ABS-CF）、中温模具（PC-CF）、高温模具（PEI-CF）的制作。为达到模具加工所需材料的高力学强度和耐高温能力，酷鹰机器人在基础材料中复合增强了碳纤维，能有效提高材料的机械性能和热学性能。同时在可打印性上，有效降低了材料的热膨胀系数，改善层间附着力，抑制打印过程中翘曲问题的同时赋予了制件更好的尺寸稳定性。此外，在成本上，酷鹰机器人采用颗粒料代替传统线材，粒料成本更低，只有传统 FDM 线材的十分之一。

第8章

行业组织

1
2
3
Sn
S2
S1
计算机三维造型
3D模型
数据切片
4
5
6
激光束
S1
基座
S2
S1
Sn
S2
S1
第一层S1的硬化
第二层S2的硬化
叠加成型

一、中国增材制造产业联盟简介

中国增材制造产业联盟成立于2016年10月19日，是在工业和信息化部指导下，由增材制造领域的企事业单位、高等院校、科研机构、产业园区等128家相关单位，按照自愿、平等、互利、合作的原则，共同发起组成的跨行业、开放性、非营利性的社会组织，秘书处设在工业和信息化部装备工业发展中心。现有联盟成员300余家，是中国增材制造领域层次最高、规模最大的行业组织。

联盟坚持开放、创新、合作、共赢的工作原则，立足于为我国增材制造产业搭建合作与促进平台，致力于支撑行业管理、聚拢行业资源、营造创新环境、促进交流合作，助力中国增材制造产业发展壮大。

二、地方行业组织简介

1. 全国增材制造（3D打印）产业技术创新战略联盟

全国增材制造（3D打印）产业技术创新战略联盟（以下简称“联盟”）成立于2014年3月，由中国工程院院士、西安交通大学教授卢秉恒任理事长，中国工程院院士、上海交通大学教授戴尅戎任名誉理事长，中国工程院院士、北京航空航天大学教授王华明，西北工业大学教授黄卫东担任副理事长。联盟现挂靠在西安增材制造国家研究院（以下简称“研究院”），与研究院一起共同担负国家增材制造创新中心关于服务增材制造行业、组织业务交流、共性关键技术开发、成果转化等促进行业发展的任务。

联盟围绕我国制造业和市场对增材制造（3D打印）技术的需求和产业的发展，打造中国增材制造（3D打印）技术产业链和创新链，促进联盟成员之间资源共享和互惠互利，协助政府倡导和推广增材制造（3D打印）技术，提升联盟成员的群体竞争力。截至目前，联盟共发展会员单位220余家，其中，企业会员150余家，高校研究院所会员60余家，其他类别会员10余家。吸纳黑龙江省3D打印产业技术创新战略联盟、四川省增材制造技术协会、上海市增材制造协会、大连市增材制造学会等地方组织，建立3D打印行业区域联盟，逐步形成以西安为中心，辐射全国的会员单位体系，紧密结合航空航天、生物医疗、工业工程、文创教育等3D打印重点应用行业。

2. 广东省增材制造协会

为了更好地整合广东省增材制造行业上下游资源，华南理工大学联合广东省内代表性企业于2015年10月发起成立广东省增材制造协会（以下简称“协会”），协会接受广东省经济和信息化委员会和省社会组织管理局的管理和指导，于2016年4月28日召开成立大会暨第一届第一次会员大会。协会致力于加快华南地区3D打印技术产业化与市场化进程，积极开展关键共性技术联合攻关，建立3D打印培育和应用示范基地，普及3D打印基础知识及技能培训，完善3D打印技术研发人才培养体系等工作。协会将紧密团结会员单位，积极搭建公共服务型平台，发展成为吸引人才和技术资源的强大“磁场”，为会员提供以下服务。

（1）通过信息宣传平台与窗口，提高会员单位的知名度。

（2）参与制订行业标准和规范，推进行业可持续性发展。

（3）把握国家、省（自治区、直辖市）等产业支持政策，解读产业发展趋势，指导并帮助企业申请相关项目。

（4）多方位满足企业发展需求，搭建企业与政府、投资机构、媒体和用户之间的沟通桥梁。

（5）积极开展国际交流与合作，组织国内增材制造企事业单位参与国际有关组织的活动，在国际增材制造行业发挥积极的作用。

（6）承担政府相关部门或会员单位委托的相关事项。

3. 上海市增材制造协会

上海市增材制造协会成立于 2015 年，是国内首家经政府部门批准成立的增材制造行业组织。协会主要进行增材制造领域相关研究与交流，协调、组织标准制订等工作及增材制造领域相关培训、咨询、展览、会议等活动，搭建沟通交流的平台，引导会员单位向健康、有序的方向发展，重点解决增材制造技术创新和产业化发展的问题，促进增材制造产业发展，为实现我国增材制造产业全面腾飞贡献力量。上海市增材制造协会是中国增材制造产业联盟副理事长单位以及机械行业数字化设计与增材制造职业教育集团副理事长单位。

4. 安徽省增材制造协会

安徽省增材制造协会是在政府有关部门指导下，由中国科学技术大学先进技术研究院联合安徽省春谷 3D 打印智能装备产业技术研究院以及省内增材制造领域各企事业单位，在 2018 年 4 月经安徽省民政厅批复正式成立的行业协会。安徽省增材制造协会第一届会员大会暨成立大会合影如图 8.1 所示。

协会现有会员单位 80 余家，主要从事增材制造领域相关的研究与交流，协调、组织行业及地方标准制修订等工作，开展增材制造领域相关培训、咨询、展览、会议等活动，搭建沟通交流平台，引导会员单位向健康、有序的方向发展，重点整合安徽省增材制造技术产业上下游资源，促进“产、学、研”结合，推动安徽省增材制造产业发展。

2019 年 1 月，由中国科学技术大学第一附属医院等省内医疗院所及安徽中健三维科技有限公司发起的安徽省增材制造协会医疗分会正式成立。医疗分会按照《安徽省增材制造协会章程》开展活动，努力促进行业内部以及与其他医疗行业单位的交流和合作，为医疗增材制造产业和会员单位的发展提供行业助力。安徽省增材制造协会年会暨医疗分会成立大会合影如图 8.2 所示。

图8.1　安徽省增材制造协会第一届会员大会暨成立大会合影

图8.2　安徽省增材制造协会年会暨医疗分会成立大会合影

5. 重庆市增材制造产业协会

重庆市增材制造产业协会是重庆市华雄实业（集团）有限公司联合中科院绿色智能技术研究院、

重庆市科学技术研究院、陆军军医大学西南医院等科研机构和相关企业在重庆市经济和信息化委员会的指导下，于2018年10月经重庆市民政部门批复正式成立的行业组织。重庆市增材制造产业协会第一届理事会（2018年）如图8.3所示。协会现有成员单位50余家，主要进行增材制造领域相关的研究、交流与组织标准制订等工作，开展领域相关培训、咨询、展览、会议等活动，搭建沟通交流的平台，为重庆市增材制造产业的发展奠定了坚实的基础。

图8.3　重庆市增材制造产业协会第一届理事会（2018年）

重庆市推动增材制造产业发展的代表除了中科院绿色智能技术研究院3D打印中心和重庆市科学技术研究院光学机械研究所等科研机构之外，还有陆军军医大学西南医院、华港科技有限公司、安德瑞源科技有限公司、重庆先临三维科技股份有限公司。其中，安德瑞源科技由安世亚太股份有限公司和杭州德迪智能科技有限公司在重庆市九龙坡区金凤产业园合资成立，主要从事工业3D打印设备的研发和生产，目前已成功研发出工业级快速金属3D打印设备并实现销售；重庆市华港科技有限公司主要从事工业制造、医疗、航空航天等领域的3D打印应用研发和加工服务，目前，已为长安汽车、隆鑫工业、建设工业、庆铃汽车、小康工业、平伟集团等200多家汽车、工业制造类知名企业提供3D打印技术服务；陆军军医大学西南医院关节外科组建3D打印技术团队并致力于医学3D打印技术基础研究与临床应用，完成了全球首例3D打印多孔钽金属修复巨大骨缺损，与澳大利亚皇家墨尔本理工大学合作重点开展3D打印金属植入物研究，与美国佐治亚理工学院合作重点开展3D打印非金属植入物研究。目前，运用3D打印技术已经在关节外科实现临床应用2236例。其中，术前模型及报告2154例、术中导航器68例、定制化内植物14例，走在了全国医学应用3D打印的前列。

重庆市增材制造产业协会发展规划如下所述。

第一，努力加强协会自身建设。修好内功，坚持以会员服务为宗旨，加强协会会员制度、财务制度建设，严格遵守议事程序，确保协会内部管理民主、公开和高效，加强协会队伍建设，提高协会办会水平和组织协调能力，加强会员培训和交流，提高会员民主、法制和责任意识，努力把协会打造成一个学习型、诚信型、服务型、责任型的团队。

第二，发挥桥梁和纽带作用。协会将积极发挥主管部门及各职能部门与广大会员之间的桥梁和纽带作用，主动宣传国家及重庆市的产业政策，帮助会员企业解疑释惑，经常征求会员意见和建议，及时向政府主管部门反映企业诉求，努力引导会员企业高质量发展。

第三，真诚务实地提供服务。坚持“服务立会，服务兴会”的理念，严格按章程办事，认真履行职责，积极为会员企业提供信息、人才、市场、法律等多方面服务，及时帮助会员解决经营管理中遇到的难题，为会员出谋划策，分忧解难；热心为会员单位办实事、办好事，维护会员企业的合法权益。

第四，切实搞好内外交流与合作。协会大力倡导增材制造产业的发展与“大数据、云计算、物联网、区块链”等技术相结合，抓好增材制造产业发展的创新工作，利用行业协会及网站平台，通过举办专题研讨、发展论坛、参观考察等活动，以及微信公众号、服务平台等多种方式，广泛开展会员之间，会员和外界纵向和横向交流与合作，带动重庆市增材制造产业更好、更快地发展。

6. 江苏省机械行业协会增材制造专业委员会

江苏省机械行业协会增材制造专业委员会（简称“专委会”）是由江苏永年激光成形技术有限公司牵头，南京中科煜宸激光技术有限公司、无锡飞而康快速制造科技有限责任公司、中瑞机电科技有限公司等单位联合发起，在江苏省机械行业协会领导下，面向江苏省从事 3D 打印技术的研发、生产、服务和产业链企业以及相关单位自愿组成的行业非营利性社团组织。专委会的业务范围包括 3D 打印产业的业务指导、标准制订、专业管理、国际交流、人才培训、咨询服务、协调仲裁等。专委会接受江苏省工信厅装备工业处的业务指导，受江苏省机械行业协会领导和监督管理。

专委会主要开展以下几个方面的工作。

第一，积极组织会员单位参加行业展会开拓市场。“亚洲 3D 打印、增材制造展览会”于 2019 年 2 月 21 日在上海开幕，理事长单位江苏永年激光成形技术有限公司，携最新技术成果 YLM328 新产品亮相，积极参与市场竞争，扩大市场影响力。此次展会为会员单位免费提供展台，无锡德润堂、奇迹三维、超越科技等企业一同参展，在集中展示江苏 3D 打印技术成果的同时，又把 3D 打印应用推广到寻常百姓的生活。

第二，积极组织会员单位参与制订地方标准，促进增材制造规模化推广应用。根据江苏省标准化管理委员会下达的江苏省地方标准制（修）订计划，组织理事长单位永年激光、副理事长单位国家增材制造产品质量监督检验中心（筹）和南京中科煜宸等单位共同参与起草江苏省地方标准 2 项：《增材制造　金属材料机械性能测试方法指南》和《增材制造　金属激光熔化沉积制件性能要求及测试方法》，提升了专业委员会的影响力。

第三，加强专委会自身建设，高效、务实完成各项任务。专委会为会员办理了大量的咨询、政策解读、引导与推荐工作，受到了会员们的好评，特别是重点邀请各会员单位科技人员撰写生产、科技、管理、营销等论文，发表相关文章 5 篇，加大宣传力度，并配合办好《江苏装备制造业》行业期刊。

第四，举办“2019 江苏 3D 打印技术论坛”，搭建业内 3D 打印学术交流平台。由江苏省机械行业协会主办，江苏永年激光成形技术有限公司承办的 2019 江苏 3D 打印论坛于 2019 年 12 月 20 日在宿迁召开。江苏省及国内 3D 打印的专家、教授和企业家共聚一堂，参加论坛活动。中国科学院葛昌纯院士致辞，国家“万人计划”获得者、清华大学原教授颜永年，国家“千人计划”张文武团队、中科院宁波材料所焦俊科博士，国家增材制造产品质量监督检验中心吕新峰部长，石家庄铁道大学机械工程系齐海波教授做了专题报告。论坛上，举行了中国科学院葛昌纯院士和江苏永年激光成形技术有限公司共建“3D 金属打印科研创新中心”揭牌仪式和产学研协同创新共建“江苏宿迁智能增材高端制造研究院”战略合作协议签约仪式。

第五，组织会员实地访问，与知名研究院所交流。为加强双向技术交流，专委会积极主动地深入走访企业，充分了解企业的真正需求，发挥专业委员会的桥梁作用，组织会员单位与中广核集团苏州热工院表面工程研究所进行技术交流与合作，既提高了学术研究的氛围，又推动了科学技术及设备的创新、落地、推广与运用。

第六，积极组织会员单位申请、承接政府科技项目，承担社会化职能。专委会组织国内同行专家对会员单位江苏永年激光成形技术有限公司承担的科技项目《计算机集成激光三维增材制造平台》进行验收评审，对 YLM-1000 型 SLM 设备进行设计评审如图 8.4 所示。

图8.4　对YLM–1000型SLM设备进行设计评审

第七，针对新冠疫情的冲击，开展行业调查，反映企业呼声，认真做好政府和企业的桥梁和纽带作用，为政府献计献策。专委会按照江苏省工信厅的要求，结合行业内企业调查，针对疫情对企业员工带来的不利影响，提出合理化建议，反映企业呼声，认真做好政府和企业的桥梁和纽带作用，努力发挥好行业协会的社会职能，为企业提供优质服务。

第八，积极发展会员，把行业内中小企业组织起来，凝心聚力；同时聘请智库专家，实现优势互补，联合培养人才，完善和配套上下游产业链。专委会积极发展会员单位，把行业内中小企业组织起来，凝心聚力。目前，已发展会员单位近 30 余家，整合和集聚国内外创新资源，构建 3D 打印上下游产业链合作体系，壮大骨干企业集群。同时成立了专家库，聘请了国家“千人计划”获得者、中科院宁波工研院所先进制造所副所长张文武高级研究员，国家“万人计划”获得者、南京航空航天大学材料科学与技术学院顾冬冬教授等国内 3D 打印行业的知名专家 14 人为江苏省增材制造专业委员会智库专家；联合培养人才，提升会员在 3D 打印技术相关领域的研究、开发、制造和服务水平，加快江苏省 3D 打印技术产业化发展。

7. 辽宁省机械工程学会增材制造分会

2018 年 8 月 3 日，辽宁省机械工程学会增材制造分会正式成立大会在中国科学院沈阳自动化研究所南区召开。沈阳自动化研究所为学会挂靠单位和理事长单位。辽宁省机械工程学会增材制造分会的正式成立对促进辽宁增材制造技术学科发展，加强省内增材制造单位“产、学、研”合作具有重要的意义和价值。2019 年 7 月 20 日，由辽宁省机械工程学会增材制造分会、辽宁省机械工程学会、辽宁省航空宇航学会、中国机械工程学会增材制造（3D 打印）技术分会共同主办的“辽宁省金属增材制造创新技术论坛”在沈阳隆重举行，辽宁省金属增材制造创新技术论坛大会现场如图 8.5 所示。

图8.5　辽宁省金属增材制造创新技术论坛大会现场

8. 河北省增材制造学会

河北省增材制造学会于 2019 年由河北科技大学、河钢集团有限公司、华北理工大学、石家庄铁道大学、中航迈特粉冶科技（固安）

有限公司 5 家单位共同筹备发起成立，并接受业务主管单位河北省科学技术协会、登记管理机关河北省民政厅的业务指导和监督管理。本学会成立的目的和意义在于促进河北省增材制造及相关产业的繁荣和发展，促进河北省增材制造技术的普及和推广，促进增材制造技术人才的成长和提高，促进增材制造技术更好地服务地区经济。

（1）学会宗旨

团结和动员增材制造科研工作者，遵守宪法、法律、法规和国家政策，遵守社会道德规范，践行社会主义核心价值观；尊重知识、人才与创造，积极倡导“团结、创新、求实、奉献”的精神；坚持科学发展观，促进增材制造技术的繁荣和发展，促进增材制造技术的普及和推广，促进增材制造技术人才的成长和提高，促进增材制造技术与经济的结合，反映增材制造科研工作者的意见，维护增材制造科研工作者的合法权益，为科研工作者服务，为经济社会发展服务，为提高全民科学素质服务。

（2）业务范围

河北省增材制造学会将围绕增材制造技术及相关领域开展以下业务活动。

① 开展国内外增材制造及其相关学科的科学研究、学术交流、科学普及、科技推广与咨询服务，促进科技发展。

② 开展增材制造及其相关学科的科学论证、培训工作，提出政策建议，促进科学技术成果的转化。

③ 经国家相关部门的批准，制订教育教学学科、专业标准，研究并编写增材制造相关教材，出版相关学术性图书与期刊。

④ 反映科研工作者的建议、意见和诉求，维护增材制造科研工作者的合法权益。

（3）会员情况

河北省增材制造学会筹备组于 2019 年 11 月正式向社会发出入会邀请。截至 2019 年年底，共有单位会员 48 家，个人会员 102 名，主要集中于京津冀地区，涵盖了河北省主要的增材制造材料、装备、应用和科研单位。

9. 四川省增材制造技术协会

四川省增材制造技术协会（以下简称“协会”）成立于 2017 年 5 月，是经四川省科学技术协会审查同意，四川省民政厅批准成立的行业组织。协会由四川省学术技术带头人、四川省先进制造技术重点实验室主任、四川大学殷国富教授担任会长，中国工程院王华明院士、张兴栋院士及中国科学院魏于全院士担任顾问。协会由四川大学牵头，联合中国东方电气集团等 50 余家积极投身于增材制造领域，是致力于以增材制造（3D 打印）为核心的增材制造技术研究、开发、制造、服务的企事业单位、团体，自愿结成的地方性非营利性社会组织。其宗旨是发挥协会的“桥梁”纽带作用，通过科普培训、科技扶贫、成品展示、论坛交流、集聚资源，团结广大增材制造研究领域工作者，推广普及增材制造（3D 打印）技术，促进增材制造（3D 打印）技术产业化应用。协会自成立以来，主要围绕增材制造（3D 打印）技术的推广、应用以及产业的发展，促进协会成员之间的资源共享和互惠互利，为政府制订增材制造（3D 打印）产业发展的重大产业政策提供决策参考和建议。

10. 中国医疗器械行业协会 3D 打印医疗器械专业委员会

为推动 3D 打印医疗器械行业规范健康发展，在国家相关政府部门、中国医疗器械行业协会、增材制造领域国内外优秀企业和业界专家的积极支持下，中国医疗器械行业协会于2017年1月正式批复成立中国医疗器械行业协会3D打印医疗器械专业委员会（以下简称“3D专委会”，英文简称3DCAMDI）。3D专委会旨在促进3D打印技术交流与合作，搭建医工交互沟通平台，组织开展3D打印领域学术会议、标准制订、医企培训、展会论坛、商务对接等相关工作。3D专委会现汇聚3D打印相关材料、软件、设备及应用服务等近300家会员单位和200余位医学、工学领域的专家学者，充分发挥在政府、医院、企业之间的桥梁和纽带作用，整合行业内各方资源的同时引导并服务广大会员单位。

第9章 国际合作

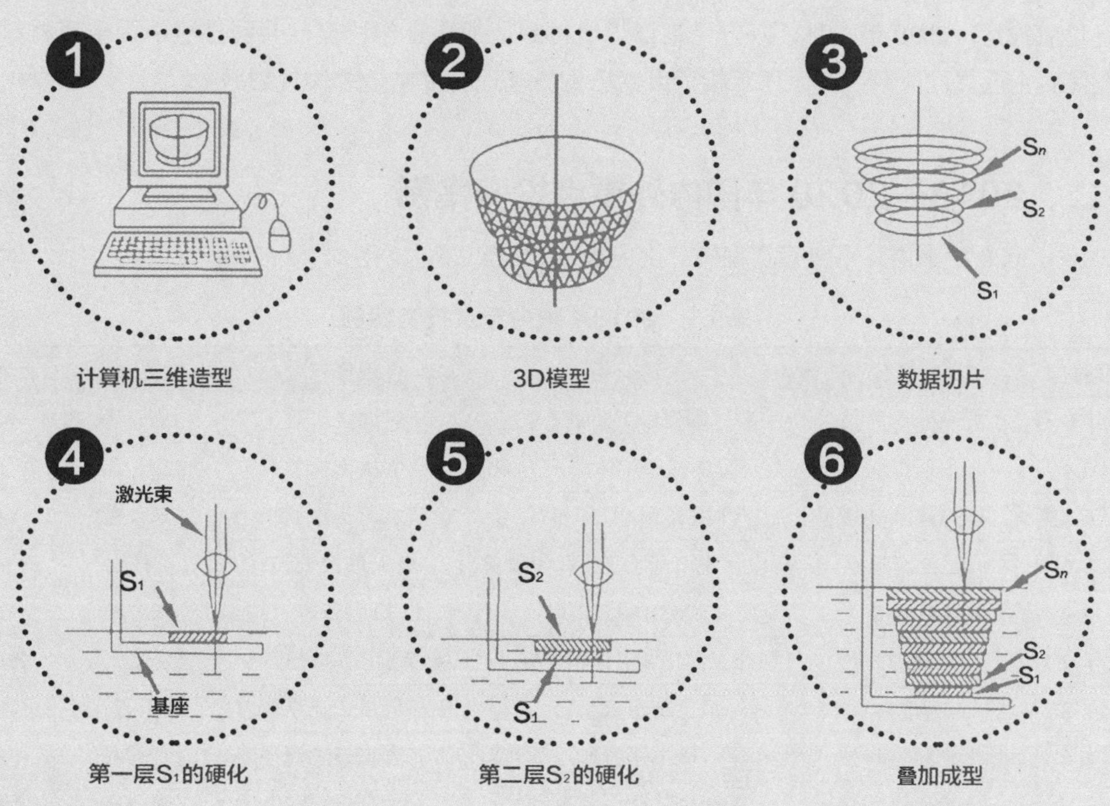

1
计算机三维造型
2
3D模型
3
Sn
S2
S1
数据切片
4
激光束
S1
基座
第一层S1的硬化
5
S2
S1
第二层S2的硬化
6
Sn
S2
S1
叠加成型

一、中外企业合资合作发展情况

河钢集团与西门子签署了数字化战略合作协议——共建河钢西门子联合实验室、河钢西门子物联网赋能中心，签署仪式在河钢集团石家庄总部举行。双方将以此次签约作为新的起点，通过数字化技术驱动钢铁行业的新旧动能转换，实现高质量发展，打造全球最具竞争力的钢铁企业。

根据协议，河钢集团将与西门子共同推进物联网平台在中国制造业领域的应用，并成为中国首家接入西门子工业互联网平台的钢铁企业。同时，双方将以河钢新材为试点，共同建设数字化工厂样板，助推行业数字化转型。双方还将共同建设联合实验室，推进智能装备技术的研发和产业化；共同建设物联网赋能中心，打造智能制造和城市基础设施数字化升级改造的创新示范基地。

河钢集团看重的不仅是西门子一流的技术、产品、服务，更是其对待客户的理念和具备的捕捉历史前进方向的敏感性。经过多年合作，双方已经突破了简单的贸易关系，开始寻求产业链的协同和优势互补。此次合作协议的签署，拉开了河钢集团与西门子之间全新合作方式的序幕，双方将公平竞争、公平合作、优势互补、利益分享，并以坦诚的态度、共赢的合作理念，把双方的合作关系推到一个新的高度，共同推动我国钢铁行业实现转型升级和长远发展的目标。

西门子表示，新协议的签署标志着西门子与河钢集团之间长期以来的合作关系又向前迈进一步。西门子将为河钢集团探索智能化和绿色钢铁制造以及优化产业布局提供强有力的支持，助力河钢集团打造全球竞争力，实现高质量发展。

2016 年 10 月，河钢集团与西门子正式建立全面战略合作伙伴关系。多年来，双方在数字化领域开展了多项合作。2019 年 6 月，双方联手在河钢乐亭项目中建设了我国钢铁行业首个数字化料场，该项目即将建成投运。2020 年 3 月，双方又签订了增材制造战略合作协议，共同打造中国金属材料领域增材制造优质企业。同时，西门子还承接了河钢石钢新基地智能制造总体规划服务。

二、2018—2020 年国内外重点投资案例

2018—2020 年国内外重点投资案例分别见表 9.1～表 9.6。

表9.1 2018年国内重点投资案例

时间	3D 打印公司	主营业务	投资方	投资金额	轮次
2018 年 3 月	北京十维科技	陶瓷 3D 打印	启迪之星等	千万级	天使轮
2018 年 4 月	上海昕健医疗	医疗 3D 打印整体解决方案	比邻星创投领投	数千万元	A 轮
2018 年 5 月	上海 INTAMSYS	PEEK 3D 打印机	清水湾资本领投	未公布	A 轮
2018 年 6 月	南京三迭纪	规模化生产药物 3D 打印设备	晨兴创投领投	1 亿元	A 轮
2018 年 7 月	Raise3D	FDM 3D 打印机	顺融资本	未公布	A 轮
2018 年 7 月	北京清锋时代	快速光固化 3D 打印，鞋业	顺为资本领投	数千万元	Pre-A 轮
2018 年 8 月	云工厂	加工制造云平台	中科创星、盈孚资本	数千万元	A+ 轮
2018 年 8 月	上海幂方科技	微电子打印	上海容恒、上海硕赛	数千万元	A 轮融资
2018 年 10 月	上海影为医疗	骨科个体化医疗器械	上海电气集团	未公布	Pre-A 轮

（续表）

时间	3D打印公司	主营业务	投资方	投资金额	轮次
2018年11月	Polymaker	3D打印高分子材料	赛天资本领投，协立资本跟投	未公布	C轮
2018年11月	上海普利生	SMS光固化3D打印机	巴斯夫	数千万元	A轮
2018年11月	广州黑格智造	DLP 3D打印机，齿科	IDG领投	3.25亿元	A轮
2018年12月	中望软件	CAD软件3D软件	达晨、航天科工	8000万元	—
2018年	摩方材料	高精密3D打印	海通证券旗下基金领投	—	A+轮
2018年	时印科技	巧克力3D打印新零售	东方汇富、乾然资本	近千万元	—

表9.2　2018年国外重点投资案例

时间	3D打印公司	主营业务	投资方	投资金额	轮次
2018年1月	美国Seurat	金属3D打印	True Ventures领投，保时捷等	1350万美元	A轮
2018年3月	英国OxSyBio	3D打印人体组织	IP Group等	1000万英镑	A轮
2018年3月	英国Metalysis	3D打印金属合金粉末	Woodford Investment Management等	1200万英镑	—
2018年3月	Relativity Space	3D打印火箭	Playground Global领投	3500万美元	B轮
2018年3月	美国Desktop Metal	金属3D打印机	福特	6500万美元	—
2018年4月	Morf3D	航空航天3D打印部件	HorizonX	—	A轮
2018年4月	美国Formlabs	SLA光固化3D打印机	Tyche Partners牵头，深创投等	3000万美元	C轮
2018年4月	美国Shapeways	3D打印定制服务平台	Union Square Ventures等	3000万美元	E轮融资
2018年5月	美国Arevo	3D打印碳纤维框架的自行车	Japan's Asahi Glass Co Ltd等	1250万美元	B轮
2018年5月	美国Fictiv	制造业的Airbnb	创新工场领投	1500万美元	B轮
2018年6月	BIOMODEX	3D打印患病器官	Idinvest Partners和InnovAllianz	1500万美元	A+轮
2018年7月	比利时Materialise	3D打印软件	巴斯夫	2500万美元	—
2018年7月	MakeTime	按需在线制造平台	Xometry	—	收购
2018年7月	Xometry	按需在线制造平台	Foundry Group领投、宝马、GE等	2500万美元	—
2018年7月	美国Formlabs	SLA光固化3D打印机	New Enterprise Associates	2000万美元	D轮
2018年8月	美国Digital Alloys	金属3D打印机	G20 Ventures	1290万美元	B轮
2018年8月	美国NAKED LABS	3D健身扫描仪	Founders Fund领投	1400万美元	A轮
2018年9月	荷兰Luxexcel	3D打印光学镜片	ET Ventures等	1390万美元	C轮
2018年9月	美国Formetrix	3D打印钢合金粉末	Cycad集团和SPDG	—	A轮

（续表）

时间	3D 打印公司	主营业务	投资方	投资金额	轮次
2018 年 9 月	Evolve Additive Solutions（EAS）	选择性热塑性电子照相工艺 STEP	乐高集团领投	1900万美元	—
2018 年 11 月	瑞士 3d-prototype	3D 打印服务提供商	瑞士 Bossard Group	—	收购
2018 年 11 月	3rd Dimension	金属 3D 打印服务商	Generation Growth Capital（GGC）	7500万美元	收购
2018 年 11 月	Frustum Inc	生成设计软件	PTC	7000万美元	收购
2018 年 11 月	德国 KURZ	—	—	2300万欧元	—
2018 年 11 月	美国 Rocket Lab	航空航天发动机 3D 打印	—	1.4 亿美元	E 轮融资
2018 年 11 月	丹麦 COBOD	混凝土 3D 打印	德国 Peri 集团	收购股权	—
2018 年 12 月	佳能英国 3D 打印资产	3D 打印服务	Hobs 3D	—	收购

表9.3　2019年国内重点投资案例

时间	3D 打印公司	主营业务	投资方	投资金额	轮次
2019 年 2 月	北京塑成科技	高速光固化 3D 打印机、材料	齐河基金	2000万元	A 轮
2019 年 2 月	深圳 Snapmaker	桌面级数字制造工具	—	2000万元	Pre-A 轮
2019 年 3 月	东莞慧瓷	陶瓷 3D 打印	中京基金	—	—
2019 年 3 月	南京 3D 打印研究院	3D 打印科研和成果转化	遨为数字	3500万元	控股
2019 年 4 月	杭州先临三维云打印	定制化生产服务平台	先临三维	5002万元	增资
2019 年 6 月	联泰科技	SLA 工业机制造商	联新资本领投	3000万元	—
2019 年 7 月	上海正雅齿科	3D 打印隐形牙套	中金启辰、高科新浚联合领投	数亿元	C 轮
2019 年 7 月	铂力特	金属 3D 打印	科创板	6.6亿元	IPO
2019 年 8 月	LuxCreo 清锋时代	高速光固化 3D 打印机	KPCB 领投	3000万美元	B 轮
2019 年 9 月	上海麦递途医疗	医疗 3D 打印	德国赢创领投	数百万欧元	B 轮
2019 年 9 月	十维科技	陶瓷 3D 打印机	苏州汇伯壹号投资、天津华成智远投资合投	数千万元	Pre-A 轮融资
2019 年 10 月	Raise3D	FFF 3D 打印机	上海长江国弘投资管理有限公司	数千万元	B 轮
2019 年 10 月	中望 CAD	3D 设计软件	毅达资本和中国互联网投资基金联合领投	1.4 亿元	B 轮
2019 年 10 月	迅实科技	光固化 3D 打印机	辰德资本和远毅资本共同投资	过亿元	B 轮
2019 年 12 月	黑格科技	光固化 3D 打印	阿联酋科技知名企业 G42 集团	6000万美元	B1 轮

表9.4 2019年国外重点投资案例

时间	3D 打印公司	主营业务	投资方	投资金额	轮次
2019 年 1 月	Open Bionics	低成本 3D 打印义肢制造商	威廉姆斯车队	466 万英镑	—
2019 年 1 月	美国 Desktop Metal	间接金属 3D 打印机	KDT 领投	1.6 亿美元	E 轮
2019 年 1 月	美国 Essentium	高速 3D 打印机	巴斯夫风险投资公司领投	2220 万美元	A 轮
2019 年 2 月	美国 Adaptive3D	聚合物树脂供应商	DSM Venturing 等	—	A 轮
2019 年 2 月	美国 Vader Systems	金属增材制造	施乐	—	收购
2019 年 2 月	澳大利亚 Aurora Labs	金属 3D 打印机	—	500 万美元	股票配售
2019 年 2 月	美国 Rize	桌面彩色 3D 打印机	—	1500 万美元	B 轮
2019 年 3 月	美国 Markforged	碳纤维和金属 3D 打印机	Summit Partners 领投	8200 万美元	D 轮
2019 年 3 月	美国 3D Hubs	3D 打印在线服务平台	Endeit Capital 领投	1800 万美元	C 轮
2019 年 4 月	Baker Industries, Inc	聚合物和金属增材制造服务	林肯电气控股公司	—	收购
2019 年 4 月	美国 Dyndrite Corporation	增材制造软件	Gradient Ventures	1000 万美元	A 轮
2019 年 5 月	Xometry	按需制造平台	Greenspring Associates 领投	5000 万美元	—
2019 年 5 月	Molecule Corp	3D 打印应用解决方案	汉高	—	收购
2019 年 6 月	Elixirgen Scientific	生物 3D 打印技术	理光	—	—
2019 年 6 月	美国 Carbon	高速光固化 3D 打印机	Madrone Capital Partners 和 Baillie Gifford 共同领投	2.6 亿美元	E 轮
2019 年 6 月	德国 AMendate	全自动拓扑优化软件	瑞典 Hexagon AB	—	收购
2019 年 7 月	Fortify	磁性复合 DLP 3D 打印工艺	Accel 领投	1000 万美元	A 轮
2019 年 9 月	以色列 Redefine Meat	肉类 3D 打印	CPT Capital 领投	600 万美元	种子轮
2019 年 10 月	英国 Additive Manufacturing Technologies	3D 打印后处理	DSM Venturing 等	520 万美元	A 轮
2019 年 10 月	Voxel8	多材料全彩色 3D 打印	DSM Venturing 领投	—	B 轮
2019 年 10 月	美国 Link3D	增材制造工作流程软件	AI Capital 领投	700 万美元	—
2019 年 11 月	Inkbit	人工智能 3D 打印	Stratasys 和 DSM Venturing 领投	1200 万美元	—
2019 年 11 月	Aleph Objects	开源 3D 打印机	FAME 3D	—	收购
2019 年 11 月	美国 PostProcess Technologies	3D 打印自动化后处理设备	Grand Oaks Capital 领投	2000 万美元	B 轮
2019 年 12 月	澳大利亚 Amaero	航空部件增材制造	澳大利亚证券交易所（ASX）	800 万美元	IPO

表9.5 2020年国内重点投资案例

时间	3D 打印公司	主营业务	投资方	投资金额	轮次
2020 年 1 月	煜顶增材	金属 3D 打印	乐普医疗等	—	—
2020 年 3 月	鑫精合	金属 3D 打印	达晨投资等	4.3 亿元	C 轮
2020 年 6 月	梦之墨	液态金属电路 3D 打印机	麦星投资、中冀投资	近亿元	A+ 轮

（续表）

时间	3D 打印公司	主营业务	投资方	投资金额	轮次
2020 年 8 月	三帝科技	3D 打印设备、康复医疗应用	金科君创	数千万元	B 轮
2020 年 9 月	金橙子科技	3D 打印控制系统	嘉兴哇牛智鑫领投	4600 万元	天使轮

表9.6　2020年国外重点投资案例

时间	3D 打印公司	主营业务	投资方	投资金额	轮次
2020 年 1 月	加拿大 Aspect Biosystems	生物 3D 打印技术	Radical Venture 领投	2000万美元	A 轮
2020 年 1 月	德国 SimScale	软件及服务（SaaS）	Insight Partners 领投	2700万欧元	C 轮
2020 年 2 月	英国 WAAM3D	大型金属 3D 打印技术	Accuron Technologies Ltd	—	A 轮
2020 年 2 月	瑞士 9T Labs	碳纤维 3D 打印	Wingman Ventures 等	430万美元	种子轮
2020 年 2 月	美国 Habitas	3D 打印技术制造建筑板材	Travis Kalanick 等	2000万美元	—
2020 年 2 月	德国 RepRap	熔丝制造（FFF）3D 打印	Arburg 公司的控股股东	—	收购
2020 年 3 月	巴西 SouSmile	3D 打印隐形牙套	Global Founders Capital 等	1000万美元	A 轮
2020 年 4 月	Arris Composites	高性能碳纤维 3D 打印	Taiwania Capital 等	4850万美元	B 轮
2020 年 4 月	加拿大 Equispheres	铝合金 3D 打印粉末	HG Ventures 领投	3000万美元	B 轮
2020 年 4 月	Velo3D	直接金属激光烧结（DMLS）增材制造	Piva 等	2800万美元	D 轮
2020 年 4 月	澳大利亚 AML3D	WAM 金属 3D 打印	澳大利亚证券交易所	900万美元	IPO
2020 年 4 月	Fortify	磁性 3D 打印工艺	Accel 领投	1000万美元	A 轮
2020 年 5 月	以色列 Nanofabrica	微米级高精度 3D 打印	M12 和 NextLeap Ventures 领投	400万美元	—
2020 年 5 月	Prellis Biologics	生物技术	Khosla Ventures 领投	870万美元	A 轮
2020 年 5 月	德国 Kumovis	高性能聚合物 3D 打印	High-Tech Gründerfonds 等	360万欧元	A 轮
2020 年 5 月	美国 Azul	大面积快速（HARP）3D 打印	—	540万美元	种子轮
2020 年 6 月	VELO3D	金属复合 3D 打印技术	—	1200万美元	—
2020 年 7 月	以色列 SavorEat	3D 打印肉类替代品	Mor 和 Meitav Dash	300万美元	—
2020 年 8 月	美国 Azul	大面积快速（HARP）3D 打印	Louis A. Simpson 等	1250万美元	种子轮
2020 年 8 月	Sintavia	金属增材制造	美洲住友商事（SCOA）	—	C 轮
2020 年 8 月	美国 Mighty Buildings	3D 打印房屋建筑	Khosla Ventures 等	3000万美元	A 轮
2020 年 8 月	德国 DyeMansion	自动化 3D 打印后处理	Nordic Alpha Partners（NAP）领投	1400万美元	B 轮
2020 年 9 月	LightForce Orthodontics	3D 打印正畸托槽	Tyche Partners 领投	1400万美元	B 轮
2020 年 9 月	Xometry	按需制造平台	T. Rowe Price Associates 领投	7500万美元	—
2020 年 9 月	3YOURMIND	3D 打印软件	EnBW 领投	550万美元	A+ 轮

第10章

科学研究

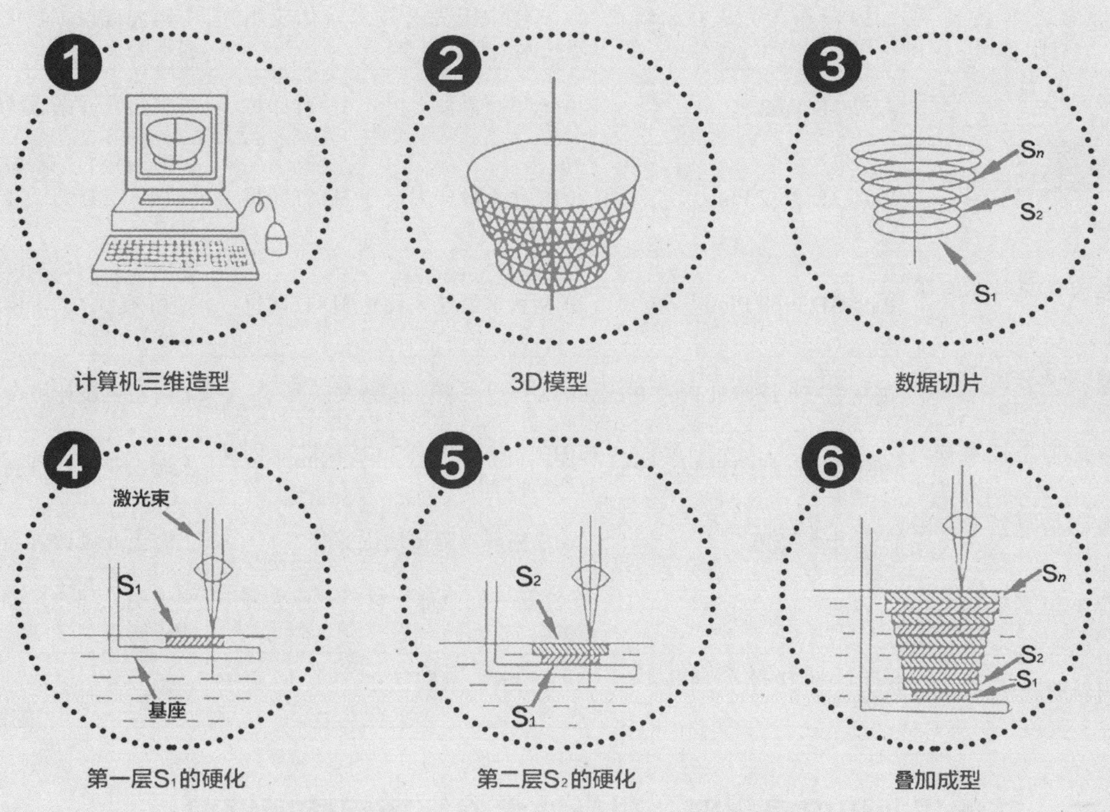

1
2
3
S_n
S_2
S_1
计算机三维造型
3D模型
数据切片
4
5
6
激光束
S_1
基座
S_2
S_1
S_n
S_2
S_1
第一层S_1的硬化
第二层S_2的硬化
叠加成型

一、行业获奖情况

行业获奖情况见表 10.1。

表10.1 行业获奖情况

单位名称	获奖项目名称	奖项名称	评选（鉴定）部门
南京中科煜宸激光技术有限公司	高功率激光精准焊接质量控制关键技术及应用	中国机械工业科学技术奖一等奖	中国机械工业联合会、中国机械工程学会
南京中科煜宸激光技术有限公司	2015 第四届中国创新创业大赛先进制造行业企业组第一名	2015 第四届中国创新创业大赛先进制造行业企业组第一名	中国创新创业大赛组委会
南京中科煜宸激光技术有限公司	2018 年第三届江苏省科协青年会员创新创业大赛工程与制造领域二等奖	2018 年第三届江苏省科协青年会员创新创业大赛工程与制造领域二等奖	江苏省科学技术协会
南京中科煜宸激光技术有限公司	高性能航空用大型金属结构激光同步送粉增材制造工艺与装备的研发	2019 年中国先进技术转化应用大赛技术创新类优胜奖	中国先进技术转化应用大赛
鑫精合激光科技发展（北京）有限公司	“一条龙”应用计划示范企业	“一条龙”应用计划示范企业	工业和信息化部
鑫精合激光科技发展（北京）有限公司	第十六届中国科学家论坛	中国科技创新先锋企业	中国科学家论坛组委会
鑫精合激光科技发展（北京）有限公司	2019 增材制造全球创新应用大赛二等奖	2019 增材制造全球创新应用大赛二等奖	中关村科技园区丰台区管理委员会、北京市丰台区科学技术和信息化局
鑫精合激光科技发展（北京）有限公司	2019 年中国先进技术转化应用大赛技术创新优胜奖	2019 年中国先进技术转化应用大赛技术创新优胜奖	中国先进技术转化应用大赛组委会
上海复志信息技术有限公司	Raise3D Pro2	2018 年度最佳大尺寸 3D 打印机	美国《制造》杂志（*Make*）
上海复志信息技术有限公司	Raise3D Pro2 Plus	2018 秋季最佳大尺寸 3D 打印机	德国 3D 打印杂志《所有 3D 打印》（*ALL 3DP*）
上海复志信息技术有限公司	Raise3D Pro2 Plus	2019 秋季最佳大尺寸 3D 打印机	德国 3D 打印杂志《所有 3D 打印》（*ALL 3DP*）
上海复志信息技术有限公司	高精度 3D 打印机 Pro2 Plus	2018 年“三新”创新突破奖	上海工业设计协会
上海复志信息技术有限公司	高精度 3D 打印机 Pro2 Plus	2019“白玉兰杯”上海设计创新产品入围奖	上海工业设计协会
上海复志信息技术有限公司	国际市场开拓	2019 拓展国际市场优秀奖	上海工业设计协会
西安点云生物科技有限公司	—	宁波第三届全球新材料行业大赛一等奖	宁波第三届全球新材料行业大赛组委会
上海材料研究所	3D 打印耗材产业化技术开发	2019 年中国产学研合作创新成果奖	中国产学研合作促进会

二、获得工业和信息化部、科学技术部等项目奖项情况

获得工业和信息化部、科学技术部等项目奖项情况见表 10.2。

表10.2 获得工业和信息化部、科学技术部等项目奖项情况

单位名称	获奖项目名称	奖项名称	评选（鉴定）部门
上海复志信息技术有限公司	一种高精度大尺寸准工业级 3D 打印机	第五届中国创新创业大赛优秀奖	科学技术部
上海复志信息技术有限公司	高精度 3D 打印机 N2 Plus	高新技术成果转化项目	上海高新技术成果认定办公室
上海复志信息技术有限公司	高精度 3D 打印机 Pro2	高新技术成果转化项目	上海高新技术成果认定办公室
北京易加三维科技有限公司	高性能高分子材料 3D 打印装备工艺技术研发及应用工艺	北京市科学技术奖	北京市人民政府
先临三维科技股份有限公司	—	杭州市专利示范企业	杭州市科学技术委员会、杭州市知识产权局
先临三维科技股份有限公司	手持式高精度三维扫描仪 Einscan Pro	浙江制造精品	浙江省经济和信息化厅
先临三维科技股份有限公司	—	浙江省第一批上云标杆企业	浙江省经济和信息化厅
先临三维科技股份有限公司	—	浙江省信息经济创新引领型企业	浙江省国家信息经济示范区建设工作领导小组办公室（浙江省经济和信息化委员会代章）
先临三维科技股份有限公司	—	浙江出口名牌	浙江省商务厅
先临三维科技股份有限公司	—	省级制造业与互联网融合发展示范企业	浙江省经济和信息化厅
南通金源智能技术有限公司	高性能非连续材料及构件的关键制造技术与应用	湖南省科学技术进步奖	湖南省人民政府
天津大格科技股份有限公司	—	天津市雏鹰企业	天津市科学技术局
西安点云生物科技有限公司	生物医药（成长组）	第七届中国创新创业大赛（陕西赛区）暨第五届陕西科技创新创业大赛	陕西省科学技术厅
西安点云生物科技有限公司	3D 打印可再生人工骨	工业和信息化部科学技术成果登记证书	国家工业信息安全发展研究中心
西安点云生物科技有限公司	—	陕西省行业优秀企业	陕西省产业经济发展促进中心
沈阳航空航天大学南京中科煜宸激光技术有限公司	高性能金属零件激光增材制造工艺与装备	辽宁省科学技术进步奖二等奖	辽宁省人民政府
南京中科煜宸激光技术有限公司	航空复杂构件激光表面强化与复合再制造关键技术及其应用	江苏省科学技术一等奖	江苏省人民政府

三、增材制造主要科研团队基本情况

1. 北京航空航天大学王华明团队

王华明，中国工程院院士，北京航空航天大学教授、博士生导师，激光增材制造领域专家。2006 年“全国五一劳动奖章”及“国家杰出青年科学基金”获得者，北京航空航天大学材料科学与工程学院“长江学者特聘教授”，2015 年 12 月 7 日当选中国工程院院士。

王华明 1962 年出生于四川，1989 年获中国矿业大学北京研究生部矿山机械工程专业博士学位，

1992 年，中国科学院金属研究所博士后出站到北京航空航天大学工作，1992 年获德国“洪堡基金”，赴爱尔兰根—纽伦堡大学工学院金属科学与技术研究所工作。1994 年，王华明从德国访问回国后即全力投入北京航空航天大学的教学与科研工作中。

2005 年，王华明团队成功实现 3 种激光快速成形钛合金结构件在 2 种飞机上的装机应用，使我国成为世界上第二个掌握飞机钛合金结构件激光快速成形装机应用技术的国家。

2012 年 1 月 18 日，王华明教授主持的“飞机钛合金大型复杂整体构件激光成形技术”项目获得国家技术发明一等奖。王华明教授团队十几年来致力于飞机、发动机等装备中钛合金、超高强度钢等高性能、难加工、大型关键构件激光直接制造技术研究，并取得了众多突破性成果。团队发明了系列激光成形新工艺、内部结构控制新方法和大型工程成套新装备，使我国成为迄今世界上唯一突破该技术并实现装机工程应用的国家。该成果为钛合金、超高强度钢等难加工大型复杂关键构件的高性能、短周期、低成本、快速制造提供了技术新途径，对提升我国飞机、航空发动机等重大装备研制生产能力、提高性能、降低成本，具有重大应用价值和广阔应用前景。

2. 西安交通大学卢秉恒团队

卢秉恒现为中国工程院院士，西安交通大学教授，博士生导师。现任西安交通大学机械工程学院院长，快速制造国家工程研究中心（筹建）负责人，国务院机械学科评议组召集人，国家基金委工材部第二届咨询委员会委员，国家基金委机械学科评议组负责人，中国机械工程学会生物制造分会副理事长，中国机械制造工艺协会副理事长，全国高校金属切削机床学会理事长，“高档数控机床与基础制造装备重大专项”总体组组长。

卢秉恒是我国 3D 打印领域的第一个院士，卢秉恒教授于 1993 年在国内率先开拓光固化快速成形制造系统研究，开发出具有国际首创的紫外光快速成形机及有国际先进水平的“机、光、电”一体化快速制造设备和专用材料，形成了一套国内技术先进的产品快速开发系统，其中 5 种设备，3 类材料已形成产业化生产，对提高我国制造业竞争能力及迎接入关挑战起到重要作用。

卢秉恒团队代表性成果有以下几项：一是基于快速原型的快速制造集成系统的研究与应用示范（“十五”国家科技攻关）；二是产品开发的快速模具制造集成技术及设备（863 计划）；三是节水灌溉设备快速开发平台技术与设计软件研制（863 计划）；四是节水产品激光快速成形技术研究（863 计划）；五是 IC 制造中压印光刻工艺与设备的研究开发（863 计划）；六是分层制造过程仿真与工艺材料优化（国家自然科学基金）；七是人工骨活化机理及仿生设计制造技术基础研究（国家自然科学基金重点项目）；八是微压印成形的相变构型与保真转移（973 计划）；九是超高速切削加工及其数控装备（973 计划）；发表论文 400 多篇，其中被 SCI、EI 收录 100 多篇。

3. 华中科技大学史玉升团队

史玉升，1962 年生，博士，教授，博士生导师，华中科技大学特聘教授。现任华中科技大学材料科学与工程学院副院长、材料成形与模具技术国家重点实验室副主任、湖北省先进成形技术及装备工程技术研究中心副主任、中英先进材料及成型技术联合实验室副主任、材料化学与服役失效湖北省重点实验室学术委员会委员、湖北省机械工程学会理事、湖北省机电一体化技术应用协会理事、中国机械工程学会高级会员、中国机械工程学会特种加工分会青年工作委员会委员等职务。

史玉升长期从事快速制造和农业节水产品快速开发等领域的教学和科研工作，近年来承担 863 重大项目等 28 项，作为第一负责人主持 16 项；获发明专利 18 项、实用新型专利 7 项，受理发明专利 18 项、实用新型专利 2 项；软件登记 3 项；论文 100 多篇，三大索引收录 80 多篇；成果达到国际较高水平，获国家二等奖 1 项、省部级一等奖 1 项、省部级二等奖 3 项；领导的研究团队获 2000 年湖北省自然科学基金创新群体；建立了粉末材料激光快速成形技术的学术体系及集成系统，在国内外 200 多家单位得到广泛应用，取得了显著的经济与社会效益；建立了成套的农业节水产品低成本快速开发理论与方法，取得一系列创新成果，并得到应用。

4. 西北工业大学黄卫东团队

黄卫东教授，博士生导师。国家杰出青年科学基金获得者，教育部长江学者奖励计划特聘教授，国家自然科学基金委员会金属学科评审专家，中国机械工程学会增材制造分会副理事长，国家科学技术部 3D 打印专家组首席专家，国家智能制造重大工程项目专家组成员，国家增材制造创新中心副主任，3D 打印领域世界首本国际杂志《3D 打印和增材制造》（*3D Printing and Additive Manufacturing*）编委。曾任中国铸造学会理事长，《铸造》和《中国铸造》（*China Foundry*）杂志编委会主任、凝固技术国家重点实验室主任。团队代表还有林鑫教授，博士生导师，材料学院副院长，金属高性能增材制造与创新设计工业和信息化部重点实验室主任，“万人计划”领军人才，科学技术部中青年科技创新人才，教育部“新世纪优秀人才支持计划”入选者，陕西省“特支计划”科技创新人才，英国皇家学会“牛顿学者”，目前担任陕西省增材制造军民融合产业联盟秘书长，中国热处理学会高能密度热处理技术委员会副主任，全国增材制造标准化委员会委员，第五届国家新材料产业发展战略咨询委员会学术委员，中国材料研究学会凝固科学与技术分会常务理事，中国机械工程学会增材制造技术分会委员。团队主持包括国家重点研发计划项目、973 计划、863 计划、国家自然科学基金、国防基础研究、预研和推广应用项目等 20 余项国家和省部级科研项目。

团队依托的凝固技术国家重点实验室，是我国 3D 打印技术研发最出色的单位之一，主要发展名为“激光立体成形”的 3D 打印技术。该技术通过激光熔化金属粉末，几乎可以打印任何形状的产品。其最大的特点是，使用的材料为金属，打印的产品具有极高的力学性能，能满足多种用途。

5. 南京航空航天大学顾冬冬团队

近五年，团队实验室承担了国家重点研发计划“增材制造与激光制造”重点专项、国家自然科学基金重点项目、面上项目、国家优秀青年科学基金、NSFC-DFG 联合资助中德合作研究项目、江苏省重点研发计划——产业前瞻与共性关键技术、江苏省杰出青年基金、航空科学基金、航天科技创新基金重点项目、国家商用飞机制造工程技术研究中心创新基金、国防基础科研科学挑战专题、国防科技项目基金等国家及省部级项目 60 余项。在多本国际学术期刊上发表了有关激光增材制造的 SCI 论文 120 余篇，6 篇 SCI 论文入选 ESI 高被引论文，SCI 他引次数 2100 余次。由德国 Springer、荷兰 Elsevier 等国际知名出版机构出版英文专著一部 / 合著二部。围绕激光增材制造的装备、材料、工艺及应用，申请 / 授权国家发明专利 40 余项。实验室完成的《利用激光技术实现金属零部件的绿色再制造》（*Green remanufacturing of metal components using laser technology*）获德国联邦教育和研究部（BMBF）颁发的绿色精英（Green Talents）奖；完成的“高性能金属零件选区激光熔化增材制造应用基础研究”

获江苏省科学技术奖二等奖、“激光 3D 打印金属基复合材料构件工艺及性能调控基础”获高等学校科学研究优秀成果奖（自然科学奖）二等奖。实验室成员获德国亚历山大·冯·洪堡基金会弗劳恩霍夫－贝塞尔研究奖（Fraunhofer-Bessel Research Award）、德国科学基金会（DFG）墨卡托学者（Mercator Fellow）奖、第十四届中国航空学会青年科技奖。

6. 大连理工大学姚山团队

姚山，大连理工大学材料科学与工程学院教授，博士生导师，1991 年在大连理工大学获得材料加工工程硕士学位，毕业后留任大连理工大学材料科学与工程学院继续从事科研工作至今。在此工作期间，先后获得多项国家省部级以上科技进步奖，主持或参加了多项国家自然科学基金重点项目和面上项目，现负责国防预研项目一项、863 项目一项、横向课题多项，发表国内外科研论文 60 余篇。

姚山教授带领的课题组前期致力于铸造工艺的优化及新型铸造技术的研究，牵头开发了铸造过程模拟专用的软件体系，其中，钢锭模及其帽部结构的优化设计软件获国家科技进步三等奖。2000 年起，开始 3D 打印技术的研究，为克服现有 3D 打印技术的缺点，开发出了高效率、低成本、大幅面 3D 打印技术以及成熟的软件和工艺配套体系。开发的技术完全拥有自主知识产权，核心原理获批两项国家发明专利。目前，姚山教授团队已经成功研制了数代激光 3D 打印装备，从精度、效率、尺寸方面较已有技术都有较大的提升，最新的大幅面 3D 打印设备加工能力已达到 1.8m。通过在大型铸件铸造过程工艺模拟优化方面数十年的技术积累，结合 3D 打印技术，实现了大型复杂金属件近净形快速铸造技术路线。目前，在汽车轮胎活络模模具、工程巨胎花纹块模具、大型复杂曲面螺旋桨、汽车冲压模具等方面开展了前期应用。

7. 杭州电子科技大学徐铭恩团队

徐铭恩，博士，副教授，主要从事研究领域方向包括生物医学工程交叉学科，涉及生物制造、药物高内涵筛选技术、生物图像分析等。目前，徐铭恩教授团队的课题方向致力于将计算机辅助制造技术、组织工程技术和现代药物检测评价技术相结合，以期解决药物筛选、评价、器官制造等问题，同时完善细胞组装技术，研究细胞微阵列芯片，生物人工肝制造等课题。目前，徐铭恩教授主持的国家级项目有两项：国家自然科学基金——基于细胞组装技术的能量代谢系统建模和应用，中国博士后基金——基于细胞组装技术的高内涵药物筛选理论和方法研究。徐铭恩教授主持的校级课题有两项：杭州电子科技大学的“软骨关节的生物制造”、清华大学的“脂肪干细胞三维受控组装与分化机制研究”。徐铭恩教授在研究领域国际核心期刊发表多篇 SCI 收录的论文。参与获得浙江省科学技术一等奖一项，完成教育部科技成果一项。徐铭恩教授团队研发出国内首台生物 3D 打印机，能够直接打印出人体活细胞。以这些细胞为基础，打印机还可打印诸如骨骼修复器件、人工器官等生物材料。

8. 华南理工大学杨永强团队

杨永强，华南理工大学教授、博士生导师。现任中国机械工程学会特种加工分会常务理事、中国机械工程学会生物制造工程分会理事、广东省增材制造协会会长、广东省 3D 打印标准化委员会主任、广东省激光协会监事长等。杨永强教授长期从事 3D 打印、激光加工和现代焊接等技术领域科研工作，是国内最早开展激光选区熔化增材制造设备、工艺和应用研究的学者。团队研发出的 Dimetal-50、

Dimetal-100、Dimetal-280 和 Dimetal-400 等系列金属 3D 打印设备已经在广州雷佳增材科技有限公司产业化，在个性化定制医疗器械、模具、航空航天零部件等多方面得到应用推广。2013 年以来，团队承担包括科学技术部国际合作项目、国家自然基金、广东省重大专项等项目 20 多项；发表有关学术论文 260 余篇；SCI 索引 150 余篇；在中国、美国、德国发明专利共 44 项。

杨永强教授在激光快速成形制造、激光材料加工、焊接工艺与装备等方面做了大量卓有成效的研究工作。历年来，其承担和参加国家、国际合作、省市级科研项目多项。其中，作为 23 项项目负责人，发表有关学术论文 110 篇（其中期刊论文 88 篇，会议论文 22 篇）。近年来的主要研究工作集中在激光快速成形、激光焊接、激光在线打码机和激光表面处理等方面的装备、控制系统、软件及工艺开发等；在电子制造的无铅钎料、绿色制造微连接装备与材料方面也开展了研究。杨永强教授在科学研究中勇于创新，乐于挑战，成功研制出国内第一台选区激光熔化快速成形机，实现了金属零件的直接快速成形制造。目前，该金属零件直接成型项目处于产业化阶段。

9. 清华大学林峰教授团队

林峰教授，清华大学机械工程系长聘教授，博士生导师，国家 CIMS 工程技术研究中心快速成形技术分中心主任，先进成形制造教育部重点实验室副主任，生物制造与快速成形技术北京市重点实验室副主任，目前，林峰教授担任中国机械工程学会理事、增材制造分会副主任委员、特种加工分会常务理事、生物制造分会常务委员等。自 20 世纪 90 年代初，团队便开始从事快速原型制造技术的研发，在增材制造、生物制造技术领域有多年的研究和开发经验。目前的研究方向为金属材料增材制造、生物三维打印等。特别是在电子束选区熔化及其多材料和复合增材制造工艺与设备研发方面，团队在国内最先进行了探索和研究；于 2015 年成立了天津清研智束科技有限公司，开始了产业化。林峰教授主要的研究领域为电子束选区熔化（EBSM）增材制造（3D 打印）技术。该技术利用高能电子束在三维模型数据的驱动下直接制造高度致密的金属实体零件。该技术可广泛应用于新金属材料研发、高性能复杂零件制造、航空航天零部件和个性化医学植入体制造等领域。林峰教授创新性地提出了电子束和激光选区复合（EBM+SLM）的金属 3D 打印技术，在国内外居于首位。

10. 沈阳航空航天大学增材制造中心

沈阳航空航天大学是一所以航空宇航为特色，以工为主，工、理、经、管等协调发展的多学科性高校，是教育部、中航工业集团公司与辽宁省三方共建高校。学校具有推免硕士研究生资格，为博士学位授予权单位，现有一个博士一级学位点，15 个硕士一级学位点，12 个专业硕士学位点；现已形成了以“航空装备设计制造与试验技术”为主要研究方向的航空宇航学科群和以“航空信息化与控制技术”为主要研究方向的信息科学学科群。

学校现有“新能源通用飞机技术国家地方联合工程研究中心”等 3 个国家级科研平台，21 个省部级重点实验室（工程中心），一个省级协同创新中心。“航空制造工艺数字化国防重点学科实验室”是 34 个国防重点学科实验室之一。

依托沈阳航空航天大学建设的辽宁省高性能金属增材制造工程研究中心，现有专职科研人员 16 人，其中博士 7 人，硕士 5 人，专业涉及机械制造航空宇航制造、材料加工等。现有各型号增材制造装备、分析测试设备近 10 台（套）。团队致力于增材制造装备、工艺、性能考核和应用等方面的研究工作，已授权增材制造核心发明专利15项，获奖多项省部级以上奖励，研究成果已在某3代重型战机、4代隐身战机、航空发动机等重点型号承力结构件制造、运维方面成功应用，解决批产和科研瓶颈难题，取得了显著的经济效益和社会效益。

四、国家增材制造创新中心

西安增材制造国家研究院有限公司由西安交通大学、北京航空航天大学、西北工业大学、清华大学和华中科技大学5所大学发起，由增材制造装备、材料、软件生产及研发等领域的13家重点企业共同组建，地点位于西安高新区。作为国家增材制造创新中心的依托公司和承载主体，它将汇聚国内外高端人才及相关国家重点实验室、工程中心和工程实验室等科研资源，为国内制造业的转型和创新发展提供重要支撑。增材制造国家研究院将成为中国、乃至全球资本市场青睐的以增材制造集成技术供应源为重要特征的高市值上市公司。

西安增材制造国家研究院有限公司以国家战略性目标和制造业创新发展为导向，制订发展战略和科研计划，瞄准重大设备、重要材料、关键工艺、核心软件、核心元器件等共性关键技术，进行自主研发与技术集成，突破行业技术瓶颈，打造完整的创新链。通过互联网和创新联盟在全国推广研究成果，孵化高科技企业，促进增材制造行业发展，带动整个制造业的转型升级。西安增材制造国家研究院有限公司是国家增材制造创新中心的依托单位和承载主体。其创始股东均是增材制造领域业绩突出、从事装备与材料研发和生产的优势企业、研究院所和高校、重要应用领域典型用户、产业园区等。

五、国家增材制造产品质量监督检验中心

国家增材制造产品质量监督检验中心（江苏）（简称“CAMT”），位于江苏省无锡市，是全国首个增材制造综合性技术服务平台。该中心按照ISO/IEC 17025和卓越绩效准则建立了完善的质量保证体系，为增材制造领域相关企业提供全产业链检测认证“一站式”技术服务。CAMT实验室占地11000平方米，拥有工业CT、激光扫描仪、疲劳试验机、电感耦合等离子体发射光谱仪、美国安捷伦气/液相色谱仪、微波消解仪、德国ZEISS金相分析系统及扫描电子显微镜SEM、德国奥尔托电波暗室及EMC和EMI测试系统、德国SPECTRO直读光谱仪、系列环境试验箱、系列试验机等各类中高端仪器设备100余台（套），仪器设备资产原值近7000余万元，具备增材制造材料、器件、装备及打印制品的性能、质量、可靠性等检测研究能力。

CAMT是国际标准化组织增材制造技术委员会ISO/TC261委员单位，工业和信息化部“工业（增材制造）产品质量控制和技术评价实验室”，全国增材制造标准化技术委员会SAC TC562委员单位，国家级博士后科研工作站，江苏省增材制造专业委员会副理事长单位，江苏省三维打印产业技术创新战略联盟成员，无锡市科技研发机构，无锡市增材制造（3D打印）科技公共服务平台，主持及参与增材制造各类科研课题研究和相关标准的制修订工作。

CAMT主要提供的服务有3D打印机、打印材料、打印成形件、冶金产品、检测服务5个方面。其中检测服务包括化学成分分析、力学性能试验、失效分析、微观形貌分析、无损检测与测量、逆向工程、粉末特性检测、环境试验等。具体为微观形貌分析包括扫描电子显微镜和能谱仪SEM+EDX、金相显微镜、体视显微镜分析；无损检测与测量包括内部缺陷、空隙、裂纹、内外部复杂结构精准尺寸测量；

粉末特性检测包括成分、粒度及分布、形态、松装密度、振实密度、流动性检测；环境试验包括恒温恒湿试验、温度循环试验、高低温拉伸、热冲击试验、低气压试验、盐雾试验。

六、国家重点实验室、科研院所介绍

1. 中航工业沈阳飞机设计研究所

中航工业沈阳飞机设计研究所是大型金属构件增材制造国家工程实验室的理事单位，拥有国防科技工业局“激光增材技术研究应用中心”的应用依托单位和创新设计与验证部、中国航空工业集团公司新型功能结构设计与验证航空科技重点实验室、辽宁省增材制造产业共性技术创新平台、辽宁省高性能金属增材结构设计与验证工程技术研究中心；拥有一批与 3D 打印技术相关的设备、设计与仿真软件和试验研究平台，包括激光选区熔化快速成形设备、激光同轴送粉快速成形设备、增材结构数字化设计与仿真软件、结构性能综合考核验证技术。

沈阳飞机设计研究所结合飞机重点型号研制需求，开展了大量应用研究工作，突破了飞机金属大型整体主承力结构件激光成形核心关键技术；实现了 3D 打印技术从次承力构件到主承力构件，再到结构规模化应用的 3 个跨越；完成了 4 项成形技术、5 种金属材料、七大类结构件在 4 型飞机上的装机应用和一型飞机方案验证；获得了以国家技术发明奖和国防科技进步奖为代表的多项重大研究成果。

历经 10 余年的技术开拓，沈阳飞机设计研究所在飞机 3D 打印结构技术领域形成了成熟的设计思想与研究方法；建立了基于 3D 打印特征的飞机结构设计技术群；形成了完备的大型复杂金属 3D 打印结构性能测试与评价体系，具备精准判断 3D 打印结构性能水平及工程化可用性的能力。

2. 上海市增材制造研究院

上海市增材制造研究院是由上海市增材制造协会发起，由政府部门指导，联合高校、研究机构和企业共同成立的专门从事增材制造产业规划、研发与交流、专业人才培养和科技成果转化的技术服务平台。研究院以建设高水平的“政、产、学、研、用”公共服务和研发平台为目标，促进增材制造技术的产业化，培育高新技术经济增长点，积极培养行业复合型人才和高技能人才，为上海建设具有全球影响力的科技创新中心作出贡献。

研究院聘请了国内外著名高校、研究机构和知名企业的专家和教授担任技术顾问、导师和兼职研发人员，形成了一支跨学科、多领域综合交叉、协同创新的研究开发队伍。研究院先后承载了上海市 3D 打印高技能人才培养基地、上海四新人才培养基地、SAMA 国际论坛、上海 3D 知识产权联盟、同济大学联合实验室等任务。

2019 年，研究院重点关注增材制造行业发展现状、趋势和行业人才培养。在上海市经济和信息化委员会指导下，经上海市增材制造协会组织，研究院承办了“第四届 SAMA 国际论坛暨 2019‘一带一路’3D 打印与智能制造年会”。本次大会以创新、协作与融合为主题，强调通过技术和应用领域的创新，推动智能制造和 3D 打印产业健康有序发展；通过加强材料、设备、软件、应用全产业链上中下游的协作，突破行业发展的瓶颈；通过 3D 打印、智能制造技术与传统产业的融合发展，通过与“一带一路”国家的紧密合作，实现在智能制造领域的共赢和共享。来自中国、美国、英国、法国、德国、韩国、新加坡、以色列、瑞典、埃及、印度、捷克等不同国家和地区的近百位全球顶级专家、行业翘楚以及800余位企业代表莅临大会，探讨智能制造和3D打印行业发展，展示和交流智能制造和3D打印技术在航空航天、生物医疗、汽车、模具、文创、影视及消费品等领域的应用。

研究院结合企业需求，在上海市人力和资源保障局、上海市经济和信息化委员会的指导下，上海市增材制造研究院作为上海市3D打印高技能人才培养基地实施单位，组织了3000多人次的增材制造理论及技能培训，为上下游企业更好地应用增材制造提供了极大的帮助。

3. 上海材料研究所

上海材料研究所（SRIM）源于1946年成立的“材料性能实验室”，拥有40余年的专业金属粉末制备经验，依托于本所的上海3D打印材料工程技术研究中心，是一家专业从事3D打印材料研发生产、打印服务及检测评价的省部级工程中心。

上海3D打印材料工程技术研究中心以高品质增材制造金属粉末耗材作为新材料领域技术创新的战略布局重点，实现了一系列技术突破，开发出多项具有自主知识产权的高球形度气雾化粉末制备技术，技术水平达到国内领先。

在3D打印金属粉末耗材制备方面，中心引进了德国EIGA50-500气雾化设备一套，国产真空惰性气体雾化VIGA设备一套，成为上海地区同时拥有EIGA和VIGA制粉设备的唯一单位；同时研发设计了限制式和自由式两种雾化技术，成为少数同时拥有该两种技术的单位之一。在技术方面，中心分别展开了两种雾化技术工艺的研究，其中的雾化制粉技术已处于行业较高水平。例如，利用紧耦合气雾化技术制备Inconel718高温合金时，细粉收得率高达70%，高于行业平均水平。

在3D打印高分子丝材制备方面，中心拥有3条高效率的生产线及一条试验线，现已成功开发出PLA、PETG、HIPS、柔性等各类3D打印丝材，生产的3D打印高分子丝材具有直径均匀、强度高、韧性好、色泽均匀、打印质量稳定等优点，适用于各类FDM型打印机。

中心还提供3D打印材料和制品的性能检测、3D打印服务、3D打印制件后处理等加工业务及材料基因组方面的工作。中心引进多台3D打印相关设备，例如，德国EOS公司M290金属选择性激光熔化3D打印机、激光烧结3D打印机、三维扫描仪等。

同时中心拥有良好的产学研用机制和技术转化能力，与上海电气、上海悦瑞三维科技股份有限公司、上海航天设备制造总厂、上海交通大学等企业院校进行了合作，促进“产学研用”的发展，带动了其他企业和相关行业的间接经济利益，已经具备了技术成果工程化、产业化基础条件，具有显著的经济效益和社会效益。这一年，中心不断探索增材制造新材料的研发技术，力争打造增材制造材料共性技术研究和产业化基地；重点解决增材制造材料领域应用研究到小试生产的“关键一公里”核心技术，以及小试研究到产业化关键技术研究的“最后一公里”核心技术，弥补实验室产品与产业化之间的缺失环节。

在产业化发展方面，中心与中天科技集团合资成立的中天上材增材制造有限公司已经完成了一期厂房建设，开始产业化生产，推动了中心增材制造材料的工程化和产业化进程。同时，中心获批上海市发改委的“上海市增材制造材料与检测工程研究中心”；获批筹建中国机械工业联合会的“机械工业增材制造材料工程研究中心”；形成了更加全面和完善的3D打印体系，继续推进了向产业化方向的发展。

4. 河北省增材制造产业技术研究院

河北省增材制造产业技术研究院是在河北省科技厅、石家庄市政府的支持和引导下，依托河北科技大学，联合中航通飞华北飞机工业有限公司、河北中友机电设备有限公司、石家庄煤矿机械有限责任公司、河北立中新星增材科技有限公司、石家庄生产力促进中心、中航迈特粉冶科技（固安）有限公司 6 家共建单位，以及省外的 4 家协同单位共同建设的科技创新与成果转化平台，涵盖了增材制造材料、装备、应用和服务的河北省骨干企业和国内外的知名科研机构和企业，旨在瞄准增材制造产业发展方向，围绕产业创新需求，开展关键共性技术研发、科技成果转化、专业人才培养、技术交流服务等多种形式的创新服务活动，促进河北省增材制造产业的发展，推动河北省制造业的转型升级。2014 年，研究院通过了以卢秉恒院士为组长的专家论证，成为国内首家增材制造领域的省级产业技术研究院。

2019 年，河北省增材制造产业技术研究院研发资金投入 6500 余万元，获得省部级科技奖励 2 项，承担各类科研项目 91 项，发表论文 58 篇，获得专利 10 件，转化应用新产品、新技术、新工艺 25 项，开展技术服务 31 项，组织增材制造技术培训、承担国家级增材制造培训项目，共培训人员近 400 人，研究院场地面积达 5000 平方米，仪器设备总价值达 3000 万元。相关科研成果应邀参加第十六届河北省装备制造业博览会，得到广泛好评。针对高端装备制造和国防重大需求，开展大型复杂构件增材制造机理、工艺及装备研究，镁合金增材制造装备及控形控性技术在医疗和国防应用上具有特色；锆铜合金增材制造工艺和光固化增材制造个性化医疗技术居国内先进水平。其研究成果应用于 150 余家企业，解决了 2000 多项技术问题。

第11章

热点聚焦

1
计算机三维造型
2
3D模型
3
Sn
S2
S1
数据切片
4
激光束
S1
基座
第一层S1的硬化
5
S2
S1
第二层S2的硬化
6
Sn
S2
S1
叠加成型

一、2018—2020 年国内年度热点事件

2018—2020 年国内年度热点事件见表 11.1。

表11.1　2018—2020年国内年度热点事件

时间	国家	热点事件
2018 年 1 月	中国	中国增材制造产业发展渭南高峰论坛暨中国增材制造产业联盟年会在陕西渭南召开
2018 年 1 月	中国	财政部发布了《关于调整重大技术装备进口税收政策有关目录的通知》，对于工业级增材制造装备生产需要进口的大功率激光器、电子枪、振镜等零部件从 2018 年 1 月 1 日起免征关税和进口环节增值税
2018 年 2 月	中国	“个体化下颌骨重建假体”通过国家食品药品监督管理总局产品审评并获批注册，意味着国内首张个体化定制骨科内植物器械注册证已经诞生
2018 年 2 月	中国	国家食品药品监督管理总局、医疗器械技术审评中心，发布了《定制式增材制造医疗器械注册技术审查指导原则》（征求意见稿）公开征求意见的通知
2018 年 4 月	中国	重庆西南医院关节外科中心杨柳教授团队顺利为一位 83 岁女性患者进行全球第二例个体化 3D 打印多孔钽全膝关节翻修手术
2018 年 5 月	中国	国家重点研发计划拟立项“增材制造与激光制造”重点专项，总经费近 6 亿元
2018 年 5 月	中国	南京市红山森林动物园的丹顶鹤“君君”，将 3D 打印的钛合金“假喙”更换为 3D 打印 PEEK“假喙”
2018 年 5 月	中国	云冈石窟研究院联合浙江大学文化遗产研究院文物数字化团队前后历时两年，复制窟整体长 17.9m，宽 13.6m，高 10m，实现了云冈石窟第三窟 1:1 还原
2018 年 6 月	中国	由共享集团股份有限公司投资建设的世界首个万吨级铸造 3D 打印成形智能工厂——共享装备铸造成形智能工厂宣告建成
2018 年 6 月	中国	精合集团完成某超高速飞行器复杂机身框梁一体化制造
2018 年 6 月	中国	共享集团投资建设了世界首个万吨级铸造 3D 打印成形智能工厂
2018 年 7 月	中国	全球每月消费约 15 万只 3D 打印月球灯，绝大部分来自中国
2018 年 8 月	中国	鹰眼警用无人机 30% 零部件直接 3D 打印制造，生产周期缩短三分之二
2018 年 8 月	中国	在浙江省湖州市南浔区横街村，又出现了一座设计造型充斥着现代化科技气息且简洁大方的 3D 打印公交站台
2018 年 10 月	中国	永钢集团使用企业生产过程中产生的废钢渣 3D 打印了一个特别的卫生间
2018 年 10 月	中国	第三届 SAMA 国际论坛暨 2018 世界 3D 打印年会在上海举办
2018 年 11 月	中国	国家统计局在 11 月发布了《战略性新兴产业分类（2018）》（国家统计局令第 23 号）。其中有大量关于 3D 打印的内容，包括 3D 打印机装备、金属 3D 打印专用材料、医疗 3D 打印专用材料、3D 打印设计等入选了战略性新兴产业分类
2018 年 12 月	中国	阿迈特 3D 打印新一代全降解血管支架已进临床试验
2018 年 12 月	中国	教育部办公厅发布了关于征求对新版《中等职业学校专业目录》意见的函，就 2019 年中等职业学校 05 专业大类加工制造里，新增了工业机器人、增材制造、新能源汽车装修与检测三大专业
2019 年 1 月	中国	初创电动汽车公司 XEV 宣布 3D 打印的电动汽车上市
2019 年 1 月	中国	3D 打印混凝土步行桥在上海智慧湾科创园落成，桥全长 26.3m，宽度 3.6m
2019 年 2 月	中国	一座 3D 打印旅游厕所亮相在位于海南省琼海市潭门镇的中国（海南）南海博物馆北侧停车场旁
2019 年 2 月	中国	河北老年大学开设 3D 设计及打印技术专业

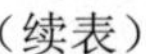

（续表）

时间	国家	热点事件
2019 年 3 月	中国	八宝山殡仪馆的 3D 打印工作室可修复面部残缺，让逝者“体面”地离去
2019 年 5 月	中国	中国推出反制措施，对 600 亿美元美国商品加征关税，其中包括 3D 打印机
2019 年 5 月	中国	由中国增材制造产业联盟和渭南高新区管委会联合主办的“中国增材制造产业发展丝路行暨渭南国际增材制造产业合作恳谈会”在渭南高新区 3D 打印产业培育基地隆重召开
2019 年 6 月	中国	来自中国深圳的 3D 打印机创业团队 Snapmaker，在 kickstarter 上的众筹项目 Snapmaker 2.0 3D 打印 + 激光雕刻 +CNC 三合一机器，筹到了创纪录的 5400 万元人民币
2019 年 6 月	中国	《增材制造设计要求、指南和建议》（标准号 GB/T 37698—2019）、《增材制造塑料材料粉末床熔融工艺规范》（标准号 GB/T 37463—2019）、《聚己内酯（PCL）》和《熔融沉积成型用聚乳酸（PLA）线材》等 3D 打印国家标准陆续颁布
2019 年 6 月	中国	国家药监局和国家卫健委联合发布《定制式医疗器械监督管理规定的公告（2019 年第 53 号）》
2019 年 7 月	中国	中国科创板开板首日，中国的金属 3D 打印龙头企业西安铂力特技术股份有限公司正式登陆科创板（股票代码 688333），成为国内首家在 A 股上市的 3D 打印公司
2019 年 8 月	中国	南斗星机器人使用 3D 打印的假人头，成功破解智能手机人脸识别解锁和支付
2019 年 9 月	中国	IAME 中国（西安）国际 3D 打印博览会暨高峰论坛举办
2019 年 9 月	中国	福建省首座 3D 打印桥落户泉州百崎湖
2019 年 10 月	中国	3D 打印赵州桥在河北工业大学落成
2019 年 11 月	中国	2 岁男孩因先天性下颌骨闭锁，出现进食困难、嗜睡等症状。南京儿童医院烧伤整形科利用 3D 打印技术，手术成功救治这名十分罕见的下颌骨闭锁患儿
2019 年 11 月	中国	长 430m 的 3D 打印河流护岸被用于苏申外港线（江苏段）航道二级护岸工程。护岸采用分段打印，逐段安装的方式，护岸结构每段 4m，重量约 5 吨
2019 年 12 月	中国	来自中国的桌面级 3D 打印机厂商创想三维在 2019 年卖出 50 万台 3D 打印机，见证了桌面 3D 打印机市场爆发的里程碑
2020 年 1 月	中国	《中国增材制造产业年鉴（2020）》组稿编撰工作正式启动
2020 年 1 月	中国	《定制式医疗器械监督管理规定》实施以后，北医三院刘忠军教授团队为患者植入量身定制的 3D 打印胸椎，完成《规定》实施后的第一台定制式医疗器械植入手术
2020 年 2 月	中国	随着中国新冠肺炎疫情的爆发，国内的 3D 打印企业和用户为疫区提供口罩、护目镜、隔离屋、口罩卡扣、额温枪外壳等物资的打印
2020 年 2 月	中国	工业和信息化部印发《关于有序推动工业通信业企业复工复产的指导意见》，重点支持 5G、工业互联网、集成电路、工业机器人、增材制造、智能制造、新型显示、新能源汽车、节能环保等战略性新兴产业
2020 年 3 月	中国	科学技术部、国家发展和改革委员会、教育部、中国科学院、自然科学基金委员会印发《加强“从 0 到 1 基础研究工作方案”》，其中提到重点支持 3D 打印和激光制造
2020 年 3 月	中国	国家标准化管理委员会、工业和信息化部、科学技术部、教育部、国家药品监督管理局、中国工程院 6 部门联合印发了《增材制造标准领航行动计划（2020—2022 年）》
2020 年 4 月	中国	“大型复杂高端零件微铸锻同步超短流程制造技术与装备”提名国家技术发明奖一等奖
2020 年 4 月	中国	国家统计局数据显示，3D 打印设备在 2020 年 4 月增长了 344.7%，延续了高速增长态势
2020 年 5 月	中国	长征五号 B 搭载新一代载人飞船成功发射，中科院空间应用中心研究团队的立体光刻 3D 打印技术对金属 / 陶瓷复合材料进行微米级精度的在轨制造
2020 年 5 月	中国	人社部职业能力司发布“关于对拟发布新职业信息进行公示的公告”，把“增材制造（3D 打印）设备操作员”拟定为新职业

（续表）

时间	国家	热点事件
2020 年 5 月	中国	飞而康开始打造一流的增材制造超级工厂，规划 50 台华曙高科金属 3D 打印机
2020 年 5 月	中国	云冈石窟中的“音乐石窟”通过 3D 扫描和打印技术进行了全尺寸的复制
2020 年 5 月	中国	习近平总书记给袁隆平、终南山、叶培建等 25 位科技工作者代表回信，从事金属 3D 打印领域的北航王华明院士是 25 位科技工作者代表之一
2020 年 7 月	中国	TCT 2020 亚洲 3D 打印、增材制造展览会在上海举办
2020 年 7 月	中国	“天问一号”火星探测器升空，火箭及火星探测器使用了一批 3D 打印的零件
2020 年 8 月	中国	南京三迭纪成功搭建一条 3D 打印药片生产线，日产量达 3 万片
2020 年 8 月	中国	中国增材制造产业发展芜湖（繁昌）高峰论坛暨 2020 年中国增材制造产业年会在安徽芜湖举行
2020 年 8 月	中国	“铸锻铣一体化金属 3D 打印关键技术”被列入《中国禁止出口限制出口技术目录》
2020 年 9 月	中国	广东省医疗保障局发布了《广东省医疗保障局关于对部分医疗服务价格项目公开征求意见的公示》，个体化 3D 模型重建、个体化 3D 模型制备、个体化 3D 手术导版制备、个体化 3D 可视化手术模型 4 项医疗 3D 打印费用被纳入市场调节价医疗服务价格项目
2020 年 10 月	中国	青岛理工大学在微纳尺度 3D 打印领域的专利数量居全球首位
2020 年 10 月	中国	广东省发布《广东省培育激光与增材制造战略性新兴产业集群行动计划（2021—2025）》
2020 年 10 月	中国	中科院化学所研发了单液滴连续光固化 3D 打印技术，极大地提高了材料的利用率
2020 年 11 月	中国	广州迈普再生医学科技股份有限公司创业板 IPO 成功过会
2020 年 12 月	中国	国家市场监督管理局、国家标准化管理委员会发布了《标准化工作导则第 2 部分：以 ISO/IEC 标准化文件为基础的标准化文件起草规则》等 586 项推荐性国家标准，其中包含 8 项关于金属 3D 打印的标准

二、2018—2020 年国外年度热点事件

2018—2020 年国外年度热点事件见表 11.2。

表11.2　2018—2020年国外年度热点事件

时间	国家	热点事件
2018 年 1 月	美国	Adidas 公司与 Carbon 公司合作共同研发的 3D 打印运动鞋 FUTURECRAFT 4D 开始量产
2018 年 1 月	德国	德国医疗器械制造商 Emerging Implant Technologies（EIT）宣布其多层 3D 打印颈椎融合器已获美国食品和药物管理局（FDA）批准
2018 年 1 月	芬兰	Patria 公司宣布，已经成功完成了配备 3D 打印引擎部件的 F/A-18“大黄蜂”战斗机的首飞
2018 年 1 月	新西兰	航天制造商火箭实验室（Rocket Lab）从新西兰发射台发射了带有 3D 打印引擎的电子火箭
2018 年 2 月	印度	印度的医生和医学科学家开发了一种 3D 打印植入式耳朵，并完成了动物实验
2018 年 2 月	美国	金属 3D 打印入选《麻省理工科技评论》2018 年“全球十大突破性技术”
2018 年 3 月	韩国	韩国科学技术信息通信部发布了《2018 年度 3D 打印产业振兴计划》，韩政府计划投资 457 亿韩元用以提振 3D 打印产业

（续表）

时间	国家	热点事件
2018 年 3 月	法国	法国著名时装品牌香奈儿（Chanel）开始全面生产 3D 打印的睫毛刷，每天可生产 50000 支刷子
2018 年 3 月	法国	南特大学、Bouygues 建筑公司、拉法基 Holcim 公司、南特大都会人居组织和 TICA 建筑与城市建筑公司共同设计、开发和 3D 打印了 $95m^2$ 的住宅，并准备迎来第一批居民
2018 年 5 月	印度	39 岁的印度男子阿米特 • 班诺（Amit Bhanot）成为印度首位植入 3D 打印的钛金属植入体的患者
2018 年 5 月	美国	“2018 年 3D 打印行业奖”获奖名单公布，华曙高科、闪铸科技、创想三维、Polymaker、张飞打印、先临三维、上海远铸等中国 3D 打印公司入围
2018 年 5 月	英国	英国纽卡斯尔大学的科学家已经成功地使用 3D 打印了第一个人类角膜
2018 年 6 月	美国	美国橡树岭国家实验室（ORNL）成功利用 3D 打印技术来打印放射性同位素钼 –99（Mo-99）材料，这是 30 年来第一次打印放射性材料
2018 年 7 月	英国	英国的一名产品设计专业学生设计了一款 3D 打印水下喷气背包，可以以每小时 12.87 千米的速度推动游泳运动员
2018 年 7 月	法国	法国的一个家庭入住 3D 打印的房屋
2018 年 7 月	美国	欧莱雅美国和生物 3D 打印公司 Organovo 宣布，他们共同研发出了非常接近真实人体的皮肤组织，欧莱雅要用它们来测试产品
2018 年 8 月	美国	从 2018 年 8 月 1 日开始，美国允许合法下载 3D 打印枪的三维数字文件，随后美国 21 个州的总检察长联合向美国国务院和司法部写了一封信，要求立即采取行动阻止 3D 打印枪支设计图在网上出现
2018 年 8 月	美国	美国贸易代表办公室宣布，将从 2018 年 8 月 23 日起，对从中国进口的约 160 亿美元商品加征 25% 的关税，包含了中国 3D 打印行业出口量非常大的材料：PLA 和 ABS
2018 年 8 月	美国	纽约大学的研究人员开发出 3D 打印陶瓷植入物，在植入实验动物体内后，在未来的 24 周的观察中成功地使实验动物的骨再生
2018 年 8 月	印度	印度 3D 打印机制造商 3Ding 和印度斯坦理工学院的学生，一起为 NASA 3D 打印了一个立方体卫星，用于发射
2018 年 9 月	美国	互联网风暴中心（ISC）的安全研究人员透露，将近 3800 台 3D 打印机开放，没有任何访问控制或认证要求，可能被黑客入侵
2018 年 9 月	美国	全球最大的隐形牙套生产商隐适美（Align Technology），其产能已经达到惊人的每周超过 160 万个隐形矫治器，离不开 3D 打印技术的支持
2018 年 9 月	科威特	科威特的一家 3D 打印店在被指控出售“宗教偶像”后，被当局关闭
2018 年 10 月	美国	南佛罗里达大学的可视化专家制作了一些独特的 3D 打印触觉版本地图，方便视力障碍人士触摸识别
2018 年 10 月	荷兰	一对荷兰夫妇收集了大量的塑料垃圾，并把它们变成 3D 打印材料，通过精心的设计，把这些塑料 3D 打印成一辆太阳能电动车的车体，并驾驶着这辆车到了南极
2018 年 11 月	德国	NOWLAB 和 3D 打印机制造商 BigRep 已经开发出世界上第一台全 3D 打印和功能性电动摩托车 NERA，该摩托车仅由 15 个零件构成
2018 年 12 月	俄罗斯	俄罗斯宇航员利用 3D 打印技术制造出了老鼠甲状腺，这是人类首次在太空打印生物器官
2019 年 1 月	美国	美国护肤品牌 Neutrogena 在拉斯维加斯举行的消费电子展（CES）上推出微型 3D 打印面膜
2019 年 2 月	德国	德国经济和能源部发布《国家工业战略 2030》，该战略将钢铁铜铝、化工、机械、汽车、光学、医疗器械、绿色科技、国防、航空航天和 3D 打印 10 个工业领域列为“关键工业部门”

（续表）

时间	国家	热点事件
2019 年 2 月	英国	纽卡斯尔大学使用自组装 4D 生物材料 3D 打印人工角膜
2019 年 2 月	美国	两辆 3D 打印的穿梭巴士 Ollis 将根据预先编写好的程序在校园中运行
2019 年 3 月	瑞士	瑞士用机器人和 3D 打印数字化建造的 DFAB HOUSE 开业
2019 年 3 月	美国	Nike 公司发布 3D 打印的 Nike Zoom Vaporfly Elite Flyprint 全新科技跑鞋
2019 年 3 月	瑞典	瑞典市政当局计划在养老院提供 3D 打印食品
2019 年 4 月	韩国	韩国利用 3D 生物打印技术，将由患者来源的肿瘤细胞、血管内皮细胞和猪源脑组织细胞外基质打印形成癌——基质同心环性结构用以重建胶质母细胞瘤的体内结构，用于在体外观察患者细胞对放疗化疗的反应
2019 年 4 月	俄罗斯	罗格斯大学创造了灵活、轻便的 4D 打印材料，可用于变形飞机或无人机机翼，软机器人和微型植入式生物医学设备
2019 年 4 月	美国	惠普（HP）发布公告称，2018 年利用 Multi Jet Fusion 技术 3D 打印的零部件总量超过 1000 万个
2019 年 4 月	以色列	以色列科学家创造了一种血管化的人类心脏——使用 3D 打印机将患者的人体组织结合起来
2019 年 5 月	美国	美国科学家在《科学》（*Science*）杂志发表重磅论文，3D 打印成功模拟肺功能
2019 年 6 月	瑞典	宜家家居正式涉足电竞，面向玩家推出 3D 打印系列外设
2019 年 7 月	美国	美国一位教授使用桌面 3D 打印机为自己的儿子制作了一辆兰博基尼跑车，获得全球关注
2019 年 7 月	德国	德国联邦信息与通信和新媒体行业协会发布了一项统计数据，调研了 555 家德国企业，其中 32% 的公司都使用了 3D 打印技术
2019 年 7 月	塞拉利昂	塞拉利昂总统办公室摆放了一台中国产的创想三维桌面 3D 打印机
2019 年 8 月	荷兰	荷兰自然博物馆使用 3D 的打印机重建 6700 万年前的恐龙骨架
2019 年 9 月	德国	EOS 推出不需要开模的注塑成型 LaserProFusion 技术，采用近百万个二极管激光器来生产零件
2019 年 10 月	美国	缅因大学（UMaine）高级结构与复合材料中心获得了三项吉尼斯世界纪录，分别是全球最大的原型聚合物 3D 打印机、最大的实体 3D 打印物体、最大的 3D 打印船
2019 年 10 月	美国	美国西北大学在《科学》（*Science*）杂志上发表了一项革命性 HARP（High-Area Rapid Printing）3D 打印技术，具有高速、大尺寸、高产能的优点
2019 年 11 月	美国	哈佛大学《自然》（*Nature*）在线发表名为《多材料多喷头 3D 打印制造出的体素级柔性物体》研究文章
2019 年 11 月	意大利	意大利一家医院为一名 5 岁幼儿患者进行支气管软化症和支气管壁严重萎缩手术，医院首次采用 3D 打印支气管植入手术并获得了成功，帮助患者恢复了正常呼吸
2019 年 12 月	美国	发明了选择激光烧结（SLS）技术并将之商业化的发明家卡尔・罗比特・德卡德（Carl Robert Deckard）去世
2020 年 1 月	德国	双光子 3D 打印技术取得新的突破，德国卡尔斯鲁厄理工学院科学家通过“分光束”技术实现了1000 万体素 / 秒的创纪录打印速度
2020 年 2 月	日本	第 2 届日本国际增材制造及 3D 打印展（AM Japan）举行
2020 年 3 月	美国	美国食品药品监督管理局（FDA）发布《COVID-19 大流行期间医疗设备、配件、零件的 3D 打印常见问题解答》，采用创新、灵活方法解决关键医疗产品的供给问题
2020 年 4 月	美国	3D 打印行业权威报告《沃勒斯报告 2020》（*Wohlers Report 2020*）发布，2019 年全球增材制造行业的产品和服务收入为 118.67 亿美元（约 842 亿元人民币）
2020 年 5 月	德国	HENSOLDT 公司成功组装出世界上第一块 10 层 3D 打印电路板（PCB）

（续表）

时间	国家	热点事件
2020 年 6 月	英国	英国政府订购了 760 万个 3D 打印防护面罩
2020 年 7 月	德国	宝马汽车投资 1 亿元新建的 3D 打印工厂开张，部署了 7 家公司生产的 3D 打印机
2020 年 7 月	新西兰	新西兰私人航天公司 Rocket Lab 第 13 次火箭任务发射失败，该火箭的碳复合电子助推器由 9 枚 3D 打印的卢瑟福发动机提供动力
2020 年 7 月	俄罗斯	俄罗斯宇航员在太空中 3D 打印出软骨组织
2020 年 9 月	美国	Carbon 公司与体育用品制造商 CCM Hockey 3D 打印出第一个曲棍球头盔内衬，并获得 NHL 认证
2020 年 10 月	美国	雪佛兰赛车运动部门宣布，车队使用安装有 3D 打印零件的车辆进行了超过 1.29×10^5 千米的比赛
2020 年 10 月	美国	金属 3D 打印机制造商 Velo3D 宣布，推出带 8 个激光器的新型 Sapphire XC 金属 3D 打印机
2020 年 11 月	德国	SLM Solutions 发布最新的 SLM 设备 NXG XII 600，配备了 12 台 1kW 激光器和 600mm×600mm×600mm 的成型仓
2020 年 11 月	德国	德国 Formnext 由于受到新冠肺炎疫情的影响，改为线上举办，来自 100 多个国家的 8541名参与者登录了展会的虚拟配对平台
2020 年 12 月	以色列	以色列食品 3D 打印公司 SavorEat 在特拉维夫证券交易所上市
2020 年 12 月	荷兰	3D 打印眼镜片专家 Luxexcel 已经制造了 5 万个处方镜片
2020 年 12 月	俄罗斯	俄罗斯成立 3D 打印联盟，预计 2030 年俄罗斯 3D 打印市场达 1700 亿卢布

附录1

增材制造标准体系

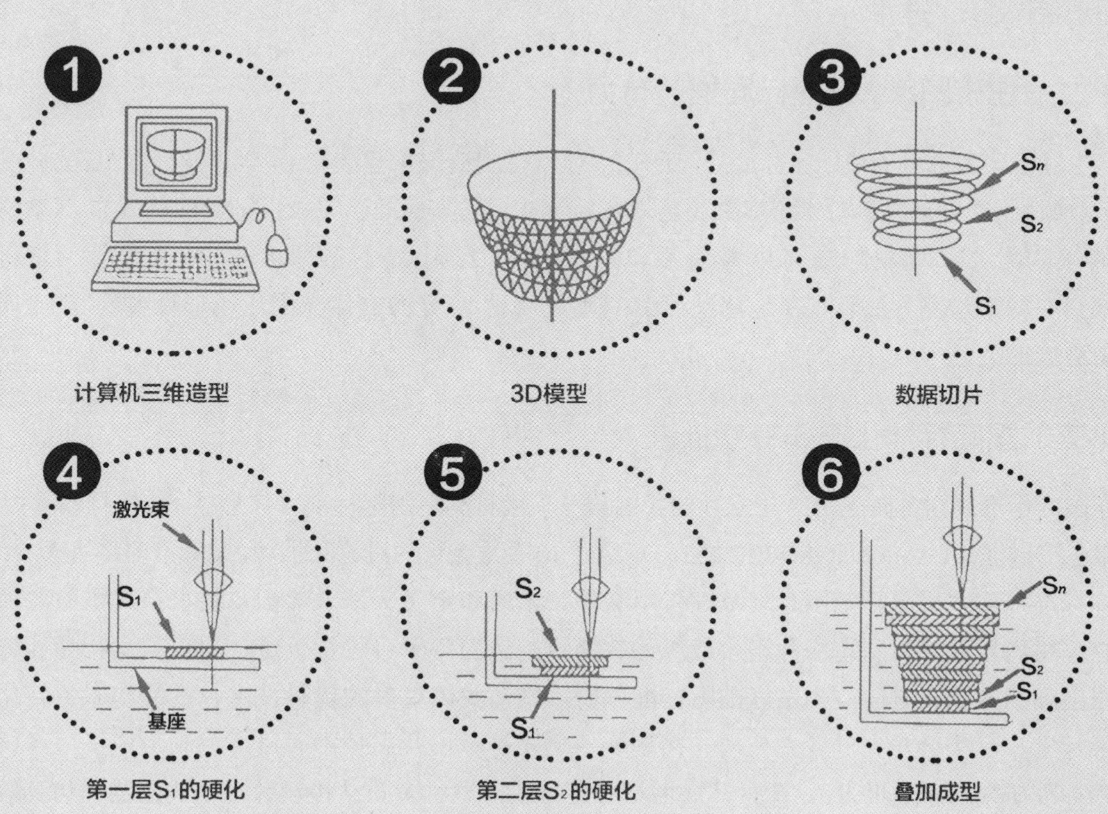

增材制造作为能够带领产业变革的颠覆性技术之一，近年来得到国内外企业的高度重视，以标准促发展更是成为国际共识。2020 年 2 月，国家标准化管理委员会（简称“标委会”）联合工业和信息化部、科学技术部、教育部、国家药品监督管理局、中国工程院共同发布了《增材制造标准领航行动计划（2020—2022 年）》，系统规划我国增材制造标准重点方向。在国家标准化管理委员会、工业和信息化部等有关部门的领导下，在相关政策的支持下，2020 年我国增材制造标准化工作取得了优异的成绩。

一、标准制修订工作取得新进展

（一）6 项增材制造国家标准正式发布

我国增材制造标准化工作在加强基础共性技术研究的同时，重点面向制约当前产业发展的专用材料、测试方法等核心技术，开展“领航”型标准布局。根据国家标准化管理委员会2020年第17号公告，《增材制造用钼及钼合金粉》（GB/T 38970—2020）等 6 项增材制造专用材料国家标准发布，即将实施。该 6 项国家标准规定了增材制造用钼及钼合金粉、球形钴铬合金粉、硼化钛颗粒增强铝合金粉、铌及铌合金粉、钽及钽合金粉以及制粉用钛及钛合金棒材的要求、试验方法、检验规则及标志、包装、运输、贮存、质量证明书和合同（或订货单）等内容，对我国增材制造领域所需金属粉末材料的要求更加合理规范，有利于提升这 6 项增材制造专用材料的各项性能指标，使其制备技术和整体性能达到国际先进水平，满足航空航天、国防军工、生物医疗等领域关键原材料需求，并对推进高性能金属粉末材料的发展和应用起到积极的促进作用。

（二）在研国家 / 行业标准推动有力

除上述已经发布的 6 项国家标准外，还有 33 项增材制造国家标准和 14 项行业标准也在制定过程中。其中，《增材制造金属材料粉末床熔融工艺规范》等 9 项国家标准已完成报批，即将发布；《增材制造基础 零件采购需求》《增材制造 术语 坐标系和测试方法》2 项国家标准即将进入审查阶段；《增材制造金属粉末空心粉率检测方法》正在起草过程中；《增材制造 点光源立体光固化成形设备》等 14 项行业标准均在稳步推进。

（三）国际标准化工作有序推进

在国际标准制定方面，2018 年立项的我国第一项增材制造国际标准《信息技术 3D 打印和扫描 增材制造服务平台框架（AMSP）》（ISO/IEC 23510），经过 10 余次会议的讨论和推动，该标准即将进入 DIS 阶段。该国际标准提案主要包括范围、规范性引用文件、术语和定义、平台架构及要求、典型服务模式等方面内容，将为新建增材制造服务平台或对已有增材制造服务平台进行改进，提供技术指导和依据。

在国际标准预研方面，为做好国际标准预研，推动我国更多的优势技术、产品和服务转化、上升为国际标准，标委会与安世亚太公司、共享装备集团等单位开展技术研讨，编制形成了《增材制造领域国际标准研究与推进报告》，探索开展增材制造铸造砂型、多孔结构设计、在线监测和仿真等方面国际标准提案研究，近期将逐一推动立项。

（四）团体标准制修订工作取得新进展

2020 年，标委会组织修订了《增材制造 主要特性及测试方法》（T/ZSA 2001.01-2016）《增材制造　测试方法　定向能量沉积金属件超声检测方法》（T/ZSA 5002.01-2017）2 项中关村标准化协会团体标准，并成功推动《质量管理体系 增材制造（3D 打印）服务提供商认证要求》（T/CAMMT 23-2020）机械工艺协会团体标准发布。同时，会同有关单位推动立项《增材制造（3D 打印）立体光固化生产医用隔离眼罩工艺要求》《增材制造 三维打印创客空间服务模式规范》《增材制造基于远程运维平台的增材制造设备售后服务规范》3 项团体标准，不断增加标准有效供给，满足我国增材制造发展对技术标准的需求。

二、标准化工作模式创新提出新举措

（一）推动《增材制造标准领航行动计划（2020—2022 年）》贯彻落实

为落实《增材制造标准领航行动计划（2020—2022 年）》，创新增材制造标准制定工作机制，标委会于 2020 年 8 月 28 日在山东省烟台市召开了《增材制造标准领航行动计划（2020—2022 年）》推进会暨增材制造国家标准制修订工作协调会，国家市场监督管理总局标准技术管理司、工业和信息化部装备工业一司、中国机械工业联合会等有关方面领导，增材制造专用材料、设备等相关 10 家全国专业标准化技术委员会的秘书处单位代表，以及 50 余名行业技术专家参加了会议，深入解读了《领航行动计划》的主要内容，就联合推动增材制造国家标准、国际标准制修订工作进行了友好协商，初步达成了一致意见。

（二）发布增材制造企业标准排行榜和“领跑者”

落实市场监管总局等八部门《关于实施企业标准“领跑者”制度的意见》《装备制造业标准化和质量提升规划》等有关政策要求，重点针对量大面广、与民生紧密相关的增材制造材料挤出成形设备，以及需求日益增长的材料挤出成形用塑料线材、增材制造金属材料，2019 年评选出 4 家增材制造企业标准“领跑者”，涉及企业标准 88 项，继第一批 3D 打印（增材制造）企业标准“领跑者”名单发布后，2020 年推动“增材制造装备”列入 2020 年度实施企业标准“领跑者”重点领域，目前正在开展评估方案的编制工作。

（三）标准宣贯

2020 年，为推动增材制造标准制定及宣贯工作，标委会先后在北京、西安、无锡、渭南、大连等地组织 10 余次标准研讨会。即便新冠疫情期间，为了保证各项标准研制工作不受影响，标委会积极采用视频会议的方式召开标准讨论会，为按时、高质量地完成标准起草任务提供了保障。同时，成立全国增材制造标准化技术委员会数据和设计方面工作组，推动了 2 项设计标准立项。标委会还计划在增材制造医疗、工艺、培训和服务工作组等方面筹建工作组，进一步完善标委会组织架构。目前已经完成委员征集工作，将于近期完成筹建工作并上报国标委等有关部门备案。

三、今后发展及工作思路

下一步，标委会将紧密围绕落实《增材制造标准领航行动计划（2020—2022 年）》等有关政策要求，重点做好以下几个方面工作。

（一）加快推动落实《增材制造标准领航行动计划（2020—2022 年）》

在前期成功召开《领航行动计划》推进会、增材制造国家标准制修订工作协调会的基础上，进一步加强与增材制造相关专业标准化技术委员会的合作，积极推动增材制造标准联合推进协议签订工作，完善增材制造标准的联合提出、联合归口、联合制定的工作流程和模式，协助国家标准委将此模式向更多交叉融合领域进行推广。与此同时，结合国家标准委、工业和信息化部等有关部门要求，做好《领航行动计划》任务指标的细化分解工作，组织增材制造全行业优势力量进行落实，保证《领航行动计划》按时、保质、保量推进。

（二）持续做好增材制造标准制修订工作

1. 做好国家 / 行业标准制修订工作

按照国家标准化管理委员会及有关部门要求，按时推进《增材制造基础零件采购需求》《增材制造术语坐标系和测试方法》的审查和报批工作，积极开展《增材制造金属粉末空心粉率检测方法》的起草工作。

做好《增材制造工艺参数库构建规范》《增材制造定向能量沉积用钛合金粉末》《增材制造定向能量沉积 - 铣削复合增材制造工艺规范》《增材制造材料挤出成形用丙烯腈 - 丁二烯 - 苯乙烯（ABS）丝材》等 11 项通过网上公示的国家标准研制工作，及时组建标准起草组，积极推动标准进入征求意见阶段。

目前，标委会收到全国各有关方面提出的增材制造国家标准立项需求 11 项，其中较为成熟的 6 项。针对这些标准，近期将开始标准立项征求意见工作。另外，ISO/TC 261 共有现行有效国际标准 16 项，其中待转化标准 5 项，标委会将结合我国当前增材制造产业现状，及时推动适用国际标准向国内标准转化。

按照工业和信息化部、中国机械工业联合会等有关部门要求，按时、高质量推进《增材制造点光源立体光固化成形设备》等 10 项在研行业标准的起草工作，持续征集新的增材制造行业标准需求，并积极推动标准立项。

2. 做好国际标准化工作

做好在研国际标准《信息技术 3D 打印和扫描 增材制造服务平台框架（AMSP）》（ISO/IEC 23510）DIS 阶段意见处理和修改完善工作，尽快推动标准进入 FDIS 阶段。

与安世亚太、共享装备等单位，联合推动增材制造数据与设计、铸造砂型等国际标准项目的立项工作，面向更多领域做好新国际标准提案的布局研究，争取实现更多国际标准突破。

做好 ISO/TC 261 的跟踪研究，履行好国内技术对口单位职责，组织国内有关专家做好国际标准投票工作。

3. 进一步开展增材制造标准“领跑者”工作

根据国家市场监督管理总局有关要求开展 2020 年增材制造领域企业标准“领跑者”评估工作，面向增材制造粉末床熔融、材料挤出成形、立体光固化相关的装备及其原材料（包括 3D 打印笔）等领域，尽快启动增材制造企业标准“领跑者”评估方案的编制工作，及时开展增材制造企业标准排行榜和“领跑者”评估。同时，做好潜在增材制造企业标准“领跑者”领域调研工作，为 2021年开展增材制造企业标准“领跑者”奠定基础。

4. 发挥国家技术标准创新基地作用，推动增材制造分基地建设

由中机生产力促进中心承担的国家技术标准创新基地（先进制造工艺及关键零部件）已于 2020 年 9 月 10 日通过国家标准化管理委员会组织的专家验收，现已正式开展工作。下一步，创新基地将把增材制造作为其重点业务方向之一，发挥创新基地平台作用，加强增材制造相关科研、标准、检测、认证、行业协会等各类资源的汇聚整合，面向增材制造重要产业集聚区，推动科技成果转化为标准研究中心建设，加强与日本、韩国、英国、美国等有关国外标准组织的合作，更好地推动我国增材制造优质成果研制为团体、行业、国家、国外、国际标准，为中国增材制造标准化工作拓展出更广阔的舞台。

（由全国增材制造标准化技术委员会供稿）

附录2

增材制造专利分析

增材制造专利分析以 2020 年 7 月 13 日，欧洲专利局（EPO）发布的增材制造（3D 打印）专利分析报告为案例。

一、专利申请量快速增长

近年来，EPO 受理的涉及增材制造技术（Additive Manufacturing，AM）的专利申请量快速提高。2015—2018 年，涉及增材制造技术的专利申请量的年均增长率达到 36%，这是 EPO 在同时期所有专利受理量（按年均增长率 3.5% 计算）的 10 倍。专利增长速度如图附 2.1 所示。

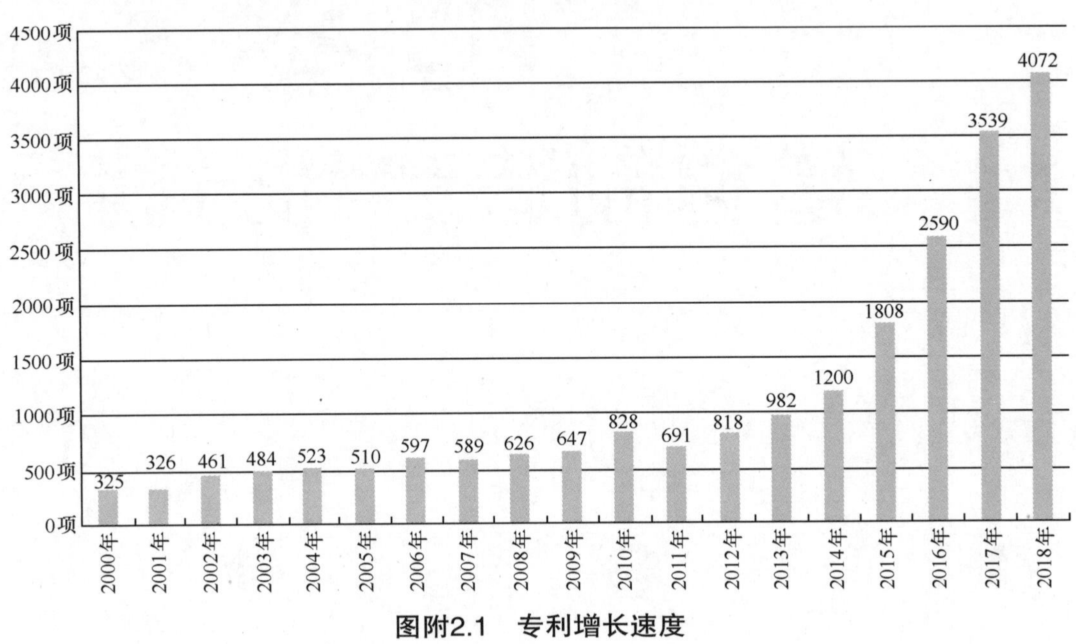

图附2.1　专利增长速度

二、欧洲处于全球较高地位

该报告显示，2010—2018 年，在 EPO 受理的所有涉及增材制造的发明专利申请中，来自欧洲申请人的申请占比达到 7863 项。欧洲的较高地位很大程度上归功于德国的表现，德国申请人的专利申请占比达到 19%（3155 项）。此外，西班牙、比利时、英国、瑞士和荷兰在增材制造方面也有优异表现。而在世界范围内，美国是增材制造领域的最大技术来源国，其拥有 5747 项专利申请。各国专利分析占比如图附 2.2 所示。

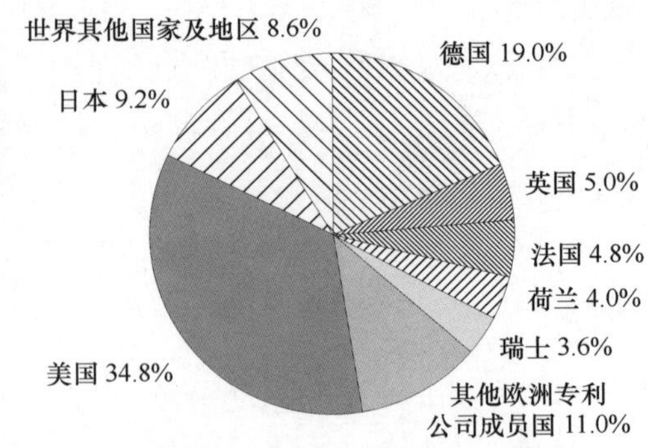

图附2.2　各国专利分析占比

三、增材制造的主要应用领域

增材制造技术的应用领域非常广泛，自 2010 年以来，涉及将增材制造技术应用于医疗健康领域的专利申请量在所有应用领域中最多，为4018 项。其次是能源和交通运输，专利申请量分别为 2001 项和 961 项。此外，在工业工具、电子产品、建筑、消费品及食品领域，也能观察到增材制造技术相关专利申请量的快速增长。增材制造主要应用领域如图附 2.3 所示。

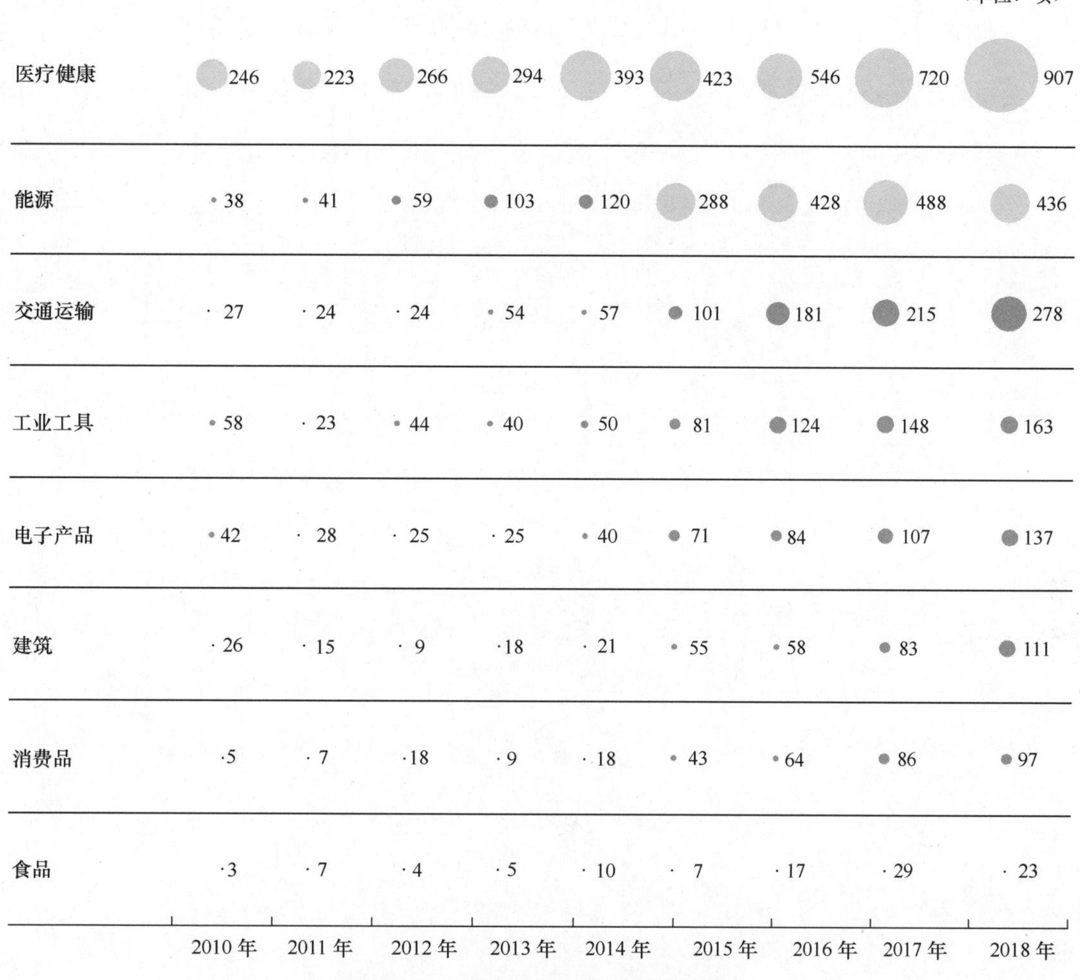

图附2.3　增材制造主要应用领域

四、各国的主要申请人排名

2000—2018 年，在 EPO 受理的增材制造相关的专利申请中，申请量排名前 25 位的专利申请人的申请总量（6548 项）约占所有增材制造相关专利申请总量的 30%。美国 General Electric 公司和 United Technologies 公司分列第一和第二。欧洲的西门子排名第三。在整体排名中，美国和欧洲占主导地位，前 25 名申请人中有 11 家美国公司和 8 家欧洲公司。此外，这些专利申请人体现出高度的多样化，有专门从事 3D 打印技术研发的公司，例如，Stratasys 公司、3D Systems 公司和 EOS 公司，也有从事 3D 打印技术应用的公司，涉及运输、化工和制药、信息技术、电子、成像和消费品等应用领域。

五、小创新主体的大贡献

虽然增材制造技术中三分之二的专利申请是由大公司提交的，但该研究还显示：拥有 15 ～ 1000 名员工的小公司在该领域的专利申请量占比达到 10%（2148 项）；个人发明者和员工少于 15 个的微型企业的专利申请量占比达到 12%（2584 项）；大学、医院和公共研究组织的专利申请量的占比则达到 11%（2448 项）。这表明这 3 种小型创新主体已经成为增材制造创新生态系统的重要参与者。

（来源：增材制造专利分析——3D 打印的技术趋势报告
摘自：专利分析可视化公众号）

附录3
增材制造人才发展报告

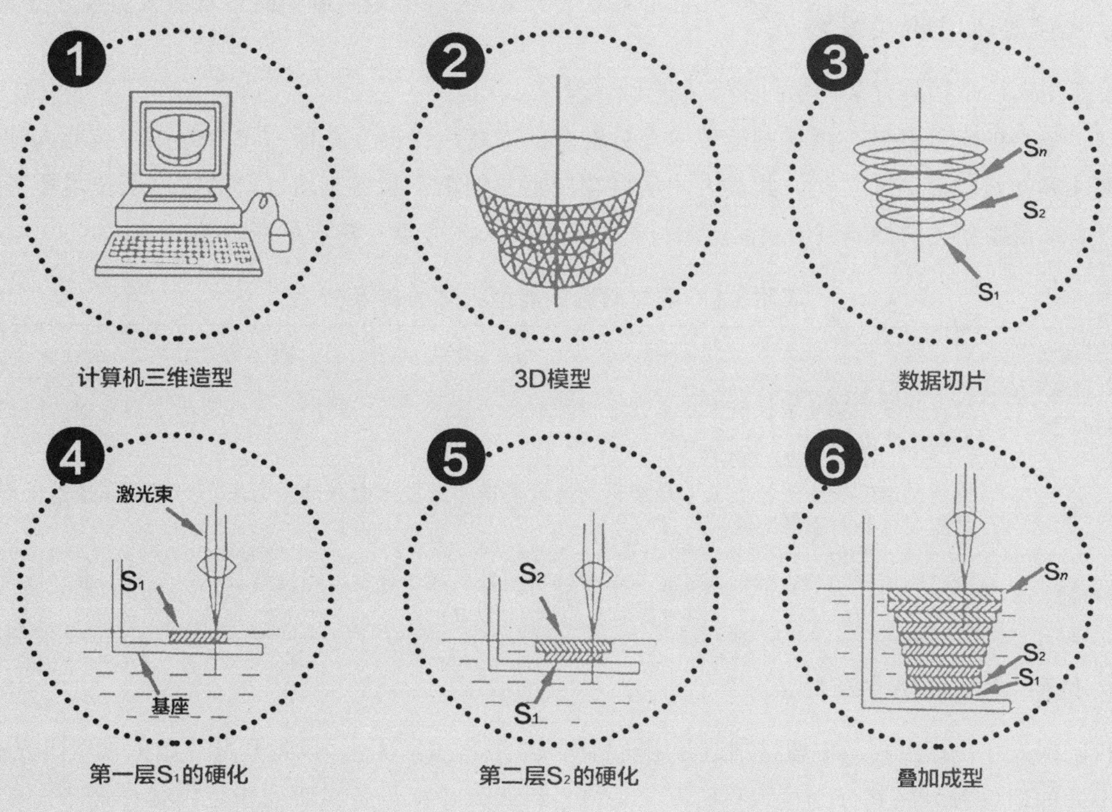

作为战略性新兴产业的典型代表，人才已经成为推动增材制造产业发展的首要资源。近两年，中国增材制造产业联盟对我国增材制造领域进行了调查统计，重点分析了增材制造人才的现状，梳理了国家和地方出台的相关制度，从产业发展的角度分析了我国增材制造人才发展面临的短板弱项，探究了国外人才发展经验，提出了有关的对策建议，对于推动我国增材制造产业健康快速可持续发展具有重要的意义。

一、增材制造从业人员供需分析

（一）从业人员分类

根据增材制造技术和行业需求的特殊性，中国增材制造产业联盟将增材制造从业人员分为技能型人才、科研型人才和管理型人才三类，并对增材制造领域36家重点企业从业人员进行了调查统计，在当前企业从业人员的构成中，技能型人才占比39%，科研型人才占比43%，管理型人才占比18%。增材制造企业从业人员人才分类结构如图附3.1所示。

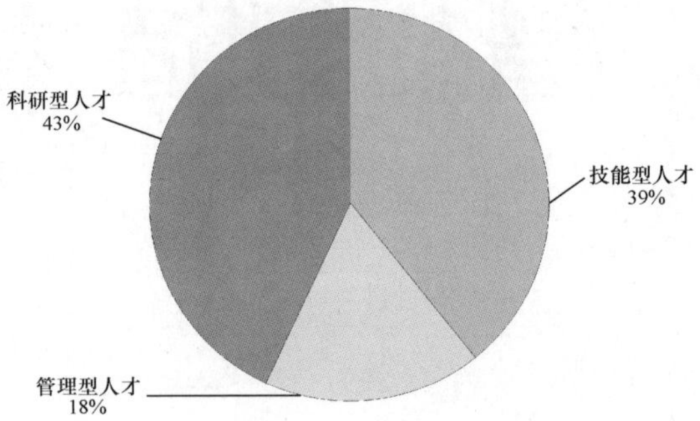

图附3.1　增材制造企业从业人员人才分类结构

1. 技能型人才分类及特点

技能型人才是指具有某一学科的专业基础，又能将这一学科的专业基础与增材制造技术充分融合的人才，根据专业能力可分为高级技能人才、中级技能人才和初级技能人才三类。此类人才从事领域主要侧重于装备制造、产品生产及技术服务等与市场客户需求紧密相关的技能应用层面。增材制造技能型人才分类及特点见表附3.1。

表附3.1　增材制造技能型人才分类及特点

分类	特点
高级技能人才	增材制造领域高级技能人才掌握增材制造核心技术，技术精湛，能够解决技术难题，配合技术研发和工艺提升
中级技能人才	增材制造领域中级技能人才是增材制造设备操作及技术服务的主力军，熟练掌握技术操作要领，是相关企业的中坚力量
初级技能人才	增材制造领域初级技能人才基本掌握技术和独立操作设备，但随着技术革新和产业升级带来的技术提升，初级技能人才将越来越处于被淘汰的边缘

2. 科研型人才分类及特点

科研型人才是指主要从事增材制造专用材料研发、工艺技术优化、设备开发等相关领域研究的人才，根据不同的研究领域将其分为技术科研人才、材料科研人才和设备科研人才。1988年清华大学成立的激光快速成形中心开启了国内增材制造研究及科研人才培养的序幕。随后，西安交通大学、北京航空航天大学等国内一批高校、研究机构进入该领域，成为我国增材制造高水平、高层次科研人才的主要来源。增材制造科研型人才分类及特点见表附 3.2。

表附3.2　增材制造科研型人才分类及特点

分类	特点
技术科研人才	指对增材制造技术进行研究和基于未来需求进行创新研发的科研人才。目前，我国增材制造技术科研人才培养工作逐步开展，其中，华中科技大学的研究重点主要在激光粉末烧结技术，清华大学侧重于电子束增材制造技术和生物医学领域，北京航空航天大学和西北工业大学主要集中在金属增材制造技术的开发，西安交通大学的优势在于光固化领域
材料科研人才	指基于增材制造技术应用对材料特性进行研究和优化改进的科研人员。目前，我国增材制造材料科研人才主要集中在各所高校的材料学院和行业比较优秀的企业，研究成果如铂力特公司研发的金属增材制造用粉末材料、华曙高科公司研发的尼龙材料、Polymaker公司开发的 PEEK 工程塑料材料等
设备科研人才	指基于增材制造技术应用和行业应用模式进行相应的打印设备研发和改进优化的科研人员。目前，我国增材制造设备科研人才主要集中在行业各领域优秀的企业中，例如，铂力特公司的金属增材制造设备科研人员、华曙高科公司的尼龙增材制造设备科研人员、德迪科技公司的材料混构打印设备科研人员、先临三维公司的三维扫描等设备科研人员、联泰科技公司的光固化打印设备科研人员、北京太尔时代公司的增材制造设备研发人员等

3. 管理型人才分类及特点

管理型人才作为增材制造技术与市场能力的汇总者，是增材制造行业的管理型复合人才，需要对增材制造技术及其全产业链运作有着较为深刻的了解，拥有丰富的市场与商业知识、实践能力及管理技能，能从增材制造技术的应用入手，结合自身企业的实际发展情况和技术优势，与市场需求有机结合，准确定位自身的发展方式，确定适合企业自身发展的商业模式。按照工作分工，主要分为经营管理人才、市场管理人才和生产管理人才三类。增材制造管理型人才分类及特点见表附 3.3。

表附3.3　增材制造管理型人才分类及特点

分类	特点
经营管理人才	指具有较好的经营管理才能，对增材制造专业技术有一定的了解并能通过自己的经营管理能力把企业人员、资本、资源、技术信息等生产要素组织起来，提供增材制造产业链需要的产品与服务的综合型管理人才
市场管理人才	指对增材制造技术有着较为深刻的了解，拥有丰富的市场和商业知识及实践能力，能从增材制造技术的应用入手，协助企业快速创新出适合其自身发展的商业模式的创新型管理人才
生产管理人才	指熟悉增材制造工艺特点，充分了解增材制造技术实际应用和增材制造设备实际操作，能依据增材制造的生产特点及产品特性快速完成相关产品制造和应用服务的专业型管理人才

（二）供给能力分析

国内增材制造人才的培养主力是高校和职业院校，培养规模较小，供给能力有限。中国增材制造产业联盟估算，截至 2018 年年底，我国增材制造产业从业及科研人员规模约为 2 万人，并呈逐年上升趋势。从从业及科研人员的现状来看，除有技术经验的中高级人才短缺之外，复合型、骨干型、工程型和管理型人才的供给数量也明显不足。

1. 培养单位分析

当前，高校是增材制造人才培养的主力军，相关高校主要集中在北京、上海、江苏、广东以及陕西等增材制造产业优势区域。

近些年，随着增材制造技术及产业的不断发展，国内高校汇聚了一批具有代表性的增材制造研究团队，专注于培养硕士和博士研究生等高端研究型人才，培养规模不断扩大，毕业生流向主要集中于航天科技、航天科工、中航工业、中科院等各大企业和科研院所。国内主要增材制造人才培养高校基本概况见表附 3.4。

表附3.4　国内主要增材制造人才培养高校基本概况

培养单位	院系	所属地区	研究平台	团队建设 / 人才培养基本情况
清华大学	机械工程系	北京	国家 CIMS 工程技术研究中心、先进成形制造教育部重点实验室、生物制造与快速成形技术北京市重点实验室、清华大学生物制造中心	清华大学研究团队在增材制造、生物制造技术领域拥有多年的研究和开发经验，目前的研究方向为金属增材制造、生物 3D 打印等，特别是在电子束选区熔化及多材料和复合增材制造工艺与设备研发方面，在国内率先进行了探索和研究
西安交通大学	机械工程学院	西安	快速制造国家工程研究中心、快速成形制造技术教育部工程中心、陕西省激光快速成形与模具制造工程研究中心	拥有快速制造国家工程研究中心、快速成形制造技术教育部工程中心、陕西省激光快速成形与模具制造工程研究中心等科研基地。主要研究方向为增材制造（3D 打印）、数控装备于智能制造、微纳制造、生物制造，在国内开拓了增材制造、微纳制造、生物制造、高速切削机床等先进制造技术的研究
北京航空航天大学	材料学院材料加工工程与自动化系	北京	大型金属构件增材制造“国家工程实验室”	依托大型金属构件增材制造“国家工程实验室”和激光增材制造“国防科技工业研究应用中心”，从事钛、钢、镍、铝等高性能难加工合金构件增材制造及关键运动副零部件激光表面工程技术的基础、应用基础和工程化应用关键技术研究
西北工业大学	材料科学与工程学院	西安	凝固技术国家重点实验室	西北工业大学研究团队的主要研究领域为金属高性能增材制造技术（3D 打印）、凝固与晶体生长理论、大型复杂薄壁铸件精密铸造技术
华中科技大学	材料科学与工程学院	武汉	华中科技大学快速制造中心	华中科技大学快速制造中心以材料成形与模具技术国家重点实验室为依托开展研究，先后承担了国家科技支撑计划、国家 863 项目、国家科技重大专项、国家自然基金、国际合作以及一批省部级项目。在增材制造技术与装备、快速三维测量技术与装备、等静压成形技术、塑性成形技术与装备方面进行了大量的研究工作，形成了一支多学科、多层次的研究团队
华南理工大学	机械与汽车工程学院	广州	广东省金属增材制造工程技术研究中心	主要研究领域为增材制造、激光加工和现代焊接技术等，是国内最早开展激光选区熔化增材制造设备、工艺和应用研究的团队。研发出的 Dimetal-50、Dimetal-100、Dimetal-280 和 Dimetal-400 等系列金属 3D 打印设备，已在广州雷佳增材科技有限公司产业化，在个性化定制医疗器械、模具、航空航天零部件等方面得到了应用推广
杭州电子科技大学	生命信息与仪器工程学院	杭州	浙江省医学信息与生物三维打印重点实验室	研究团队的主要研究领域包括生物 3D 打印、再生和移植医学、药物筛选技术等

（续表）

培养单位	院系	所属地区	研究平台	团队建设 / 人才培养基本情况
上海交通大学	医学院 / 机械与动力工程学院	上海	上海交通大学医学 3D 打印创新研究中心	创新研究中心整合上海交通大学医学院及附属医院“医科”优势和校本部“工科”优势，以国家和上海市战略为导向，顺应现代医学发展潮流，聚焦医学 3D 打印技术，建立具有国际水准和影响力的多学科交叉研发团队，形成国内、国际知名的医学 3D 打印交叉研究、临床应用示范、成果转化和人才培养基地
北京工业大学	激光工程研究院	北京	北京市 3D 打印工程技术研究中心	研究中心针对 3D 打印材料、装备、软件和应用等方面，开展了 3D 打印关键技术的研究与开发，并与相关单位在基础研究、应用开发、成果转化等全研发链进行协同攻关。研究团队主要从事激光选区熔化技术在航空航天及医疗等领域的应用研究
大连理工大学	机械工程与材料能源学部	大连	辽宁省高校“原材料特种制备技术”重点实验室、辽宁省“激光 3D 打印装备及应用”工程技术研究中心	主要开展增材制造方法及工艺、材料数字化成形技术、材料成形过程的建模及仿真等方面的研究，在铸造过程模拟专用的软件体系、具有自主知识产权的轮廓失效激光 3D 打印方法、大型复杂金属件的近净形快速铸造技术、3D 打印几何模型的高效处理等方面取得研究成果
南京航空航天大学	材料科学与技术学院	南京	江苏省高性能金属构件激光增材制造工程实验室	江苏省高性能金属构件激光增材制造工程实验室瞄准我国航空航天、国防军工等领域的重大需求及激光增材制造前沿科学，基于关键科学研究、核心技术攻关、典型领域应用等多种形式，培育了一支创新型人才队伍
中北大学	材料科学与工程学院	太原	山西省铸造新工艺工程技术研究中心	中北大学自 1995 年开始对激光增材制造技术开展研究，开发了多种型号的工业级激光增材制造设备及配套成形材料，用于铸造用蜡模、砂型和砂芯快速成型，已在航空航天、兵器、汽车、军工等行业得到应用
沈阳航空航天大学	—	沈阳	沈阳航空航天大学增材制造中心	依托沈航建设的辽宁省高性能金属增材制造工程研究中心，现有各型号增材制造装备、分析测试设备近 10 台（套）。团队致力于增材制造装备、工艺、性能考核和应用等方面的研究工作，获得多项省部级以上奖励。研究成果已在某 3 代重型战机、4 代隐身战机、航空发动机等重点型号承力结构件制造、运维方面得到成功应用，解决批产和科研瓶颈难题，取得了显著的经济和社会效益

在职业教育领域，增材制造人才培养刚刚起步，正处于探索专业体系建设、健全人才培养模式阶段，主要面向增材制造设备制造、生产企业及增材制造应用企业，培养高素质、高技能应用型人才。国内部分职业院校人才培养基本概况见表附 3.5。

表附3.5　国内部分职业院校人才培养基本概况

培养单位	开设课程	培养目标
广州市白云工商技师学院	平面设计、产品设计表现技法、3D打印技术基础、电子技术基础、单片机原理与应用、机械制图、计算机辅助设计、设备原理与操作、3D扫描技术及应用、3D打印行业应用课程、综合实训等	面向珠三角地区，培养3D打印技能型人才，具备技术应用能力和工业设计能力，能够从事产品设计、3D扫描与逆向造型、设备操作、维修与管理等工作，有一定的自我学习能力、创新、创业能力和良好职业素养的高技能应用型人才
湖南信息职业技术学院	机械图样识读与绘制、机械传动装置分析与设计、零件精度设计与检测、逆向工程数据采集与处理、产品正向与逆造型设计、模具设计、数控编程等	主要面向智能制造行业，掌握机械数字化、智能化设计与建模
青岛电子学校	艺术/工业品的设计规范和建模技术、数据加工和逆向设计、3D打印的制作流程和工作原理、3D打印机设备操作等	培养具有较好3D产品创意设计能力和3D打印技术服务能力的高技能应用型人才
贵州省机械工业学校	电工基础、机械设计基础、设备控制基础、机械制造技术、数控设备及编程、CAD/CAM	培养松狮机械加工设备操作、工艺实施及生产设备安装调试、维护管理工作的中等专业人才
武汉职业技术学院——机电工程学院	机械制图、工程力学、工程材料、机械设计基础、机械加工基础、模具设计与制造、模具制造工艺、3D测量、3D制造、模具CAD/CAM/CAE等	培养学生掌握CAD/CAM/CAE最新应用技术、3D测量、3D制造，具有较强的模具设计与制造操作技能，成为从事模具设计与制造和生产管理的高技能人才
西安华中科技技师学院	计算机应用基础、3D打印技术导论、工程制图、程序设计（C）、电子技术、造型材料与工艺、单片机原理与接口技术、3D打印机组装与测试、工业设计、计算机辅助设计等	培养利用计算机建立数字模型基础，熟练运用3D打印机操作方法和各类相关软件的专业技术型新兴人才
青岛市技师学院	三维建模与3D打印、工程制图、ZBrush建模修模、SolidWorks应用基础、Photoshop图像处理等	培养具备3D打印技术应用能力，有一定自我学习、自我发展能力，能够创新并具备一定创业能力及团队合作等职业素养的高级技能应用型人才

对职业院校增材制造相关专业毕业生的就业领域进行取样调查统计显示，毕业生就业领域主要集中于模具制造、机械制造、机械加工、机电技术应用等领域。职业院校增材制造专业毕业生就业领域如图附3.2所示。

2. 专业建设情况

增材制造技术是信息技术、新材料技术与制造技术多学科融合发展的产物，涉及材料科学与工程、金属材料工程、高分子材料与工程、材料成型及控制工程、机械设计制造及其自动化、电气工程及其自动化、光学工程、软件工程等相关专业，而工程力学、物理学、测控技术与仪器、工业设计、生物工程等专业也与增材制造相关产业密切相关。当前，全国多数高校均开设了这些专业，为增材制造产业上、中、下游提供了大量的基础性人才。增材制造相关专业基本情况见表附3.6。

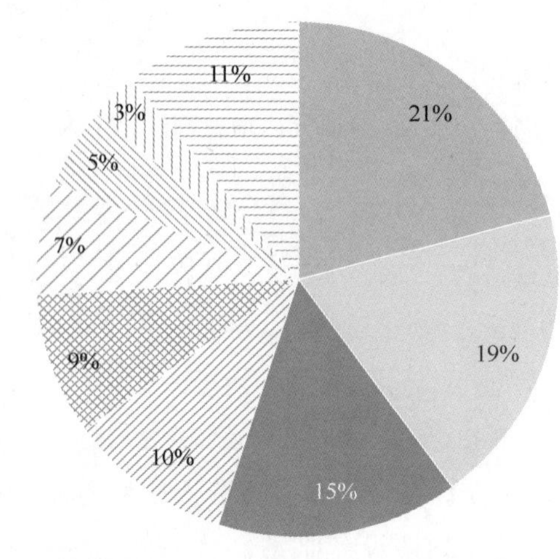

图附3.2　职业院校增材制造专业毕业生就业领域

表附3.6 增材制造相关专业基本情况

类别	人才供给相关专业
材料研发类	材料科学与工程、高分子材料与工程、材料物理、金属材料工程、复合材料与工程、生物材料等
工艺研究类	材料成型及控制工程、材料科学与工程、金属材料工程、复合材料与工程、工程力学等
设备开发类	电气工程及其自动化、机械工程、机械设计制造及其自动化、制造工程、机电一体化等
软件开发类	计算机科学与技术、软件工程、电子信息工程、网络工程、信息物理工程等
应用设计类	工业设计、艺术设计、数字媒体技术、机械设计等

目前，普通高等学校本科专业中未专门设置增材制造专业，仅开设增材制造领域的公共课程或基于传统专业开设“3D打印精英班”，部分地方高校结合区域经济发展需求，依托优势学科建设基础，跨学院、跨学科整合科技、人才资源，在研究生培养阶段增设增材制造相关学科或研究方向，开展相关领域系统性研究，培养复合型创新人才。部分高校增材制造课程 / 学科建设情况见表附 3.7。

表附3.7 部分高校增材制造课程/学科建设情况

学科 / 研究方向	基本情况
北京航空航天大学增材制造（3D打印）技术公开课	公开课由北京航空航天大学王华明院士主讲，课程形象描述了增材制造基本原理，科学、精炼地归纳和介绍了非金属模型及构件增材制造、生物组织及其器官增材制造“培养”、高性能金属构件增材制造三类增材制造技术及其主要作用和发展现状
西安交通大学机械工程3D打印国际精英班	该专业为全日制本科，专业方向依托机械工程专业，培养具有宽厚的基础科学理论，扎实的机械设计、制造及自动化的知识与技能，系统的增材制造基本理论，较强的增材制造工程实践能力、较强的创新能力、国际视野和社会责任感，使用数字化技术进行复杂产品开发的能力，使用自动化技术运作生产系统的能力，能在机械工程和增材制造（3D打印）相关领域从事产品开发、技术研发、科学研究、生产组织和管理等工作，具有行业专业人才潜质的高层次人才
北京工业大学3D打印中心激光3D打印技术研究方向	北京工业大学3D打印中心整合激光工程研究院、机械工程与应用技术学院、信息学部、生命科学与生物工程学院等单位研究团队，针对3D打印材料、装备、软件和应用等方面，开展3D打印关键技术的研究与开发，并与相关单位在基础研究、应用开发、成果转化等全研发链进行协同攻关。作为一个跨学科的科研平台，3D打印中心对师资队伍和结构进行调整，针对3D打印整个领域进行全覆盖，积极探索增材制造交叉学科人才培养新模式
上海大学增材制造与组织修复学科	本学科以培养综合性研究型和应用型人才为目标，注重培养学生在掌握本学科的基础理论知识和方法，机械工程、自动化、材料和计算机等多学科的专业知识的同时，深入掌握增材制造和生物制造等领域的专门知识。学科培养挂靠机电工程与自动化学院、上海大学—华中科技大学快速制造工程中心。以人类缺损组织 / 器官的修复与再生为主要研究目标和研究对象，研究以增材制造技术为核心的数字化建模理论与方法，生物材料设计，制备及评价的理论及方法，材料 / 细胞的增材制造制备工艺及装备的基础理论、方法和技术，增材制造的人工组织 / 器官修复体生物学性能分析与评价，以及与增材制造技术紧密相关的前 / 后端关键处理系统及装备等

此外，2018 年 3 月，人社部颁布了《全国技工院校专业目录（2018 年修订）》，决定自 2018 年秋季学期开始施行 2018 版技工院校专业目录，新目录中 01 机械类新增“3D 打印技术应用”专业。2018 年 12 月，教育部办公厅印发《关于征求对新版《中等职业学校专业目录》意见的函》，其中新版专业目录 05 加工制造类新增“增材制造技术应用”专业，对应职业（岗位）为模具设计工程技术人员、工具钳工。

3. 培养模式分析

根据培养主体不同，可将人才培养模式分为高校培养模式、职业院校培养模式、企业及科研机构培养模式、教育机构培养模式四类。

（1）高校培养模式

高校培养主要以学历教育为主，立足于结合创新型人才培养要素的宽口径基础教育。目前，众多高校开始涉足增材制造人才培养，以基础理论和应用型科学研究人才为目标，培养顺应技术和产业发展的创新型复合人才。高校的主要做法是积极探索增材制造人才培养模式，在本科阶段开设增材制造相关公共课程，研究生教育阶段开设增材制造相关学科或研究方向。

增材制造技术具有跨学科交叉、综合集成的特点，同时对学生的实践能力有着较高的要求。因此，无论是技术应用型人才还是研究型人才培养，各高校多采用“产学合作、协同育人”的培养模式，通过校外资源引入、企业合作、人才引进等方式强化实践能力培养。地方高校将人才培养、科学研究与地方区域经济发展服务相结合，开展校企地多元合作模式。随着技术的不断发展，增材制造行业对人才提出更高的要求，这意味着高校需要加快人才培养模式的变革速度，积极培养符合市场需求的创新型技术应用人才和科研人才。

（2）职业院校培养模式

职业院校增材制造人才培养模式与高校类似，但人才培养的定位更倾向于增材制造技术产业应用型人才，更多采用企业合作、定向培养和专业共建等方式，突出人才培养的就业导向，以实现职业教育与增材制造产业人才需求的高度契合。当前，职业院校设置“3D 打印技术应用”专业，依据地方产业发展特色，面向增材制造设备生产及应用企业，针对性地培养掌握 3D 建模与增材制造知识与技能，具备增材制造技术应用能力，能够从事增材制造产品设计、3D 测量与逆向造型、增材制造设备操作、维护与管理等工作的专业技能应用型人才。

（3）企业及科研机构培养模式

在增材制造人才匮乏的情况下，为满足企业快速发展的需求，企业内部通过开展校企合作、人才培训等方式承担起部分培养人才的职能。校企合作能够充分利用学校与企业、科研机构等多种不同教学环境和教学资源以及在人才培养方面的优势，把以课堂传授知识为主的学校教育转变为以直接获取实际经验、实践能力为主的生产、科研实践有机结合的教育形式，助力创新型人才培养质量和创新教育水平的提升。国内增材制造企业开展校企合作的情况见表附 3.8。

表附3.8　国内增材制造企业开展校企合作的情况

企业	合作高校	校企合作情况
先临三维科技股份有限公司	清华大学、浙江大学、华南理工大学、浙江机电职业技术学校等	公司与科研院所和高校保持“产、学、研”合作，努力推进新技术的研发和推广，例如，与清华大学、浙江大学等知名高校建设 3D 数字化或 3D 打印技术联合实验室，为企业技术创新注入新活力，也为企业技术人才的培养提供充裕的后备力量
中国航天科工集团增材制造创新中心	北京航空航天大学、西北工业大学等	在毕业生人才引进等方面，与北京航空航天大学、西北工业大学等国内多所高校建立了密切的合作关系
上海航天设备制造总厂	清华大学、华中科技大学、同济大学、上海交通大学等	与清华大学、华中科技大学、同济大学、上海交通大学等 10 余所高校开展相关领域的合作研究
南京中科煜宸激光技术有限公司	南京大学、南京航空航天大学、南京理工大学、天津工业大学、北京工业大学、南京工业大学等	与南京大学、南京航空航天大学、北京工业大学、南京工业大学等高校研究团队共同开展技术攻关研究
鑫精合激光科技发展（北京）有限公司	清华大学、北京工业大学等	与清华大学、北京工业大学等高校建立合作关系，开展技术研究

（续表）

企业	合作高校	校企合作情况
中航迈特粉冶科技（北京）有限公司	北京科技大学、南京工业大学、北方工业大学等	与北京科技大学、南京工业大学建立大学生就业实习基地；与北方工业大学建立实践教学基地
康硕集团	北京工业大学等	建立康硕集团北京工业大学激光工程研究院博士站；与北京工业大学 3D 打印工程技术研究中心签订战略合作协议
北京三帝科技股份有限公司	南京工业大学、哈尔滨工程大学、大连理工大学、江苏科技大学、北京石油化工学院、东北林业大学等	与南京工业大学、哈尔滨工程大学、大连理工大学、江苏科技大学、北京石油化工学院等高校建立联合实验室；与东北林业大学建立实习基地
西安点云生物科技有限公司	西安电子科技大学、西北工业大学、第三军医大学等	与西安电子科技大学材料学院共建产学研实践基地；与西北工业大学共建先进材料高性能计算联合创新中心；与第三军医大学共建 3D 生物打印骨组织工程实验室
南京铖联激光科技有限公司	南京航空航天大学、南京理工大学等	与南京航空航天大学、南京理工大学等高校建立合作伙伴关系，在新产品开发、科研攻关、人才培养的过程中，积累经验，提升研发水平
北京康普锡威科技有限公司	北京科技大学、北京工业大学等	与北京科技大学、北京工业大学等国内多所高校建立良好的人才交流机制
安徽春谷 3D 打印产业园	南京工业大学、哈尔滨工业大学、中国科学技术大学、安徽机电职业技术学院等	春谷 3D 打印产业园与多所高校建立校企合作关系，在实验室建设、人才培养等方面开展全方位合作

专业化培训能够根据市场和企业需求，短期内培育和提升增材制造人才能力，中国增材制造产业联盟对部分企业开展人才培训情况进行了调查统计。增材制造企业开展人才培训情况见表附 3.9。

表附3.9 增材制造企业开展人才培训情况

企业	企业人才培训情况
先临三维科技股份有限公司	公司年均培训 100 余场，培训人次 1290 人，人均培训 20 小时。通过开展最美和声、我为先临代言、围炉夜话、领导力通行证、小青豆训练营、职场达人训练营、技能大比拼等一系列内部品牌活动，从各个维度激发员工的学习和分享热情，全面提升员工的专业技能、知识水平以及工作幸福感
中国航天科工集团增材制造创新中心	近年来，中心已派出两批员工前往国外进行增材制造技术培训与学习，同时中心内部定期组织员工进行工艺技术与设备操作的专业化培训
中航迈特粉冶科技（北京）有限公司	中航迈特每年对研发人员、技术人员定期展开内部培训；参加学术会议，开拓员工视野，了解行业发展趋势；企业员工参加职业技能培训；不定期邀请外部专家对管理层、研发及技术人员进行相关培训
南京中科煜宸激光技术有限公司	中科煜宸每年投入近 20 万元，开展人才培训工作，保障公司人才队伍规范化建设、科学化管理
北京三帝科技股份有限公司	公司内部内训讲师定期组织开展专业知识的分享和交流；派骨干人员参与行业论坛或讲座
北京康普锡威科技有限公司	公司积极开展全方位的人才培训项目，包括管理、研发、前沿技术等方面，并积极邀请国内外专家开展培训工作
上海航天设备制造总厂	上海航天设备制造总厂每月开展内部培训，每年定期组织外部培训，加强人才培养，提升技术水平

（续表）

企业	企业人才培训情况
西安点云生物科技有限公司	2017 年，公司委托外部及内部培训达到 60 余场次，涉及医疗器械、3D 打印、质量管理体系等内容
康硕集团	公司内部不定期开展技术人员专业技术培训、市场人员增材制造技术及行业发展培训等

（4）教育机构培养模式

当前，社会教育机构纷纷进入增材制造领域，针对新形势下增材制造等热门行业用工形式及就业观念的转变，开展订单式专业技能人才培养，例如，商鲲智能制造学院、广州迪迈珠宝 3D 设计学院、朗恩 3D 打印教育学院等，探索培养增材制造新技术下的模具、设计、制造、开发、服务等多学科融合的高素质创新型技能人才。教育机构开展人才培养情况见表附 3.10。

表附3.10　教育机构开展人才培养情况

培训机构	开设课程	培养目标
商鲲智能制造学院	计算机应用基础、3D 打印技术导论、工程制图、程序设计、电子技术、造型材料与工艺、单片机原理与接口技术、3D 打印机组装与测试、ZBrush3D 雕刻、工业设计、快速建模、计算机辅助设计	能够掌握 3D 设计软件、逆向造型和 3D 扫描技术、设备的操作技能；掌握 3D 打印产品（零部件 / 模具）的简单的后期处理技巧等
广州迪迈珠宝 3D 设计学院	MATRIX、ZBRUSH 和 JEWELCAD 等珠宝设计软件	迪迈全力打造一套完善的 3D 珠宝设计在线教学平台，培养 3D 打印珠宝设计师
朗恩 3D 打印教育学院	3D MAGIC 立体影像 / 变图设计制作软件	培养掌握三维建模与 3D 打印的知识与技能，具备 3D 打印技术应用能力，能够从事 3D 产品设计

（三）行业需求分析

1. 人才需求规模分析

当前，我国增材制造企业超过 500 家，未来 3 年的人才需求规模预计达到 5 万人以上。人力资源咨询机构 WANTED Analytics 发布的全球增材制造行业人员招聘与雇佣趋势报告显示，近 4 年来市场对具备增材制造相关技能的人员需求量持续上升，发布的招聘广告数量增长 18 倍。

2018 年年底，中国增材制造产业联盟对国内增材制造领域 36 家重点企业从业人员规模进行了摸底统计。国内增材制造领域主要企业从业人员规模（2018 年 11 月统计）见表附 3.11。

表附3.11　国内增材制造领域主要企业从业人员规模（2018年11月统计）

企业名称	所在地区	企业性质	业务范围	从业人员规模（人）	2018 年人才引进（人）
先临三维科技股份有限公司	浙江	民营	3D 扫描、增材制造、3D 机器人引导系统	884	250
西安铂力特增材技术股份有限公司	陕西	民营	金属增材制造设备、原材料、工艺设计开发、软件定制化产品	400	—
浙江闪铸三维科技有限公司	浙江	民营	3D 打印软件、设备、耗材及服务	357	101

（续表）

企业名称	所在地区	企业性质	业务范围	从业人员规模（人）	2018 年人才引进（人）
湖南华曙高科技有限责任公司	湖南	民营	金属 / 尼龙增材制造设备制造、材料开发及服务	280	—
南京中科煜宸激光技术有限公司	江苏	民营	增材制造装备、核心器件及金属粉末研发等	165	49
北京康普锡威科技有限公司	北京	国有	专用材料研发与服务	146	—
鑫精合激光科技发展（北京）有限公司	北京	民营	装备生产、软件定制开发、技术咨询与服务等	142	142
广东峰华卓立科技股份有限公司	广东	民营	砂型增材制造装备研发与制造、技术服务等	131	—
北京三帝科技股份有限公司	北京	民营	工业级 3D 打印系统、3D 打印精准医疗应用等	103	29
康硕集团	北京	民营	增材制造技术、研发、材料、工艺等	103	20
北京太尔时代科技有限公司	北京	合资	为工业设计、小批量生产和教育等各领域提供增材制造解决方案	96	9
中航迈特粉冶科技（北京）有限公司	北京	民营	增材制造专用金属材料研发与生产	60	18
芜湖西通三维技术有限公司	安徽	民营	FDM、SLA、DLP 系列 3D 打印机生产及软件开发	54	—
上海航天设备制造总厂	上海	国有	增材制造装备生产、工艺研发、软件开发及应用服务等	40	40
航天科工增材制造创新中心	北京	国有	集原材料、装备、应用及系统解决方案服务于一体的全产业链	23	3

从企业性质来看，人才需求主要集中在民营企业。从规模来看，从业人员规模在 100 人以上的企业人才需求旺盛。其中，先临三维科技股份有限公司 2018 年人才引进量达到 250 人次，占从业人员总规模的 28.3%，应届生占 2018 年人才引进量的 16.8%，主要来源于中国民航大学、浙江工业大学、杭州电子科技大学、马斯特里赫特大学等高校。

据统计，在 2016—2018 年的 3 年间，企业人才引进规模逐年增长，年均增速超过 20%。2018 年，企业人才引进总量 661 人，应届生数量 97 人，比 2017 年分别增长 10.7% 和 15.4%。调查发现，人才流失问题普遍存在，成为制约民营企业健康稳定发展的主要障碍之一。

增材制造从业人员流动原因占比统计如图附 3.3 所示，部分企业人才流失率达到 30% 以上。企业反馈人才流失的原因主要集中在个人职业发展、企业薪酬福利、企业人员优化等方面。全球咨询公司 Alexander Daniels Global 的调查结果显示，增材制造行业从业人员的流动原因集中在企业薪酬、项目吸引力、环境 / 文化、福利、职业发展、通勤 / 居住地变更、挑战性等方面，其中，薪酬、职业发展和通勤 / 居住地变更等占比较高，分别为 70%、65%、65%。

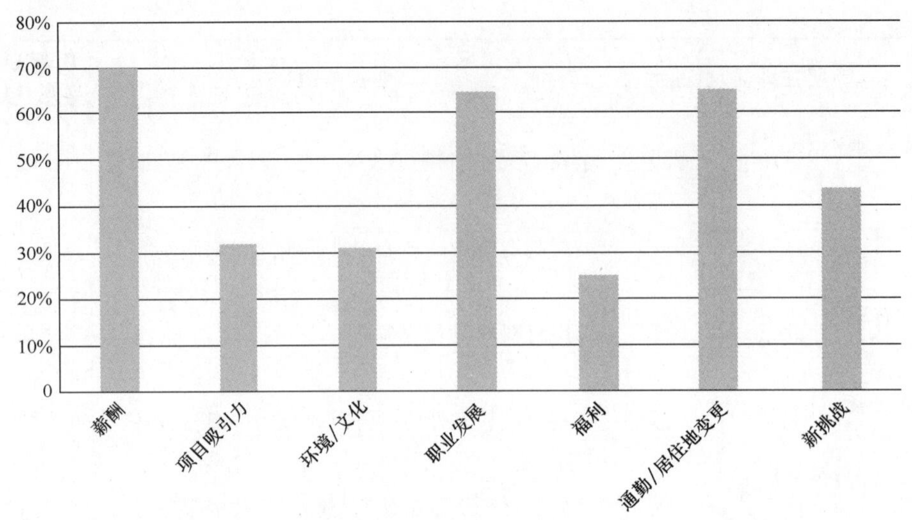

数据来源：Alexander Daniels Global

图附3.3　增材制造从业人员流动原因占比统计

2. 人才需求结构分析

根据中国增材制造产业联盟对 36 家重点联系的企业从业人员开展的基本情况调查，统计结果显示如下所述。

（1）从性别结构来看，男性是增材制造行业从业人员的主体，占比达到 68.6%，女性占比为 31.4%。企业从业人员性别结构如图附 3.4 所示。

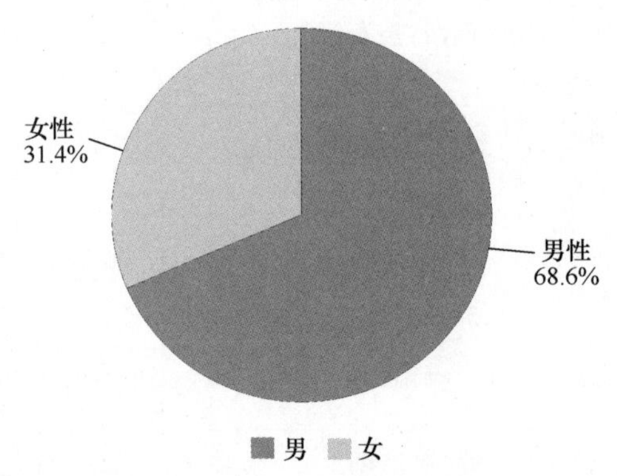

图附3.4　企业从业人员性别结构

（2）从年龄结构来看，增材制造产业从业人员年龄主要集中在 35 岁以下，占总人数的 72.9%，人员结构相对年轻化，随着人才培养规模的不断扩大，后备力量逐步增加，有利于中小型企业的持续发展。企业从业人员年龄结构见图附 3.5。

（3）从学历结构来看，本科及以上学历从业人员比例占到 50.7%，其中硕士占比 35.1%，博士及以上占比 3.2%，行业整体学历水平相对较高。另外，企业从业人员专科及以下学历占比达到 49.3%，这也凸显出职业教育在技能人才培养中的重要作用。企业从业人员学历结构如图附 3.6 所示。

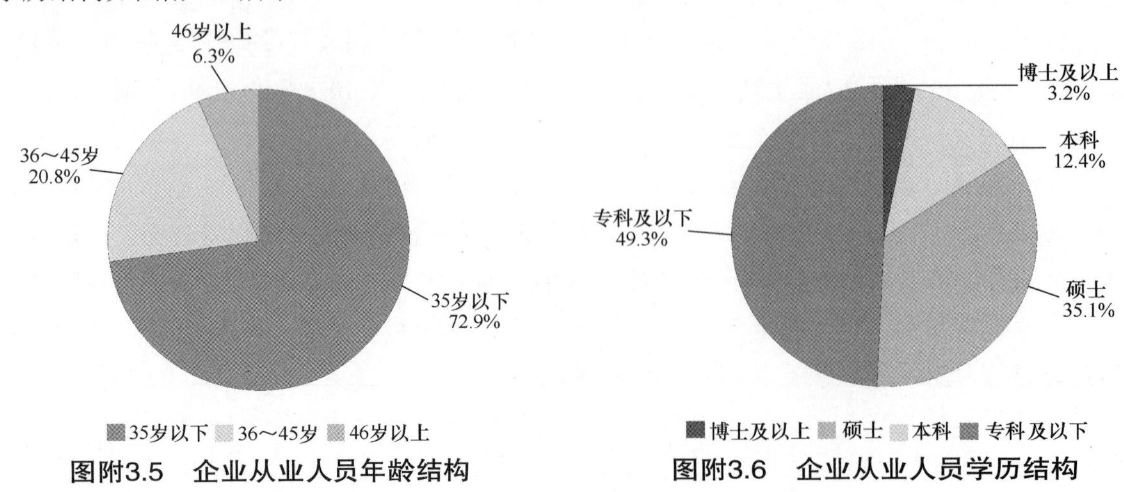

图附3.5　企业从业人员年龄结构　　**图附3.6　企业从业人员学历结构**

3. 人才需求能力分析

增材制造技术综合性较强，按照人才所处产业链差异，相关企业对人才能力要求也不相同。人才需求总体能力要求见表附 3.12。

表附3.12 人才需求总体能力要求

产业链	增材制造代表企业	人才能力总体要求
上游	无锡飞而康、浙江亚通焊材、中航迈特、深圳光华伟业、大族激光等	了解并掌握机械工程、计算机技术、数控技术、材料科学、生物工程等不同学科的专业基础知识，精通增材制造技术工艺、设备、材料等知识，拥有极强的创新意识和研发能力
中游	湖南华曙高科、西安铂力特、南京中科煜宸、鑫精合、先临三维、隆源成型、清研智束等	侧重于机械制造、机械控制、软件算法以及材料配方等与市场需求紧密相关技术应用层面的专业基础。精通增材制造工艺、设备、材料等知识，具备敏锐的市场嗅觉，较强的研发能力
下游	上海极臻三维、青岛三迪时空等	熟悉增材制造技术工艺、设备、材料等知识，深刻了解增材制造技术及其产业链的运作，拥有丰富的市场和商业知识与实践能力，具备极强的商业创新意识

4. 人才需求岗位分析

根据中国增材制造产业联盟对 36 家重点企业人才需求岗位的统计，结果显示：业务销售、软件工程师、材料 / 工艺研发工程师、应用工程师等岗位占比较高，分别为 18%、16%、13%、10%。重点企业岗位需求情况如图附 3.7 所示。

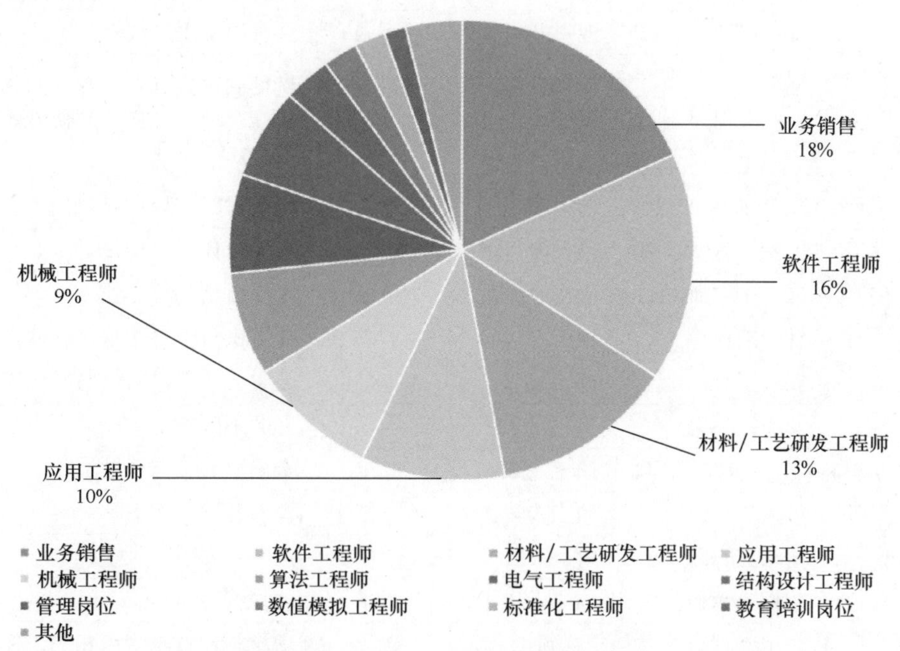

图附3.7 重点企业岗位需求情况

未来数年，增材制造行业对人才的需求逐步增加，尤其是销售、工艺研究、材料开发以及工程应用和服务等专业人员。随着越来越多的企业进入市场，经验丰富的专业销售人员需求旺盛。由于制造商越来越多地采用开源平台，材料开发企业的增加加大了对具有材料开发能力人才的需求。同时，随着增材制造技术的应用程度不断深化，将需要更多的工程专业人员。通过对人才需求岗位情况的统计也可以发现，行业已经对增材制造的智能化趋势做出了反应，目前正在寻求更多的软件开发专业人员，尤其是具备云解决方案等专业知识的人才。部分企业提供的 2018 年岗位需求统计数据见表附 3.13。

表附3.13　部分企业提供的2018年岗位需求统计数据

<table>
<tr><th>企业</th><th>岗位</th><th>学历</th><th>年限</th><th>职业描述 / 专业领域</th></tr>
<tr><td rowspan="8">先临三维科技股份有限公司</td><td>材料 / 工艺研发工程师</td><td>硕士及以上</td><td>不限</td><td>材料开发或工艺开发工作</td></tr>
<tr><td>结构设计工程师</td><td>硕士及以上</td><td>不限</td><td>产品结构设计工作</td></tr>
<tr><td>软件工程师</td><td>硕士及以上</td><td>不限</td><td>上位机软件开发工作</td></tr>
<tr><td>算法工程师</td><td>硕士及以上</td><td>不限</td><td>算法开发工作</td></tr>
<tr><td>应用工程师</td><td>本科及以上</td><td>不限</td><td>产品应用案例搜集及推广工作</td></tr>
<tr><td>标准化工程师</td><td>本科及以上</td><td>1 年及以上</td><td>标准化文件整理及制订工作</td></tr>
<tr><td>业务销售岗</td><td>本科及以上</td><td>2 年及以上</td><td>公司产品的营销推广工作</td></tr>
<tr><td>管理岗</td><td>硕士及以上</td><td>5 年及以上</td><td>相应业务负责及团队管理工作</td></tr>
<tr><td>南京中科煜宸激光技术有限公司</td><td>软件工程师</td><td>本科及以上学历（211、985院校优先）</td><td>8 年</td><td>① 计算机、软件工程等相关专业
② 拥有丰富产品开发或测试经验，熟悉 BS/CS 架构，掌握 C 语言、Java、.net、Oracle、MySQL 等编程或产品测试
③ 熟悉需求分析或解决方案文档的编写，具备良好的文档编制逻辑和书写规范</td></tr>
<tr><td rowspan="4">中航迈特粉冶科技（北京）有限公司</td><td>材料 / 工艺研发工程师</td><td>本科及以上</td><td>不限</td><td>金属粉末材料研发生产工作</td></tr>
<tr><td>机械工程师</td><td>大专及以上</td><td>5 年以上</td><td>设备设计、机械仿真、图纸绘制、设备安装调试</td></tr>
<tr><td>业务销售岗</td><td>专科及以上</td><td>不限</td><td>市场开拓、产品销售</td></tr>
<tr><td>技术骨干</td><td>专科及以上</td><td>不限</td><td>金属粉末生产技术</td></tr>
<tr><td rowspan="3">上海航天设备制造总厂</td><td>结构设计工程师</td><td>硕士及以上</td><td>不限</td><td rowspan="3">机械制造及其自动化、机械电子工程、机械设计及理论、航空宇航制造工程、电气工程、自动化等专业</td></tr>
<tr><td>机械工程师</td><td>硕士及以上</td><td>不限</td></tr>
<tr><td>电气工程师</td><td>硕士及以上</td><td>不限</td></tr>
<tr><td rowspan="6">中国航天科工集团增材制造技术创新中心</td><td>材料 / 工艺研发工程师</td><td>硕士及以上</td><td>3 年以上</td><td>金属材料工程、材料加工工程等专业</td></tr>
<tr><td>机械工程师</td><td>硕士及以上</td><td>3 年以上</td><td>机械设计与自动化等专业</td></tr>
<tr><td>电气工程师</td><td>硕士及以上</td><td>3 年以上</td><td>电气自动化等专业</td></tr>
<tr><td>软件工程师</td><td>硕士及以上</td><td>3 年以上</td><td>计算机科学与工程、软件工程等专业</td></tr>
<tr><td>算法工程师</td><td>硕士及以上</td><td>3 年以上</td><td>数学、计算机科学与工程等专业</td></tr>
<tr><td>业务销售岗</td><td>本科及以上</td><td>3 年以上</td><td>专业不限</td></tr>
<tr><td rowspan="6">北京三帝科技股份有限公司</td><td>材料 / 工艺研发工程师</td><td>硕士及以上</td><td>3 年</td><td>金属材料工艺开发工作</td></tr>
<tr><td>机械工程师</td><td>硕士及以上</td><td>2 年</td><td>设备开发工作</td></tr>
<tr><td>电气工程师</td><td>硕士</td><td>3 年</td><td>电气开发工作</td></tr>
<tr><td>软件工程师</td><td>硕士及以上</td><td>2 年</td><td>软件编程工作</td></tr>
<tr><td>应用工程师</td><td>硕士</td><td>3 年</td><td>增材制造技术应用相关工作</td></tr>
<tr><td>业务销售岗</td><td>大专及以上</td><td>3 ～ 5 年</td><td>负责市场开拓、客户关系维护</td></tr>
<tr><td rowspan="2">北京康普锡威科技有限公司</td><td>材料 / 工艺研发工程师</td><td>硕士</td><td>不限</td><td>具备金属材料、热处理专业知识基础</td></tr>
<tr><td>软件工程师</td><td>硕士</td><td>不限</td><td>拥有增材制造相关经验</td></tr>
</table>

（续表）

企业	岗位	学历	年限	职业描述 / 专业领域
北京锐海三维科技有限公司	材料 / 工艺研发工程师	硕士及以上	3 年以上	① 材料相关专业 ② 具有良好的表达和沟通能力，高度责任心，工作认真细致 ③ 具备良好的服务意识与团队协作精神
	结构设计工程师	本科及以上	3 年以上	① 机械设计及自动化相关专业 ② 2.5 年以上电子产品设计（机箱、机柜等结构件设计）相关工作经验，具备电磁兼容等理论知识 ③ 精通 Solidworks、AutoCAD 等制图软件，具有 3D 建模能力，会编写相应的作业文件 ④ 具有结构仿真和力学计算、电机选型、非标设备设计等能力
	机械工程师	本科及以上	3 年以上	能独立完成整台机器的项目方案、产品、夹具、治具和零部件的设计，掌握配件的加工工艺，能组织与监督技术员进行设备组装工作，有对机器性能调试及处理产品售后问题的能力
	软件工程师	本科及以上	3 年以上	负责点云软件的开发，基于点云数据的数据处理、算法以及面向机器人 / 无人驾驶的深层次领域。要求精通 C++、QT，掌握多线程编程、底层驱动开发技术，熟悉 PCL、OPENGL、VTK、ROS 平台，TCP/IP、UDP 传输协议，通信接口开发等
	业务销售岗	大专及以上	3 年以上	① 负责公司产品的销售及推广 ② 根据市场营销计划，完成部门销售指标 ③ 开拓新市场，发展新客户，增加产品销售范围 ④ 负责辖区内市场信息的收集及竞争对手的分析 ⑤ 负责销售区域内销售活动的策划和执行，完成销售任务
	管理岗	本科及以上	3 年以上	① 熟悉行政管理知识及工作流程，熟练运用 Office 等办公软件 ② 工作仔细认真、责任心强、为人正直，具备较强的书面和口头表达能力 ③ 性格活泼开朗、头脑灵活、气质佳、有亲和力，具有一定的办公室后勤管理工作能力
浙江闪铸三维科技有限公司	材料 / 工艺研发工程师	大专及以上	3 年以上	电子机电类
	机械工程师	本科及以上	3 年以上	机电类
	电气工程师	大专及以上	3 年以上	电子类
	软件工程师	本科及以上	3 年以上	电子机电类
南京铖联激光科技有限公司	材料 / 工艺研发工程师	博士	3 年	增材制造研究领域
	机械工程师	本科	3 年	机械 / 自动化
	电气工程师	本科	2 年	电气 / 机电一体化
	软件工程师	本科	2 年	软件类
	业务销售岗	本科	1 年	不限

（四）薪酬情况分析

全球咨询公司 Alexander Daniels Global 对欧洲、美国、亚太地区增材制造行业中包括设备商、材料商、软件开发商等在内的 5000 名专业人员薪酬情况调查结果显示，对于拥有 2 ～ 5 年工作经验的增材制造从业人员，美国的薪酬水平普遍高于欧洲和亚太地区，其中，研发与工程岗位从业人员年薪达到 100000 美元，其次是应用与咨询岗位、软件开发岗位。全球增材制造行业不同岗位薪酬情况（2 ～ 5 年工作经验）如图附 3.8 所示。

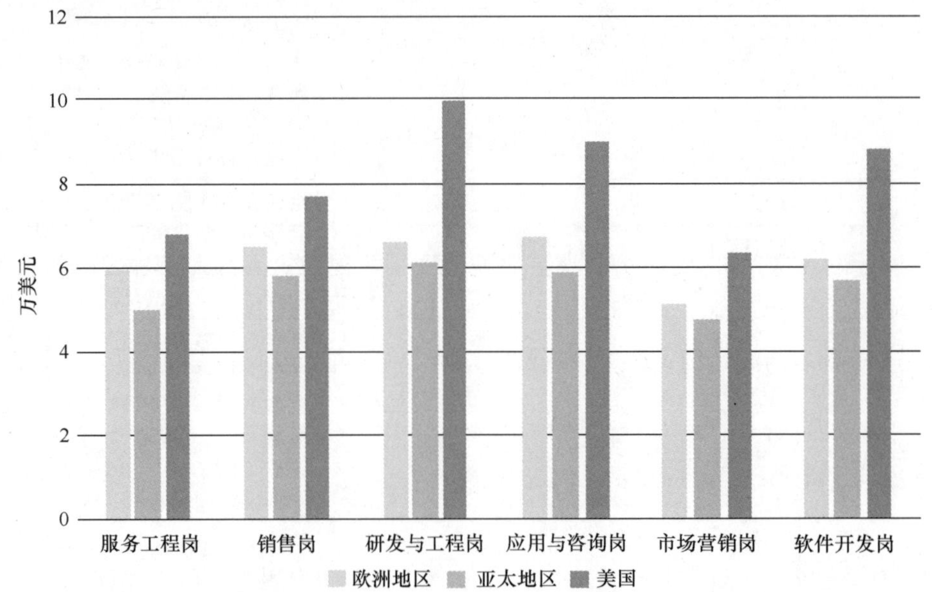

数据来源：Alexander Daniels Global

图附3.8　全球增材制造行业不同岗位薪酬情况（2～5年工作经验）

在全球范围内，2017 年增材制造行业从业人员薪酬平均涨幅为 9%。为了与其他行业竞争人才，可以看到初级专业人士（工作经验 2 年以内）薪酬涨幅更高。Alexander Daniels Global 认为，增材制造市场的日益成熟是薪酬显著增长的一个重要因素。全球增材制造行业不同岗位薪酬涨幅情况见表附 3.14。

表附3.14　全球增材制造行业不同岗位薪酬涨幅情况

岗位	薪酬现状
服务工程岗	通过良好的售后服务，企业可以从竞争对手中脱颖而出并获得竞争优势，服务工程岗位专业人员需求显著增长。2017 年，欧洲地区的服务工程岗位薪酬较前一年相比涨幅达到 20%，在美国和亚太地区，薪酬涨幅较为温和，但高端人才薪酬却有所增加
产品销售岗	熟练的销售专业人员是目前增材制造行业最受欢迎的人才，特别是具备技术背景、了解产品应用领域工艺、了解机械和设备原理的销售工程师。此外，软件和材料方面的销售人员需求也在不断增加。近年来，销售岗位薪酬稳步增长，增长率为 10% ～ 13%
研发与工程岗	在美国，拥有 10 年以下经验的研发人员，薪酬平均涨幅达到 24%，在欧洲和亚太地区，薪酬增长幅度约 6%。美国通过更高的薪酬，来吸引全球顶尖人才，推动增材制造技术的研发技术攻关
应用与咨询岗	在应用和咨询方面，亚太地区和美国的薪酬平均水平保持相对稳定。而在欧洲，拥有 10 年以下经验的专业人员，薪酬平均涨幅达到 13%。此外，在美国，初级专业人士（0 ～ 2 年工作经验）薪酬涨幅高达 27%，这是市场成熟的一个重要标志
市场营销岗	在市场营销专业人员中，拥有 10 年以下工作经验的人员薪酬平均增长率为 8%
软件开发岗	随着软件成为增材制造行业的一个重要的差异化因素，我们可以看到薪酬的大幅增长。2017 年，欧洲地区涨幅 14%，美国涨幅 8%，亚太地区涨幅不高。增材制造业务必须与物联网、虚拟现实、人工智能和大数据等其他新兴行业竞争相同的软件人才，因此必须跟上薪酬的竞争

增材制造行业从业人员的薪酬与从业人员的学历背景、工作经验关联度较高。我国增材制造重点企业应届毕业生的薪酬水平见表附3.15。从全行业平均薪资来看，国内增材制造行业的整体薪酬处于中上游水平。但由于近些年产业的快速发展，人才培养与产业增速不匹配，造成各企业间出现人才争夺的情况，人才流动速度加快，企业用工成本增加。同时，民营企业面临招工难、用工难的问题。

表附3.15 我国增材制造重点企业应届毕业生的薪酬水平

应届毕业生学历	年薪范围（元）
大专及以下	0～8万
本科	6万～12万
硕士	10万～15万
博士及以上	12万～18万

与国外情况相比，国内增材制造从业人员的薪酬水平普遍较低，主要原因有两点：一是国内增材制造产业发展的规模依然较小，众多民营企业经营困难，从业人员的薪水无法在短时间内得到明显提升；二是国内增材制造行业还未建立起明确的薪资标准，这意味着企业给出的薪资无据可依，薪资差异化明显。

二、中国增材制造产业人才政策概览

（一）国家层面

人才是发展壮大战略性新兴产业的首要资源，我国高度重视增材制造产业人才发展，出台了一系列政策破解人才短缺难题。

1.《“十三五”国家战略性新兴产业发展规划》

2016年12月19日，国务院印发了《“十三五”国家战略性新兴产业发展规划》，指出要打造增材制造产业链，并提出加强人才培养与激励：一是培养产业紧缺人才，实施战略性新兴产业创新领军人才行动，聚焦重点领域，依托重大项目和重大工程建设一批创新人才培养示范基地，重点扶持一批科技创新创业人才；二是鼓励科技人才向企业流动，落实国家对科研人员的各项激励措施，鼓励企业通过股权、分红等激励方式，调动科研人员的创新积极性；三是充分利用全球人才，在充分发挥现有人才作用的基础上引进培养一批高端人才。

2.《增材制造产业发展行动计划（2017—2020年）》

2017年11月30日，工业和信息化部、国家发展和改革委员会、教育部等十二个部门联合印发了《增材制造产业发展行动计划（2017—2020年）》，提出要健全增材制造人才培养体系，推进产学合作协同育才，扩大增材制造相关专业人才培养规模，加强配套支撑的课程设计、教材开发、师资队伍、专门实验室等方面的建设，建成一批人才培养示范基地。加强海外高层次科技、经营人才的引入和国际化人才的培养，建立和完善人才激励机制，落实科研人员科技成果转化的股权、期权激励和奖励等收益分配政策，形成与增材制造产业发展需求相适应的人力资源管理体系。

3.《普通高中课程方案和语文等学科课程标准（2017版）》

2017年12月29日，教育部印发了《普通高中课程方案和语文等学科课程标准（2017年版）》，3D打印被纳入《17-1834普通高中通用技术课程标准》和《17-1847普通高中信息技术课程标准》两大文件，并于2018年秋季开始执行。在教学内容上，修订后的课程更加与时俱进，努力呈现政治、经济、文化、科技等发展的新成就、新成果。在信息技术和通用技术课程要求中，学生将学习了解3D打印、物联网、人工智能、智能家居等新技术，同时还将培养学生的创客精神和创业能力。

4.《全国技工院校专业目录（2018年修订版）》

2018年4月10日，人社部颁布了《全国技工院校专业目录（2018年修订）》（以下简称"《目录》"），决定自2018年秋季学期开始施行2018版技工院校专业目录。新目录涵盖15个专业大类，280个专业，列举了54个专业方向，其中新增第一大类专业机械类专业明确有"3D打印技术应用"等新兴技术。《目录》更加全面地体现了我国经济社会发展的新形势和新需求，反映出国家对3D打印等新兴技术人才培养的重视。

5.《中等职业学校专业目录（征求意见稿）》

2018年12月24日，教育部办公厅发布了《关于征求对新版《中等职业学校专业目录》意见的函》，《中等职业学校专业目录（征求意见稿）》中"05加工制造类"新增"增材制造技术应用"专业，对应职业（岗位）为模具设计工程技术人员、工具钳工。目录的修订更好地体现了新技术革命和产业升级对职业教育的新要求，促进专业对接产业，有利于引导中等职业学校科学合理设置和调整专业，提高人才培养质量。

（二）地方层面

近年来，北京、陕西、浙江、湖北、广东、黑龙江等地方政府纷纷出台促进增材制造产业发展的政策，其中包括人才配套政策等内容，以期抢抓机遇，通过人才竞争占领增材制造产业高地。地方出台的增材制造相关人才政策见表附3.16。

表附3.16　地方出台的增材制造相关人才政策

省份	增材制造产业人才政策情况
北京市	2014年1月6日，北京市科委印发《促进北京市增材制造（3D打印）科技创新与产业培育的工作意见》，提出要"构建3～4个以企业为主体，产学研用协同创新的3D打印技术创新研究院或应用服务平台，推动我市成为引领全球的3D打印技术高地和人才聚集地""加强人才引进和培养力度，形成一批3D打印自主创新领军人才和团队"等。 2017年1月13日，北京市印发《北京市"十三五"时期现代产业发展和重点功能区建设规划》，提出要推进增材制造装备等高端装备制造智能化、精细化发展。人才队伍建设上要"集聚全球高端产业人才，集聚全球高端产业人才，强化创新型人才培养"
黑龙江省	2017年5月16日，黑龙江省政府印发《黑龙江省增材制造（3D打印）产业三年专项行动计划（2017—2019年）》，提出要开展跨行业、跨地区、跨领域的协同创新，整合互补性资源，协作开展专业人才培养、技术培训等工作，以服务本省装备制造业，带动传统制造业转型升级，加快推动智能制造发展
上海市	2016年7月1日，上海市印发《上海市制造业转型升级"十三五"规划》，提出加快发展增材制造等战略性新兴产业。构建人才发展体系要"以重大项目为载体，引进制造业领域科技前沿、具有国际视野和能力的领军人才和创新团队，鼓励校企联合培养科技人才、管理人才和技能人才，实施领军人才、青年英才、首席技师等计划，建设高技能人才培养基地""推动新型学徒制、转岗员工再培训等试点，开展在岗人员学力提升计划""完善科研人员兼职兼薪及离岗创业管理政策，健全用人单位和第三方专业机构等市场主体评价人才机制""逐步建立与国际接轨的多层次人才薪酬、考核、管理等相关制度"

（续表）

省份	增材制造产业人才政策情况
江苏省	2018 年 8 月 28 日，江苏省印发《江苏省增材制造产业发展三年行动计划（2018—2020 年）》，提出要健全人才培养体系。推进产学合作协同育才，扩大增材制造相关专业人才培养规模，加强配套支撑的课程设计、教材开发、师资队伍、专门实验室等方面的建设，建成一批人才培养基地。加强海外高层次科技、经营人才的引入和国际化人才的培养，建立和完善人才激励机制，落实科研人员科技成果转化的股权、期权激励和奖励等收益分配政策，形成与增材制造产业发展需求相适应的人力资源管理体系
浙江省	2017 年 5 月 5 日，浙江省高端装备制造业（智能制造）协调推进小组办公室印发《2017 年浙江省推进智能制造工作要点》，提出要加强与浙江大学工程师学院合作，支持装备制造骨干企业技术人员报考相关专业研究生，为浙江智能制造发展培养急需和适用人才。 2018 年 6 月，浙江省政府新闻办召开浙江高端人才集聚政策发布会，指出要全面推行“人才 +”行动，“千人计划”“万人计划”主要支持数字经济、人工智能、高端装备、增材制造、科技金融等浙江省重点发展领域
安徽省	2017 年 7 月 27 日，安徽省芜湖市繁昌县印发《关于 3D 打印智能装备产业集聚基地发展若干政策规定（征求意见稿）》，提出“对符合芜湖市人才分类目录的国内外拔尖人才、领军人才、高端人才或年薪 12 万以上的其他人才在繁创业就业期间，给予地方财政贡献奖励，奖励标准为其缴纳的个人所得税地方留成部分”，同时对符合条件的人才给予多项优惠政策
湖北省	2017 年 1 月 17 日，湖北省经信委印发《湖北省智能制造装备“十三五”发展规划》，提出要重点发展智能增材制造装备，聚焦创新资源，加强关键技术创新，面向创新应用抢抓产业链衍生制高点，构建创新型人才高地
广东省	2017 年 8 月 17 日，广东省印发《广东省战略性新兴产业发展“十三五”规划》，提出要推进增材制造等智能制造高端化发展，人才发展方面要“深化人才发展体制机制改革和政策创新，加速集聚掌握核心技术、引领产业发展的高端人才，强化利益激励机制，最大限度激发创新活力和创造潜能”
陕西省	2016 年 10 月 8 日，陕西省发改委印发《陕西省增材制造产业发展规划（2016 年—2020 年）》，提出要夯实人才队伍建设，一是依托现有增材制造研究中心及实验室，重点培养增材制造核心带头人、专业团队、企业骨干技术人员等应用型人才，对于取得重大研究成果的团队或个人给予相应的奖励。二是发挥本省高校院所优势，加快增材制造产业相关学科建设，着力构建增材制造人才实训基地，全面培养研发、管理和技能型人才。三是制定科研人员成果转化的股权、期权等收益分配激励政策。四是积极争取“千人计划”等项目对增材制造领域倾斜，在落户、住房、子女入学等生活和工作条件方面给予政策切实优待，吸引一批海外领军人才和专业团队来陕创业

三、我国增材制造人才短板分析

（一）人才数量不足

人才短缺正在成为制约我国增材制造产业发展的主要短板之一。中国增材制造产业联盟预测，未来数年，增材制造领域研发、工程、设计、应用等方面的人才数量短缺将达到 800 万规模。造成人才数量短缺的原因主要有三点：一是我国增材制造人才培养体系尚未完善，各层次人才培养跟不上新技术的快速发展；二是增材制造产业发展尚处于起步阶段，产业规模较小，企业研发能力薄弱，不足以支撑长期自主的人才培养；三是受行业环境、企业管理、薪酬制度及个人职业发展规划等因素的影响，民营企业人才流失问题普遍存在。

（二）培养能力较差

高校方面，学科建设不完善，多学科协同创新及交叉学科科研课题匮乏，限制了增材制造复合型人才的培养，同时我国在增材制造原创性技术研发方面存在一定的差距，学生创新能力培养水平有待提升；职业院校方面，课程培养方案尚处于探索阶段，师资力量薄弱，培养模式单一，缺乏切合工程实际的人才培养体系和机制，同时我国职业教育受重视程度不够，暂不具备培养高级技能人才的能力；此外，企业作为人才培养的重要渠道，还未发挥出相应的作用，行业内大部分企业对人才培训缺乏认识，培训体系不完整，人力资源竞争力不足。

（三）管理人才匮乏

当前，我国增材制造管理人才主要依靠国内现有科研团队或企业自身培养，通过实际的增材制造产业链运作和商业模式创新应用等来持续提升自身的管理经验和技能，逐步成长为符合增材制造行业特点的复合型管理人才。但是，现有的增材制造管理人才培养模式和渠道过于单一，大多数企业管理人员还是基于传统思维方式去推动增材制造技术应用及服务，未建立基于增材思维的管理模式和方法去推动企业增材制造技术应用及服务，同时也会造成我国增材制造管理人才发展出现断层，不利于后续我国增材制造产业链的高质量发展。

（四）缺少权威认证

我国增材制造人才认证工作尚处于起步阶段，人才认证方案不规范，培养考核标准不统一，相关认证市场认可度不高，未能形成增材制造行业标准化的技能水平测试和能力证明体系。人才认证工作的缺失使增材制造人才的培养缺乏指导，培养方向、目标、标准不明晰，人才的遴选、甄别、招聘、晋级缺乏客观指导标准和参考。破解“缺乏认证导致的人才短板”难题，亟须行业组织联合企业、高校资源，面向社会组织开展增材制造领域不同层次紧缺技能人才的考核与认证，注重学员实际应用能力的评测，打造具有权威性、领先性、实践性的增材制造认证证书，加快推动产业人才的培养与储备进程。

四、国外增材制造人才发展经验

（一）美国

1. AM 多渠道推动增材制造人才发展

美国增材制造创新研究机构“美国制造”（America Makes，AM）与教育机构和企业合作，多渠道推动增材制造人才发展：一是系统性地搭建增材制造知识体系，确定增材制造劳动力所需工作技能，为职业认证项目的发展奠定基础，同时配合并支持州立、地方教育和培训的课程体系与先进制造技能组合要求相互协调，培养先进知识工人、研究人员和工程师；二是制订劳动力与培训路线图，包含“知识与意识、竞争力与技能、产业经验、个人提高、规模化与扩散”5 个阶段，为人才培训和教育机构及高校设置增材制造课程提供基础；三是赞助各类全国性竞赛，普及增材制造应用，激发年轻人、高技能工人以及创业者的创新活力；四是与多家教育机构合作，提供增材制造系统性培训课程；五是设立“学徒工厂”项目，帮助制造商培养注册学徒，提供在线培训服务，简化跟踪和评估流程；六是与退伍军人增材制造培训和教育机构 3D Veterans 开展合作，为退伍军人开展增材制造训练营，提供技能培训，为新型教育和劳动力开发项目模式奠定基础；七是利用社区学院，扩大教育范围，营造良好产业发展环境。

2. 高校积极构建高水平人才培养体系

美国相关高校面向增材制造领域积极开发相关教育模块，并获取设备、软件和材料以支持研究和人才培养工作。宾夕法尼亚州立大学建立增材制造与设计工程硕士培养方案，涉及航空航天、医疗等领域，专注于增材制造如何改变传统行业，其创新材料加工中心正在推进增材制造专用材料和制造方面的研究工作，该中心是America Makes的创始成员，致力于技术专家、工程师及科学家等人才的培养和教育，同时也是国防部增材制造示范基地。路易斯维尔大学、田纳西理工大学、埃德蒙兹社区学院和辛克莱社区学院共同运营增材制造——劳动力进步培训中心（AM-WATCH），该中心包括大量开放式在线课程模块、增材制造教学中的ABET结果评估、基于工作室的增材制造课程交付以及智能手机可访问的应用程序，满足增材制造人才培养需求。

3. 校企合作模式破解人才匮乏瓶颈

人才匮乏是困扰增材制造产业的一个全球性问题，当前有效的解决方法之一就是展开校企合作。GE公司从基础教育和高等教育两个方面同时入手，推动增材制造人才培育工作，不仅有益于企业自身发展，而且为整个产业带来积极影响。GE公司认为，教育机构为学生提供增材制造设备将有助于加快全球对增材制造技术的应用。自2017年以来，GE公司开始接受学校申请GE公司增材制造教育项目，投资1000万美元用于教育计划，以培养增材制造未来技术人才。Stratasys公司凭借在增材制造领域积累的丰富知识，助力社区学校、职业技术学院和高校利用增材制造技术培养学生敏锐的批判性思维和协作能力，为在校生提供工程实践经验，使之能够更好地满足增材制造行业的人才需求。面对人才缺口，Stratasys公司联合全球顶尖高等院校在北美推出全新的Stratasys增材制造认证计划，助力学生快速获得增材制造认证证书，填补增材制造市场巨大的技能型人才空缺。

4. STEAM教育保障制造业人才供给

美国高度重视科学技术工程艺术和材料（Science，Technology，Engineering，Arts and Mathematics，STEAM）教育的发展，以保证美国先进制造业的未来竞争力和创新能力。美国教育部明确提出，要把STEAM教育作为学校学科教育的主要内容，认为美国要保持长期繁荣发展，就需要制造业的回归，而基础教育需要为制造业的回归提供人才准备。STEAM教育强调学以致用，综合运用跨学科的概念来引导学生探索、批判、创作。美国在推进先进制造业技术人才的发展过程中，其要点是在教育和工作之间，为学生建立强有力的联系，人才培养聚焦于STEAM教育课程，开发灵活的教育渠道，通过社区学院、职业学院和工作培训项目等培养实践能力，为先进制造业人才供给提供保障。

（二）德国

1. 先进职教模式培养技术人才

德国作为全球制造业强国，其以学徒制为核心的先进职业教育模式在应用型技术人才培养过程中发挥着核心作用。学徒制职业教育模式是一个社会化的系统工程，需要政府机构顶层设计、教育部门协调推进、全社会共同参与，实现职业教育与增材制造产业人才需求的高度契合。在这种模式下，培养的应用型技术人才作为技术和市场的中介，位于增材制造产业链的上游和中游。这种人才具有某一学科坚实的专业基础，能将其与增材制造技术充分融合，主要侧重机械制造、控制系统、软件算法以及材料工艺等与市场需求紧密相关的技术应用层面。在完善的先进职业教育培养体系下，德国在增材制造等新型制造技术领域积累了包括工程师、高级技工、普通技工等多层次的专业人才。

2. 行会组织推进职业人才发展

在德国人才培养体系中，行会是“行业的自我管理组织”，承担着职业人才培养的重任，在增材制造领域，像 EOS、SLM Solutions 等企业均须加入相关行业的行会。行会对职业教育的管理主要体现在 3 个方面：一是职业教育《培训合同》的管理，学徒与培训企业签订《培训合同》，是学徒制最重要的特点，合同签订以后，培训企业将一份签名后的合同文本交给学徒或其法定代理人，并将签订记录上交所属行会；二是行会组织职业教育证书考试，《联邦职业教育法》规定“凡国家承认的培训职业均应举行结业考试”，职业资格证书的结业考试由行会负责；三是行会细致严格的职业教育资格审查与监督，审查确认培训场所的资格以及培训者（实训教师）提交的个人资格和专业资格并有权对不合格者责令整改。此外，行会还会通过多种方式提高企业参与职业教育的积极性，推进职业人才的发展。

3. 强化市场导向推进教育改革

在“工业 4.0”背景下，以智能生产为主要特征的制造业生态会影响德国劳动力市场人才需求的规模，产业结构的调整会影响技术人员的专业结构，新一轮产业革命也会对专业技术人员的从业能力等多方面提出新的要求，给德国人才教育与培养的发展带来新的机遇与挑战。“工业 4.0”打破了传统制造业固定的产业线模式，这就要求一线技术人员不仅要拥有分析处理问题的能力，还应具备以信息化素养为首的综合能力，促使其职业教育进行相应的改革。德国工商业公会（DIHK）指出，德国职业教育在未来的发展过程中需要培养更多的“弹性化”人才，这也意味着德国职业教育人才培养目标由培养“单一技术”人才向“多元技术”型人才转变，以适应社会发展的需要。人才的培养需要从市场用人的具体要求出发，制订培养计划，从而不断满足创新型企业对新知识、新技术及应用型人才的需求，尤其针对增材制造等新型制造技术，要着力培养具有技术创新能力和组织管理能力的高层次多样化人才，使其具备跨学科的学习能力和系统解决问题的能力。

（三）日本

1. 完善职教体系加强人才培养

日本提出要重点发展制造业的尖端领域，加快增材制造、机器人等行业的发展。为了保障制造业的结构调整，进一步发展高附加值的尖端技术产业，必须加强专业科学技术人才的培养，发展高等职业教育，确保所需的高素质专业技术人才。在日本职业教育体系建设中，重视职业教育体系市场适应性，确保制造业产业结构转型升级的需要；重视职业教育体系层次多样性，满足制造业强国崛起所需的初、中、高级技术人才的现实需要；重视职业教育体系的开放性，促进制造业技能型人才队伍的壮大。

2. 税收优惠推进企业人才培训

日本制造业人才培养主要由经济产业省负责，通过培训重点解决制造现场高水平技术传承问题。日本在 2005—2012 年，实施了《人才投资促进税制》，其实质是将国家资金和企业培训有效结合，对企业培训实行税收优惠。该制度规定，企业根据培训费占劳务费的比重，可获得 8% ～ 12% 的税收减免，如果比重高于 0.25% 可免缴培训费 12% 的税金；比重介于 0.15% ～ 0.25% 则免缴比例在 8% ～ 12% 浮动。占比及税率均根据全社会企业培训投资数据测算。此项制度实施后，企业培训费支出显著提高，培训费增加额达到减税额的 1.31 倍。

3. 变革手段促进人才培养革命

《日本制造业白皮书（2018 年）》明确提出，要支撑制造业基础教育与研发，通过以下变革手段促进人才培养革命：一是培养面向智能社会的教育和制造业人才，提升科技创新能力，推动社会人士学习，促进制造业领域女性人才的活跃；二是完善培养制造业人才的教育和文化基础，完善数理教育，提升对制造业的关注和相关素养，进一步完善职业教育，为加深对制造业的理解而进行职业生涯教育，从文化艺术资源中创造并继承新价值。

4. 企业文化支撑人才队伍建设

日本企业内部开展培训活动时，“公司文化”“三级组织”和“人才训练”被反复强调，最典型的体现就是以“全生产系统维护（Total Productive Maintenance，TPM）”为核心的生产管理体系，其核心思想可以用“三全”来概括：全效率、全系统和全员参与。同时，日本的“雇员终身制文化”将雇员与企业发展紧密联系在一起，使从业人员的经验和知识能够在企业内部积累、运用和传承。日本企业之间还有独特的“企业金字塔梯队”文化，即以一家巨型企业，例如，以丰田、三菱等为核心，形成一个完整产业链上的企业集群，企业之间保持长期合作，并且互相帮助进行改善和提升，保证专业知识在一个更大的体系中不断地积累、流通和传承。

五、我国增材制造人才发展对策建议

（一）完善高校人才培养体系建设

一是推动增材制造相关一级学科的申请和建设。合理调整和设置相关专业，完善学科布局，打破学科间壁垒，突出交叉融合的特点，在教学、科研、实训基地建设等方面予以经费保障和政策支持。二是加快增材制造产学研融合协同育人实践平台的建设。支持高校提升教学实践条件，将平台建设成学生创新创业的实训基地与孵化器，培养增材制造领域人才工程实践能力，缩小高校人才培养与企业用人需求之间的差距。三是推动校企多层次深度合作。产业高端人才的培养不仅要靠高校和科研院所，还要靠领军企业，积极鼓励校企间建立有效的人才培养合作模式，实现人才供需两侧充分对接与融合。

（二）加强职业技能人才队伍建设

一是加强增材制造技能人才培养，培育“工匠精神”。推行企业新型学徒制，建立国家基本职业培训制度，鼓励相关企业为职业学校学生实习和教师实践提供岗位。二是确定增材制造行业人才培养培训标准，规范人才认证方案，探索建立标准化的职业能力培训认证体系，有效提升我国增材制造从业人员的专业技能。三是大力发展增材制造领域职业教育培训，鼓励社会培训机构参与增材制造产业人才队伍建设工作。制订增材制造人才的终身职业教育路线，通过大力发展职业教育培训填补我国产业人才供给不足的问题。

（三）重视国际化人才培养与引进

一是构建增材制造行业人才交流平台。建立国际合作的交流平台和渠道，加强与国外知名研究机构、行业组织、企业的沟通与交流，提升国际化人才培养能力。二是加大增材制造行业海外高端人才引进力度。增材制造行业高端人才的引进对我国增材制造产业的发展至关重要。国内外对高端人才的争夺竞争异常激烈，对高端人才的引进，应打通吸纳海外高端人才的绿色通道，为人才工作和创业提供更多的便利，保证人才进得来、留得住，创造有利的工作环境。

（四）优化增材制造人才发展环境

一是发挥行业组织桥梁与纽带作用。依托中国增材制造产业联盟、地方协会等行业组织，联合各地企业和高校、科研院所，建立人才发展工作组，开展增材制造人才培训、人才库建设、人才认证以及行业论坛、竞赛等工作，积极推动增材制造人才发展。二是坚持人才兴业。针对束缚人才创新活力的关键问题，加快推进增材制造人才发展政策和体制创新，保障人才以知识、技能、管理等创新要素参与利益分配，以市场价值回报人才价值，全面激发人才创业创新动力和活力。

G 2100
打印幅面 2.1 米
SLA超大尺寸
设备尺寸:2600mm×1970mm×2770mm
三激光扫描拼接
实现超大尺寸打印幅面
拼接大幅面 | 高稳定性 | 进口光学器件 | 自动闭环控制系统 | 大理石平台 | 自动标定 | 一键启动

nanoArch®
Micro Scale
3D Printing System

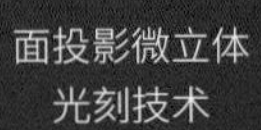

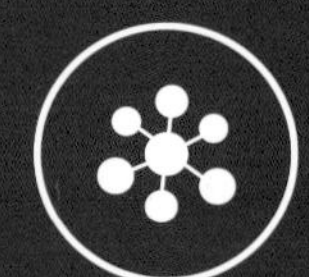

高打印精度
2μm/10μm/25μm

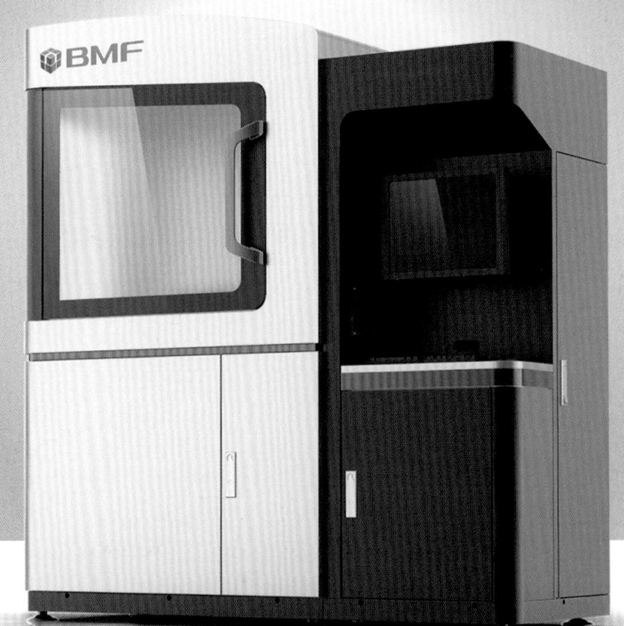

摩方精密
BOSTON MICRO FABRICATION

（2μm 打印设备 S130）

光学精度：2μm

打印样品尺寸：50mm(L)×50mm(W)×10mm(H)

深圳摩方新材料科技有限公司（BMF Nano Material Technology Co., Ltd）是微尺度3D打印技术及精密加工能力解决方案提供商，专注于精密器件免除模具一次成型能力的研发，提供制造复杂三维微纳结构技术解决方案，同时，可结合不同材料及工艺，实现终端产品高效、低成本批量化生产及销售。

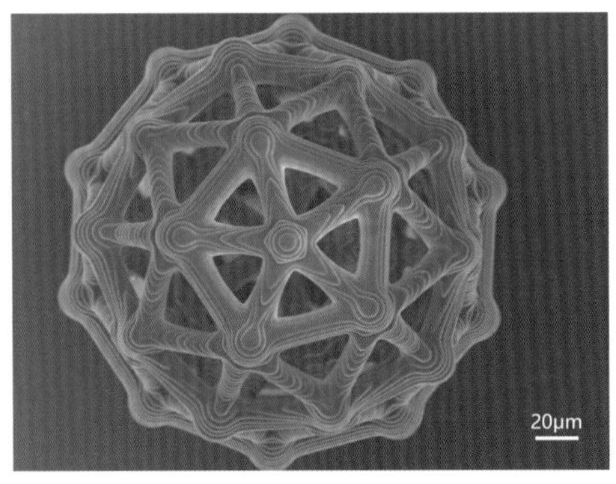

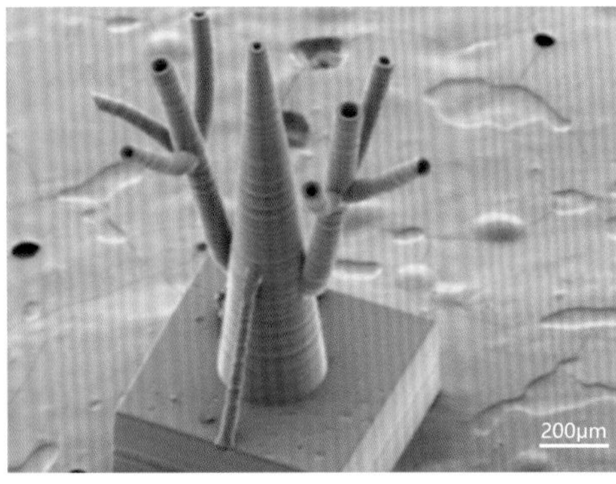

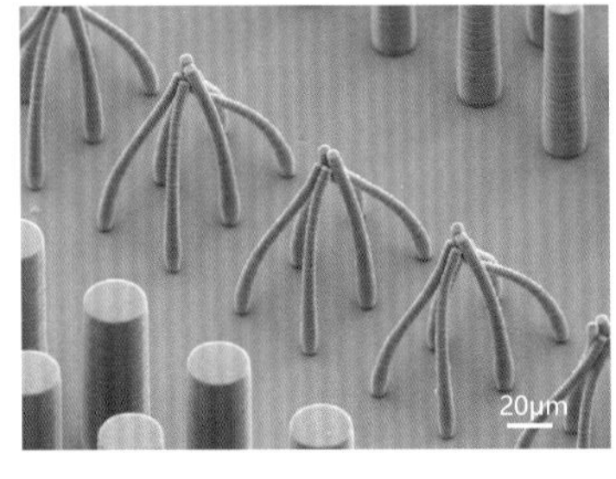

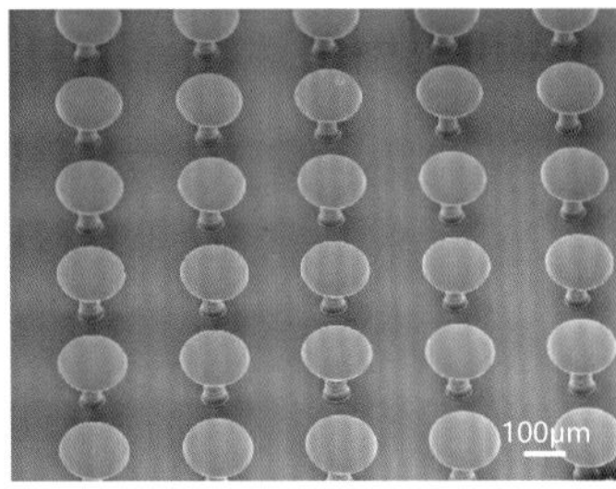

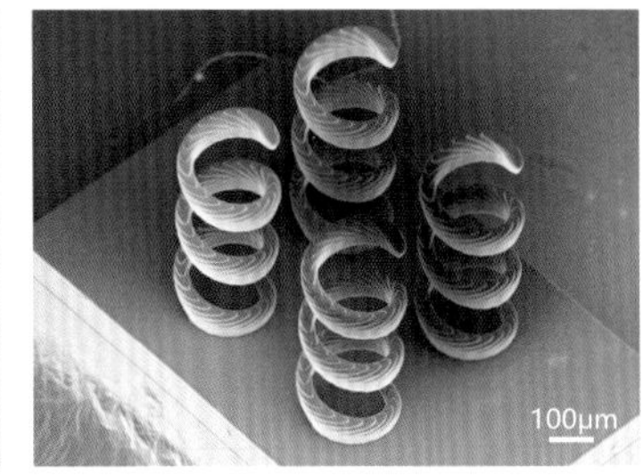

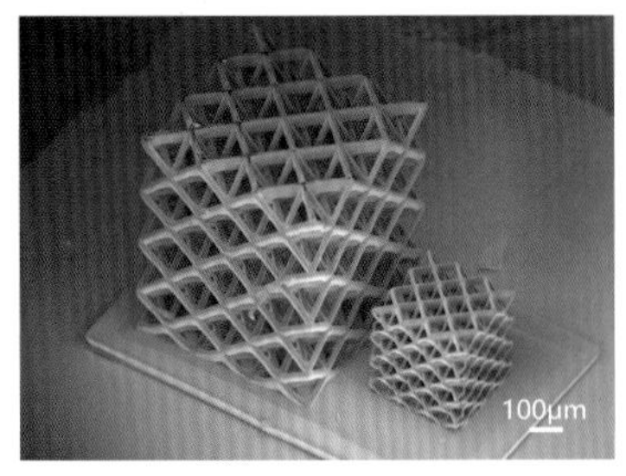

+86-755-26600689　bmf@bmftec.cn　深圳市龙华区红山 6979 商务中心 26 栋 5 楼

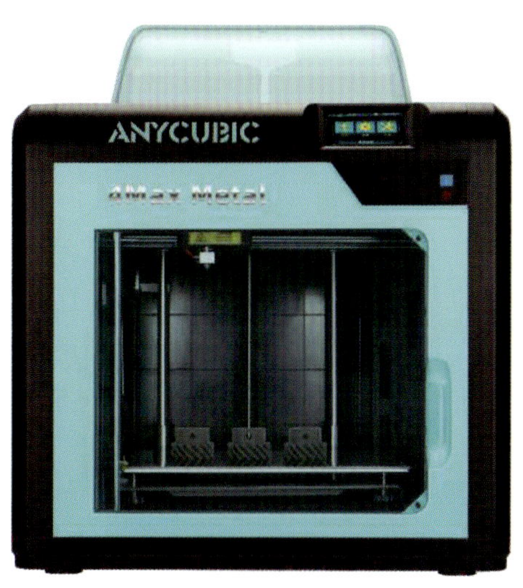

4Max Metal

金属打印机

4Max Metal是由深圳市纵维立方科技有限公司研发的专门打印金属材料的桌面级3D打印机，可打印316L线材并通过脱脂烧结工艺得到工业应用级别的金属结构、功能部件，具有操作简单、打印稳定、设备成本低、成品一致性高等特点。

Photon Mono X

光固化3D打印机

Anycubic新款桌面级光固化3D打印机Photon Mono X采用了8.9寸4K黑白屏，使用寿命长达2000h，是传统彩屏的4倍。单层曝光仅需1秒~2秒，打印速度高达60mm/h。附带的Wi-Fi模块，能够让用户便捷地远程控制设备各项参数和进程。

Mega Pro

激光雕刻 一机双用

Mega Pro是Anycubic推出的智能双模3D打印机，集3D打印、激光雕刻功能于一体，时刻激发你的创作灵感。

Wash and Cure 2.0

全新升级 操作更便捷

Anycubic 清洗机2.0全新升级，简单按下几个按键，就可以解决清洗步骤和深度固化3D打印模型。

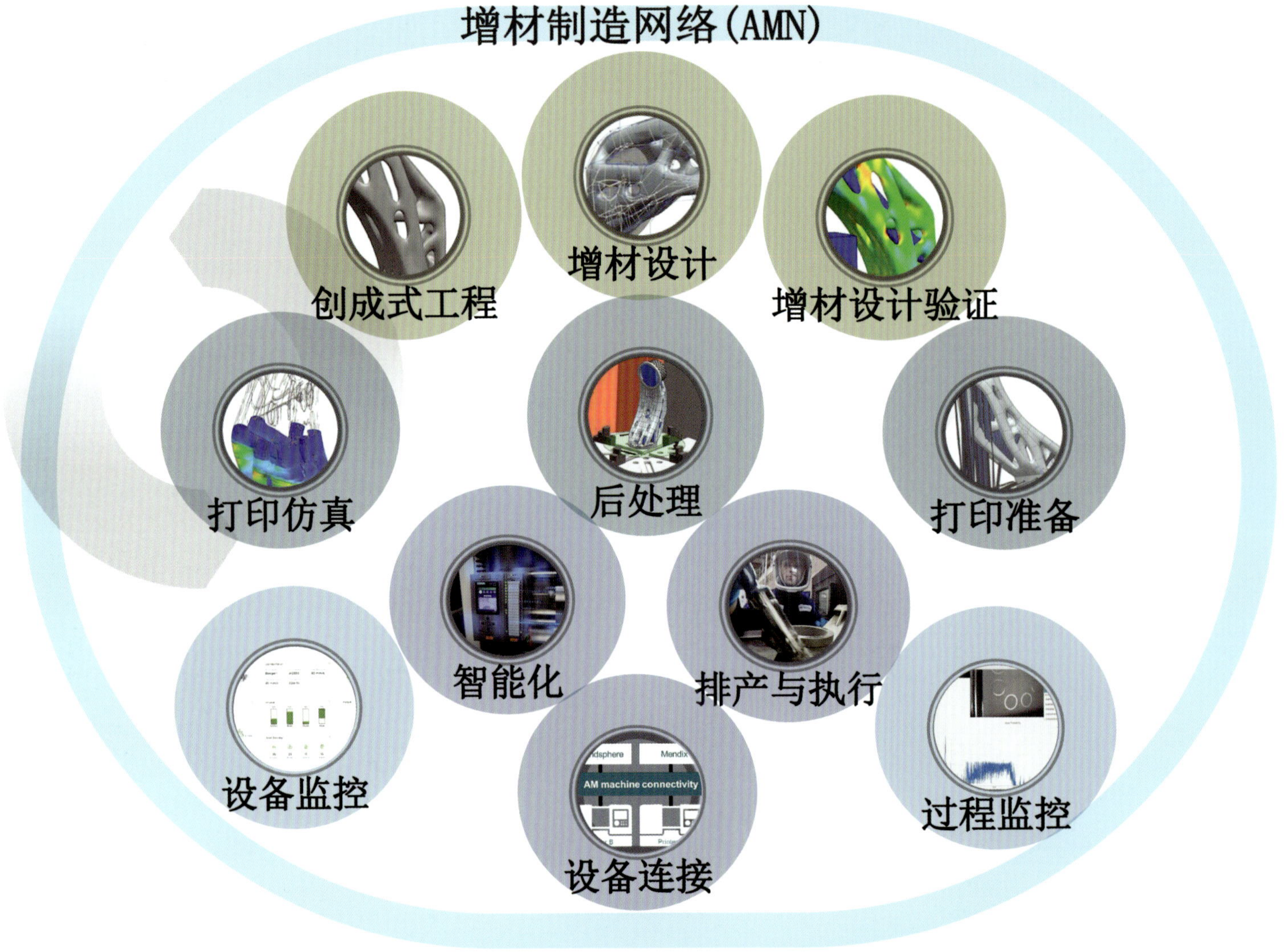

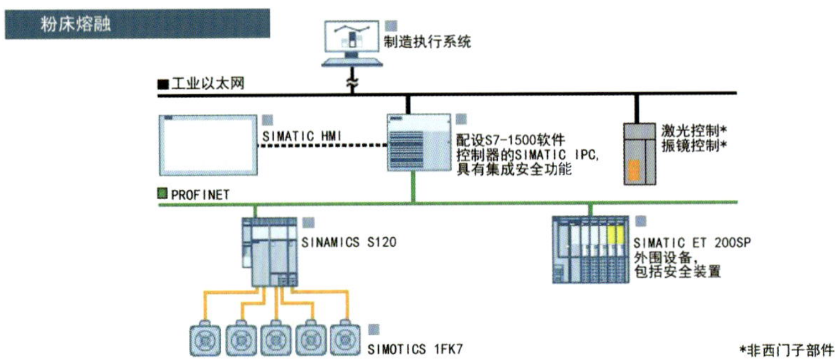

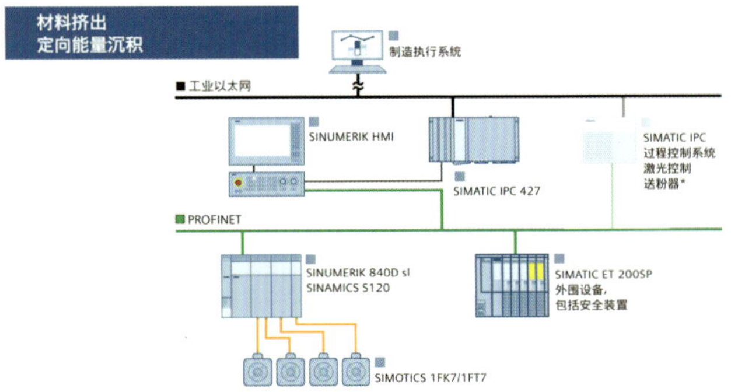

增材制造技术加速了材料和工艺在工业4.0时代的应用，我们将为您提供创新的设计方法与理念，专业的咨询与技术体验，通过与西门子内外部客户合作，共同创新创意、制作产品及装备工具原型、验证创意，并迅速从概念验证转向试生产。

SIEMENS

Ingenuity for life

西门子增材制造技术咨询工作方法与流程

我们会根据客户实际情况量身定制所需方法(设计思维、系统创新、精益、设计冲刺、敏捷等)

创新方法

我们的工作方法

我们拥有经验丰富、跨学科的材料研究人员、设计师、模拟专家、编程专家

跨学科团队

我们运用精益协作的方法更早地获得客户反馈

精益协作

我们为每个项目搭建合适的专家团队

项目导向的专家团队

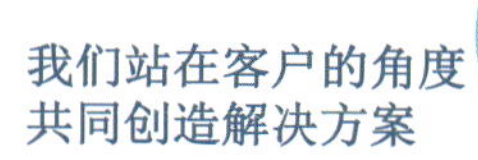

我们站在客户的角度共同创造解决方案

客户导向

帮助减少创新的阻碍，驱动快速成长并降低投产后的不确定性，与客户共创增材制造工业化价值。

捕获价值
- 机会在哪

问题探究
- 如何开始
- 应用潜力

形成构思
- 是否可做
- 概念设计可行性

具体实现
- 如何快速有效地实现概念验证

规模化

正式投产

产品趋势预测、学习与概念构想验证 → 产品及软硬件工具成熟

西门子增材制造典型案例展示

概念设计

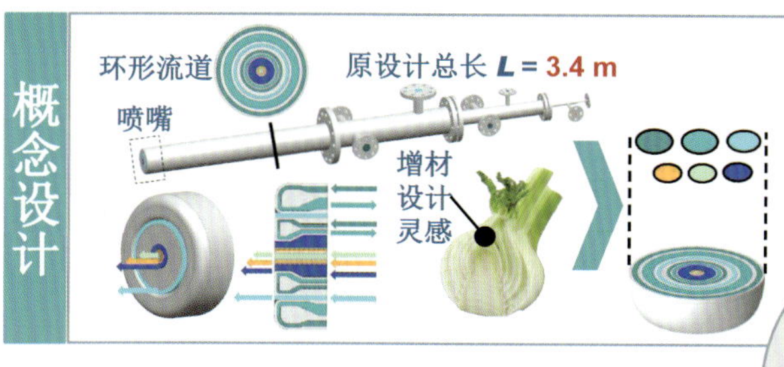

结构集成

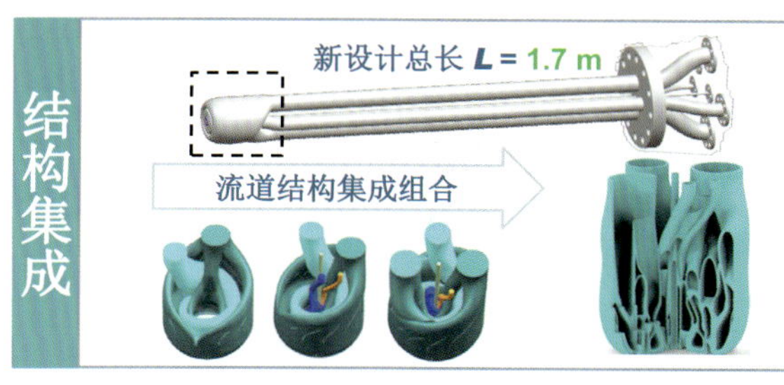

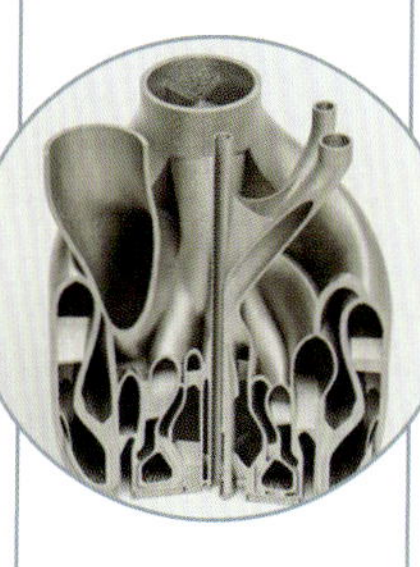

仿真优化

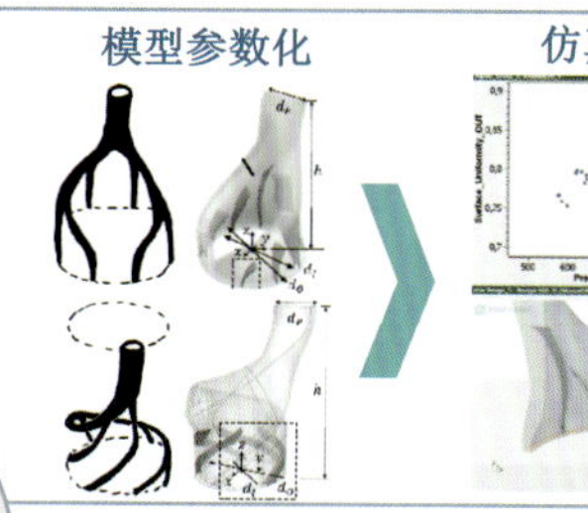

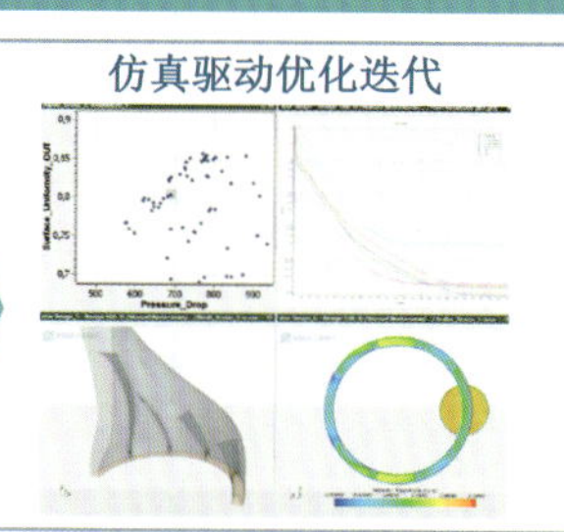

工艺准备

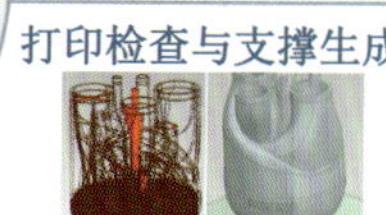

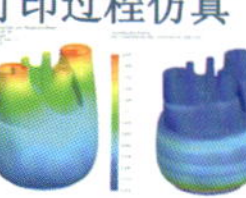

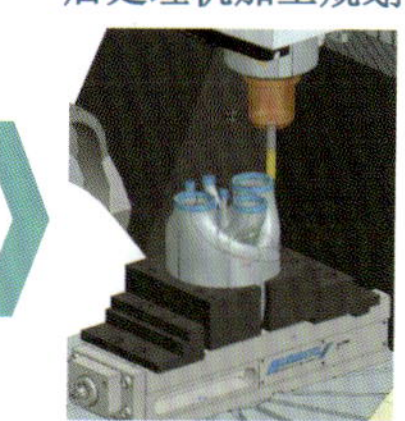

产业集聚

共享智能铸造产业创新中心有限公司
共享装备股份有限公司
项目占地 38000平方米

春谷3D打印产业园二期
（激光产业园）项目
项目占地 96000平方米

珠海市三绿实业有限公司
项目占地 26533.3平方米

钢铁研究总院华东分院
项目占地 26533.3平方米

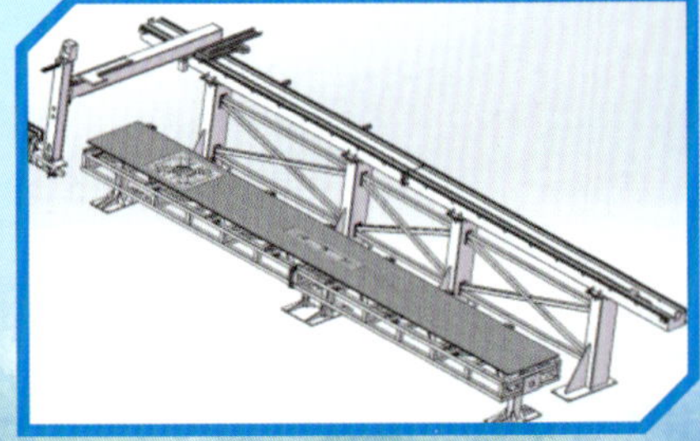

北京三帝科技股份有限公司
项目占地 9000平方米

安徽盛赛再制造科技有限公司
项目占地 59200平方米

芜湖西通三维技术有限公司
项目占地 6780平方米

增材制造新材料新技术新装备
的开发与产业应用项目
项目占地 13333.3平方米

北矿新材科技有限公司

BGRIMM Advanced Materials Science & Technology Co., Ltd

316L 不锈钢粉末

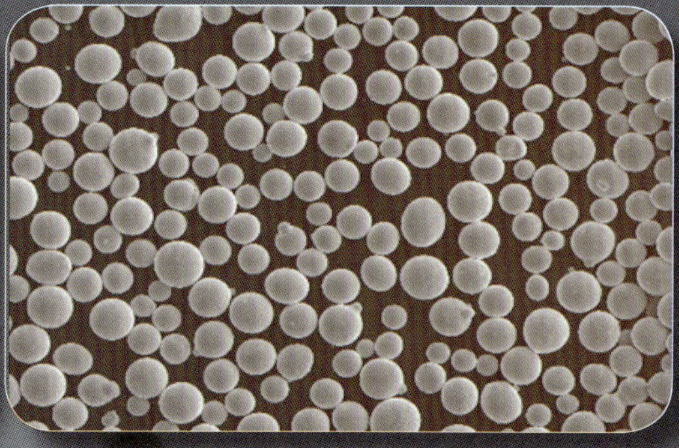
黑色 Nb_2O_x 粉末

ALD 真空气雾化设备

Tekna 等离子球化设备

适用工艺	产品类别	产品名称	粒度范围
激光 / 电子束选区熔化	模具钢 / 不锈钢	316L	15~53μm
		17-4PH	15~53μm
		18Ni300	15~53μm
	镍基合金	Inconel 718 (GH4169)	15~53μm
		Inconel 625 (GH3625)	15~53μm
	钴基合金	CoCrMo	15~53μm
	钛基合金	Ti6Al4V	15~53μm
		Ti	15~53μm
	稀贵金属	Ta	5~63μm
		Nb	45~105um
		Re	5~63μm
		Ru	5~63μm
		Cr	30~50μm
	难熔合金	W	15~53μm
		Mo	15~53μm
喷射成型	陶瓷	黑色 ZrO_x	25~125μm
		黑色 Nb_2O_x	25~125μm
	稀贵金属	Ta	15~53μm
激光熔覆	铁基合金	JG-2	53~150μm
		JG-3	53~150μm
		JG-3Y	53~150μm
	镍基合金	Inconel 625 (GH3625)	45~105μm
冷喷涂	钛合金	Ti	25~90um
	铜合金	Cu	15~53μm

北矿新材科技有限公司隶属于矿冶科技集团有限公司，是我国高性能难熔难加工合金大型复杂构件增材制造（3D 打印）“一条龙”应用计划示范企业，拥有 VIGA-16 真空雾化设备、莱宝真空雾化设备、Tekna 感应等离子制粉系统（15kW/80kW）、陶瓷化学合成设备、喷雾造粒等制粉设备，在合金、难熔、稀贵和陶瓷粉体材料制备以及零部件表面强化与修复技术领域具有坚实的技术基础与发展特色。

联系人：张康
电话：010-58915186
传真：010-58915166
邮箱：zhangkang@bgrimm.com

压敏胶带3D打印

可持续使用的胶带材料，我们可以帮助您节省压敏胶带模切中产生的浪费

工作原理

德莎（tesa）可以为您提供压敏胶带层，可以直接涂覆到您装配线上的零件上，而且保持高精度的定位和尺寸。由于3D打印是一种数字技术，它可以很容易地集成到自动化工艺中，并且可以快速地实现设计更改。根据应用要求，压敏胶带3D打印可实现单层或多层设计。

除了具有可持续工艺外，增材制造性质的压敏胶带还提供了现场定制第三维度的额外好处。您可以让胶带在需要变薄的地方变薄，在需要变厚的地方变厚，使用压敏胶带粘接复杂零件（例如，有结构间隙的零件）提供了一个新的设计空间。

不同类型的打印方式

双头式3D打印机

两种不同厚度的压敏胶带打印

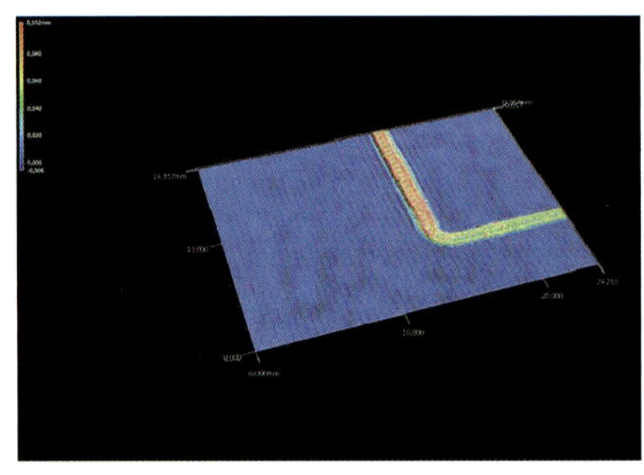

全透明的压敏胶带打印

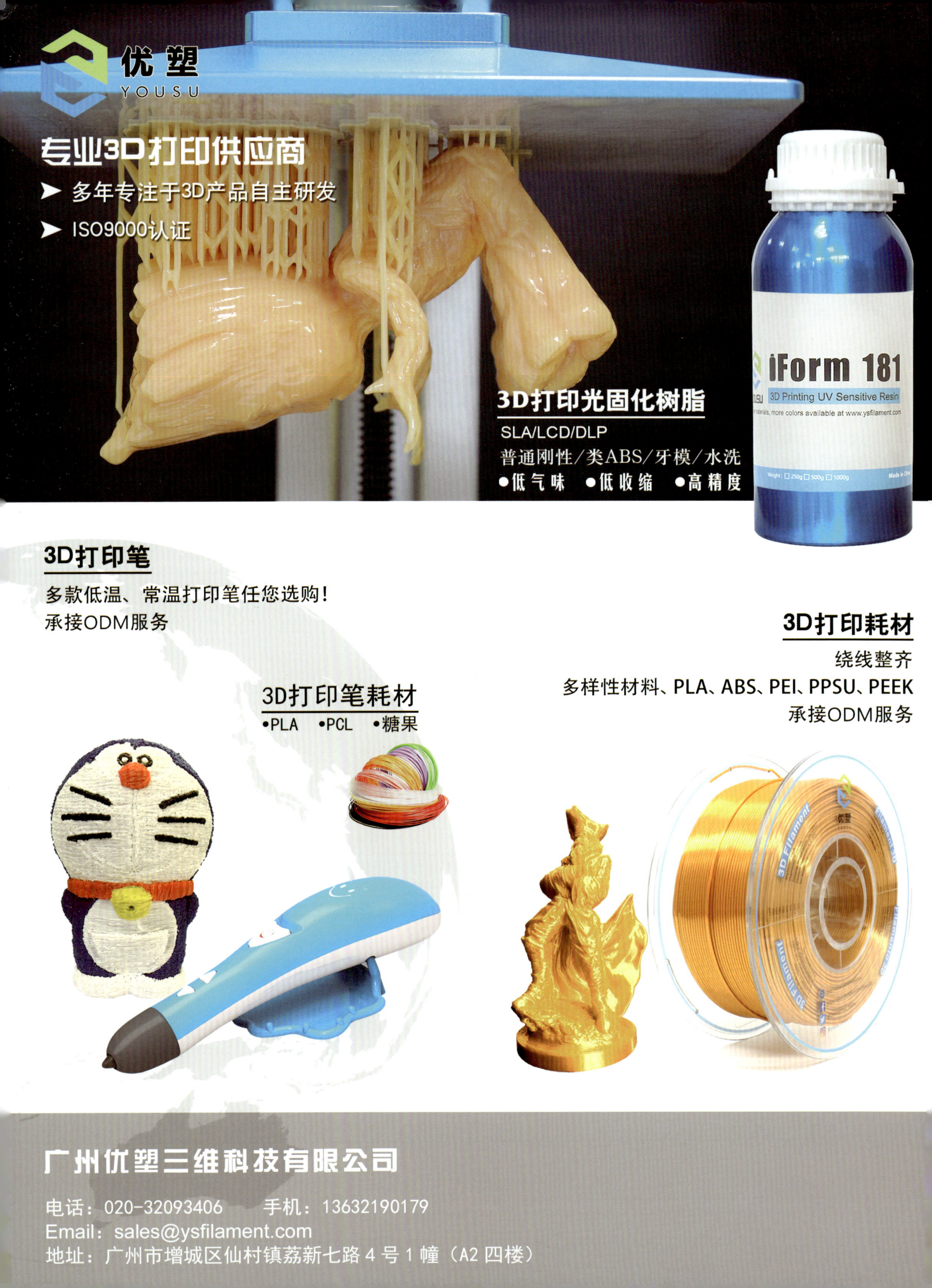
优塑
YOUSU
专业3D打印供应商
➤ 多年专注于3D产品自主研发
➤ ISO9000认证
iForm 181
3D Printing UV Sensitive Resin
3D打印光固化树脂
SLA/LCD/DLP
普通刚性/类ABS/牙模/水洗
●低气味 ●低收缩 ●高精度
3D打印笔
多款低温、常温打印笔任您选购!
承接ODM服务
3D打印耗材
绕线整齐
多样性材料、PLA、ABS、PEI、PPSU、PEEK
承接ODM服务
3D打印笔耗材
•PLA •PCL •糖果
广州优塑三维科技有限公司
电话：020-32093406 手机：13632190179
Email：sales@ysfilament.com
地址：广州市增城区仙村镇荔新七路 4 号 1 幢（A2 四楼）

中国航发北京航空材料研究院

AECC BEIJING INSTITUTE OF AERONAUTICAL MATERIALS

中心简介

航材院作为航空材料研究的综合性科研机构，从事航空先进材料应用基础研究、材料研制与应用技术研究、工程化技术研究及关键件研制交付等。

中国航发航材院3D打印研究与工程技术中心致力于推动3D打印技术成为继锻造、铸造之后的第三种金属成形制造方法；中心立足于航空、航天、生物医学领域，针对发动机、燃气轮机、飞机及生物医学制品的复杂结构、承力结构、新型材料的快速研制和高价值部件的维修需求，提供3D打印成形和修复技术开发、零件打印、技术服务、技术咨询和培训等服务。

中心拥有激光选区熔化、激光直接熔化、电子束选区熔化、电子束熔丝成形四大金属增材制造主流方法。中心集粉末生产、打印工艺、热处理、热等静压、性能测试等3D打印全流程于一体，团队现有人数60余人，研究员10余人，高级工程师30余人。

中心组织结构

中国航发航材院3D打印中心

北京研究中心

- 3D打印材料设计与制备研究部
- 3D打印结构设计与仿真研究部
- 3D打印成形工艺与装备研究部
- 3D打印无损检测研究部
- 3D打印力学行为研究部
- 3D打印失效分析研究部

镇江工程中心

- 激光选区熔化成形工程部
- 激光直接熔化成形工程部
- 电子束选区熔化成形工程部
- 电子束熔丝成形工程部
- 3D打印修复工程部

主要研究方向

新型材料

金属基复合材料、梯度功能材料

超高温结构材料、陶瓷及其复合材料

承力结构

钛合金和高温合金机匣、环、框、梁、架等

钛合金和高温合金整体叶盘、整体叶轮等

复杂结构

高温合金导向叶片、燃油喷嘴、涡流器、预旋喷嘴等

钛、铝合金壳体、舱体、壁板、骨架、镂空结构、点阵结构

医学制品

髋关节、脊椎骨、头骨、骨盆等

微孔结构等

打印修复

加工缺陷修复：整体叶盘、框、梁、壁板、起落架等

服役损伤修复：叶片、叶盘、机匣、导向器、壁板、起落架等

公司介绍 Company Introduction

南京铖联激光科技有限公司坐落于中国（南京）软件谷创业创新城，是江苏三维智能制造研究院和南京航空航天大学增材制造研究所孵化的高新技术企业，专注于选区激光熔化（Selective Laser Melting, SLM）金属 3D 打印技术的设备研发、金属材料、工艺开发及打印服务，为用户提供“一站式”金属 3D 打印应用解决方案。

南京铖联具有丰富的选区激光熔化金属 3D 打印产品开发经验，已成功开发多款具有自主知识产权的金属 3D 打印机，主要包括齿科专用金属 3D 打印机 NCL-M2150X、NCL-M2150T、NCL-M3250D；工业级金属 3D 打印机 NCL-M200、NCL-M2120、NCL-M3250、NCL-M3280 等标准机型。南京铖联产品已经销往美国、加拿大、意大利、韩国、越南、菲律宾等国，目前设备及打印服务用户已超过千家，获得用户的广泛好评。

南京铖联秉承“客户为中心、技术为核心、品质为根本”的经营理念，致力于成为具有国际影响力的工业级金属 3D 打印设备供应商和服务商。

齿科样件 Dental Samples

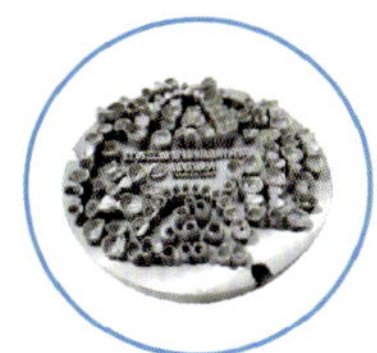
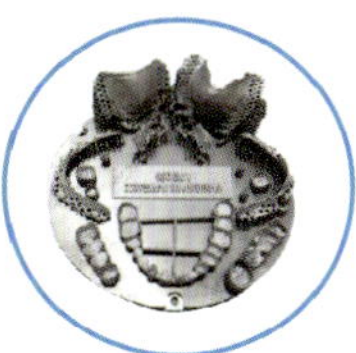

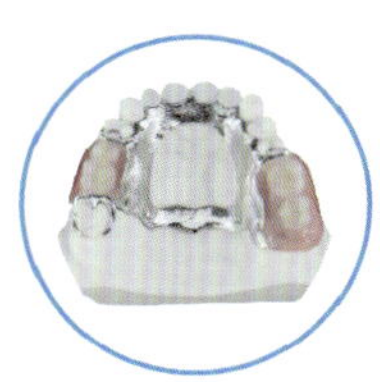
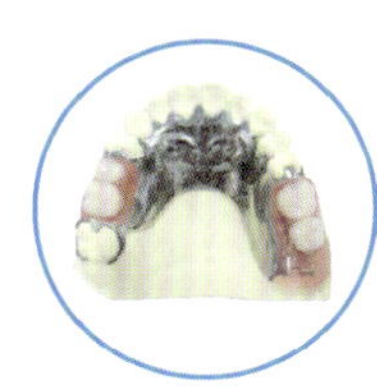

工业样件 Industrial Samples

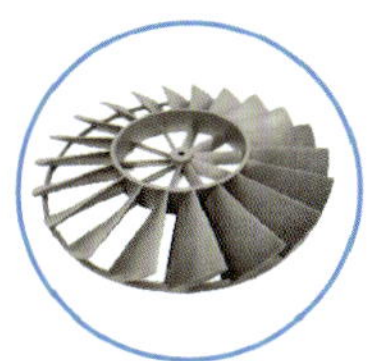
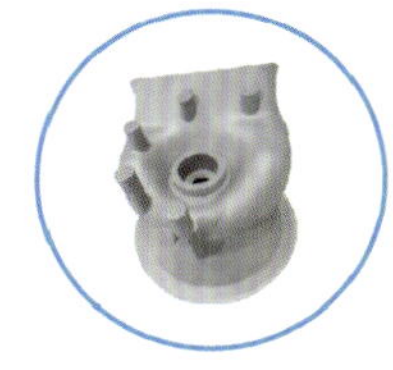
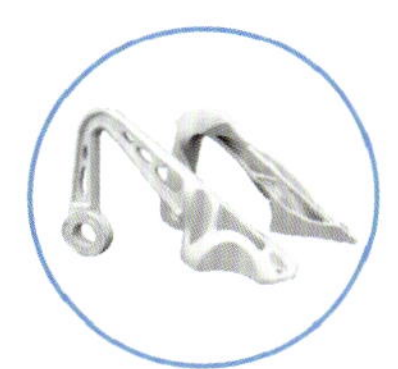
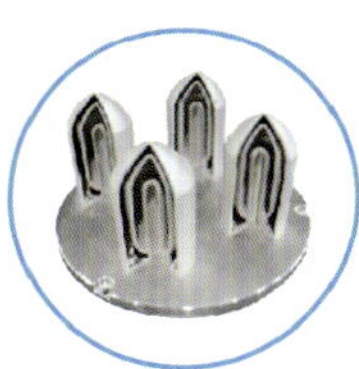
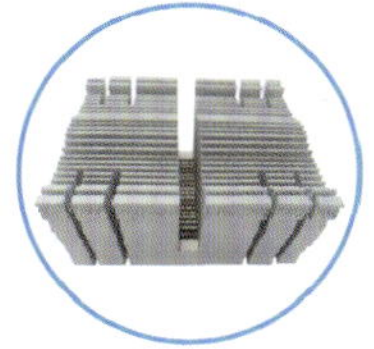

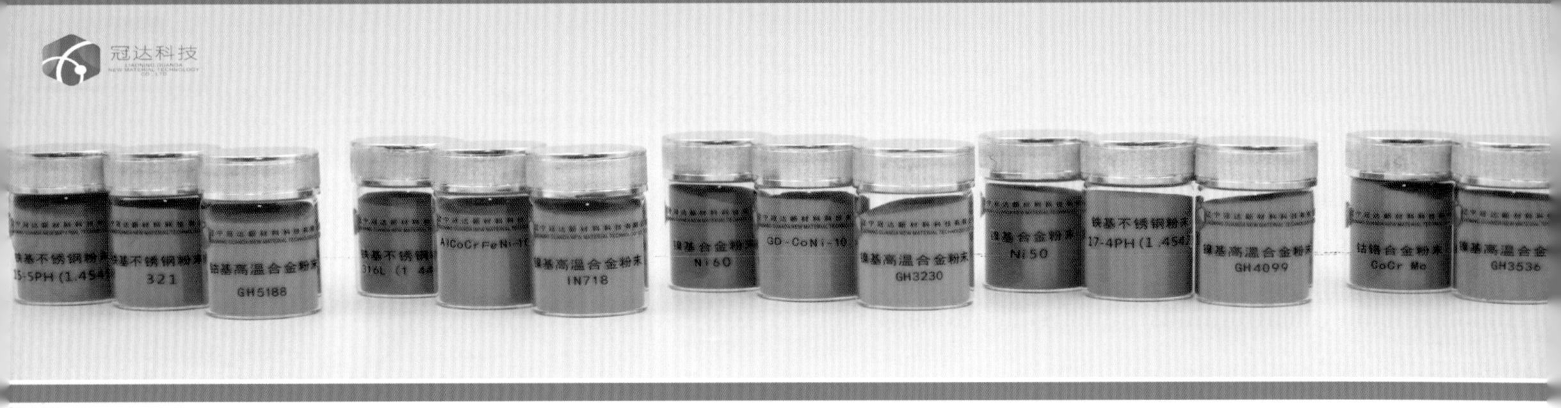

高速丝材激光熔覆设备提供商

- 熔覆不锈钢材料的效率可达9kg/h或1m²/h以上
- 低廉的材料成本
- 适用基体材料广泛（铝/铜合金除外），可在高碳钢表面熔覆，而不开裂
- 母材对熔覆金属的稀释率≤3%
- 热输入量低，工件变形小，热影响区宽度小于0.3mm（3kW功率）
- 可适用于填充材料广泛，包括碳钢、低合金钢、各类不锈钢、高温合金、钛、锆及巴氏合金等金属材料

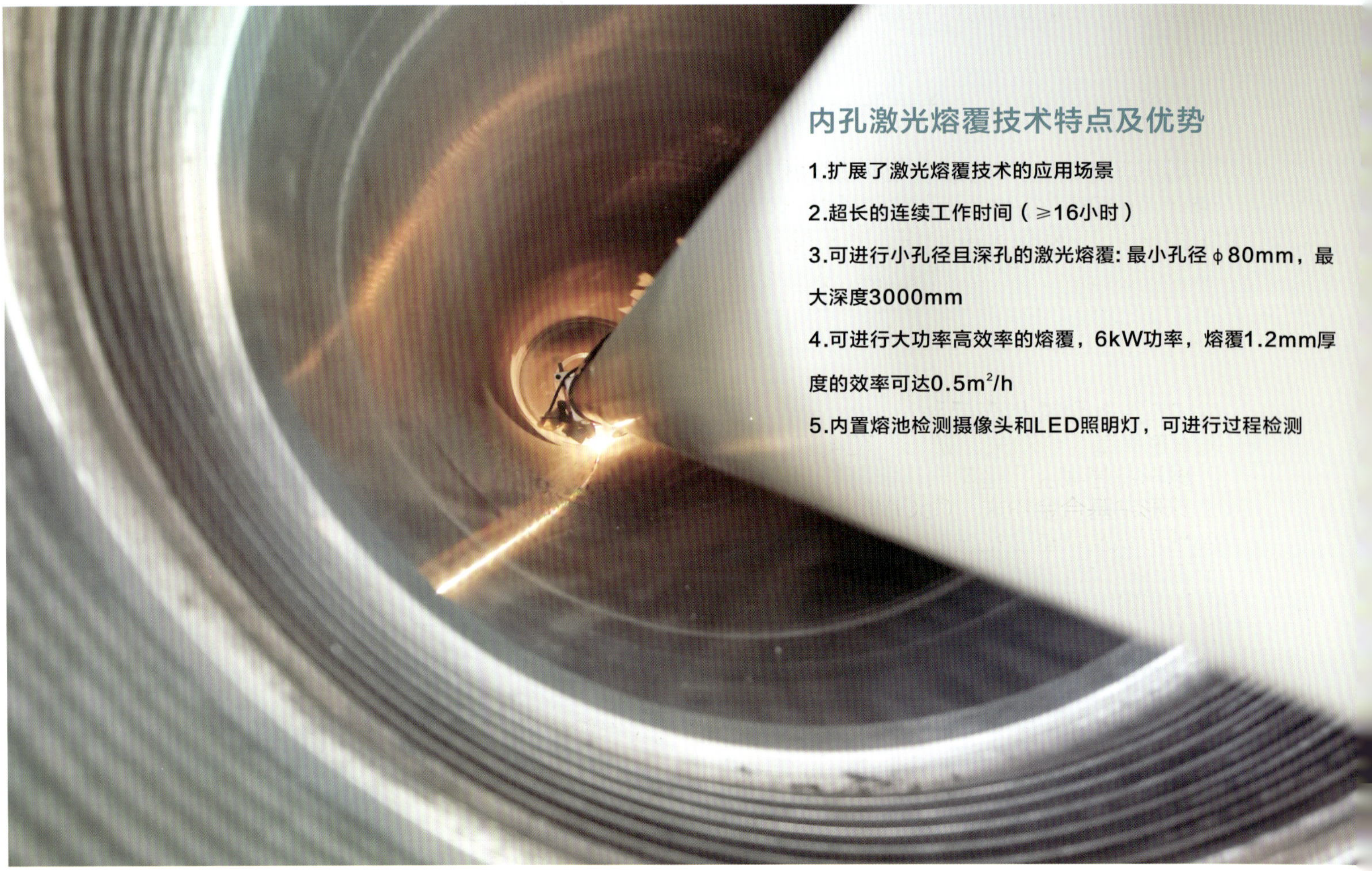

内孔激光熔覆技术特点及优势

1.扩展了激光熔覆技术的应用场景

2.超长的连续工作时间（≥16小时）

3.可进行小孔径且深孔的激光熔覆：最小孔径 φ80mm，最大深度3000mm

4.可进行大功率高效率的熔覆，6kW功率，熔覆1.2mm厚度的效率可达0.5m²/h

5.内置熔池检测摄像头和LED照明灯，可进行过程检测

3D打印联合研发中心

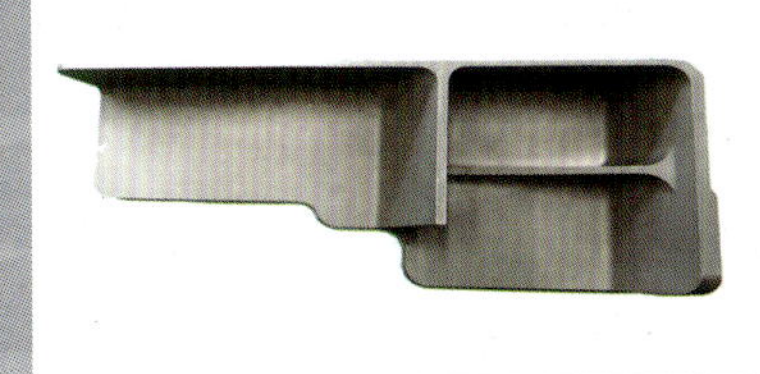

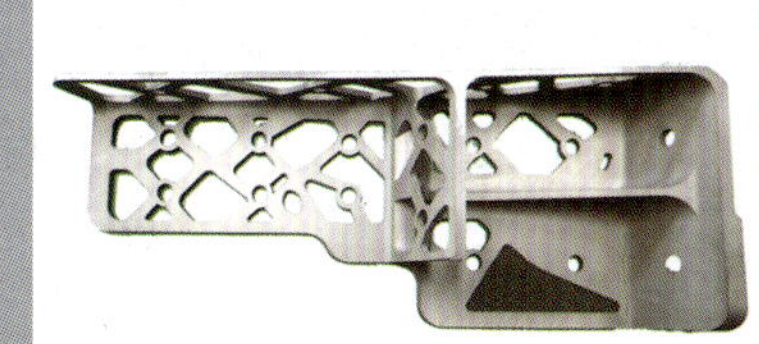

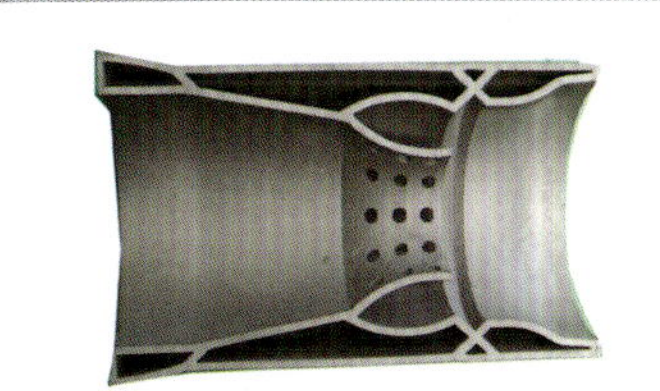

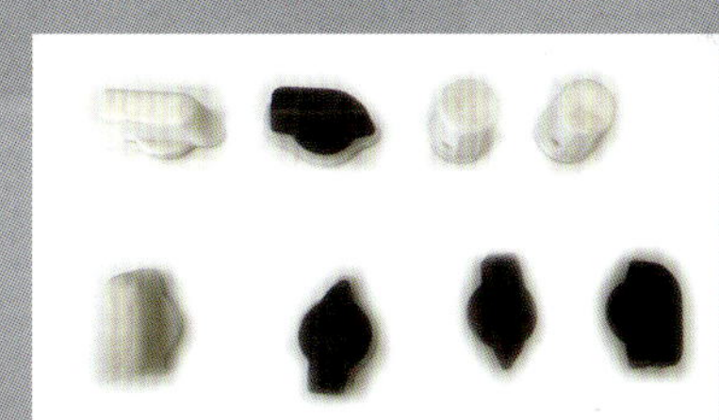

★材料检测
★结构优化
★增材制造
★后端处理
★质量检测
★装机验证

聚焦装备修理主航道业务，满足未来战场抢修、基地维修所需的快速增材制造技术需求。

联合德国亚琛工业大学、英国克兰菲尔德大学及上海交通大学等国内外增材制造优势资源，成立航修系统典型示范 3D 打印联合研发中心。

研发适用于航空材料体系的增材设计、工艺、后端处理、质量检测及考核验证技术。

构建面向航空装备的增材制造标准体系，形成增材制造修复成套解决方案。

支撑航空修理系统成体系开展 3D 打印能力建设。

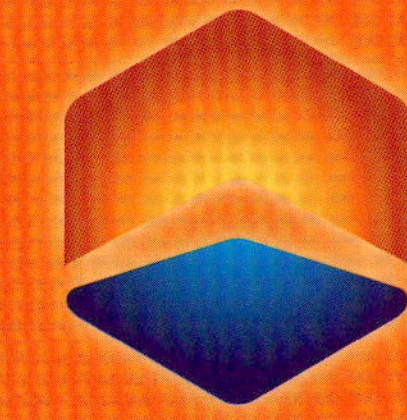

苏州倍丰激光科技有限公司

苏州倍丰激光科技有限公司成立于2017年8月，注册于苏州高新区石阳路9号。由澳大利亚工程院院士吴鑫华创立，携3D打印技术和材料科学的4位专家，依托澳大利亚莫纳什大学增材制造中心，在墨尔本和苏州组建了一支多层次、跨学科、结构完整的金属3D打印技术研发及应用人才队伍。倍丰是工业级金属3D打印解决方案供应企业，在3D打印产业链各个环节有基础研究和实际应用经验，公司集设备研发、销售、安装、工艺研发和技术服务、培训与咨询于一体，旨在为3D行业客户打造国际3D打印研发和生产平台，订制3D打印材料工艺开发及加工技术解决方案，提供3D打印工艺技术和人才培训服务。

多年来，倍丰以国家战略性目标和制造业创新发展为导向，瞄准重大设备、重要材料、关键工艺、核心软件、核心元器件等共性关键技术，进行自主研发与技术集成，突破行业技术瓶颈，向各领域客户提供金属3D打印行业全产业链解决方案。公司现有员工60名左右，其中，50%的员工为研发人员。公司另有两家子公司——苏州三峰激光科技有限公司与澳洲AmPro Innovations Pty Ltd。

金属3D打印系统，可制造航空质量标准的构件

- SP 100 -ø100mm
- SP 260 - 250mmx250mm
- SP 400 - 400mmx400mm
- SP 500 - 500mmx250mm
- SP 800 - 800mmx600mm

打印材料：
钛合金、镍基合金、
铝合金、钨合金、
不锈钢及其他金属粉末

公司技术服务范围：
3D打印粉末生产线建设和粉末航空质量保障
3D打印研发中心和实验室建设
3D打印基础研究和基础研究咨询
3D打印产品(工件)研发
3D打印产品(工件)性能优化
3D打印工艺技术和人才培训服务
3D打印工件后处理及无损检测全过程评价方案
国际航空适航认证方案，医疗、能源应用资质认证咨询

公司生产经营范围：
金属3D打印设备研发生产销售
金属粉末处理设备研发生产销售
设计与质量控制软件开发销售
金属粉末订制和销售
3D打印参数包开发和提供解决方案

安全的金属粉末处理系统

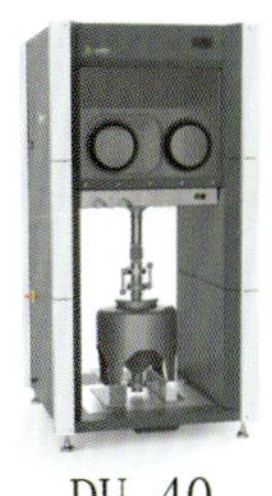

DU 40
粉末填装系统

SU 40
粉末筛分系统

VU 40
粉末回收系统

G 4
粉末清理手套箱

使用倍丰打印机，制造钨合金 CT仪防散射栅格

- 开发专用钨合金粉末(打印无裂纹)
- 壁厚<0.1mm，精度<0.02mm，致密度≥99%
- 通过使用认证，帮客户拿到新合同
- 长期技术支持

使用倍丰打印机，制造出高性能发动机叶片

- 服役温度>800℃
- 满足力学性能指标

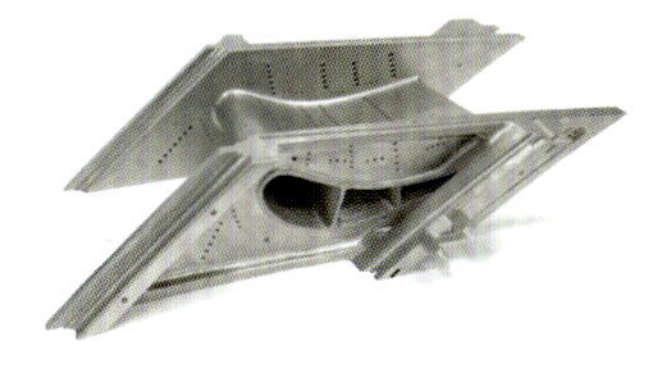

邮箱：info@amprogroup.com.au　　电话：400-118-5365　　地址：苏州市高新区石阳路9号

制粉技术　　高品质难熔金属球形粉末

星尘科技（广东）有限公司

星尘科技（广东）有限公司是一家专门从事3D打印、粉末冶金、表面工程等领域用高端球形粉体材料研发、生产和销售的科技型企业。公司坚持以射频等离子体球化制粉技术为核心，提供优质的产品及应用解决方案。

W　W-Mo

Mo　W-Nb

Ta　W-Re

Nb　Ta-W

Cr　Ni-Ti

粉末特性	适用工艺	应用领域
高纯低氧	3D打印	航空航天
少卫星球	热等静压	国防军工
少空心粉	注射成形	生物医疗
球形度高	激光熔覆	石油化工
流动性佳	表面喷涂	电子信息
松装比高	粉末冶金	核电工业